Uwe Werner

Anthropsophen in der Zeit des Nationalsozialismus

Uwe Werner

Anthroposophen in der Zeit des Nationalsozialismus (1933–1945)

unter Mitwirkung von
Christoph Lindenberg

R. Oldenbourg Verlag München 1999

Gedruckt mit Unterstützung des Förderungs- und Beihilfefonds Wissenschaft der VG WORT

Die Deutsche Bibliothek – CIP-Einheitsaufnahme

Werner, Uwe:
Anthroposophen in der Zeit des Nationalsozialismus : (1933–1945) / Uwe Werner. Unter Mitw. von Christoph Lindenberg. – München : Oldenbourg, 1999
ISBN 3-486-56362-9

Rosenheimer Straße 145, D-81671 München
Internet: http://www.oldenbourg.de

Gedruckt auf säurefreiem, alterungsbeständigem Papier (chlorfrei gebleicht)
Umschlaggestaltung: Dieter Vollendorf
Druck und Bindung: R. Oldenbourg Graphische Betriebe GmbH, München

ISBN 3-486-56362-9

Danksagung

Für zahlreiche Hilfen bei der Beschaffung der Dokumente und bei der Durchführung der Arbeit dankt der Verfasser:

- Dagmar von Wistinghausen, München, die im Auftrag der Christengemeinschaft Recherchen zur NS-Zeit durchführt und die Dokumentation zur vorliegenden Arbeit in wesentlichen Teilen ergänzte,
- Manfred Schmidt-Brabant, Dornach,
- Friedhelm Dörmann und dem Arbeitskollegium der Anthroposophischen Gesellschaft in Deutschland,
- Götz Deimann und Bodo von Plato von der Forschungsstelle Kulturimpuls am Friedrich von Hardenberg Institut für Kulturwissenschaften, Heidelberg,
- Ruth-Stephanie Merz, Volker Reiter und Franziska von Nell, verantwortlich für die Textverarbeitung.

Allen sei hiermit für die Zusammenarbeit beim Zustandekommen der Arbeit gedankt. Ebenso sei all denen gedankt, die hier nicht einzeln namentlich aufgeführt werden, die aber aus ihrer persönlichen Erfahrung als Archivare oder aus anderen Zusammenhängen oft entscheidend zur Aufklärung einzelner Aspekte beigetragen haben.

Ein besonderes Wort des Dankes gilt Christoph Lindenberg. Seine Mitwirkung war bei Beschaffung und Durchsicht der Dokumentation ebenso entscheidend wie bei der Abfassung der vorliegenden Arbeit.

Inhalt

Einleitung 1

Die anthroposophische Bewegung vor der nationalsozialistischen Machtergreifung 5

Erster Teil: 1933–1936
Die Verteidigung Rudolf Steiners, das Ringen um die Existenz der Anthroposophischen Gesellschaft und der anthroposophisch orientierten Einrichtungen im entstehenden Machtgefüge des NS-Staates

1. Das Jahr 1933

Die neue Welle von Presseangriffen und die ersten Verteidigungsschritte der Anthroposophischen Gesellschaft 23
Die Einschätzung der Lage durch leitende Anthroposophen 26
Die Verteidigungsversuche über zentrale Partei- und Regierungsstellen 32
Zwischenbilanz 39
Zur Jahreswende 1933/34: Der Angriff im Pforzheimer Anzeiger, seine Wirkungen im nationalsozialistischen Lager und in der Anthroposophischen Gesellschaft 41

2. Auf dem Weg zum Verbot (1934–1935)

Einleitung 47
München, erste Jahreshälfte 1934: Ausgangspunkt der Polizeiaktion gegen die anthroposophische Arbeit 51
Die Verlagerung nach Berlin. Am 1. Juni 1934 wurde das Verbot der Anthroposophischen Gesellschaft polizeiintern beschlossen 55
Die Erhebungen der Politischen Polizei über die Anthroposophische Gesellschaft in ganz Deutschland (Juli bis September 1934) 59
Gestapobeamte bei Zweigabenden. Beginn der Postüberwachung. Wie der deutsche Vorstand die Lage einschätzte 63
8. Mai 1935: Fertigstellung des entscheidenden SD-Berichts 66
Die Verteidigung durch Hermann Poppelbaum als Vertreter des deutschen Vorstandes 70
Der Austritt jüdischer Mitglieder aus der Gesellschaft 71
Das Einverständnis von Rudolf Hess und Wilhelm Frick 74
1. November 1935: Das Verbot der Anthroposophischen Gesellschaft in Deutschland 76
Abschließende Bemerkung 80

3. Die fachlich orientierten anthroposophischen Einrichtungen 1933–1933/36

Einleitung 81
Die biologisch-dynamisch arbeitenden Landwirte und Gärtner 82
Die Entwicklung in Deutschland bis 1933 82
Der Angriff Marschlers und der Schutz von Hess 83
Zusammenfassende Bemerkungen 93
Die Waldorfschulbewegung 1933 – 1936 94
Einleitung 94
Erfolglose Schritte im Jahre 1933 98
Der Erlaß Mergenthalers vom 10. Februar 1934 107
Ein zweiter Anlauf: Die Verhandlungsführung mit dem Amt Hess und den Reichsministerien 1934 109
Die Krise von 1934 im Bund der Waldorfschulen 115
Die Initiative des Waldorfschulvereins: Mergenthaler nimmt seinen Erlaß zurück, aber die Verhandlungsführung entgleitet dem Kollegium 117
Rusts Vorhaben: Eine allgemeine Schüleraufnahmesperre für die Waldorfschulen 122
Frühjahr 1935: Mergenthalers allgemeine Schüleraufnahmesperre für die Waldorfschule Stuttgart. Die Vertrauenskrise zwischen Kollegium und Waldorfschulverein 123
Oktober 1935–April 1936: Durchsetzung des Stuttgarter Kollegiums, Schüleraufnahmesperre, Schließung der Altonaer Schule . 129
Die Christengemeinschaft (Bewegung für eine religiöse Erneuerung) 1933–1936 139
Einleitung 139
Das von der Gestapo geplante Verbot 142
Der Übergang der Christengemeinschaft in die Zuständigkeit des Reichs- und Preußischen Ministeriums für die kirchlichen Angelegenheiten 146
Die Eurythmie, Angriffspunkt bei den künstlerischen Bestrebungen . 152
Das Verbot des Vereins zur Förderung goetheanischer Bühnenkunst 152
Neueröffnung des Eurythmeum in Stuttgart 157
Die Wiederzulassung der Eurythmie 157
Die „Heil- und Erziehungsinstitute für seelenpflegebedürftige Kinder und Jugendliche“ 161
Die Lage 1933 161
Die Verbote gegen die Heil- und Erziehungsinstitute Schloß Gerswalde und Schloß Hamborn 163
Bemerkungen zu den von 1933 – 1936 weniger betroffenen Bereichen: Das Verlagswesen, die anthroposophische Ärzteschaft, Kliniken und Sanatorien, die Heilmittelherstellung 166

4. Die unmittelbaren Folgen des Verbotes. Erfolglose und erfolgreiche Beschwerden. Die weitere Arbeit der Gestapo und der Beginn der „Literaturfrage"

Die offiziellen Anträge der Anthroposophischen Gesellschaft auf Rücknahme des Verbotes 169
Private Eingaben 172
Eine behördeninterne Aktion 173
Die Polizeiberichte über die Auflösung der Gesellschaft 174
Das Problem der Beschlagnahmung und Einziehung des Vermögens 175
Der Beginn der „Literaturfrage": Das Verbot der Verbreitung der Wochenschrift „Das Goetheanum" und der Bücher aus dem Philosophisch-Anthroposophischen Verlag am Goetheanum 177
Berichte verschiedener Dienststellen über das Verhalten der Anthroposophen nach dem Verbot 180

Zweiter Teil: 1936/37–1939/40
Die Berliner Verhandlungen um die Wiederzulassung anthroposophischer Arbeit in Deutschland. Die Schließung der Waldorfschulen. Die „Literaturfrage" und die „Logenfrage". Die Bestrebungen von Erhard Bartsch

Einleitung 185

1. Die Verhandlungen um eine Wiederzulassung der anthroposophischen Arbeit in Deutschland

Die Kontakte zu Hermann Göring und Lotar Eickhoff 187
Die Karlsruher Akten 190
Die Fassungen der Berichte des Sicherheitshauptamts über die Anthroposophie vom 10. April, 2. und 18. Mai 1936 192
Die Vorverhandlungen (März–April 1936) 194
Die Vereinbarungen vom 5. Mai 1936 196
Der „Studienkreis für die Geisteswissenschaft Rudolf Steiners" in Bad Saarow und die letzte öffentliche Vortragsveranstaltung von Anthroposophen am 13. Dezember 1936 in Berlin 201

2. Eickhoffs Versuch, den Schwerpunkt der Verhandlungen ins Innenministerium zu verlagern. Baeumlers Gutachten über die Waldorfschulen. Hess' Eintreten für die Waldorfschulen (Der Glasglockenversuch)

Vorbemerkung 207
Die Entscheidungen der Kollegien über die „Wiederkonzessionierung" 207

Lotar Eickhoffs neuer und letzter Versuch 214
Die Unterstützung der Dresdner Waldorfschule durch Rudolf Hess . 217

3. Die Schließung der restlichen Waldorfschulen
Das Verbot des „Vereins für ein freies Schulwesen“ (Waldorfschulverein)

Die Schließung der Waldorfschulen in Stuttgart, Kassel und Breslau und die Umschulungskurse 225
Die Schließung der Freien Goethe Schule Wandsbek Ostern 1940 ... 228
Der letzte Versuch für die Hannoversche Waldorfschule 230
Die Schließung der Dresdner Rudolf Steiner Schule 232
Das Verbot der „Hilfskasse“ und des Waldorfschulvereins 237

4. Die „Literatur“- und die „Logenfrage“

Einleitung 242
Das vorläufige Ende der Literaturfrage 243
Die Logenfrage im SD-Hauptamt 244
Otto Ohlendorfs Einstellung 246
Die Vorbereitung zum Gutachten Baeumlers über Steiner 249
Das Gutachten Alfred Baeumlers über „Rudolf Steiner und die Philosophie“ und seine Auswirkungen 253
Der Ausgang der Logenfrage 260

5. Hess' erneuter Einsatz für die biologisch-dynamische Wirtschaftsweise. Bartschs Initiativen. Himmlers Zugriff

Einleitung 266
Das drohende Verbot der biologisch-dynamischen Wirtschaftsweise im Reichsnährstand und im Reichsernährungsministerium sowie der Angriff der IG Farben 268
Bartschs Bestrebungen, seine Vorstellungen von einem erneuerten Landleben auf politischem Wege durchzusetzen 276
Himmlers Zugriff auf die biologisch-dynamische Wirtschaftsweise .. 279

6. Die Weiterarbeit der deutschen Anthroposophen nach dem Verbot der Gesellschaft

Einleitung 287
Das Spektrum der Motive und Motivationen 295

Dritter Teil: 1940/41–1945
Die Gestapo-Aktion vom 9. Juni 1941. Der Weg der heilpädagogischen Institute. Das Schicksal der Weleda AG und die Hilfe der anthroposophischen Ärzteschaft

1. Der 9. Juni 1941

11. März–7. Juni 1941. Die Vorgeschichte der Gestapo-Aktion im Reichssicherheitshauptamt ... 301
Vor dem Englandflug von Rudolf Hess. Die Besorgnis Rosenbergs. Jakob Wilhelm Hauer tritt wieder in Erscheinung . 301
10. Mai 1941. Der Englandflug von Rudolf Hess und seine unmittelbaren Folgen für die anthroposophische Sache ... 303
Die Gestapo-Aktion vom 9. Juni 1941 ... 309
Die Intentionen der Machthaber ... 309
Vernehmungen, Verwarnungen und Verhaftungen einzelner Anthroposophen ... 311
Die Verhaftungswelle gegen die Pfarrer und das Verbot der Christengemeinschaft ... 317
Das Vorgehen der Gestapo gegen den Verlag der Christengemeinschaft ... 321
Die Eingaben von Wilhelm Schmundt, Jürgen v. Grone, Hellmuth von Ruckteschell und Hans Erdmenger ... 323
Auswirkungen der Gestapo-Aktion auf einzelne Mitglieder ... 326
Das Vorgehen gegen die biologisch-dynamisch arbeitenden Landwirte ... 327
Franz Lippert in der Heilkräuterversuchsanlage beim KZ Dachau ... 330
Nachwirkungen der Gestapo-Aktion ... 334
Nachspiele im NS-Regime ... 334
„Die Anthroposophie und ihre Zweckverbände“: Der Abschlußbericht des RSHA, neue Gutachten über Steiners Werk. Die Aufgaben Hauers. Eine Dissertation. ... 336
Das „schädliche und unerwünschte“ Schrifttum ... 342

2. Die anthroposophische Heilpädagogik, die Ärzteschaft und die pharmazeutischen Betriebe der Weleda AG während der letzten Jahre der NS-Herrschaft

Der Weg der heilpädagogischen Initiativen ... 344
Haus Spitzner in Bonnewitz ... 344
Lauenstein-Altefeld-Seewalde ... 346
Schloß Gerswalde in der Uckermark ... 347
Eckwälden ... 349
Schloß Hamborn ... 350

Pilgramshain ... 350
„Das Waldhaus" in Malsch ... 353
Sanatorien und Kliniken ... 354
Das Schicksal der Weleda AG und die anthroposophische Ärzteschaft ... 356
Juni 1941 bis Februar 1942: Der „Politische Kampf" ... 356
Zu Sigmund Rascher ... 361
Die Weleda in den letzten Kriegsjahren ... 362

Schlußwort ... 363
Anlagenverzeichnis und Anlagen ... 365
Verzeichnis der Quellen und Literatur ... 453
Abkürzungen ... 462
Personenregister ... 465

Einleitung

Erst in den letzten Jahren ist der Kampf der Nationalsozialisten gegen wirkliche oder vermeintliche ideelle Gegner wie die Freimaurer oder religiöse Sondergruppen, wie die Zeugen Jehovas oder die Baptistengemeinden, zum Gegenstand der Forschung geworden. Mit dieser Studie soll eine weitere Lücke in der Forschung geschlossen werden, indem die Unterdrückung der Anthroposophischen Gesellschaft, von anthroposophischen Einrichtungen und der Christengemeinschaft durch die nationalsozialistischen Machthaber untersucht wird. Schon die Formulierung des Themas zeigt an, daß man es bei den Anthroposophen, anders als beispielsweise bei den Zeugen Jehovas, die eine einigermaßen einheitliche Gruppe und ausschließlich religiös orientiert waren, mit einem relativ komplexen Gegenstand zu tun hat: Es bestanden zum Zeitpunkt der „Machtergreifung" in Deutschland nicht nur zwei Anthroposophische Gesellschaften, sondern daneben Waldorfschulen, Eurythmieschulen, heilpädagogische Heime, der Forschungsring der biologisch-dynamischen Landwirtschaft mit den ihm angeschlossenen Betrieben, anthroposophische Arztpraxen, eine pharmazeutische Fabrik, die Christengemeinschaft als Bewegung für religiöse Erneuerung und überdies entsprechende Zeitschriften und Verlage, die alle auf die eine oder andere Weise von anthroposophischen Ideen angeregt waren. Da diese Gruppierungen und Einrichtungen aber nicht in einem einheitlichen Verband zusammengeschlossen waren, sondern eigene Ziele verfolgten, ergab sich ein breites Spektrum von Auseinandersetzungen: Die Nationalsozialisten hatten es mit den Anthroposophen im engeren Sinne, mit Schulen, mit dem Verband der anthroposophisch orientierten Landwirte usw. zu tun und schätzten diese Gruppen und Einrichtungen auch unterschiedlich ein. Damit machte das Thema „Anthroposophen in der Zeit des Nationalsozialismus" eine Reihe von speziellen Untersuchungen notwendig, damit die ganze Breite des Themas untersucht werden konnte.

Zum Thema gehört nicht nur der Kampf der Nationalsozialisten gegen die Anthroposophen, sondern auch das Vorgehen und Verhalten der Anthroposophen, die eine Fortführung der anthroposophischen Arbeit und den Erhalt ihrer Einrichtungen ermöglichen wollten. Selbstdarstellung, Anbiederung und Widerstand, Verhandlungen mit nationalsozialistischen Instanzen waren ebenso zu untersuchen wie Sinn und Ziel dieser Versuche, zu überleben oder anerkannt zu werden. Dabei sind Versuche, sich mit den Machthabern zu arrangieren, von Täuschung und Tarnung zu unterscheiden.

Das Thema „Anthroposophen in der Zeit des Nationalsozialismus" war bisher als Ganzes noch nicht Gegenstand der Forschung. Die einzigen seriösen Versuche, sich mit dieser Frage zu befassen, betreffen die Waldorfschulpädagogik. Im Jahre 1983 veröffentlichte Achim Leschinsky aufgrund einer relativ schmalen Quellenbasis einige kritische Bemerkungen zum Verhalten von Waldorfschulen unter der NS-Diktatur. Auf diese Arbeit antworteten im gleichen

Jahr auf etwas breiterer Quellenbasis Stefan Leber und Manfred Leist. Es folgte dann 1984 und 1987 nach weiteren Recherchen eine Darstellung von Norbert Deuchert. Neben diesen Darstellungen veröffentlichte Arfst Wagner in den Jahren 1991 bis 1993 in fünf Folgen Akten und andere Quellen verschiedener Provenienz, z.T. aus dem Bundesarchiv Koblenz. Diese Publikation konnte aber – wenngleich sie wertvolles Material enthält – wissenschaftlichen Ansprüchen nicht genügen. Darüber hinaus fehlten darin große Teile des Materials, das erst nach und nach aus den Archivbeständen der ehemaligen DDR und an vielen anderen Orten zum Vorschein kam. Abgesehen von den erwähnten Untersuchungen zu den Waldorfschulen wurde unser Thema sonst nicht wissenschaftlich behandelt.

Angesichts der relativ schmalen Quellenbasis war bisher vor allem eine Beurteilung des Verhaltens der Anthroposophen recht problematisch, weil viele Vorgänge unbekannt, andere nur bruchstückhaft belegt waren und damit der Zusammenhang einzelner Tatsachen, Äußerungen etc. nur schwer zu rekonstruieren war. Die Forschung gerade auf diesem Felde konnte mit einiger Zuverlässigkeit überhaupt erst beginnen, nachdem nach 1990 umfangreiche Aktenbestände eingesehen werden konnten.

Für diese Arbeit wurden Unterlagen aus 50 öffentlichen Archiven und 35 privaten Archiven und Sammlungen herangezogen. In einigen Fällen konnten Zeitzeugen befragt werden, doch gerade diese Befragungen ergaben nur noch wenig, da die meisten Zeugen der Vorgänge verstorben waren, bevor diese Arbeit begonnen wurde. Die Aktenlage erlaubte es, die Vorgänge im NS-Machtapparat relativ genau zu rekonstruieren, da sich namentlich in den damaligen Zwischenarchiven des Bundesarchivs in Dahlwitz-Hoppegarten hinreichend viele Unterlagen über die Vorgänge in Berlin fanden. Die Schwierigkeit der Untersuchung bestand darin, die anthroposophische Seite der Vorgänge in den Blick zu bekommen, da die Mehrzahl der führenden Anthroposophen sich ihrer prekären Situation durch die verschiedenen Formen der Überwachung und Bespitzelung bewußt war und dementsprechend ihre Ansichten über den Nationalsozialismus und ihre Absichten nicht offen darlegten oder zu Papier brachten. Immerhin konnten für diese Arbeit erstmals die Bestände des Archivs am Goetheanum, die zumindest Teile des Schriftwechsels zwischen der Dornacher Zentrale und der leitenden Gruppe der deutschen Landesgesellschaft enthalten, eingesehen werden. Der Schriftverkehr der zweiten Gesellschaft, der Anthroposophischen Arbeitsgemeinschaften, hingegen scheint nicht erhalten zu sein. Das „Sonderarchiv" des Zentralen Staatsarchivs in Moskau konnte nur teilweise und unter abenteuerlichen Bedingungen eingesehen werden. Auch ist der allergrößte Teil der Ergebnisse der Überwachung und der Vernehmungsprotokolle inhaftierter oder verhörter Anthroposophen in den letzten Monaten des Krieges durch den SD in Schlesiersee vernichtet worden. So haben sich nur ganz wenige direkte Belege für die wahre Meinung der Mehrzahl der Anthroposophen erhalten. Das meiste muß aus den verschiedenen Berichten des SD, aus der Tatsache der Inhaftierung bestimmter Anthroposophen und deren späteren Berichten erschlossen werden.

Zu den Verhandlungen mit Behörden und Parteistellen, die eine kleine Gruppe von Anthroposophen in der Hoffnung unternahm, sich mit dem Regime zu arrangieren oder gar höherrangige Nationalsozialisten zu ihren Ansichten zu bekehren, gibt es genügend Unterlagen, die die Vorgänge verdeutlichen.

Merkwürdigerweise haben die Anthroposophen unmittelbar nach dem Jahre 1945 ihr Verhalten in der NS-Zeit nicht diskutiert oder ausführlicher dargestellt. Das ist zum allergrößten Teil darauf zurückzuführen, daß man nach dem Krieg im Neuaufbau der anthroposophischen Arbeit, mit der Wieder- oder Neugründung von Schulen etc. hinreichend viel zu tun hatte, aber wohl auch damit, daß man jeden Mitarbeiter brauchte und mehr oder weniger bewußt darauf verzichtete, Kontroversen über das Verhalten einiger Anthroposophen in der NS-Zeit zu erneuern. Damit fehlt dieser Untersuchung ein wichtiger Bestandteil. Die inneranthroposophischen Kontroversen, die es zwischen 1933 und 1941 gab, können nur aus wenigen Zeugnissen erschlossen werden.

Mit der vorliegenden Arbeit wird der Versuch unternommen, die Vorgänge im Zusammenhang der Verfolgung der Anthroposophen durch die Nationalsozialisten auf beiden Seiten, der anthroposophischen und der nationalsozialistischen, so genau als möglich zu rekonstruieren und zu beschreiben. Es wird dabei schlicht chronologisch und nach Sachgebieten gegliedert vorgegangen. Es wird in dieser Untersuchung weder die Absicht verfolgt, jemanden anzuklagen noch zu entschuldigen. Vielmehr geht es darum, die handelnden Menschen, hier namentlich die Anthroposophen, möglichst genau zu verstehen. Das heißt in unserem Falle, ihre zeit- und situationsbedingten Motivationen und Handlungsweisen zu erkennen und Menschen und Vorgänge nicht ausschließlich nach unseren heutigen Maßstäben und Erkenntnissen zu beurteilen. Damit soll freilich keiner Kritik- und Urteilslosigkeit das Wort geredet werden, aber die Menschen sollen zunächst an ihren eigenen Maßstäben und Absichten gemessen werden.

Die anthroposophische Bewegung vor der nationalsozialistischen Machtergreifung

Unter den zahlreichen am Anfang des 20. Jahrhunderts entstandenen Erneuerungsbewegungen, die vom Expressionismus, dem Werkbund und dem Bauhaus, von der Lebensreform bis zur Reformpädagogik und der Jugendbewegung reichen, nimmt die Anthroposophie Rudolf Steiners eine besondere Stellung ein. Sie erhebt – bis zum heutigen Tage ungebrochen – den Anspruch, auf der Grundlage einer Erkenntnis der „höheren Welten" – also übersinnlichen Welten – universelle Lösungswege für die Fragen der Zeit finden oder entwikkeln zu können. Man kann auch nicht leugnen, daß die weltweit verbreiteten anthroposophischen Initiativen auf pädagogischen, heilpädagogischen, medizinischen, landwirtschaftlichen und sozialen Feldern für das allgemeine Kulturleben manche Anregung gebracht haben.

Ein Zentrum der anthroposophischen Arbeit war das Goetheanum in Dornach (Schweiz), wo 1923 die Allgemeine Anthroposophische Gesellschaft – die in anderer Form bereits seit 10 Jahren bestand – unter der Leitung Steiners neu gegründet worden war. Von einer „Freien Hochschule" ausgehend sollte die anthroposophische Arbeit auf allen Fachgebieten und in allen Ländern, wo anthroposophische Gruppen tätig waren, gefördert werden. Der vorzeitige Tod Steiners (1925) bedeutete keineswegs das Ende dieser Bestrebungen, aber es kam unter den Nachfolgern Steiners zu teils persönlich, teils sachlich motivierten Konflikten über die Frage, wie die Arbeit fortzusetzen sei. Während auf praktischem Felde durch Gründung neuer Schulen, heilpädagogischer Heime und therapeutischer Zentren sowie durch die Fortsetzung der Experimente der biologisch-dynamischen Landwirtschaft manche Erfolge erzielt wurden, kam es in organisatorischer Hinsicht zu Rückschlägen, insbesondere zu Spaltungen in der Anthroposophischen Gesellschaft selbst. Im Verlauf dieser Konflikte wurde 1931 die deutsche Landesgesellschaft aufgelöst und als eine Gesellschaft neu formiert, die sich an eine von Dornach ernannte Initiativgruppe anschloß. Die von dem 1.Vorsitzenden der Dornacher Zentrale ernannte „Initiativgruppe", um die sich die Mehrheit der deutschen Anthroposophen scharte, wurde von Dr. Hermann Poppelbaum (Hamburg) geleitet. 1932 gehörten zu dieser „Initiativgruppe", die de facto als Landesvorstand fungierte: Moritz Bartsch (Breslau), Dr. Hans Büchenbacher (Stuttgart), Alfred Reebstein (Karlsruhe), Ernst Stegemann (Gut Marienstein b. Göttingen), Alexander Strakosch (Stuttgart). Andererseits gründete sich eine Anthroposophische Arbeitsgemeinschaft, die engen Kontakt mit der niederländischen und der britischen Landesgesellschaft hielt. Die Geschäftsführung der „Anthroposophischen Arbeitsgemeinschaft" wurde von Jürgen von Grone wahrgenommen. Der führende Kopf dieser Gruppierung war Dr. Eugen Kolisko. Insgesamt war deshalb die anthroposophische Bewegung sehr geschwächt: die Zahl der Mitglieder war in Deutschland von etwa 11 000 auf etwa 7 000 gesunken, und durch die Spaltung verloren urteilsfähige und erfahrene Mitglieder an Einfluß. Der überwiegende Teil der Aufmerksamkeit und Energie richtete sich nicht auf allgemeine politische Angelegenheiten, sondern auf Konflikte in den eigenen Reihen.

Diese Konflikte innerhalb der Anthroposophischen Gesellschaft kamen auch im Jahre 1933, als die gesellschaftliche und politische Situation in Deutschland bedrohlich wurde, zu keinem Ende. Sie wuchsen vielmehr bis 1935 und kosteten viel Zeit und Energie. Schließlich wurde eine Reihe von Mitgliedern, unter ihnen Jürgen von Grone und Eugen Kolisko, sowie die Leiter der britischen und niederländischen Landesgesellschaften, Daniel Nicol Dunlop und Dr. F. Willem Zeylmans, ausgeschlossen.

Die anthroposophische Arbeit wurde aber nicht nur durch die inneren Auseinandersetzungen gelähmt, sondern auch durch die wirtschaftliche Krise der Jahre 1930/34, da sie ganz und gar auf freie Spenden und Mitgliederbeiträge angewiesen war. Das kann unter anderem an den beiden in Deutschland erscheinenden anthroposophischen Zeitschriften abgelesen werden: Die Monatsschrift „Die Drei" mußte ihr Erscheinen 1930 einstellen. Die Wochenschrift „Anthroposophie" wurde im September 1931 in eine Monatsschrift, 1932 in eine Vierteljahresschrift verwandelt.

Im Gegensatz zu diesen bedrückenden Tatsachen zeigte die Arbeit einzelner Anthroposophen in den Jahren 1930 – 1935 durchaus solide und gute, ja teilweise beachtliche Leistungen. So legten die anthroposophischen Naturforscher Lili Kolisko, Hermann Poppelbaum,[1] Ehrenfried Pfeiffer und Gerbert Grohmann beachtenswerte Studien und Untersuchungen vor, Albert Steffen veröffentlichte einen vorzüglichen Essayband „Goethes Geistgestalt", Friedrich Rittelmeyer[2] und Emil Bock[3] verfaßten in diesen Jahren grundlegende Werke zu religiösen und geistesgeschichtlichen Fragen. In diesen Arbeiten findet weder das in jenen Jahren verbreitete Krisengerede, die aufgeregte Botschaft von einer Weltwende, noch der Chiliasmus des Tat-Kreises oder die Apokalyptik eines Wilhelm Stapel Ausdruck. Es ist erstaunlich, in wie geringem Maße dem „Zeitgeist" gehuldigt wurde. Man beschränkte sich also im wesentlichen auf eine Ausarbeitung anthroposophischer Themen, wozu das Goethe-Jahr 1932 besonderen Anlaß bot.

Die politischen Verhältnisse im engeren Sinne waren zu Beginn der dreißiger Jahre in der anthroposophischen Publizistik kein Thema. Nur in der Wochenschrift „Anthroposophie" finden sich im Jahre 1930 eher allgemein gehaltene Betrachtungen zur Weltlage: zum Bolschewismus, zur Europafrage, zur Arbeitslosigkeit und zur Deflation sowie zur Parteienkrise. Aber im Jahrgang 1931 wurden diese Beiträge nicht fortgesetzt. Es erschien den Herausgebern müßig, zu der ihnen fragwürdig erscheinenden Politik Brünings oder der Präsidialdiktatur von Papens ständig Stellung zu nehmen. Nachdem die National-

[1] Hermann Poppelbaum, s. Anlage 24.
[2] Friedrich Rittelmeyer, s. Anlage 24.
[3] Emil Bock, s. Anlage 24.

sozialisten im November 1932 bei den Reichstagswahlen eine Schlappe erlitten hatten, glaubte man mancherorts, daß die braune Flut abebbte.

So traf der 30. Januar 1933 die Anthroposophische Gesellschaft völlig unvorbereitet: die Gesellschaft hatte sich bis zu diesem Zeitpunkt nie veranlaßt gesehen, sich praktisch um politische Fragen zu kümmern oder sich gegenüber Behörden oder politischen Parteien darzustellen. Man hatte sich als eine Vereinigung spirituell interessierter Menschen seinen Studien gewidmet und sich mit seinen eigenen Angelegenheiten befaßt. Mit der Machtergreifung durch die Nationalsozialisten und deren Anspruch, alle Tätigkeiten in Deutschland „gleichzuschalten" und in allen Fragen mitzureden, wurde das schlagartig anders. Plötzlich wurde man gezwungen, sich vor einem politischen Forum darzustellen.

Die Anthroposophische Gesellschaft verstand sich jedoch als durchaus unpolitische Vereinigung, die namentlich mit politischen Parteien nichts zu tun hatte. Man sah sich selbst vorzugsweise als wissenschaftliche Gesellschaft, die wie eine damalige Mathematische oder Physikalische Gesellschaft zu politischen Stellungnahmen in keiner Weise aufgerufen oder qualifiziert war. Mit diesem Selbstverständnis hatte man bis zum 30. Januar 1933 ganz gut leben können, da der Staat sich um Vereine von der Art der Anthroposophischen Gesellschaft nicht kümmerte. Auch innerhalb der Anthroposophischen Gesellschaft spielten politische Präferenzen keine bedeutsame Rolle.

Seit 1917 hatte Steiner in Vorträgen den Nationalismus als ein rückschrittliches Element in der neueren Menschheitsentwicklung gekennzeichnet und geltend gemacht, daß für die Zukunft ein internationales oder übernationales Element allein zum Gedeihen des sozialen Lebens beitragen könne.[4] Auf nationalistischer und nationalsozialistischer Seite galten Steiner und die Anthroposophen seit 1919 als Feinde. Bereits 1919 hatte Dietrich Eckart in seinem Blatt „Auf gut Deutsch" anläßlich der Gründung der Stuttgarter Waldorfschule Steiner angegriffen und ihn als Juden bezeichnet. Am 15. März 1921 wurde Steiner im Zusammenhang mit einer Attacke auf den deutschen Außenminister Simons in einem Artikel Adolf Hitlers im „Völkischen Beobachter" als Protagonist der „Zerstörung der normalen Geistesverfassung der Völker" apostrophiert. In diesem Sinne äußerten sich auch Alfred Rosenberg und Erich Ludendorff sowie der General a.D. Gerold von Gleich, der mit seiner Hetzkampagne vor allem in Stuttgart großes Aufsehen erregte.

Unmittelbarer Anlaß für die Bemerkungen Hitlers zu diesem Zeitpunkt war vermutlich die oberschlesische Dreigliederungsaktion. Für März 1921 war für Oberschlesien eine Volksabstimmung über die Staatszugehörigkeit zu Deutschland oder Polen vorgesehen. Steiners Vorschlag, von einer staatlichen Angliederung zunächst abzusehen und auf diesem Gebiet die Dreigliederung einzuführen, brachte ihm in der Frankfurter Zeitung vom 4. März den Vorwurf ein, ein Verräter am Deutschtum zu sein. Diese Qualifizierung wurde sofort in deutschen Tageszeitungen von der Gegnerschaft Steiners zitiert. Hitler verwies in sei-

[4] Vortrag vom 22. März 1919, GA 190, S. 34.

nem Artikel gegen Simons indirekt auf die oberschlesische Frage, indem er spekulierte, daß Simons unter dem Einfluß Steiners vielleicht noch vorschlagen werde, Oberschlesien abzutreten, um das Ruhrgebiet für Deutschland zu erhalten.[5]

Rudolf Steiner trat besonders in den Jahren 1919 – 1922 öffentlich für die soziale Dreigliederung ein. Diese Bestrebungen zielten im Kern auf eine Entmachtung des „Einheitsstaates" – so nannte es Steiner – und standen jeglichem Totalitarismus entgegen. Sie störten das politische Machtstreben völkischer Kreise, nicht zuletzt auch das der Nationalsozialisten. Überhaupt trat Steiner für eine geistige und soziale Erneuerung ein, die auf einer ganz anderen Linie lag als die der völkischen Bewegung. Am 15. Mai 1922 beabsichtigten dann Ludendorff-Anhänger, im Münchener Hotel „Vier Jahreszeiten" einen Vortrag Steiners zu stören und eine Saalschlacht zu provozieren. Da dies aber den Münchener Anthroposophen vorher bekannt geworden war, konnten sie reagieren. Steiner konnte seinen Vortrag beenden, und erst anschließend kam es zu einer tätlichen Auseinandersetzung, bei der aber die Anthroposophen die Oberhand behielten.[6] Ein ähnlicher Störversuch rechtsradikaler Gruppen in Elberfeld wurde vor den Saaltüren abgewehrt. Nachdem am 10. November 1923 der Putschversuch Ludendorffs und Hitlers in Dornach bekannt wurde, soll Steiner bemerkt haben: „Wenn diese Herren an die Regierung kommen, kann mein Fuß deutschen Boden nicht mehr betreten."[7] Nach einer anderen Quelle sagte er: „Wenn diese Gesellschaft sich durchsetzt, bringt dies für Mitteleuropa eine große Verheerung."[8] Es kann also kein Zweifel daran bestehen, daß Steiner damals die Gefahren, die mit den Nationalsozialisten heraufzogen, richtig einschätzte und in deren Vorgehensweise ein Hindernis für seine eigene Betätigung sah.[9]

[5] Adolf Hitler, Staatsmänner oder Nationalverbrecher, in: Völkischer Beobachter, 35. Jg., 15. März 1921, S. 2. Zu der Dreigliederungsbewegung vgl.: Christoph Lindenberg, Rudolf Steiner, eine Biographie, Stuttgart 1997, S. 727.

[6] Siehe dazu z. B. in der Münchner Wochenschrift Heimatland, Folge 19, 1922, S. 3: „Und jetzt will dieser Anthroposophieheiland nach München kommen [...]. Gibt es in München keine deutsch fühlenden Männer mehr, die die Ankunft eines solchen Schurken verhindern?". Vgl. auch Münchner Zeitung vom 19. Mai 1922, Münchner Neueste Nachrichten, 21. Mai 1922, Basler Nachrichten 22. Mai 1922, VB vom 27. Mai 1922 u. v. a.

[7] Anna Samweber, Aus meinem Leben, Basel 1981, S. 44

[8] Karl Lang, Lebensbegegnungen, Benefeld 1972, S. 67

[9] Steiner äußerte sich damals auch mehrfach über die Verwendung des Hakenkreuzes. Diese Bemerkungen wurden allerdings erst im Zuge der Gesamtausgabe seiner Werke in den sechziger Jahren bekannt. Sie enthalten jedoch so etwas wie eine Warnung vor den Folgen eines Mißbrauchs dieses Symbols, so z. B.: „Man weiß da, wo große Politik gemacht wird, wie man auf Menschenseelen wirkt. Man weiß, was der Siegeszug des Hakenkreuzes, der Swastika, das eine große Anzahl von Menschen in Mitteleuropa bereits trägt, [...] man weiß, was dieses bedeutet, aber man will nicht hinhorchen [...]", oder: „Solche Zeichen, Hakenkreuze, Swastiken, mit denen heute in Deutschland so viel Unfug getrieben wird [...]." Vortrag Steiners vom 27. August 1920, in: GA 199, S. 161, und Vortrag Steiners vom 10. September 1923, in: GA 350, S. 276.

Zu Beginn der dreißiger Jahre betrachteten auch die Anthroposophen den Nationalsozialismus als Gefahr. Der Historiker Karl Heyer[10] unterstrich das in seiner privaten Korrespondenz. So zum Beispiel im März 1931: „Die nationalsozialistische Gegnerschaft beobachte auch ich mit ganz besonderer Sorge. Armes deutsches Volk! [...]" oder im Oktober 1931: „Zu alledem kommt noch, daß seit mehr als einem Jahr über unser aller Häuptern die Gefahr einer Rechtsdiktatur schwebt. Was in unsern unruhigen Zeiten da als Verfolgungen, Verbote und dergl. kommen könnte, weiß der Himmel [...], vielleicht kommen solche Zeiten schon sehr bald. Man weiß nicht. Aber man müßte mit dieser Gefahr ernstlich rechnen [...]."[11]

Friedrich Rittelmeyer äußerte sich im Juli 1932 zum – von Hitler so deklarierten – „Kampfjahr 1932" und zur Idee des „Herrenvolkes": „Man will kämpfen [...]. Gerade was den Deutschen in der Geschichte groß gemacht hat: der Geist und die Menschlichkeit – gerade das wird abgetan [...]. Kann es eine größere Illusion geben als wenn man verkündigt: Wir werden uns nichts gefallen lassen, dann werden die anderen Völker schon sehen, daß sie mit uns paktieren müssen [...]. Der große Bund mit der Wahrheit und mit der Menschlichkeit ist es, was allein Deutschlands Zukunft sichern kann."[12]

Schon 1929 sagte Dr. Eugen Kolisko auf der Generalversammlung der deutschen Landesgesellschaft:

> „Man sieht wie dämonische Mächte das Geschehen ergreifen und die Menschen umspinnen [...]. Während scheinbar moralische Prinzipien und Phrasen bei den leitenden Menschen herrschen, bereitet sich unten ein Mechanismus vor, der in jedem Moment mit größerer Sicherheit und Schnelligkeit als im Jahre 1914 eine ungeheure Katastrophe hervorrufen kann [...]. Auf der anderen Seite ballt sich [...] zusammen das nationale und Rassen-Element. Gerade in der jetzigen Zeit könnte man viele Stunden sprechen, um zu zeigen, wie die nationalen Katastrophen, die alten Rassenimpulse und dergleichen heraufkommen [...]."[13]

Hermann Poppelbaum äußerte sich in diesem Sinne, z. B. in einer Bemerkung zu Hermann Wirths Buch über den Aufgang der Menschheit: es „führt trotz seines außerordentlichen Materials nicht zu klaren und objektiven Ideen, sondern spinnt den Leser ein in Rasseegoismen und überhebliche und illusionäre Identifizierung [...]."[14]

Der SD selbst hatte später keine Mühe, eine Reihe ähnlicher Zitate aus den zwanziger Jahren von Steiner, Uehli, Polzer-Hoditz, Unger u. a. zusammen-

[10] Karl Heyer, s. Anlage 24.

[11] Karl Heyer an Walter Conradt vom 3. März 1931, an Moritz Bartsch vom 11. Oktober 1931. Beide BAK R 18/405, 408. Heyers private Korrespondenz gelangte teilweise in die Hände des SD.

[12] Vgl. Maria Zelser, Stuttgart unterm Hakenkreuz, Stuttgart 1984.

[13] Ausführungen von Dr. Eugen Kolisko bei der Generalversammlung der deutschen Landesgesellschaft, Stuttgart 10. - 12. Mai 1929. SAM.

[14] Hermann Poppelbaum, Bericht des Pythagoras-Zweiges, Hamburg, vom 8. September 1931. BAD Z/B 1 903. Diese Passage wurde von den Sachbearbeitern des Sicherheitsdienstes, die die im März 1936 beschlagnahmten Akten studierten, markiert.

zustellen, um sie als Beweis für den Antinationalismus der Anthroposophischen Gesellschaft ins Feld zu führen.[15]

Aber diese Problematik war kein Hauptthema innerhalb der Gesellschaft. Vor dem 30. Januar gab es jedenfalls keine grundlegende Diskussion über den Nationalsozialismus, vor allem hatte man sich keine Gedanken über das eigene Verhalten im Falle einer nationalsozialistischen Revolution gemacht. Wie auch andere konnte man sich ein Leben unter einer totalitären Herrschaft einfach nicht vorstellen.

Sehr schnell bemerkte man schon im Februar 1933, daß man sich nicht mehr unbefangen äußern konnte. Nach dem 30. Januar 1933 war eine Diskussion über den Nationalsozialismus und eine Abstimmung untereinander über das eigene Vorgehen nur noch im kleinsten, vertrauten Kreise möglich. Jeder einzelne mußte sich für sich ein Urteil bilden. Die Überwachung und die Gleichschaltung hatten begonnen. Relativ schnell sah man sich in den Zweigen und Arbeitsgruppen, in der Landesgesellschaft sowie in Dornach zu Reaktionen veranlaßt. Es galt, Erklärungen abzugeben und sich darzustellen. Da schon seit vielen Jahren falsche, irreführende und verleumderische Behauptungen über Rudolf Steiner und die Anthroposophie verbreitet wurden, ergriff man diese Gelegenheit und stellte überdies geschickt jene Aussagen Steiners in den Vordergrund, in denen dieser für das Deutschtum eintrat, ja man stellte Anthroposophie selbst als die edelste Blüte echten Deutschtums dar und hoffte, so das Problem gelöst zu haben, das heißt, nunmehr in Ruhe gelassen zu werden.

Diese Stellungnahmen waren keineswegs als umfassende Beschreibungen der Anthroposophie gedacht, sondern ganz pragmatisch als Abwehr- und Schutzbehauptungen, die die ungestörte Fortführung der anthroposophischen Arbeit sichern sollten.

Der Wille, die Arbeit in Deutschland fortzusetzen, entsprang verschiedenen Motiven. In erster Linie sah man in einer spirituellen Arbeit überhaupt ein Element, das in Deutschland nicht untergehen dürfe. Die Pflege ideeller und geistiger Erkenntnis – auch in kleinen Gruppen – war in den Augen der Anthroposophen etwas, was im geistigen Klima eines Volkes nicht fehlen durfte. Man hoffte, daß von der anthroposophischen Arbeit früher oder später eine geistige Orientierung für größere Gruppen ausgehen könnte. Für die Waldorfschulen handelte es sich darum, zumindest für die diesen Schulen anvertrauten Kinder eine Kindheit und Jugendzeit zu ermöglichen, in der die jungen Menschen sich wirklich rein menschlich entfalten können, ohne bereits von den Absichten und Zwecken eines fragwürdigen Staates in Anspruch genommen zu werden. Für die heilpädagogischen Heime ging es darüber hinaus ganz entscheidend darum, das Leben der ihnen Anvertrauten zu schützen. Für die Landwirte, Bauern und Gärtner, die den Anregungen der biologisch-dynamischen Wirtschaftsweise folgten, hätte der Abbruch ihrer Arbeit den Verrat an der heilenden Pflege des Bodens bedeutet. Die Ärzte und Pharmazeuten hätten gegen

[15] Vgl. Anlage 10.

ihre Einsicht handeln müssen, wenn sie ihre therapeutischen Verfahren aufgegeben hätten.

Um den Fortgang der Arbeit zu ermöglichen, wurden möglichst unverfängliche Stellungnahmen verfaßt, wobei man sich bemühte, im ganzen Deutschen Reich zu einheitlichen Erklärungen zu kommen. Man bat alle Mitglieder, auf persönliche Äußerungen zu verzichten, weil man Ausrutscher befürchtete. Angesichts der bereits einsetzenden Überwachung sah man sich nicht in der Lage, allgemein, etwa durch Rundschreiben oder Vorträge, prinzipiell auf die Fragwürdigkeit des Nationalsozialismus hinzuweisen. Doch gab es zumindest eine ganze Reihe führender Mitglieder, die dem Nationalsozialismus kritisch-ablehnend gegenüberstanden und dies auch hätten begründen können. Nach der Aussage Hans Büchenbachers stand die gesamte Initiativ-Gruppe, d. h. also der Landesvorstand, der NS-Bewegung ablehnend gegenüber. Auch Dr. Karl Heyer, Sigismund von Gleich, Dr. Eugen Kolisko, Lili Kolisko, Kurt Walter und viele andere lehnten den Nationalsozialismus ab. Andererseits war damit zu rechnen, daß zumindest eine Reihe Mitglieder geneigt war, „das Gute“ in der NS-Bewegung zu sehen oder sie gar zu begrüßen. Für diesen oder jenen konnte es auch praktische Gründe geben, sich mit den Machthabern zu arrangieren und zugleich zur Bewahrung des guten anthroposophischen Gewissens nach Übereinstimmungen zwischen der NS-Bewegung und der Anthroposophie Ausschau zu halten.

Wer nach solchen scheinbaren Übereinstimmungen mit dem Nationalsozialismus suchte, konnte bei Steiner Aussagen finden, die aus ihrem Kontext gerissen in ihrem Wortlaut sehr ähnlich klangen. Da war zunächst die Betonung der Mission des Deutschtums. Nach Ansicht Steiners hatte sich im Lauf der vergangenen Jahrhunderte – etwa seit der Zeit Wolfram von Eschenbachs und Walter von der Vogelweides – innerhalb des Deutschtums durch einzelne Menschen der zarte Keim einer Seelenhaltung gebildet, durch die das einzelne, freie Individuum sich selbständig, als Person zum Geistigen erhebt und das Geistige in sich selbst erlebt. Steiner hatte zu zeigen versucht, wie in ganz unterschiedlicher, höchst individueller Weise Menschen wie Jakob Böhme oder Johann Gottlieb Fichte den „Seelenweg zum Geiste“ gegangen waren, wie Goethe durch persönliche Schulung die Methode entwickelt hatte, die sinnlich-übersinnliche Form in der Natur unmittelbar anzuschauen. Durch diesen Keim persönlicher Entfaltungsmöglichkeiten hatte das Deutschtum für die zukünftige Menschheitsentwicklung die allergrößte Bedeutung, und die Anthroposophie selbst war das Ergebnis dieser mitteleuropäischen geistesgeschichtlichen Entwicklung. Daß Steiner mit dem Worte Deutschtum aber etwas ganz anderes meinte als die Nazis, ergab sich aus der Tatsache, daß er damit auf eine geistige Linie deutete, die von Jacob Böhme, Angelus Silesius zu Goethe, Novalis und Schelling ging. Deutschtum war bei Steiner ein geistesgeschichtlicher Begriff, während er bei den Nazis biologisch-rassistisch gefaßt war.

Die Anthroposophen machten ihre Orientierung an dem nach ihrer Ansicht wahren Deutschtum in ihrer Stellungnahme vom Frühjahr 1933 unmißverständlich deutlich, indem sie die Anthroposophie als eine Wissenschaft vom Geist bezeichneten und hinzufügten: „Diese Wissenschaft ist von Rudolf Steiner entwickelt worden in Anknüpfung und Fortführung der Gedankenwelt und der moralischen Impulse des deutschen Geisteslebens, besonders des deutschen Idealismus eines Fichte, Goethe, Schiller, Hegel. Die Anthroposophie vermittelt die Erkenntnis der in ihrem tiefsten Wesen christlichen Kräfte des deutschen Volksgeistes."[16]

Andererseits griffen in der NS-Zeit verschiedentlich Anthroposophen zu dem Verteidigungsmittel, aus Steinerschen Äußerungen scheinbare Parallelen zu politischen Einstellungen der Nationalsozialisten zu konstruieren. Das war vor allem der Fall in den Fragen der Schuld am Ausbruch des Ersten Weltkriegs, des Versailler Vertrags und des Anti-Intellektualismus.

So findet man bei Steiner Äußerungen, in denen er die Schuld des deutschen *Volkes* am Ausbruch des Ersten Weltkrieges bestreitet. Man hat das immer wieder im Sinne des Kampfes gegen die „Kriegsschuldlüge" in Anspruch nehmen wollen, und teilweise besteht diese Inanspruchnahme auch zu Recht, man ließ aber zwei ganz entscheidende Dinge weg: so heftig Steiner das deutsche *Volk* zeitweilig verteidigte, so energisch griff er die deutsche Führung, die Politik der leitenden Staatsmänner an. Bis heute besteht bei manchen Interpreten die Neigung fort, Steiner einseitig als Bekämpfer der „Kriegsschuldlüge" zu sehen. In diesem Sinne kann man auch Äußerungen Steiners finden, die in der Haltung der Gegner Deutschlands die tieferen Ursachen für den Ausbruch des Ersten Weltkrieges sehen wollen. Ebenso findet man aber auch ganz andere Äußerungen, die im Versagen der deutschen Politik, im Nicht-Ergreifen bestimmter Aufgaben durch Deutschland die tieferen Ursachen des Krieges sehen. Aus heutiger Sicht kann man den Eindruck gewinnen, daß Steiner selbst durch seine vielfältigen und wohl auch nicht ganz widerspruchsfreien Äußerungen den Mißbrauch seiner Aussagen ermöglicht hat.

Auch die Ablehnung des Versailler Friedensvertrages wurde von deutschen Anthroposophen immer wieder angeführt. Steiner hatte die Unterzeichnung des Vertrages von Versailles für einen politischen Fehler und den Vertrag in seinen Folgen für verhängnisvoll gehalten. Er hatte aufgrund seiner persönlichen Bekanntschaft mit dem Chef des Generalstabs Helmuth von Moltke detaillierte Kenntnisse über die Vorgänge bei Kriegsausbruch im Juli und August 1914. Daraus ergab sich für ihn, daß man der damaligen politischen Führung Deutschlands wohl Verwirrung und Unfähigkeit, aber keinen bewußten Kriegswillen vorwerfen könne. Damit müsse auch – so meinte Steiner – die in diesem Sinne gemeinte Schuldzuweisung des Versailler Vertrages hinfällig werden. Steiners Versuche, diesem Gesichtspunkt zur Anerkennung zu verhelfen, scheiterten nicht zuletzt an dem Widerstand militärischer Kreise, die die Schwäche der deutschen politischen Führung bei Kriegsausbruch nicht wahr-

[16] „Grundsätze für die Arbeit der Anthroposophischen Gesellschaft in Deutschland" in: Anthroposophie, April-Juni 1933, Buch 3, S. 253.

haben wollten.[17] Daraus erwuchs Steiner eine Gegnerschaft, die seine Bekanntschaft mit Moltke nutzte, um ihm schließlich den Vorwurf zu machen, diesen okkult beeinflußt zu haben, was den Verlust der Marneschlacht und schließlich die deutsche Niederlage im Ersten Weltkrieg zur Folge gehabt habe.[18] Die Nationalsozialisten befaßten sich damals keineswegs mit Steiners Stellungnahmen zum Kriegsausbruch und zum Versailler Vertrag. Erst als Ludendorff-Anhänger 1933 die These von der okkulten Beeinflussung Moltkes durch Steiner neu verbreiteten, kam sie auch den Nationalsozialisten in ihrem Kampf gegen die Anthroposophie gelegen.

Den Eindruck einer Verwandtschaft mit den Thesen einer antideutschen Weltverschwörung versuchten einige Anthroposophen mit jenen Ausführungen zu erwecken, die Steiner während des Ersten Weltkrieges über die Tätigkeit westlicher Geheimgesellschaften gemacht hatte und die man in der Fassung des Buches von Karl Heise, Die Entente-Freimaurerei und der Erste Weltkrieg, den Machthabern andiente.

Eine weitere scheinbare Verwandtschaft zu nationalsozialistischen Auffassungen wurde mit Steiners Kennzeichnung der westeuropäischen und amerikanischen Geistigkeit konstruiert. Eine zutreffende Beschreibung der westlichen Geistesart im Sinne Steiners wäre eine längere Untersuchung wert. Verkürzt dargestellt ist das westliche Denken durch Intellektualismus und Materialismus geprägt. Die Welt ist das mechanische Produkt zufälliger Selektionen im Sinne von Newton, Laplace und Darwin. Letztlich ist die Welt nur statistisch erfaßbar. Diesem westlichen Denken, das dann im Liberalismus und Parlamentarismus, d. h. in den Zufällen des Marktes und der parlamentarischen Abstimmungsmaschinerie wirksam wird, wird eine andere Weltauffassung entgegengestellt.

Bei den Anhängern des Nationalsozialismus ist bekanntlich eine antiintellektualistische und antimaterialistische Weltauffassung ansatzweise vorhanden: so beispielsweise in der Deutschen Physik von Johannes Stark und Philipp Lenard, bei Alfred Baeumler in der Philosophie und bei manch anderen Gelehrten.

Auch innerhalb mancher anthroposophischer Kreise hatte der anti-westliche und anti-intellektuelle Affekt, der selbst nach einem sehr einfachen intellektuellen Schema verfuhr, indem er den Willen gegen den Intellekt, den Charakter gegen das Wissen, das Blut gegen den Nerv, das Herz gegen den Kopf etc. ausspielte, einzelne Vertreter der Anthroposophie für jene Parolen der NS-Bewegung anfällig gemacht, die ebenfalls Wille, Tat und Blut betonten. Ein Beispiel für diese Anfälligkeit liefert Roman Boos in seiner Einleitung zu „Ru-

[17] Diese Vorgänge sind ausführlich in der französischen Tageszeitung Le Matin vom 5. Oktober 1921 sowie in Das Goetheanum 1. Jg., Nr 9 vom 16. Oktober 1921 und in der Zeitschrift Dreigliederung des sozialen Organismus 3. Jg., Nr. 17 vom 26. Oktober 1921 sowie Nr. 19 vom 10. November 1921 dokumentiert.

[18] Vgl. zu diesen Vorgängen Christoph Lindenberg: Rudolf Steiner, eine Biographie, Stuttgart 1997, S. 732.

dolf Steiner während des Weltkrieges".[19] Aber es hat auch andere Mitarbeiter in der anthroposophischen Bewegung gegeben, die zum Beispiel die Methoden der Waldorfpädagogik als anti-intellektualistische, willens- und charakterbildende Pädagogik den Vertretern des NS-Staates anzudienen versuchten. Natürlich steht hinter dieser Art des Mißverständnisses der Anthroposophie nicht nur gedankliche Schwäche und Vergeßlichkeit, sondern zumeist auch eine bestimmte biographische Situation, ein konkretes Interesse. Für jeden Anthroposophen aber, der auch nur die elementarsten Grundlagen der Dreigliederung verstanden hatte, war ein totalitäres Staatswesen, wie es durch den Nationalsozialismus verwirklicht wurde, schlimmste Reaktion. Wer nur einmal die „Philosophie der Freiheit" zu Ende gelesen hatte, konnte wissen, daß der Autor jede Beurteilung des Menschen unter den Gesichtspunkten der Rasse und Abstammung als unmenschlich ansah. Bekanntlich konnte man „ohne Unterschied der Nation, des Standes, der Religion" Mitglied der Anthroposophischen Gesellschaft sein.

Doch ist einzuräumen, daß es manche Äußerungen Steiners gab, die, isoliert genommen, zumindest zu Mißverständnissen Anlaß geben konnten und weite Auslegungsspielräume boten. Es war in mancher Hinsicht so wie mit den Hinweisen auf das Jahr 1933, die sich in den Vorträgen Steiners von 1910 an finden: auf der einen Seite wurde verheißungsvoll von neuen Fähigkeiten gesprochen, mit denen die Menschheit begabt werden solle, ja es wurde auf einen großartigen Wandel in den höheren Welten gedeutet; zum anderen wurde vor großen Gefahren gewarnt: die neuen Fähigkeiten könnten mit rohen Füßen zu Tode getreten werden, falsche Messiase würden auftreten, ja das Tier aus der Tiefe, von dem die Apokalypse spricht, würde erscheinen. Wie und woran aber die jeweiligen Tatbestände zu erkennen seien, wie historische Symptome zu deuten und zu durchschauen seien, das war zumindest für den einfachen Leser und Zuhörer nicht so eindeutig ausgeführt. Es wurde allgemein auf die dreißiger Jahre als einen entscheidenden Zeitraum hingewiesen, zur Wachsamkeit aufgerufen: die eigentliche Unterscheidung aber mußte jeder einzelne selbst treffen.

Die Anthroposophen stammten aus sehr verschiedenen Schichten der Bevölkerung. Es gab unter ihnen Arbeiter, Adlige, Handwerker, Kaufleute und aus dem Bürgertum kommende Wissenschaftler. Dementsprechend waren sie politisch unterschiedlich sozialisiert worden. Es gab Anthroposophen, die der Sozialdemokratie und dem linken Liberalismus nahe standen und denen die Demokratie etwas bedeutete. Andere kamen aus konservativen Kreisen oder waren von einer militärischen Tradition geprägt. Erhard Bartsch und Jürgen von Grone waren zum Beispiel während des Ersten Weltkriegs Fliegeroffiziere gewesen, Elisabeth Klein, geb. von Staudt, war die Tochter eines bayrischen Offiziers. So erzogen, nahmen diese Menschen an undemokratischen Strukturen weniger Anstoß.

[19] Roman Boos, Rudolf Steiner während des Weltkriegs, Dornach 1933

Das gewichtigste Indiz für die Haltung der überwiegenden Mehrzahl der Anthroposophen in der NS-Zeit kann nur derjenige richtig einschätzen, der die damaligen Verhältnisse kennt. Es ist das Schweigen der führenden Anthroposophen zum neuen Staat. Für die Zeitgenossen war dieses Schweigen sehr laut vernehmbar. Man findet weder in den Zeitschriften „Anthroposophie", „Erziehungskunst" oder „Die Christengemeinschaft" noch in den Publikationen Hermann Poppelbaums („Im Kampf um ein neues Bewußtsein", 1935; „Tierwesenskunde", 1937), Emil Bocks („Moses und sein Zeitalter", 1935; „Könige und Propheten", 1936; „Cäsaren und Apostel", 1937), Friedrich Rittelmeyers („Deutschtum", 1934; „Christus", 1936) oder in den Werken von Gerbert Grohmann, Hermann Beckh, Karl Heyer und anderer, die in diesen Jahren erschienen, die bald nach der Machtergreifung epidemischen Charakter annehmenden Verbeugungen vor „der neuen Zeit" und „dem Führer". Ganz im Gegenteil: Poppelbaum kennzeichnet den im NS-Staat hochgefeierten Sport als „die ‚Fehlhandlung' einer ganzen Epoche". Ähnlich wird Goebbels' Lieblingskind, der Film, als Erkenntnislähmung und Schule der Passivität charakterisiert.[20]

Rittelmeyer scheute sich nicht, in seinem 1934 erschienenen Buch „Deutschtum" den Juden Spinoza anerkennend hervorzuheben und hinzuzufügen:

„Man hat im vergangenen Jahrhundert manchen Geist gerade als Musterbild eines deutschen Christen bezeichnet, der stammesmäßig Jude oder Halbjude war. So geschah es mit dem evangelischen Dichter Spitta und dem evangelischen Maler Steinhausen und vor allem mit Felix Mendelssohn, dem Komponisten des ‚Elias' und ‚Paulus'. Mehr als alles andere zeigen solche Tatsachen, daß man geistige Merkzeichen haben muß, wenn man gegen die wahren Gefahren gesichert sein will."

Mit solchen Worten nahm Rittelmeyer ganz eindeutig gegen den Rassismus Stellung. Er ging noch weiter, indem er sich zur jüdischen Tradition im Christentum bekannte. So kann man lesen:

„Dabei lebt das Judentum mitten im Herzen des Christentums fröhlich weiter. Gerade dies gilt es zu erkennen. Die edelste Blüte, die aus dem Israelitentum herangereift ist zum jungen Christentum, kann der Keim sein, der in einen neuen Acker gelegt werden will. Wir reden vom Johannesevangelium. Nicht ohne tiefsten Grund haben die größten Deutschen wie Herder, Goethe, Fichte so ahnungsvoll auf das Johannesevangelium hingeblickt."[21]

Für jeden Leser im Jahre 1934 war durch solche Bemerkungen Rittelmeyers die Tendenz des Buches völlig klar zu erkennen. Mehr konnte auch ein Rittelmeyer damals nicht sagen, wenn er nicht zur Wirkungslosigkeit verurteilt werden wollte. Wer damals lesen konnte, verstand diese Hinweise. Es gab nur we-

[20] Hermann Poppelbaum, Im Kampf um ein neues Bewußtsein, Dresden 1935, S. 34
[21] Quelle für beide Zitate: Friedrich Rittelmeyer, Deutschtum, Stuttgart 1934, S. 106 und 109.

nige davon abweichend Meinungen: Zu nennen wären Roman Boos,[22] Richard Karutz[23] und einige Nummern der von Erhard Bartsch herausgegebenen Zeitschrift „Demeter". Die Gesamtbilanz der anthroposophischen Publizistik ist jedenfalls sehr eindeutig. Die abweichenden Haltungen von Boos und Karutz sind persönlich motiviert. Über Bartsch wird noch zu sprechen sein.

Hinsichtlich der Emigration ergibt sich folgendes Bild: Bereits mit dem Jahre 1924 war Dornach (Schweiz) zum eindeutigen Mittelpunkt der anthroposophischen Arbeit geworden, und die früheren Zentren der anthroposophischen Aktivitäten, Berlin und Stuttgart, hatten einen Teil ihrer Bedeutung verloren. Im Jahre 1933 setzte sich dieser Prozeß in Stuttgart weiter fort: Das Sekretariat der Landesgesellschaft befand sich in Karlsruhe, der Leiter des deutschen Landesvorstandes, Hermann Poppelbaum, wohnte in Hamburg. In Stuttgart waren lediglich die größte deutsche Waldorfschule, die Oberlenkung und das Priesterseminar der Christengemeinschaft sowie die Eurythmieschule geblieben. – Das Fehlen einer handlungsfähigen Zentrale der anthroposophischen Arbeit in Deutschland war auch durch die innergesellschaftlichen Konflikte bedingt.

Durch die Emigration zahlreicher bedeutender Anthroposophen ergab sich eine weitere Schwächung der anthroposophischen Arbeit. Neben vielen anderen emigrierten nach und nach zwölf der führenden Köpfe der anthroposophischen Arbeit in Deutschland: Alexander Strakosch, Dr. Hans Büchenbacher,[24] Ernst Uehli und Dr. Heinrich Leiste gingen in die Schweiz, Dr. Ernst Lehrs, Dr. Maria Röschl, Lili und Dr. Eugen Kolisko, Dr. Karl König (zusammen mit einer Gruppe von Ärzten und Heilpädagogen) fanden in Großbritannien Asyl, Dr. Hermann Poppelbaum, Dr. H. v. Baravalle, Dr. Friedrich Hiebel konnten in den USA arbeiten. Sigismund von Gleich war in den Niederlanden untergekommen. Dr. Hans Erhard Lauer und Dr. Norbert Glas hatten Österreich 1938 verlassen.

In Deutschland blieben auch nach 1938 unter anderen: Emil Leinhas, Erich Schwebsch, Dr. Friedrich Husemann, Karl Heyer, C. Septimus Picht, Erhard Bartsch,[25] Carl Brestowsky, Jürgen von Grone, Fritz Götte, Emil Bock.

Ohne das Ergebnis dieser Arbeit vorwegnehmen zu wollen, soll doch zur Orientierung des Lesers hier vorgreifend folgendes bemerkt werden:

Die Verfolgung der Anthroposophen, die bald nach der nationalsozialistischen Machtergreifung begann und deren erste Phase mit dem Verbot der Anthroposophischen Gesellschaft in Deutschland 1935 endete, spiegelte den für die Zeit der Etablierung der nationalsozialistischen Diktatur charakteristischen Prozeß der geistig-weltanschaulichen „Gleichschaltung" der deutschen Gesellschaft. Die nationalsozialistischen Machthaber waren bestrebt, alle an-

[22] Roman Boos, Neugeburt des Deutschen Rechts, München 1934

[23] Richard Karutz, Vorlesungen zur moralischen Völkerkunde, Stuttgart, o.J.

[24] Hans Büchenbacher, s. Anlage 24.

[25] Erhard Bartsch, s. Anlage 24.

deren, tatsächlich oder vermeintlich konkurrierenden, weltanschaulichen und geistigen Strömungen, die sie immer auch als politisch wirksam betrachteten, zu bekämpfen, zumindest in ihrer geistigen Wirksamkeit zu beschränken. Künstliche oder echte Begeisterung für den Nationalsozialismus verdeckten den totalitären Charakter dieser wohl jeden Menschen in Deutschland berührenden Maßnahme: es handelte sich im Grunde um die Fortsetzung des politischen Terrors auf geistig-kulturellem Gebiet – die Eliminierung des inneren, „weltanschaulichen" Gegners.

Gleichschaltung, ein von den Nazis benützter und in die Forschungsliteratur übernommener Begriff, bedeutete vereinfacht ausgedrückt in der Praxis die Aufnahme von Nationalsozialisten in die Leitung aller Vereine, Verbände, Gesellschaften und Gruppierungen jeder Art und den Ausschluß der Juden. Auf diese Weise sollte die nationalsozialistische Einstellung der geistigen Führung aller sozial und kulturell irgendwie hervortretenden Organisationen gewährleistet werden.

Der Vorgang lief dem schrittweisen Eindringen der Nationalsozialisten in die öffentliche Verwaltung auf allen Ebenen parallel, er verlief progressiv und je nach lokalen Verhältnissen und Lebensbereichen unterschiedlich schnell und wirkungsvoll, obwohl er nicht zuletzt durch das konkurrierende Machtstreben der einzelnen NS-Organisationen erschwert wurde.

Im Kampf der Nationalsozialisten gegen die Anthroposophische Gesellschaft und die praktischen Einrichtungen spiegelte sich die Polykratie des nationalsozialistischen Staates. Zuständige Behörden oder Ämter waren neben der Preußischen Geheimen Staatspolizei (Gestapo) und dem Sicherheitsdienst des Reichsführers SS (SD) die politischen Polizeien einzelner Länder, die verschiedenen Innenministerien, Ministerpräsidenten und Gauleiter, das Reichserziehungsministerium, das Reichslandwirtschaftsministerium, das Kirchenministerium, das Amt Hess („Stellvertreter des Führers der NSDAP", nach 1941 „Parteikanzlei") und das Amt Rosenberg („Der Beauftragte des Führers für die Überwachung der gesamten geistigen und weltanschaulichen Schulung und Erziehung der NSDAP", auch „Reichsüberwachungsamt" genannt) mit zahlreichen Nebendienststellen, sowie das Reichspropagandaministerium durch die Reichsschrifttumskammer.

Den Vertretern der Anthroposophie erschien die nationalsozialistische Weltanschauung als ein eklektizistisches Konglomerat von Ideen unterschiedlichster Provenienzen, das von seinen Vertretern nach eigenem Dafürhalten ad hoc ausgelegt wurde. Hinzu kam, daß in den öffentlichen Verwaltungen, auch nach Entfernung der Sozialdemokraten und „Nichtarier" durch das Berufsbeamtengesetz vom 7. April 1933,[26] bis in die Verwaltungsspitzen hinauf noch zahlreiche Beamte tätig waren, die ihre konservativ-autoritäre Staatsauffassung mit dem Nationalsozialismus vereinbaren zu können glaubten, aber auch wenigstens die Grundbestände normativer Staatsverwaltung zu erhalten such-

[26] RGBl. I, 1933, S. 175

ten. Daneben zeigte sich, daß einzelne Sachbearbeiter in der Frage der Anthroposophie ganz verschiedenen Motiven folgten. Es gab Referenten, die persönlich für ein Minimum an kultureller Freiheit und Fairness Interesse hatten, anderen ging es um die Rechtsförmigkeit des Vorgehens, wieder andere interessierten sich für brauchbare Resultate der anthroposophischen Arbeit. Diesen standen andere Beamte gegenüber, die grundsätzlich mit allen Andersdenkenden kurzen Prozeß machen wollten. Die Konkurrenz der einzelnen Instanzen, der Kampf um Einflußbereiche, die Verdoppelung von Zuständigkeiten – hier Staat, dort Partei, hier SS, dort das Amt Hess – ermöglichte es, sobald man irgendwo persönlichen Zugang und Gehör gefunden hatte, die eine Instanz gegen eine andere auszuspielen.

Dabei war der persönliche Faktor oft ausschlaggebend. Es ergaben sich auf dem Wege der Kontakte Einwirkungsmöglichkeiten, die von einigen Anthroposophen genützt wurden. Sie beschäftigten über Jahre Teile der Machtapparate und konnten manche von diesen zeitweilig in Schach halten. Nur solche Nationalsozialisten, die sich vermutlich selbst nicht über die Grundtendenz des Nationalsozialismus im klaren waren, konnten diesem den Schein einer gewissen Toleranz verleihen. Das waren in erster Linie Mitarbeiter von Rudolf Hess. Sie vermittelten einer Reihe von Anthroposophen das sich als Illusion erweisende Gefühl, daß eine geistige Unabhängigkeit innerhalb des Nationalsozialismus doch bewahrt werden könnte. Dem standen Heinrich Himmler und seine rechte Hand Reinhard Heydrich entgegen, die zunehmend an Einfluß gewannen. Beide erwiesen sich als konsequente Gegner der Anthroposophie. Sie erkannten schnell, daß der Gleichschaltungskompromiß der Anthroposophischen Gesellschaft in Deutschland eine Farce war und keiner wirklichen Annäherung an den Nationalsozialismus entsprach. Sie setzten also das Instrumentarium ein, das als zweite Stufe der Machtausübung dann in Frage kam: wo die „Gleichschaltung" sich als undurchführbar erwies, war nur die „Ausschaltung" möglich. Dieser Vorgang, der das Verbot der Gesellschaft zum Ziel hatte, war aber relativ langwierig. Anders als die Freimaurervereinigungen dachte nämlich die deutsche Landesgesellschaft nie ernsthaft an eine Selbstauflösung. Einen reinen polizeilichen Willkürakt, der wohl in seinem Sinne gelegen hätte, wollte sich Himmler aber zunächst noch nicht leisten.

Himmler mußten die verschiedenen anthroposophischen Einrichtungen in der Breite ihrer Tätigkeit als Ausdruck eines „Totalitätsanspruches" der Anthroposophie erscheinen, die damit viel stärker mit dem Nationalsozialismus kollidierte als z. B. die Freimaurervereinigungen. Es war für Himmler selbstverständlich, daß mit dem Verbot der Gesellschaft auch alle anthroposophisch orientierten Einrichtungen verschwinden mußten. Es dauerte sechs Jahre, bis er dieses Ziel einigermaßen erreicht hatte. Doch wirkte das Verbot der Gesellschaft an einzelnen Orten wie ein Signal in dieser Richtung: Die Christengemeinschaft, die Ausübung der Eurythmie und einzelne heilpädagogische Einrichtungen wurden in der folgenden Zeit angegriffen, verschiedentlich auch mit Verboten belegt. Die meisten Waldorfschulen mußten im Zuge dieser

Maßnahmen geschlossen werden: Schon in dieser ersten Phase war überall der anthroposophische Grundzug der eigentliche Angriffspunkt. Andererseits leisteten die Anthroposophen Widerstand. Mit den ihnen zur Verfügung stehenden Mitteln versuchten sie auf verschiedenen Wegen, ihre Arbeit fortzusetzen.

Die Vielfalt der Fachgebiete, auf denen anthroposophische Institutionen schon 1933 bestanden, und die ganz eigene Art der einzelnen Institutionen erlaubt es nicht, sie pauschal abzuhandeln. Jeder Bereich mußte sich auf eine andere Art mit dem Nationalsozialismus auseinandersetzen. Dies hing sowohl von der Eigenart der Einrichtung selbst wie dem Grad der Vereinnahmung des entsprechenden Lebensgebietes durch die Nationalsozialisten ab. Wohl pflegten die Institutionen untereinander schon deshalb Beziehungen, weil deren verantwortliche Vertreter sämtlich auch Mitglieder der Anthroposophischen Gesellschaft waren. Aber schon in der anthroposophischen Idee war die freie, individuelle Tätigkeit angelegt. Zentral bestimmte Verhaltensmaßregeln gegenüber dem Nationalsozialismus konnte es deshalb nicht geben.

Erster Teil:
1933–1936

Die Verteidigung Rudolf Steiners, das Ringen um die Existenz der Anthroposophischen Gesellschaft und der anthroposophisch orientierten Einrichtungen im entstehenden Machtgefüge des NS-Staates

1. Das Jahr 1933

Die neue Welle von Presseangriffen und die ersten Verteidigungsschritte der Anthroposophischen Gesellschaft

Kaum war Hitler am 30. Januar 1933 zum Reichskanzler ernannt worden, so witterten auch die Feinde der Anthroposophie Morgenluft. Wie verabredet, begann eine Kampagne gegen die Anthroposophie. Am 1. Februar startete das 8 Uhr Abendblatt der Berliner „National-Zeitung“ eine 14teilige Artikelserie gegen Rudolf Steiner und die Anthroposophie;[1] Mathilde Ludendorff ging auf Reisen, um Vorträge zu halten,[2] und am 3. Februar hatte in Berlin „Die Marneschlacht“ von Paul Joseph Cremers Premiere.[3] Im Mittelpunkt der Verleumdungen stand die Behauptung, der deutsche Generalstabschef Helmuth von Moltke habe unter dem direkten Einfluß Rudolf Steiners in der kriegsentscheidenden Marneschlacht versagt. Deutschlands Niederlage im Ersten Weltkrieg war damit das Werk des „Theosophen, Juden, Freimaurers und Kommunisten Rudolf Steiner“. Die Verleumdungskampagne paßte in die Zeit: Der Jude und Freimaurer Steiner war schuld an Deutschlands Unglück.

Im Mai 1933 wurde diese Kampagne im großen Maßstab fortgesetzt. Uniformierte Straßenverkäufer und nationale Buchhandlungen boten eine 10-Pfennig-Broschüre „Das ‚Wunder‘ der Marne-Schlacht, Wunder oder Verbrechen?“ an. Herausgeber war ein obskures NS-Propagandabüro P. Hochmuth in Berlin. Rudolf Steiner wird in dieser als „Kampfschrift“ bezeichneten Broschüre als Teilnehmer an der jüdisch-freimaurerischen Weltverschwörung gegen Deutschland dargestellt:

„Ihr Werk (das der Theosophin Annie Besant, U.W.) vollendete der Halbjude Rudolf Steiner, der Agent des Großorients, zur Reifmachung des deutschen Volkes für den vernichtenden Schlag, der, wenn die Zeit gekommen, gegen das Kaiserreich geführt werden sollte. Rudolf Steiner fand Eingang bei den maßgebenden militärischen und politischen Kreisen in Deutschland und brachte es fertig, wie wir später hören werden, selbst die wichtigsten militärischen Operationen im Weltkriege zu beeinflussen und mit dem Verlust der Marneschlacht den Untergang des alten Reiches im Auftrage des französischen Großorients und in letzter Linie im Interesse der Weltherrschaft Judas herbeizuführen.“[4]

[1] Z.B. Nr. 34 vom 9. Februar, 9. Fortsetzung: „Rudolf Steiner macht Lisbeth große Komplimente“ und Nr. 35 vom 10. Februar, 10. Fortsetzung: „Wie Steiner dem Grafen Moltke im Krieg begegnete“. Archiv am Goetheanum.

[2] Rundschreiben der Geschäftsstelle Karlsruhe an alle Zweige der Anthroposophischen Gesellschaft in Deutschland vom 10. Februar 1933. Archiv am Goetheanum.

[3] Das Drama war bereits am 14. Januar im Darmstädter Nationaltheater uraufgeführt worden.

[4] o.V.: Das „Wunder“ der Marne-Schlacht. Wunder oder Verbrechen?, N.S.-Propagandabüro P. Hochmuth. Berlin o.D. Im Laufe des Monats Mai erhielt die Geschäftsstelle

Der anonyme Verfasser war, wie sich später herausstellte, ein Graf Moltke aus der dänischen Linie der Moltkes, der wenig später im Auftrag des Tannenbergbundes und unterstützt von Ludendorffs „Volkswarte" mit einem Vortrag über Land zog.[5] Auch hier dieselben Vorwürfe: unter dem Einfluß von Spiritismus, Mediumismus und Okkultismus, kurz, unter dem Einfluß Steiners habe der nervlich und gesundheitlich erschütterte Moltke in der Entscheidungsschlacht versagt.[6] Ja, mehr noch: Steiner habe auf okkultem Wege bei Moltke eine Geisteskrankheit hervorgerufen. Mit diesen Behauptungen schloß sich Graf Moltke an die Theorien von Mathilde Ludendorff („Induziertes Irresein durch Okkultlehren"[7]) und an die Verleumdungen von Gregor Schwartz-Bostunitsch („Rudolf Steiner – ein Schwindler wie keiner"[8]) an.

Die damals erscheinenden Zeitungsartikel, Broschüren und Vorträge glichen sich in Ton und Stil, wobei Behauptung an Behauptung gereiht wurde. Folgendes Zitat aus Moltkes Vortrag, den Eggerich Rödenbeck wiedergab, veranschaulicht, womit man es zu tun hatte:

„Das Wesentliche bei seiner (Steiners) neuen Religion ist die Systemlosigkeit [...]. Steiner hat sich je nach Bedarf als den Wiedererstandenen Christus, Johannes den Täufer, Christian Rosenkreutz, Lessing, Goethe bezeichnet. Das waren seine Reinkarnationen [...]. Für die Eingeweihten war das Goetheanum der Kehlkopf des Menschengeschlechts [...]. Steiner lehrt in seinen öffentlichen Büchern: Unerläßliche Vorbedingung ist völlige Ausschaltung der Denk- und Urteilskraft. Anthroposophie ist ein Gemisch von Spiritismus, Astrologie und Magie[...]. Steiner hat sich als volkstreuer Jude bekannt in seinem Tempel in Dornach [...]. Steiner war Freimaurer und gehörte dem orientalen Templerorden an. Die Ritualien in Dornach waren dieselben wie dort. Br. Theodor Reuss war der Großmeister. Steiner hat seine Aufgabe im Auftrage der Freimaurerei ausgeführt. Der Weltkrieg von 1914 ist kein ‚Naturereignis', sondern ein Erzeugnis der Freimaurerei. Jeder Freimaurer ist weiter nichts als ein künstlicher Jude [...]. Das Marnewunder ist nicht durch den Eingriff einer Gottheit geschehen, sondern die Folge des geschilderten Seelenmißbrauchs."

der Anthroposophischen Gesellschaft in Deutschland aus vielen Gegenden Deutschlands entsprechende Berichte. S. z. B. Zweig Hannover an die Propagandaleitung der NSDAP Hannover vom 12. Mai 1933; René Maikowski an Joseph Goebbels vom 13. Mai 1933; Egon von der Wehl an die Geschäftsstelle vom 15. Mai 1933; Rundschreiben der Geschäftsstelle an alle Zweige und Arbeitsgruppen der Anthroposophischen Gesellschaft in Deutschland vom 19. Juni 1933. In letzterem Schreiben wird auch mitgeteilt, daß die NSDAP nicht hinter diesem Verlag stehe, der sich die Bezeichnung nur aus Geschäftsgründen zugelegt habe. Archiv am Goetheanum.

[5] Über einen der Vorträge (in Steglitz) berichtete Eggerich Rödenbeck mit Schreiben vom 1. Juni 1933 der Karlsruher Geschäftsstelle. Archiv am Goetheanum.

[6] So Moltke auch später in der 1934 erschienenen Broschüre „Die deutsche Tragödie an der Marne," Berlin 1934.

[7] Mathilde Ludendorff, Induziertes Irresein durch Okkultlehren, 1930.

[8] Gregor Schwartz-Bostunitsch, Rudolf Steiner – ein Schwindler wie keiner, Berlin, Deutscher Volksverlag 1930. Der Titel entstammte einem holländischen Flugblatt, das von dem holländischen Gegner H. K. E. de Jong schon 1920 nach Vorträgen Steiners verteilt wurde. BAP 50.01-1188.

Umfang und Intensität der Kampagne sind heute nur schwer abzuschätzen, weil keineswegs alle Zeitungsartikel, die in vielen lokalen Blättern erschienen, und alle Vorträge systematisch erfaßt wurden. Noch am 1. März meinte Hans Büchenbacher, Mitglied des deutschen Vorstands, in einem Brief an seine Kollegen schreiben zu können, daß man seinen Informationen nach nicht davon sprechen könne, daß die Hetze in ganz Deutschland systematisch werde. Der Vorstand diskutierte zu diesem Zeitpunkt seine Reaktion auf einen besonders diffamierenden Zeitungsartikel im Neustädter Tageblatt vom 5. Januar aus Anlaß des Todes der Hellseherin Lisbeth Seidel, auf den Hermann Poppelbaum mit einem öffentlichen Gegenvortrag antworten wollte. Büchenbacher befürchtete, daß ein solcher Vortrag nicht viel Aussicht auf Erfolg habe, da er von den Gegnern „niedergebrüllt" werden könne. Man solle „auf gewisse Formen der heute üblichen öffentlichen Auseinandersetzung, wo auf der einen Seite von vornherein mit nackter Gewalt gearbeitet wird", nicht eingehen.[9] Die Saalschlacht vom 15. Mai 1922, bei der Rudolf Steiner während seines Vortrags im Münchner Hotel „Vier Jahreszeiten" vor seinen völkischen Gegnern beschützt werden mußte, stand ihm noch vor Augen. Man einigte sich schließlich auf eine schriftliche Entgegnung, die am 5. April im Neustädter Tageblatt von den nachfolgend aufgezählten ehemaligen Frontoffizieren, alles Mitglieder der Gesellschaft, veröffentlicht wurde: Alfred Seeger, Carlo Septimus Picht, Hellmut Blume und Jürgen von Grone. Wilhelm von Moltke, nicht Mitglied der Gesellschaft, war Mitunterzeichner. Dieser Text wurde unter anderem an die Mitglieder zur Rechtfertigung verteilt.

War die Hetze – wie Büchenbacher meinte – nicht systematisch, so war die Kampagne doch so umfangreich, daß Marie Steiner mehrfach das Wort in dieser Sache ergriff,[10] ein Sonderdruck „Wahrheit gegen Unwahrheit" in zwei Auflagen erschien,[11] die Leitung der Anthroposophischen Gesellschaft in Deutschland Rundschreiben und Informationsmaterial an alle anthroposophischen Arbeitsgruppen versandte[12] und eine zentrale Pressestelle zur Verteidigung Rudolf Steiners bei der Redaktion der Zeitschrift „Anthroposophie" ein-

[9] Hans Büchenbacher, Stockholm, an die Mitglieder der Initiativgruppe vom 1. März 1933. Archiv am Goetheanum.

[10] Marie Steiner, Rudolf Steiner und die Zeitungshetze, in: Das Goetheanum, Nr. 9, 28. Februar 1933, und Helmuth v. Moltke und Rudolf Steiner, Sonderdruck aus der Wochenschrift Das Goetheanum, Nr. 10, 5. März 1933, sowie: Über die Mysterienspiele Rudolf Steiners in München und die Errichtung des Dornacher Baues, in: Anthroposophie, 15. Jg., Buch 3, April-Juni 1933, S. 216ff.

[11] Carlo Septimus Picht, Über Rudolf Steiner. Wahrheit gegen Unwahrheit, in: Anthroposophie, 15. Jg., Buch 2, Januar-März 1933, S. 171 ff. Schwerpunkt der Verteidigung war die Hervorhebung Rudolf Steiners als „Vertreter des Deutschtums".

[12] Mitteilungen für die Mitglieder der Anthroposophischen Gesellschaft in Deutschland, Karlsruhe, März 1933. Hermann Poppelbaum und Martin Münch: Zur Orientierung, Mai 1933. Sonderdruck „Wahrheit gegen Unwahrheit". Rundschreiben vom 19. Juni und 14. Juli 1933. Archiv am Goetheanum.

richtete.[13] Auch in der „Korrespondenz der anthroposophischen Arbeitsgemeinschaft" erschienen entsprechende Stellungnahmen.[14]

Die Anthroposophische Gesellschaft stand vor der Frage, wie die zahlreichen feindlichen Publikationen zu beurteilen seien. Anfang Juni wurde ein weiteres Rundschreiben entworfen: „Die letzten Tage und Wochen haben eine Verschärfung der Hetze gegen Rudolf Steiner und die anthroposophische Bewegung gebracht, die eingestandenermaßen das Ziel hat, eine Schließung der Anthroposophischen Gesellschaft zu bewirken." Man sah sich also bedroht und hätte – auch im Hinblick auf die Waldorfschulen und die biologisch-dynamische Landbauweise – hinreichend viele Gründe anführen können, die die Gefährdung der anthroposophischen Aktivitäten belegt hätten. Aber der Vorstand entschied sich interessanterweise im Text des Rundschreibens für eine abgemilderte Formulierung: „Obwohl an mehreren Orten unsere Freunde durch Eingaben die Beschlagnahme der Schmutzschriften erreichten, hat nicht viel daran gefehlt, daß diese Art Gegnerschaft zum Ziel gekommen wäre. Durch Entgegenkommen einer leitenden Stelle in München, die sich in objektiver Weise die Unterlagen selber in Dornach beschaffte, konnten zum guten Glück noch zur rechten Zeit die wahren Tatbestände zur Geltung gebracht werden."[15] Man war bereits vorsichtiger geworden, aber auch zuversichtlicher, da inzwischen auch Verbindungen zur NSDAP aufgenommen worden waren, von denen man sich ein wirksames Einschreiten gegen die Verleumdungen erhoffte.

Die Einschätzung der Lage durch leitende Anthroposophen

Aus den vorliegenden Quellen kann man kein vollständiges und ganz sicheres Bild über die Beurteilung des Nationalsozialismus durch die Anthroposophische Gesellschaft gewinnen. Mit Sicherheit wurde aber der Nationalsozialismus innerhalb der Mitgliedschaft sehr unterschiedlich gesehen. Einzelne meinten im Nationalsozialismus in erster Linie eine kulturelle Erneuerungsbewegung zu erkennen. So wurde zum Beispiel von Hitlers „Neugestaltung" die Verwirklichung der sozialen Dreigliederungsidee Rudolf Steiners erwartet,[16] oder auch der deutsche Landesvorstand energisch aufgefordert, diese „Menschen mit dem besten Willen" – gemeint waren die Nazis – auf die Geistes-

[13] Mitteilungen für die Mitglieder der Anthroposophischen Gesellschaft in Deutschland, Karlsruhe, März 1933, S. 3.

[14] Korrespondenz der Arbeitsgemeinschaft und Jürgen von Grone: Die Marneschlacht. Sonderveröffentlichung aus dem Stuttgarter Neuen Tagblatt, Stuttgart 1934. II. Jg., 5. H., S. 22.

[15] Rundschreiben der Initiativgruppe Karlsruhe an die Arbeitsgruppen der Anthroposophischen Gesellschaft in Deutschland vom 19. Juni 1933. Archiv am Goetheanum.

[16] Vgl. Alfred Arnold-Winkelried: Zur Krise des Abendlandes. Der letzte Ausweg: der organische Volks-Staat, Wien, o.J. Diese Broschüre wurde im Februar 1933 fertiggestellt. Der Autor war beseelt von dem Gedanken, daß drei „große" Österreicher – ne-

schätze der Anthroposophie aufmerksam zu machen, damit sie „in das neue Reich mit hineingebaut werden".[17] Es waren nicht nur vereinzelte Mitglieder der Anthroposophischen Gesellschaft, die den Nationalsozialismus anfänglich falsch einschätzten. Auch viel klügere Köpfe außerhalb der anthroposophischen Bewegung dachten ähnlich, wie etwa der Heidelberger Staatswissenschaftler Arnold Bergsträsser, der im März 1933 die nationalsozialistischen Feiern, Umzüge und Fahnenhissungen als „sichtbaren Ausdruck eines [...] stoßweisen inneren Umschwungs" bezeichnete, „der, in seiner reinsten Intention genommen, dem Menschlichen gegenüber dem Materiellen zum Siege verhelfen will."[18] Solche Überlegungen lagen den leitenden Anthroposophen in Deutschland fern. Hans Büchenbacher gehörte als sogenannter „Halbjude" zu jenen, die den Nazis kritisch und ablehnend gegenüberstanden. In seinen zuverlässigen Erinnerungen berichtet er, daß der deutsche Vorstand eindeutig gegen den Nationalsozialismus eingestellt war: „Vor der Oster-Generalversammlung, Dornach 1933, hatte ich mit meinen deutschen Vorstandskollegen wie gewöhnlich eine Vorbesprechung in unserem Sekretariat in Karlsruhe. Es ergab sich die einstimmige Ablehnung des Nationalsozialismus."[19]

Ein anderes Mitglied des Vorstandes, Alexander Strakosch,[20] väter- und mütterlicherseits jüdischer Abstammung, schrieb schon am 2. Februar:

> „Aus verschiedenen Anzeichen läßt sich entnehmen, daß unter den Mitgliedern vielfach im Zusammenhang mit der politischen Krise eine Unruhe entstanden ist, welche für die weitere geistige Arbeit, deren ruhiger Fortgang jetzt wichtiger ist denn je, schädlich werden kann. Auf der einen Seite eine Begeisterung für Hitler, die ja, solange sie im Politischen bleibt, jedermanns eigene Angelegenheit ist; sie droht aber, in die Bewegung hineinzuwirken, indem in einer Art und Weise, die nicht dem rein geistigen Charakter unserer Arbeit Rechnung trägt, irgend etwas wie eine Beziehung zu einer Partei angestrebt wird. Auf der anderen Seite machen Mitglieder in ihrem Unmut über die neueste Wendung in der Politik ihrer Abneigung gegen Hitler in einer unvorsichtigen Weise Luft, welche bei der jetzigen erregten Atmosphäre für die ganze Bewegung schlimme Folgen haben kann [...]."[21]

ben Rudolf Steiner und Adolf Hitler sah er Othmar Spann als solchen an – eine „Wiedergenesung der abendländischen Kulturwelt" herbeiführen würden. Dabei verkannte er Rudolf Steiners Dreigliederungsgedanken, der sich sozialpolitisch gerade gegen den totalitären Staat – Rudolf Steiner nannte es den „Einheitsstaat" – richtete.

[17] Magdalena Spaun, Zittau, an Hans Büchenbacher, vom 26. April 1933. Archiv am Goetheanum.

[18] Dr. Arnold Bergsträsser, Heidelberg, an Fräulein Westerkamp, Paris, vom 15. März 1933. PA Christoph Lindenberg. Im Hinblick auf die Gewaltsamkeiten der Nazis meinte Bergsträsser: „Wenn nicht alle Zeichen trügen, wird das außergewöhnliche Maß dieser negativen Erscheinungen in kurzer Zeit reduziert werden, ja vielleicht im Vergleich mit anderen Verfassungssystemen eine Verminderung erfahren."

[19] Erinnerungen von Dr. phil. Hans Büchenbacher-Hamilton (1887-1977), diktiert Ende der 60er/Anfang der 70er Jahre. Manuskript, S. 1. PA Christoph Lindenberg.

[20] S. Anlage 24.

[21] Alexander Strakosch an die Mitglieder der Initiativgruppe vom 2. Februar 1933. Archiv am Goetheanum.

Aus diesen Worten wird deutlich, daß die Machtübernahme durch die Nazis als einschneidende Zäsur eingeschätzt wurde. Nie zuvor war ein Regierungswechsel in Deutschland Gegenstand von Erörterungen im Vorstand der Landesgesellschaft gewesen. Weiter sah Strakosch bereits am 2. Februar, daß offenherzige Stellungnahmen gegen den Nationalsozialismus gefährlich werden können. Außerdem wünschte er, daß die politischen Verhältnisse nicht in die Anthroposophische Gesellschaft hereinwirken.

Am 19. Februar schrieb ein Mitglied des Vorstandes des Kasseler Zweiges, Wolfgang Gessner, an den Vorstand der Landesgesellschaft einen Brief, in dem er sich mit der Frage beschäftigte, wie man mit den Nationalsozialisten in den eigenen Reihen verfahren sollte:

„Soviel ich weiß, haben wir auch Nationalsozialisten in unseren Kreisen. Mit ihnen sollte, soweit sie zuverlässige Anthroposophen sind, die Lage freimütig erörtert werden […]. Es ist ja wohl selbstverständlich, daß wir uns in den engen Schranken des offiziellen Nationalsozialismus nicht können einsperren lassen. Aber in seinen Reihen befinden sich natürlich auch weiterschauende Leute, die aus ehrlicher Vaterlandsliebe mitmachen, weil sie einfach an jedem anderen Ausweg aus der deutschen Not verzweifelt haben. An sie sollte man sich wenden. Ob sie Oberhand gewinnen werden in der Partei, kann man ja heute schwer übersehen. Aber wohin soll es führen, wenn man nicht wenigstens versuchen sollte, Einsichten und Gedanken an die Menschen heranzutragen […].“[22]

Gessner glaubte wohl, nur mit zuverlässigen Anthroposophen noch freimütig sprechen zu können. Wollte er die zuverlässigen Mitglieder vor dem Nationalsozialismus warnen? Er selbst stand der weiteren Entwicklung der „NS-Revolution“ skeptisch gegenüber. Bemerkenswert ist jedoch, daß Gessner daran dachte, „Einsichten und Gedanken an die Menschen“ heranzutragen. Solche Erwägungen sollten bald eine größere Bedeutung gewinnen.

Anders der Vorschlag des kleinen Aristoteles Zweiges in Hamburg: die Landesgesellschaft sollte straff organisiert und mit einem „schlagkräftigen“ Vorstand versehen werden. Vorstand und Arbeitsgruppen sollten in der Öffentlichkeit geschlossen gegen die Verleumdungen auftreten. Von der deutschen Landesgesellschaft wurde die Erklärung gefordert, „daß sie sich mit allen ihren Mitgliedern, Gruppen und Einrichtungen positiv hinter die Aufbauarbeit der nationalen Regierung stellt“.[23]

Ein in diesem Sinne gehaltenes Schreiben von Johannes Pingel, Mitglied des Aristoteles Zweiges, beantwortete Hermann Poppelbaum am 8. Mai. Er verdeutlichte, daß der deutsche Vorstand die Gesellschaft nicht in eine politische Auseinandersetzung hineinziehen wollte:

[22] Wolfgang Gessner an die Mitglieder der Initiativgruppe vom 19. Februar 1933. Archiv am Goetheanum.

[23] Antrag des Aristoteles Zweiges vom 31. Mai 1933, S. 3. Archiv am Goetheanum. Der Aristoteles Zweig zählte ca. 20 Mitglieder, der Pythagoras Zweig, für den Poppelbaum verantwortlich zeichnete, ca. 800.

„Sie selbst denken, daß ich eine Mitgliederversammlung einberufen soll [...]. Diesen Weg finde ich ganz ungangbar; denn eine Versammlung, in der ‚unsere Stellung' diskutiert würde, brächte uns ohne weiteres auf das politische Gebiet, daß wir nun einmal zu meiden haben, wenn wir den Grundsätzen der Gesellschaft treu bleiben wollen [...]. Gerade die Diskussion darüber würde das Schädliche sein [...]. Einen anderen Weg aber halte ich für durchaus gangbar [...]. Und ich möchte an dieser Stelle betonen, daß diese Initiativgruppe sich durchaus für das Geschehen in der Gesellschaft verantwortlich fühlt [...]. Zunächst war es nötig, die Gruppen mit Unterlagen auszurüsten, die etwaigen Anfragen der Behörden vorgelegt werden können [...]. Die nächste Frage ist die nach einem aktiven Schritt bei maßgebenden Stellen [...]. Hierfür sind ebenfalls die notwendigen Vorbereitungen getroffen [...]. Der leitende Gesichtspunkt wird dabei allerdings sein, daß sich die Anthroposophische Gesellschaft in Deutschland nicht erst jetzt zum Deutschtum ‚rückhaltlos zu bekennen' braucht, da die Anthroposophie ja ganz und gar aus deutschem Wesen geboren ist. Die Anthroposophische Gesellschaft in Deutschland hat nicht jetzt erst ihren ‚Willen zur Mitarbeit' zu erklären, da sie seit je an der Verbreitung deutschen Geistes mitgearbeitet hat! Wenn also ein offizieller Schritt getan wird, so gilt es dabei nur, auf eine längst bestehende Tatsache hinzuweisen."[24]

Diese Ausführungen Poppelbaums muß man einerseits im Hinblick auf die Adressaten seines Schreibens interpretieren: er hatte nicht die Absicht, Öl ins Feuer zu gießen. Zum anderen hat sein Bekenntnis zum Deutschtum nicht nur einen anthroposophischen, sondern auch einen biographischen Hintergrund. Poppelbaum, Büchenbacher und zahlreiche andere führende Anthroposophen hatten im Ersten Weltkrieg als deutsche Offiziere ihre patriotische Gesinnung durchaus unter Beweis gestellt. So betont Poppelbaum mit Recht, daß man sich in Sachen Deutschtum nicht von den Nationalsozialisten belehren lassen muß.

Der Aristoteles Zweig ging darauf nicht ein und startete am 31. Mai eine Aktion, in der die Zweige, über den Kopf des Vorstands hinweg, aufgefordert wurden, in einer Generalversammlung die Gesellschaft neu zu formieren. Der Vorstand sollte entsprechend den „Richtlinien der heutigen Regierung" umbesetzt werden. Das konnte nur bedeuten: ein Nationalsozialist sollte die Leitung der Gesellschaft übernehmen, und alle nicht-arischen Mitglieder sollten ausgeschlossen werden. Die Unterzeichner waren: Herman Behn, Anna Mittelstädt, Fritz Vissner, Werner Wünschmann, Johannes Bertram, Dr. Fritz Rascher (Bruder von Dr. Hanns Rascher, München), Lina Wirth. Sie erhofften sich damit eine wirksame Organisation des Abwehrkampfes gegen die Verleumdungen.[25] Hans Büchenbacher faßte das Resultat dieser Aktion am 14. Juli folgendermaßen zusammen: „Die Ablehnung des Antrages des Aristoteles Zweiges ist eine allgemeine gewesen; die meisten Zweige haben anscheinend gar nicht darauf geantwortet."[26] Ein zweiter Versuch im August 1933

[24] Hermann Poppelbaum an Johannes Pingel vom 8. Mai 1933. Archiv am Goetheanum.
[25] Der gesamte Antrag unter 31. Mai 1933 im Archiv am Goetheanum.
[26] Hans Büchenbacher an Oskar Andree vom 14. Juli 1933 und Abschriften von Meinungsäußerungen einzelner Zweige Anfang Juli. Archiv am Goetheanum.

blieb ebenso erfolglos.[27] Wie sich im Juni 1933 herausstellte, hatte Pingel im Mai ein idealisiertes Bildnis Hitlers mit einem – übrigens verfälschten Spruch – Rudolf Steiners und dem unzutreffenden Zusatz „Dieser Spruch hängt im Braunen Haus in München über Hitlers Schreibtisch" drucken lassen und in Umlauf gebracht. Es wurde unter anderem bei SA-Festen verkauft.[28]

Im Laufe des Jahres 1934 verließen die Mitglieder nach und nach den Zweig, so daß dieser sich schließlich auflöste. Johannes Pingel trat am 31. Mai 1934 aus der Anthroposophischen Gesellschaft aus.[29]

Es gab auch Äußerungen wie die von Walter Johannes Stein, die – jedenfalls im Spiegel des Presseberichtes – an den Rand einer politischen Stellungnahme kamen:

„[…] Auch war der sehr flüssige und formvollendete Vortrag so aktuell, daß er sogar die gestern Nachmittag im Reichstag gehaltene Rede des Reichskanzlers Adolf Hitler wiederholt in den Kreis der Betrachtungen zog und sich mit ihr lebhaft beschäftigte. Dies schon aus dem Grund, weil Dr. Stein überhaupt die Staatsform des mussolinischen Italiens und des nationalsozialistisch geführten neuen Deutschlands ausführlich kritisch beleuchtete und zwar – sichtlich zur großen Freude der Zuhörer – in durchaus zustimmendem Sinne […]. Es ist unmöglich hier in kurzen Auszügen die Gedankengänge des Vortragenden […] wiederzugeben. Gesagt sei nur, daß sie sich auf weiten Strecken mit den von der Hitler-Bewegung verbreiteten Anschauungen decken […]."[30]

Insgesamt waren aber solche Äußerungen, wie das völlige Scheitern der Initiative des Aristoteles Zweiges zeigt, keineswegs typisch für die Anthroposophen in Deutschland.

Der Judenboykott vom 1. April und das „Gesetz zur Wiederherstellung des Berufsbeamtentums" vom 7. April, das unter anderem die Entfernung der „Nichtarier" aus Beamtenstellen vorsah, warfen auch für die Anthroposophische Gesellschaft neue Probleme auf. Sie war davon nicht direkt betroffen, aber dennoch war auch sie im Zuge dieser Gesetze einem allgemeinen Druck ausgesetzt. Alexander Strakosch hatte bereits kurz nach der Machtergreifung den Entschluß gefaßt, aus dem Landesvorstand zurückzutreten. Nachdem am 8. April ein Vorfall dem Vorstand sichtbar gemacht hatte, daß auch auf die Anthroposophische Gesellschaft Schwierigkeiten zukommen würden, gab Strakosch am 30. April seinen Rücktritt bekannt.[31]

Bei dem Vorfall vom 8. April ging es um einen öffentlichen Vortrag von Dr. Manfred von Kries über „Krankheit und Heilung vom Gesichtspunkte der Anthroposophie" in Elbing. Der Elbinger Kulturwart der NSDAP hatte dem

[27] Rundschreiben des Vorstands an die Arbeitsgruppen vom Oktober 1933. Archiv am Goetheanum.

[28] Hermann Poppelbaum an Alfred Reebstein vom 9. Juni 1933. Archiv am Goetheanum.

[29] Archiv am Goetheanum.

[30] Die Seelenlage der heutigen Menschheit, in: Liegnitzer Tagblatt vom 25. März 1933. Archiv am Goetheanum.

[31] Alexander Strakosch an Albert Steffen und an die Mitglieder der Initiativgruppe vom 30. April 1933. Archiv am Goetheanum.

Zweigleiter, Professor Dr. Bruno Ehrlich, aufgrund persönlicher Bekanntschaft mitgeteilt, daß eine SA-Abteilung wegen des „jüdischen Einflusses in der Gesellschaft" gegen den Vortrag vorgehen wollte. Am Vortage hatte ein Parteimitglied sich über den Zweig informiert und, nachdem ihm mitgeteilt worden war, daß es im dortigen Zweig kein nichtarisches Mitglied gebe, die Aktion abgesagt. Der Kulturwart betonte: „Wenn [die Anthroposophische Gesellschaft] sich von den jüdischen Einflüssen freihalten würde, habe sie von den Nationalsozialisten und der neuen Regierung nichts zu befürchten."[32]

Etwas anders als für Strakosch war die Lage für Hans Büchenbacher. Als Frontoffizier des Ersten Weltkrieges wäre er analog zur Regelung für Beamte unter die Ausnahmebestimmung des Gesetzes gefallen, die bei verdienten Frontkämpfern das Verbleiben im Amte gestattete. Aber bereits in der April/Juni-Nummer der Zeitschrift „Anthroposophie" fehlt im Impressum sein Name als Redakteur. Er berichtet jedoch in seinen Erinnerungen, daß Carlo Septimus Picht weiterhin alle wesentlichen Redaktionsprobleme mit ihm besprach. Sein Austritt aus dem Landesvorstand erfolgte erst im Oktober 1934.[33]

Nach dem Rücktritt Strakoschs Ende April 1933 wurden Hermann von Baravalle, Stuttgart, und Martin Münch, Berlin,[34] in den Vorstand der Landesgesellschaft kooptiert.[35] Diese Kooptation hatte aber keine politischen Aspekte. Beide Mitglieder standen der NSDAP fern. Der Grund für diese Zuwahl ergab sich vielmehr aus internen Gründen, beide waren überzeugte Parteigänger der Dornacher Vorstandsmehrheit.

Während der ganzen Zeit wurde die Tätigkeit der anthroposophischen Arbeitsgruppen wie bisher fortgesetzt. Ebenso fanden weiterhin zahlreiche öffentliche Vorträge statt.[36] Die Aufnahme in der Öffentlichkeit war unterschiedlich, oft durchaus positiv, wenngleich sich die nationalsozialistische Presse öfters abfällig äußerte. So schrieb das Mannheimer Hakenkreuzbanner vom 28. April nach einem Vortrag Hermann Poppelbaums über die „Entstehung der Völker und Rassen": „Wir wollen hier nicht mit der Anthroposophie als Geisteswissenschaft rechten, aber ausdrücklich feststellen, daß sie aus einer Weltanschauung herausgewachsen ist, die wir unbedingt ablehnen und deren

32 Prof. Dr. Bruno Ehrlich an Alfred Reebstein vom 21. April 1933. Archiv am Goetheanum.

33 Hermann Poppelbaum an Alfred Reebstein vom 21. August 1935. Archiv am Goetheanum.

34 S. Anlage 24

35 Rundschreiben der Anthroposophischen Gesellschaft in Deutschland an die Arbeitsgruppen und Zweige vom 20. Mai 1933. Archiv am Goetheanum.

36 Die 1933 gehaltenen Vorträge sind nicht mehr vollständig nachzuweisen. Aus den Mitteilungsblättern und anderen Unterlagen geht hervor, daß damals mehr als 25 Redner unter anderem auch aktuelle Grundfragen wie Deutschtum, Rasse, soziale Not usw. vom anthroposophischen Standpunkt behandelten.

völlige Ausrottung wir uns zum Ziel gesetzt haben. Es ist höchste Zeit, daß diesem Unfug ein rasches Ende bereitet wird."[37]

Vor dem Hintergrund solcher Vorgänge stand die Anthroposophische Gesellschaft vor der Frage, ob sie von den verschiedenen Möglichkeiten Gebrauch machen sollte, Zugang zu höchsten Stellen der NSDAP zu bekommen.

Die Verteidigungsversuche über zentrale Partei- und Regierungsstellen

In München wurde Anfang April 1933 der Arzt für Naturheilkunde Hanns Rascher tätig, für den Nationalsozialismus und Anthroposophie miteinander vereinbar waren. Er war ein „altes" Mitglied, bereits 1908 – 28jährig – in die Theosophische und 1913 in die Anthroposophische Gesellschaft eingetreten, und gehörte 1921 zu den Teilnehmern am ersten Medizinerkurs Rudolf Steiners.[38] Er betrachtete die NSDAP, die er 1928 in München kennenlernte, nicht im üblichen Sinne als eine Partei, sondern sah in ihr eine „Erneuerungsbewegung mit Totalitätsanspruch". Am 1. Dezember 1931 wurde er Parteimitglied. Wie er selbst später berichtete, arbeitete er „vor, während und nach der Machtergreifung" für den Sicherheitsdienst des RFSS (SD).[39] Sein Chef war SS-Hauptsturmführer Hauschild. Da Rascher seine Tätigkeit als anonym und unbeamtet bezeichnete, muß angenommen werden, daß er dem SD Informationen zukommen ließ.

Hauschild stellte verschiedene Fragen zur Anthroposophischen Gesellschaft. Der weitere Verlauf läßt vermuten, daß er diese Fragen nicht – oder nicht nur – aus persönlichem Interesse stellte, sondern daß er dazu beauftragt worden war. Ein Dokument, in dem die einzelnen Fragen festgehalten sind, hat wegen der Diskretion, mit der die Angelegenheit beiderseits behandelt wurde, vermutlich nicht existiert. Aus den Antworten des Dornacher Vorstands auf die Fragen Hauschilds ist jedoch ersichtlich, daß es um die üblichen Pressebe-

[37] Else Hördt, Mannheim, an Alfred Reebstein vom 29. April 1933. Archiv am Goetheanum.

[38] Liste der Teilnehmer für den Kurs vom 11. bis 18. April 1921 in Dornach. Archiv am Goetheanum.

[39] Rascher wurde zu dieser Darstellung im Zusammenhang mit den Erhebungen des Kampfbundes für deutsche Kultur (KfdK) im Amt Rosenberg aufgefordert. Hanns Rascher an den Beauftragten des Führers für die Überwachung der gesamten geistigen und weltanschaulichen Schulung und Erziehung der NSDAP, Abteilung Verbände, vom 18. April 1935. Archiv Bund der Waldorfschulen 7. 2. 007. Der SD war 1932 als Nachrichtendienst der Partei in Form einer Unterabteilung der SS von Heinrich Himmler gegründet worde. Dieser überließ Reinhard Heydrich den Aufbau der Organisation. Nach 1933 wurde der SD systematisch ausgebaut. Vgl. Hans Buchheim: Die SS - das Herrschaftsinstrument. Befehl und Gehorsam. in: Anatomie des SS-Staates, Band 1, München, 1967.

hauptungen ging: Rudolf Steiner wäre Jude, Freimaurer, Marxist und okkulter Hellseher gewesen, hätte Moltke beeinflußt und damit den Verlust der Marne-Schlacht verursacht, die Gesellschaft sei international usw. Rascher veranlaßte Hauschild, Ende April oder Anfang Mai 1933 nach Dornach zu fahren, um diese Fragen dem dortigen Vorstand vorzulegen. Er wurde von Paul Eugen Schiller als Vertreter des Vorstands empfangen. Dieser ungewöhnliche Vorgang führte zu der später verschiedentlich so genannten „Denkschrift" des Vorstands vom 20. Mai 1933.[40] Es handelte sich um ein Schreiben, das in Eile vermutlich von Dr. Otto Fränkl mit Unterstützung von Guenther Wachsmuth und Marie Steiner[41] angefertigt wurde. Albert Steffen, 1. Vorsitzender der Gesellschaft, hielt sich in diesen Tagen in Paris auf. Fränkl flog am 19. Mai zu Steffen. Einige Korrekturen wurden von ihm telephonisch mit Marie Steiner abgesprochen, besonders die Passagen, die die Freimaurerfrage betrafen. Am 20. Mai unterschrieb Steffen, dessen Tagebuchnotizen zu diesem Vorgang einen ausführlichen Eindruck seiner Beurteilung der Verhältnisse vermitteln. Er verfolgte aufmerksam die politische Entwicklung in Deutschland, und wenn er sich auch als Vorsitzender nicht öffentlich äußerte, um die Gesellschaft in Deutschland nicht zu gefährden, so tat er dies unzweideutig in seinem Tagebuch.[42] Für ihn handelte es sich bei Hitler und dem Nationalsozialismus um ein Symptom des „Bösen" schlechthin.

In der Denkschrift sollte der Zusammenhang der Anschauungen Steiners mit Themen wie Abstammung, Verhältnis zum Versailler Vertrag, Kriegsschuldfrage, Freimaurertum, Theosophischer Gesellschaft, Marxismus und deutscher Idealismus in zusammengefaßter Form den Machthabern zur Kenntnis gebracht werden. Das erschien notwendig, damit gegen die Anthro-

[40] S. Anlage 1. In den vorhandenen Kopien ist weder Briefkopf noch Anrede erhalten. Das Schreiben beginnt mit den Worten: „Da bei der Anthroposophischen Gesellschaft von einer der NSDAP nahestehenden Seite angeregt wurde [...]." In seinem Rundschreiben vom 14. Juli 1933 betonte der deutsche Vorstand: „Bemerkenswerter Weise ging diese Sache von der Parteibehörde selbst aus, die objektiv genug war, sich die Orientierung in Dornach selbst zu verschaffen." Archiv am Goetheanum. Alfred Reebstein schrieb am 3. Juli 1933 an Friedrich Husemann: „Dazu gebe ich Ihnen auch eine Abschrift der zusammenfassenden Antwort auf eine Reihe von Fragen, für die ein hoher nationalsozialistischer Parteimann bei einem Besuch in Dornach eine schriftliche Beantwortung gewünscht hat." Archiv am Goetheanum. Die dem Schreiben als Anlage beigegebenen Vorträge Steiners stammen aus den Weltkriegsjahren 1914-1916. Sie wurden 1933 in der Zeitschrift „Anthroposophie" und auch als Einzelausgaben von Marie Steiner publiziert. Heute liegen sie zusammen mit anderen unter dem Titel „Aus schicksalstragender Zeit" (GA 64) und „Aus dem mitteleuropäischen Geistesleben" (GA 65) vor. Die ebenfalls beigelegte Schrift des Anthroposophen und Historikers Karl Heyer, „Wie man gegen Rudolf Steiner kämpft", enthält eine Auseinandersetzung mit Gegnern der Anthroposophie bis 1932. Gerade Heyer hatte sich jedoch unmißverständlich schon 1931 in seiner privaten Korrespondenz gegen die Nationalsozialisten geäußert. Vgl. Einleitung.

[41] Marie Steiner, geb. von Sievers (1867-1948). S. Anlage 24.

[42] Vgl. auch Das Goetheanum, Nr. 36, 1994, S. 406, sowie Nr. 50, 1994, S. 556ff.

posophie nicht aus Unkenntnis der Sachlage vorgegangen würde. Die Machthaber sollten also die geschichtliche Verantwortung für ihr Handeln übernehmen und sich dabei nicht auf Unwissenheit berufen können. So vermerkte Steffen: „Wenn jetzt Verfolgung kommt, so weiß man, sie ist nicht aus Unkenntnis, sondern aus dem Bösen heraus".[43] Steffen nahm naiverweise an, daß auch Hitler selbst diese Erklärungen lesen werde, die damit in Steffens Augen zum Prüfstein zwischen Nationalsozialismus und Anthroposophie werden sollten. An Hitlers Verhalten nach der Lektüre der Denkschrift sollte sein wahres Wesen für alle sichtbar in Erscheinung treten.

Schon am 22. Mai berichtete Schiller aus München über Hauschilds Reaktion auf das „Exposé" (so nannte er es): Was seine Person betraf, hätte er keine Bedenken mehr, wies aber darauf hin, daß bezüglich der Abstammung eine notarielle Beglaubigung vorliegen sollte. Hauschild versicherte, seinem Chef in den nächsten Tagen Bericht zu erstatten.[44] Das mußte bedeuten, daß die Erklärungen des Dornacher Vorstands letztlich Heydrich, vielleicht auch Himmler, unterbreitet wurden. Keinesfalls waren sie – wie vielfach angenommen – ursprünglich Rudolf Hess, bzw. der Reichsgeschäftsstelle der NSDAP, zugedacht.[45]

Rascher bot sich nun dem deutschen Vorstand als Verbindungsmann zur NSDAP an. Hans Büchenbacher hielt sich auf Wunsch seiner Vorstandskollegen vom 21. bis 25. Mai, also in der gleichen Zeit wie Schiller, unmittelbar nachdem Hauschild die Unterlagen aus Dornach erhalten hatte, in München auf, um Raschers Vorschläge zu besprechen. In seinen Erinnerungen schildert Büchenbacher seine von Rascher arrangierte Begegnung mit Hauschild, die um 12 Uhr nachts in einer von schwerbewaffneter SS bewachten Villa des Forstenrieder Parks stattfand.[46]

Büchenbacher grüßte nicht mit „Heil Hitler". In einem eleganten Salon begann bei Kaffee und Zigarren eine zweistündige Unterredung, die in einer scheinbar gelösten Atmosphäre verlief, sobald Hauschild Büchenbacher als alten Frontoffizier aus der Division, in der auch Hitler gewesen war, entdeckt hatte. Das Gespräch wurde acht- oder neunmal von SS-Uniformierten unterbrochen, die ihm Verhaftungsbefehle zum Abtransport in das KZ Dachau zur

[43] Eintragung vom 19. Mai 1933. Archiv Steffen Stiftung.
[44] Paul Eugen Schiller an Albert Steffen vom 22. Mai 1933. Rudolf Steiner Archiv.
[45] Bei Arfst Wagner werden sie als „Denkschrift von Albert Steffen an Parteistellen der NSDAP" bzw. „Brief Albert Steffens an die Gauleitung im Deutschen Reich" ausgegeben. Vgl. Arfst Wagner: Beiträge, NS-Dokumentation, Bd. 1, Rendsburg 1991, S. 9 und S. 33.
[46] Vgl. auch zum folgenden: Hans Büchenbacher, Erinnerungen, PA Christoph Lindenberg.

Unterschrift vorlegten.[47] Büchenbacher war klar, daß er mit diesem Verfahren unter Druck gesetzt werden sollte. Er blieb aber sachlich und ruhig.

Hauschild fragte ihn dann wegen seiner Beziehungen zum königlichen Hof in Schweden, wie er die Chancen des Nationalsozialismus dort beurteile. Büchenbacher fuhr fort: „Ich: ‚Da haben sie keine.‘ Hauschild: ‚Wieso?‘ Ich: ‚Sie haben keinen Krieg gehabt, keinen Krieg verloren, haben eine blühende Wirtschaft, die haben so etwas nicht notwendig.‘ Hauschild antwortete nachdenklich: ‚Vielleicht haben Sie recht.‘ Nun kam ich zur Sache: ‚Ich glaube, daß ich Ihre liebenswürdige Einladung von heute nacht doch eigentlich dem zuzuschreiben habe, daß ich als Vorsitzender über das Problem der Anthroposophischen Gesellschaft zu reden hätte.‘ Hauschild: ‚Ja, schon, aber ich bin durch Dr. Rascher ganz im Bild. Es ist jetzt bloß noch folgendes zu besprechen. Ich habe da einen Aktendeckel und darauf steht: Anthroposophische Gesellschaft in Deutschland, und wenn ich den aufmache, ist nichts drinnen. Ich muß Sie also bitten um ein Verzeichnis ihrer Ortsgruppen, und vor allem um Ihre Statuten.‘

Ich: ‚Das Verzeichnis der Ortsgruppen können Sie ohne weiteres bekommen, aber Statuten habe ich augenblicklich keine.‘[48] Hauschild: ‚Das kann ich nicht verstehen, das ist doch unmöglich.‘ Ich: ‚Wie das mehr oder weniger so ist, auch in unserem Verein, waren da mal wieder Parteikämpfe und ein Durcheinander in der Gesellschaft, und ich habe jetzt gerade unseren Verein so einigermaßen wieder zusammengebracht und schaue mir jetzt die Ortsgruppen, wie es da steht, näher an, weil ich nicht Statuten an meinem grünen Tisch machen will, sondern nach Kenntnis der tatsächlichen Verhältnisse.‘ Hauschild: ‚Das kann ich, offen gesagt, nicht recht verstehen, aber Sie müssen doch anerkennen, Herr Doktor, Sie als öffentlicher Verein müssen doch Statuten haben.‘ Ich: ‚Jawohl, richtig, ich werde also für diesen Zweck Statuten ausarbeiten mit meinen Vorstandskollegen, allerdings das Sekretariat ist in Karlsruhe, ich in Stuttgart; der eine Vorstandskollege sitzt in Berlin, der andere in Hamburg, und dann muß der Vorstand in Dornach am Goetheanum, der ja der Vorstand der internationalen Anthroposophischen Gesellschaft ist, diese Statuten ge-

[47] Die Inhaftierung in einem KZ war zu dem Zeitpunkt schon geläufige Praxis. Sie geschah aufgrund der Notverordnungen (4., 6., 22. und 28. Februar 1933, 21. und 24. März), die zunächst auf die Zerschlagung der politischen Gegner zielten. In diesem Zusammenhang muß die von Büchenbacher geschilderte Szene gesehen werden. Unter den „weltanschaulichen“ Gegnern der NSDAP waren allerdings die „Ernsten Bibelforscher“ (Zeugen Jehovas) schon verboten, in Bayern am 13. April 1933. StAN E 9/33/C7/V.

[48] Zur Frage der Statuten: die Initiativgruppe hatte seit ihrer Einsetzung durch Albert Steffen am 26. April 1931 keine Statuten für die deutsche Landesgesellschaft ausgearbeitet. Diese Initiativgruppe nahm zwar Vorstandsfunktionen wahr, wollte sich aber nicht so benennen und schob eine formelle Neugründung der Gesellschaft immer wieder heraus. Die Gesellschaft war damals kein eingetragener Verein. Der mit der „Gleichschaltung“ zusammenhängende Druck veranlaßte sie nun, eine offizielle Form zu finden.

nehmigen.' Chef: ,O Gott, wie lange soll das denn gehen?' Ich: ,Vielleicht etwa 14 Tage.' Chef: ,Nun ja, das spielt keine Rolle, sagen wir spätestens in vier Wochen habe ich die Statuten.'

Wir gehen freundlich auseinander. Die von mir gewünschten Statuten bezeichnete ich als ,Grundsätze für die Arbeit der Anthroposophischen Gesellschaft in Deutschland'. Vor meiner Rückreise nach Stuttgart sagte ich zu Dr. Rascher: ,Jetzt wird es wohl Zeit, daß ich aus dem Vorstand verschwinde, denn ich war ja reichlich ungeniert dem Chef gegenüber.' Rascher: ,Ganz im Gegenteil, der Chef war begeistert.' Es kam dann die Rede auf die Reaktion Himmlers auf die Bemühungen Hauschilds und Raschers, ihn positiv für die Anthroposophie zu stimmen. Sie sagten zu mir, daß sie bei Himmler damit gar nicht ankommen könnten."

Die Grundsätze, die als Handreichung und als Sprachregelung in der Zeitschrift Anthroposophie veröffentlicht wurden und an die Zweige und Arbeitsgruppen gingen, hatten folgenden Wortlaut:

„Die Anthroposophische Gesellschaft in Deutschland ist eine öffentliche, freie wissenschaftliche Vereinigung zur Pflege und Förderung der von Rudolf Steiner begründeten Geisteswissenschaft: ,Anthroposophie'. Diese Wissenschaft ist von Rudolf Steiner entwickelt worden in Anknüpfung und Fortführung der Gedankenwelt und der moralischen Impulse des deutschen Geisteslebens, besonders des deutschen Idealismus eines Fichte, Goethe, Schiller, Hegel. Die Anthroposophie vermittelt Erkenntnisse der in ihrem tiefsten Wesen christlichen Kräfte des deutschen Volksgeistes.

Der Anthroposophischen Gesellschaft in Deutschland kann jeder angehören, der die Pflege einer solchen Geisteswissenschaft für notwendig hält, und so auf einem innerlichen Wege an der Erneuerung unserer Kultur aus den Kräften des deutschen Geistes arbeiten will. Sie lehnt jedes sektiererische Bestreben ab. Die Politik betrachtet sie als nicht in ihrer Aufgabe liegend.

Die zentrale Pflegestätte der Anthroposophie ist die Freie Hochschule für Geisteswissenschaft ,Goetheanum' zu Dornach. Die dort bei der Konstituierung der Anthroposophischen Gesellschaft zu Weihnachten 1923 aufgestellten Prinzipien liegen auch der deutschen Landesgesellschaft zugrunde. Die Leitung der Anthroposophischen Gesellschaft in Deutschland und ihre Vertretung nach außen besorgt eine Gruppe tätiger Mitglieder (Initiativgruppe). Für die Abwicklung der geschäftlichen Angelegenheiten (Mitgliederbewegung, Vortragsvermittlung, Beiträge usw.) ist eine Geschäftsstelle in Karlsruhe i.B. eingerichtet."[49]

Die Verbindung mit Hanns Rascher wurde nun in doppelter Weise ins Spiel gebracht. Zunächst bestand die Hoffnung, durch ihn, bzw. durch das Einschreiten einer zentralen Parteiorganisation, die Hetzkampagne einzudämmen. Parteistellen sollten über die Verleumdung aufgeklärt werden und sich in Maßnahmen gegen die Anthroposophie zurückhalten.

Ferner wurde nunmehr Hanns Rascher als Vertrauensmann der NSDAP innerhalb der Anthroposophischen Gesellschaft bezeichnet. Das war notwendig, weil im Zuge der „Gleichschaltung" in den Vorständen aller Vereine Par-

[49] BAD Z/B1 888. Unter dem Titel „Grundsätzliches über die anthroposophische Gesellschaft in Deutschland", in: Anthroposophie, April-Juni 1933, Buch 3, S. 253.

teimitglieder vertreten sein mußten. Damit sollte das Weiterbestehen der Anthroposophischen Gesellschaft gesichert werden.

Guenther Wachsmuth vom Dornacher Vorstand, der seit 1922 in der Schweiz lebte, war an diesen Vorgängen nicht direkt beteiligt, da er sich auf einer längeren Vortragsreise durch Deutschland, die baltischen Länder und Skandinavien befand, war aber durch Schiller auf dem laufenden gehalten worden, denn er schrieb am 13. Juni 1933 an Alfred Reebstein:

„Ich sprach gestern mit Herrn Schiller, der mir die Einzelheiten erzählte und der über das außerordentlich freundliche Entgegenkommen, das er dort gefunden hat, sehr befriedigt war. Es ist doch auch für die Mitglieder wichtig und schön zu wissen, daß man uns von dieser Seite so freundlich entgegengekommen ist, und es ist ja auch wesentlich, sich klar zu machen, daß wir früher von anderen offiziellen Seiten keinerlei Entgegenkommen und Interesse gefunden haben, während man uns heute in dankenswerter Weise entgegenkommt und ja auch vollkommene Wirkens- und Lehrfreiheit außerdem gewährt. Unter einer bolschewistischen oder stock-katholischen Leitung würden wir es ganz gewiß nicht so gut haben."[50]

Es dürften auch diese persönlichen Eindrücke gewesen sein – vor allem die Zusicherung einer ungehinderten öffentlichen Betätigung der Anthroposophischen Gesellschaft –, die Guenther Wachsmuth veranlaßten, sich am 6. Juni in einem Interview der Kopenhagener Zeitung Ekstrabladet in folgender Weise zu äußern:

„Frage: ‚Wie stellt sich die neue Regierung zur Anthroposophie?' Antwort: ‚Wir können uns nicht beklagen. Wir sind mit größter Rücksichtnahme behandelt worden und haben volle Freiheit für unsere Lehre zu wirken [...].' Frage: ‚Wie betrachten die Anthroposophen die nationale Bewegung in Deutschland?' Antwort: ‚Ich äußere mich ungern über Politik. Aber es soll kein Geheimnis sein, daß wir mit Sympathie auf das schauen, was z.Zt. in Deutschland geschieht [...]. Stagnation ist der Tod für alles geistige Leben. Es muß Bewegung da sein und die tapfere und mutige Weise wie die Führer des neuen Deutschlands sich der Probleme bemächtigen, kann, meiner Meinung nach, nur Bewunderung erzwingen. Es wird sicher etwas Gutes dadurch entstehen [...]."[51]

Diese Schlußbemerkung verkannte die Wirklichkeit in vielfacher Hinsicht und kann nur als Ergebnis eines Wunschdenkens gedeutet werden. Zumindest in Dänemark stieß Wachsmuths Auffassung auf den energischen Widerstand des dänischen Generalsekretärs, Johannes Hohlenberg, der daraufhin aus Protest zurücktrat und von Esper Eising abgelöst wurde. Auch an anderen Orten kann Wachsmuth die ihm widersprechende Haltung wichtiger Mitglieder nicht verborgen geblieben sein. Es besteht kein Zweifel, daß Wachsmuth über die kritische Lage der Anthroposophischen Gesellschaft in Deutschland informiert war. Er hatte auch materielle Gründe für sein einseitiges Urteil. Als Schatzmeister lag ihm daran, die Gesellschaft in Deutschland nicht zuletzt aus finanziellen Gründen zu erhalten. Die deutschen Mitglieder trugen wesentlich zum

[50] Guenther Wachsmuth an Alfred Reebstein vom 13. Juni 1933. Archiv am Goetheanum.

[51] Arfst Wagner: Beiträge, NS-Dokumentation, Bd. 1, Rendsburg 1991, S. 40f.

Unterhalt des Goetheanums bei.[52] Nach Dornach zurückgekehrt verfaßte Wachsmuth einen Reisebericht, der mit den Worten endete:

„Es ist gut, daß unter den Mitgliedern nicht jene Elemente überwiegen, die in melancholisch-müden Sehnsüchten nach der gemütlichen Vergangenheit leben, oder die den komplizierten Ereignissen der Gegenwart nur lehrhaft nörgelnd und jammernd gegenüberstehen können, sondern daß jene Menschen auch unter uns zahlreicher und stärker sind, die gewillt sind, an der Lösung der Probleme und Zukunftsaufgaben tapfer und tätig mitzuwirken. Goethe sagt im Augenblick allgemeiner Verwirrung um ihn herum das wache Wort: Von hier und heute geht eine neue Epoche der Weltgeschichte aus, und Ihr könnt sagen Ihr seid dabei gewesen. Es ist ermutigend, daß diejenigen, die ‚dabei' sein wollen, auch in unseren Reihen überwiegen."[53]

Am 14. Juli verschickte der Vorstand der deutschen Landesgesellschaft an die Zweige einen beruhigenden „Kurzen Bericht über die Lage", in dem die „Denkschrift" als Antwort auf die Bemühungen der Partei um sachliche Unterrichtung hingestellt wurde.[54] Schon in seinem Schreiben vom 19. Juni hatte der deutsche Vorstand gebeten, von selbständigen Schritten und Eingaben bei höheren Stellen abzusehen, ihn aber von allen Vorkommnissen in Kenntnis zu setzen.[55]

Ein weiterer Versuch war ein Schreiben zur Verteidigung Rudolf Steiners gegen die Vorwürfe zur Marneschlacht gewesen, das René Maikowski, Lehrer an der Freien Waldorfschule Hannover, am 13. Mai 1933 an Joseph Goebbels gerichtet hatte.[56] Eine direkte Antwort darauf war ausgeblieben, und der Versuch schien ohne Folgen. Aber am 27. Mai hatte die Abteilung Propaganda/Lügenabwehr der NSDAP Gauleitung Süd-Hannover-Braunschweig der Freien Waldorfschule Hannover mitgeteilt, daß die Parteibuchhandlung angewiesen worden sei, den Verkauf der Broschüre „Das Wunder der Marneschlacht" einzustellen.[57] Ein gleichlautendes Protestschreiben des Zweiges Hannover an die Gau-Propagandaleitung der NSDAP hingegen blieb unbeantwortet.[58]

[52] Nach Darstellung Büchenbachers lehnte er auch aus diesem Grunde den im November 1933 diskutierten Gedanken einer Selbstauflösung der deutschen Landesgesellschaft ab. Vgl. Büchenbacher, Erinnerungen, PA Christoph Lindenberg.

[53] Nachrichtenblatt, 10. Jg., Nr. 26, vom 25. Juni 1933, S. 102f.

[54] Rundschreiben der Anthroposophischen Gesellschaft in Deutschland an die Zweige vom 14. Juli 1933. Archiv am Goethanum.

[55] Rundschreiben der Anthroposophischen Gesellschaft in Deutschland an die Arbeitsgruppen vom 19. Juni 1933. Archiv am Goetheanum.

[56] René Maikowski an Dr. Joseph Goebbels vom 13. Mai 1933. Archiv am Goetheanum. René Maikowski war älterer Bruder des am 30. Januar erschossenen Sturmbannführers Hans-Eberhard Maikowski, bei dessen Beerdigung Goebbels die Grabrede hielt. In den ersten Jahren des NS-Staates wurde mehrfach versucht, aufgrund dieser Umstände bei Partei- und Regierungsstellen für die Waldorfschulen Gehör zu finden. Vgl. auch unten, Abschnitt: Erfolglose Schritte im Jahre 1933

[57] Gauleitung Süd-Hannover-Braunschweig an die freie Waldorfschule Hannover vom 27. Mai 1933. Archiv am Goetheanum.

[58] Anthroposophische Gesellschaft, Zweig Hannover, an die Gau-Propagandaleitung der NSDAP vom 12. Mai 1933. Archiv am Goetheanum.

Im Juni drohte jedoch eine Neuauflage dieser Broschüre, und Marie Steiner erhielt aus Berlin von „Freunden der Bewegung", die nicht namentlich unterzeichnen wollten, den Hinweis, daß nach Aussagen eines mit ähnlichen Vorgängen befaßten Anwalts nur ein Ariernachweis Steiners die Verbreitung von Unwahrheiten über ihn behördlich verhindern könne. Der Auftrag dazu könne jedoch nur durch Marie Steiner als Erbin Rudolf Steiners gegeben werden.[59]

Marie Steiner handelte in diesem Sinne jedoch erst auf Anraten Hanns Raschers, der ihr am 20. September schrieb und riet, einen eingeschriebenen Brief persönlich an Rudolf Hess zu richten und ihn unter Hinweis auf den dokumentarischen Nachweis der Abstammung Rudolf Steiners zu bitten, „durch Befehl zu verbieten, die unwahre Behauptung in der Presse zu verbreiten, Dr. Steiner sei Jude oder Halbjude gewesen".[60]

Marie Steiner sprach ihren Brief mit Guenther Wachsmuth ab, der darauf drängte, daß Anweisungen an die zuständigen Stellen oder sogar eine schriftliche Erklärung oder Ermächtigung von Hess gefordert werden, die direkt gegen Zeitungen usw. verwendet werden könne. Auch sollte betont werden, daß die Anthroposophische Gesellschaft in Italien „ganz offiziell von der faschistischen Regierung genehmigt worden ist."[61]

Marie Steiners Schreiben an Rudolf Hess ging am 25. September 1933 ab.[62] Eine direkte Antwort von Hess blieb aus. Wachsmuth schrieb aber Reebstein im Dezember, Hess habe Marie Steiner mitteilen lassen, daß er entsprechende Anweisungen an die Zentrale Pressestelle der NSDAP gegeben habe.[63] In Berlin gelang es Martin Münch, dem Leiter des dortigen Zweiges, am 24. Oktober den Ariernachweis vom Sachverständigen für Rasseforschung beim Reichs-Innenministerium zu erhalten.[64]

Zwischenbilanz

So ergibt sich für die ersten sechs Monate der NS-Herrschaft ein höchst zwiespältiges Bild der Lage. Der Vorstand der deutschen Landesgesellschaft und auch die führenden Vertreter der Anthroposophischen Arbeitsgemeinschaften standen dem Nationalsozialismus ablehnend gegenüber. Daß sie in dieser Hin-

[59] Freunde der Bewegung an Marie Steiner vom 22. Juni 1933. Rudolf Steiner Archiv.

[60] Hanns Rascher an Marie Steiner vom 20. September 1933. Rudolf Steiner Archiv. Rascher sprach über seine Verbindung zum Braunen Haus, indem er Marie Steiner bat, ihn ggfs. von ihrem Schreiben zu benachrichtigen, damit er auf dessen Eingang aufmerksam machen könne.

[61] Guenther Wachsmuth an Hanns Rascher vom 26. September 1933. Rudolf Steiner Archiv.

[62] Marie Steiner an Rudolf Hess vom 25. September 1933. Rudolf Steiner Archiv.

[63] Guenther Wachsmuth an Alfred Reebstein vom 13. Dezember 1933. SAM.

[64] S. Anlage 2.

sicht die Gesamtheit der Mitglieder repräsentierten, zeigt sich an der Tatsache, daß die Initiative des Hamburger Aristoteles Zweiges, die auf eine Gleichschaltung zielte, gänzlich ohne Echo blieb. Im deutschen Reich fand eine umfangreiche Kampagne gegen Rudolf Steiner statt. Die Waldorfschulen mußten sich durchaus als bedroht empfinden.

In Dornach standen Albert Steffen, Ita Wegman und Elisabeth Vreede dem Nationalsozialismus ablehnend gegenüber, aber Ita Wegman und Elisabeth Vreede waren damals bereits aus der Vorstandsarbeit praktisch ausgeschlossen. Als dann nach Ostern 1933 SS-Hauptsturmführer Hauschild vom SD in Dornach erschien, reagierten Guenther Wachsmuth und wohl auch Marie Steiner positiv. Sie – oder von ihnen Beauftragte, vermutlich Dr. Otto Fränkl – fertigten jene Denkschrift an, die Albert Steffen zur Unterschrift vorgelegt wurde.

Der scheinbare Erfolg dieser Denkschrift schien Wachsmuth recht zu geben, was ihn zu den erwähnten Äußerungen veranlaßte. Gleichzeitig begann Roman Boos, die Einleitung zu dem von ihm herausgegebenen Buch „Rudolf Steiner während des Weltkrieges" zu schreiben, das am 22. September 1933 gedruckt vorlag. Hier wurde nun Rudolf Steiner in einen Kontext gestellt, der gegen „formalen Demokratismus" und „pazifistischen Internationalismus" sowie den Parlamentarismus Stellung bezog und Verständnis für die Vorgänge in Deutschland zeigte: „Aus Blut und Leben lehnt man sich gegen den ökonomischen ‚Geist' auf."[65]

Diese Dornacher Stellungnahme und Aktivitäten erlebte man in Deutschland als wenig hilfreich. Bereits am 22. August 1933 erhob Hermann Poppelbaum in einem Brief an Wachsmuth unmißverständlich Einspruch gegen das Auftreten von Boos bei einer für den Herbst geplanten Tagung in Berlin: „Schon durch das Wegbleiben Herrn Steffens bekommt die Tagung einen anderen Grundton. Nun soll Boos [...] den ‚starken Ausklang' geben [...] Wir riskieren, daß eine Boos-Tagung daraus wird [...]."[66]

Persönlichkeiten wie Hermann Poppelbaum und anderen, die noch zu nennen sein werden, ging es darum, die Eigenständigkeit der anthroposophischen Arbeit zu erhalten. Dem Entgegenkommen des „Braunen Hauses" stand er mit Skepsis gegenüber.

Ein weiterer Vorgang aus diesem Zusammenhang, der aber kaum beachtet wurde, da er die Gesellschaft nur indirekt betraf, muß hier erwähnt werden. Im August 1933 kam es zu Kontrollbesuchen der Politischen Polizei bei der anthroposophischen Zweigarbeit in Essen. Poppelbaum erhielt eine entsprechende Mitteilung von dort.[67] Es stellte sich heraus, daß diese Visiten auf die polizeiliche Schließung der Essener Arbeiterbildungsschule zurückzuführen

[65] R. Boos, Rudolf Steiner während des Weltkriegs, Dornach 1933, S. IV.

[66] Hermann Poppelbaum an Guenther Wachsmuth vom 22. August 1933. Archiv am Goetheanum.

[67] Friedrich Schuster an den Initiativ-Vorstand der deutschen Landesgesellschaft vom 18. August 1933. Archiv am Goetheanum.

waren. Bei dieser handelte es sich um eine Gründung aus dem Jahre 1931 der beiden Pfarrer der Christengemeinschaft Hilmar von Hinüber und Carl Stegmann, beide Mitglieder der anthroposophischen Gesellschaft. Die Polizei betrachtete diese Schule als „kommunistisch" und verbot auch die von den beiden Pfarrern herausgegebene Zeitschrift „Entscheidung. Freie Blätter für sozial-religiöses Wirken". Carl Stegmanns Einweisung in ein Konzentrationslager konnte in letzter Minute durch einen mit der Familie befreundeten hohen Beamten verhindert werden.[68]

Zur Jahreswende 1933/34: Der Angriff im Pforzheimer Anzeiger Seine Wirkungen im nationalsozialistischen Lager und in der Anthroposophischen Gesellschaft

Symptomatisch für die Lage zur Jahreswende 1933/34 waren die Ereignisse um eine Publikation des nationalsozialistischen Presseorgans Pforzheimer Anzeiger.[69] Sie lassen die Schwierigkeiten erkennen, mit denen der deutsche Vorstand sich auseinandersetzen mußte, und zeigen die Wege, die er dabei zu gehen versuchte. Zugleich wird deutlich, daß es auf nationalsozialistischer Seite noch immer Differenzen in bezug auf die Beurteilung der Anthroposophen gab, deren Ausnutzung eine Gegenwehr möglich erscheinen ließ.

Ausgangspunkt dieser „Affäre" war die zwielichtige Figur des russischen Emigranten Gregor Schwartz-Bostunitsch, der seit 1922 im Fahrwasser der völkischen Bewegungen in Deutschland mit antisemitischer, antifreimaurerischer und – ab 1929 – antianthroposophischer Literatur und entsprechenden Vorträgen auftrat. Bostunitsch hatte Steiner zunächst geschätzt. In einem im April 1925 verfaßten Nachruf – Steiner war am 30. März 1925 gestorben – hatte Bostunitsch dessen Verdienste hervorgehoben: Steiner habe die Geheimwissenschaften dem „Dunkel der abergläubischen Geheimniskrämerei entrissen" und sie auf eine wissenschaftliche Basis gestellt. Er habe für alle den Zugang zum Christusimpuls neu erschlossen und mit der Idee der Dreigliederung des sozialen Organismus den Weg aus dem sozialen Chaos gewiesen.[70]

Doch in den folgenden Jahren änderte sich seine Haltung radikal. 1928 forderte ihn die NSDAP-Gauleitung Nürnberg-Fürth auf, als ihr Sachverständiger in einem Prozeß gegen Juden aufzutreten. Bei dieser Gelegenheit gab er an,

[68] Vgl. Götz Deimann (Hrsg.), Die anthroposophischen Zeitschriften 1903-1985, Stuttgart 1987, S. 392.

[69] Praktisch unberührt von diesem Vorgang begannen die Erhebungen des zum Amt Rosenberg gehörenden Kampfbundes für deutsche Kultur (KfdK) ebenso wie die Verbotsvorbereitungen gegen die Anthroposophische Gesellschaft durch Himmler und Heydrich.

[70] Gregor Schwartz-Bostunitsch, In memoriam unius Magni, in: Das neue Licht, Zentralorgan des Neugeistbundes Österreich, 4. Jg., Nr. 16, 16, April 1925, S. 6f.

1925/26 mit Hitler, Hess, Himmler und 20 anderen Parteigrößen bekanntgeworden zu sein, ja auch, daß er damals von Hitler aufgefordert worden sei, einen Vortrag im Münchner Hackerbräukeller zu halten.[71]

Bostunitschs Agitation gegen Steiner und die Anthroposophie fand ihren stärksten öffentlichen Ausdruck in der überraschend erfolgenden Veröffentlichung seines Pamphlets „Rudolf Steiner ein Schwindler wie keiner" im Juni 1929.[72] Diese Schrift bestätigt, was Walter Laqueur auch über seine anderen literarischen Erzeugnisse sagt und was deutlich seine Persönlichkeit charakterisiert, daß nämlich Bostunitsch keinen originalen Beitrag zum Antisemitismus oder zur antifreimaurerischen Literatur geliefert hätte, sondern nur alle Erfindungen darüber gesammelt habe und sodann offenbar glaubte, daß, einmal im Druck erschienen, auch eine Lüge eine wissenschaftliche Wahrheit würde.[73]

Während Bostunitsch 1925 in seinem Nachruf Werk und Wirken Rudolf Steiners in seiner Bedeutung für die Kultur seiner Zeit hervorgehoben hatte, versuchte er mit seiner Schrift von 1929 aus Spekulationen über Steiners Judentum und sein Privatleben sowie aus dessen Einschätzung des eigenen Werdegangs Widersprüche zwischen seinem Werk und seinem Leben zu konstruieren. Das Pamphlet hatte Erfolg: schon 1930 erschien eine zweite Auflage.

Dem Anthroposophen und Historiker Karl Heyer ist es zu verdanken, daß dem deutschen Vorstand 1933 eine Dokumentation über Bostunitsch vorlag. Heyer hatte Ende der zwanziger Jahre umfangreiche Recherchen über Gegner Rudolf Steiners durchgeführt, deren Ergebnis 1932 teilweise in Buchform erschienen war.[74]

Vor diesem Hintergrund wurde an einer unscheinbaren Stelle der Rubrik „Briefkasten" des NS-Organs „Pforzheimer Anzeiger" vom 16. Dezember 1933 unter Hinweis auf Bostunitschs Schrift die Behauptung aufgestellt, Rudolf Steiner sei Jude gewesen:

„Judenschwindel. ‚War Rudolf Steiner Jude? Meine Freunde behaupten es. In dem Buch ‚Rudolf Steiner – ein Schwindler wie keiner' ist es bewiesen worden. In einem Vortrag vom 5. Brachet 1920 rühmte sich Steiner öffentlich seiner Freundschaft mit dem Literaten und Juden Ludwig Jakobowski."[75]

Hermann Poppelbaum wurde sofort auf diese Notiz aufmerksam gemacht und bat die Redaktion mit Schreiben vom 19. Dezember um Veröffentlichung einer Richtigstellung unter Beifügung des arischen Abstammungsnachweises Stei-

[71] Gregor Bostunitsch an die NSDAP-Gauleitung Nürnberg-Fürth vom 13. Juli 1928. IfZ Fa 74.

[72] Gregor Schwartz-Bostunitsch, Rudolf Steiner - ein Schwindler wie keiner, München 1929.

[73] Walter Laqueur, Deutschland und Rußland, London 1965, S. 138 f.

[74] Karl Heyer, Wie man gegen Rudolf Steiner kämpft, Stuttgart 1932. Siehe besonders S. 90-96.

[75] S. Pforzheimer Anzeiger, Amtliches Organ der Nationalsozialistischen Deutschen Arbeiterpartei und einziges amtliches Verkündigungsblatt für den Amtsbezirk Pforzheim vom 16. Dezember 1933. BAD Z/B 1 886.

ners durch den Sachverständigen für Rassenforschung.[76] Er betonte dabei, daß auch die Pressestelle der NSDAP diese Tatsachen bestätigen werde. Anstelle einer Antwort erschien am 10. Januar der erste von drei Teilen einer gekürzten Fassung des Pamphlets von Schwartz-Bostunitsch. In der Einführung heißt es:

„Ein Sammelbecken getarnter Mächte ist die Anthroposophie Rudolf Steiners. Neuerdings ziehen sich dort die intellektuellen Marxisten und sonstige Überstaatliche zusammen. Man weiß nicht ob die schwarze und freimaurerische Internationale in den Kreisen der Anthroposophischen Gesellschaft die jeweilige Haltung bestimmt. Tatsache ist jedenfalls, daß sich das Judentum immer ganz besonders in diesen Kreisen betätigte und noch betätigt [...].Es ist heute mehr denn je Pflicht jedes einzelnen ehrlichen deutschen Volksgenossen, darüber zu wachen, daß nicht Kreise an Einfluß gewinnen, die unter dem Vorwand, ‚auch national' zu sein, sich zum Verderben der deutschen Zukunft weiter betätigen. Es hat keinen Sinn, mit den Anthroposophen zu verhandeln. Mit Bakterien verhandelt man nicht, man vernichtet sie. In Thüringen hat Ministerpräsident Marschler den Anfang gemacht und Steiners ‚biologisch-dynamische Düngung' und jede Werbung dafür oder Aussprache darüber verboten und unter Strafe gestellt. Ein Vorkämpfer gegen die Irrlehre der Anthroposophie Steiners ist Pg. Schwartz-Bostunitsch, einer der am meisten beschäftigten Reichsredner der NSDAP [...]. Die völkische Freiheitsbewegung trennt eine Welt von Rudolf Steiner. Aufklärung tut Not, lassen wir Pg. Schwartz-Bostunitsch sprechen. Die Schriftleitung."[77]

Der deutsche Vorstand reagierte sofort. Offenbar konnte auf die Anweisung von Rudolf Hess an die Pressestelle der NSDAP zurückgegriffen werden, da die Gaupropagandaleitung Baden mit Schreiben vom 11. Januar dem Pforzheimer Anzeiger den Weiterabdruck „bis zur Klärung durch die Reichsleitung" verbot.[78] Die zweite Folge war aber am 11. Januar schon gedruckt. Und auch für das Erscheinen der dritten und letzten Folge am 12. Januar hatte Dr. Bode, der Redakteur, vorgesorgt: mit Schreiben vom 12. Januar an die Gaupropagandaleitung wies er darauf hin, daß die Fortsetzung des Abdruckes „auf besondere Anordnung des Herrn Reichsstatthalters" Robert Wagner erfolge.[79]

Herbert Witzenmann, ein Pforzheimer Industrieller, Mitinhaber der Metallschlauchfabrik Pforzheim, wandte sich am 25. Januar mit einem längeren Schreiben, dem eine ausführliche Besprechung der Schrift Bostunitschs beigelegt war, an seinen Bekannten, Ministerialrat Herbert Kraft, Präsident des Badischen Landtages in Karlsruhe.[80] Dieser leitete Witzenmanns Ausführungen dem Pforzheimer Anzeiger zu mit der Bemerkung, daß die Anthroposophen

[76] Anthroposophische Gesellschaft in Deutschland an die Schriftleitung des Pforzheimer Anzeigers vom 19. Dezember 1933. Ein ähnliches Schreiben ging auch von Dr. G. Burchard, Pforzheim, am 20. Dezember 1933 an die Zeitungsredaktion, ebenso von Oskar Schäfer, Pforzheim, am 21. Dezember 1933. BAD Z/B 1 886

[77] Pforzheimer Anzeiger, 61. Jg., Nr. 8 vom 10. Januar 1934.

[78] Gaupropagandaleitung, NSDAP-Gauleitung Baden an den Pforzheimer Anzeiger vom 11. Januar 1934. BAD Z/B 1 886

[79] Pforzheimer Anzeiger an die Gauprogagandaleitung der NSDAP, vom 12. Januar 1934. BAD Z/B 1 886. Robert Wagner war der damalige Gauleiter und gleichzeitige Reichsstatthalter.

[80] Herbert Witzenmann an Herbert Kraft vom 25. Januar 1934. BAD Z/B 1 886. Das Schreiben umfaßt fünf, die Erläuterungen 17 Seiten sowie die Schrift Karl Heyers.

nicht das seien, was im Pforzheimer Anzeiger aus ihnen gemacht werde. Eine Berichtigung sei angebracht, sonst werde die Reichsleitung eingreifen.[81] Bode antwortete ausweichend am 12. Februar: er wolle keine Berichtigung geben, solange sich der Gauleiter und Reichsstatthalter Robert Wagner wegen der Frage der Anthroposophie mit dem Amt Rosenberg nicht verständigt habe.[82]

Tatsächlich hatte sich Wagner nicht nur an das Amt Rosenberg gewandt, sondern auch über den badischen Innenminister an das Geheime Staatspolizeiamt Karlsruhe. Dieses veranlaßte bei den anthroposophischen Arbeitsgruppen in ganz Baden Erhebungen[83] und lieferte am 21. März seinen für Wagner wohl „enttäuschenden" Bericht ab: „Die von mir im Lande Baden veranlaßten Erhebungen über die Tätigkeit der Anthroposophischen Bewegung haben keine Tatsachen ergeben, die ein polizeiliches Einschreiten rechtfertigen könnten."[84]

Bodes Ablehnung einer Berichtigung im Pforzheimer Anzeiger veranlaßte Jürgen von Grone und Karl Heyer zu einem gemeinsamen öffentlichen Vortrag in Pforzheim über Rudolf Steiners Leben und Werk. In der Pforzheimer Rundschau, dem Konkurrenzblatt des Pforzheimer Anzeigers, das am 5. März 1934 über diesen Vortrag ausführlich berichtete, wird von einer eindrucksvollen Kundgebung im vollbesetzten großen Museumssaal gesprochen.[85]

Inzwischen war aber auch die Gaupropagandaleitung tätig geworden, die im Januar von Bode mit dem Hinweis auf die „Anordnung" Wagners abgefertigt worden war. Die Landesstelle Baden-Württemberg des Reichspropagandaministeriums, personell identisch mit der Gaupropagandaleitung, protestierte bei der Redaktion des Pforzheimer Anzeigers gegen die von diesem publizierten Zweifel an der Kompetenz des Sachverständigen für Rasseforschung. Diesem war die Publikation Bodes vorgelegt worden. Der Sachverständige schrieb: „Die in dem Artikel geäußerten Zweifel" [– an der Feststellung der arischen Abstammung Rudolf Steiners –] „stellen eine Verächtlichmachung des sowohl von der obersten Reichsbehörde als auch von der obersten Parteileitung bestellten Sachverständigen [...] dar [...]." Nach diesem Zitat fuhr die Landesstelle fort: „Falls Sie uns eine genügende Erklärung über Ihr parteischädigendes Verhalten im vorliegenden Fall nicht geben können, müssen wir den gan-

[81] Der Präsident des Badischen Landtages an den Pforzheimer Anzeiger z.H. Dr. Paul Bode vom 27. Januar 1934. BAD Z/B 1 886.

[82] Pforzheimer Anzeiger an Ministerialrat H. Kraft vom 12. Januar 1934. BAD Z/B 1 886.

[83] Reebstein an Curt Walther vom 21. Februar 1934. Archiv am Goetheanum. Einzelne lokale polizeiliche Erhebungen gab es allerdings auch schon an anderen Orten, z. B. in Hannover.

[84] Geheimes Staatspolizeiamt Karlsruhe an den Herrn Minister des Inneren vom 21. März 1934. BAD Z/B 1 903.

[85] Von Rudolf Steiners Leben und Werk, in: Pforzheimer Rundschau, Nr. 22, vom 5. März 1934, 2. Beilage. Dieser Bericht wurde in 20 000 Exemplaren in Pforzheim verteilt. Hermann Poppelbaum, Mitteilung über die Tätigkeit der Gegner. Vom 9. April 1934. SAM.

zen Fall zur disziplinaren Erledigung an die zuständigen Stellen weitergeben."[86]

Dr. Bode zog sich geschickt aus der Schlinge: Wer „diese Äußerung von Schwartz-Bostunitsch durchliest, erkennt sofort, daß hier die Arbeiten des Rasseamtes nicht in Zweifel gezogen werden sollen, sondern daß die Argumente des Gegners [also der Anthroposophen, U. W.], die nicht zu widerlegen sind [sic!] durch eine rednerische Spitze abgewiesen werden sollen [...]." Außerdem stehe fest, daß „Steiner seiner Geistigkeit nach rassisch niemals einwandfrei sein kann [...]"[87]

Die Angelegenheit nahm hier, was den innerparteilichen Zwist betrifft, offensichtlich ein Ende. Der Pforzheimer Anzeiger übermittelte aber den gesamten Schriftwechsel am 14. Juli an Schwartz-Bostunitsch, der ihn sogleich seinem Arbeitgeber, dem SD, mit der Bitte um weitere Weisung übergab.[88] Bostunitsch war inzwischen in die Dienste des SD getreten. Neben seiner sicher von ihm übertriebenen „persönlichen Freundschaft" mit Himmler und seinem Ruf als „Freimaurerspezialist" mag gerade seine Gegnerschaft zur Anthroposophie eine Rolle bei seiner Einstellung durch den SD gespielt haben. Er wurde zwar erst Ende 1934 anläßlich des Umzuges des SD-Amtes nach Berlin als Berater für den Aufbau einer Freimaurerkartei und für die Einrichtung des Freimaurermuseums fest eingestellt, doch verweisen in den Unterlagen zwei Meldungen vom Mai bzw. Juli 1934 schon auf eine Tätigkeit als SD-Spitzel. Am 8. Mai 1934 beklagte Bostunitsch, daß das thüringische Wirtschaftsministerium am 15. November 1933 nur ein Werbeverbot und nicht auch gleich ein Verbot der Anwendung der biologisch-dynamischen Wirtschaftsweise ausgesprochen habe. Er betonte, „ein großes Dorf [...] sei durch den Ortspfarrer, der zu der anthroposophischen Christengemeinschaft gehört, ganz verseucht [und] huldige der biologisch-dynamischen Düngungsweise [...]. Da ich, dank meiner Schrift gegen Steiner als Spezialist in diesen Fragen galt, sollte ich eingreifen." Er schloß seine Meldung mit den Worten: „Auf alle Fälle wäre ein generelles Verbot der Anthroposophie erwünscht."[89] Zwei Monate später, am 16. Juli 1934, schickte, wie gesagt, Bostunitsch eine Zusammenfassung der Pforzheimer Ereignisse aus seiner Sicht an den SD mit der Bitte um dienstliche Weisung zum weiteren Verfahren. Die Meldung beginnt mit den Worten: „Den schwersten Schlag hat der Anthroposophischen Bewegung meine kleine Schrift, die in

[86] Bostunitsch hatte die Bemerkung gemacht, daß auch ein Rasseamt sich irren könne. Landesstelle Baden-Württemberg für Volksaufklärung und Propaganda, Karlsruhe, an die Schriftleitung des Pforzheimer Anzeigers vom 14. März 1934. BAD Z/B 1 886.

[87] Hauptschriftleiter Pforzheimer Anzeiger an die Landesstelle Baden-Württemberg für Volksaufklärung und Propaganda vom 19. Lenzing 1934. BAD Z/B 1 886.

[88] Pforzheimer Anzeiger an Gregor Schwartz-Bostunitsch vom 14. Juli 1934. BAD Z/B 1 886.

[89] Meldung: S.-B. Betr. Anthroposophie. Gez. V. vom 8. Mai 1934. BAD Z/B 1 1005. Siehe Kapitel 4 zur Christengemeinschaft und zur biologisch-dynamischen Bewegung.

erster Auflage von Alfred Rosenberg redigiert wurde, verursacht. In beispielloser Wut verfolgen mich seither die Anthroposophen."[90]

Poppelbaum kommentierte die Vorgänge für die Mitglieder mit folgenden Worten: „Selbstverständlich dürfen wir nicht in die Illusion verfallen, daß die Gegnerschaft je zum Schweigen gebracht werden könne. Sie wird vielmehr, wenn ihr die üblichen Wege nicht mehr oder nur in geringem Maße zur Verfügung stehen, sich neue Wege suchen, die anthroposophische Sache und die mit ihr verknüpften fachlichen Bestrebungen (Landwirte, Ärzte, Lehrer, Künstler) zu schädigen [...]."[91]

Wie treffend er die Lage beurteilt hatte, zeigt der Weg, den Schwartz-Bostunitsch in seiner Zusammenarbeit mit dem SD nahm, und die Art der Vorbereitung des Verbotes der Anthroposophischen Gesellschaft durch SD- und Gestapospitze.

An den Ereignissen um den Pforzheimer Anzeiger wird deutlich, wie auch die Anthroposophen anfänglich ihre Lage zu positiv einschätzten. Noch bis zum November 1935 hoffte man auf eine mögliche Anerkennung der anthroposophischen Arbeit durch die Nationalsozialisten. Offiziell gab es kein einheitliches Verfahren gegen die Anthroposophische Gesellschaft, jedoch wurde im Stillen ihr Verbot vorbereitet.

[90] Meldung S.-B. Betr. Anthroposophie vom 16. Juli 1934 gez. V. BAD Z/B 1 886. Bostunitsch spielte im Zusammenhang mit der Bekämpfung der Anthroposophen durch die Nationalsozialisten öffentlich keine, in seiner Dienststelle eine untergeordnete Rolle. Immerhin mußte er dem SD von Nutzen gewesen sein, da ihn Heydrich mit 80% des Dienstgehaltes und unter Beförderung zum SS-Obersturmführer im Januar 1937 in den Ruhestand versetzte. 1940 beklagte er sich bei Alfred Bauemler: Von den Anthroposophen, für deren Bekämpfung er alles geopfert habe, fühle er sich „seelisch und materiell" erledigt. Schwartz-Bostunitsch an Alfred Baeumler vom 13. Juni 1940. IfZ MA 141/11. 1942 bewarb sich Bostunitsch um den Professorentitel. Von Ohlendorf wurde ein Gutachten angefordert. Dieser antwortete: „Amt VII im RSHA nimmt dahingehend Stellung, daß Schwartz-Bostunitsch kein exakter Wissenschaftler im Hochschulsinn sei und in seinen Schriften zur Freimaurerei Lücken nicht durch sachliche Beweisführung, sondern durch eigene Kombinationen schließt." Fernschreiben RSHA III C an den Reichsführer SS vom 15. September 1942, gez. Ohlendorf, SS Brigadeführer. IfZ Fa 74.

[91] Mitteilungen Poppelbaums im MfM Juni 1934, S. 5. Seine Stellungnahme ging damit an alle Mitglieder. Er ging dabei allerdings von der irrtümlichen Ansicht aus, daß die Artikelserie durch das Einschreiten der Pressestelle der NSDAP aufgehalten werden konnte. Vergleicht man jedoch die drei Folgen im Pforzheimer Anzeiger mit der ursprünglichen Schrift, so stellt sich heraus, daß erstere eine gekürzte Fassung letzterer sind und eine weitere Folge nicht vorgesehen war.

2. Auf dem Weg zum Verbot (1934–1935)

Einleitung

Das Verbot der Anthroposophischen Gesellschaft in Deutschland kam zwar nicht aus heiterem Himmel, aber doch unerwartet. Am 1. November 1935 erklärte die Geheime Staatspolizei die Anthroposophische Gesellschaft nicht nur für „staatsfeindlich“, sondern gar für „staatsgefährlich“.Die Leitung der Gesellschaft jedenfalls wurde völlig überrascht. Noch eine Woche bevor ihm der Auflösungserlaß der Polizei zugestellt wurde, hatte Hermann Poppelbaum, der die Verhandlungen mit den Behörden führte, geschrieben: „Die Leitung ist mit den entscheidenden Stellen seit langem in Fühlung und es steht für die allernächste Zeit eine wichtige Aussprache bevor. Es wird sich dann zeigen, ob die bisherige Stellungnahme der Landesgesellschaft Billigung findet oder ob noch weitere Schritte nötig werden [...].“[92] Daß sich Poppelbaum, der länger als zwei Jahre mit den unterschiedlichsten Dienststellen verhandelt hatte, derart über die Lage täuschen konnte, erklärt sich aus der Tatsache, daß das von Himmler und Heydrich eigenhändig schon längst beabsichtigte Verbot unter gänzlicher Geheimhaltung durch den SD vorbereitet wurde, während Poppelbaum und andere Anthroposophen mit den Vertretern anderer NS-Dienststellen verhandelten. Noch im August hatte Poppelbaum zum Beispiel dem Gauschulungsleiter von Hamburg den wissenschaftlichen und gänzlich unpolitischen Charakter der Anthroposophischen Gesellschaft dargelegt.

Heute können die Vorgänge, die zum Verbot und zur Auflösung der Anthroposophischen Gesellschaft führten, aufgrund der vorliegenden Quellen gut rekonstruiert werden. Die von Himmler und Heydrich durch anderthalb Jahre betriebene Vorbereitung des Verbots, das von Anfang an beschlossen war, verlief intern und im Schutz der Geheimhaltung durch die Gestapo und den SD. Durch zahlreiche Presseveröffentlichungen und im Zuge der Gleichschaltung wurde das Verbot psychologisch durch das Amt Rosenberg unterstützt. Der Kampf der Nationalsozialisten gegen die Anthroposophische Gesellschaft wurde also, kaum koordiniert, auf drei Ebenen geführt:

1. durch die Verleumdung in verschiedenen Presseorganen
2. durch die Bestrebungen des Amtes Rosenberg zur Gleichschaltung
3. und entscheidend durch die Politische Polizei und den SD unter der Führung Himmlers.

Der deutsche Landesvorstand trat den öffentlichen Angriffen der Presse immer wieder entgegen und konnte da auch Teilerfolge erzielen, aber er konnte sie nicht endgültig eindämmen, da immer mehr Nationalsozialisten sich gegen die Anthroposophie stellten. Die Anweisung von Rudolf Hess an die Presse-

[92] Hermann Poppelbaum an Franz Bintig vom 4. November 1935. BAD Z/B 1 903.

stelle der NSDAP blieb weitgehend wirkungslos. Da der Presse-Hetze jedoch kein einheitliches Konzept zugrundelag, sondern es sich offensichtlich um eine Summe von Einzelfällen handelte, deren Initiatoren vom Typ Schwartz-Bostunitsch man kannte, sah man in der Pressekampagne kein Vorzeichen eines unmittelbar bevorstehenden Verbotes.

Nachdem Alfred Rosenberg im Januar 1934 zum „Beauftragten des Führers für die Überwachung der gesamten geistigen und weltanschaulichen Schulung und Erziehung der NSDAP" ernannt worden war, wurde auch er aktiv. Über seinen „Kampfbund für deutsche Kultur" (KfdK) betrieb er die „Gleichschaltung" kultureller Vereine etc. Im Amt Rosenberg wurde Poppelbaum erklärt, daß „die Partei die anthroposophische Sache vollkommen ablehne".[93] Man war dort über die Anthroposophie und die Anthroposophische Gesellschaft besser informiert als bei der Gestapo, die sich ihre Informationen mühsam zusammensuchte, denn Rosenberg verstand sich als Philosoph, hatte daher ein gewisses Interesse an anderen Geistesrichtungen und führte ein kulturpolitisches Archiv mit biographischen Informationen. Auf diese Informationen wurde aber niemals zurückgegriffen, weil die unterschiedlichen Behörden miteinander konkurrierten. So kam es zu Konflikten mit Goebbels, der über die Reichskulturkammer auch für die Kultur zuständig war, und mit Robert Ley,[94] der im Rahmen von KdF und Arbeitsfront auch weltanschauliche Schulung betrieb. In bezug auf die Anthroposophen hatte es Rosenberg, der sich hier für zuständig erklärte, außerdem mit den Einmischungen von Rudolf Hess und dem Amt Hess zu tun. Jedenfalls blieb Rosenberg nach den vorliegenden Unterlagen ohne nennenswerten Einfluß auf das Verbot der Anthroposophischen Gesellschaft. Im schlimmsten Fall behinderten die Leute vom KdfK die öffentliche Tätigkeit der Anthroposophischen Gesellschaft. In den Jahren nach dem Verbot der Anthroposophischen Gesellschaft verhielt man sich im Amt Rosenberg ganz anders.

Im Gegensatz zum lautstarken Gebell der Presse und dem großspurigen Auftreten Rosenbergs äußerten sich Himmler und Heydrich öffentlich nicht, und ihre Mitarbeiter, die auch Unterredungen mit Vertretern der Anthroposophischen Gesellschaft hatten, verschleierten, was sich anbahnte.[95] Schon im Juni 1934 hatten Himmler und Heydrich ein Verbot der Anthroposophischen Gesellschaft beschlossen. Bemerkenswert ist, daß das Verbot erst im November 1935 erlassen wurde.

Das hatte mehrere Gründe. Zunächst hatte das Problem „Anthroposophische Gesellschaft" keine besondere Priorität oder Dringlichkeit. Dann war der

[93] Hermann Poppelbaum an Reebstein, Stegemann und Picht, vom 12. November 1934. SAM.

[94] Vgl. Reinhard Bollmus, Das Amt Rosenberg und seine Gegner, Stuttgart 1970.

[95] Dem deutschen Vorstand war nur die Äußerung Hanns Raschers gegenüber Büchenbacher bekannt, daß er und sein Chef Hauschild bei Himmler mit ihren Bemühungen, ihn positiv für die Anthroposophie zu stimmen, gar nicht ankämen. Erinnerungen von Dr. phil. Hans Büchenbacher, Manuskript, S. 3, PA Christoph Lindenberg.

Einfluß und der Machtapparat Himmlers 1934 noch nicht so stark, wie er später werden sollte, und schließlich ging es Himmler und einigen seiner Berater auch immer wieder darum, den Schein des Rechts zu wahren und legal zu verfahren.

Gerade dies wiegte die führenden Anthroposophen in Zuversicht und vermittelte bis zum Zeitpunkt des Verbotes den Eindruck, daß die Gestapo eine unpolitische und wissenschaftliche Gesellschaft nicht verbieten könne. Der Kontaktmann im Geheimen Staatspolizeiamt (Gestapa) Berlin, Karl Haselbacher, erweckte den Eindruck, sachlich zu denken und für Gespräche und Richtigstellungen offen zu sein. Tatsächlich kannte aber auch Haselbacher die Absicht Himmlers. Himmler selbst empfing Poppelbaum trotz mehrfach zugesagter Gespräche nicht, und auch Heydrich blieb vollkommen im Hintergrund.

Zudem wurde das Vorgehen des deutschen Vorstands dadurch erheblich erschwert, daß er interne Strukturveränderungen nicht durchschauen konnte. Die Gestapo gab es zunächst nur in Preußen, und sie unterstand – formal – Göring. Erst mit der Einsetzung Himmlers als Politischem Polizeikommandeur der Länder (PPKdL) im April 1934 war die Zuständigkeit Fricks gegeben, des Reichs- und Preußischen Ministers des Innern. Sowohl bei Göring als auch bei Frick wurde zur Verteidigung der Anthroposophischen Gesellschaft nichts unternommen, obwohl Frick im April 1934 bei einem Besuch bei Erhard Bartsch mit der biologisch-dynamischen Wirtschaftsweise bekannt wurde. Ohne dessen Kompetenzen zu kennen, hätte man bei ihm Unterstützung suchen können, auch wenn seine Zuständigkeit nur formalen Charakter hatte, da Himmler eigenmächtig agierte und auf eine Verselbständigung der Politischen Polizei hinarbeitete.[96] Der SD wirkte am Rande und oft jenseits der Legalität: „Die politische Polizei hat die Vorgänge über Freimaurertum, Katholizismus u. a. an eine Dienststelle des SD abzugeben, wenn die Polizei selbst nicht gesetzlich befugt bzw. verhindert ist, einzugreifen".[97] Himmler verfügte im Juli 1934 eine erste Aufgabenverteilung in der Form, daß die Gestapo die Feinde des NS-Staates abwehren und bekämpfen sollte, während der SD die Feinde der NS-Idee zu ermitteln und deren Bekämpfung und Abwehr bei den staatlichen Polizeibehörden anzuregen hatte.[98] Auf diese Weise löste Himmler mit

[96] Vgl. Hans Buchheim: Die SS – das Herrschaftsinstrument, in: Anatomie des SS-Staates, Band 1, München 1967.

[97] Denkschrift des Polizeiinstituts Berlin-Charlottenburg, Jahreswende 1933/34. Vgl. Helmut Neuberger, Freimaurerei und Nationalsozialismus, Hamburg 1980, S. 53.

[98] Verfügung des politischen Polizeikommandeurs und Inspekteurs der Gestapo vom 4. Juli 1934. Vgl. Neuberger, Freimaurerei und Nationalsozialismus, Hamburg 1980, S. 53. Durch den sogenannten Funktionstrennungserlaß vom 1. Juli 1937 wurde die Trennung der Aufgaben des SD und der Politischen Polizei fixiert. Hans Buchheim, a. a. O. S. 62.

Hilfe von Heydrich und dessen juristischem Berater Werner Best[99] nach und nach die polizeilichen Maßnahmen aus dem Einflußbereich der Innenministerien heraus. In dieser unübersichtlichen Übergangsphase der Himmlerschen Machtausweitung wird das Verbot der Gesellschaft ausgesprochen. Poppelbaum war der Auffassung, man könne mit der Politischen Polizei verhandeln, da er annahm, daß in Ermangelung einer rechtlichen Handhabe gegen „weltanschauliche Gegner“ die Anthroposophische Gesellschaft nichts zu befürchten hätte.[100]

Während der SD schon 1933 eine Abteilung für Freimaurerfragen besaß, wurde im Gestapa erst im Januar 1934 ein Referat für Juden-, Freimaurer-, Emigranten- und Kirchenfragen eingerichtet. Dieses „Dezernat II F 2“, ab Juli 1934 „Dezernat II 1 B 2“, stand unter der Leitung von Dr. Karl Haselbacher, der auch „Verhandlungspartner“ Poppelbaums war.

Intern arbeitete Haselbacher naturgemäß eng mit dem Freimaurerreferenten des SD-Amtes, Theodor Christensen,[101] zusammen (Referat II 111 im SD). Christensen wurde beauftragt, die Beurteilungsberichte gegen die Anthroposophische Gesellschaft zusammenzustellen, d. h. die weltanschauliche Verbotsbegründung zu liefern. Vorgesetzter Haselbachers im Gestapa war Dr. Werner Best, Chef des Gestapa- und SD-Amtes war Heydrich, der seinerseits in beiden Bereichen Himmler unterstand. Die Abteilungen II 1 B 2 im Gestapa und II 111 im SD-Amt befaßten sich zu dieser Zeit hauptsächlich mit der Auflösung der Freimaurervereinigungen. Mit der Begründung, daß es sich um eine freimaurerähnliche Organisation handle, wurde von dieser Stelle aus das Verbot der Anthroposophischen Gesellschaft betrieben.

Im Oktober 1935 war Himmlers Handlungsspielraum noch nicht so groß, daß er die Gesellschaft durch einen reinen polizeilichen Willkürakt verbieten konnte. Er brauchte eine minimale rechtliche Grundlage. Diese lieferte ihm Frick im August 1935, indem er die sogenannte Reichstagsbrandverordnung vom 28. Februar 1933[102]entsprechend weit auslegte und die zwangsweise Auflösung der restlichen Freimaurerlogen und freimaurerähnlichen Vereinigungen verfügte. Damit übertrug er den bis dahin nur auf „politische“ Gegner angewandten Begriff der „Staatsfeindlichkeit“ analog auf den „weltanschaulichen“ Gegner.[103] Dementsprechend zeichnete dann Heydrich die Verbotsverfügung gegen die Anthroposophische Gesellschaft ab.

[99] Vgl. zu Werner Best: Ulrich Herbert, Best, Bonn 1996 und den Aufsatz von Sebastian Werner, Werner Best – der völkische Ideologe, in: R. Smelser/ E. Eyring/ R. Zitelmann, Die braune Elite, Bd. II, Darmstadt 1993, S. 13 ff.

[100] Im Gegensatz dazu konnten aufgrund des Verbotes aller politischen Parteien die „politischen Gegner“ ohne weiteres mit polizeilichen Maßnahmen verfolgt werden. Vgl. Helmut Neuberger, Freimaurerei und Nationalsozialismus, Hamburg 1980, S. 54.

[101] Zu Haselbacher und Christensen vgl. Helmut Neuberger, Freimaurerei und Nationalsozialismus, Hamburg 1980, Bd. II, S. 40, 50 und 55.

[102] RGBl I 1933, S. 83.

[103] Vgl. Neuberger, a. a. O., S. 319.

Vor diesem Hintergrund wurde bis November 1935 das für die Anthroposophen beunruhigende lokale Vorgehen der politischen Polizei von der Gestapo in der Person des scheinbar verhandlungsbereiten Karl Haselbacher immer wieder entschärft. Die internen Zusammenhänge blieben dem deutschen Vorstand jedoch verborgen. Das Verbot der Anthroposophischen Gesellschaft war im Juni 1934 noch nicht mehr als ein Vorhaben unter anderen, und sicher nicht Himmlers wichtigstes. Erstaunlich bleibt aber die Hartnäckigkeit, mit der er gerade dies durchsetzte und dazu den gesamten Apparat der politischen Polizei und des Sicherheitsdienstes in Bewegung setzte.

Im Frühjahr 1934 gab es erste konkrete Anzeichen für ein von Himmler und Heydrich beabsichtigtes Verbot der Anthroposophischen Gesellschaft. Zu Beginn des Jahres 1934 stand für die Anthroposophen das Tagesgeschehen im Vordergrund: die Presseangriffe, die Erhebungen des KfdK und der Reichsschrifttumskammer sowie Vorgänge, die anthroposophische Einrichtungen betrafen und mit anderen Parteistellen und Behörden zu tun hatten. Diese Vorgänge liefen unkoordiniert nebeneinander her und betrafen in erster Linie die biologisch-dynamische Landwirtschaft, die im Januar von Rudolf Hess einen gewissen Schutz erhielt, und die Freie Waldorfschule Stuttgart, der im Februar die Eröffnung einer 1. Klasse zu Ostern 1934 von dem Württembergischen Kultusminister Mergenthaler untersagt wurde.Gerade die Widersprüchlichkeit solcher Entscheidungen macht verständlich, daß der deutsche Vorstand immer wieder Hoffnung schöpfte und in seinen Verteidigungsversuchen nicht nachließ.

München, erste Jahreshälfte 1934: Ausgangspunkt der Polizeiaktion gegen die anthroposophische Arbeit

„Neugeburt des deutschen Rechts“: so betitelte Roman Boos, ein Schweizer Anthroposoph, sein zum Jahresbeginn 1934 im Verlag R.Oldenbourg, München, erschienenes Werk, mit dem er einen Beitrag zur Überwindung des corpus juris leisten wollte.[104] In München begann er mit einer Vortragsreise durch Deutschland, mit der er seine Publikation wirksam zu unterstützen hoffte.

So fand am 18. Januar Reichsleiter Walter Buch, Leiter des Obersten Parteigerichts, auf seinem Schreibtisch im „Braunen Haus“ eine Einladung zu den für den 23. und 24. Januar angesetzten Vorträgen von Boos über „Römisches Recht und deutsche Rechtlichkeit“ vor. Boos selbst hatte den Auftrag gegeben, den Obersten Richter der NSDAP einzuladen.[105]

[104] S. Roman Boos, Neugeburt des deutschen Rechts, München 1934.

[105] Anthroposophische Gesellschaft in Deutschland, Zweig München I an Herrn Reichsleiter Major Buch, München. Bad Z/B 1 886. Am 18. Januar 1934 fand in Berlin auch die entscheidende Sitzung der Vertreter der biologisch-dynamischen Bewegung mit Rudolf Hess statt.

Wenige Tage zuvor hatte das Oberste Parteigericht unter dem Vorsitz Buchs entschieden, daß Freimaurer nicht Parteimitglieder werden können.[106] Diesem Beschluß war kurz vorher – am 4. Januar 1934 – der „Göring-Erlaß“ vorausgegangen, der die Selbstauflösung der Freimaurerlogen beschleunigen wollte. Zudem mehrten sich in diesen Wochen Pressedarstellungen, in denen auch die Anthroposophen zu den Freimaurern gerechnet wurden.[107] Es mutet daher naiv an, daß Boos ausgerechnet Buch zu seinen Vorträgen einlud, die zudem den Anspruch erhoben, den Nationalsozialisten etwas darüber zu sagen, was als „deutsches Recht“ zu betrachten sei.

Jedenfalls empfand Walter Buch die Einladung als Frechheit. Umgehend forderte er den SD auf, „da nach dem Rechten zu sehen“.[108]

Im Völkischen Beobachter wurde Boos‘ Vortrag „Überwindung des Romanismus im Deutschen Recht“ unpolemisch zusammengefaßt. Das „deutsche Rechtsgefühl“, das auf Treue und Glauben basierte, wäre vom corpus juris gelähmt worden. Die Frage sei, ob nun das deutsche Wesen durchbrechen könne. „Die Rechtswissenschaft muß eine augenaufschließende Wissenschaft sein und als solche ist sie gerade dem deutschen Volke vorbehalten.“[109] Anders der Bericht des SD-Beobachters, der versuchte, einerseits hinter den Ausführungen von Boos seine eigentliche Haltung auszumachen und andererseits das Verhalten der Zuschauer zu beschreiben. Er stellte fest, daß unter den 120 bis 150 meist gebildeten Zuhörern anscheinend keine Parteigenossen waren. Dem Berichterstatter zufolge hätte Boos „größtenteils dem Nationalsozialismus durchaus verwandte Gedankengänge gebracht“. Gelegentlich betonte er seine „nationaldeutsche Haltung, vermied aber streng jede Einmischung in reichsdeutsche Fragen“. Gegen diese Einstellung kamen aus der Zuhörerschaft „antinationalsozialistische Fragen“. Boos wich „einer klaren Stellungnahme geschickt aus und versuchte gut zu machen. Beifallsäußerungen wurden lediglich nach dem Schlußwort von Dr. Boos laut.“[110] Man kann

[106] Helmut Neuberger, Freimaurerei und Nationalsozialismus, Hamburg 1980, Bd. II, S. 23. Am 8. Januar 1934: Freimaurer, die einen höheren als den Gesellengrad erreicht hatten oder erst nach dem 30. Januar 1933 aus der Loge ausgetreten waren, blieben grundsätzlich von jeder Mitgliedschaft in den Parteiorganisationen ausgeschlossen. Vgl. auch: Verfügungen des Obersten Parteigerichtes betr. Freimaurer in: STAK S 3 254.

[107] So z. B. Auszüge aus Schwartz-Bostunitsch, Rudolf Steiner – ein Schwindler wie keiner, in: Pforzheimer Anzeiger, 61. Jg., 10.,11. und 12. Januar 1934.

[108] „Ich halte es für eine große Anmaßung dieser Leute, einen Reichsleiter überhaupt einzuladen. Denn die Leute müssen wissen, daß ihre Lehre dem Nationalsozialismus ins Gesicht schlägt.“ Walter Buch, Reichsleiter, an den SS-Sicherheitsdienst München, vom 18. Januar 1934. BAD Z/B 1 886.

[109] Völkischer Beobachter vom 24. Januar 1934.

[110] Chef des Sicherheitsdienstes, SS-Brigadeführer, an Reichsleiter Walter Buch vom 26. Januar 1934 und Aktendeckelvermerk: An die B.P.P., Abtlg. I/1a z.H. Herrn Insp. Seiboldt. „Anliegend wird verabredungsgemäß ein Durchschlag des Berichts über die Vorträge des R. Roman Boos überreicht.“ III 2 W. BAD Z/B 1 886.

davon ausgehen, daß die meisten Zuhörer Anthroposophen waren, denen die kompromißbereite Haltung von Boos, der seine Vorstellungen über deutsches Recht den Nationalsozialisten anbot, mißfiel. Boos bezog keine eindeutige Stellung.

Dieser Bericht des SD, dem auch die im Völkischen Beobachter vom 24. Januar 1934 erschienene Zusammenfassung beilag, ging an zwei Adressaten: an Walter Buch zu dessen Information, aber auch an die Bayrische Politische Polizei, deren Chef Himmler war und die sich zunächst mit dem Verbot befaßte.

Am 16. April 1934 erhielt Joseph Hupfer, der Verwalter des Goethe-Saales der Anthroposophischen Gesellschaft in München, vom Polizeirevier die Nachricht vom Verbot der beiden von Heinrich Leiste für den 17. und 24. April angemeldeten und genehmigten Vorträge über „Rudolf Steiner und die Entwicklung der Anthroposophischen Gesellschaft". Auf seine Frage nach dem Grund erhielt Leiste von der politischen Polizei die Auskunft, es handele sich um ein Verbot der Anthroposophischen Gesellschaft in München. Ein schriftlicher Bescheid wurde später vorgezeigt, aber nie zugestellt. Guenther Wachsmuth in Dornach und die Mitglieder der Initiativgruppe wurden sofort informiert. Wachsmuth vermutete einen „Querschläger irgendeines subalternen Herrn", Leiste hielt jedoch die Lage für sehr ernst, da auch die Staatsbibliothek München (wie übrigens auch die Freiburger Stadtbibliothek) keine Bücher Rudolf Steiners mehr auslieh. Hanns Rascher waren die Vorgänge nicht bekannt geworden, ebensowenig wie seinem Chef beim SD, Hauschild, der am 18. April nach einem Autounfall schwerverletzt ins Krankenhaus eingeliefert werden mußte. Außerdem stellte sich am 20. April heraus, daß nicht die Münchner Politische Polizei, sondern die Bayrische Politische Polizei (BPP) das Verbot veranlaßt hatte.[111]

Das Rätselraten und die Unruhe um den Vorgang nahmen zu. Hermann Poppelbaum besprach sich in Berlin mit Moritz Bartsch, Ernst Stegemann und Martin Münch, die sämtlich einen offiziellen Schritt der deutschen Landesgesellschaft befürworteten. Am 28. April traf er in München mit Hanns Rascher und Heinrich Leiste zusammen. Sicher war inzwischen nur, daß die beiden erwähnten Vorträge von Leiste verboten wurden. Alle anderen Veranstaltungen waren offiziell nicht betroffen. So arbeitete z. B. die Gruppe Heisler (Arbeitsgemeinschaften) ungehindert weiter. Nachdem Rascher nicht weiterkam, plante Poppelbaum ein Zusammentreffen mit Rudolf Hess. Zu diesem Zweck traf er schon am 28. April den Münchner Gartenarchitekten und Bekannten

[111] Guenther Wachsmuth an Alfred Reebstein vom 19. April 1934, Hermann Poppelbaum an Alfred Reebstein vom 19. April 1934, Hermann Poppelbaum an Alfred Reebstein vom 20. April 1934, Th. v. Wallenberg an Guenther Wachsmuth und die Mitglieder der Initiativgruppe vom 20. April 1934. Archiv am Goetheanum.

von Hess Alwin Seifert in dessen Wohnung in München-Laim.[112] Das Gespräch mit Hess kam aber nicht zustande.

Leiste und Poppelbaum hatten recht, die Sache ernst zu nehmen: Die Rekonstruktion der polizeiinternen Vorgänge zeigt, daß das Verbot prinzipiell auf die Anthroposophische Gesellschaft als Ganzes gerichtet war und nur wegen des zu diesem Zeitpunkt noch auf Bayern beschränkten Machteinflusses von Himmler nicht weiter ausgedehnt wurde.

Nachdem der SD sich im Januar mit den Vorträgen von Boos befaßt hatte, die mitten in die zweite antifreimaurerische Aktion fielen, hatte Reinhard Heydrich, Chef des SD (das SD-Amt war noch in München), seine Dienststellen und – über Himmler – die Stellen der Politischen Polizeien zu Erhebungen über die Anthroposophische Gesellschaft veranlaßt. Wegen des noch unvollständigen Ausbaus des SD-Netzes im Reich und des noch beschränkten Einflusses Heinrich Himmlers auf die Politische Polizei der Länder[113] waren die Partei- und Polizeidienststellen diesem Ersuchen – im Vergleich zu den späteren Erhebungen – nur vereinzelt nachgekommen.[114] Immerhin hatte Heydrich am 9. April 1934 den – vermutlich vom Berliner SD erstellten – gewünschten Bericht, der in seinen Schwerpunkten Rudolf Steiner und die Anthroposophen als Freimaurer darstellte, erhalten.[115]

[112] Hermann Poppelbaum, München, an Guenther Wachsmuth, Dornach, vom 28. April 1934. Archiv am Goetheanum. Poppelbaum betonte ausdrücklich, daß er den Schritt zum Amt Hess ohne Wissen Hanns Raschers unternahm. Daß es sich bei dem Vorhaben Poppelbaums um ein Zusammentreffen mit Hess und ein vorbereitendes Gespräch mit Seifert handelte, ist deutlich, wurde aber nur indirekt von Poppelbaum angedeutet: „Ich denke an einen Schritt in ähnlicher Form und bei derselben Persönlichkeit, wie ihn der Reichsverband im Januar getan hat [...]. Ich habe diesen Schritt bereits durch einen Besuch in Laim vorbereitet." Es war üblich, auch in der internen Korrespondenz Kontakte mit Parteistellen mit einer gewissen Diskretion zu behandeln.

[113] Während des behandelten Zeitraums wandelten sich die Organisationsstrukturen von SD und Politischer Polizei mehrmals. Vgl. Hans Buchheim, a. a. O.

[114] Bekannt sind neben dem SD-Bericht vom 9. April 1934 ein Bericht von Carl Walther aus Aachen über seine Vernehmung durch die dortige Politische Polizei auf Anweisung aus München (Schreiben Carl Walther an Alfred Reebstein vom 19. Februar 1934. Archiv am Goetheanum) und umfangreiche, detaillierte Spitzelberichte aus dem SD-Unterabschnitt in Kassel, die aber in der SD-Zentrale wenig ausgewertet wurden. StAK S 3 Nr. 253. Nachrichten von Mitgliedern an die Initiativgruppe über Erhebungen der Politischen Polizei die Anthroposophische Gesellschaft betreffend an verschiedenen Orten in Baden im Februar und März 1934 standen im Zusammenhang mit der Affäre um die Publikationen des Pforzheimer Anzeigers vom 10., 11. und 12. Januar.

[115] Bericht SD 80201 Betr. Anthroposophische Gesellschaft vom 9. April 1934. 4 Seiten und 1 Seite zusammenfassend. BAD Z/B 1 903. Der Bericht ist eine Mischung aus Richtigem und Falschem und erweckt den Eindruck von in Eile zusammengestelltem Material unterschiedlicher Herkunft. Nur für Berlin werden teilweise richtige Daten vermittelt.

Schon wenige Tage später, am 12. April 1934, hatte das SD-Amt an die BPP den Antrag gestellt, der Anthroposophischen Gesellschaft in München jede Tätigkeit zu untersagen.[116] Diese wies am 16. April 1934 die Polizeidirektion telefonisch entsprechend an.

Auch das Schreiben von Heinrich Leiste an die Mitglieder der Initiativgruppe vom 2. Mai 1934 zeigt, daß Himmlers Absichten hinter diesen Verbotsbestrebungen standen: „Dort erfuhr ich diesen Montag, daß das Verbot aller Betätigung der Anthroposophischen Gesellschaft in München von der höchsten Stelle der politischen Polizei in Bayern ausgesprochen sei. Zunächst für München, es laute aber für Bayern [...].“[117]

Es ist anzunehmen, daß Heydrich und Himmler sich des Erfolges ihrer Maßnahme nicht völlig sicher waren. Die Zuordnung der Anthroposophen zu den Freimaurern – deren Verfolgung selbstverständlich war – war noch nicht vollständig abgeschlossen. Auch war ihnen die positive Einstellung des Amtes Hess zur biologisch-dynamischen Wirtschaftsweise bekannt. Rudolf Hess konnte in weltanschaulichen Angelegenheiten nicht übergangen werden. Dazu kam, daß der Ausbau der eigenen Machtposition sie in diesen Monaten hauptsächlich in Anspruch nahm. Eigentlich hätten die Anthroposophen keine sonderliche Aufmerksamkeit erregen dürfen. Der Aufwand, der um ein Verbot betrieben wurde, läßt jedoch vermuten, daß Himmler und Heydrich der Sache eine größere Bedeutung zumaßen.

Die Verlagerung nach Berlin. Am 1. Juni 1934 wurde das Verbot der Anthroposophischen Gesellschaft polizeiintern beschlossen

Nachdem bekanntgeworden war, daß die Leitung der BPP für das Verbot verantwortlich war, wandte sich Poppelbaum zunächst Anfang Mai an das Amt Hess. Hess hatte sich Ende Januar persönlich für die Weiterarbeit der biologisch-dynamischen Wirtschaftsweise ausgesprochen, und Elisabeth Klein und René Maikowski vom Bund der Waldorfschulen bemühten sich in dieser Zeit

[116] Bayrische Politische Polizei B Nr. 13967/34 I/1 G vom 26. April 1934. Aktennotiz über den Vorgang mit Begründung des Verbots nach Hinweis auf den Bericht vom 9. April 1934. Abschließende Bemerkungen: „Wie aus beil. Bericht des SS-Sicherheitsamtes hervorgeht, handelt es sich bei der Anthroposophischen Gesellschaft um eine überflüssige sektenähnliche Vereinigung. Es ist offensichtlich, daß die sektiererische Lehre dieser Verbindung mit deutschem und völkischem Ideengut niemals in Einklang gebracht werden kann. Daraus ergibt sich die Notwendigkeit zur Wahrung der Volkseinheit und zur Verhinderung der Zersetzung der Volkskraft auf dem Umwege über geisteszermürbende Agitation derartige Organisationen zu verbieten. Der Anthroposophischen Gesellschaft war daher jede Betätigung zu untersagen.“ BAD Z/B 1 903.

[117] Heinrich Leiste an die Mitglieder der Initiativgruppe vom 2. Mai 1934. Archiv am Goetheanum.

bei dem Sachbearbeiter für Kulturfragen im Amt Hess, Ernst Schulte-Strathaus, um einen ähnlichen Schutz für die Waldorfschulen. So lag es nahe, dort auch Unterstützung für die Anthroposophische Gesellschaft zu suchen. Poppelbaums Bemühungen waren jedoch erfolglos.[118]

Es ist nicht auszuschließen, daß die Vertreter der biologisch-dynamischen Landwirtschaft und der Waldorfschulen das Auftreten Poppelbaums im Amt Hess als Störung empfanden. Der „weltanschauliche Aspekt" sollte nicht im Vordergrund stehen. Deshalb lehnte z. B. das Kollegium der Stuttgarter Waldorfschule im März einen Vorschlag Poppelbaums ab, sich als Leiter der Anthroposophischen Gesellschaft im Reichsinnenministerium (ein Reichserziehungsministerium gab es erst Ende April 1934) für die Waldorfschule einzusetzen.[119] Die Nationalsozialisten führten ihren Kampf, der sich zusehends von lokalen auf zentrale Partei- und Regierungsstellen verlagerte, mehr unter „weltanschaulichen" Vorzeichen. Sämtliche anthroposophischen Einrichtungen mußten sich deshalb neu mit der Frage ihres Verhältnisses zur Anthroposophie und zur Anthroposophischen Gesellschaft auseinandersetzen.

Am 9. Mai wandte sich Poppelbaum an die BPP, um mit Heinrich Himmler zu sprechen. Er wußte nicht, daß Himmler – wie auch Heydrich, der mit dem Aufbau des Zentralbüros des Politischen Polizeikommandeurs der Länder beschäftigt war – kaum mehr in München auftauchte. Der Schwerpunkt ihrer Tätigkeit hatte sich nach Berlin verlagert. Auch die SD-Zentrale sollte ihren Sitz in Berlin bekommen.[120] Ein Gespräch mit Himmler wurde Poppelbaum zwar nicht verweigert, er erhielt jedoch keinen konkreten Termin. Am 9. Mai entschloß er sich daher zu einer handschriftlichen Eingabe an Himmler in dessen Funktion „als Reichsführer der SS und Führer der politischen Polizei".[121] Da er kurz zuvor von Moritz Bartsch den Hinweis erhalten hatte, daß Schwartz-Bostunitsch sich nun in München gegen die Gesellschaft betätigte, betonte er dessen verleumderischen Charakter ohne zu wissen, daß der Sicherheitsdienst Schwartz-Bostunitsch gerade fest angestellt hatte. Vor diesem Hintergrund waren die Bemühungen Poppelbaums bei Himmler aussichtslos. Poppelbaum richtete – dem Hinweis Bartschs folgend – Anfang Juni ein ausführliches Rundschreiben über Schwartz-Bostunitsch an die Zweigleiter. Himmler ge-

[118] Über sein Vorgehen in München und auch in Berlin berichtete Hermann Poppelbaum regelmäßig an seine Vorstandskollegen und Guenther Wachsmuth. Seine Berichte sind sachlich und nüchtern. Sie geben ein relativ deutliches Bild der Vorgänge. Berichte vom 13. und 15. Mai 1934 an Wachsmuth, vom 22. und 28. Mai 1934 an Reebstein, vom 2. Juni 1934 ohne Adressat und vom 8. Juni an Wachsmuth. Archiv am Goetheanum.

[119] Alfred Reebstein an die Mitglieder der Initiativgruppe vom 6. März 1934. Archiv am Goetheanum.

[120] Ab Januar 1935 SD-Hauptamt in Berlin.

[121] Eingabe Anthroposophische Gesellschaft in Deutschland an den Reichsführer SS und Führer der politischen Polizei Heinrich Himmler. Handschr. 3 Seiten mit Anlage: Ist die Anthroposophische Gesellschaft „international"? vom 9. Mai 1934. BAD Z/B 1 901.

genüber führte Poppelbaum aus, daß die Maßnahme der BPP um so mehr als Herabsetzung empfunden werden mußte, als eine Begründung bisher fehlte. Mit Hinweis auf die Denkschrift vom 20. Mai 1933 betonte Poppelbaum nochmals die hervorragende Bedeutung Rudolf Steiners als Repräsentant des deutschen Geisteslebens und wies anhand einer Zusammenstellung von Zitaten verschiedener Presseorgane aus dem Ausland darauf hin, daß Rudolf Steiner als „alldeutsch" galt und außerdem nur durch Gegner der Anthroposophie verhindert worden sei, daß das Goetheanum nicht wie geplant in München – auf deutschem Boden – errichtet werden konnte. In bezug auf die Verleumdungen von Ludendorff und Schwartz-Bostunitsch drückte Poppelbaum die Zuversicht aus, „daß die Führer des neuen Deutschland über eine Lehre nicht nur deren Gegner hören wollen".

Ordnungsgemäß übermittelte die BPP Poppelbaums Eingabe am 24. Mai 1934 an das unter Heydrich gerade etablierte Zentralbüro des Politischen Polizeikommandeurs in Berlin. Im Begleitschreiben wurde hervorgehoben, daß der „Hauptsitz der unter jüdischer Führung stehenden internationalen Anthroposophischen Gesellschaft" sich in Dornach/Schweiz befände. „Es wird um generelle Weisung über das künftige Vorgehen gegen die Anthroposophische Gesellschaft gebeten, da sich deren Tätigkeit über das ganze Reichsgebiet erstreckt."[122] An Hermann Poppelbaum ging am gleichen Tage der Bescheid, daß seine Beschwerde nach Berlin zur Entscheidung weitergeleitet wurde. Poppelbaum fuhr sofort nach Berlin. Am 2. Juni sprach er zusammen mit Martin Münch im Zentralbüro des Politischen Polizeikommandeurs, Prinz-Albrecht-Straße 8, Abt. I/1 G, vor. Man fand jedoch die Akten der BPP mit der Eingabe Poppelbaums nicht und vertröstete ihn auf die nächste Woche.[123] Wahrscheinlich lag die Akte noch bei Reinhard Heydrich bzw. in der Abteilung I/1 A, denn am Tage zuvor, am 1. Juni 1934, hatte Heydrich ein Schreiben an die BPP gerichtet, in dem diese aufgefordert wurde, den „Entwurf eines Verbots der Anthroposophischen Gesellschaft mit Begründung" nach Berlin zu senden.[124] Poppelbaum befand sich also sozusagen im Nebenzimmer des Raumes, in dem einen Tag zuvor das Verbot der Anthroposophischen Gesellschaft in Deutschland in die Wege geleitet wurde. Über das „wie" herrschte offenbar noch Unsicherheit, und es sollte auch noch 17 Monate dauern, bis das Verbot zum 1. November 1935 wirklich erlassen wurde.

[122] BPP an Zentralbüro des Politischen Polizeikommandeurs, Berlin, vom 24. Mai 1934. BAD Z/B 1 888.

[123] Hermann Poppelbaum: Kurzer Bericht über den Berliner Aufenthalt vom 31. Mai bis 2. Juni 1934. Archiv am Goetheanum.

[124] Der Politische Polizeikommandeur, Zentralbüro, BN2 782/34 I 1 a, Berlin, den 1. Juni 1934. Verfügung. 1. Schreiben an die Bayrische Politische Polizei. BAD Z/B 1 888.

Poppelbaum erkannte in seinem Bericht[125] theoretisch ganz richtig, daß die Beurteilung der Gesellschaft eigentlich weniger Sache der Polizei sei als die des Kultusministeriums oder des Innenministeriums. Er erwog zunächst, sich an diese Stelle zu wenden, doch unterließ er dies aus unbekannten Gründen. Poppelbaum konnte nicht wissen, daß damals SD und Politische Polizei bzw. Gestapo eigenständig handelten. Aus Hamburg richtete er am 9. Juni 1934 eine erneute handschriftliche Eingabe an Himmler.[126]

Am 15. Juni sprach er, zusammen mit Martin Münch, erneut bei der „Staatspolizei“ vor, wo er die Auskunft erhielt, die gesamte Akte sei wiederum nach München gegangen, da „die Leitung nicht selbst entscheiden wolle“.[127] Dabei kam auch das Elaborat Schwartz-Bostunitschs zur Sprache, und es zeigte sich, daß der Sachbearbeiter ihn gut kannte (!), ansonsten ging es wieder um die Behauptung, Rudolf Steiner sei jüdischer Abstammung gewesen.[128]

Es fällt auf, daß die zentralen Dienststellen des SD und der Gestapo bzw. des PPKdL in Berlin, die zu dieser Zeit zunehmend mit Akademikern besetzt wurden, höflich, sachlich und gemäßigt auftraten und sich so scheinbar vorteilhaft von dem selbstherrlichen Auftreten lokaler Parteibehörden und den Ausfällen der gegnerischen Presse abhoben. So hoffte man auf Verständnis, was in allen Eingaben deutlich wird. Sie stellten den als ungerechtfertigt empfundenen polemischen Angriffen durchgängig sachliche Informationen entgegen.

[125] Hermann Poppelbaum: Kurzer Bericht über den Berliner Aufenthalt vom 31. Mai bis 2. Juni 1934. Archiv am Goetheanum.

[126] Hermann Poppelbaum für die Anthroposophische Gesellschaft in Deutschland an das Zentralbüro des Politischen Polizeikommandeurs, Reichsführer SS Heinrich Himmler, vom 9. Juni 1934. BAD Z/B 1 888.

[127] Hermann Poppelbaum an Alfred Reebstein vom 16. Juni 1934 (Archiv am Goetheanum). Bevor er nach Berlin fuhr, hatte Poppelbaum noch ein Gespräch mit Prof. von Kapff in Bad Saarow, von dem er Unterstützung erhoffte. Dieser hatte Wilhelm Frick, den Reichsminister des Innern, veranlaßt, zusammen mit seiner Frau das Gut Marienhöhe zu besichtigen. Dies geschah am 28. April 1934 (Schreiben Erhard Bartsch an Guenther Wachsmuth vom 29. April 1934. Archiv am Goetheanum). Unmittelbares Resultat war zunächst nur, daß Frau Frick die Belieferung ihres Haushaltes mit Demetergemüse wünschte. Frick war in völliger Unkenntnis der von Heydrich und Himmler gegen die Anthroposophische Gesellschaft betriebenen Verbotsvorbereitungen. Erst Mitte Oktober 1935, nachdem Bormann Hess‘ Zusage erreicht hatte, wurde Frick um sein Einverständnis zum Verbot der Gesellschaft gebeten. Bis zur Ernennung Bernhard Rusts zum Reichsminister für Wissenschaft, Erziehung und Volksbildung am 20. April 1934 nahm Wilhelm Frick Aufgaben in diesem Bereich wahr. Er war daher auch eine wichtige Person für die Bemühungen um den Erhalt der Waldorfschulen.

[128] Die Abstammungsnachweise für Rudolf Steiner schienen wichtig, um der These von der „jüdischen Beeinflussung“ der Anthroposophischen Gesellschaft entgegenzuwirken. Letztlich waren aber auch sie nutzlos, da die SD-Berichte einfach auf solche Berührungspunkte wie die Freundschaft Rudolf Steiners mit Ludwig Jakobowski oder die Persönlichkeit von Carl Unger und Hans Büchenbacher zurückgriffen, um ihre These erfolgreich zu stützen. S. Anlagen 3 und 10.

Diese Informationen waren durchaus detailliert und zutreffend – im Gegensatz zu den unqualifizierten Auslassungen der Gegner der Anthroposophie. Aber sie waren auch insofern einseitig zusammengestellt, als sie die Aspekte der Anthroposophie, die nicht mit dem Weltbild des Nationalsozialismus übereinstimmten, unterdrückten. So waren sie in letzter Instanz unaufrichtig, wenngleich die Verfasser an die Richtigkeit ihrer Darstellung zu glauben schienen.

Aus den Dokumenten des SD muß man entnehmen, daß es der Führung des SD weder um eine sachliche Beurteilung der Anthroposophie noch der Anthroposophischen Gesellschaft ging, sondern schlicht um Material, durch das das bereits beschlossene Verbot begründet werden sollte: aus der undefinierten Unvereinbarkeit anthroposophischer und nationalsozialistischer Weltanschauung, die noch keine rechtliche Grundlage für ein Verbot hergab, mußte eine vertretbare Begründung für die „Staatsfeindlichkeit" der Anthroposophischen Gesellschaft gemacht werden. Das war notwendig, da in der Öffentlichkeit der Schein der Legalität gewahrt bleiben sollte, und weil die Zustimmung von Rudolf Hess gewonnen werden mußte. Man wußte, daß Hess die biologisch-dynamische Landwirtschaft und – in geringerem Maße – auch die Waldorfschulen schützte, ohne daß er allerdings der Anthroposophie besonderes Interesse schenkte. Daß dies kein einfaches Vorhaben war, zeigen die folgenden Ereignisse, die mit der von Heydrich eingeleiteten umfangreichen Erhebungsaktionen begannen.

Die Erhebungen der Politischen Polizei über die Anthroposophische Gesellschaft in ganz Deutschland (Juli bis September 1934)

Es war insofern verständlich, daß das SD-Amt Berlin die Akte wieder nach München gehen ließ, als dort noch die SD-Zentrale lag und der letzte Bericht der BPP deutlich ein Verbot der Anthroposophischen Gesellschaft befürwortete.[129] Um so verblüffender war aber der nun folgende Rückzug der BPP. Diese teilte durch einen neuen Sachbearbeiter dem Zentralbüro des PKK mit Schreiben vom 26. Juni mit:

„Wie bereits unter dem 25.5.34 berichtet, wurde von einem Verbot der Ortsgruppe München der Anthroposophischen Gesellschaft Abstand genommen, da nach der bisherigen Beobachtung, insbesondere wegen Fehlens jeglicher Vorgänge, seit einer Reihe von Jahren eine Auflösung nicht angängig erschien. Auch auf Grund der neuerdings eingeleiteten vertraulichen Nachforschungen konnten keinerlei Anhaltspunkte über eine staatsfeindliche Betätigung, die zu einer derartigen Maßnahme ausreichend wären, gewonnen werden [...]."[130]

[129] BPP an Zentralbüro des Politischen Polizeikommandeurs Berlin vom 24. Mai 1934, Anlage a) vom 26. April 1934. BAD Z/B 1 888.

[130] Bayrische Politische Polizei an Zentralbüro des Politischen Polizeikommandeurs vom 26. Juni 1934, BAD Z/B 1 888.

Heydrich, wieder am Anfang seiner Bemühungen, machte sich den abschließenden Vorschlag der BPP zu eigen, „die übrigen Länder zu beauftragen, über den Charakter, die Betätigung und die Ziele der Anthroposophischen Gesellschaft Unterlagen zu sammeln, um einen genauen Überblick über diese Organisation zu erhalten."[131]

Am 5. Juli, unmittelbar nach dem „Röhmputsch", veranlaßte er persönlich unter dem Briefkopf des Politischen Polizeikommandeurs, Zentralbüro, an alle Politischen Polizeien der Länder eine entsprechende Erhebung. Die Verfügung wurde am 11. Juli 1934 versandt.[132] Nicht genug damit: Heydrich richtete auch eine Aufforderung an den SD:

„Betr.: Anthroposophen und Theosophen.
Es wird ersucht:
1) Sämtliche Mitglieder anthroposophischer und theosophischer Gesellschaften zu überwachen.
2) Bei den zuständigen Stapostellen zu veranlassen, daß Versammlungen anthroposophischer und theosophischer Gesellschaften verboten werden.
3) Mitgliederverzeichnisse sämtlicher anthroposophischer und theosophischer Gesellschaften zu beschaffen."[133]

Heydrich hoffte also, über den SD schneller gegen die Anthroposophische Gesellschaft vorgehen zu können. Das Übereilte dieser Maßnahme kommt aber schon dadurch zum Ausdruck, daß er die Überwachung „sämtlicher Mitglieder" anordnete. Das waren bei der Anthroposophischen Gesellschaft in

[131] Der Politische Polizeikommandeur, Zentralbüro BN 2 782/34, Berlin. Verfügung 1. Schreiben an die Bayrische Politische Polizei, 1. Juni 1934. BAD Z/B 1 888.

[132] Der Politische Polizeikommandeur, Zentralbüro, an die Politischen Polizeien der Länder Anhalt, Baden, Bayern, Braunschweig, Bremen, Hamburg, Hessen, Lübeck, Mecklenburg, Oldenburg, Preußen, Sachsen, Thüringen, Württemberg vom 5. Juli 1934, gez. i.A. Heydrich. BAD Z/B 1 888. Sämtliche Berichte über die Anthroposophie gingen ab 27. Juli 1934 an das Dezernat II 1 B 2 des Gestapa, das für Juden-, Freimaurer-, Emigranten- und Kirchensachen verantwortlich war. Neuberger stellt die Einrichtung des Dezernates II 1 B 2 erst für Anfang Januar 1935 fest. Die hier dokumentierten Vorgänge – BAD Z/B 1 888 – weisen aber eindeutig dessen Existenz schon für Juli 1934 nach. Das Referat war klein: ein Sachbearbeiter, ein Assistent, ein Außendienstmitarbeiter. Dennoch wurden hier sämtliche diese Sachgebiete betreffenden Maßnahmen kontrolliert. Auch der SD mußte sich für alle seine Maßnahmen an Haselbacher wenden, dessen Zusammenarbeit allerdings mit den dortigen Referaten II 112 (Juden) und II 111(Freimaurer) bis zum Frühjahr 1936 gut funktionierte. (Vgl. H. Neuberger, Freimaurerei und Nationalsozialismus, Hamburg 1980, S. 56.)

[133] Diese Aufforderung Heydrichs ist nur für die SD-Oberabschnitte 4 und 5 belegt (BAD Z/B 1 1151). Aus dem Kontext heraus ist aber nicht nachvollziehbar, daß sie sich auf diese Abschnitte beschränken sollte. Weiterhin muß hier hervorgehoben werden, daß die Anweisung in gleicher Weise Theosophen wie Anthroposophen betraf. In beiden Fällen war sie nicht sehr wirksam. Ein Verbot der Theosophischen Gesellschaft wurde erst im Februar 1936 systematisch angestrebt, nachdem die Anthroposophische Gesellschaft schon seit 4 Monaten verboten war. Damit wird auch deutlich, daß die Anthroposophie Himmler gefährlicher erschien und als „weltanschaulicher Gegner" vordringlich zu beseitigen war.

Deutschland mehr als 7000. So war die Arbeit des SD auch äußerst uneffektiv. Im Sicherheitsamt liefen nur spärliche Berichte ein.[134] In der relativ vollständig vorliegenden Korrespondenz des deutschen Vorstandes wird nur ein Verbot erwähnt. Dies geht aus einem Beschwerdeschreiben Poppelbaums an die Polizei in Kaiserslautern hervor, wo der dortigen Arbeitsgruppe das Studium der Anthroposophie verboten wurde.[135]

Ganz anders die Reaktion des Polizeiapparates: von vierzehn angeschriebenen Länderpolizeien antworteten bis Mitte September dreizehn. Nur die BPP gab zunächst trotz einer neu eingeleiteten Erhebung keinen zusammenfassenden Bericht.

Die Berichte umfassen meist zwei bis drei Seiten. Sie enthalten teils richtige Angaben über die örtlichen Gegebenheiten und als Anlagen die von dem deutschen Vorstand verteilten Unterlagen, wobei auch die „Grundsätze..." und die „Statuten" zitiert werden, und versuchten, selbst eine Beschreibung der Anthroposophischen Gesellschaft zu geben. Eine Darstellung des anthroposophischen Schulungsweges findet sich in dem Bericht aus Schwerin. Dresden kritisierte die Waldorfschule und beschrieb, wie Elisabeth Klein durch Einschreiten von Rudolf Hess deren Weiterexistenz erreicht habe. Wenn auch aus Hamburg berichtet wurde, „daß die Anthroposophie [...] im Gegensatz zum Fundament der nationalsozialistischen Weltanschauung steht" und andere Berichte die pazifistische Einstellung Rudolf Steiners und den Anteil von Mitgliedern jüdischer Abstammung (1–2%) hervorhoben, hielten sich die Polizeistellen in der Beurteilung doch sehr zurück. Nur der Berliner Bericht war weniger zurückhaltend, schloß aber mit den Worten: „Zusammenfassend kann gesagt werden, daß die Anthroposophische Gesellschaft zwar keine Gefahr für den deutschen Menschen bedeutet, aber andererseits ein Segen nicht zu erwarten ist [...]."

Aus sämtlichen Berichten entsteht der Eindruck, den die Gestapo Karlsruhe schon einmal so formulierte: „Der Bericht ergibt keine Tatsachen, die ein polizeiliches Einschreiten rechtfertigen könnten."[136]

Die polizeilichen Erhebungen beunruhigten die Anthroposophen nicht sonderlich. Reebstein berichtete darüber den Zweigleitern in einer einfachen Mitteilung.

[134] 41001 an Nr. 1 vom 13. August 1934 mit einer Liste der Theosophischen Gesellschaft Adyar, Hannover, und 55001 an 1 vom 20. November 1934 mit Mitgliederverzeichnissen der Anthroposophischen Gesellschaft in Düsseldorf und Remscheid und einigen Namensnennungen und mit einem Hinweis auf Schloß Hamborn (BAD Z/B 1 1151). Daneben wurden die umfangreichen detaillierten Spitzelberichte des SD-Kassel angefertigt. Es gibt aber keinen Nachweis dafür, daß sie nach Berlin gingen (STAK S 3 Nr. 253).

[135] Hermann Poppelbaum an die Polizei-Direktion, z.H. Polizeihauptmann von Hansen, Kaiserslautern, vom 28. September 1934. Archiv am Goetheanum.

[136] Gestapo Karlsruhe an den Minister des Innern vom 21. März 1934. BAD Z/B 1 903.

Zwei Aktenvermerke in den Unterlagen bestätigen, daß die Bearbeitung der Berichte im neu eingerichteten Referat II 1 B 2 des Gestapa unter der Leitung von Karl Haselbacher geschah.[137]Ein dritter belegt nochmals die feste Absicht eines Verbotes.[138]Für Haselbacher waren die Berichte „enttäuschend", da sie kaum stichhaltiges Material enthielten.

Himmler jedoch drängte auf Vortrag. So beauftragte Haselbacher am 3. August seinen Kriminal-Assistenten Bandow, schnellstens eine Zusammenfassung zu erarbeiten, die besonders Verbindungen zu Freimaurern herausstellen sollte.[139] Bandow lieferte diese in einer zweiten Fassung am 14. September, ohne den detaillierten, aber tendenziösen Bericht des württembergischen Politischen Landespolizeiamtes zu berücksichtigen, der ihm erst am 17. September zuging. Er stellte die Anthroposophische Gesellschaft als Ableger der Theosophischen Gesellschaft dar und behauptete darüber hinaus, Steiner hätte der regulären Freimaurerei angehört oder zumindest mit ihr in Verbindung gestanden. Angeblich würden auch Wissensgebiete der Anthroposophie bzw. Theosophie an der Freien Waldorfschule Stuttgart gelehrt.[140]

[137] 1. Vermerk. Die für das Z-Büro (Polt. Pol. Kdr.) eingehenden Schreiben sind auf Anordnung von den Dienststellen des Gestapa zu bearbeiten. Undatiert, wahrscheinlich Mitte Juli. BAD Z/B 1 888.
2. II 1 B 1. Vermerk: Nach Rücksprache mit dem Sachbearbeiter von Dezernat II 1 B 2 sind die hiesigen Vorgänge betr. die Theosophische und Anthroposophische Gesellschaft an das dortige Dezernat abzugeben, da diese Angelegenheit dort bearbeitet wird. Vom 27. Juli 1934. BAD Z/B 1 888.
Ein Vermerk von 29. September datierte den Organisationsbefehl für die Zuständigkeit von II 1 B 2 auf den 8. Mai 1934 . BAD Z/B 1 888.

[138] II 1 B 2 1. Vorgänge Leiste von Z. B. erhalten.
2. Wegen des Verbotes, das für das ganze Reich vorgesehen ist, sind zunächst die vom Z. B. angeforderten Berichte der einzelnen Länder abzuwarten. BAD Z/B 1 888.

[139] II 1 B 2 am 3. August 1934 dem Ad II 1 B 2 K. A. Bandow zum eingehenden Bericht über Entstehung, Charakter, Betätigung und Ziele der Anthroposophischen Gesellschaft, insbesondere auch über evtl. Verbindungen der Anthroposophischen Gesellschaft mit freimaurerischen Kreisen. – Da in dieser Angelegenheit dem Reichsführer SS zu berichten ist, bitte ich um Beschleunigung [...]. BAD Z/B 888.

[140] Ad II 1 B 2. Bericht von Krim. Ass. Bandow Herrn Ass. Dr. Haselbacher wieder vorgelegt. Interessant ist hier die Vorwegnahme wesentlicher Teile des späteren Verbotstextes vom 1. November 1935. Bemerkenswert der Satz: „Die Anthroposophische Gesellschaft steht weit über jeden Dogmen, sie kennt in ihren brüderlichen Reihen keinen Unterschied in der Rasse, Religion, Geschlecht und Farbe". Weiter: „Eine Gleichschaltung oder Einordnung in bestehende national-sozialistische Organisationen muß daher undenkbar erscheinen [...]. Im Falle einer staatlichen Auflösung würden sich kleine Personenzirkel in Familienwohnungen doch immer wieder zusammen finden [...]." Bandow brachte den absurden aber originellen Vorschlag, daß geschulte Wissenschaftler den okkulten Bestrebungen der Anthroposophen entgegenkommen sollten, um sie umzuerziehen. Auf die Frage des jüdischen Einflusses auf die Anthroposophische Gesellschaft ging Bandow erstaunlicherweise nicht ein. Zur gleichen Zeit hatte das Amt Rosenberg durch die Erhebungen des KfdK im Zuge der Gleichschaltungsmaßnahmen bereits detailliertere Informationen über Umfang und Tätigkeit der Anthroposophischen Gesellschaft als Haselbacher.

Haselbacher versuchte nun, über die Staatspolizeistellen Einzelberichte über die von diesen genannten Personen zu bekommen.[141] Über keine Person wurde Nachteiliges berichtet. Unter diesen befand sich jedoch Karl Bergfeld in Eisenach. Da sämtliche Namen von Schwartz-Bostunitsch mit der Freimaurerkartei verglichen wurden, stieß dieser so auf die Logenzugehörigkeit von Bergfeld.

Weiterhin veranlaßte Haselbacher die Überwachung der Vortragsveranstaltungen des Rudolf Steiner Zweiges in Berlin, dessen Programm ihm im Rahmen der Kontrolle jüdischer (!) Vereine übermittelt wurde.[142] Letztlich zeigte sich, daß die Polizeiberichte, wie auch Bandows Versuch, zu einer Begründung des Verbots als nicht ausreichend betrachtet wurden. Himmler wartete ab. Erst im Februar 1935 wurde der SD wieder eingeschaltet, der seinen grundsätzlichen Bericht im Mai 1935 liefern sollte. Die Überwachungen durch die Politische Polizei und den SD wurden nicht unterbrochen.

Sicher ist, daß die Bayrische Politische Polizei im Laufe des Jahres 1934 Steiners Werke verbot.[143]

Gestapobeamte bei Zweigabenden
Beginn der Postüberwachung
Wie der deutsche Vorstand die Lage einschätzte

Aus einem Rundschreiben an die Arbeitsgruppen geht hervor, daß der deutsche Vorstand in diesen letzten Monaten des Jahres 1934 die Lage als kritisch empfand. Die Gruppen wurden aufgefordert, vom öffentlichen Plakatieren abzusehen und auch ansonsten alles zu vermeiden, was als Propaganda interpretiert werden könnte. Außerdem sollte bei persönlichen Erklärungen streng

[141] Pol. Pol. Kommandeur an das Thüringische Geheime Staatspolizeiamt Weimar, vom 30. August 1934. BAD Z/B 1 888. Personenberichte.

[142] Das Programm sah Studienabende von Martin Münch vom 27. September – 29. Oktober vor sowie fünf Vorträge von Heinrich Leiste (26. – 30. September), drei Vorträge von Walther Birkigt am 5. und 12. Oktober, künstlerische Arbeit mit Julius Hebing und vom 17. September an die Weiterarbeit der „Schule für Eurythmie und Sprachgestaltung". BAD Z/B 1 888. Stadt Berlin, Bezirkssteueramt Tiergarten, Steueramt, Abtl. D an das Geheime Staatspolizeiamt, Dez. II 1 B 2 z. Hd. Haselbacher, Berlin, den 24. September 1934. Betr. Kontrolle jüdischer Vereine. Zusatz: „Anscheinend handelt es sich um eine jüdische Veranstaltung." BAD Z/B 1 888.
– Ad II 1 B 2. Bericht vom 29. September 1934, Unterschrift unleserlich, Krim.-Ass.
– Ad II 1 B 2. Bericht der Überwachung am 29. September 1934 und
– Ad II 1 B 2. Bericht der Überwachung am 5. Oktober 1934 beide von Bandow, Krim.-Ass. BAD Z/B 1 888.

[143] Verzeichnis der polizeilich beschlagnahmten und eingezogenen, sowie der für Leihbüchereien verbotenen Druckschriften. o.J. (Herbst 1934, vgl. Jan-Pieter Barbian, Literaturpolitik im „Dritten Reich", München 1995, S. 223 f.)

darauf geachtet werden, daß die Arbeitsgruppen der Anthroposophischen Gesellschaft nichts mit „Logen" zu tun haben.[144]

Die polizeilichen Erhebungen liefen trotz der in Berlin längst abgelieferten summarischen Berichte weiter. Polizeibeamte überwachten verschiedenenorts öffentliche Vortragsveranstaltungen und drangen sogar in die internen Zweigabende ein.[145] Parallel dazu begann nun auch die Postüberwachung bei verschiedenen Mitgliedern. Besonders hervorzuheben ist die Beschlagnahmung des Pamphlets „Die Hitlerbewegung und die Dreigliederung" von August Riehl (Rio de Janeiro, 1933). Riehl hatte sich zu Beginn der zwanziger Jahre in Rio als Vertreter der Anthroposophischen Gesellschaft ausgeben, war aber nie Mitglied der Anthroposophischen Gesellschaft gewesen. Seine wirren Publikationen führten im Herbst 1924 dazu, daß Rudolf Steiner sich von ihm in einer Presseerklärung ausdrücklich distanzierte. Riehl produzierte jedoch weiter, u. a. die obengenannte Schrift, die er unaufgefordert ihm bekannten Mitgliedern zuschickte, so daß diese von der Postkontrolle erfaßt wurde. Da diese die Unvereinbarkeit von Nationalsozialismus und Anthroposophie verkündete – was im übrigen ja stimmte –, kamen die betroffenen Mitglieder in den Verdacht einer politischen Betätigung gegen das nationalsozialistische Deutschland und mußten sich gegenüber der Polizei rechtfertigen.[146]

Der Staatspolizeistelle Altona kam der Aufruf Albert Steffens im Nachrichtenblatt Nr. 38 vom 28. September zur Zahlung eines Notopfers von 7 sFr. in die Hände, ebenso auch der darauffolgende Rundbrief Poppelbaums an die

[144] Anthroposophische Gesellschaft in Deutschland an alle Ortsgruppen der Anthroposophischen Gesellschaft in Deutschland, vom 8. September 1934. Archiv am Goetheanum. Zur Logenfrage: Hermann Poppelbaum an Gustav Iburg vom 4. Februar 1935 BAD Z/B 1 903.

[145] Von einem Beispiel dieser Art, das sich am 27. September ereignete, berichtete Hans Meyer aus Bremerhaven in seinem Schreiben an den Vorstand vom 15. Oktober 1934: „[...] Abends erschien ein Kriminalassistent und fragte höflich, ob ihm ein bißchen Zuhören gestattet sei. – ‚Selbstverständlich':[...]. Sieben bis acht Mitglieder waren anwesend. Aus dem Buch ‚Initiatenbewußtsein' wurde vorgelesen[. ..]. Nach 30 bis 40 Minuten entfernte der Krim. Assistent sich leise mit freundlichem Wink. Ich begleitete ihn hinunter und bewog ihn unmerklich zu einer Äußerung. – ‚Ja, das ist ja vollkommen harmlos,' sagte er. Ich ergänzte: ‚Gewiß ist es das. Es handelt sich eben nur um rein wissenschaftliche Dinge. Und im übrigen haben sie ja auch gehört, daß es uns darauf ankommt, den Intellektualismus und Materialismus zu bekämpfen [...] und statt dessen den ganzen Menschen zur Geltung zu bringen, wie es Hitler ja auch für die neue Erziehung vorgesehen hat.' ‚Ja, in dem Sinn werde ich dann auch günstig berichten.' Sprach's und verabschiedete sich mit freundlichem Händedruck." Archiv am Goetheanum.

[146] Schreiben Phillip Sixtel an Roman Boos vom 5. Juni 1934 und an Alfred Reebstein vom 25. September 1934. Archiv am Goetheanum.

Mitglieder vom 3. November 1934, der diesen Aufruf unterstützte.[147] Ein Sachbearbeiter stellte alsbald den Appell Steffens als Aufruf zum Devisenschmuggel dar.[148]

Obwohl die Arbeit der Polizei unsystematisch und das Netz der Überwachung lückenhaft war, konnten einzelne Überprüfungen zu weitreichenden Folgen führen.

Zu dieser Zeit hatte Poppelbaum endlich am 19. September 1934 die schon länger erwartete Unterredung mit Ernst Schulte-Strathaus, Sachbearbeiter für Kulturfragen im Stabe des Stellvertreters des Führers.[149] Nach 1 1/2 Stunden verließ er ermutigt das Braune Haus: „Die Notwendigkeit einer freien Entwicklung der anthroposophischen Arbeit hat ihm eingeleuchtet, und er versprach seine Hilfe in dieser Richtung [...]. Mit dieser Unterredung ist endlich ein Schritt getan, unsere Gesellschaft ihrer kulturellen Bedeutung gemäß bei den maßgebenden Behörden darzustellen [...].“[150]

Am 8. Oktober, nach Verhandlungen mit den Behörden wegen der kurzfristigen polizeilichen Absage einer Freizeit der Christengemeinschaft, stellte Poppelbaum seine Einschätzung der Lage nochmals deutlich den Vorstandskollegen dar:

> „Herr Münch und ich haben [...] den Eindruck gehabt, daß man alles, was wir offiziell kundtun, nur als eine Art Fassade betrachtet, hinter der man nach den eigentlichen Tatsachen forschen müsse, den heimlichen Verbindungen mit der Freimaurerei, und sogenannten Querverbindungen zu theosophischen und anderen Gesellschaften. Wenn aus solchen Ermittlungen wirklich bei höheren Stellen ein Bericht zusammengestellt werden sollte, so kann nur ein Zerrbild von unserer Gesellschaft entstehen, dem gegenüber alle Richtigstellungen machtlos sind. Trotzdem muß m. E. unsere ständige Sorge sich darauf richten, mit der Orientierung höherer Stellen über die wahren Tatsachen fortzufahren.“[151]

[147] Staatspolizeistelle Altona an das Geheime Staatspolizeiamt Berlin, vom 30.11.34 (BAD Z/B 1 888) und Anthroposophische Gesellschaft in Deutschland an die Mitglieder vom 3. November 1934 mit Eingangsstempel vom 7. Dezember 1934 und Bearbeitungsvermerken vom 26. April 1935, 10. Mai 1935, sowie: „zum Akt: Anthroposophen“. BAD Z/B 1 90.

[148] S. dazu die Meldung von Schwarz-Bostunitsch vom 16. Juli 1934. Vgl. Abschnitt: Zur Jahreswende 1933/34. Die „Affäre“ im Pforzheimer Anzeiger.

[149] Ernst Schulte-Strathaus (1881–1968). Ab 15. April 1934 Sachbearbeiter für Kulturfragen im Stabe Hess.

[150] Hermann Poppelbaum an die Mitglieder der Initiativgruppe, außerdem an Carlo Septimus Picht vom 22. September 1934. Archiv am Goetheanum. Seine Einschätzung der polizeilichen Erhebungen verdeutlichte Poppelbaum anschließend: „Die polizeilichen Ermittlungen können niemals ein zutreffendes Bild von der Tätigkeit der Anthroposophischen Gesellschaft liefern, da sie, naturgemäß, von ganz anderen Gesichtspunkten ausgehen. Der Besuch beim Stabe des Stellvertreters des Führers wird deshalb sicher der anthroposophischen Sache zugute kommen [...].“

[151] Hermann Poppelbaum an die Mitglieder der Initiativgruppe vom 8. Oktober 1934. Archiv am Goetheanum.

Poppelbaum deutete also die Grundhaltung der Gestapo richtig, wußte aber nicht, daß Gestapo und SD-Spitzen gerade dieses „Zerrbild" herzustellen suchten. So blieb er der Meinung, daß es noch Sinn habe, die Orientierung höherer Stellen weiter zu betreiben.

Am 10. November 1934 sprach Poppelbaum gleich an zwei Stellen vor. Bei der Abteilung für Verbände im Amt Rosenberg teilte man ihm gleich mit, daß die Partei die anthroposophische Sache vollkommen ablehne und er diese Ansicht Rosenbergs kaum erschüttern könne. Haselbacher informierte ihn, daß die polizeilichen Erhebungen nunmehr abgeschlossen seien. Sein Chef, der SS-Gruppenführer Heydrich, habe sich die Entscheidung ausdrücklich vorbehalten, sei aber erkrankt. Poppelbaum kam zur folgenden Fehleinschätzung: „Ich habe den Eindruck, daß die Entscheidung nicht gut in einem anderen als positiven Sinne fallen kann." Vielleicht bestimmte ihn hier die Tatsache, daß zwei Tage vorher Hilmar von Hinüber, Pfarrer der Christengemeinschaft, eine sehr positive Auskunft hinsichtlich der Christengemeinschaft erhalten hatte. Haselbacher hatte ihm das von der Gestapo im September 1934 beschlagnahmte Ritualbuch wieder ausgehändigt.[152]

Obwohl man Poppelbaum versprochen hatte, daß er schnell benachrichtigt werden sollte, ließ Haselbacher während der nächsten drei Monate nichts von sich hören. So brachte sich Poppelbaum am 30. Januar 1935 per Einschreiben in Erinnerung.[153] Da er keine Antwort erhielt, nahm er an, daß bei Haselbacher keine Bedenken gegenüber der öffentlichen Vortragstätigkeit in München vorhanden waren, deren Wiederaufnahme er daraufhin ankündigte.

8. Mai 1935: Fertigstellung des entscheidenden SD-Berichtes

Haselbacher beantwortete Poppelbaums Anfrage nicht. Himmler drängte wiederum auf Vorlage der Akte, aber die Unterlagen reichten nach Haselbachers Ansicht nicht aus, um ein Verbot auszusprechen. Nach Absprache mit dem Leiter der Abteilung V im Sicherheitsamt richtete er am 13. Februar 1935 an diese die Bitte um eine Sachdarstellung über die Anthroposophische Gesellschaft.

Der zentrale Abschnitt des Schreibens lautet:

„In Anbetracht des Umstandes, daß sich der Stellvertreter des Führers für die Anthroposophische Gesellschaft interessiert, kommt es in erster Linie darauf an, den jüdischen und freimaurerischen Einfluß innerhalb der Anthroposophischen Gesellschaft nachzuweisen und näher darzulegen, daß die in der Anthroposophischen Gesellschaft vertretenen Gedankengänge mit der völkischen Weltanschauung des neuen Staates unvereinbar

[152] Hermann Poppelbaum an Reebstein, Stegemann und Picht vom 12. November 1934. SAM.

[153] Anthroposophische Gesellschaft in Deutschland an die Geheime Staatspolizei, Abteilung II 1 B 2. Einschreiben vom 30. Januar 1935. Archiv am Goetheanum.

sind. – Da die Angelegenheit dem Reichsführer SS unterbreitet werden soll, wäre ich für eine möglichste Beschleunigung dankbar."[154]

Damit wurde die Tendenz der Darstellung schon klar vorgegeben. Das Amt berichtete zwar am 27. Februar, doch die Angaben erschienen Haselbacher als ungenügend. Es wurden lediglich die von Schwartz-Bostunitsch aus der Freimaurerkartei entnommenen Angaben über die Logenzugehörigkeit eines Mitgliedes der Anthroposophischen Gesellschaft und über die Festnahme eines Schwarzen, der Mitglied des Pythagoras Zweiges in Hamburg war, geliefert.[155]

Inzwischen mußte das Sicherheitsamt aber auch die Stellungnahme seines Mitarbeiters und vielgeschäftigen Gegners der Anthroposophie, Jakob Wilhem Hauers, vom 7. Februar 1935 erhalten haben. Hauer hatte diese auf Anfrage des SD in Stuttgart erstellt. Gleich am Anfang faßte Hauer seine im übrigen ganz richtige Beurteilung knapp zusammen:

„Ich halte die anthroposophische Weltanschauung, die in jeder Beziehung international und pazifistisch eingestellt ist, für schlechthin unvereinbar mit der nationalsozialistischen. Die nationalsozialistische Weltanschauung baut sich auf dem Gedanken von Blut, Rasse, Volk und dann auf der Idee vom totalen Staat. Gerade diese zwei Grundpfeiler der nationalsozialistischen Weltanschauung und des Dritten Reiches werden von der Weltanschauung der Anthroposophen verneint."

Hauer belegte dann ausführlich, daß die Idee Steiners von der sozialen Dreigliederung dem Nationalsozialismus widerspricht. Er schloß mit einem Hinweis auf die Waldorfschule:

„Jede Untersuchung und Betätigung der Anthroposophie entspringt der anthroposophischen Weltanschauung mit Notwendigkeit. Darum bedeuten Schulen, die auf anthroposophischer Weltanschauung aufgebaut, von Anthroposophen betreut werden, eine Gefahr für echte deutsche Bildung [...]."[156]

[154] Geheimes Staatspolizeiamt B. Nr. II 1 B 2 – 61196 L 115/35 an das S-Amt, Abteilung V, Berlin, den 13. Februar 1935. Gez. Im Auftrag: Dr. Haselbacher. (BAD Z/B 1 903). Als Auftraggeber muß sein Vorgesetzer Dr. Werner Best vermutet werden.

[155] Aktenvermerk von Schwartz-Bostunitsch auf SD-internem Umlaufblatt vom 19. Dezember 1934. BAD Z/B 1 901. Eine spätere Liste, leider undatiert, zählt 30 Namen von Anthroposophen auf, die gleichzeitig Mitglieder einer Freimaurerloge waren. BAD Z/B 1 886. Das Schreiben vom 27. Februar notiert: „Es ist interessant zu sehen, daß die Anthroposophische Gesellschaft einen Neger als vollwertiges Mitglied aufnimmt [...]." BAD Z/B 1 888.

[156] Jakob Wilhelm Hauer an den Sicherheitsdienst RFSS, Oberabschnitt Süd-West, Stuttgart, vom 7. Februar 1935. BAP R 4901–3285. Hauer war seit August 1934 Mitglied der SS und des SD (Vgl. Hauer an Best vom 3. Mai 1937. BAK N 131) und Professor für Religionswissenschaften in Tübingen. Er schickte am gleichen 7. Februar eine Abschrift seines Gutachtens an den württembergischen Kultusminister Mergenthaler, der ihm persönlich bekannt war. Hauer hatte 1921 vier öffentliche Vorträge gegen Rudolf Steiner und die Anthroposophie gehalten, die 1922 unter dem Titel „Werden und Wesen der Anthroposophie. Eine Wertung und eine Kritik" veröffentlicht wurden. Steiners Erkenntnismethoden erschienen ihm nicht nachvollziehbar. Er verlangte, daß Steiner „objektive" Beweise für seine hellseherischen Fähigkeiten liefere, und warf ihm vor, sich Expertenkommissionen nicht stellen zu wollen.

Hauer selbst behauptete später, er habe „das entscheidende Gutachten über die Anthroposophische Gesellschaft geschrieben."[157] Das scheint übertrieben, doch ist unverkennbar, daß Aspekte seiner Stellungnahme, vermutlich gerade sein Hinweis auf die Waldorfschulen, in den bald ausgearbeiteten Bericht des SD und letztlich auch in den Text des Verbots gegen die Gesellschaft eingeflossen sind.[158]

Der abschließende Bericht wurde erst am 8. Mai 1935 übergeben. Er enthielt die entscheidenden Passagen, die auch in die Begründung des Verbots übernommen wurden, und entsprach endlich der von Himmler erwarteten Darstellung. Selbstverständlich wurde keine „Richtigstellung" der Anthroposophischen Gesellschaft berücksichtigt, und es entstand das von Poppelbaum befürchtete „Zerrbild".[159] Autor des Berichtes dürfte der für Freimaurerei zuständige Theodor Christensen gewesen sein.

Der Vorwurf, eine Sekte zu sein, wurde nicht erhoben, obwohl schon seit März 1935 eine Erhebung über Sekten beim SD lief, in der die Anthroposophische Gesellschaft mehrmals neben der Christengemeinschaft als solche aufgeführt wurde.[160]

Es ist auch erstaunlich, daß die Bayrische Politische Polizei nochmals bei dem Gestapa um eine Entscheidung in der Frage der Wiederaufnahme der anthroposophischen Arbeit der Münchner Zweige bat und nochmals betonte: „Die kürzlich erfolgte Prüfung der in Bayern bestehenden Ortsgruppen über die politische Einstellung der Mitglieder ergab keinerlei Anhaltspunkte, die zu einem Verbot ausreichend wären."[161]

Es steht außer Zweifel, daß gerade der in der Anlage im Wortlaut wiedergegebene Bericht des SD-Hauptamtes Berlin vom 8. Mai 1935 die Begründung für das Verbot der Anthroposophischen Gesellschaft lieferte. Die Darstellung hat den abwertenden polemischen Stil, der an Schwartz-Bostunitsch erinnert, und wartet mit Behauptungen, nirgends mit Resultaten wirklicher Recherchen auf. Die eingesehenen Unterlagen waren dürftig, obwohl mit den Eingaben Poppelbaums und den veröffentlichten Werken Steiners sowie den Zeitschrif-

Außerdem meinte er, einen Bruch in Steiners Entwicklung festzustellen, den Steiner selbst nicht zuzugeben bereit gewesen wäre. Vgl. Jakob Wilhelm Hauer: Werden und Wesen der Anthroposophie. Eine Wertung und eine Kritik, Stuttgart 1922, und: Anthroposophie als Weg zum Geist in: Die Tat, Monatsschrift für die Zukunft deutscher Kultur, 12. Jg., H. 11, Februar 1921, S. 51ff. Beide Schriften waren dem Gutachten beigefügt.

157 Jakob Wilhelm Hauer an Werner Best vom 3. Mai 1937. BAK N 131.

158 Vgl. Anlage 3.

159 Der Reichsführer SS, der Chef des Sicherheitshauptamtes, an das Geheime Staatspolizeiamt, II 1 B 2, z. Hd. Haselbacher, Berlin, den 8. Mai 1935. 1 Anlage. BAD Z/B 1 903. S. Wortlaut des Berichtes in Anlage 3.

160 S. Z. B. SD 5001 an 1. vom 14. Mai 1935. BAD Z/B 1 1082, Akte 30001

161 Fernschreiben BPP an Gestapa Berlin vom 9. Mai 1935. BAD Z/B 1 888. Dieses antwortet, ebenfalls mit Fernschreiben, daß das Verbot wegen der noch „schwebenden Verhandlungen" aufrechterhalten werden müsse. 17. Mai 1935, BAD Z/B 1 888.

ten umfangreiches Material vorlag. Der SD recherchierte schlampig. Es wäre beispielsweise bei hinreichender Kenntnis der damals publizierten Vortragsreihen Steiners nicht schwer gewesen, Steiners Ablehnung des Nationalismus zu belegen.[162] Dagegen waren die Polizeiberichte noch vergleichsweise sachlich.

Darum ging es aber gar nicht. Entscheidend war vielmehr, daß der Bericht zusammenfassend alle die Punkte hervorhob, die schon in den polemischen Presseberichten von 1933/34 veröffentlicht worden waren. In der vom SD auf dieser Grundlage formulierten Begründung des Verbots hieß es zum Beispiel:

„Als Anthroposoph war Steiner internationaler Pazifist und Weltverbrüderer. Er propagierte offen die Abkehr vom Rasseprinzip, hatte enge Beziehungen mit ausländischen Freimaurern, Juden und Pazifisten und war selbst Generalgroßmeister [...]."

Weiter wurde vom SD behauptet, die Anthroposophie sei eine „Kopie anglo-indischer Theosophie unter geschickter Anpassung an europäische Verhältnisse" und Steiner sei von Annie Besant, der „Deutschenhasserin im Weltkrieg", in deren esoterische Loge aufgenommen worden. Nach dem Kriege sei er „von seinen blinden Anhängern zum [...] sozialpolitischen ‚Weltheiland' geformt" worden. Es wurde festgestellt, daß Steiner von 1899 bis 1902 an der marxistischen Liebknechtschule unterrichtet hätte und später mit dem „verkappten kommunistischen Dreigliederungsprojekt an die Öffentlichkeit" getreten sei. Steiner hätte es auch verstanden, sich an führende Männer heranzumachen, so z. B. an Generaloberst Moltke, der vollständig unter dem zersetzenden Einfluß der Anthroposophen gestanden hätte. Als Ziel der anthroposophischen Schulen wurde eine individualistische, nach dem Einzelmenschen ausgerichtete Erziehung, die nichts mit den nationalsozialistischen Erziehungsgrundsätzen gemein hätte, angegeben. Der Bericht schließt mit den Worten: „Im Steinerismus liegt eine ernste Gefahr für Volk und Staat."

Viele der angeführten Punkte waren richtig: die Anthroposophische Gesellschaft hatte einen internationalen Charakter, sie stand statutenmäßig „Menschen ohne Unterschied der Nation, des Standes, der Religion, der wissenschaftlichen oder künstlerischen Überzeugung" offen, zu den Mitgliedern gehörten auch Freimaurer und Juden. Daß die Anthroposophische Gesellschaft die Politik nicht zu ihren Aufgaben rechnete, wurde als Nachweis eines pazifistischen Charakters gesehen. Selbstverständlich wurde gerade in den Waldorfschulen versucht, das einzelne Kind in seinen individuellen Anlagen zu fördern. Diese Punkte waren tatsächlich Ausdruck der inneren Einstellung der Anthroposophie in diesen Fragen und standen im Gegensatz zu den weltanschaulichen Bestrebungen des Nationalsozialismus. Ein Verbot der Gesellschaft war folgerichtig, wenn auch mit der für ein totalitäres Regime typischen Illusion verbunden, daß damit die Anthroposophen, oder gar die Anthroposophie, abgeschafft werden könnten.

[162] Vgl. z. B. Karl Heyer, Rudolf Steiner über den Nationalismus, 3. Aufl., Basel 1993.

Die Verteidigung durch Hermann Poppelbaum als Vertreter des deutschen Vorstandes

Wie bisher agierte der deutsche Vorstand in völliger Unkenntnis der Polizei- und SD-Berichte und der Entschlossenheit Himmlers, die Gesellschaft zu verbieten. Die „weltanschaulichen" Angriffspunkte der Nationalsozialisten lagen aber offen zutage.

Poppelbaum nahm damals an, sobald die Wissenschaftlichkeit der Anthroposophischen Gesellschaft erwiesen sei, werde sie der Polizei als harmlos erscheinen und von einem Verbot könne abgesehen werden. Daneben versuchte er aber bestimmten Angriffspunkten wie der Internationalität der Gesellschaft und ihrer Verbindung zum Logentum dadurch zu begegnen, daß er in seinen – im übrigen immer nüchtern gehaltenen Ausführungen – Rudolf Steiner als hervorragenden Vertreter des deutschen Wesens und als Gegner des internationalen Logentums darstellte.[163] Poppelbaum verschwieg in seinen Ausführungen, daß Steiner von 1906 – 1914 unter Verwendung freimaurerischer Formen selber eine logenähnliche Gruppierung mit dem Namen „Mystica Aeterna" geleitet hatte. Ebenso unterließ er es zu betonen, daß Steiner unter „Deutschtum" das Gegenteil dessen verstand, was die Nazis mit diesem Worte meinten. Poppelbaum verwies auch auf das Buch Karl Heises, das sich gegen die Freimaurerei der Westmächte richtete und angeblich Hinweise Steiners verarbeitet hatte. Dies ließ der SD zu recht unbeachtet.[164]

Dennoch gilt es festzuhalten, daß es Poppelbaum nicht um eine Anbiederung oder Annäherung an die NS-Ideologie ging, sondern um Hinweise, die die weitere Arbeit der Anthroposophischen Gesellschaft ermöglichen sollten. Nirgends wurde der Führer oder der Nationalsozialismus gepriesen. Das „Wie" seines Vorgehens wird besonders anschaulich in den Antworten, die er Ende August 1935 dem Gauschulungsleiter Hamburgs gab, der von Rosenberg beauftragt worden war, die Leitung der Anthroposophischen Gesellschaft zu befragen.

Zunächst wurde gefragt, ob die Anthroposophie angesichts des Sieges des Nationalsozialismus überhaupt noch eine Aufgabe in Deutschland habe. Poppelbaum erwiderte, daß es eine Anzahl von Menschen gebe, die auf ihre Le-

[163] Anthroposophische Gesellschaft in Deutschland, Hermann Poppelbaum, an das Zentralbüro des Politischen Polizeikommandeurs, Heinrich Himmler, vom 9. Juni 1934. BAD Z/B 1 888.

[164] Karl Heise, Entente – Freimaurerei und Weltkrieg, Basel 1920. Dieses Werk spielte 1939/40 in der „Logenfrage" nochmals eine allerdings ebenso unerhebliche Rolle (s. Abschnitt Die „Literatur„- und die „Logenfrage"). Erhard Bartsch verfaßte im Juli 1940 eine größere Denkschrift: „Rudolf Steiner und die Aufgaben des deutschen Volkes", in der er ausdrücklich auf diese Arbeit hinwies. BAD Z/B 1 888. Teile der Privatkorrespondenz Heyers mit Heise gelangten in die Hände des SD und sind im BAD archiviert. Vgl. dazu auch: A. Wagner, Beiträge, Bd. 3, Rendsburg 1992, S. 118–133.

bensfragen Antworten im Werke Steiners fänden. Für diese sei die Gesellschaft da. In ihren Zusammenkünften beschäftige sie sich ausschließlich mit dem Studium von Steiners Werk. Die Anthroposophische Gesellschaft sei daher ebenso berechtigt wie jede andere wissenschaftliche Gesellschaft, wie etwa die Fichte- oder Hegelgesellschaft. Weiter fragte der Gauschulungsleiter: „Was leistet die Anthroposophische Gesellschaft zu Gunsten des deutschen Volkes?" Poppelbaums Antwort:

„Sie hat schon durch ihre Anknüpfung an den deutschen Idealismus der klassischen Zeit ihre Wurzeln im Deutschtum selbst. Sie lehrt eine vertiefte Auffassung des deutschen Wesens und der geschichtlichen Sendung des deutschen Volkes innerhalb der Menschheit. Nach Rudolf Steiner ist es die deutsche Aufgabe, das Wesen des Ewigen im Menschen (sein unegoistisches Ich) beispielhaft darzulegen, während andere Völker andere Seiten des Gesamtwesens des Menschen vorzugsweise verwirklichen und ausbilden."

In diesem Zusammenhang wies Poppelbaum auch auf Rittelmeyers Buch Deutschtum hin. Nun wurde nach dem Wirken der Anthroposophie bei anderen Völkern gefragt. Poppelbaum versuchte zu zeigen, daß durch die Anthroposophische Gesellschaft in der außerdeutschen Welt Achtung vor dem deutschen Wesen entstehe. Die vierte Frage lautete: „Wie steht Anthroposophie zu Blut und Rasse?" Poppelbaum antwortete:

„Es wäre töricht, die Bedeutung der Vererbung für das Leben leugnen zu wollen. Für die geistige Anschauung ist es eine Tatsache, daß die Formung des Leibes im Vererbungsstrome dem geistigen Wesenskern des Menschen innerhalb eines Erdendaseins schicksalsmäßig zugeteilt wird. In langen Zeiten vor der Geburt bereitet das ‚Ich' seine Inkarnation selbst vor und wählt sein Schicksal. Es ist nur billig, daß es sich dann auch, wenn es geboren ist, in Liebe zu dem wendet, was es ausgesucht hat. Um bloße ‚Naturgesetze', wie die heutige Vererbungslehre meint, handelt es sich dabei allerdings nicht. Ein wesentlicher Teil im Menschen unterliegt nicht den Naturgesetzen, weil er ewig ist. Hierzu gehört ein sittlicher Kern, der sich als sogenannte innere Stimme (Gewissen) kundgibt. Dieser Kern ist ja auch dem Altersverfall des Leibes nicht unterworfen. Er altert nicht, er reift nur. [...]"[165]

Der Austritt jüdischer Mitglieder aus der Gesellschaft

In den letzten Monaten vor dem Verbot steigerte sich in der Gesellschaft die Unruhe. Von seiten der Gestapo hörte man nichts mehr, wußte aber, daß eine Entscheidung anstand. Im Amt Hess hatte es keine Fortschritte gegeben. Im Anschluß an sein Gespräch mit Schulte-Strathaus vom September 1934 bat Poppelbaum diesen bei einem Problem in Heidelberg um Unterstützung.[166]

[165] Hermann Poppelbaum, Persönliche Besprechung mit dem Gauschulungsleiter Hamburg am 29. August 1935. Archiv am Goetheanum.

[166] Hermann Poppelbaum an den Stab des Stellvertreters des Führers, z. Hd. Des Herrn... vom 22. Mai 1935. BAD Z/B 1 903. Aus dem Schreiben wird deutlich, daß es an Ernst Schulte-Strathaus gerichtet wurde.

Der Kreisleiter der dortigen NSDAP hatte Parteimitglieder, die gleichzeitig Mitglieder der Anthroposophischen Gesellschaft waren, aufgefordert, entweder aus dieser oder aus der Partei auszutreten. Schulte-Strathaus antwortete nicht. Am 29. Juli schlug Anton Deutzmann aus Wuppertal vor, daß die jüdischen Mitglieder die deutsche Landesgesellschaft verlassen sollten (ohne allerdings aus der Anthroposophischen Gesellschaft auszutreten, in der sie durch direkten Anschluß an Dornach verbleiben könnten).[167] Zunächst wurde vereinbart, Hans Büchenbacher solle nun offiziell aus dem Vorstand ausscheiden und auch in Deutschland keine öffentlichen Vorträge mehr halten.[168]Im Oktober erklärte Poppelbaum deutlich nochmals, daß es den jüdischen Mitgliedern in Anbetracht der Prinzipien der Gesellschaft, für Menschen jedweder Herkunft zugänglich zu sein, vollkommen freigestellt bleiben müsse, dem Vorschlag Anton Deutzmanns zu folgen oder nicht.[169] In der Öffentlichkeit konzentrierten sich die Angriffe besonders auf die Frage der Juden: Der Judenkenner intensivierte im August und September wieder seine Kampagne gegen die Anthroposophie und die Christengemeinschaft.[170] Die gesamte mühselige Aufklärungsarbeit des Vorstandes und der Mitgliedschaft während der vergangenen zwei Jahre erwies sich damit als nutzlos. Poppelbaum machte am 9. September noch einmal eine Eingabe bei Haselbacher, in der er gegen die Behauptung des Judenkenners Stellung nahm, die Leitung der Anthroposophischen Gesellschaft sei jüdisch.[171]

Tatsächlich gaben sämtliche Zweigleiter jüdischer Abstammung ihre Ämter in dieser Zeit ab. Auch ein Großteil der jüdischen Mitglieder trat aus der deutschen Landesgesellschaft aus.[172] Diese Austritte waren aber nicht vom Vorstand veranlaßt und gingen sehr unterschiedlich vor sich. Ein jüdisches Mit-

[167] Anton Deutzmann an Alfred Reebstein vom 29. Juli 1935. BAD Z/B 1 901.

[168] Hermann Poppelbaum an Alfred Reebstein vom 21. August 1935. BAD Z/B 1 901. Die Bekanntgabe erfolgte am 16. September 1935. BAD Z/B 1 901.

[169] Hermann Poppelbaum an Alfred Reebstein vom 14. Oktober 1935. Archiv am Goetheanum.

[170] „Der Judenkenner" Folge 27 vom 21.VIII.1935, Folge 29, vom 4.IX.1935, Folge 36 vom 23.X.1935. BAD Z/B 1 903

[171] Anthroposophische Gesellschaft an die Geheime Staatspolizei Abteilung II 1 b 2, vom 9. September 1935. BAD Z/B 1 903

[172] Poppelbaum stellte diesen Aspekt folgendermaßen dar: „Grundsätzlich spricht die Anthroposophie zu Menschen jederlei Herkunft. Das Verständnis für sie hat gar nichts mit irgendwelchen leiblichen Vorbedingungen zu tun [...]. Etwas ganz anderes ist es, daß heute in Deutschland nur solche Persönlichkeiten für Anthroposophie verantwortlich eintreten können, die bestimmte Bedingungen erfüllen. Mir ist ganz selbstverständlich, daß die anderen zurücktreten. Was die Zweigleiter betrifft, so ist dies nun, soviel ich orientiert bin, vollständig durchgeführt. Darüber hinaus ist eine Reihe von nichtleitenden Mitgliedern aus der Gesellschaft ausgetreten, um durch ihr Verbleiben das Ganze nicht zu belasten. Die Leitung der Landesgesellschaft enthielt sich aber jeglicher Äußerung, da ein solcher Schritt der Einsicht der Betreffenden überlassen bleiben muß." Hermann Poppelbaum an Franz Bintig, vom 4. November 1935. BAD Z/B 1 901. Das Schreiben ging durch die Postüberwachung direkt zum Gestapa, hat also Bintig nie erreicht.

glied berichtete über die Situation in Breslau. Es handelt sich hier vermutlich um die Pfingstzeit 1935.[173] Ernst Champanier veranschaulichte mit folgenden Worten eine Stimmung, wie sie sicher an vielen Stellen in den Zweigen der Gesellschaft in den Monaten vor dem Verbot herrschte:

„[...] In der Vornazizeit hielt Kurt Walther bei uns einen Vortrag über die Nazihintergründe [...] Er erläuterte, daß die Nazis eine Erscheinung des Fenriswolfes seien, mit ihrer Betonung von Blut und Boden, ein extrem antichristlicher Aspekt [...] Ich weiß nicht mehr, wann genau nach der Machtergreifung wir in Panik im Zweige zusammentrafen, um über unsere Zukunft zu sprechen [...] Es war klar, daß ein Jude nicht mehr Zweigleiter sein konnte, was aber sollte mit den jüdischen Mitgliedern geschehen? Es wurde vorgeschlagen, daß die jüdischen Mitglieder aus der Gesellschaft austreten (was aber nicht realisiert wurde). Aber Dr. Zellner, der Zweigleiter, wurde so schnell ersetzt, daß man sich nicht einmal die Zeit ließ, ihm zu danken. [...] Das war wie überall im Leben: es gab Helden und Feiglinge. Ich glaube, Zellner ging auch nicht mehr zu unserer Pfingsttagung, und nach dem ersten Auftauchen der Gestapo in unserem Zweigraum, durfte ich auch nicht mehr an der Eurythmie teilnehmen. Andererseits halfen einige Freunde den Zellners bis zu deren Emigration; das taten sogar unsere zwei Frauen von der Polizei, die damit ihre Stellung und ihre Freiheit riskierten [...]

In meiner Heimatstadt Breslau gab es drei anthroposophische Ärzte: Dr. Zellner, 2. Zweigleiter nach Moritz Bartsch, Dr. Pagel, ein junger Arzt, und Dr. Ludwig Engel von der Freien Anthroposophischen Gesellschaft. Alle drei waren Juden. Als ein neues Gesetz den Juden verbot, Arier zu behandeln, waren alle drei Zweige ohne Arzt [...]. Zunächst hatte wir aber noch etwas Luft und konnten eine Pfingsttagung im Riesengebirge veranstalten [...]. Die Stimmung war todernst, gespannt, brüderlich, wohinein sich Ungewißheit und Furcht über die Zukunft, die jeden einzelnen und uns alle erwartete, mischte. Aber über allem erhob sich Hoffnung und michaelische Stärke. Es war ein einzigartiges Erlebnis, trotz der Gegenwart der Gestapo, die dabeisaß und versuchte das zu notieren, was über ihren Verstand hinausging: wir lasen ‚Pfingsten, ein Fest der freien Individualität'! Schließlich machten unsere Freunde selbst den Bericht für die Gestapo [...]".[174]

Im Oktober mehrten sich die Zeichen für eine negative Reaktion der Behörden: der Vorstand erhielt eine Warnung von privater Seite durch den Bruder eines Mitgliedes, der in der Gestapo tätig war.[175] Die Rudolf Steiner Schule in Altona erhielt die Nachricht von dem für Ostern 1936 geplanten „Abbau" der Waldorfschulen. Als Elisabeth Klein daraufhin wieder einmal im Erziehungsministerium vorsprach, wurde sie plötzlich bei Thiess, dem zuständigen Referenten im Erziehungsministerium, unter einem formalen Vorwand nicht mehr vorgelassen.[176]

[173] Vgl. „Was in der Anthroposophischen Gesellschaft vorgeht", 1935, Nr. 21.

[174] Ernst Champanier, der heute unter dem Namen Ernst Mitchell in London lebt, Erinnerungen. Manuskript (PA Christoph Lindenberg). Mitchell überlebte verschiedene KZ.

[175] Katia Schmidt, Berlin, an „Liebe Langaard" (kein Adressat angegeben) vom 5. Oktober 1835. Archiv am Goetheanum. Vermutlich an Frau Langaard, eine der beiden Leiterinnen der Loheland-Schule.

[176] Der Kreisschulrat, Altona, an Franz Brumberg, Rudolf Steiner Schule, vom 5. Oktober 1935. Archiv Bund der Waldorfschulen 4.3.139, und Schreiben Elisabeth Klein an Fritz Bothmer vom 15. Oktober 1935. Archiv Bund der Waldorfschulen 4.3.073.

Der deutsche Vorstand hoffte aber noch auf weitere Besprechungen. Er ahnte nicht, daß Himmler nun konsequent die letzten Schritte zum Verbot unternahm.

Das Einverständnis von Rudolf Hess und Wilhelm Frick

In den Antrag für das Verbot wurden die wesentlichen Passagen des SD-Berichtes vom 8. Mai 1935 übernommen. Zunächst wurde das Einverständnis von Hess erbeten. Das Schreiben vom 18. Juli 1935 schließt mit den Worten: „Obwohl Steiner am 30. 3. 25 gestorben ist, wirkt seine Lehre noch ständig unter seinen Anhängern zum größten Schaden des Gedankens der Volksgemeinschaft fort. Ich beabsichtige daher, die Anthroposophische Gesellschaft ihrer Staatsgefährlichkeit wegen aufzulösen und bitte um die dortige Stellungnahme und gleichzeitiges Einverständnis zu dieser Maßnahme".[177] Die Antwort kam postwendend, sie ist auf den 22. Juli datiert und „i. V. M. Bormann" unterschrieben: Hess erkläre sich mit der Auflösung der Gesellschaft aus den von dem Leiter des Gestapa dargelegten Gründen einverstanden.[178]

Hess hatte das Schreiben nicht persönlich abgezeichnet. Wie sich in den folgenden Jahren zeigte, wurden „negative" Stellungnahmen von Hess meist von Bormann unterschrieben, „positive" von Hess selbst oder von Leitgen. Hess war zwar ab 1935 häufig aus gesundheitlichen Gründen abwesend, so daß, wie Orlow annimmt, Bormann manches im Namen, aber ohne Wissen von Hess entschieden haben mag.[179] Was die Anthroposophen betrifft, bietet sich aber eine andere Erklärung an: Hess war beeinflußbar und stimmte mal Bormann zu, mal Leitgen. Im Falle seiner Stellungnahme zum Verbot der Gesellschaft bestätigte er aber wenig später, im November 1935, daß er die Anthroposophie ablehnte oder zumindest kein Interesse für sie hatte: „Da dieser Tage mit Recht gegen Reste der Anthroposophie vorgegangen wurde [...]".[180] Das änderte sich auch nicht in den folgenden Jahren.

Inzwischen war auch die Auflösung der restlichen Freimaurerlogen unter Berufung auf den § 1 der Verordnung vom 28. Februar 1933 glatt „über die

[177] Geheimes Staatspolizeiamt II 1 B 2 62 366/L 115/35. Anweisung zum Schreiben an den Stellvertreter des Führers vom 9. Juli 1935. BAD Z/B 1 903

[178] NSDAP, Berlin – Wilhelmstr. 64, München – „Braunes Haus", Der Stellvertreter des Führers an den Leiter des Geheimen Staatspolizeiamtes, am 22. Juli 1935. BAD Z/B 1 903.

[179] Vgl. Dietrich Orlow, Rudolf Heß – ‚Stellvertreter des Führers', in: Smelser/Zitelmann (Hrsg.), Die braune Elite, Darmstadt 1989, S. 89.

[180] Der Stellvertreter des Führers an Reichsführer SS, Inspekteur und Vertreter des Chefs der Geheimen Staatspolizei, vom 19. November 1935. BAD Z/B 1 1005, s. den Wortlaut des Schreibens unten, Abschnitt: Die biologisch-dynamisch arbeitenden Landwirte und Gärtner.

Bühne gegangen".[181] Damit hatte Wilhelm Frick der Gestapo die noch fehlende „Rechtsgrundlage" für das Verbot der Anthroposophischen Gesellschaft geliefert, und die Weichen konnten endgültig gestellt werden.

Am 14. Oktober 1935 informierte Heydrich den Reichs- und Preußischen Minister des Innern, Wilhelm Frick, und den Reichs- und Preußischen Minister für Wissenschaft, Erziehung und Volksbildung, Bernhard Rust, über seine Absicht, die Anthroposophische Gesellschaft aufzulösen.[182] Frick wurde mit ausdrücklichem Hinweis auf das Einverständnis von Hess um seine Zustimmung gebeten. Rust wurde nur informiert, allerdings mit der Bitte, die Waldorfschulen auf eine nationalsozialistische Grundlage zu stellen. Rust beantwortete das Schreiben nicht. Aber die internen Vorgänge im Erziehungsministerium zeigen, daß Rust sich für die festgeplante Schließung der Waldorfschulen auf das Verbot der Gesellschaft stützen wollte. Das wiederum lehnte Heydrich ab.

Noch deutlicher wurde die „Anormalität" der Verhältnisse im Schreiben an Frick. Heydrich ließ durch Best mitteilen, der Auflösungserlaß sei für den 20. Oktober vorgesehen. Der zuständige Reichsminister wurde also nur wenige Tage vor einer Gestapoaktion informiert, deren Urheber und Initiator vom formalen Gesichtspunkt betrachtet er selbst sein sollte. Heydrich und Himmler brachten zum Ausdruck, daß sie eventuell auch ohne die ausdrückliche Zustimmung des Innenministers handeln wollten. Frick hatte schon im August seinen Auflösungserlaß gegen die restlichen Freimaurervereinigungen und freimaurerähnlichen Organisationen unterzeichnet. Da ihm die Anthroposophische Gesellschaft als eine solche dargestellt wurde, ließ er durch Ministerialrat Lotar Eickhoff am 19. Oktober Best telefonisch sein Einverständnis mitteilen. Damit gab sich Heydrich nun zufrieden, wartete aber mit dem Auflösungserlaß bis zum Eintreffen der schriftlichen Stellungnahme. Frick schickte diese am 25. Oktober ab. Sie enthielt die (wegen der noch unsicheren Stellung des Gestapa und des PPKdL zu Göring) wichtige Aufforderung, die Auflösung der Anthroposophischen Gesellschaft im ganzen Reich durchzuführen.[183] Damit hatten sich Himmler und Heydrich gegenüber Hess und Frick abgesichert, und die Aktion konnte mit einigen Tagen Verspätung am 1. November 1935 veranlaßt werden. Das war 33 Monate nach dem 30. Januar

[181] S. z. B. Führer vom 22. 05. 1935: Auflösung von Freimaurerlogen und freimaurerähnlichen Vereinigungen. Badischer Staatsanzeiger. GLAK.

[182] Geheimes Staatspolizeiamt II 1 B 2 – 62 366/1 115/35 an Reichs- und Preuß. Minister des Inneren, vom 14. Oktober 1935 (BAD Z/B 1 904) und Geheimes Staatspolizeiamt II 1 B 2 – 62 366/1 115/35 an Reichs- und Preuß. Minister für Wissenschaft, Erziehung und Volksbildung, vom 14. Oktober 1935. BAP 62/Di 1 Nr. 177/178, letzteres veröffentlicht in: A. Wagner, Beiträge, NS-Dokumentation, Bd. 2, Rendsburg 1991, S. 54 f.

[183] Der Reichs- und Preuß. Minister des Innern an das Geheime Staatspolizeiamt, vom 25. Oktober 1935. BAD Z/B 1 903.

1933 und 33 Jahre nach Beginn des anthroposophischen Wirkens von Rudolf Steiner.[184]

1. November 1935: Das Verbot der Anthroposophischen Gesellschaft in Deutschland

Nach der formal noch notwendigen Zustimmung Fricks und dem – parteipolitisch wichtigeren – Einverständnis von Hess erging das Verbot am 1. November mit folgendem Wortlaut:

„Preußische Geheime Staatspolizei Berlin, den 1. November 1935. Der stellv. Chef und Inspekteur <u>II 1 B 2 69121/766 L/35</u>.

<u>Betrifft</u>: Anthroposophische Gesellschaft.

Auf Grund des § 1 der VO. des Herrn Reichspräsidenten zum Schutze von Volk und Staat vom 28. 2. 1933 löse ich mit sofortiger Wirkung die im Gebiete des deutschen Reiches bestehende Anthroposophische Gesellschaft auf. Das Vermögen der Organisation wird beschlagnahmt. Die Neugründung der Gesellschaft sowie die Schaffung getarnter Nachfolgeorganisationen wird bei Androhung der Folgen aus § 4 dieser Verordnung verboten.

<u>G r ü n d e</u>: Nach der geschichtlichen Entwicklung der Anthroposophischen Gesellschaft ist diese international eingestellt und unterhält auch heute noch enge Beziehungen zu ausländischen Freimaurern, Juden und Pazifisten. Die auf der Pädagogik des Gründers Steiner aufgebauten und in den heute noch bestehenden anthroposophischen Schulen angewandten Unterrichtsmethoden verfolgen eine individualistische nach dem Einzelmenschen ausgerichtete Erziehung, die nichts mit den nationalsozialistischen Erziehungsgrundsätzen gemein hat. Infolge ihres Gegensatzes zu dem vom Nationalsozialismus vertretenen völkischen Gedanken besteht die Gefahr, daß durch die weitere Tätigkeit der Anthroposophischen Gesellschaft die Belange des nationalsozialistischen Staates geschädigt werden.

Die Organisation ist daher wegen ihres staatsfeindlichen und staatsgefährlichen Charakters aufzulösen.

i. V. gez. H e y d r i c h ."[185]

Das Verbot wurde mit Bezug auf die sogenannte Reichstagsbrandverordnung vom 28. Februar 1933 ausgesprochen, die die in der Weimarer Verfassung garantierten Grundrechte aufhob und in der Folge für zahlreiche staatspolizeili-

[184] Am 19. Oktober hatte am Goetheanum eine Gedenkfeier stattgefunden mit dem Thema: „33 Jahre anthroposophischen Wirkens 1902 – 1935". S. Was in der Anthroposophischen Gesellschaft vorgeht, 1935, Nr. 41 u. 42.

[185] StAM LR 17 134354, BAD Z/B 1 904, BAK R 43 II/822, u. a.

che Verfolgungsmaßnahmen als „Rechtsgrundlage" fungierte.[186] Auf den Nachweis einer Beziehung zu Kommunisten, wie er nach Sinn und Bedeutung der Verordnung eigentlich erforderlich war, hatte Frick schon für die Freimaurer verzichtet. Während der Vorbereitungen des Verbots wurde mehrmals auf Rudolf Steiners Tätigkeit an der Arbeiterbildungsschule hingewiesen. Auch die Dreigliederungsbewegung wurde – wie im SD-Bericht vom 8. Mai 1935 – als „verkapptes kommunistisches System" bezeichnet. Dieser Aspekt tauchte jetzt nicht mehr auf. Ob er schließlich als unhaltbar oder einfach als überflüssig betrachtet wurde, muß dahingestellt bleiben. Entscheidend war offenbar lediglich, daß die Notverordnung sich als Instrument anbot, weil sie zeitlich unbefristet war, die Freiheitsrechte allgemein und auch die Vereins- und Versammlungsfreiheit im besonderen aufhob und weil sie von Frick gegen die Freimaurer auf einen „weltanschaulichen" Gegner angewendet worden war.

Frick hatte auch die rechtliche Handhabe für die Beschlagnahmung von Vermögen angesprochen, die sich auf die Einziehung kommunistischen und sozialdemokratischen Vermögens bezog. Im Erlaß ließ die Gestapo den Bezug fallen. Das war deshalb „notwendig", weil das entsprechende Gesetz ausdrücklich vorschrieb, die Anwendung des Vermögens zu volks- oder staatsfeindlichen Bestrebungen durch den Reichsminister des Innern feststellen zu lassen,[187] was bei den Freimaurern zutraf. Eine entsprechende Anfrage war von der Gestapo aber für die Anthroposophische Gesellschaft nicht an ihn gerichtet worden. Es ist jedoch ebenso möglich, daß dies einfach vergessen wurde

[186] Die ersten entscheidenden Sätze der Notverordnung lauteten:
„Auf Grund des Artikels 48 Abs. 2 der Reichsverfassung wird zur Abwehr kommunistischer staatsgefährdender Gewaltakte folgendes verordnet:
§ 1: Die Artikel 114, 115, 117, 118, 123, 124 und 153 der Verfassung des Deutschen Reichs werden bis auf weiteres außer Kraft gesetzt. Es sind daher Beschränkungen der persönlichen Freiheit, des Rechts der freien Meinungsäußerung, einschließlich der Pressefreiheit, des Vereins- und Versammlungsrechtes, Eingriffe in das Brief-, Post-, Telegraphen- und Fernsprechgeheimnis, Anordnungen von Haussuchungen und von Beschlagnahmen sowie Beschränkungen des Eigentums auch außerhalb der sonst hierfür bestimmten gesetzlichen Grenze zulässig. [...]
§ 6: Diese Verordnung tritt mit dem Tage der Verkündung in Kraft." (RGBl), 1933, S. 83.
Nach Bracher bedeutete diese Notverordnung – mehr noch als das spätere Ermächtigungsgesetz vom 23. März – „das grundlegende Ausnahmegesetz", auf das sich die nationalsozialistische Diktatur bis zu ihrem Zusammenbruch in erster Linie stützte. Karl Dietrich Bracher, Wolfgang Sauer, Gerhard Schulz, Die nationalsozialistische Machtergreifung, Köln und Opladen 1960, S. 82

[187] In dem Gesetz über die Einziehung volks- und staatsfeindlichen Vermögens vom 14. Juli 1935 heißt es: „Die Vorschriften des Gesetzes über die Einziehung kommunistischen Vermögens vom 26. Mai 1933 (Reichsgesetzbl. I S. 293) finden auf Sachen und Rechte der Sozialdemokratischen Partei Deutschlands und ihrer Hilfs- und Ersatzorganisationen sowie auf Sachen und Rechte, die zur Förderung marxistischer oder anderer, nach Feststellung des Reichsministers des Innern volks- und staatsfeindlicher Bestrebungen gebraucht oder bestimmt sind, Anwendung." RGBl. I, 1933. S. 479f.

und später nicht mehr durchsetzbar oder auch nur irrelevant erschien. Dieses Versäumnis hatte Folgen, weil sich daran die Rückgabeansprüche der Anthroposophen knüpften. Mitte 1936 führten Proteste dazu, daß Heydrich die beschlagnahmten Vermögen freigab, da mit einer Feststellung von deren staatsfeindlichem Charakter nicht mehr zu rechnen sei. Beschlagnahmte Bücher gab er jedoch nicht frei. Das Verbot der Schaffung „getarnter Nachfolgeorganisationen" wurde 1941 zur Grundlage des Verbotes der Christengemeinschaft (die in ihrer Eigenschaft als Religionsgemeinschaft nie verboten wurde).

Beim Verbot der Anthroposophischen Gesellschaft handelte es sich ausschließlich um die Ausschaltung eines weltanschaulichen Gegners. Der Vorwurf, die Anthroposophische Gesellschaft sei eine freimaurerähnliche Organisation, wurde nicht deutlich erhoben. Diese Unklarheit ist insofern von Bedeutung, als sich auch an diesen Punkt jahrelange Verhandlungen der Anthroposophen knüpften.

Die Koordinierung der gesamten Aktion war äußerst mangelhaft.

Neben dem fehlenden Bezug auf die Vermögensbeschlagnahmung war das Verbot mit zwei weiteren Formfehlern behaftet, die die Durchführung verzögerten: Es ging erstens von der preußischen Gestapo aus, die zu jener Zeit den politischen Polizeien der anderen Länder noch nichts zu befehlen hatte, und zweitens blieb das Einverständnis des Reichsinnenministers unerwähnt. Diese beiden Fehler blieben nicht ohne Konsequenzen.

Schon in Berlin, also in Preußen, wo die Nachricht auf Anweisung des Gestapa ab 15. November in Rundfunk und Presse bekanntgegeben wurde, gelangte die Verfügung erst an diesem 15. November in die Hände der zuständigen Dienststelle, und die Beschlagnahmung wurde am 16. November durchgeführt.[188] Am widersprüchlichsten war der Verlauf in Stuttgart: Zunächst informierte der dortige SD-Oberabschnitt das SD-Hauptamt am 15. November über den Inhalt einer Zeitungsmeldung, der zufolge das badische Innenministerium die Auflösung der Anthroposophischen Gesellschaft in Baden beschlossen habe. War der SD von der Gestapo nicht informiert worden?[189] Dann erschien am 16. November die entsprechende Meldung, diesmal als Erlaß der Gestapo, aber ohne Angabe des Datums, im Stuttgarter NS-Kurier.[190] Die Beschlagnahmung bei der Anthroposophischen Gesellschaft erfolgte am gleichen Tag (bei den Arbeitsgemeinschaften am 21. November). Sie wurde von der Württembergischen Politischen Polizei vorgenommen. Als der Württembergische Innenminister von der Maßnahme erfuhr, hob er das Verbot für

188 In der diesbezüglichen Meldung des Assistenten Haselbachers wird der Befürchtung Ausdruck verliehen, daß mit diesen Verzögerungen wichtiges Belastungsmaterial dem Zugriff der Gestapo entzogen werde. BAD Z/B 1 903.

189 SD-Oberabschnitt SW an SD-Hauptamt, FS vom 15. November 1935, gez. Veit. BAD Z/B 1 903.

190 Im ganzen Reich verboten, das Ende der ‚Antroposophischen Gesellschaft', in: Mitteilungen der Anthroposophischen Gesellschaft in Deutschland, n° 94, Weihnachten 1970, S. 285.

Württemberg auf und forderte am 18. November das Material an, um sich selbst einen Überblick zu verschaffen. Gleichzeitig richtete er an Göring die Frage, ob die Gesellschaft denn nun auch in Württemberg aufgelöst werden solle. Diesmal antwortete das Zentralbüro des Politischen Polizeikommandeurs, das einen Tag später den Wortlaut der Einverständniserklärung Fricks für die Durchführung im ganzen Reich bekanntgab. Gleichzeitig informierte das Gestapa den Ministerialrat Eickhoff im Innenministerium über das Verhalten Württembergs.[191] Am 19. November ordnete schließlich der Württembergische Innenminister selbst die Auflösung der Gesellschaft für das Land Württemberg an.

Aus vielen Gegenden Deutschlands gingen inzwischen die Vollzugsmeldungen über die polizeiliche Beschlagnahmungsaktion in Berlin ein. Kaum eine Arbeitsgruppe blieb verschont. Bei vielen Mitgliedern kam es zu Haussuchungen und Beschlagnahmungen. Auf Anweisung des Gestapa wurde Hermann Poppelbaum am 12. November durch die Hamburger Politische Polizei von der verfügten Auflösung informiert. Schon am Abend zuvor wurden die Zweigräume der Gesellschaft und irrtümlich auch die Räume der Christengemeinschaft beschlagnahmt und das im Rahmen der gerade stattfindenden Herbsttagung vorgesehene Konzert von Karl von Baltz (Wien) verboten: Die Besucher standen vor versiegelten Saaltüren.

Angesichts dieser Sachlage ist es nicht erstaunlich, daß über das eigentliche Verbotsdatum bis heute die widersprüchlichsten Angaben gemacht wurden. Man muß daher nicht ein Verbotsdatum, sondern eine Reihe von regionalen Verbotsdaten nennen. Als PPKdL konnte Himmler jedes Verbot der Preußischen Gestapa für das ganze Reich durchsetzen. Allerdings war für das Verbot der falsche Briefkopf verwendet worden. Schließlich wurde der Gestapo-Erlaß auch allgemein durchgesetzt; seine Durchführung aber verlief so unübersichtlich, daß die Gestapo im Februar 1936 beschloß, bei dem nunmehr anstehenden Verbot der Theosophischen Gesellschaften einheitlicher und konzentrierter vorzugehen.[192]

[191] Sämtliche Vorgänge in BAD Z/B 1 903 und was den Ablauf der Polizeiaktion in Stuttgart betrifft: Württembergisches Politisches Landespolizeiamt an das Geheime Staatspolizeiamt – Zentralbüro Berlin vom 4. Februar 1936. IfZ MA 610 58230 – 58247, abgedruckt in: A. Wagner: Beiträge, NS-Dokumentation, Bd. 1, Rendsburg 1991, S. 15ff. Rosenberg hatte hier seine Informanten, denn der Bericht wurde ihm in Abschrift zugeschickt.

[192] „Nach Verbot der Anthroposophischen Gesellschaft und der Mazdaznan Bewegung sind jetzt schon die Theosophen beunruhigt. Der Erfolg der polizeilichen Aktion ist nur dann gewährleistet, wenn das Verbot einheitlich und mit einem Schlage im Reich durchgeführt wird. Dies geschah weder bei Verbot der Mazdaznan Bewegung, noch bei Verbot der Anthroposophischen Gesellschaft. Wertvolles Material konnte deswegen nicht sichergestellt werden.“ SD 65001 an 1. Geheim! vom 24. Februar 1936. BAD Z/B 1 1199. Die Mazdaznan Bewegung wurde am 23. Oktober 1935 in Bayern verboten. StAN E 9/33/C7/V. Für die anderen Länder liegt das Datum des Verbots nicht vor.

Abschließende Bemerkung

Im Gegensatz zu der Tätigkeit der Freimaurerlogen, die eine nicht-öffentliche war, betraf das Verbot der Anthroposophischen Gesellschaft die öffentliche und interne anthroposophische Tätigkeit. Das waren sämtliche öffentlichen Vortrags- und Tagungsveranstaltungen, über deren Vielfalt und Intensität in ganz Deutschland für die Zeit von 1933 bis November 1935 umfangreiche Nachweise vorliegen.[193] Daneben wurden aber auch die wöchentlichen Arbeitszusammenkünfte der Zweige und sonstigen Arbeitsgruppen verboten, die keineswegs geheim waren.

Über jeder weiteren anthroposophischen Arbeit in privater Sphäre schwebte die Gefahr der Denunziation. Einige solcher Fälle sind bekannt und werden unten geschildert. Die dem Verbot folgenden Verhandlungen in Berlin führten aber insgesamt bei den zentralen Staats- und Parteistellen zu einer verunsicherten Haltung gegenüber den Anthroposophen, so daß die ganze Situation unbestimmt blieb. Erst im Sommer 1941 sollte diesem Schwebezustand ein radikales Ende bereitet werden. Dann wurde auch der private Gedankenaustausch über Fragen der Anthroposophie mit einer polizeilichen Verwarnung, ja sogar mit Gefängnis bestraft.

Bevor diese Entwicklung dargestellt werden kann, muß über das Schicksal der anthroposophisch orientierten Einrichtungen berichtet werden.

[193] Ausführliche Darstellungen finden sich im letzten Mitteilungsblatt der Gesellschaft vom September 1935 (BAD Z/B 1 903), aber auch in den anthroposophischen Zeitschriften in Form von Ankündigungen und Besprechungen, in der Korrespondenz des deutschen Vorstandes, in Beobachtungsberichten von Polizei und SD.

3. Die fachlich orientierten anthroposophischen Einrichtungen 1933–1935/36

Einleitung

Die Nationalsozialisten richteten ihre Aufmerksamkeit hauptsächlich auf die biologisch-dynamische Landwirtschaft und die Waldorfschulen. Weder diese noch die heilpädagogischen Heime, die Kliniken oder Kurheime, der pharmazeutische Betrieb Weleda oder die Verlage waren Einrichtungen der Anthroposophischen Gesellschaft. Wohl aber waren deren verantwortliche Vertreter Mitglieder der Anthroposophischen Gesellschaft. Das Fehlen eines institutionellen Zusammenhangs hinderte die Gestapo, das Verbot der Gesellschaft einfach auf diese Einrichtungen auszudehnen, was beabsichtigt war. Der innere Zusammenhang – also die Beziehung zur Anthroposophie – wurde nicht ignoriert. Der nationalsozialistische Druck wirkte sich auf die einzelnen Einrichtungen jedoch ganz unterschiedlich aus. Dies hing vom jeweiligen Engagement der Beteiligten auf beiden Seiten ab. So wurden die biologisch-dynamische Landwirtschaft unter dem Schutz von Rudolf Hess und die Waldorfschulen wegen der Gegnerschaft von Christian Mergenthaler und Bernhard Rust in diesen ersten Jahren sehr verschieden behandelt. Darüber hinaus muß erwähnt werden, daß es der Christengemeinschaft nur mit Mühe gelang, 1935 einem Verbot zu entgehen.

Der medizinische Bereich, die anthroposophischen Ärzte, die Heilmittelherstellung der Weleda Betriebe und die heilpädagogischen Einrichtungen waren von geringerem öffentlichen Interesse und waren in den ersten Jahren, abgesehen von lokalen Übergriffen, wenig Repressalien ausgesetzt.

Die Veröffentlichung und der Vertrieb anthroposophischer Literatur wurden nach dem Verbot der Gesellschaft erheblich behindert und spielten in den Jahren bis 1941 angesichts der Verhandlungen um die Wiederzulassung der Werke Rudolf Steiners eine gesonderte Rolle.

Die Eurythmie, die als selbständige künstlerische Tätigkeit und im Zusammenhang mit Einrichtungen wie Waldorfschulen und heilpädagogischen Einrichtungen oder in einer Eurythmieschule ausgeübt wurde, erfuhr eine ganz andere Behandlung. Der „Verein für goetheanische Bühnenkunst“, der die Tourneen der Goetheanumbühne in Deutschland organisierte, spielte im Zusammenhang mit dem Schicksal der Eurythmie eine besondere Rolle.

In dieser ersten Phase bis 1935/36 wurde den Anthroposophen zunehmend bewußt, daß sie es nicht mit einem Rechtsstaat zu tun hatten. Damit schwand bei vielen, die sich anfänglich täuschen ließen, die Hoffnung auf eine Weiterexistenz anthroposophisch orientierter Einrichtungen in Deutschland. Das war jedoch nicht überall so. In einer zweiten Phase von 1936 bis 1941 kam es zu einem eigenartigen kulturellen Überlebenskampf einzelner Personen mit zentralen Partei- und Polizeistellen.

Die biologisch-dynamisch arbeitenden Landwirte und Gärtner

Die Entwicklung in Deutschland bis 1933

Die Grundlagen der biologisch-dynamischen Landwirtschaft gab Rudolf Steiner in seinem Vortragskurs vom 7. bis 16. Juni 1924 in Koberwitz bei Breslau, auf dem Gut des Grafen von Keyserlingk.[194] Schon bald stellten sich die Fragen der Verbreitung der Düngungspräparate, der Beratung interessierter Bauern und Gärtner, der Vermarktung der Produkte, des Schutzes der Angaben Rudolf Steiners usw. Es wurde zunächst der „Versuchsring der Anthroposophischen Gesellschaft" gegründet. Erhard Bartsch, der eine zentrale Rolle spielte, wurde die Verantwortung für die monatlichen Mitteilungen des Versuchsrings übertragen. 1927 wurde die Verwertungsgenossenschaft „Demeter" (später: „Demeter-Wirtschaftsbund e. V.") gegründet und 1932 als Markenzeichen für Produkte der biologisch-dynamischen Wirtschaftsweise beim Patentamt München angemeldet. Ab Januar 1930 trat die Zeitschrift Demeter (Monatsschrift für biologisch-dynamische Wirtschaftsweise) an die Stelle der Mitteilungen. Redakteure waren Erhard Bartsch und Franz Dreidax. Die Zeitschrift erschien mit dem Zusatz: „Früher Mitteilungen des Versuchsrings der Anthroposophischen Gesellschaft". 1931 hatte sich letzterer in den „Versuchsring anthroposophischer Landwirte in Deutschland e. V." umgewandelt und zeichnete dann als verantwortlicher Herausgeber. Dieser Zusatz wurde 1933 durch „Versuchsring für die biologisch-dynamische Wirtschaftsweise" ersetzt. Als alleiniger Herausgeber zeichnete Erhard Bartsch ab Juli 1933.

Der Name „biologisch-dynamische Wirtschaftsweise" stammt nicht von Rudolf Steiner, sondern aus einer Vereinbarung zwischen Erhard Bartsch und Ernst Stegemann im Bewußtsein der Tatsache, daß es sich nicht nur um eine „biologische Düngung" – wie sie bis dahin genannt wurde – sondern um eine „Dynamisierung" aller Aspekte der Bodenbewirtschaftung handelte. Das Gespräch fand nach 1930 statt.[195]

Der frühere Reichskanzler (1917) Georg Michaelis, der für die Arbeit der biologisch-dynamischen Landwirtschaft großes Interesse zeigte, bot Erhard Bartsch den Hof Marienhöhe in der Nähe von Bad Saarow zum Kauf an. Die ca. 100 Hektar große Landwirtschaft wurde trotz ihres extremen Sandbodens und der Lage im Regenschatten Berlins dank einer Spende von RM 30 000 und wegen des Wunsches von Erhard Bartsch, gerade diesen Hof zu bewirtschaften, erworben. So übernahm Erhard Bartsch 1928 den Hof Marienhöhe.

Im Laufe der Jahre hatten sich regionale Arbeitsgemeinschaften gegründet, die einerseits Auskunftsstellen für die Wirtschaftsweise waren, andererseits die

[194] GA 327

[195] Vgl. Almar von Wistinghausen, Erinnerungen an den Anfang der biologisch-dynamischen Wirtschaftsweise, Darmstadt 1982, S. 50 f.

Verteilung der Präparate übernahmen, die nicht verkauft, sondern aus Beiträgen der Arbeitsgemeinschaften finanziert wurden. Die Beratungstätigkeit war besonders intensiv. Sie wurde von einem kleinen Kreis von Menschen getragen, der dem wachsenden Interesse der Bauern und Gärtner in allen Teilen Deutschlands ohne die heutigen Transport- und Kommunikationsmittel zu tragen versuchte.

Der Angriff Marschlers und der Schutz von Hess

Am 15. November 1933 erließ der thüringische Wirtschaftsminister Marschler folgendes Verbot:

„*Landespolizeiverordnung über die biologisch-dynamische Wirtschaftsweise vom 15. November 1933*:

Auf Grund von § 32 der Landesverwaltungsordnung für Thüringen vom 22. Juli 1930 (Ges.-S. S. 123) wird folgendes verordnet:

§ 1:Verboten ist:

1. jede Erörterung der biologisch-dynamischen Wirtschaftsweise in Zeitungen, Zeitschriften oder in sonstigen Druckschriften
2. jede Erörterung der biologisch-dynamischen Wirtschaftsweise in öffentlichen Vorträgen und Besprechungen oder gelegentlich solcher Veranstaltungen.
3. jede Erörterung der biologisch-dynamischen Wirtschaftsweise in Arbeitsgemeinschaften für die biologisch-dynamische Wirtschaftsweise;
4. jedes Anpreisen dieser Wirtschaftsweise und jedes Werben für sie;
5. jedes Anpreisen von Nahrungs- und Futtermitteln, die nach dieser Wirtschaftsweise gewonnen wurden und jedes Bezugnehmen und Hinweisen auf solche.

§ 2: Zuwiderhandlungen gegen diese Verordnung werden mit Geldstrafe bis zu RM 150,-, im Nichteinbringungsfalle mit Haft bis zu zwei Wochen bestraft.

§ 3: Diese Verordnung tritt mit dem Tage Ihrer Verkündung in Kraft:

Weimar, den 15. November 1933. Thüringisches Wirtschaftsministerium. Marschler“[196].

Das Landwirtschaftliche Wochenblatt kommentierte, ähnlich wie zahlreiche andere Blätter, diese Verordnung, indem sie die biologisch-dynamische Wirtschaftsweise als Schwindel und das Vorgehen der Thüringischen Regierung als „staatspolitische Notwendigkeit“ hinstellte. Zum ersten Mal seit Beginn der nationalsozialistischen Herrschaft kam hiermit in einer Regierungsmaßnahme zum Ausdruck, was sich schon seit Jahren als öffentliche Polemik gegen die biologisch-dynamische Landwirtschaft abspielte.

Zum Vorreiter einer „Offensive“ gegen diese Wirtschaftsweise hatte sich 1933 Professor O. Nolte gemacht. Seine Broschüre erschien in einem Massensonderdruck, der auf der Wanderausstellung der Deutschen Landwirtschaftsgesellschaft im Frühjahr und Sommer gratis verteilt wurde. In diesem – wie auch in einem ganzen Schwall von Tendenzartikeln – tauchte als neue Note die

[196] In: Landwirtschaftliches Wochenblatt 1933, S. 768/769. BAD Z/B 1 1005. (Auf diese Verordnung bezog sich die im Abschnitt zur Affaire im Pforzheimer Anzeiger erwähnte „Meldung“ von Schwartz-Bostunitsch vom 8. Mai 1934).

Beschuldigung auf, die biologisch-dynamische Wirtschaftsweise sei ein Feind der heimischen Landwirtschaft.[197]

Im August und September 1933 erschienen an verschiedenen Orten folgende gleichlautende Verlautbarungen der NS-Bauernschaft, veröffentlicht von agrarpolitischen Pressestellen der NSDAP:

„Landwirte bleibt bei eurer bisherigen Düngung! Die NS-Bauernschaft, Kreis Ansbach, die agrarpolitische Pressestelle der NSDAP, Gau Mittelfranken, teilt mit:

Durch die Presse laufen in letzter Zeit Artikel, in denen der biologisch-dynamischen Düngung das Wort gesprochen und versucht wird, die Landwirte von der Verwendung künstlicher Düngemittel abzuhalten. Die biologisch-dynamische Düngung ist eine Ausgeburt der international eingestellten Weltanschauung der Anthroposophie, begründet von dem Juden Rudolf Steiner. Es handelt sich um ein planmäßiges Vorgehen der gleichen Internationale, die dem Bauernstand einen wuchtigen Hieb versetzen will und den Zweck verfolgt, die Ernährung des deutschen Volkes auf der eigenen Scholle ins Wanken zu bringen. Die Pressestelle wird sich wohlweislich derartigen Einflüssen verschließen und der deutsche Bauer wird nach wie vor in altbewährter Weise und nach natürlichen Gesetzen seinen Acker bestellen und düngen."[198]

Die Vertreter der biologisch-dynamischen Wirtschaftsweise suchten den Gegner zunächst einmal nicht unter den Nationalsozialisten, sondern bei der Düngemittelindustrie, die in der Deutschen Landwirtschaftsgesellschaft Fuß gefaßt hatte und in Sorge um ihren eigenen Absatz auf die zunehmende Verbreitung der biologisch-dynamischen Wirtschaftsweise blickte. Zwischen 1928 und 1933 hatte die Anzahl dieser Betriebe in Deutschland von 100 auf über 1000 zugenommen.[199] Dieser Industriezweig hatte im Zusammenhang mit dem von Richard Walther Darré verkündeten Autarkieziel für die deutsche Landwirtschaft seine Taktik geändert und hoffte nun, bei den Nationalsozialisten Verbündete im Kampf gegen die biologisch-dynamische Wirtschaftsweise zu finden. Das Verbot des Thüringischen Wirtschaftsministers kann als Erfolg dieser Bestrebungen gewertet werden. Aus der Sicht der Vertreter der biologisch-dynamischen Wirtschaftsweise hatte die Düngemittelindustrie damit die Auseinandersetzungen auf die politische Ebene verlegt.

Erhard Bartsch hatte schon zum Jahresbeginn in seinem Leitartikel „An der Schwelle zum Schicksalsjahr 1933" seiner Überzeugung Ausdruck gegeben, daß gerade die biologisch-dynamische Wirtschaftsweise den Gefahren, die der mitteleuropäischen Bodenkultur drohten, durch eine Erneuerung des Bauern-

[197] Vgl. die Ausführungen von Erhard Bartsch in: Demeter, 8. Jg., Nr. 7, Juli 1933.

[198] Altmühlbote Nr. 188, Grenzenhausen vom 14. August 1933 und Fränkische Tageszeitung vom 15. August 1933.

[199] Zur damaligen Größenordnung der biologisch-dynamischen Bewegung liegen folgende Angaben vor: D. Dr. G. Michaelis sprach 1933 davon, daß es 100 Praktiker 1928 und 1500 im Jahre 1933 gab. S. Demeter, 8. Jg, Juli 1933, S. 120. Nach einem Gutachten des Reichsnährstandes vom 14. Oktober 1934 gab es 950 „hauptamtlich" bewirtschaftete Betriebe. Archiv am Goetheanum.

tums begegnen könne.[200] Andererseits hatte Walther Darré, seit dem 19. Juni 1933 Reichs- und preußischer Minister für Ernährung und Landwirtschaft, sein Autarkieprogramm verkündet,[201] und Bartsch erblickte darin eine Chance, auch an höherer Stelle gehört zu werden. Er zeigte auf, daß der geschlossene Betriebsorganismus der biologisch-dynamischen Wirtschaftsweise gerade die Forderung nach einer „völligen Unabhängigkeit des Volkes in seiner Ernährung“ erfülle. In seinem Artikel „Theorie und Praxis. Ein Beitrag zum Autarkieproblem“, der für Bartschs damaligen Verteidigungsstil charakteristisch ist, hieß es:

„Der deutsche Bauer steht in seinem Betriebe nicht auf eigenen Füßen, solange er auf den Zukauf von industriellen Düngemitteln angewiesen ist [...]. Aber zahlreiche Besucher, die aus der praktischen Landwirtschaft kommen und Praxis zu beurteilen verstehen – sie atmen befreit auf, wenn sie die nüchternen, aber doch so bedeutungsvollen Tatsachen der biologisch-dynamisch wirtschaftenden Betriebe kennen lernen. Der Alpdruck ist von ihnen genommen, daß der deutsche Bauer ewig und naturgesetzlich in seinem Ringen um die Erhaltung der Scholle und Nahrungsfreiheit seines Volkes abhängig sein soll von wirtschaftsfremden, sogar ausländischen Düngemitteln [...]“.[202]

Mit dieser rhetorischen Volte hatte Bartsch, vielleicht ohne sich dieser Tatsache voll bewußt zu sein, den Schritt getan, die biologisch-dynamische Landwirtschaft in den Dienst eines politischen Ziels zu stellen: sie wurde als Mittel angeboten, um die landwirtschaftliche Autarkie Deutschlands zu erreichen. Damit setzte Bartsch die biologisch-dynamische Wirtschaftsweise der Gefahr aus, ihrem ursprünglichen Impuls in zweifacher Weise entfremdet zu werden: einerseits war die biologisch-dynamische Wirtschaftsweise ihrem Wesen nach

200 Demeter, 8. Jg., Nr. 1, Januar 1933, S. 1 ff. Im Laufe der Zeit entwickelte sich die Zeitschrift Demeter zu einem Blatt, in dem die biologisch-dynamische Wirtschaftsweise öffentlich verteidigt wurde. Die Zeitschrift erschien monatlich ohne Unterbrechung bis zum Juni 1941. Ausführliche Auseinandersetzungen mit der Düngemittelindustrie fanden schon 1931 in Demeter statt. Vgl. 6. Jg., Nr. 3, März 1931, Nr. 5, Mai 1931, Nr. 9, September 1931.

201 Richard Walther Darré (1895–1953), Autor von „Das Bauerntum als Lebensquell der nordischen Rasse“ (1929) und „Neuadel aus Blut und Boden“ (1930). Seit 1931 zeitweise Leiter des „Rasse- und Siedlungshauptamtes der SS“, wurde 1930 Leiter des agrarpolitischen Amtes der NSDAP, im April 1933 Führer der Reichsbauernschaft, einer Teilorganisation des Reichsnährstandes. Am 19. Juni 1933 ernannte ihn Hitler zum Reichsminister für Ernährung und Landwirtschaft. Zusammen mit einer ganzen Reihe anderer gesetzlicher Maßnahmen kam am 14. Juli 1933 das Gesetz über die „Neubildung deutschen Bauerntums“, dem das „Reichserbhofgesetz“ vom 29. September 1933 folgte. Am 13. September 1933 wurde der ebenfalls von Darré geführte Reichsnährstand gegründet. Dabei handelte es sich um eine als „Selbstverwaltungsorganisation der deutschen Ernährungswirtschaft“ aufgezogene, staatlich kontrollierte berufsständische Zwangsorganisation, „in der alle auf dem Gebiete der Ernährungs- und Forstwirtschaft tätigen Personen und Betriebe zusammengefaßt waren“. Vgl. Hilde Kammer und Elisabeth Bartsch, Nationalsozialismus. Begriffe aus der Zeit der Gewaltherrschaft 1933–1945, Hamburg 1992, S. 41, 59, 174ff. und Wagner, Taschenwörterbuch des Nationalsozialismus, Leipzig 1934, S. 47f.

202 Demeter, 8. Jg., Nr. 8, August 1933, S. 139ff.

keine nationale Angelegenheit, andererseits mußte sie auch bei einer schnellen, politisch geförderten Verbreitung zu einer „Düngungsmethode" abgleiten und damit ihre Verbindung zu den geisteswissenschaftlichen Grundlagen verlieren.

Wahrscheinlich betrachtete Bartsch sein Vorgehen nicht nur als erfolgversprechende Taktik. 1933 galt es vor allem, Anerkennung und Schutz für die biologisch-dynamische Arbeit zu erreichen. Darüber hinaus aber hatte er weitreichende Vorstellungen von einem von der Landwirtschaft ausgehenden Erneuerungsimpuls, die er den nationalsozialistischen Machthabern in den Jahren 1939/40 nahezubringen versuchte. Er bemühte sich jahrelang um die Anerkennung durch Darré und erreichte später einen Teilerfolg. Zunächst aber war Darré nicht gut auf die biologisch-dynamische Wirtschaftsweise zu sprechen.

Die Presseangriffe auf die neue Landbaumethode waren schon in den ersten Monaten des Jahres 1933 mindestens so heftig geworden wie diejenigen, die sich gegen Rudolf Steiner und die Anthroposophische Gesellschaft richteten. Wie anfangs am Beispiel der Mitteilungen der Agrarpolitischen Pressestellen der NSDAP gezeigt, machte sich die nationalsozialistische Presse zum Sprachrohr der Gegner der biologisch-dynamischen Wirtschaftsweise. Damit bestand die Gefahr, daß sich auch die Regierung diesen Standpunkt zu eigen machte. Im Rückblick schilderte Erhard Bartsch Ende 1934 die Situation wie folgt: „Unsere Arbeit war bei den Partei – und Regierungsstellen so gut wie nicht bekannt, und wir besaßen auch keine direkten Verbindungen zu diesen Stellen. Unsere Gegner dagegen hatten noch von früher her gute Verbindungen zu allen wichtigen Stellen und konnten durch ihre Verbindungsmänner mit schwersten Verleumdungen gegen uns wirken".[203] Diese Äußerung stimmte zwar, insofern es sich um direkte Verbindungen zu Parteistellen handelte. Die gab es Anfang 1933 wohl nicht. Doch schrieb der Vater Erhard Bartschs, Moritz Bartsch, im Januar 1932, daß auch „stramme Nationalsozialisten" bei der letzten landwirtschaftlichen Tagung in Bad Saarow, im Dezember 1931, anwesend waren.[204]

Jedenfalls gaben diese Umstände den Anlaß, „eine Organisation zu schaffen, die die Interessen aller an der biologisch-dynamischen Wirtschaftsweise interessierten Organisationen und Persönlichkeiten nach außen, besonders den Behörden gegenüber, vertreten sollte".[205] So wurde am 29. Juli 1933 der „Reichs-

[203] Geschäftsbericht des Reichsverbandes für biologisch-dynamische Wirtschaftsweise in Landwirtschaft und Gartenbau e. V. vom 9. Dezember 1934, S. 3. BAD Z/B 1 1151.

[204] Moritz Bartsch an Wilhelm Eggers vom 25. Januar 1932. BAD Z/B1 889. Das Schreiben wurde von der Gestapo gefunden und im Februar 1939 zum Beweis der Verbindung der Anthroposophen zu Juden verwendet. Bartsch schreibt nämlich, daß neben den Nationalsozialisten auch ein Jude gekommen war, und fährt fort: „Und es zeigte sich wieder einmal, daß das Geistesgut Rudolf Steiners immer versöhnend wirkt: ‚Wenn alle Juden so wären usw…'".

[205] Geschäftsbericht des Reichsverbandes vom 9. Dezember 1934, a. a. O.

verband für biologisch-dynamische Wirtschaftsweise in Landwirtschaft und Gartenbau e. V." gegründet.[206]

Es folgte eine auch später nicht nachlassende Aufklärungsarbeit bei wichtigen Partei- und Regierungsstellen. Erhard Bartsch und Franz Dreidax machten sich diese Arbeit zur Aufgabe. Es gehörte bald zu den Selbstverständlichkeiten, daß die biologisch-dynamische Wirtschaftsweise nicht in den Büros von Verwaltungsgebäuden behandelt wurde, sondern auch vor Ort: Systematisch wurden Vertreter von Partei und Regierung eingeladen, sich auf den biologisch-dynamisch bewirtschafteten Gütern selbst ein Bild zu machen. Verschiedene Höfe wurden besichtigt. Zum Zentrum dieser Begegnungen entwikkelte sich aber der Hof Marienhöhe bei Bad Saarow.[207] Schließlich wurden interessierte Persönlichkeiten aus Staat und Partei regelmäßig zu den Bad Saarower Wintertagungen des Reichsverbandes eingeladen.[208] Außerdem veranlaßte der Reichsverband, daß Vertreter des Reichsnährstandes vor und während der Erntezeit 1934 eine Anzahl von Betrieben besichtigten. Offensichtlich wurde von diesen der „gute Stand der Fluren" anerkannt.[209] Ebenso kam es in dieser Zeit zu den ersten Vergleichsversuchen, die später in größerem Maßstabe durchgeführt wurden. Nach Fürsprache durch Hess wurde auch die biologische Abteilung des Rudolf Hess Krankenhauses in Dresden mit Demeter Gemüse beliefert.

Es gab also eine Reihe von Initiativen, die im Entstehen begriffen waren, um der biologisch-dynamischen Wirtschaftsweise eine solide Verteidigungsbasis zu schaffen, als am 15. November 1933 die eingangs erwähnte Verordnung des

[206] Die Gründung erfolgte im Beisein von Guenther Wachsmuth als Leiter der naturwissenschaftlichen Sektion und als Vertreter des Vorstandes am Goetheanum. Eingetragen wurde der Verein am 9. Dezember 1933. Parallel dazu wurde am 29. Juli eine „Gesellschaft zur Förderung der biologisch-dynamischen Wirtschaftsweise" ins Leben gerufen. Schreiben Guenther Wachsmuth an Alfred Reebstein vom 31. Juli 1933. Archiv am Goetheanum.

[207] Innenminister Wilhelm Frick war mit seiner Frau dort am 28. April 1934 zu Gast.

[208] Schon bei der Tagung des Reichsverbandes im Juli 1934 in Bad Saarow erreichten diese Bestrebungen einen ersten Höhepunkt: Ernst Schulte-Strathaus, erst seit April im Stabe von Hess, nahm als Beauftragter des Stellvertreters des Führers an der Tagung teil. Er hielt eine kurze Ansprache, in der er betonte, daß der Stellvertreter nicht für oder wider die biologisch-dynamische Wirtschaftsweise Stellung nehme, aber – wie überall – auch hier die ernste und ehrliche Arbeit schütze. Alwin Seifert hielt bei dieser Gelegenheit einen Vortrag über die Berücksichtigung der landwirtschaftlichen Forderungen beim Bau der Reichsautobahnen. Vgl. Demeter, 9. Jg., Nr. 12, Dezember 1934. Im Dezember 1935, also kurz nach dem Verbot der Anthroposophischen Gesellschaft in Deutschland, nahmen an der Tagung neben den örtlichen Behörden auch Vertreter des Reichsjugendführers und des Beauftragen für das gesamte deutsche Straßenwesen teil. (Vgl. Demeter, 10. Jg., Nr. 12, Dezember 1935) Und so ging es weiter durch die folgenden Jahre bis Dezember 1940.

[209] Vgl. Geschäftsbericht des Reichsverbandes vom 9. Dez. 1934, S. 6. BAD Z/B 1 1151.

thüringischen Wirtschaftsministerium erging.[210] Daraufhin wurde versucht, eine Aussprache mit dem Stellvertreter des Führers zu erreichen.[211] Sie fand am 18. Januar 1934 statt und wurde von dem Münchner Garten- und Landschaftsarchitekten Alwin Seifert vermittelt. Seifert sympathisierte schon länger mit der biologisch-dynamischen Landwirtschaft. Sein Interesse für diese war in seinem eigenen Bemühen um die Erhaltung einer gesunden Natur begründet. Dabei interessierte ihn nicht deren anthroposophische Grundlage. Er war kein Mitglied der Anthroposophischen Gesellschaft. Seine Sorge galt der zunehmenden Verödung der Böden durch unsachgemäße Düngung und Bepflanzung. Seine Berufung zum landwirtschaftlichen Berater von Fritz Todt, dem „Generalinspektor für das deutsche Straßenwesen", erfolgte am 17. Januar 1934, nachdem Todt Kenntnis einer Denkschrift Seiferts über die Landschaftsgestaltung beim Autobahnbau erhalten hatte.[212] Er war von Ilse Hess für die

[210] Ein ähnliches Verbot war in Württemberg vorgesehen und konnte im letzten Moment verhindert werden. Vgl. Geschäftsbericht des Reichsverbandes vom 9. Dezember 1934, a. a. O. Franz Dreidax berichtete nach dem Kriege: „Es war der Landesbauernführer von Württemberg, der im Herbst 1933 ein ‚Landesverbot' der biologisch-dynamischen Wirtschaftsweise erlassen wollte. Es konnte aber nachgewiesen werden, daß er dazu nicht befugt war, da er sich die Zustimmung des zuständigen Württembergischen Wirtschaftsministeriums nicht verschafft hatte: Dieses Wirtschaftsministerium gab die Auskunft: Das Verbot sei rechtsungültig." (in: Biologisch-dynamische Wirtschaftsweise während des „Dritten Reichs", o. J.). Ein Verbot wurde aber zu diesem Zeitpunkt auch schon für das ganze Reich erwogen. Schreiben Deutsche Arbeitsfront, Deutscher Metallarbeiter-Verband Berlin an Emil Steine, jr., Geislingen, vom 11. Januar 1924 (soll heißen: 1934). SAM.

[211] Da Rudolf Hess und seine Dienststelle in den kommenden Monaten und Jahren für die Anthroposophen eine gewisse Rolle spielten, hier ein Hinweis auf seine Stellung: „Das Amt des Stellvertreters des Führers" – später unter Anthroposophen kurz „Amt Hess" genannt – befand sich im sogenannten Braunen Haus in der Brienner Str. 45. Die Reichsgeschäftsstelle der NSDAP war Hess unterstellt. Zur Schreibweise: man findet in den Unterlagen sowohl „Heß" als auch „Hess". Rudolf Hess' Persönlichkeit weckte Vertrauen, seine Stellung Hoffnungen. Er gehörte einer „idealistisch" orientierten Gruppe in der Partei an, mit der sich die Vertreter der „harten" Linie, zu denen z. B. Heinrich Himmler, Reinhard Heydrich, Joseph Goebbels und nicht zuletzt auch Martin Bormann gehörten, schwer taten. Bormann wurde Mitte 1934 Chef des Stabes des Stellvertreters des Führers (nachdem Philipp Bouhler die Privatkanzlei Hitlers in Berlin übernommen hatte). Eine ausführliche Darstellung der Bedeutung der Dienststelle des Stellvertreters des Führers hinsichtlich der Parteiführung und der Kontrolle des Staatsapparates findet sich bei Peter Longerich: Hitlers Stellvertreter, München 1992. Manche Fragen – teilweise auch die mit den verhandelnden Anthroposophen zusammenhängenden – wurden von Hess zuerst in seiner Privatvilla behandelt, bevor sie in sein Amt kamen. Darüber berichtete seine frühere Privatsekretärin, Hildegard Fath, in einem Schreiben an Michael Heidenreich vom 10. Juni 1991. Archiv der Christengemeinschaft.

[212] Alwin Seifert (1890–1972). Zum „Reichslandschaftsanwalt" wurde Seifert erst 1940, anläßlich seines 50. Geburtstages, ernannt. Vgl. Spruchkammerakte Alwin Seifert, Amtsgericht München. Aus den Jahren 1937 bis 1941 ist sein Briefwechsel mit Rudolf Hess erhalten. IfZ 32–422/52. Ohne Rücksicht auf seine Person verteidigte er u. a. auch die biologisch-dynamische Wirtschaftsweise.

Gartengestaltung ihrer Privatvilla in München herangezogen worden.[213] Seifert hatte Ilse Hess kurz vor diesen Ereignissen auf die biologisch-dynamische Landwirtschaft hingewiesen. Ein Auszug aus einem Schreiben von Ilse Hess vom 24. Januar 1934 an den Freiherrn von Tucher, der dem Versuchsring anthroposophischer Landwirte angehörte, zeigt ihr Interesse:

„Es tut mir so leid, daß ich in diesem Jahr erst spät durch Herrn Seifert auf die biologisch-dynamische Wirtschaftsweise aufmerksam wurde [...] Sehr gerne aber würde ich dem Führer einmal, wenn er hier ist, eine Schale solcher Kartoffeln vorsetzen, um den Vortrag, den mein Mann ihm an sich über diese Wirtschaftsweise halten will, kräftigst zu unterstreichen[...].“

Rudolf Hess war also selbst sehr interessiert und hatte die Absicht, mit Hitler darüber zu sprechen.[214] Franz Dreidax gab von der Aussprache am 18. Januar folgende Darstellung, die die damalige Haltung von Walther Darré und Rudolf Hess zu dieser Frage verdeutlicht:

„Als R. Hess am 18. Januar 1934 nachmittags aus Anlaß der Schritte von A. Seifert eine Sitzung Wilhelmstr. 64, Berlin, einberief, bei welcher auch ich anwesend war, um diese Landbauangelegenheiten zu regeln, empfand dies R. W. Darré sichtlich als eine Art Vorladung. Er unterdrückte seine Ungehaltenheit nur mühsam. Er behielt fast ständig seine Taschenuhr in der linken Hand. Er schnitt eine mündliche, sachliche Schilderung des Landbauverfahrens, um welche R. Hess in der Sitzung gebeten hatte, schon nach wenigen Sätzen mit der Bemerkung ab, daß ihm die Sache hinlänglich bekannt sei – er müsse in dieser Angelegenheit sowohl auf Beamte seines Ministeriums wie auch auf die Landwirtschaftswissenschaft und auf seine Industrie Rücksicht nehmen, die alle gegnerisch eingestellt wären. Dann wollte er sich mit Hinweis auf andere Geschäfte und unter Vorzeigen seiner Taschenuhr alsbald aus der Sitzung entfernen. Aber R. Hess betonte die rechtzeitige Anberaumung der Sitzung und daß auch er sich eigens dafür freigemacht habe, so daß R. W. Darré bleiben mußte, sich allerdings an den weiteren Erörterungen kaum noch beteiligte. Es war für mich als Außenstehenden in gewisser Hinsicht peinlich, diesen Gegensatz so scharf zu erleben, der sich schließlich auch noch darin ausdrückte, dass R. W. Darré nach Beendigung der 3/4 stündigen Sitzung sofort den Raum verließ, während R. Hess sich von den Anwesenden durch Handschlag und Begrüßungsworte verabschiedete. – Soviel mir bekannt ist, fand eine Änderung des gespannten Verhältnisses zwischen R. Hess und R. W. Darré im Punkte jenes Landbauverfahrens erst nach Jahren statt (1939/40) [...].“[215]

[213] Hess‘ Privatadresse war in München-Menterschwaige/Harlaching, Harthauserstr. 48. Seifert wohnte in München-Laim, von der Pfortenstr. 19. Hess und Seifert waren also nicht Nachbarn, wie Elisabeth Klein in ihren Erinnerungen irrtümlich berichtet (Elisabeth Klein, 1978, S. 82). Nach Auskunft von Reinhard Falter, München, lag aber das Haus von Seiferts Vater in der Nähe von Hess‘ Villa. Dort war er aufgewachsen und pflegte vermutlich auch dort noch den Garten. S. a. Briefe von Ilse Hess an Reinhard G. in A. Wagner, Beiträge, NS-Dokumentation Bd. 5, Rendsburg 1993, S. 97/98. Alwin Seifert dokumentierte im Oktober 1935 seine Arbeit am Garten von Hess‘ Privatvilla in der Zeitschrift Der Baumeister, 33. Jg., H. 10, Oktober 1935, S. 337ff.

[214] Ilse Hess an den Freiherrn von Tucher vom 24. Januar 1924. Archiv am Goetheanum.

[215] F. Dreidax: Eidesstattliche Erklärung betr. Architekt Alwin Seifert vom 3. Oktober 1946. Spruchkammerakte Alwin Seifert, AGM, auch für das folgende Zitat. Alwin

Unmittelbar darauf, am 22. Januar 1934, veranlaßte Rudolf Hess das folgende Schreiben an alle Gauleiter, worauf die öffentliche Angriffe auf die biologisch-dynamische Wirtschaftsweise merklich nachließen:

„Nationalsoz. Deutsche Arbeiterpartei. Der Stellvertreter des Führers.
München, den 22. I. 34.
An alle Herren Gauleiter!
In einer Unterredung, an der auch der Reichsbauernführer und Reichsernährungsminister Walter Darré teilgenommen hat, ist mir über das Ergebnis langjähriger Versuche der sog. biologisch-dynamischen Wirtschaftsweise in landwirtschaftlichen Betrieben Bericht erstattet worden. Auf Grund der mir gemachten Mitteilungen ordne ich hiermit an, daß jede einseitige politische Debatte über dieses Thema, das sowohl nach der volksgesundheitlichen wie nach der agrarpolitischen Seite hin möglicherweise von Bedeutung werden kann, aufzuhören hat. Über den endgültigen Wert der biologisch-dynamischen Wirtschaftsweise werden Erfahrungen und wissenschaftliche Beobachtungen entscheiden. Diese Entscheidung aber muß in aller Sachlichkeit gefunden und darf nicht durch Agitation von irgendeiner Seite her beeinflußt werden. Heil Hitler! gez. Rudolf Hess“.[216]

Im Laufe der Jahre 1934 und 1935 drohte eine Entwicklung, die von den Vertretern der biologisch-dynamischen Landwirtschaft mit Sorge verfolgt wurde: Gegnerische Kreise versuchten, in den Besitz der eigens an die biologisch-dynamisch arbeitenden Landwirte verteilten Düngungsmittel zu kommen, um sie unter Nichtbeachtung der Anwendungsbedingungen zu Versuchen zu verwenden, deren Resultate gegen die biologisch-dynamische Wirtschaftsweise benutzt werden konnten. Beim Versuchsring anthroposophischer Landwirte

Seifert selbst beschrieb den Hergang folgendermaßen: „Als [...] auf Druck der Partei und der I. G. Farben die biologisch-dynamische Wirtschaftsweise verboten werden sollte, erreichte ich im letzten Augenblick eine Unterredung mit Rudolf Hess und von diesem eine Aufhebung des Verbotes [...].“ Alwin Seifert an den Vorsitzenden der Spruchkammer VII, München, 8. April 1947. Spruchkammerakte Alwin Seifert, AGM.

216 Archiv Bund der Waldorfschulen 4.2.229. Das Thüringer Verbot, das auch Gegenstand der Aussprache vom 18. Januar war, wurde erst zum 1. Januar 1935 aufgehoben (Quelle: „Dynamisch-biologische Wirtschaftsweise“ in Jenaische Zeitung, o.D., und Schreiben Franz Dreidax an Wolfgang Gessner vom 5. Januar 1935. Beide: Archiv am Goetheanum). W. Frick betonte später, daß die Aufhebung des Verbotes auf seine Initiative zurückginge. In einem Schreiben an Himmler vom 17. Dezember 1935 sagte er: „Ich bemerke dazu, daß [...] dieses Verbot jedoch auf meine Anregung hin durch Verordnung vom 20. Dezember 1934 wieder aufgehoben worden ist [...].“ Schreiben Reichs- und Preußischer Minister des Innern an den Stellvertretenden Chef und Inspektor der Preußischen Geheimen Staatspolizei, vom 17. Dezember 1935. BAD Z/B 1 1005. Rudolf Hess konnte nicht direkt in Regierungskompetenzen eingreifen. Auf diesem Gebiet beschränkte sich seine Wirkungsmöglichkeit, nachdem er am 1. Dezember 1933 zum Reichsminister ohne besonderen Geschäftsbericht ernannt worden war, auf die Beteiligung an der Ausarbeitung aller Gesetzesvorlagen der Reichsregierung. Die Funktion eines „Stellvertreters des Führers mit ausführender Gewalt“ gestattete die Einflußnahme auf alle Parteiorganisationen. Von daher wird verständlich, daß Hess sich an die Gauleiter wandte. Auch die Inhaber von Regierungsämtern sprach er immer in ihrer Eigenschaft als Parteigenossen an (s. a. das folgende Schreiben von Hess an Himmler).

in Deutschland schätzte man diese Vorgänge als schwerwiegend genug ein, um im Juli 1935 ein Rundschreiben an alle Zweige der Anthroposophischen Gesellschaft in Deutschland zu richten, in dem zu größerer Sorgsamkeit bei der Verteilung der Präparate aufgerufen wird. Diese Verteilung solle in Zukunft strenger gehandhabt werden.[217]

Einerseits sollte vermieden werden, daß Partei- und Regierungsstellen gegen die biologisch-dynamische Wirtschaftsweise beeinflußt wurden. Andererseits aber ging es um die fachmännische, qualifizierte Begleitung jeder Anwendung biologisch-dynamischer Präparate, sei es in der Bewirtschaftung der Höfe oder zu Versuchszwecken. Für das Verhalten der deutschen Vertreter der biologisch-dynamischen Wirtschaftsweise gegenüber den Nationalsozialisten sollte dieser zweite Aspekt von entscheidender Bedeutung sein.

In der Folgezeit verstärkte sich Hess' Interesse an der biologisch-dynamischen Arbeit. Obwohl diese in dem Verbotstext vom 1. November 1935 für die Anthroposophische Gesellschaft nicht erwähnt wurde, richtete Hess am 19. November 1935 das folgende ausführliche Schreiben an Himmler,[218] um einer Ausweitung des Verbotes auf die biologisch-dynamische Wirtschaftsweise vorzubeugen:

„Lieber Parteigenosse Himmler!

Es wird Ihnen bekannt sein, daß ich mich für die Versuche interessiere, welche unter dem Namen biologisch-dynamische Wirtschaftsweise unternommen werden und darauf hinausgehen, an Stelle chemischer Düngung wieder zu einer natürlichen Düngung zurückzukehren unter Berücksichtigung neuer Erkenntnisse und noch umstrittener Einwirkungen, wie etwa die Mondphasen.

Ich bin mir mit Pg. Darré einig, daß es hierbei bei Versuchsgütern usw. vorerst bleiben muß, da wir es uns bei der augenblicklichen Lage nicht leisten können, Experimente großen Stils zu machen und unter Umständen die an sich zu knappe Ernährungsmenge noch weiter einzuschränken. Ebenso einig bin ich mir aber auch mit Pg. Darré darin, daß diese Versuche nicht behindert oder gar verboten werden sollten.

Da dieser Tage mit Recht gegen Reste der Anthroposophie vorgegangen wurde, die biologisch-dynamischen Versuche aber in ihrem Ursprung anscheinend durch anthroposophische Gedanken beeinflußt wurden, könnte es sein, daß übereifrige Beamte eines Tages auch gegen den „Reichsverband für biologisch-dynamische Wirtschaftsweise in Landwirtschaft und Gartenbau e. V." oder gegen Untergliederungen des Verbandes vorgehen.

Ich bitte Sie daher, in Frage kommenden Stellen oder Beamten entsprechend klare Weisungen zu geben, daß gegen den Verband nicht eingegriffen wird.

Ich weiß, daß am Absatz künstlichen Düngers interessierte Industrien, die um die Höhe ihrer Dividenden besorgt sind, am liebsten eine Art Hexenprozess gegen alle Leute, die sich mit den obigen Versuchen befassen, machen würden, um so mehr Grund, mich schützend vor sie zu stellen. Abgesehen davon, daß die Sorge der betreffenden Industrien auf Jahrzehnte hinaus jedenfalls unnütz ist, denn ich habe dem Reichsverband seit langem bereits untersagt, Propaganda für die Übertragung ihrer Methoden auf's

[217] Versuchsring anthroposophischer Landwirte in Deutschland e.V. an die Zweige der Deutschen Anthroposophischen Landesgesellschaft vom 24. Juli 1935. Archiv am Goetheanum.

[218] Hess an Himmler vom 19. November 1935. BAD Z/B 1 1005

Große zu machen. Die Leiter des Reichsverbandes stimmen im übrigen selbst der Auffassung zu, daß wir derartige Experimente im Großen bis auf weiteres nicht machen dürften.

Heil Hitler!
Ihr Rudolf Hess."

Himmler entsprach dieser Bitte und wies am 12. Dezember 1935 die Politischen Polizeien der Länder an, jegliches Einschreiten gegen den Reichsverband zu unterlassen, forderte aber gleichzeitig zur Berichterstattung über diesen auf.[219]

Mit dem Schreiben von Rudolf Hess vom 22. Januar 1934 war die Arbeit der biologisch-dynamischen Landwirtschaft weitgehend gesichert. Der Kontakt zu Hess wurde in den darauffolgenden Monaten zur Rettung der Waldorfschulen genutzt. Hess beabsichtigte, das in seinen Augen Brauchbare dieser Einrichtungen für den NS-Staat zu retten. Bartsch und die Dresdner Waldorflehrerin Klein dienten ihre Sache in diesem Sinne Hess an.

Nach Auskunft des Geschäftsberichtes vom 8. Dezember 1935 hatte sich der weitaus größte Teil der biologisch-dynamisch arbeitenden Landwirte und Gärtner dem Reichsverband angeschlossen. Es gab allem Anschein nach einen Konsens für die Option, bei Partei- und Regierungskreisen den erforderlichen Schutz für die biologisch-dynamische Arbeit zu suchen. Damit entstand die Notwendigkeit der „Gleichschaltung". Für seine Weiterexistenz war überdies die Aufnahme des „Reichsverbandes" in den „Reichsnährstand" gesetzliche Vorraussetzung. Sie wurde in der Vorstandssitzung vom 14. März 1936 beschlossen und durch Angliederung an die „Deutsche Gesellschaft für Lebensreform" (DGfL) realisiert. Formell hatte diese damit ein umfangreiches Einspruchsrecht. (Sie konnte Maßnahmen des Reichsverbandes aussetzen und aufheben.)[220] Praktisch machte sie aber davon keinen Gebrauch. Der vorgeschriebene „Arierparagraph" wurde eingeführt: Voraussetzung für die Mitgliedschaft waren die gemäß den Vorschriften des Reichsbürgergesetzes von 1935 zum Erwerb der Reichsbürgerschaft verlangten Abstammungseigen-

[219] Der politische Polizeikommandeur der Länder an alle Politische Polizeien der Länder – außer Preußen – vom 12. Dezember 1935. BAD Z/B1 1005. Die wohl unter dem Briefkopf des Gestapo herausgegangene Ausfertigung für die preußischen Stapostellen scheint nicht erhalten. Nach Hess' Englandflug und dem Vorgehen der Gestapo gegen die biologisch-dynamischen Landwirte begann Himmler selbst, mit dieser Wirtschaftsweise zu experimentieren. Himmler war Diplom-Landwirt. Vgl. Klaus Scholder, Die Kirchen und das Dritte Reich, Frankfurt a. M. 1977, S. 502.

[220] Satzungen des Reichsverbandes § 1 und Bericht über die Vorstandssitzung des Reichsvorstandes am 14. März 1936. BAD Z/B1 1151. Die GDfL war ihrerseits Mitglied des „Sachverständigenbeirats für Volksgesundheit" in der Reichsleitung der NSDAP. Nach Angaben von Nicolaus Remer war diese Lösung, die einen direkten Anschluß an den gegnerischen Reichsnährstand vermied, von Hess angeregt worden.

schaften. „Volljuden", „Dreivierteljuden" und in bestimmten Fällen auch „Halbjuden" waren damit von der Mitgliedschaft ausgeschlossen.[221]

1936 kam es an zwei ungewöhnlichen Stellen zur Anwendung biologisch-dynamischer Praktiken: einerseits wurde unter Aufsicht des Luftfahrtministeriums auf einem schwierigen Gelände mit Hilfe biologisch-dynamischer Kompostierungsmethoden eine Graslandebahn für einen Flugplatz angelegt.[222] Zweitens wurde im Hinblick auf die Olympischen Spiele die Grasnarbe des Berliner „Reichssportfeldes" ab Herbst 1935 biologisch-dynamisch bearbeitet. Der Gartentechniker Milkert berichtete am 25. September 1936: „Da ich die Vorzüge der biologisch-dynamischen Pflanzen- und Bodenbehandlung kennen gelernt habe, wurde diese Methode auf der wichtigsten Fläche des Reichssportfeldes angebracht". Der Rasen im deutschen Stadion erwies sich als äußerst widerstandsfähig und „gewann allgemeine Bewunderung, viele Anfragen, auch hierunter viele Ausländerinteressenten, zeugen hiervon." Die Erfahrungen beim Stadionrasen führten Milkert zu dem Entschluß, seine ganze gärtnerische Pflege auf dem Reichssportfeld biologisch-dynamisch durchzuführen: „Nur so erscheint es mir möglich, schnellstens auf dem armen Untergrund zu Dauererfolgen bei Neupflanzungen, Bäumen, Sträuchern und Grasflächen zu kommen."[223]

Zusammenfassende Bemerkungen

Im Zuge dieser Entwicklung hatte die biologisch-dynamische Bewegung eine Position erreicht, die in krassem Gegensatz zur Lage der Anthroposophischen Gesellschaft stand. Während die Arbeit der Zweige und die öffentliche Tätigkeit der Gesellschaft offiziell abgebrochen werden mußten, ging die landwirtschaftliche Arbeit unter dem offiziellen Schutz der Partei verstärkt weiter. Einerseits konnte so die biologisch-dynamische Arbeit – wie Dreidax später un-

[221] Die Satzungen des Reichsverbandes von 1933 sind nicht bekannt. Doch geht die Gleichschaltung auf die „Richtlinien der Regierung" aus den Satzungen vom Dezember 1935 hervor: im §5 wurde das Führerprinzip übernommen, in dem der Leiter des Reichsverbandes durch die Haupversammlung gewählt wird und seinen Stellvertreter ernennt. Der Forderung nach arischer Abstammung wurde Genüge getan, indem für natürliche Personen die Reichsbürgerschaft zur Voraussetzung der Mitgliedschaft gemacht wurde. BAD Z/B 1 11 51. RGB vom 15. September 1935. RGBl T, S. 1146, und Erste Verordnung zur Durchführung des RGB vom 14. November 1935. RGBl I, S. 1333.

[222] Aus Geheimhaltungsgründen wurden weder Standort des Flugplatzes noch Name des Berichterstatters genannt. Letzterer war aber eindeutig Kenner der biologisch-dynamischen Wirtschaftsweise. Stadtbauamt der Kur- und Hauptstadt X an die Auskunftstelle für biologisch-dynamische Wirtschaftsweise vom 13. Oktober 1936. Archiv am Goetheanum.

[223] Milkert: Gartenbautechniken. Bericht vom 25. September 1936. Archiv am Goetheanum.

terstreicht[224] – zum ersten Mal seit 1927 in Ruhe vorangehen, andererseits war tendenziell eingetreten, was Rudolf Steiner durchaus nicht beabsichtigt hatte: dieser Impuls wurde dem nationalen Egoismus dienstbar gemacht.[225] Vermutlich war es Hess nicht klar, daß er mit der biologisch-dynamischen Bewegung auch eine Form anthroposophischer Arbeit schützte, da beide sich im Grunde nicht trennen lassen konnten.

Hess' Einfluß war damals noch erheblich, da Himmler, der das Verbot aller anthroposophisch orientierten Einrichtungen hätte befürworten müssen, dem Ansinnen von Hess für die biologisch-dynamische Arbeit nachgab. Im übrigen schien dem SD und der Gestapo die personelle Verbindung zwischen dem deutschen Vorstand der Anthroposophischen Gesellschaft und dem „Reichsverband" entgangen zu sein: Immerhin gehörten dem Vorstand Ernst Stegemann, einer der führenden Vertreter der biologisch-dynamischen Bewegung, und Moritz Bartsch, Vater von Erhard Bartsch, an. Hermann Poppelbaum hatte intensiven Kontakt mit allen Beteiligten. Zeitweise setzte er auch eine gewisse Hoffnung auf das Amt Hess für die Rettung der Gesellschaft. Praktisch hatte diese Orientierung der biologisch-dynamisch arbeitenden Landwirte zur Folge, daß viele unter ihnen ihre Arbeit relativ ungestört fortführen konnten. Auch die Gestapoaktion nach dem Abflug von Hess im Juni 1941 sollte sich prinzipiell nur auf die Zerschlagung ihrer Organisation, den „Reichsverband" und seine Vertreter richten. Spätestens zu diesem Zeitpunkt war es Heydrich klar, daß die biologisch-dynamische Wirtschaftsweise nur „aus dem Geiste der Anthroposophie verstanden werden kann", daß aber gleichzeitig viele Bauern und Gärtner die Wirtschaftsweise als „Methode" anwendeten, also nicht als Anthroposophen handelten und politisch kaum belastet werden konnten.[226]

Die Waldorfschulbewegung 1933 bis 1936

Einleitung

Nach dem Motto „wem die Jugend gehört, dem gehört die Zukunft" wollten die Nationalsozialisten selbstverständlich auch das gesamte Schulwesen gleichschalten und ihren Zwecken nutzbar machen. Die beabsichtigte Schulreform kam jedoch nur schleppend voran, einerseits weil zunächst kein Konzept vorhanden war, zum anderen war eine Durchdringung der staatlichen Schulen bei weitgehend gleichbleibendem Personal schwierig und scheiterte am „Bin-

224 Franz Dreidax, Biologisch-dynamische Wirtschaftsweise während des „Dritten Reiches", in: F. C. L. Schmidt: Der Landwirtschaftliche Impuls Rudolf Steiners, o. J., veröffentlicht in: A. Wagner, Beiträge, NS-Dokumentation, Bd. 3, Rendsburg 1992, S. 66ff.

225 Vgl. Alfred Heidenreich, Schreiben vom 7. März 1933. Archiv am Goetheanum.

226 Vgl. Reinhard Heydrich an Reichsminister und Reichsleiter Darré, vom 18. Oktober 1941, in: A. Wagner, Beiträge, NS-Dokumentation Bd. 3, Rendsburg 1992, S. 35, ohne Quelle

nenklima" der Schulen. Freilich wurden im Laufe der Jahre die Inhalte der Lehrbücher, namentlich in Biologie, Geschichte und Deutsch, neu formuliert. Die NS-Bewegung glaubte überdies, für die Jugenderziehung vor allem auf den Einfluß von Hitlerjugend (HJ) und Bund Deutscher Mädchen (BDM) setzen zu können.

Auf die Dauer beabsichtigten die Machthaber, überhaupt keine Privatschulen zu dulden. Der Staat beanspruchte das Erziehungsmonopol, das etappenweise realisiert wurde. Zunächst sollten alle Privatschulen „gleichgeschaltet" werden. 1936 wurden alle privaten Vorschulklassen und Volksschulen aufgelöst, doch erst 1945 war das Ziel der Verstaatlichung aller Privatschulen fast erreicht.

Die Privatschulen verhielten sich unterschiedlich. Den Waldorfschulen vergleichbar waren die deutschen Landerziehungsheime. Von diesen gingen z. B. die Lietzschulen mit wehenden Fahnen zum Nationalsozialismus über. Ihr Leiter, Alfred Andresen, schrieb 1934, „daß alles was Lietz in jahrelangem Kampfe anstrebte, im Nationalsozialismus zu einem großen politischen Wollen zusammengefaßt wurde."[227]

In manchen dieser Schulen, so zum Beispiel in der Odenwaldschule oder in Schloß Salem, gelang es, hinter einer sich anpassenden Tarnung das spezifische Binnenklima weitgehend zu erhalten.[228] So wollten auch die Waldorfschulen hinter einem Schleier der Anpassung ihre Arbeit weiterführen.

Rudolf Steiner ging es bei der Gründung der ersten Waldorfschule, im September 1919 in Stuttgart, um die Verwirklichung einer anthropologisch orientierten Pädagogik in größtmöglicher Eigenverantwortung der Lehrerschaft. Weder wirtschaftliche Interessen noch politische oder staatliche Vorgaben sollten Lehrinhalte oder Schulorganisation bestimmen. In der Zeit der Weimarer Republik war dies auch weitgehend erreicht worden. Neue Schulen kamen hinzu (Wandsbek 1922, Hannover 1926, Berlin 1928, Dresden 1929, Breslau und Kassel 1930, Altona 1931),[229] so daß es in Deutschland 1933 acht Waldorfschulen gab, die allerdings mit 3200 Schülern quantitativ im deutschen Privatschulwesen, das damals etwa 190000 Schüler zählte, kaum ins Gewicht fielen.[230]

Bei den Auseinandersetzungen mit dem neuen Regime verhielten sich die einzelnen Schulen recht unterschiedlich, und die einzelnen Lehrerkollegien

[227] Vgl. Jürgen Peter Krause, Verdrängte Reformpädagogik. Anna Essinger und ihr Landschulheim in Schwaben und Kent, in: Monika Lehmann/Hermann Schnorbach, Festschrift für Hildegard Feidel Merz, Frankfurt 1992, S. 176.

[228] Vgl. besonders die ausführliche Beschreibung der Odenwaldschule von Dennis Shirley, The politics of Progressive Education. The Odenwaldschule in Nazi Germany, London 1992, und Ruprecht Poensgen, Schloß Salem im Dritten Reich, in: Vierteljahrshefte für Zeitgeschichte, 44. Jg. 1. Heft, Januar 1996, München 1996.

[229] Vgl. Anlage 4.

[230] Vgl. Achim Leschinsky, Waldorfschule im Nationalsozialismus, in: Neue Sammlung, H. 3, Mai/Juni 1983, S. 258ff.

beurteilten die Situation je anders. Zwar hatte Steiner dem Stuttgarter Kollegium die Leitung und Verantwortung für alle anthroposophischen Schulen anvertraut, doch wurde die Leitungsfunktion nur in Krisensituationen in der Rolle eines Primus inter Pares wahrgenommen. Vor allem war das Lehrerseminar mit der Stuttgarter Schule verbunden. Diese Vorrangstellung des Stuttgarter Kollegiums verlor nach 1933 zusehends an Bedeutung.

Dabei spielten auch die Positionen der einzelnen Lehrer als Mitglieder der Anthroposophischen Gesellschaft in den internen Konflikten eine Rolle. Sie wirkten schwächend bei der Bildung eines gemeinsamen Willens, den die neue politische Situation zu fordern schien. Zeitweise spalteten Differenzen die Kollegien. Besonders in Stuttgart war dies der Fall, wo Teile der Lehrerschaft sich hinter Albert Steffen, andere hinter Ita Wegman stellten. Das Berliner und auch das Dresdner Kollegium fühlten sich mehr Marie Steiner verbunden.

Sieht man, mit welcher Vehemenz diese Gesellschaftskonflikte ausgetragen wurden, die gerade in diesen Jahren bis 1935 auf einen Höhepunkt zusteuerten, scheint es erstaunlich, daß die Kollegien der Schulen immer wieder die Zusammenarbeit suchten und auch oft fanden, um den für eine freiheitliche, selbstverantwortliche Schulordnung empfindlichen Angriffen zu begegnen.

Der Reichserziehungsminister Bernhard Rust verordnete 1936 den Abbau aller privaten Vor- und Volksschulklassen und begann dann mit der Überprüfung der privaten höheren Schulen, deren Anerkennung eine entsprechende Gleichschaltung zur Voraussetzung hatte, die erst 1939 durch einen Erlaß geregelt wurde.[231] Rust hielt von vornherein Waldorfpädagogik und Nationalsozialismus für unvereinbar. Er betrieb daher die Auflösung der Waldorfschulen, schon bevor er das Anerkennungsverfahren für die privaten höheren Schulen überhaupt in Gang gesetzt hatte. So waren von 8 Waldorfschulen Ende 1938 schon 5 geschlossen: Altona (6. April 1936), Hannover (9. Juli 1937), Berlin (26. August 1937), Stuttgart (1. April 1938), Kassel (Oktober 1938).[232] Einige Lehrer hofften als letzten Ausweg, die Waldorfschule als staatlich anerkannte

[231] Neben den üblichen Forderungen betr. öffentliches Bedürfnis, Erziehungsziel und Lehrplan war die Gleichschaltung Voraussetzung: „Die Schule und ihr Unterhaltsträger müssen die Gewähr für die nationalszialistische Erziehung der ihr anvertrauten Jungen und Mädchen bieten, die Erziehungsarbeit der Schule muß eine eindeutig nationalsozialistische Richtung erkennen lassen." Runderlaß des Reichsministers für Wissenschaft, Erziehung und Volksbildung vom 5. April 1939 (E III c 423, E VII) in: Hartmut Alphei, Lesebuch mit Quellen zur Geschichte der Odenwaldschule in der Zeit von 1933 bis 1946, 1993, o.S. Eine Ausnahme machten allein die seit 1935 geforderten jüdischen Schulen.

[232] Wenn Leschinsky meint, daß die Auflösung der Schulen erst „in den Jahren nach 1938" erfolgte, so ist das unzutreffend. Leschinsky verwechselt das Ende der Umschulungskurse mit den Schließungsdaten. Letztere sind entscheidend, da die Kollegien der entsprechenden Schulen die Ablegung der Bezeichnung Waldorf- bzw. Rudolf Steiner Schulen beschlossen. Vgl. Anlage 4, aus der auch jeweils die Dauer der Umschulungskurse hervorgeht. Achim Leschinsky, Waldorfschule im Nationalsozialismus, a. a. O., S. 256 und 268. S. dazu Kapitel 7 und 8. Für Stuttgart handelt es sich um die Zwangsschließung Ostern 1938.

Versuchsschule, außerhalb der oben genannten Bedingungen, fortführen zu können. Letztlich versuchten dies nur die beiden verbleibenden Schulen von Dresden und Hamburg; wie man sehen wird, ohne Erfolg.

Die Motive, die die Lehrer an den Waldorfschulen zunächst bewegten, ihre Arbeit überhaupt fortzusetzen, waren von sehr unterschiedlicher Art. Man war schon in der Zeit der Weimarer Republik gewohnt, keineswegs vom Staat und den Behörden anerkannt und gefördert zu werden. So dachte man, unter der NS-Herrschaft in ähnlicher Art einen kleinen Freiraum bewahren zu können, indem man gewisse Konzessionen machte. Bei der Fortsetzung der Arbeit ging es in erster Linie darum, den Schülern ein menschliches Erziehungsfeld zu erhalten. Das gelang in einem erstaunlichen Maße, solange die Schulen existierten. Die Schüler, namentlich der Oberstufe, wußten das Besondere ihrer Schule zu schätzen und unterschieden zwischen Tarnung gegenüber den Machthabern und den tatsächlichen Inhalten der Waldorfschule. Zweitens hoffte eine große Anzahl von Lehrern einfach, das „Dritte Reich" überdauern zu können. Nur eine kleinere Gruppe wähnte, zu einem Modus vivendi mit den Machthabern zu kommen. Sie empfahlen sich einigen NS-Größen als Vertreter des wahren Deutschtums und einer wahrhaft deutschen Pädagogik. Es gab viele Lehrer, die dem Nationalsozialismus sehr kritisch gegenüberstanden: einige von diesen verließen in den ersten Jahren der NS-Herrschaft Deutschland.[233] Für andere wurde der verlangte Eid auf Hitler zum Signal, ihre Arbeit zu beenden und ihre Schulen aufzulösen.

In den ersten Jahren ging es für die Waldorfschulen zunächst um die Bewahrung des pädagogischen Freiraums. Dabei geriet man notgedrungen in Konflikt mit den Forderungen der NS-Behörden.

Die Lehrer und Lehrerinnen machten nie einen Hehl aus der Tatsache, daß die Anthroposophie Rudolf Steiners Grundlage ihrer Pädagogik war. Formal wurden die Waldorfschulen jedoch von dem Verbot der Anthroposophischen Gesellschaft nicht erfaßt, da sie immer erklärt hatten, keine Weltanschauungsschulen zu sein, und keine Einrichtung der Gesellschaft waren.

Schon vor dem Beginn der NS-Diktatur waren sich einzelne Personen der Gefährdung bewußt, die von einem totalitären Regime ausgehen kann. Dies kommt in einem Grundsatzpapier von Alexander Strakosch zum Ausdruck, das er vor der nationalsozialistischen Machtübernahme, vermutlich schon Ende der zwanziger Jahre, verfaßt hatte. Strakosch unterstrich darin, daß der Staat (der Weimarer Republik) sich objektiv und entgegenkommend verhalte und „freie" Schulen in sehr beschränkter Anzahl gestatte, obwohl er auf dem Standpunkt stehe, die Verwaltung des Geisteslebens und damit auch des Schulwesens sei seine Angelegenheit. Er fuhr dann fort: „Jede neue solche Schule, die uns genehmigt wird, ist für unsere ganze Bewegung ein großer Fortschritt,

[233] Hermann von Baravalle, Friedrich Hiebel, Ernst Lehrs, Maria Röschl, Alexander Strakosch, Ernst Uehli u. a.

denn es ist ja bekannt, daß der Staat (wenn er nicht faschistisch oder bolschewistisch ist) nachgibt, wenn genug Menschen hinter einer Sache stehen."

Unmißverständlich betonte Strakosch die Gefahren, die mit einer Übernahme der Waldorfpädagogik in den Staatsschulbereich verbunden waren:

> „Wenn nun Vertreter unserer Pädagogik kommen und dem Staate die Möglichkeit antragen, Waldorfpädagogik – besser gesagt – eigentlich etwas, was so aussieht – an Staatsschulen zu betreiben, dann müssen wir uns darauf gefaßt machen, daß dann die Verwaltung mit Hinweis auf diese Tatsache die Gründung von ‚Freien' Waldorfschulen und unsere ganze Schulbewegung nach und nach abdrosseln kann."[234]

Diese Ausführungen bezogen sich noch auf die Situation in einem Rechtsstaat. Um so mehr mußten sie in einem nationalsozialistischen Umfeld gelten. Trotzdem verhandelten Vertreter der Waldorfschulen mit den nationalsozialistischen Behörden in diesem Sinne. Sie taten dies aber nicht aus Überzeugung, sondern verfolgten damit eine Strategie, die den Waldorfschulen in letzter Minute ein Entkommen aus der ausweglosen Situation ermöglichen sollte.[235]

Erfolglose Schritte im Jahre 1933

Anders als die Anthroposophische Gesellschaft und die biologisch-dynamische Bewegung hatten es die Waldorfschulen bei der Regierungsübernahme durch die Nationalsozialisten nicht mit einer Welle von Presseangriffen zu tun. Den Beteiligten war jedoch klar, daß mit dem Machtwechsel gravierende Fragen für die Waldorfschulen auftreten würden, und schon im März trafen Vertreter der Waldorfschulen zu gemeinsamen Beratungen in Berlin zusammen, die die Haltung gegenüber der neuen Regierung zum Gegenstand hatten. Im Hinblick auf die erwartete Zentralisierung der Unterrichtsverwaltung schlug Elisabeth Klein Ende März eine zentrale Vertretung der Waldorfschulen vor,

[234] Alexander Strakosch, Zur Gründung von „freien" Waldorfschulen, o. D., Archiv Bund der Waldorfschulen 4.7.275

[235] Zur vorliegenden Literatur: Der Beitrag von Achim Leschinsky, Waldorfschule im Nationalsozialismus, a. a. O., der die Schließungsvorgänge auf die Zeit nach 1938 verlegt und damit auch die Anträge auf eine staatliche Versuchsschule überbewertet, ist von Stefan Leber und Manfred Leist, Waldorfschule im Dritten Reich, in: Erziehungskunst, H. 6 und H. 7/8 1983, im einzelnen besprochen worden. Die inneren Vorgänge der Waldorfschulen und des Bundes der Waldorfschulen werden von Leschinsky ausgespart, wodurch die Darstellung gegenüber den Behörden keine Relativierung erfährt. Einen guten Überblick verschaffen die Beiträge von Norbert Deuchert, Zur Geschichte der Waldorfschule 1933 – 1940, und: Waldorfschule und Staat 1919 – 1938, in: Berichtsheft des Bundes der Freien Waldorfschulen 1984 und 1987, die auch durch die heute erweiterte Aktenlage in vielen wesentlichen Punkten bestätigt werden. Verschiedene im Folgenden angesprochene Unterlagen sind auch von A. Wagner, Beiträge, NS-Dokumentation, Bd. 2, Rendsburg 1991, sowie auch in den anderen Bänden, im Wortlaut wiedergegeben und können dort eingesehen werden. Die Erinnerungen von R. Maikowski, 1980, und E. Klein, 1978, haben einen ergänzenden Charakter, finden aber in den dokumentarischen Unterlagen aus dieser Zeit nicht immer ihre Bestätigung.

die bei den Behörden, über die Paragraphen hinweg, Beziehungen von Mensch zu Mensch anknüpfen sollte. Diese Aufgabe solle der Stuttgarter Waldorfschule übertragen werden.[236] Das Hannoversche Kollegium schloß sich trotz einer beruhigenden Auskunft aus dem preußischen Kultusministerium[237] dem Dresdner Gedanken an und schlug vor, Maikowski auch an den Verhandlungen zu beteiligen, da dieser angeblich über seinen verstorbenen Bruder einen Kontakt zu Joseph Goebbels hatte.[238] Von einer Verbindung zu Goebbels selbst konnte nicht die Rede sein. Davon erwähnt auch Maikowski in seinen Erinnerungen nichts. Anhaltspunkt für dieses Gerücht war die Rolle seines jüngeren Bruders: Hans-Eberhard Maikowski (1908–1933). Dieser hatte vom 19. Mai 1923 bis 5. April 1924 die 10. Klasse der Freien Waldorfschule Stuttgart besucht. Erich Schwebsch, sein damaliger Klassenlehrer, vermerkte in dem Abschlußzeugnis, das zumeist mit „genügend" oder „mangelhaft" benotete Leistungen aufweist: „Eberhard hat sich bisher in den Geist der Waldorfschule nicht recht hineinfinden können".[239] Hans Eberhard Maikowski trat später in die SA ein und wurde, nachdem er beim Fackelzug am Abend des 30. Januar 1933 erschossen wurde, als Held der NS-Bewegung gefeiert. Über die Motive, die seinen Bruder leiteten, hat sich René Maikowski in seinen Erinnerungen

[236] Vgl. Elisabeth Klein, Rudolf Steiner Schule Dresden, an das Kollegium der freien Waldorfschule Stuttgart, vom 31. März 1933. Archiv Bund der Waldorfschulen 3.6.052. 1933 war die Stuttgarter Waldorfschule 14 Jahre alt. Die gesamte Waldorfschulbewegung muß zu diesem Zeitpunkt als „im Aufbau" begriffen angesehen werden. Ergänzend zu Anlage 4 müssen noch drei andere Schulinitiativen erwähnt werden: 1. Die Schulgründung in Köln, der 1925 aufgrund einer Intervention lokaler Behörden die Genehmigung wieder entzogen wurde. 2. Die Essener Schule, die 1922 gegründet, erst im Frühjahr 1936 aus wirtschaftlichen Gründen als Folge interner Probleme schloß. Sie verlor die Fühlung mit den anderen Waldorfschulen und spielte bei den behandelten Vorgängen keine Rolle. 3. Ein kleines von Dr. Hessenbruch geleitetes Erziehungsheim in Weiden bei Köln, das noch im September 1934 existierte und dessen Unterricht von Hermann von Baravalle positiv erwähnt wird (Schreiben Hermann von Baravalle an Alfred Reebstein vom 9. September 1934). Auch dieses Heim hatte keine nähere Verbindung zur Waldorfschulbewegung. Es könnte sich allerdings auch um eine heilpädagogische Initiative gehandelt haben. Über sein weiteres Schicksal ist nichts bekannt. Da Hessenbruch später in Bad Liebenzell tätig wird, kann vermutet werden, daß diese Initiative nicht lange Bestand hatte. Zu Köln und Essen vgl. Stefan Leber und Manfred Leist, Waldorfschule im Dritten Reich, in: Erziehungskunst, H. 6 und 7/8 1983, S. 346.

[237] In den Unterlagen findet sich die Benennung Kult- ebenso wie Kultusministerium. Dr. Günther Beindorff, Vorsitzender des hannoverschen Schulvereins, hatte bei Dr. Helmut Bojunga, einem früheren Bekannten und jetzigen Ministerialrat im preußischen Kultministerium, hinsichtlich eventueller Maßnahmen die Waldorfschule betreffend nachgefragt und eine beruhigende Antwort erhalten. Schreiben G. Beindorff an H. Bojunga vom 23. März 1933 und Antwort Bojungas vom 27. März 1933. Archiv Bund der Waldorfschulen 4.2.004 und 4.2.005. Schon einige Wochen später erwies sich die Ansicht Bojungas als irrig.

[238] Karl Rittersbacher, Freie Waldorfschule Hannover, an das Kollegium der Freien Waldorfschule Stuttgart vom 7. April 1933. Archiv Bund der Waldorfschulen 3.4.110.

[239] Archiv der Freien Waldorfschule Uhlandshöhe.

ausgesprochen.[240] Als Bruder des „gefallenen Sturmbannführers" öffneten sich René Maikowski manche Türen.[241]

Die Bedrängnis, in der sich die Waldorfschulen durch den Druck der NS-Behörden befanden, kann verständlich machen, daß deren Vertreter in ihren Eingaben immer wieder auf den ehemaligen Waldorfschüler Hans-Eberhard Maikowski hinwiesen und die Stuttgarter Waldorfschule sogar ein Bild des NS-Helden in ihrer Eingangshalle anbringen lassen wollte.[242]

In der Breslauer Schule hatte in den letzten Tagen vor der nationalsozialistischen Machtergreifung gerade die „Rassenfrage" zu einer Auseinandersetzung mit einer nationalsozialistisch eingestellten Mutter geführt, die das Kollegium in erhebliche Unruhe versetzte. Deren Tochter hatte eine abfällige Bemerkung über die jüdische Abstammung des Lehrers Ernst Lehrs[243] gemacht und war von Heinrich Wollborn, dem Klassenlehrer, zurechtgewiesen worden. Daraufhin nahm die Mutter ihre Tochter aus der Schule. In seinem Schreiben an die Mutter drückte Wollborn sein Bedauern über den Vorgang aus, betonte aber gleichzeitig: „Wir Lehrer setzen unser ganzes Vertrauen in die geistige Wandlungsfähigkeit eines Menschen und sind der festen Überzeugung, daß die Anthroposophie die Möglichkeit gibt, daß ein Mensch auch über seine rassenmäßige Herkunft hinauswachsen kann [...]."[244]

Die Mutter meldete den Vorgang bei ihrer Ortsgruppe, die wiederum die Kreisleitung der NSDAP unterrichtete, welche die Sache an den nationalsozialistischen Lehrerbund (NSLB) weiterleitete. Dieser wandte sich zunächst an den örtlichen Schulrat, worauf das von diesem angesprochene Kollegium im Oktober 1933 von dem Schreiben Wollborns mit dem Hinweis Abstand nahm, Lehrs hätte ebenso wie der jüdische Schularzt, Dr. Ludwig Engel, die Schule verlassen.[245] Dieser Vorgang zeigt, daß ein Lehrer zunächst noch die Haltung der Anthroposophie zur Rassenfrage deutlich zum Ausdruck brachte. Dies wurde später aus taktischen Gründen wegen der weiteren Entwicklung unterlassen.

240 Vgl. René Maikowski, Schicksalswege auf der Suche nach dem lebendigen Geist, Freiburg 1980, S. 140–141

241 Im Zusammenhang mit der Freigabe eines großen Teiles von Rudolf Steiners Werken spielte das Propagandaministerium 1937–1938 allerdings eine wichtige Rolle, die aber nicht auf diese Zusammenhänge zurückzuführen ist. Vgl. Zweiter Teil, Kap. 4.

242 Karl Stockmeyer an René Maikowski vom 25. Februar 1934. Archiv Bund der Waldorfschulen.

243 Lehrs, eigentlich Mitglied des Stuttgarter Kollegiums, hospitierte für einige Monate in Breslau.

244 Heinrich Wollborn an Frau Oberstein vom 31. Januar 1933. Archiv Bund der Waldorfschulen 7.1.028

245 Freie Waldorfschule Breslau an Städtische Schulverwaltung vom 15. Oktober 1933. Archiv Bund der Waldorfschulen 7.1.028. Im Frühjahr 1937 gingen sämtliche Unterlagen im Rahmen der von Rudolf Hess angeordneten Inspektion der Waldorfschulen an das Hauptamt für Erzieher in Bayreuth, das sie Alfred Baeumler übergab, der ein Gutachten über die Waldorfschulen anfertigen sollte. S. u. Zweiter Teil, Kap. 2 und 4.

Die ersten Maßnahmen gegen die Privatschulen, und damit auch gegen die Waldorfschulen, folgten auf das Berufbeamtengesetz vom 7. April 1933, mit dem alle politisch bedenklichen Beamten und alle „Nichtarier" aus dem Staatsdienst entfernt werden sollten.[246] Dieses Gesetz wurde analog auf die Lehrerschaft der Privatschulen angewendet.[247]

Die Aufforderung zur „Gleichschaltung" erreichte die Stuttgarter Schule in einem Schreiben vom 6. Mai von Direktor G. Kimpel, Leiter einer Privaten Höheren Knabenschule in Berlin. Kimpel stellte sich als „Kommissar für Gleichschaltung" vor, bevollmächtigt vom „Reichsleiter des N.S. Lehrerbundes" (NSLB), die „Überführung der Verbände in den NSLB" in „kürzester Frist vorzunehmen".[248] Er forderte die Schule auf, eine Persönlichkeit zu nennen, die sich sogleich mit ihm in Verbindung setzen sollte.

Schon am 8. Mai kündigte Karl Ege, der damalige Vertreter des Stuttgarter Kollegiums, Kimpel den Besuch von Christoph Boy als Sprecher der Rudolf Steiner Schulen in Deutschland für den 11. Mai an.[249] Gleichzeitig richtete er ein Schreiben an alle Waldorfschulen, in dem die Vertreter der Kollegien aufgefordert wurden, am 10. Mai in Berlin zusammenzukommen, um über einen engeren Zusammenschluß zu diskutieren und für die zu erwartenden Verhandlungen einen gemeinsamen Vertreter zu benennen. Ege führte aus: Boy werde „mit Herrn Direktor Kimpel, bzw. wenn es möglich ist, mit dem Reichsleiter des NS-Lehrerbundes, Herrn Kultusminister Schemm, München, Fühlung nehmen, und ihnen die Bereitwilligkeit zum Ausdruck bringen, im Rahmen des NSLB sich den neuen politischen Verhältnissen anzupassen. Zugleich wird er dort die Verhältnisse der anthroposophischen Lehrerschaft und die besondere Stellung unserer Schulen innerhalb des deutschen Privatschulwesens darlegen."[250]

Die Zusammenkunft fand statt. Die acht Kollegien einigten sich und gründeten an der Berliner Schule, Großbeerenstraße 54, am Nachmittag des 10. Mai 1933 den „Reichsverband der Waldorfschulen".[251] Die Gründungsversammlung faßte zwei Beschlüsse:

[246] Gesetz zur Wiederherstellung des Berufsbeamtentums vom 7. April 1933, RGBl I, S. 175, § 3 und 4. Frontkämpfer aus dem Ersten Weltkrieg oder Beamte, deren Söhne oder Väter im Ersten Weltkrieg gefallen waren, nahm das Gesetz aus.

[247] S. z. B. Der Oberpräsident der Provinz Brandenburg und von Berlin an die Schulräte des Amtsbereiches vom 8. Mai 1933. Archiv Bund der Waldorfschulen 4.6.003.

[248] Dir. G. Kimpel, Berlin, an die Rudolf Steiner Schule Stuttgart vom 6. Mai 1933. Archiv Bund der Waldorfschulen 4.6.001.

[249] Karl Ege, für die Leitung der Freien Waldorfschule an Direktor G. Kimpel vom 8. Mai 1933. Archiv Bund der Waldorfschulen 4.6.002.

[250] Karl Ege an die Waldorfschulen in Berlin, Breslau, Dresden, Wandsbek, Altona, Hannover, Kassel vom 8. Mai 1933. Archiv Bund der Waldorfschulen 4.2.008.

[251] Vgl. Rundschreiben von Christoph Boy an die Schulen vom 24. Juni 1933. Archiv Bund der Waldorfschulen 4.2.056. Im Juni wurde die Benennung „Bund der Waldorfschulen" eingeführt, weil der „Reichsverband für Privatschulen" sich weigerte, einen anderen „Reichsverband" als Mitglied aufzunehmen. Paul Baumann an Syndikus Direktor Guenther Scholz vom 11. Juli 1933. Archiv Bund der Waldorfschulen 4.6.010.

Zunächst wurde Ernst Uehli, Mitglied des Stuttgarter Kollegiums, beauftragt, eine Denkschrift für die Waldorfschule zu entwerfen. Sie wurde im Juniheft der von der Lehrerschaft der Freien Waldorfschule herausgegebenen Zeitschrift „Erziehungskunst" veröffentlicht. Sie enthielt eine ausführliche Schilderung der Entstehung und Entwicklung der Waldorfschule, darunter auch die beeindruckende Ansprache des Oberschulrates Friedrich Hartlieb vom 16. Oktober 1929. Hervorgehoben wurde in bezug auf die Zeitereignisse lediglich der Begriff „deutsch" aus der Sicht der Waldorfpädagogik. Irgendeine tagespolitische Konzession war darin nicht enthalten.[252] Zweitens wurde Christoph Boy beauftragt, einen Kontakt zu Hans Schemm, dem bayrischen Kultusminister und Leiter des NSLB, herzustellen. Man erhoffte sich von Schemm Verständnis, weil er sich auf Fichte und Pestalozzi berief und die Charakterbildung als Erziehungsziel deklarierte.[253] Boy erkrankte jedoch, bevor er bei Schemm vorsprechen konnte.

Das Vorhaben wurde nun dringend: Die Dresdner Schule lag in komplizierten Verhandlungen mit der dortigen Unterrichtsverwaltung. Es ging dabei um Fragen, die für die Existenz der Waldorfschule grundsätzliche Bedeutung hatten (freie Lehrerwahl, Probleme des Wechsels von Schülern zu einer öffentlichen Schule usw.), die aber teilweise schon seit der Schulgründung 1929 Gegenstand von Verhandlungen waren. Das Dresdner Kollegium hatte dabei den Eindruck, daß es vor allem von landesgesetzlichen Einschränkungen betroffen war und daß eine Anerkennung der Waldorfschulen im Rahmen einer Reichsschulgesetzgebung die lokalen formalen Hemmnisse mit einem Schlage beseitigen könne. Daher wünschte die Dresdner Lehrerschaft dringend eine gemeinsame Vertretung der Waldorfschulen auf Reichsebene.[254]

Schwerwiegender jedoch mußte eine Aufforderung von Bernhard Rust, dem Preußischen Minister für Wissenschaft, Kunst und Volksbildung, an die Waldorfschule Hannover erscheinen.[255] Das Schreiben ging der Schule am 4. Juli

[252] Vgl. Erziehungskunst, 7. Jg., Heft 2, Juni 1933.

[253] Hans Schemm (1891–1935) hatte den NSLB 1929 gegründet. Bis zum 30. Januar 1933 hatten sich nur etwa 5% der Lehrer diesem angeschlossen. Bis Mai 1933 beantragten ca. 23% die Aufnahme (Detlev Peuchert/Jürgen Reulecke (Hrsg.), Die Reihen fast geschlossen. Beiträge zur Geschichte des Alltags unterm Nationalsozialismus, Wuppertal 1981, S. 204 f.). Schemm berief sich in seinen stundenlangen überschwenglichen Reden auch auf den deutschen Idealismus. In seiner Rede zum Reichstag des NSLB am 8. April 1933 finden sich z. B. Sätze wie: „Früchte reifen an der Sonne, Menschen reifen durch Liebe. Wir denken nicht daran, irgendwelche gesund gewachsenen Formen des Schulwesens zu zertrümmern [...]. Das größte, was ein Lehrer hat, ist seine Liebe zur Seele des deutschen Kindes [...]". Archiv Bund der Waldorfschulen 4.2.007.

[254] Die diesbezüglichen Vorgänge sind in einem Schreiben der Dresdner Schule an den Bund der Waldorfschulen vom 13. September 1933 mit entsprechenden Anlagen aufgelistet. Archiv Bund der Waldorfschulen 4.2.131.

[255] Bernhard Rust war von 1925 bis zum 4. Februar 1933 Gauleiter von Süd-Hannover-Braunschweig. Bis 1930 war er Lehrer und Studienrat, bevor er wegen einer Sittenaf-

auf dem Verwaltungsweg zu. Darin gab Rust der Freien Waldorfschule eine Frist von drei Wochen, um sich auf das Ziel der „nationalpolitischen Bildung" umzustellen, andernfalls könne er seine Zustimmung zum Weiterbestand der Schule nicht geben.[256] Dies war der erste behördliche Vorstoß gegen eine Waldorfschule überhaupt. Doch wußte niemand, was mit „nationalpolitischer Bildung" gemeint sein könnte.[257] Rusts Erlaß wirkte nichtsdestoweniger alarmierend.

In dieser Lage führte Herbert Schiele vom Berliner Kollegium die Unterredung mit Schemm herbei. Schemm wurde vorher eine in Eile verfaßte schriftliche Zusammenfassung über den Charakter der Waldorfschulen zugestellt, die nicht ohne Folgen für den inneren Zusammenhang der Schulen blieb. Die Formulierung des Punktes 2. veranlaßte Albert Steffen, vom Vorsitz des Stuttgarter Waldorfschulvereins zurückzutreten. Der Wortlaut des in Frage stehenden Satzes war folgender:

> „2. Die Schulen sind nie Institutionen der Anthroposophischen Gesellschaft gewesen, sondern sind begründet als Pflegestätten echten deutschen Wesens durch gesunde Gemüts- und Willensbildung [...]."[258]

Steffen monierte, daß hiermit der Anschein erweckt werde, die Anthroposophische Gesellschaft sei nicht Pflegestätte des echten deutschen Wesens. Andererseits betonte er aber auch, daß sein Rücktritt sowieso fällig gewesen wäre, da unter anderem die Personalunion von erstem Vorsitzenden der Anthroposophischen Gesellschaft und des selben Amtes im Waldorfschulverein unter

färe aus dem Schuldienst entlassen wurde (K. Wistrich, Wer war wer im Dritten Reich, München 1983, S. 232f.). Das Preußische Kultusministerium wurde im April 1934 in das Reichsministerium für Wissenschaft, Erziehung und Volksbildung (RMfWEuV) umgewandelt. Die Zuständigkeit für Kultur im allgemeinen lag schon seit 1933 bei Goebbels.

256 Der preußische Minister für Wissenschaft, Kunst und Volksbildung an den Regierungspräsidenten in Hannover vom 10. Mai 1933. Archiv Bund der Waldorfschulen 4.2.009. Die beruhigende Antwort Bojungas vom März war also Illusion.

257 Zu einer durchgreifenden Reform der Lehrpläne kam es nur in einzelnen Aspekten (zum Beispiel Rassenkunde und körperliche Ertüchtigung). Es ist aber fraglich, ob diese wirklich durchgeführt wurden. Aus diesen Gründen konnten die Eingriffe in den äußeren Schulablauf (Hitlergruß, Fahnenhissen, Horst-Wessel-Lied usw.) auch in den Waldorfschulen weitgehend als Äußerlichkeiten behandelt werden. Eine weitere wichtige Konsequenz für die Waldorfschulen zeigte sich in der Tatsache, daß ihr Lehrplan – in Einzelheiten zwar bemängelt – nie als Ganzes in Frage gestellt wurde. Der innere Unterrichtsbetrieb konnte daher relativ unbehindert fortgesetzt werden. Auch die Dresdner Schule unterrichtete noch bis zu ihrer Schließung im Juli 1941 nach ihrem Lehrplan. Achim Leschinsky hebt diesen wichtigen Tatbestand hervor, indem er ausführt, „daß der Nationalsozialismus im Grunde nicht in der Lage war, über die destruktive Aggression hinaus (die auch vor dem eigenen System nicht Halt machte) irgendwelche inhaltlich konsistenten – seien es politische, seien es auch pädagogische – Perspektiven zu entwerfen[...]." Vgl. Leschinsky, Waldorfschule im Nationalsozialismus, a. a. O., S. 260.

258 „Einige orientierende Bemerkungen über die Waldorfschulen." Archiv Bund der Waldorfschulen 4.2.064.

den gegenwärtigen Verhältnissen in Deutschland der Waldorfschule schaden müsse.[259]

Am 3. Juli fand das Gespräch mit Schemm statt, das Herbert Schiele in Begleitung von Paul Baumann und Karl Erdmann von Metzradt, beide vom Stuttgarter Kollegium, führte. Schiele charakterisierte den Empfang mit folgenden Worten:

„Es war eine menschlich sehr schöne Art, wie von Herrn Minister Schemm ausgesprochen wurde, daß er sich fest vorgenommen habe, die Waldorfschule zu besuchen, daß er gar nicht daran dächte, diese Schulen aufzulösen, und daß die Schulen auf jeden Fall in den Reichsverband aufgenommen würden."[260]

Auf Vorschlag Schemms sollten die Waldorfschulen eine Selbstdarstellung in der Monatsschrift „Nationalsozialistische Erziehung" bringen. Paul Baumann machte sich sofort an die Ausarbeitung eines Artikelentwurfes, den er am 11. Juli ohne vorherige Absprache (die ursprünglich vorgesehen war) an Schemm schickte. Das Berliner Kollegium bat ihn, seinen Aufsatz wegen zu großer Nähe zum Nationalsozialismus zurückzunehmen.[261] Es lehnte jede Verantwortung für die spätere Entwicklung ab, falls der Artikel erscheine. Schemm veröffentlichte ihn nicht.

[259] Albert Steffen an das Lehrerkollegium und Emil Molt vom 23. Juli 1933. Archiv Bund der Waldorfschulen 4.2.100. Steffen hatte nach Steiners Tod auf Bitten des Vereins im Juli 1925 die Nachfolge Rudolf Steiners als 1. Vorsitzender übernommen. Archiv Bund der Waldorfschulen 2.2.065 und 2.2.069. Da auch Emil Molt, Gründer und 2. Vorsitzender des Waldorfschulvereins, wegen Krankheit oft den Sitzungen fernbleiben mußte, entstand auch im Schulverein eine neue offene Situation, die die Ereignisse des Jahres 1934 entscheidend mitbestimmen sollte.

[260] Herbert Schiele, Reichsverband der Waldorfschulen (R.V.d.W.) an die Waldorfschulen im Reich vom 3. Juli 1933. Archiv Bund der Waldorfschulen 4.2.065. Die Aufnahme der acht Schulen in den NSLB wurde am 23. August 1933 bestätigt. Vgl. Schreiben Reichsverband deutscher freier (privater) Unterrichts- und Erziehungsanstalten an den Bund der Waldorfschulen vom 23. August 1933. Archiv Bund der Waldorfschulen 4.6.013. Aus der Sicht der Waldorfschulen war damit eine Art korporativer Beitritt zum NSLB vollzogen, und die Mitgliedschaft der einzelnen Lehrer erübrigte sich. Von den 184 Lehrerinnen und Lehrern an den damaligen Waldorfschulen waren Ende Juni 1933 20 persönlich in den NSLB aufgenommen worden (NSLB Gau-Großberlin an Christoph Boy vom 26. Juni 1933. Archiv Bund der Waldorfschulen 4.6.007). Die Annahme Leschinskys, daß „offenbar schon in den Anfangsjahren ein Großteil der Lehrkräfte an den Waldorfschulen Mitglied des NSLB" wurden, ist aus der Luft gegriffen. Vgl. Leschinsky, Waldorfschule im Nationalsozialismus, a. a. O., S. 261. Der Vorgang blieb im übrigen ohne nennenswerte Folgen.

[261] Vgl. Rudolf Steiner Schule Berlin an den Verwaltungsrat der Freien Waldorfschule [Stuttgart, U. W.] vom 29. August 1933. Archiv Bund der Waldorfschulen 4.2.120. Paul Baumann: „Waldorfschule und Nationalsozialismus", Archiv Bund der Waldorfschulen 4.2.084. Die Beschreibung Baumanns läßt eine solche Beurteilung nicht zu. Man findet aber im letzten Abschnitt einen Satz, der Anlaß zur Beanstandung gewesen sein konnte. Er lautet folgendermaßen: „ [...] Vieles was heute durch den Nationalsozialismus in bedeutsamen Wörtern von dem Führer Adolf Hitler und seinen Mitkämpfern gesprochen wird, das lebte seit mehr als einem Jahrzehnt in diesen Schulen, oft gegen den Strom der öffentlichen Meinung [...]."

Ähnlich wurden auch alle anderen Hoffnungen enttäuscht, die die Waldorfschulen auf Schemm und die Gleichschaltung im NSLB setzten: Schemms Interesse war nur von kurzer Dauer. Er besuchte die Waldorfschule schließlich nicht,[262] und als zum Jahreswechsel 1933/34 der eigentliche „Kampf" um die Waldorfschulen begann, war von einer Unterstützung durch Schemm oder den NSLB keine Rede mehr.[263] Auch mit der erhofften Aufnahme in den NSLB wäre das Problem der Gleichschaltung nicht gelöst worden. Die Unterrichtsverwaltungen blieben hier entscheidend. Vor allem in Stuttgart, wo die gegnerische Einstellung des Kultusministeriums am deutlichsten war, bestand Mergenthaler auf dem Ausscheiden der nichtarischen Lehrer, auf der Durchführung des „Führerprinzips" und der Gleichschaltung des Waldorfschulvereins.

In der Hoffnung, daß mit diesen Maßnahmen die Weiterexistenz gesichert werde, gab die Waldorfschule diesem Druck nach: Im Frühjahr 1934 verließen Friedrich Hiebel, Alexander Strakosch, Ernst Lehrs und Karl Schubert das Kollegium.[264] Christoph Boy protestierte gegen das Ausscheiden von Lehrs, das er für eine unnötige Konzession hielt, da Lehrs im 1. Weltkrieg Frontkämpfer war und daher unter die Ausnahmeregelung des Berufsbeamtengesetzes fiel. Karl Schubert, ebenfalls Kriegsteilnehmer, erhielt später die Genehmigung, in Räumen der Waldorfschule weiterhin die „zurückgebliebenen Kinder in der Hilfsklasse" zu unterrichten.[265] Die Durchführung des „Führerprinzips" war weniger problematisch, da die Funktion eines Schulleiters in jedem Falle nur als Vertretung nach „außen" Gültigkeit haben konnte und nicht ohne Einverständnis des Kollegiums erfolgte. Unter dem 25. Januar teilte Paul Baumann dem Evangelischen Oberschulrat mit, daß er nun verantwortlicher Leiter sei, Stellvertreter Christoph Boy und bei dessen Verhinderung Karl Ege.[266] Der Waldorfschulverein, über den noch zu sprechen sein wird, nahm keinen

[262] Er hatte diesen Besuch für seinen Aufenthalt in Stuttgart zum „Tag des Schwäbischen Erziehers" am 29. Oktober 1933 angekündigt, reiste dann aber nach seiner Rede sofort weiter. Schreiben NSLB an Christoph Boy vom 31. Oktober 1933. Archiv Bund der Waldorfschulen 4.2.202.

[263] Schemm starb durch einen Unfall im März 1935. Der Gauleiter der Bayrischen Ostmark, Fritz Wächtler, Amtsleiter im Hauptamt für Erzieher im „Braunen Haus" und verantwortlich für Schulfragen im Stabe Hess, wurde Reichsleiter im NSLB. Unter seiner Leitung erfolgten im Frühjahr 1937 die Inspektionen der Waldorfschulen durch den NSLB, auf die sich nach Anordnung von Hess das Gutachten Alfred Baeumlers über die Waldorfschulen stützen sollte.

[264] Freie Waldorfschule Stuttgart an das Württ. Kultministerium vom 13. Februar 1934. Archiv Bund der Waldorfschulen 4.2.246. In Berlin verließ die Eurythmistin Lola Jaerschky das Kollegium. Erich Weismann, „Von der Arbeit mit Lola Jaerschky", o.J., PA Astrid von der Goltz.

[265] Vgl. Ministerialabteilung für die Volksschulen an das Bezirksschulamt Stuttgart vom 14. April 1934. Archiv Bund der Waldorfschulen 4.2.323. Schubert blieb in der Waldorfschule und konnte seine Arbeit auch nach der Schließung der Waldorfschule im März 1938 weiterführen.

[266] Paul Baumann an Ev. Oberschulrat vom 25. Januar 1934, Archiv Bund der Waldorfschulen 4.2.235.

„Arierparagraphen“ in seine Statuten auf. In § 10 wurde lediglich mit der Bestimmung, daß der Vorstand aus einer Person besteht und seinen Stellvertreter bestimmen kann, dem „Führerprinzip“ entsprochen.[267]

Der frühzeitige Vorstoß Rusts vom Mai 1933 gegen die Hannoversche Schule blieb zunächst ohne Folgen. Als diese die für den 25. Juni gesetzte Frist überschritt, ohne zu antworten, reagierte seine Behörde nicht. Erst unter dem 26. September 1933 reichten Mathilde Hoyer und René Maikowski einen 12seitigen „Organisationsplan“ bei den Behörden ein. Die Waldorfschule wurde unter Bezugnahme auf die Denkschrift von Ernst Uehli[268] und die lokalen hannoverschen Verhältnisse beschrieben. Auf die geforderte Schilderung der „nationalpolitischen Bildung“ wurde nicht eingegangen. Nur der letzte Absatz versuchte eine Stellungnahme zum Nationalsozialismus:

„[…] Die Lehrerschaft steht voll auf dem Boden des nationalsozialistischen Staates. Der Geist, in dem die Waldorfschule gegründet und stets geleitet wurde, lehnte bei ihrer Begründung den Marxismus in jeder Form und bis in alle Konsequenzen ab. Die Waldorfschulpädagogik macht es sich zur Aufgabe, die materialistische Denkweise durch eine geistdurchdrungene Stoffgestaltung und religiöse Grundhaltung zu überwinden […]“.[269]

Das Unbehagen Maikowskis und Hoyers ist hier deutlich: mit dem so vage formulierten „Geist der Waldorfschule“ wurde in Anklängen (gegen Marxismus und Materialismus) an Aspekte des Nationalsozialismus angeknüpft. Dieser handelte aus einem ganz anderen „Geist“ heraus, was Maikowski und Hoyer bewußt war.[270] Eine Vereinbarkeit zwischen Nationalsozialismus und Waldorfschule wurde aus taktischen Gründen dem Leser nahegelegt. Diese Deklarationen waren Schutzbehauptungen, die in den folgenden Eingaben bei den Behörden häufig auftraten.

Später bemerkten die Vertreter der Waldorfschulen, daß sie mit Schemm und dem NSLB „auf das falsche Pferd gesetzt hatten und damit weiterhin schutzlos waren.“[271] An der Stuttgarter Schule bahnte sich durch die Frage nach dem

[267] Vgl. Satzungen des Waldorfschulvereins e. V., 6. Auflage, Mai 1934, BAD Z/B 1 889, und „Erklärung“ vom 11. Juni 1934, Archiv Bund der Waldorfschulen 5.1.117.

[268] Erziehungskunst, 7. Jg. Heft 2, Juni 1933.

[269] Freie Waldorfschule Hannover an die Staatliche Schulaufsicht über das Privatschulwesen der Stadt Hannover vom 26. September 1933. Archiv Bund der Waldorfschulen 4.2.177.

[270] Vgl. Maikowski, Schicksalswege auf der Suche nach dem lebendigen Geist, a. a. O., S. 140ff.

[271] Vermutlich war Schemm weder bei Rust noch bei Frick gern gesehen. Gerbert Grohmann, Lehrer an der Dresdner Schule, berichtete über diese Lage im Reichs-Innenministerium an Christoph Boy: „Über das Schicksal einzelner, sog. privater Erziehungsideale wird in Berlin noch entschieden werden. Es ist zu diesem Zwecke ein Kollegium gebildet, dessen Vorsitzender Herr Ministerialdirektor Buttmann ist. Herr S. [Schemm, U. W.] wird auch hier überall als Leiter des NSLB angesehen, das heißt, als Privatperson, denn die Trennung zwischen dem NSLB und der Behörde wird jetzt, wie uns schien, scharf gezogen.“ Gerbert Grohmann an Christoph Boy vom 25. Oktober 1933. Archiv Bund der Waldorfschulen 4.2.195.

weiteren Vorgehen eine interne Krise an, deren Auslöser der die Ereignisse in der ganzen Schulbewegung für das Jahr 1934 bestimmende Erlaß Mergenthalers war.

Der Erlaß Mergenthalers vom 10. Februar 1934

Die Monate Januar und Februar des Jahres 1934, in denen für die Anthroposophische Gesellschaft und die biologisch-dynamische Landwirtschaft eine folgenreiche Entwicklung eingeleitet wurde, waren auch für die Waldorfschulen eine sehr kritische Zeit.

Im November 1933 hatte Oberschulrat Fromman die Schule inspiziert und war zu dem Schluß gekommen, daß die Waldorfschule einen Fremdkörper im nationalsozialistischen Schulwesen bilde und daher im gegenwärtigen Staate keine Daseinsberechtigung mehr besitze. Der Staat habe die Pflicht, „diese jungen Volksgenossen, auch entgegen dem Willen der Eltern, aus der Atmosphäre jüdisch-okkulten Geistes zu entfernen“.[272]

Eine zweite Prüfung fand vom 1. bis 10. Februar durch Oberschulrat A. Bauser statt. Sein Bericht stand im Gegensatz zu den Schlußfolgerungen von Fromman. Zwar machte auch er manche kritische Bemerkung, war aber insgesamt so positiv beeindruckt, daß er den „nun beschlossenen Abbau der Waldorfschule“ bedauerte und den Vorschlag einbrachte, sie durch eine gleichgeartete öffentliche Schule zu ersetzen, d. h. durch eine solche, die ebenfalls Oberklassen mit Grundschulklassen verbindet.[273]

Das Verbot, eine neue 1. Klasse zu eröffnen, erfolgte nach monatelangen Verhandlungen mit Mergenthaler und dessen Behörden, in denen Mergenthaler nie einen Hehl aus seiner Ansicht machte, daß die Erziehungsgrundsätze der Waldorfschule mit dem Nationalsozialismus unvereinbar seien. Bestärkt durch Fromman hatte Mergenthaler schon am 9. Februar gegenüber Paul Baumann, dem damaligen Schulleiter, erklärt:

> „Ich habe aufgrund der mir vorgelegten Berichte mir mein Urteil über die Waldorfschule gebildet. Mein Beschluß ist gefaßt: eine solche Schule darf im nationalsozialistischen Staat nicht bestehen bleiben, ich habe die Pflicht sie aufzulösen [...].“[274]

Am 12. Februar erhielt die Waldorfschule den Erlaß Mergenthalers vom 10. Februar 1934 mit folgendem Wortlaut:

> „Das Kultusministerium hat in einem Erlaß vom 10. 2. 1934 (Nr. 2339) angeordnet, daß keine Schüler in die erste Grundschulklasse aufgenommen werden dürfen, da der Unterricht und die Erziehung der Waldorfschule den Grundsätzen des Nationalsozialis-

[272] BAP/62 Di 1. Vgl. auch den Text der abschließenden Bemerkungen in: A. Wagner, Beiträge, NS-Dokumentation, Band 2, Rendsburg 1991, S. 56 ff.

[273] Archiv Bund der Waldorfschulen 4.2.252

[274] Paul Baumann, Einige wesentliche Sätze aus dem Gespräch des Herrn Ministerpräsidenten Mergenthaler mit mir am 9. Februar 1934. Archiv Bund der Waldorfschule 4.2.239. Mergenthaler vereinigte inzwischen die Ämter des Ministerpräsidenten und Kultusministers in seiner Hand.

mus nicht entsprechen und da auch nicht zu erwarten ist, daß die Lehrerschaft, deren hingebende Arbeit im Dienste ihres anthroposophischen Erziehungsideal nicht verkannt werden soll, sich mit Überzeugung zu diesen Grundsätzen bekennen kann. Das Bezirksschulamt wird ersucht, sofort die nötigen Anordnungen zu treffen, um die Verteilung der für die erste Grundschulklasse bei der Waldorfschule bereits angemeldeten schulpflichtigen Kinder auf andere Schulen sicher zu stellen. Über die getroffenen Maßnahmen ist wieder zu berichten. Der Erlaß ist der Leitung der Waldorfschulen zur Kenntnis zu bringen."[275]

Mergenthaler leitete mit dieser Maßnahme die Methode der allmählichen Lahmlegung der Waldorfschulen ein, die dann auch von Bernhard Rust, dem späteren Reichserziehungsminister, erfolgreich übernommen wurde. Wie der Text des Erlasses, der eine Verbindung beider Prüfungsberichte darstellt, zum Ausdruck bringt, erkannte Mergenthaler die Arbeit der Lehrerschaft durchaus an. Auch Mängel im Unterricht waren für seine Entscheidung nicht maßgebend, da sich solche, wie er in seinem Gespräch mit Baumann ausführte, leicht abstellen ließen. Entscheidend war für ihn nicht nur, daß sich die Lehrerschaft zum anthroposophischen Erziehungsideal bekannte, sondern vor allem die Tatsache, daß seiner Ansicht nach von den Lehrern nicht erwartet werden könne, sich mit Überzeugung zu den Grundsätzen des Nationalsozialismus zu bekennen.

Diese richtige Feststellung Mergenthalers verdient es, hervorgehoben zu werden, weil sie bei der Verteidigung der Waldorfschulen durch deren Vertreter weitgehend verschleiert wurde.

Was Mergenthaler bewog, die Waldorfschule nicht sofort zu schließen, kann nur vermutet werden. Es mag dabei die Befürchtung eine Rolle gespielt haben, sich in Gegensatz zu Hess zu bringen, dessen Entscheidung zum Schutz der biologisch-dynamischen Bewegung ihm bekannt sein konnte. Außerdem hatte die Waldorfschule einen weit über Stuttgart und Deutschland hinausgehenden guten Ruf.

Nach dem Bericht Baumanns von seinem Gespräch mit Mergenthaler hatte die Lehrerschaft mit einer wesentlich schwereren Maßnahme gerechnet. Trotzdem wurde die Aufnahmesperre für die neue erste Klasse als ein entscheidender Schritt empfunden, der möglichst wieder rückgängig gemacht werden mußte.[276] So schrieb Karl Ege, Lehrer im Kollegium der Waldorfschule Stuttgart, am 15. Februar an Erhard Bartsch:

„Es ist ja eine sehr traurige Angelegenheit. Wir haben natürlich alle Schritte eingeleitet, auch zu den höchsten Stellen, soweit wir Beziehungen haben. Könnten Sie noch etwas helfen oder raten? Wäre es Ihnen möglich, uns zum Stellvertreter des Führers einen Weg zu bereiten. Selbst wenn wir die Schule mit vielen Beulen und Wunden durchbringen, müssen wir zu diesen Stellen vordringen [...]"[277]

[275] Verfügung des Württembergischen Evangelischen Oberschulrats Nr. 2995 vom 12. Februar 1934. Archiv Bund der Waldorfschulen 4.7.279.

[276] Schreiben Paul Baumann an Hanns Rascher vom 16. Februar 1934. Archiv Bund der Waldorfschulen 4.2.254

[277] Karl Ege an Erhard Bartsch, am 15. Februar 1934. Archiv Bund der Waldorfschulen 4.2.251.

Ein zweiter Anlauf: Die Verhandlungsführung mit dem Amt Hess und den Reichsministerien 1934

Die Vertreter der Waldorfschulen wollten im Jahre 1934 mit ihren Verhandlungen die Rücknahme des Mergenthaler-Erlasses erreichen. Als sich herausstellte, daß auch die Dresdner Schule bedroht war, unternahm Elisabeth Klein eigene Schritte. Dabei wurden vor allem das Reichsinnenministerium bzw. ab Mai 1934 das Reichsministerium für Wissenschaft, Erziehung und Volksbildung und das Amt Hess in München und in seiner Zweigstelle in Berlin angesprochen.

Ein ausführlicher und sachlicher Bericht über die im Februar und März 1934 unternommenen Schritte liegt von Christoph Boy vor.[278]

In den Monaten Februar bis April entfalteten einige Waldorflehrer eine rege Reise- und Verhandlungstätigkeit. Boy und Ege besprachen sich mit Hanns Rascher und Hauschild in München (12. Februar), dann mit Maikowski in Hannover. Gemeinsam wurden Eingaben an Goebbels (14. Februar) und an Hitler (15. Februar) gerichtet.[279] Zu den Beratungen wurden auch Gerbert Grohmann aus Dresden, Franz Brumberg aus Altona und Fritz Kübler aus Wandsbek hinzugezogen. Später nahmen an den Gesprächen auch Emil Leinhas für den Waldorfschulverein und Professor Dr. Richard Karutz, Vertreter der Stuttgarter Elternschaft, teil.

Im Reichsinnenministerium, das zu diesem Zeitpunkt noch zuständig war, hatte man einen gewissen Erfolg zu verzeichnen, da sich Frick die grundsätzliche Entscheidung über den Fortbestand der Schule vorbehielt und Mergenthaler in diesem Sinne informierte.[280] Die Vertreter der Waldorfschulen wurden

[278] Christoph Boy, Was von mir (Chr. Boy) in Angelegenheiten der Waldorfschule Stuttgart bzw. des Bundes der Waldorfschulen in den letzten Wochen unternommen wurde, 8. März 1934. Archiv Bund der Waldorfschulen 4.2.290. Christoph Boy war ein allseits hochgeschätzter Lehrer an der Waldorfschule Stuttgart. Aus seinen Tagebuchnotizen geht hervor, daß er die Verhandlungen schon im schwerkranken Zustand führte. Er starb am 8. Oktober 1934.

[279] René Maikowski an Reichsminister Dr. Goebbels vom 14. Februar 1934 und René Maikowski an den Reichskanzler A. Hitler vom 15. Februar 1934. Archiv Bund der Waldorfschulen 4.2.247 und 4.2.248. Inhaltlich wird betont, daß Mergenthaler die Waldorfschule verkenne und mit deren Gefährdung eine Schädigung des deutschen Erziehungs- und Geisteslebens verbunden sei. Das Schreiben an Hitler wurde von der Reichskanzlei an das Amt Hess weitergeleitet, das es seinerseits am 5. März an Kultminister Schemm (in seiner Eigenschaft als Leiter des NSLB) weitergab. S. auch: Bund der Waldorfschulen Stuttgart an das Reichsministerium des Innern, Abteilung III, z. Hd. von Herrn Ministerialdirektor Dr. Buttmann vom 17. Februar 1934. Archiv Bund der Waldorfschulen 4.2.256. Anlage: eine 12-seitige Erklärung aus dem Kreise der Elternschaft der Freien Waldorfschule Stuttgart. Autor: Richard Karutz. Archiv Bund der Waldorfschulen 4.7.213. Beide Schreiben veröffentlicht in: A. Wagner, Beiträge, NS-Dokumentation, Bd. 2, Rendsburg 1991, S. 13–16.

[280] Der Kultusminister an Reichminister für Wissenschaft, Erziehung und Volksbildung vom 18. Juli 1934. BAP 62/Di 1.

von diesem Vorgang nicht unterrichtet. Außerdem war damit natürlich die Sperre der 1. Klasse nicht rückgängig gemacht worden.

Am 21. und 23. Februar richtete Maikowski Eingaben an Hess, zu denen auch die von Erich Schwebsch verfasste Grundsatzschrift „Zur Orientierung" gehörte.[281] Durch Vermittlung von Rascher kam es am 28. Februar zu einem Gespräch zwischen Boy und Hans Brack, der eine untergeordnete Funktion im Amt Hess bekleidete, und daraufhin am 3. März mit Philipp Bouhler. Bouhler war zurückhaltend, versprach jedoch, mit Hess über die Frage zu reden.[282]

In Vertretung des erkrankten Boy hatte Fritz Graf von Bothmer[283] am 14. März eine Unterredung mit Schemm[284] im bayrischen Kultusministerium. Diese wurde zwar als positiv beurteilt, hatte aber keinerlei Wirkung. Entscheidend wurde die Vermittlungstätigkeit eines Beamten im bayrischen Kultusministerium, des mit Boy persönlich bekannten Eduard Riegel, der sich für die Waldorfschule einsetzen wollte. Dieser war mit dem im Hause Hess verkehrenden Sänger Max Hartmann bekannt. Hartmann sprach mit Hess, der erklärte, sich der Sache annehmen zu wollen. Hartmann berichtete am 19. März: „Der Fall Maikowski hat ihn gewonnen."[285]

[281] René Maikowski an Reichsminister Hess vom 21. Februar 1934. Archiv Bund der Waldorfschulen 4.2.272. Die Eingabe bringt Elemente aus seinem „Organisationsplan" vom 26. September 1933 wieder, ist aber wesentlich knapper gefaßt, und René Maikowski an Reichsminister Hess vom 23. Februar 1934. Archiv Bund der Waldorfschulen 4.2.271. Letzteres war nur ein Begleitschreiben zum beigelegten Bericht des Stuttgarter Kollegiums, das unter der Überschrift „Zur Orientierung" am 20. Februar 1934 den grundsätzlichen Standpunkt der Lehrerschaft zu Mergenthalers Erlaß ausführlich darlegt. Diese Eingaben waren mit den übrigen Waldorfschulen abgesprochen. Die genannte Schrift ging auch mit einer Eingabe des Waldorfschulvereins am 21. Februar 1934 an das Reichsinnenministerium. Emil Leinhas und Richard Karutz für den Waldorfschulverein an Reichsinnenminister vom 21. Februar 1934. Archiv Bund der Waldorfschulen 4.2.264.

[282] Bouhler war zwar nicht der Meinung, daß man die Schulen mit Stumpf und Stiel ausrotten solle, vertrat jedoch die Ansicht, daß der Staat sich gewisse Garantien verschaffen müsse, daß an den Schulen im nationalsozialistischen Geiste unterrichtet werden soll. Vgl. Christoph Boy, Was von mir…, S. 5

[283] S. Anlage 24.

[284] Der Bericht über diese Unterredung ist von Paul Baumann, Leiter der Waldorfschule, unterzeichnet und trägt den Titel: „Bericht zum Erlaß des Württ. Kultministeriums betr. Waldorfschule Stuttgart" vom 17. März 1934. Archiv Bund der Waldorfschulen 4.2.305. Schreiben Paul Baumann an die Reichsleitung des NS-Lehrerbundes vom 17. März 1934. Archiv Bund der Waldorfschulen 4.2.306.

[285] S. Schreiben Eduard Riegel an Christoph Boy vom 16. November 1934. Archiv Bund der Waldorfschulen 4.2.264, und folgende Korrespondenz im Archiv Bund der Waldorfschulen. Eine Nachprüfung hat ergeben, daß Riegel nicht Mitglied der Anthroposophischen Gesellschaft war. Vgl. die Beschreibung des Vorgangs bei Norbert Deuchert, 1986, in: Flensburger Hefte, Sonderheft Nr. 8, 1991, S. 115. Postkarte Max Hartmann an Eduard Riegel vom 19. März 1934. Archiv Bund der Waldorfschulen 4.2.309. Zu Eberhard Maikowski siehe oben Abschnitt „Erfolglose Schritte im Jahre 1933". Eduard Riegel an Christoph Boy am 17. April 1934. Archiv Bund der Waldorfschulen 4.2.325.

Bouhler richtete tatsächlich Ende März ein Schreiben an den Reichsinnenminister.[286]

Bis zu diesem Zeitpunkt gingen die acht Waldorfschulen gemeinsam vor. Boy war stets bestrebt gewesen, alle betroffenen Kollegien in die Entscheidungsfindung einzubeziehen. Anfang April zeigte sich aber, daß Elisabeth Klein, um das Schicksal der Dresdner Schule besorgt, von sich aus Kontakte mit den Behörden aufgenommen hatte. Dabei war sie nicht nur mit Ministerialdirektor Buttmann im Reichsinnenministerium zusammengekommen, sondern hatte in der Berliner Zweigstelle des Amtes Hess Alfred Leitgen kennengelernt und strebte durch dessen Vermittlung selbst ein Gespräch mit Bouhler an. Die Begegnung mit Alfred Leitgen, einem der beiden späteren Chefadjutanten von Hess, sollte wichtig werden: Leitgen unterstüzte Klein in allen ihren Vorhaben gegenüber den Behörden bis 1941.[287]

Die persönlichen Schritte Elisabeth Kleins gegenüber den Behörden machten von diesem Zeitpunkt an auch ihr Verhältnis zum Bund der Waldorfschulen problematisch. In einem Schreiben an Boy informierte sie zwar über ihre Behördengänge, gleichzeitig wurde aber deutlich, daß sie selbständig handeln wollte und die Vertreter des Bundes dadurch zwang, zusammenzuarbeiten:

[286] Der Hinweis darauf entstammt einem Schreiben von Bouhler an Rust vom 9. Mai. BAP/AT 3285/1/41

[287] Für die Entstehung dieser folgenreichen Beziehung können die vielfach unzuverlässigen Erinnerungen von Elisabeth Klein herangezogen werden. Klein behauptet an mehreren Stellen, daß die Schule in Dresden 1934 als erste verboten werden sollte. Diese Aussage steht im Widerspruch zu den Tatsachen und außerdem zu ihrer Beurteilung des sächsischen Kultministers Harnacke, der das Verbot hätte aussprechen müssen, aber von ihr als charaktervolle Persönlichkeit geschildert wird, die für die Waldorfschule in Dresden gewonnen werden konnte. Rudolf Steiner Schule Dresden an Bund der Waldorfschulen vom 13. September 1933, Archiv Bund der Waldorfschulen 4.3.131. Richtig war, daß die Dresdner Schule durch untergeordnete Behörden „schikaniert" wurde. Im Oktober 1971 stellte Elisabeth Klein die Sache so dar: „nach diesem Vorstoß [Zusammenkunft Erhard Bartschs mit Rudolf Hess, U. W.] wandte sich auch Frau Dr. E. Klein [...] in großer Not an Rudolf Hess, da schon 1934 der Schule von der Stadt ihre Räume, das Pestalozzistift, gekündigt wurden, was einem Verbot gleichkam." Vgl. Bericht von Frau Dr. Elisabeth Klein über die Bemühungen 1934–1941 zur Bewahrung der Bewegung, Beilage zu RB 261/Okt. 71. PA Christoph Lindenberg. Jedenfalls zeigt Kleins Darstellung, daß sie zunächst mit dem Ziel tätig wurde, die Dresdner Schule vor einem vermeintlichen oder tatsächlichen Verbot zu bewahren: Die bedrohliche Lage von Stuttgart und Hannover erwähnte sie mit keinem Wort. Sie wandte sich zunächst an Alwin Seifert, der sie an Alfred Leitgen verwies. Dieser arbeitete nicht im „Braunen Haus", sondern an der Berliner „Zweigstelle" des Amtes Hess. Maikowski hebt in seinen Erinnerungen hervor: „Sie führte ihre Verhandlungen mit großem Geschick. Ihr gelang es als Frau und Mutter besonders gut, zu gewissen Persönlichkeiten, so zu dem Adjutanten von Hess, einen menschlichen Kontakt herzustellen, in dem sie es verstand, auf deren persönliche Probleme als Eltern einzugehen und Rat zu erteilen." Vgl. René Maikowski, Schicksalswege auf der Suche nach dem lebendigen Geist, Freiburg 1980, S. 145, und Elisabeth Klein, Begegungen, Freiburg 1978, S. 80ff.

„Ich hoffe, sie glauben mir, wenn ich sage, daß ich selbst dieser Arbeit, die ich aus einem innersten Impuls heraus tun muß, in rechter Bescheidenheit gegenüberstehe. Ich suche den Weg, die entscheidenden Gespräche mögen dann andere führen [...]. Sie brauchen nicht zu befürchten, daß ich die Pädagogik verflache, um Verständnis zu gewinnen, oder Opportunitätspolitik treibe. Ich bemühe mich, wahrhaftig zu sprechen, aber man darf ja an das jetzt Gegebene anknüpfen.“[288]

Elisabeth Klein gab also vor, daß sie nur erste Kontakte herstellen und die weitere Vertiefung der Beziehungen anderen überlassen wolle. In der Folge zeigte sich jedoch, daß Klein die aktivste „Behördengängerin“ unter allen beteiligten Anthroposophen war und die einmal geknüpften Kontakte auch weiter pflegte. Das lag ebenso in der Natur der Sache (die angestrebten Lösungen machten jahrelange Verhandlungen nötig) wie in der Natur ihrer Persönlichkeit: ihre Art, gegenüber den behördlichen Vertretern aufzutreten, war so „erfolgreich“, daß sich diese mehrfach in Schreiben an sie persönlich wandten.

Zunächst aber kam es zu einer gewissen Zusammenarbeit zwischen Maikowski und Klein. Beide hatten im April und Anfang Mai ein Gespräch mit Bouhler. Maikowski bemerkte diesem gegenüber, daß die Grundsätze der Waldorfschulen in manchen Punkten nicht mit dem Parteiprogramm übereinstimmten. Die Antwort Bouhlers machte Maikowski verständlicherweise Hoffnung:

„Was heißt hier Parteiprogramm. Da haben irgendwelche Intellektuellen etwas niedergeschrieben, das sind doch Äußerlichkeiten. Das entscheidende sind die Menschen, nicht die Programme.“[289]

Mit Klein sprach Bouhler Anfang Mai. Unmittelbar darauf, am 9. Mai, richtete Bouhler ein Schreiben an Rust, seit 30. April Reichsminister für Wissenschaft, Erziehung und Volksbildung, mit der Bitte, Mergenthaler möge seine Maßnahme „inhibieren“.[290]

Am 16. Mai versicherte er in einem Schreiben an Elisabeth Klein persönlich, daß „gegen eine Weiterarbeit der Waldorfschule in Dresden seitens der NSDAP nichts eingewendet wird“. Im Gegensatz zu Boy und Maikowski, die ohne Nachricht blieben, teilte Bouhler Klein den Inhalt seines Schreibens an Rust mit und gestattete ihr, von seinem Schreiben dem NSLB gegenüber Gebrauch zu machen.[291] Das war für die Waldorfschule Dresden wichtig, da sie in Räumlichkeiten untergebracht war, deren Vermieter der NSLB war. Dieser hatte sich geweigert, den Mietvertrag ohne ausdrückliche Anerkennung der Waldorfschule durch die Partei zu verlängern.

[288] Elisabeth Klein an Christoph Boy vom 3. April 1924. Archiv Bund der Waldorfschulen 4.2.318.

[289] Maikowski, Schicksalswege auf der Suche nach dem lebendigen Geist, a. a. O., S. 144f.

[290] Schreiben Stab des Stellvertreters des Führers an den Reichsminister für Kultus, Bernhard Rust, vom 9. Mai 1934. gez. Bouhler, Reichsleiter. BAP/AT 3285/1/41

[291] Stab des Stellvertreters des Führers an Dr. E. Klein vom 16. Mai 1934. gez. Bouhler. Archiv Bund der Waldorfschulen 4.6.032

Inzwischen hatten sowohl Klein als auch Maikowski Gespräche mit Ernst Schulte-Strathaus, den Hess im April in seinen Stab berufen und mit der Bearbeitung von Kunst und Kulturfragen beauftragt hatte. Dieser entwarf für Hess einen Bericht über die Waldorfschulen. Mit einem Zitat aus „Mein Kampf" suchte er nachzuweisen, daß sich die Ziele der Waldorfschulen in ihren Grundzügen mit den Forderungen des Führers für das Erziehungswesen deckten. Die Erfahrung der Waldorfschulen müsse daher bei der Neugestaltung des Erziehungswesens im Nationalsozialismus „nutzbar" gemacht werden.[292] Damit wurde bei der Existenzabsicherung der Waldorfschulen ebenso argumentiert wie schon im Januar erfolgreich für die biologisch-dynamische Wirtschaftsweise.

Die Ausführungen von Schulte-Strathaus gingen als „Gutachten" an Rust. Ministerialrat Reinhard Sunkel empfing Klein und Maikowski am 5. Juni im Reichsministerium für Wissenschaft, Erziehung und Volksbildung in Berlin. Der Text des Erlasses, der Mergenthaler zur Rücknahme seiner Maßnahmen aufforderte, wurde gemeinsam ausgearbeitet.[293] Wie Klein am 25. Juli Paul Baumann mitteilte, ging Rusts Schreiben an Mergenthaler und an das Sächsische Kultusministerium im vereinbarten Wortlaut hinaus. Bei Hartnacke traf die Verfügung im Juli ein.[294] Schulte-Strathaus hatte schon unter dem 3. August begeistert Frau Klein von dem Erfolg der Unternehmung berichtet.[295] Als aber Hermann Mahle vom Waldorfschulverein auf diese Nachricht hin am 17. August beim Württembergischen Kultusministerium vorsprach, wurde ihm mitgeteilt, daß von einer Wiedereröffnung der 1. Klasse keine Rede sein könne. Man warte die endgültige Reichsentscheidung ab und man habe ja die Waldorfschule nach Erhalt der Verfügung in Ruhe weiterarbeiten lassen.[296]

[292] Ernst Schulte-Strathaus: Bericht an den Stellvertreter des Führers über die Waldorfschulen vom 14. Mai 1934. Entwurf. BAP 49.01/Nr. 43–45. Es liegt nur der Entwurf vor. Den fertigen Bericht schickte Bouhler am 23. Mai 1934 an Rust in Ergänzung zu seinem Schreiben vom 9. Mai. Vgl. Ernst Schulte-Strathaus an den Reichsminister für Wissenschaft, Erziehung und Volksbildung vom 8. März 1935. BAP/62/Di 1 Nr. 238/240.

[293] Zum Datum vgl. handschriftliche Notiz auf dem Schreiben Bouhlers vom 9. Mai. Zur Entstehung des Erlasses s. René Maikowski an die Waldorfschulen in Deutschland vom 7. Juni 1934 (Archiv Bund der Waldorfschulen 4.2.344): „Aufgrund eines sehr günstigen Schreibens des Braunen Hauses, mit ausführlichem Gutachten der von uns informierten Parteistelle, konnten wir erreichen, daß im Reichskultusministerium ein Erlaß beschlossen wurde, bei dessen Formulierung wir zugegen waren. [...]"

[294] Elisabeth Klein an Paul Baumann vom 25. VI. 1934 [soll heißen: 25. VII. 1934, U. W.]. Archiv Bund der Waldorfschulen 4.2.358.

[295] Stab des Stellvertreters des Führers, der Beauftragte für Kulturfragen, an Elisabeth Klein vom 3. August 1934: „Zu meiner Freude hat der Reichsminister für Wissenschaft, Erziehung und Volksbildung mit Verfügung vom 9. Juli 1934 (R. V. II e 21581) die Frage der Waldorfschulen in dem angestrebten Sinne geregelt. Heil! i.V. mit den besten Grüßen. Schulte-Strathaus."

[296] Vgl. René Maikowski an die Waldorfschulen in Deutschland, vom 20. August 1934. Archiv Bund der Waldorfschulen 4.6.054.

Mergenthalers einzige Reaktion war, daß er Rust vorschlug, seine Akten über die Waldorfschule einzusehen. Diese wurden daraufhin eingefordert, und gleichzeitig wurde der im Reichsministerium für Wissenschaft, Erziehung und Volksbildung tätige Schulrat Thies mit einer Besichtigung der verschiedenen Waldorfschulen beauftragt.[297]

Tatsächlich hatte Rust Mergenthaler nicht zur Rücknahme seiner Maßnahme aufgefordert. In seinem Schreiben an Mergenthaler vermerkte Rust, daß er „von bemerkenswerter Seite" auf die Behandlung der Waldorfschulen im Reich aufmerksam gemacht worden sei, und unterstrich, daß mehrere Länderverwaltungen „in diesen Schulen ein Mittel von nicht zu unterschätzender pädagogischer Bedeutung erblickten", andere aber Verfügungen beschlossen hätten, die „die Waldorfschulen als schwere Schädigung empfinden müßten". Rust erschien eine einheitliche Regelung der Frage der Waldorfschulen als notwendig, und er bat, bis zu seiner eigenen Stellungnahme „für die ungehinderte Weiterarbeit in diesen Schulen Sorge zu tragen".[298] Mergenthaler legte diesen Satz nicht so aus, daß er seine Sperre für die 1. Klasse zurückzunehmen hätte.

Ende August stellte sich die Lage also folgendermaßen dar: Maikowski und – vor allem – Klein erschienen als die erfolgreichsten Vertreter der Waldorfschulen; sie hatten Beziehungen geknüpft, die zu einer zeitweisen Duldung der Waldorfschulen durch die Partei und die Regierung geführt hatten.[299] Die aus diesen Kontakten entstandene Hoffnung, daß das Einschreiten Rusts Mergenthaler zur Aufhebung der Sperre veranlassen würde, erwies sich jedoch als Illusion.

[297] Vgl. Der Kultusminister an Reichsminister für Wissenschaft, Erziehung und Volksbildung vom 18. Juli 1934, mit Vermerken von Thies. BAP/62/Di 1.

[298] Reichsminister für Wissenschaft, Erziehung und Volksbildung an das württembergische Kultministerium vom 9. Juli 1934. BAP R 4901 – 3285

[299] In dieser ersten Phase der Verhandlungen der Waldorfschulen (Februar bis August 1934) erscheint das Amt Hess als die Stelle, von der aus sie Schutz erhielten. Hess war hier aber nicht die „treibende Kraft", sondern drei seiner Mitarbeiter, Philipp Bouhler, Alfred Leitgen und Ernst Schulte-Strathaus.
Philipp Bouhler (1899–1945) war nur von Januar bis September 1934 im Amt Hess. Im November 1934 übernahm er die Leitung der Kanzlei des Führers der NSDAP in Berlin (nicht zu verwechseln mit der Reichskanzlei unter Hans Heinrich Lammers, der Präsidialkanzlei unter Otto Meissner und der späteren Parteikanzlei unter Martin Bormann). In seiner Eigenschaft als Beauftragter für Kulturfragen im Amt Hess richtete er die „Parteiamtliche Prüfungskommission zum Schutze des NS-Schrifttums" (PKK) ein, die bei der Neuzulassung der Werke von Rudolf Steiner 1937/38 eine Rolle spielte (S. zweiter Teil, Kap. 4). Vgl. Hans-Walter Schmuhl, Philipp Bouhler – Ein Vorreiter des Massenmordes, in: Smelser, Syrnrig, Zitelmann (Hrsg.), Die braune Elite 2, Darmstadt 1993, S. 39 ff.
Alfred Leitgen (1902–1977), Journalist, wurde von Hess gebeten, als Pressereferent in seinem Amt tätig zu sein (vermutlich schon im Frühjahr 1933). Das sich entwikkelnde Vertrauensverhältnis führte schon bald zu seiner Ernennung zum persönlichen Adjutanten von Hess und zur Parteimitgliedschaft. In den kommenden Jahren

In dieser Lage trat als neuer Verhandlungsführer für die Waldorfschule Stuttgart ein Ehepaar Link auf. Um diese Entwicklung verständlich zu machen, muß der Blick auf die inneren Vorgänge des Bundes der Waldorfschulen und – in ganz besonderem Maße – der Waldorfschule Stuttgart gerichtet werden.

Die Krise von 1934 im Bund der Waldorfschulen

In den ersten Monaten des Jahres 1934 schwand innerhalb des Bundes der Waldorfschulen das Vertrauen gegenüber der Stuttgarter Lehrerschaft. Das Stuttgarter Kollegium wurde angegriffen, weil es sich im schwelenden Gesellschaftskonflikt nicht eindeutig zur „Goetheanum-Leitung" bekannte. In der Tat waren in der Stuttgarter Schule Angehörige und Sympathisanten der „Arbeitsgemeinschaft", namentlich ihr führender Kopf, Eugen Kolisko, tätig. Gegen ihn richtete sich der Zorn. Es ging bei diesen Auseinandersetzungen um Parteinahmen für oder gegen einzelne Mitglieder des Dornacher Vorstandes, der sich nach dem Tode Steiners in Fragen der Gesellschaftsführung und der Leitung der Freien Hochschule für Geisteswissenschaft uneinig war.

Nach der Generalversammlung der Allgemeinen Anthroposophischen Gesellschaft Ende März, in der es zu einer Spaltung in zwei Lager kam, ver-

schaffte Leitgen die meisten der entscheidenden Verbindungen zu Behörden und Parteistellen für die Waldorfschulen, die Wiederzulassungsbestrebungen für die Anthroposophische Gesellschaft in Deutschland, die Wiederzulassung des Werkes von Rudolf Steiner usw. Sein Verhältnis zu Hess schützte ihn vor Martin Bormann, der im Amt Hess als Stabsleiter an zentraler Stelle stand und ein erklärter Gegner aller anthroposophischen Bestrebungen war. Nach Hess' Englandflug wurde er sofort inhaftiert und blieb vom Mai 1941 bis 1944 im Konzentrationslager Sachsenhausen, aus dem er in eine Bewährungsabteilung der Waffen-SS entlassen wurde. Nach Darstellung von Elisabeth Klein war Leitgen der Name Rudolf Steiner nicht ganz unbekannt: Als Gymnasiast war er Schüler von Professor Oldenhoff am Kaiser Friedrich Gymnasium in Neu-Kölln gewesen. Oldenhoff war Anthroposoph und hatte zu seinen Schülern von Rudolf Steiner gesprochen. Elisabeth Klein an Rudolf Grosse vom 20. Oktober 1970. Archiv am Goetheanum. Vgl.: Niederschrift der Unterredungen von Dr. v. Siegler mit A. Leitgen vom 1. April und 20. September 1952, IfZ 743/52, und Aufzeichnung Nr. 24. Befragung von A. Leitgen am 2. Dezember 1965, IfZ 4501/70.

Ernst Schulte-Strathaus (1881–1968). Nachweislich konnte sich Schulte-Strathaus nur bis März 1935 für die Waldorfschulen einsetzen. Danach wurde er daran gehindert, indem die Zuständigkeit Walter Sommer, der staatsrechtliche Fragen im Amt Hess bearbeitete, übertragen wurde. Bormann hatte Schulte-Strathaus von Anfang an (April 1934) mit Mißtrauen betrachtet. Hess aber wünschte seine Mitarbeit, weil er während der Festungshaft von Rudolf Hess Ilse Hess wirtschaftlich unterstützt hatte, indem er sie in sein Geschäft, eine Verlagsbuchhandlung, aufnahm. Vgl. Maikowski, Schicksalswege auf der Suche nach dem lebendigen Geist, a. a. O., S. 144. Schulte-Strathaus bearbeitete in menschlicher Weise viele Beschwerden. Vom 12. Mai 1941 bis 3. März 1943, nach dem Englandflug von Hess, wurde auch er inhaftiert. Vgl. Niederschrift der Unterredung mit Ernst Schulte-Strathaus vom 12. November 1963. IfZ – ZS 2089.

schärfte sich die Krise. Namentlich das Dresdner Kollegium, von den Kollegien in Berlin und Altona unterstützt, erhob, einer Dornacher Sprachregelung folgend, die die Vorstandsmajorität als „Goetheanumleitung" bezeichnete, Vorwürfe gegen die Stuttgarter Lehrerschaft:

„Die Unterzeichneten sind mit dem Willen nach Stuttgart gereist unter allen Umständen Verhältnisse herbeizuführen, die es der Goetheanumleitung ermöglichen, sich mit der gesamten Schulbewegung in Deutschland zu identifizieren. Dies konnte bisher nicht geschehen, weil in Stuttgart mit dem Zentrum in der Waldorfschule eine Arbeitsrichtung vorhanden ist, welche im Widerspruch zur Goetheanumleitung steht, und die innerhalb und außerhalb der Schule Anthroposophie in einer Weise vertritt, die von der Goetheanumleitung nicht gebilligt werden kann." Sieben Unterschriften.[300]

In der Vertreterversammlung vom 6. Mai wurde die Leitung des Bundes René Maikowski von der Hannoverschen Schule übertragen. Die Verantwortung für das Lehrerseminar sollte auf den Bund übergehen. Der Verlag der Freien Waldorfschule, in welchem das Stuttgarter Kollegium die Zweimonatszeitschrift „Erziehungskunst" herausgab, sollte nicht mehr Repräsentant der Rudolf Steiner Schulbewegung in Deutschland gegenüber der Außenwelt sein.

Das Kollegium der Stuttgarter Schule und der Vorstand des Schulvereins gaben zunächst diesem Druck nach. Emil Molt wurde auf der Generalversammlung des Waldorfschulvereins am 3. Juni 1934 – fast ein Jahr nach Albert Steffens Rücktritt – zum Vorsitzenden des Schulvereins gewählt. Durch die Zugehörigkeit des Schulleiters zum Beirat des Schulvereins und die Mitgliedschaft Molts im Kollegium (seit Gründung der Schule als Schulvater) schien die Gemeinsamkeit beider Institutionen garantiert. In einer „Erklärung" vom 11. Juni 1934 bestätigten sie ihre Bindung an das Goetheanum: „Das Zentrum dieser geistigen Bewegung, von welcher die Waldorfschulpädagogik ein Teil ist, erblicken sie im Goetheanum in Dornach und anerkennen dessen Leitung."[301]

Damit schien der Konflikt beigelegt. Es folgte noch, am 21. November 1934, der Rücktritt des schon genannten Schularztes und Biologie- und Chemielehrers Dr. Eugen Kolisko.[302] Grund seines Rücktritts war weder sein von den Nationalsozialisten wegen der Nichtbeachtung der Rasselehre beanstandeter Unterricht, noch sein pädagogisches Können, das allgemein anerkannt wurde. Aber er war prominenter Vertreter der von der Goetheanumleitung nicht anerkannten Arbeitsgemeinschaften und mußte dem Druck der Dornachtreuen Mehrheit der deutschen Waldorfschulen weichen. Von den 61 Lehrern des Stuttgarter Kollegiums hatten sich 17 den Arbeitsgemeinschaften angeschlossen.[303] Annie Heuser, von der Berliner Schule, machte diese Haltung zu einer Frage an das Kollegium: „Wie verhält sich das Lehrerkollegium einer unserer

300 Kollegium Rudolf Steiner Schule Dresden an das Kollegium der Freien Waldorfschule Stuttgart, vom 17. Mai 1934. Archiv Bund der Waldorfschulen 4.6.023.

301 „Erklärung", Stuttgart, 11. Juni 1934. Archiv Bund der Waldorfschulen 5.1.017.

302 Schreiben Kollegium Stuttgart an Emil Molt vom 22. November 1934. Archiv Bund der Waldorfschulen 5.2.283.

303 Schreiben an Hans Büchenbacher vom 31. Juli 1934. Unterschrift unleserlich. SAM.

Schulen, wenn Mitglieder ihres Kollegiums sich durch ihre Arbeit in einen derartig starken Widerspruch zum Goetheanum gebracht haben?".[304]

Dieser bundesinterne Konflikt, der hier nicht ausführlich dargestellt werden soll, führte zu einer Isolierung der Stuttgarter Schule. Außerdem waren über der Frage der Stellung zum Goetheanum, d. h. zur Vorstandsmajorität, die eigentlich zur Diskussion stehenden Fragen, nämlich die des gemeinsamen Vorgehens gegenüber den Behörden und die Stellungnahme zum grundlegenden Vorwurf der Nationalsozialisten, eine „Weltanschauungsschule" zu sein, ausgeblieben. Im Sinne des Nationalsozialismus waren die Waldorfschulen selbstverständlich „Weltanschauungsschulen". Insofern war es nur eine Frage der Zeit und des geschickten Vorgehens, wann und wie die Waldorfschulen in Deutschland durch das NS-Regime geschlossen wurden. Obwohl diese Grundhaltung der NS-Machthaber den Beteiligten bewußt war, hegten diese die Hoffnung, daß es doch gelingen könnte, die Waldorfschulen am Leben zu erhalten. Es wurde also nach Formulierungen gesucht, die dem Weltanschauungsvorwurf begegneten und die Nähe zu deklarierten nationalsozialistischen Erziehungsidealen suggerierten (die Waldorfschulen seien keine Institution der Anthroposophischen Gesellschaft, Antiintellektualismus, Antimaterialismus, Willens- und Charakterbildung usw.). Diese Argumentation war für alle Eingaben charakteristisch. Mit dem so vermittelten Eindruck, für die „Erziehungsaufgaben des heutigen Staates" Verständnis zu haben, setzten sich die Waldorfschulen aber der Gefahr aus, gefragt zu werden, was denn dann eine besondere Schulbewegung noch rechtfertige.[305] Zwischen „keine Weltanschauungsschule" sein, aber doch „eine eigenständige Schulbewegung bleiben" wurde eine, zeitweise scheinbar erfolgreiche, Überlebensstrategie für die Waldorfschulen im NS-Staat gesucht. Dabei ging es eben gerade nicht um die Frage des Zusammenhangs zwischen der Anthroposophie und der pädagogischen Tätigkeit des Lehrers – die war für die Beteiligten eindeutig geklärt –, sondern um die Entwicklung einer Strategie der Verteidigung auf dem bedrohlichen politischen Feld. Dennoch könnte leicht der Eindruck entstehen, daß die Gesellschaftskonflikte in diesen Monaten mehr Aufmerksamkeit beanspruchten als die politische Situation.

Die Initiative des Waldorfschulvereins: Mergenthaler nimmt seinen Erlaß zurück, aber die Verhandlungsführung entgleitet dem Kollegium

Unter dem Druck der Ereignisse hatte die Elternschaft auf einer der regelmäßig stattfindenden Versammlungen am 11. Februar 1934 gefordert, daß der

[304] Rudolf Steiner Schule Berlin an die Schulen des Bundes der Waldorfschulen vom 3. Juni 1934. Archiv Bund der Waldorfschulen 4.6.028.

[305] Vgl. René Maikowski an die Waldorfschulen in Deutschland vom 12. Juni 1934. Archiv Bund der Waldorfschulen 4.6.041.

Vorstand des Waldorfschulvereins sich in die Verhandlungen mit dem Kultusministerium einschalten und zu diesem Zwecke hilfswillige Eltern kooptieren solle. Das geschah am selben Tage.[306]

Zu den kooptierten Eltern gehörte Leo Tölke, der im Verlag der Waldorfschule angestellt war. Seine Anwesenheit im Vorstand war von kurzer Dauer, aber sein Einfluß innerhalb der Waldorfschulbewegung endete erst im Juli 1936. Tölke war vom Nationalsozialismus wie von der Waldorfschule begeistert und überzeugt, daß es der „verstockten" Haltung der Lehrerschaft dem Nationalsozialismus gegenüber zugeschrieben werden müsse, wenn die Waldorfschulpädagogik nicht schon längst als wichtiges deutsches Kulturgut in die nationalsozialistische Aufbauarbeit – unter voller Anerkennung durch Mergenthaler – aufgenommen sei.

Tölke wäre nicht erwähnenswert, wenn er nicht der erste Vertreter einer kleinen Gruppe ähnlich denkender Personen gewesen wäre, die wie Els Moll und vor allem das Ehepaar Link überzeugte Nationalsozialisten waren, und wenn er nicht im Sinne seiner oben angedeuteten Überzeugung eine unablässige Agitation entwickelt hätte, der unter den herrschenden Verhältnissen nicht offen entgegengetreten werden konnte. Er stellte Lehrer wegen antinazistischer Äußerungen zur Rede, schrieb Rundbriefe an Eltern, organisierte Elternversammlungen und verfaßte eine neunseitige Denkschrift über den notwendigen Sinneswandel der Lehrerschaft, deren jetzige Haltung zu einer Massenabwanderung der Schüler führen würde, wenn die Waldorfpädagogik nicht als eine Erziehungsmethode den Grundsätzen des Nationalsozialismus entsprechend angewendet werde.[307] Als er auch ohne Absprache mit dem Schulverein mit seinen Argumenten bei den Schulbehörden und Parteistellen vor-

[306] Bericht über eine Sitzung des Vorstands des Waldorfschulvereins am Sonntag, den 11. Februar, abends um 9 im Hause Herrn Baumann. gez. Leinhas, Stockmeyer. Archiv Bund der Waldorfschulen 5.10.024. Der bisherige Vorstand, bestehend aus Emil Molt (bei dem Beschluß abwesend), Ernst Bindel, Robert Killian, Emil Leinhas, E. A. Karl Stockmeyer und Paul Baumann, wurde erweitert mit Prof. Dr. Richard Karutz, Prof. Dr. E. Fiechter, Prof. W. von Eiff und Dr. med. E. Schickler. Rundbrief an die Ortsgruppen des Waldorfschulvereins o.D. Archiv Bund der Waldorfschulen 5.9.086. Nach der Mitgliederversammlung vom 3. Juni 1934 wurde die Zusammensetzung wie folgt bekanntgegeben:
- Vorstand: Emil Molt
- Beirat aus der Elternschaft: Emil Leinhas, Prof. Dr. R. Karutz, Hermann Mahle, Prof. Dr. E. Fiechter, Prof. W. von Eiff, Dr. med. E Schickler
- Beirat aus der Lehrerschaft: Paul Baumann, Karl Ege, Ernst Bindel, E. A. Karl Stockmeyer, Robert Killian.

Waldorfschulverein e.V. an Dr. Drück (Kultusministerium) vom 18. Oktober 1934. Archiv Bund der Waldorfschulen 4.2.376.

[307] Leo Tölke, „Überlegungen", Stuttgart, den 3. und 14. März 1934. Archiv Bund der Waldorfschulen 4.2.280, 4.2.301 und 5.10.010. Er trat kurz darauf aus der Anthroposophischen Gesellschaft aus. Schreiben Goetheanum, Freie Hochschule für Geisteswissenschaft an die Leitung der Freien Waldorfschule Stuttgart, gez. Albert Steffen, Marie Steiner, Guenther Wachsmuth, vom 24. April 1934. Archiv Bund der Waldorfschulen 2.2.396.

sprechen wollte, wurde er – schon im April – zum Rücktritt aus dem Vorstand bewegt. Seine Agitation setzte er jedoch fort. Tölke, das Ehepaar Link und Moll blieben Einzelfälle, die aber viel schaden konnten, weil man ihnen nicht scharf begegnen konnte.

Ungeachtet tatsächlicher oder drohender behördlicher Maßnahmen, ungeachtet der internen Auseinandersetzungen, hielten die Elternschaften zu ihren Schulen. Die sinkenden Schülerzahlen in der Statistik[308] sind – bis auf wenige Ausnahmen – ausschließlich auf die Schüleraufnahmesperren zurückzuführen. Das betraf sowohl Eltern, die der NSDAP angehörten, als auch die weder nationalsozialistisch ausgerichtet noch anthroposophisch orientierten Elternhäuser, die bei weitem den größten Anteil der Schülerschaft stellten.[309]

Noch im März war auf Vorschlag Tölkes der Unternehmer Hermann Mahle, ein Freund der Waldorfschule, in den Vorstand kooptiert worden.[310] Von Mahle wurde erhofft, daß er durch seine Verbindungen zur Partei der Schule helfend beistehen könne. Mahle setzte sich großzügig ein, forderte aber auch eine „Reaktivierung" aller Kräfte in der Verwaltung und in der Lehrerschaft. Die Krise mag auch auf seine Bemühungen hin in der geschilderten Weise im Juni von Lehrerschaft und Waldorfschulverein beigelegt worden sein. Die Lehrerschaft gab allerdings mit der Beauftragung Mahles die Verhandlungsführung aus der Hand.[311] Dies wirkte sich insofern verhängnisvoll aus, als die Vertreter der Schule – besonders nun das Ehepaar Link – aus Unkenntnis der Waldorfpädagogik oder aus Unverantwortlichkeit beim Kultministerium Vorstellungen über eine Zukunft der Waldorfschule Stuttgart weckten, die die Autonomie des Kollegiums derart untergraben mußten, daß die Waldorfschule in ihrem pädagogischen Lebensnerv getroffen zu werden drohte.

Nachdem im August klar wurde, daß Mergenthaler auch auf das Schreiben Rusts hin nicht gewillt war, die Sperre aufzuheben, nahm Hermann Mahle als Verhandlungsführer des Waldorfschulvereins – nach Absprache mit Maikowski und Klein – Gespräche mit dem Kultusministerium auf. Verhand-

[308] S. Anlage 4.

[309] Für November 1935 machte die Waldorfschule Stuttgart folgende Angaben: Eltern die der NSDAP angehören: 67, Eltern, die Anthroposophen sind: 256. Eltern insgesamt: 1060. D. h. 737 Eltern, immer einzeln gezählt, gehörten weder der NSDAP an, noch waren sie Mitglieder der Anthroposophischen Gesellschaft. Archiv Bund der Waldorfschulen 4.3.093. Die Schülerzahl war wegen Sperrung der 1. und 3. Klassen auf 800 gesunken.

[310] Bericht über eine Sitzung des Vorstands des Waldorfschulvereins am Montag, den 26. März 1934. gez. Stockmeyer, Archiv Bund der Waldorfschulen 5.10033.

[311] Das Argument, dem der Vorstand – auch die ihm angehörenden Lehrer – im Februar 1934 schließlich nachgab, war: Wenn die Lehrer die Verhandlungen führen, sprechen sie „pro domo". Der Waldorfschulverein garantiere gewissermaßen eine objektivere Haltung.

lungspartner war dort Dr. Drück.[312] Dieser bedeutete ihm am 4. Oktober 1934, daß Mergenthaler wünsche, ein älterer Parteigenosse solle in den Vorstand des Waldorfschulvereins aufgenommen werden. Dieser solle gegenüber der Regierung die Garantie übernehmen, „daß im Waldorfschulverein oder in der Waldorfschule keine Verhältnisse bestehen bleiben oder auftreten könnten, welche der nationalsozialistische Staat ablehnen müsse". Eine kommissarische Berufung durch die Behörden käme nicht in Frage. Am 26. Oktober teilte Mahle Dr. Drück mit, daß der Schulverein das der NSDAP angehörende Ehepaar Link für die Mitarbeit im Beirat gewonnen habe. Er führte aus, daß Eugen und Margarete Link, letztere fungierte im Sinne Mergenthalers als die „ältere Parteigenossin", seit 1924 Mitglieder der Anthroposophischen Gesellschaft seien. Sie hatten lange Jahre in Brasilien gelebt und waren 1934 nach Deutschland zurückgekommen. Eugen Link war Regierungsbaumeister bei der Reichsautobahn in Stuttgart. Mahle unterstrich: „Sie haben beide Rudolf Steiner vor Jahren persönlich gekannt und bieten Gewähr dafür, daß die pädagogischen Richtlinien in der Waldorfschule aufrechterhalten werden, da sie mit allen anderen, die diese Pädagogik kennen, der Ansicht sind, daß der deutsche Staat diese Pädagogik früher oder später für sich nötig hat." In dieser Formulierung lag ein häufig auftretendes Mißverständnis, da es ja gar nicht um die Frage ging, ob der Staat diese Pädagogik brauchte (sie war für die Kinder geschaffen, nicht für den Staat), sondern nur darum, daß der Staat dies freie pädagogische Schaffen zuließ. Natürlich war diese Formulierung aus taktischen Gründen von der Lehrerschaft gewählt worden, sie entsprach aber der inneren Überzeugung der Links.

Auch Emil Molt, der monatelang aus gesundheitlichen Gründen abwesend war, hatte – nach Darstellung Mahles – sein Einverständnis gegeben, obwohl seitens des Vorstands in Dornach Bedenken bestanden.[313]

Welcher Art die Mischung von Anthroposophie und Nationalsozialismus in der Vorstellung dieser zeitweiligen „Vertreter" der Waldorfschule war, zeigen einige Sätze aus einem Vortrag von Eugen Link vom 12. Dezember 1933, den der Pressebericht mit „Positive Gedanken zur Nürnberger Proklamation Adolf Hitlers im September 1933" betitelte. Nachdem er in längeren Ausführungen Hitlers „Kernpunkte" herausgearbeitet und begrüßt hatte, formulierte er: „Das politisch fähigste Menschenmaterial, das Hitler sammeln will, wird

[312] Vgl. auch zum folgenden: Hermann Mahle, Bericht über die Verhandlungen für die Waldorfschule Stuttgart mit dem Württembergischen Kultministerium Stuttgart vom 4. Januar 1935. Archiv Bund der Waldorfschulen 4.3.002.

[313] Eine Korrespondenz von Guenther Wachsmuth an Hermann Poppelbaum bezieht sich auf dieses Einverständnis Emil Molts. Seitens des Vorstands am Goetheanum bestanden offensichtlich Bedenken gegen die Mitarbeit des Ehepaars Link im Waldorfschulverein. Ihre Unaufrichtigkeit und ihr unklares Verhältnis zur Anthroposophie waren offenbar innerhalb der Gesellschaft bekannte Tatsachen. Links hatten Molt in Brissago besucht. Molt hätte nach Wachsmuths Darstellung Links' Angaben gutgläubig hingenommen und sich überreden lassen. Guenther Wachsmuth an Hermann Poppelbaum vom 8. Februar 1935. Archiv am Goetheanum.

also, über die Tagespolitiker hinweg, bei denen zu suchen sein, die ‚immer strebend' sich bemühen, aus den ‚entwicklungsgeschichtlichen Unterlagen zur Bildung eines sozialen Urteils' auch die subtilen Kräfte herauszuschälen, die heute im notwendig gewordenen Großkampf [...] in Erscheinung treten [...]. Es führt letzten Endes zu dem sozialen Glauben, daß die durchchristete Brüderlichkeit im Wirtschaftsleben kein salbungsvolles Losungswort ist, sondern sehr handfest den Gemeinnutzen um 75 Prozent steigert [...]. In unserem Volkstum liegen die Wurzeln dazu und Adolf Hitler hat sie wieder einmal herausgehämmert [...].“[314] Ohne Namensnennung verwendete Link in abgewandelter Form die Titel von Steiners Werken „Die Kernpunkte der sozialen Frage“ und „Entwicklungsgeschichtliche Unterlagen zur Bildung eines sozialen Urteils“,[315] die Link in seinem Sinne auslegte.

Links, die Rudolf Hess von früher her kannten, fuhren nach München. Im „Braunen Haus“ wurden sie zwar nicht von Hess, aber von Schulte-Strathaus empfangen. Das Resultat war ein Schreiben von Hess an Mergenthaler mit der Bitte, die Beschränkung für die Waldorfschule Stuttgart aufzuheben.[316] Die Lehrerkonferenz der Waldorfschule erhielt am 9. Januar 1935 folgende, besonders in Punkt 3 sybillinische Mitteilung von Eugen Link:

„9.I.35. 1.) Herr Ministerpräsident Mergenthaler hat gestern ein Dokument unterzeichnet, in welchem er der Wiedereröffnung der ersten Klasse zustimmt. Wenn vor dem 1. April keine Reichsregelung erfolgt, wird er den Eröffnungserlaß herausgeben. Die Schule ist nicht Siegerin in der Angelegenheit. Das Kultministerium sah in der Tätigkeit des Ehepaares Link eine Gewähr für eine vorher nicht vorhandene Einordnung der Waldorfschule in die zeitgegebene Lage. Das Dokument liegt an dritter Stelle und ist den Pgg. E. u. M. Link zugänglich. 2.)Unabhängig von Ziffer 1 läuft über München das Projekt: 2 Jahre Versuchsschule, abgetrennt von dem Schicksal der Privatschulen. 3.) Mehr über die Verhandlungen mitzuteilen,würde nur die Legendenbildung fördern und z.T. der Parteidisziplin entgegen sein. gez. Eugen Link.“[317]

Am 31. Januar ging der Erlaß des Kultministeriums ein. Er begrenzte die Wiedereröffnung auf eine erste Klasse mit höchstens 40 Kindern.[318] Von einem wirklichen Einlenken Mergenthalers konnte also keine Rede sein. Das zeigen nun auch seine weiteren Maßnahmen.

[314] In: Neue Deutsche Zeitung, Nr. 293, 20. Dezember 1933, S. 9f.

[315] GA 23 bzw. 185a.

[316] Das Schreiben liegt nicht vor. Seine Existenz wird aber von Mergenthaler gegenüber Jakob Wilhelm Hauer bestätigt.

[317] Archiv Bund der Waldorfschulen 4.3.004.

[318] „Auf Grund eines Kultministerialerlasses vom 10. Januar 1935 Nr. 85 dürfen Privatschulen mit Grundschulklassen im Frühjahr 1935 nicht mehr Schüler in die erste Klasse aufnehmen, als sie am 15. Mai 1934 in dieser Klasse hatten. Diese Bestimmung gilt nur für den Fall, daß das Reich für Ostern 1935 keine weitergehenden Abbaumaßnahmen anordnet. Dies ist der Privatschule Buhl und Roser sowie dem Mozer'schen Institut zu eröffnen. Die Waldorfschule, die im Frühjahr 1934 keine Schüler aufnehmen durfte, kann im Frühjahr 1935 eine erste Klasse mit höchstens 40 Kindern aufnehmen.“ Archiv Bund der Waldorfschulen 4.3.009.

Rusts Vorhaben: Eine allgemeine Schüleraufnahmesperre für die Waldorfschulen

Durch das Eingreifen von Hess wurde nicht nur die Sperre der 1. Klasse in Stuttgart aufgehoben, sondern auch der im Reichserziehungsministerium auf Referentenebene schon beschlossene Abbau sämtlicher Waldorfschulen noch einmal herausgezögert. Der dortige Sachbearbeiter Thies hatte im November 1934 einen abschließenden Bericht vorgelegt, der mit folgenden Worten endet:

„Behördliche Vorschriften über eine Annäherung des Lehrplans der Waldorfschulen an den der Staatsschulen, über die Zusammensetzung des Lehrkörpers würden selbst bei strenger Überwachung entweder zu einem System der versteckten Hintergehung des behördlichen Willens führen oder aber allmählich der Waldorfschule den sicheren Untergang bereiten. Künstlerische Erziehung und Werkunterricht kann auch von den Staatsschulen betrieben werden, allerdings nicht in dem einseitigen Sinne Rudolf Steiners. Die Waldorfschulen stehen und fallen mit der Weltanschauung der Anthroposophie. Soweit diese Weltanschauung Macht gewinnen soll, in den Herzen der heranwachsenden Generation, steht es dem Staate zu und ist es dessen Pflicht sein Veto einzulegen. Ich schlage vor, die Waldorfschulen aus grundsätzlichen und praktischen Erwägungen abzubauen.

Diese Maßnahme deckt sich mit der bereits getroffenen Entscheidung des Ministerpräsidenten und Kultminister in Württemberg, der in seinem Erlaß die Neuaufnahme von Schülern zu Beginn des Schuljahres 1934 untersagte. Der darauf erfolgte Einspruch des Stellvertreters des Führers und die Antwort des Württembergischen Ministerpräsidenten sind in Abschrift beigefügt.“[319]

Gleichzeitig wurde der entscheidende Erlaß zur Unterschrift vorgelegt:

„Die Waldorfschulen oder Rudolf-Steiner-Schulen (nach Rudolf Steiner, dem Begründer der Anthroposophie) sind nach der von ihnen vertretenen Weltanschauung, der Zusammensetzung ihres Lehrkörpers, ihrer Unterrichtsmethode und ihrem Charakter als Standesschule im neuen Staate nicht mehr tragbar. Die Unterrichtsministerien der Länder bitte ich, die Neuaufnahme von Kindern in die Waldorfschulen (Rudolf-Steiner-Schulen) zum Beginn des Schuljahres 1935 zu untersagen.“[320]

Rust nahm aber von seinem Vorhaben Abstand und entschied sich zunächst dafür, die Waldorfschulen „wie alle übrigen Privatschulen zu behandeln“, d. h. die Schulen langfristig abzubauen, indem man die Aufnahme von Kindern in grundschulpflichtigem Alter nicht mehr gestattete.[321]

Am 11. Februar 1935 übermittelte Mergenthaler Rust das Gutachten des Tübinger Professors Hauer, in dem die Waldorfschulen als eine „schwere Gefahr für das deutsche Erziehungswesen“ bezeichnet wurden.[322] Wenige Tage

[319] Reichserziehungsministerium, Vermerk von Thies vom 17. November 1934. BAP R 4901 – 3285.

[320] Der Reichsminister für Wissenschaft, Erziehung und Volksbildung und der Preußische Minister für Wissenschaft, Kunst und Volksbildung an a) die Unterrichtsverwaltungen der Länder, b) in Preußen. November 1934. BAP R 4901 – 3285.

[321] Handschriftlicher Vermerk auf o. g. Entwurf.

[322] Der Kultusminister an Reichsminister Rust vom 11. Februar 1935. BAP R 4901–3285.

später, am 21. Februar, sprach aber Schulte Strathaus vom Amt Hess vor und machte geltend, daß nach Auffassung des Stellvertreters des Führers keine Bedenken bestünden, „daß die Schulen im nationalsozialistischen Sinne arbeiteten und auch Ersprießliches“ leisteten.[323] So stand Rust vor kontroversen Stellungnahmen. Er entschied, zunächst einmal Thies auf Inspektionsreise nach Stuttgart zu schicken. Dieser besuchte die Schule am 30. April und 2. Mai 1935. Diese Inspektion blieb nicht ohne schwerwiegende Folgen.

Von den behördeninternen Vorgänge erfuhren die Beteiligten nichts, aber es ging das Gerücht um, daß Rust den Abbau der privaten Vorschulklassen plane und auch die Waldorfschulen davon betroffen sein würden.[324]

Frühjahr 1935: Mergenthalers allgemeine Schüleraufnahmesperre für die Waldorfschule Stuttgart Die Vertrauenskrise zwischen Kollegium und Waldorfschulverein

Angesichts dieser Lage trat in den Kollegien auch die grundsätzliche Frage auf, ob nicht die Selbstschließung der Waldorfschulen einer allmählichen Auszehrung durch Maßnahmen der NS-Behörden vorzuziehen sei. In diesem Zusammenhang bat Elisabeth Klein im Oktober Steffen um seine Ansicht. Steffen äußerte sich eindeutig: „Ich sage, sie sollten aushalten, nicht den Kindern die letzte Hilfe nehmen (das Vorbild der Lehrer, die Dr. Steiner gekannt haben) [...]. Im Rahmen des Möglichen – arbeiten. Solange man nicht gezwungen ist, Dr. Steiner selbst zu verleugnen, soll man aushalten.“[325]

Für Stuttgart war die eingeschränkte Wiedereröffnung einer 1. Klasse eine Erleichterung. Da der Erlaß aber über die 2. Klasse (d. h. die 1934 nicht gestattete 1. Klasse) nichts enthielt, wurden vom Kollegium sofort auch zwei 2. Klassen eröffnet. Das Kollegium hatte sich dabei auf eine unzweideutige, aber mündliche Zusage des Kultministeriums gestützt.[326] Mergenthaler war „informiert“ worden, und Thies' Inspektion am 30. April machte die Sache offenbar. Mergenthaler reagierte noch am gleichen Tage, indem er die mündliche Zusage als bedeutungslos bezeichnete und zurückzog und nicht nur die Auflösung der 2. Klassen forderte, sondern eine allgemeine Schüleraufnahmesperre für das Schuljahr 1935/36 aussprach (ausgenommen wurden nur Schüler, die von an-

[323] Vermerk im Reichserziehungsministerium vom 21. Februar 1935. BAP R 4901–3285.
[324] Vgl. Abschnitt: Oktober 1935–März 1936. Der Erlaß erfolgte am 4. April 1936, nachdem die allgemeine Schüleraufnahmesperre für die Waldorfschulen schon lange angeordnet worden war. Vgl.: Lernanfänger an Volksschulen. Abbau der privaten Vorschulen und Volksschulklassen, in: Hannoversches Tageblatt, Nr. 99, 5. April 1936.
[325] Albert Steffen: Tagebucheintragung vom 9. Oktober 1934. Archiv Steffen Stiftung.
[326] Die erfolgten Eingriffe in die Waldorfschule und der auf sie ausgeübte wirtschaftliche Druck. Bericht von Fritz von Bothmer vom 22. Juli 1935. Archiv Bund der Waldorfschulen 4.3.056.

deren Waldorfschulen kamen).[327] Eine sofortige Eingabe um nachträgliche Genehmigung der 2. Klassen blieb ohne Wirkung. Das Ehepaar Link unternahm nichts.

Mergenthaler handelte in diesem Falle zwar im Alleingang, war sich aber der prinzipiellen Unterstützung durch Thies und den Erziehungsminister Rust sicher. Das geht aus Thies‘ Inspektionsbericht vom Mai hervor. Thies unterstrich: „Die Schülerschaft bietet im Ganzen das Bild eines kümmerlichen Durchschnitts. Rassisch hat man zuweilen den Eindruck einer Gegenauslese [...].“ In der Unvereinbarkeit der anthroposophischen und der nationalsozialistischen Weltanschauung stimmte er Hauer zu, auf dessen Gutachten er sich berief.[328] Im Juni schrieb Rust dann an Mergenthaler:

„Aus den mir von Ihnen und von meinem Referenten vorgelegten Berichten habe ich entnommen, daß eine Weiterführung der Waldorfschule in Stuttgart nicht mehr in Frage kommen kann. Ich bitte Sie, die unter Vorbehalt zugelassene 1. Klasse wieder aufzulösen; ich setze dabei voraus, daß die Überweisung der schulpflichtigen Kinder dieser Klasse in andere öffentliche Schulen in Stuttgart keine unüberwindlichen Schwierigkeiten bereitet. Neuaufnahmen in die Schule sind zu untersagen.“[329]

Damit verlor schon im Juni 1935 die Intervention des Amtes Hess ihre Wirkung.

Der Auflösung der 1. Klasse ging eine Vertrauenskrise zwischen Kollegium und Vorstand des Schulvereins voraus, die Anfang April zum Rücktritt Paul Baumanns von der Schulleitung führte. Fritz Graf von Bothmer übernahm dieses Amt, unterstützt von Hermann von Baravalle, Erich Schwebsch[330] und Erich Gabert.[331] Die Krise wurde durch eine von Mahle in Abwesenheit des erkrankten Molt einberufene Sitzung mit ausgewählten Eltern ausgelöst, in der gegen das Lehrerkollegium Stellung genommen wurde. Dieses reagierte im März mit einem Schreiben an den Vereinsvorstand, in dem es zum ersten Mal seit Beginn der NS-Herrschaft seine Verantwortung für die geistige Führung der Schule, den Kern der Autonomie, und sein Verhältnis zum Schulverein zum Ausdruck brachte. Das Kollegium warf dem Vorstand vor, die „wahre Autonomie der Waldorfschule“ zu untergraben, indem er in die Entscheidungskompetenz der Lehrerschaft eingegriffen habe. Das Vorgehen des Vereinsvorstands widerspreche schon seit längerem „dem natürlichen Verhältnis, das zwischen Lehrerschaft und Schulverein im Sinne der Gründer der Wal-

[327] Der Kultminister an die Ministerabteilung für die Volksschulen vom 30. April 1935. Archiv Bund der Waldorfschulen 4.3.032. Erst ein Jahr später, am 12. März 1936, erfolgte durch Rust die gleiche Maßnahme – zeitlich unbegrenzt – für alle Waldorfschulen.

[328] Bericht über die Besichtigung der Waldorfschule in Stuttgart am 30. IV. und 2.V.1935 vom 16. Mai 1935. BAP R 4901 – 3285.

[329] Reichserziehungsministerium an Kultminister in Stuttgart, 4. Juni 1935. BAP R 4901 – 3285.

[330] S. Anlage 24.

[331] Dr. Erich Gabert an René Maikowski vom 8. April 1935. Archiv Bund der Waldorfschulen 4.3.023.

dorfschule [bestehen müsse, wenn sie ihre] Aufgabe durchführen will". Mit „Gründern" waren Rudolf Steiner und Emil Molt gemeint. Das Schreiben schloß mit den Worten: „Das Lehrerkollegium aber will sich seine Autonomie mit allem Ernste wahren."[332] Schwebsch begleitete die Übersendung einer Kopie an Emil Molt mit der Bemerkung, daß mit der Einberufung der Versammlung durch Mahle das Störfeuer wieder aus dem eigenen Helferkreis komme. Bei gutem Willen könne man sehen, daß gerade so die Autonomie der Schule immer wieder gefährdet werde.[333]

Mit großer Sorge wurde nun auch auf die finanziellen Konsequenzen der Schülerbeschränkung geblickt. Aber nicht nur Elternbeiträge fielen fort. Seit Juni 1933 war schon der frühere städtische Zuschuß von RM 15 000,- jährlich fortgefallen. Außerdem forderte die Stadt für ein 1927 gewährtes zinsloses Darlehen plötzlich von April 1935 an Zinsen. Dazu kam, daß die Schule seit Januar 1935 für die gesamten Elternbeiträge Umsatzsteuer zahlen mußte. Der Waldorfschulverein, der die Waldorfschule wirtschaftlich versorgte, wurde also auch ökonomisch in die Zange genommen.[334]

Parallel zu den Stuttgarter Ereignissen hatte Maikowski am 20. März 1935 eine umfangreiche, mit Schulte-Strathaus abgesprochene Eingabe an Hess gemacht. Im Hinblick auf den befürchteten Erlaß über den Abbau der privaten Vorschulklassen versuchte er die Notwendigkeit der Erhaltung der Grundschulklassen für die Waldorfschulen einsichtig zu machen.[335] Diesen Bericht schickte Schulte-Strathaus mit einem unterstützenden Begleitschreiben, das die Rolle des „vertrauenswürdigen" Ehepaars Link hervorhob, an Rust.[336]

Maikowski und Günther Beindorff wurde daraufhin von Helmut Bojunga, nun Ministerialdirektor im Ministerium, versichert, daß die gefürchtete Ver-

[332] Die Lehrerschaft der Waldorfschule an den Vorstand des Waldorfschulvereins vom 21. März 1935. Archiv Bund der Waldorfschulen 4.5.037.

[333] Erich Schwebsch an Emil Molt vom 22. März 1935. Archiv Bund der Waldorfschulen 5.2.286.

[334] Vgl. „Die gegenwärtige Lage und die Arbeit der Stuttgarter Waldorfschule. Kundgebung des Lehrerkollegiums und des Vorstandes des Waldorfschulvereins an den Freundeskreis der Schule" gez. F. v. Bothmer und Dr. E. Molt, Juli 1935. Archiv Bund der Waldorfschulen 4.3.052. Parallel zu dieser Entwicklung mußte der Waldorfschulverein seit 1925 einen Mitgliederschwund von 5570 (1925) auf 1952 (1935) und damit eine erhebliche Spendenminderung hinnehmen. Diese Abwanderung war auf die Gründung der anderen Waldorfschulen zurückzuführen, zu deren Vereinen die Mitglieder wechselten. Der Waldorfschulverein hatte 1927 in 90 Städten Mitgliedergruppen. Archiv Bund der Waldorfschulen 5.9.008. Wegen der Schließung der Schulen ab April 1936 stieg die Mitgliederzahl nach und nach wieder an. Vgl. Anlagen 4 und 5.

[335] Bund der Waldorfschulen an Reichsminister Rudolf Hess, vom 2. März 1935. Archiv Bund der Waldorfschulen 4.3.020. 20 Seiten.

[336] Schulte-Strathaus für Stab des Stellvertreters des Führers an den Reichsminister für Wissenschaft, Erziehung und Volksbildung, Rust, vom 8. März 1935. BAP 62/Di 1, Nr. 238–240.

ordnung nicht existiere und Regierungsrat Thies demnächst die Stuttgarter Schule besuchen werde.[337]

Auf eigene Faust intervenierte nun Els Moll, eine ehemalige Waldorflehrerin, die im Zusammenhang mit der notwendigen Einschränkung des Lehrkörpers der Waldorfschule Stuttgart nach einjähriger Lehrtätigkeit entlassen worden war.[338] Moll, die überzeugte Nationalsozialistin war und ihre Entlassung zu Recht auf diese Tatsache zurückführte, hatte am 10. Mai eine Unterredung mit dem nationalsozialistischen Schulberichterstatter der Stadt Stuttgart, Cuhorst. Beide stimmten darin überein, daß die „geistige Verknöcherung" des Kollegiums und damit des „Nichtverstehenkönnens des Nationalsozialismus", die wirtschaftlichen Schwierigkeiten der Schule und vor allem „die Tatsache, daß heute der nationalsozialistische Staat viel besser die guten Grundgedanken der Waldorfschule durchführt, als diese selbst", die „Auflösung der Waldorfschule und deren Überführung in eine öffentliche Anstalt nötig machen".[339] Bothmer begab sich daraufhin selbst am 13. Mai zu Cuhorst, der ihm klar bedeutete, daß „der Wille des nationalsozialistischen Staates vor keiner Privatschule Halt machen würde und daß es deswegen jetzt höchste Zeit sei, wenn die Waldorfschule den Anschluß nicht verpassen wolle". Er „sei allerdings überzeugt, daß ein großer Teil der Lehrer sich nicht in die staatliche Organisation einfügen würde".[340] Dann erschien Margarete Link bei Cuhorst.

[337] Maikowski für Bund der Waldorfschulen an die Waldorfschulen in Deutschland vom 13. März 1935, gez. R. Maikowski. Archiv Bund der Waldorfschulen 4.3.019, und Bund der Waldorfschulen an Herrn Regierungsrat Thies, im Reichsministerium für Wissenschaft, Erziehung und Volksbildung vom 27. März 1935. BAP 62/Di 1, Nr. 110–111. Veröffentlicht in A. Wagner: Beiträge, NS-Dokumentation, Bd. 2, Rendsburg 1992, S. 46–47.

[338] Els Moll war seit 1925 Mitglied der Anthroposophischen Gesellschaft. Auskunft des Sekretariats am Goetheanum.

[339] Aktennotiz von Cuhorst, Stadtschulrat: Bericht über den Besuch der Frau Moll, Stuttgart, in Sachen Waldorfschule. BAP 62/Di 1, Nr. 156–159. Veröffentlicht in: A. Wagner, Beiträge, NS-Dokumentation, Band 2, Rendsburg 1991, S. 48–50. Moll wagte sich nicht ohne Unterstützung so weit vor: Sie wurde von dem Regierungspräsidenten Merseburg in ihren Bestrebungen gefördert, die Stuttgarter Waldorfschule im nationalsozialistischen Sinne zu übernehmen. Das geht aus dessen Appell an Rosenberg hervor. Von Heydebrand und der Lasa, Regierungspräsident, Merseburg, an Pg. Rosenberg vom 17. Dezember 1935. IfZ MA 610. Rosenberg reagierte selbstverständlich nicht, und die Sache verlief zunächst im Sande. Im November 1936 tauchte Els Moll jedoch plötzlich noch einmal bei den Schulbehörden auf und beanspruchte die Leitung der Waldorfschule. Das Stuttgarter Kollegium trat dem Ansinnen energisch entgegen. Waldorfschule Stuttgart an das Reichsministerium für Wissenschaft, Erziehung und Volksbildung vom 28. November 1936, gez. F. v. Bothmer. Archiv Bund der Waldorfschulen 4.3.291.

[340] Vgl. auch zum folgenden: Aktennotiz. Bericht über den Besuch des Lehrers Fritz Graf von Bothmer, Leiter der Freien Waldorfschule, und der Frau Dipl. Ing. Link, Mitglied des Verwaltungsrats der Waldorfschule am 13. bzw. 14. Mai 1935. vom 15. Mai 1935. BAP 62/Di 1, Nr. 230–235. Veröffentlicht in: A. Wagner, Beiträge, NS-Dokumentation Bd. 2, Rendsburg 1991, S. 72–76.

Link betonte, daß sie mit ihrem Mann, Frau Moll und Herrn Tölke „erbittert gegen die noch sehr starke Dornacher Richtung unter den Lehrern der Waldorfschule kämpft". Cuhorsts Berichte gingen an Drück im Württembergischen Kultministerium, der diese an das Berliner Ministerium weiterleitete.[341]

Diese Vorgänge erhöhten den Druck auf das Kollegium, von dem seitens des Schulvereins erwartet wurde, daß es eine positive Stellung zum NS-Staat einzunehmen hätte. Mahle wollte mit den Lehrern sprechen. Geplant war sogar, daß Mahle Emil Molt als ersten Vorsitzenden im Waldorfschulverein ablösen sollte. Am 28. Mai rief Elisabeth Klein aus Dresden an. Ihre Mitteilungen wurden von Bothmer handschriftlich festgehalten:

„Gespräch mit Schulte-Strathaus. Dieser will nach Stuttgart, zu Mergenthaler. Frau Link zu Schulte-Strathaus: ‚Das Lehrerkollegium hat keine Ahnung vom NS...' Vorschlag von Fr. Dr. Klein an Schu[lte] Str[athaus] und im Kollegium, ‚Maikowski soll nach Stuttgart und Leiter der Waldorfschule werden.' wird vom Lehrerkollegium abgelehnt. Sch. Str. ist der Meinung: ‚Die Stuttgarter Waldorfschule taugt nichts, die jüngeren Schulen seien besser zu brauchen."[342]

Mit dieser Beurteilung der Waldorfschule Stuttgart durch Schulte-Strathaus verstärkte sich die Tendenz zur Isolierung des Stuttgarter Kollegiums im Bund. Es wurde wieder als zerstritten und führungslos dargestellt. Maikowski und besonders Klein empfanden, daß das Stuttgarter Kollegium nur widerstrebend dem von ihnen angestrebten Kompromiß einer staatlichen Versuchsschule zustimmte. Das wird aber erst im September 1936, also ein Jahr später, ganz deutlich. Das Urteil Mergenthalers, daß die Lehrer der Waldorfschule sich nicht mit Überzeugung zu den nationalsozialistischen Erziehungsidealen bekennen könnten, bestätigte sich.

Es ist bemerkenswert, mit welcher Geduld sich die Lehrer in Stuttgart den unzähligen Korrespondenzen und Gesprächen, die von Tölke, Moll und den Links ausgingen, immer wieder stellten und versuchten, in sachlicher Weise auf deren geradezu versponnene Gedankengänge einzugehen, statt sie kurzerhand vom Schulleben auszuschließen. Doch schließlich gaben Tölke, die Links und Moll von selbst auf.[343]

Im Rückblick entsteht der Eindruck, daß im Stuttgarter Kollegium durch diese Auseinandersetzungen gerade das Bewußtsein dessen wuchs, was die Autonomie inhaltlich bedeutet, und dadurch intern eine entschiedene Linie

[341] Württembergisches Kultministerium, Oberregierungsrat Dr. Drück, an Ministerialrat Dr. Benze, Reichs- und Preußisches Ministerium für Wissenschaft, Erziehung und Volksbildung, vom 13. Juni 1935. BAP 61/Di 1, Nr. 230–235.

[342] Handschriftl. Notizen von Fritz Graf von Bothmer, vom 28. Mai 1935. Archiv Bund der Waldorfschulen 4.3.044.

[343] Leo Tölke an Bothmer vom 28. Juni 1936. Archiv Bund der Waldorfschulen 4.5.073. Margarete Link an Emil Leinhaus vom 10. Mai 1936. Archiv Bund der Waldorfschulen 4.5.064. Herrmann Mahle: „Erklärung" vom 20. Mai 1936. Archiv Bund der Waldorfschulen 4.5.066. Els Moll hatte keine Beziehungen mehr zum Kollegium, nachdem eine Rücksprache bzgl. Cuhorst stattgefunden hatte, agitierte aber weiter.

durchgehalten wurde. Dies kommt auch deutlich in der von Bothmer und Molt im Juli 1935 unterschriebenen Kundgebung zum Ausdruck:

„Die an dem Aufbau der Schule tätigen Menschen haben durch größte Opfer erwiesen, daß sie willens sind, ein Werk, das edelstes deutsches Geistesleben vor aller Welt vertritt, auch unter Schwierigkeiten durchzutragen. Es wird sich in nächster Zeit entscheiden, ob der geistige und wirtschaftliche Lebensraum zur Weiterführung dieses Werkes gegeben ist [...]. Die Verantwortung gegenüber unserem Volk, die wir tief empfinden, verpflichtet uns, die geistigen Grundlagen dieser Pädagogik rein zu halten. Würden wir sie verleugnen, so würden wir nicht nur unwahr werden, sondern würden die Schule selbst schädigen und zerstören."[344]

Die Waldorfpädagogik sollte also, weil sie als „Dienst am Volke" verstanden wurde, von Kompromissen rein gehalten werden. Die Übernahme der Waldorfschule durch das NS-Regime wurde nicht als „Dienst am Volk" angesehen. So klar hatte sich bisher kein Kollegium öffentlich geäußert.

Mergenthaler antwortete noch im gleichen Jahr durch weitere Maßnahmen, mit denen er alle ihm zur Verfügung stehenden Möglichkeiten, den Betrieb der Waldorfschulen zu behindern, ausnutzte:

Er legte Höchstzahlen für Schüler in den Grundschulklassen fest, was für die Waldorfschule einen Rückgang um 10% bedeutete. Er genehmigte die Aufnahme eines behinderten Schülers mit der Begründung, daß eine „Schädigung der öffentlichen Volksschule zu befürchten wäre, falls er dorthin überwiesen werde", und die Aufnahme einer Schülerin, weil sie „nichtarisch" war. Er entzog Erica von Baravalle die Unterrichtserlaubnis unter dem Vorwand des „Doppelverdienertums", obwohl die Einkünfte des Ehepaars Baravalle zusammen nicht das Gehalt eines damaligen Studienrats ausmachten. Im November 1935 verbot er die Eröffnung einer 1. Klasse für das Schuljahr 1936/37, wobei er sich auf die Absichten Rusts berief. Sodann verbot er im Januar 1936 die Erteilung des Religionsunterrichts durch die Lehrerschaft.[345]

Zugleich drohte von anderer Seite eine erhöhte finanzielle Belastung: Im Hinblick auf das Gerücht über die behördliche Schließung der Schule kündigte

[344] Die gegenwärtige Lage und Arbeit der Stuttgarter Waldorfschule. Kundgebung des Lehrerkollegiums und des Vorstandes des Waldorfschulvereins an den Freundeskreis der Schule. Gez. Fr. v. Bothmer und Dr. Emil Molt, Juli 1935. Archiv Bund der Waldorfschulen 4.3.052.

[345] Bezirksschulamt Stuttgart an die Leitung der freien Waldorfschule Stuttgart vom 31. Mai 1935. Archiv Bund der Waldorfschulen 4.3.042 und 4.3.071. Der Kultminister an die Ministerialabteilung für Volksschulen, vom 30. August 1935. Archiv Bund der Waldorfschulen 4.3.065. Bezirksschulamt Stuttgart an die Leitung der Freien Waldorfschule Stuttgart vom 1. Oktober 1935. Archiv Bund der Waldorfschulen 4.3.067. Württ. Kultministerium an Herrn Prof. von Eiff vom 14. Oktober 1935. Archiv Bund der Waldorfschulen 4.3.072. Der Kultminister an die Ministerialabteilung für die Volksschulen vom 4. November 1935. Archiv Bund der Waldorfschulen 4.3.077. Bezirksschulamt Stuttgart an die Leitung der Freien Waldorfschule Stuttgart vom 9. November 1935. Archiv Bund der Waldorfschulen 4.3.084. Ministerialabteilung für Volksschulen an die Leitung der Waldorfschule vom 28. Januar 1936. Archiv Bund der Waldorfschulen 5.1.040.

die Reemtsma AG im Dezember 1935 vertragswidrig zum März 1936 ihre monatlichen Zahlungen an den Waldorfschulverein. Diese waren bis zum April 1939 vertraglich festgelegt worden.[346] Diese willkürliche Maßnahme konnte in zähen Verhandlungen wieder rückgängig gemacht werden (bis März 1938 wurde die Zahlung aufrechterhalten).

Im Laufe dieser Ereignisse traf nun, Anfang November, die Nachricht vom Verbot der Anthroposophischen Gesellschaft in Deutschland ein. Die Verbotsbegründung enthielt auch besagten Passus über die Waldorfschulen und war für Rust das willkommene Signal, um die Waldorfschulen endgültig zu verbieten. Seine prinzipielle Entscheidung hatte er ja schon lange getroffen.

Oktober 1935–April 1936: Durchsetzung des Stuttgarter Kollegiums, Schüleraufnahmesperre, Schließung der Altonaer Schule.

Rust war im Oktober und November 1935 längere Zeit wegen Krankheit abwesend. Dies mag auch ein Grund dafür gewesen sein, daß er die Anfrage der Gestapo bezüglich der Waldorfschulen anläßlich des geplanten Verbots nicht beantwortete. Am 14. Oktober 1935 teilte Heydrich Rust seine Absicht mit, die Anthroposophische Gesellschaft zum 20. Oktober aufzulösen. Er bat ihn, für die anthroposophischen Schulen eine Verwaltung auf nationalsozialistischer Grundlage zu gewährleisten, da für sie im Reich kein Raum mehr sei.[347]Aber Rust hatte radikalere Pläne: Die Waldorfschulen sollten sämtlich von Ostern 1936 an allmählich abgebaut werden. Mergenthaler hatte diese Entscheidung vorausgenommen – allerdings zunächst befristet auf das Schuljahr 1935/36. Die Stuttgarter Schule erhielt im November 1935 eine Mitteilung über einen angeblich schon am 16. September 1935 beschlossenen Abbau der privaten Vorschulen. Deutlicher aber war das Schreiben, das die Altonaer Schule schon Anfang Oktober erhalten hatte, weil es speziell die Waldorfschulen betraf. Der dortige Kreisschulrat Stegemann schrieb am 5. Oktober 1935 an die Altonaer Schule:

„Im Auftrage des Herrn Regierungsdirektors Petersen, Schleswig, habe ich Ihnen mitzuteilen, daß die Regierung beabsichtigt, ab Ostern 1936 die Rudolf Steiner-Schulen all-

[346] H. F. und Ph. F. Reemtsma, Altona Bahrenfeld, an die Direktion des Waldorfschulvereins e. V. vom 5. Dezember 1935. Archiv Bund der Waldorfschulen 5.2.324. Die Reemtsma AG hatte 1929 die Waldorf-Astoria Zigarettenfabrik von Emil Molt übernommen. Dabei war sie die Verpflichtung eingegangen, 10 Jahre lang, d. h. bis April 1939, eine Zahlung von monatlich RM 4000,- an den Waldorfschulverein zu übernehmen, der vorher in entsprechender Weise von der Waldorf-Astoria gefördert wurde. Die Verpflichtung gehörte zu den Verkaufsbedingungen der Waldorf-Astoria. Vorstand der Reemtsma-Aktiengesellschaft an den Waldorfschulverein e. V. vom 11. April 1929. Archiv Bund der Waldorfschulen 5.2.320.

[347] Werner Best für Geheimes Staatspolizeiamt an Reichserziehungsministerium vom 14. Oktober 1935. BAP 62/Di 1 Nr. 117/178.

mählich abzubauen, da sie und auch die ihr verwandten Anstalten in ihrem Wesen den weltanschaulichen und damit den pädagogischen Anforderungen des Staates und der Bewegung nicht entsprechen."[348]

Rust hatte also die Entscheidung über die Waldorfschulen von dem Abbau der privaten Vorschulklassen getrennt. Entgegen der vielfach gehegten Hoffnung war dies keineswegs geschehen, um eine Sonderlösung für den Erhalt der Waldorfschulen zu suchen. Im Gegenteil: Rust wollte mit einer solchen Maßnahme nicht nur die Volksschulklassen, sondern auch die Oberstufe treffen. Diese Mitteilung, die auch – in dieser Form irrtümlich – als Entscheidung Rusts, die Waldorfschulen zu Ostern 1936 zu schließen, weitergegeben wurde, veranlaßte Elisabeth Klein und Franz Brumberg, Leiter der Rudolf Steiner Schule Altona, sofort im Reichserziehungsministerium vorzusprechen.[349] Thies wollte sie nicht mehr empfangen.[350] Es fanden aber von Klein als positiv bewertete Gespräche mit Ministerialrat Graf Rantzau und v. Reichsmeister, dem persönlichen Adjutanten von Rust, statt. Daraufhin bat Maikowski um eine Unterredung mit Rust persönlich, die aber wegen dessen Krankheit nicht zustande kam.[351]

Gegen den in dem Verbotstext enthaltenen Passus über die Waldorfschulen legte Maikowski am 18. November Verwahrung ein, was er auch Rust sofort mitteilte.[352] Gleichzeitig wurden von Maikowski und Klein die Gespräche mit Alfred Leitgen im Amt Hess wieder aufgenommen, was die dramatische Stimmung etwas beruhigte.[353] Der Waldorfschulverein teilte seinen Mitgliedern mit, daß die Waldorfschule und der Verein von der Auflösung der Gesellschaft nicht betroffen seien. Es wurde allen negativen Vorzeichen zum Trotz die

[348] Der Kreisschulrat an Direktor Dr. Brumberg vom 5. Oktober 1935. Archiv Bund der Waldorfschulen 4.3.139.

[349] Vgl. den ausführlichen Bericht von Klein an Fritz von Bothmer vom 15. Oktober 1935. Archiv Bund der Waldorfschulen 4.3.073. Tatsache ist, daß Elisabeth Klein die behördlichen Gespräche führte, während Maikowski den formellen Schriftverkehr besorgte.

[350] Der formale, bis dahin nie verwendete Vorwand war, daß Vorsprachen im Reichsministerium von der Heimatbehörde befürwortet werden müßten.

[351] René Maikowski, Bund der Waldorfschulen, an Reichsminister und Ministerialdirektor Sunkel, Reichsministerium für Wissenschaft, Erziehung und Volksbildung, vom 4. November 1935. Archiv Bund der Waldorfschulen 4.3.076. Das Schreiben enthält besonders eine Darstellung der Stuttgarter Lage. Antwort vom Reichsminister am 6. November 1935. Archiv Bund der Waldorfschulen 4.3.085.

[352] René Maikowski, Bund der Waldorfschulen, an die Geheime Staatspolizei vom 18. November 1935. Archiv Bund der Waldorfschulen 4.3.088. Er weist den Vorwurf der „Weltanschauungsschule" und der „individualistischen Erziehungsmethode" zurück. Und: Bund der Waldorfschulen an den Herrn Reichs- und Preußischen Minister für Wissenschaft, Erziehung und Volksbildung vom 18. November 1935. Archiv Bund der Waldorfschulen 4.3.090.

[353] Bund der Waldorfschulen an den Adjutanten des Stellvertreters des Führers, Herrn Leitgen, vom 25. November 1935. Archiv Bund der Waldorfschulen 4.3.097.

Überzeugung ausgedrückt, daß das Reichserziehungsministerium in einer einheitlichen Regelung die Weiterexistenz der Schulen vorbereite.[354]

Unter diesen Umständen mußte das Verhältnis der Waldorfschullehrerschaft zur Anthroposophie nochmals in den Vordergrund treten. Die Lage spitzte sich im Kollegium um die Person von Hermann von Baravalle zu und gipfelte im Schulverein in einem „Frontalangriff" der Gruppe Tölke, Link, Mahle auf Emil Molt und das Kollegium.

Hermann von Baravalle war seit 1920 Mathematik- und Physiklehrer an der Waldorfschule Stuttgart und seit längerer Zeit auch Mitarbeiter der mathematisch-astronomischen Sektion an der Freien Hochschule für Geisteswissenschaft am Goetheanum. In Abwesenheit von Molt verlangte die Gruppe Link und Mahle, wie auch Emil Leinhas von Baravalle, die Verbindung zum Goetheanum zu lösen. Den Behörden sollte eine entsprechende Mitteilung zugehen. Baravalle berichtete darüber während eines Aufenthaltes in der Schweiz an Guenther Wachsmuth, Dornach, in folgender Weise:

„Die aufgeworfenen Fragen spielten durch mehrere Wochen und führten zu einem harten Kampf, der zuletzt doch wieder positiv abgeschlossen werden konnte [...]. Ich habe in (zusammen über 20stündigen) Verhandlungen mit der Lehrerschaft (mit den genannten Herrn zu verhandeln ist überflüssig [gemeint sind die o. g. Vertreter des Vorstands; U. W.]) die Erkenntnis zu wecken gesucht, daß es mit den geistigen und menschlichen Grundlagen unserer Schule unvereinbar ist, auch nur einen Schritt des Abrückens vom Goetheanum zu tun und daß es der Freien Hochschule für Geisteswissenschaft gegenüber unmöglich ist, eine Funktion unter staatliche Kontrolle oder staatlichen Riegel zu legen [...]. Es war knapp daran, daß ich meine Arbeit an der Waldorfschule nach Weihnachten nicht mehr hätte aufnehmen können. Der Einsatz der Lehrerschaft drang aber zuletzt durch und ich bleibe an der Schule. [...] Dadurch konnte verhindert werden, daß die Schule nun noch 3 Monate bevor sie staatlich geschlossen wird, von innen her zu Grunde geht [...]."[355]

Anfang Januar richtete Baravalle ebenfalls aus der Schweiz ein zweites Schreiben an Wachsmuth. Um zu verhindern, daß die Waldorfschulen ähnlich unvorbereitet – wie er meinte – einer plötzlichen Schließung zu Ostern 1936 gegenüber stehen würden wie der deutsche Vorstand beim Verbot der Anthroposophischen Gesellschaft, schlug er vor, die Verantwortung für die Waldorfpädagogik ans Goetheanum, d. h. ins Ausland zu verlegen. Im einzelnen erwog er:

1. Gründung eines Rudolf-Steiner-Schulfonds, der die bisher in Deutschland geleisteten Spenden aufnimmt.
2. Aufbau einer Lehrerbildung in Dornach.
3. Gründung eines sozialen Hilfsfonds in Deutschland (für Gelder, die nicht

[354] E. A. Karl Stockmeyer an die Leiter unserer Ortsgruppen vom 29. November 1935. Archiv Bund der Waldorfschulen 5.1.033.

[355] Hermann von Baravalle an Guenther Wachsmuth vom 29. Dezember 1935. Archiv am Goetheanum.

mehr ins Ausland gehen können), um die arbeitslos werdenden Lehrer zu unterstützen.[356]

Aus der Schilderung Baravalles geht hervor, daß das Kollegium in der Verbindung zur Freien Hochschule für Geisteswissenschaft eine Kernfrage der geistigen Autonomie der Schule sah und daß es nicht gewillt war, dem Drängen des Vereinsvorstandes nachzugeben. Dieser ging nun soweit, daß er für den Fall, daß Baravalle auf seiner Vortragstätigkeit in Dornach bestehe, mit der Auflösung seines Beschäftigungsverhältnisses drohte.[357] Vereinbart wurde schließlich, daß Baravalle seine Tätigkeit am Goetheanum von Fall zu Fall mit dem Schulleiter, Fritz von Bothmer, absprechen sollte.

Mit den Briefen an Wachsmuth sind Zeugnisse für das Ringen der Lehrerschaft um ihre geistige Integrität erhalten.

Im Februar 1936 kam es zu einem Vorfall, in dessen Mittelpunkt Baravalles antinationalsozialistisches Verhalten als Waldorflehrer öffentlich kritisiert wurde und der deswegen hier erwähnt werden muß. Der Verlauf war folgender: Bei einem Klassenausflug unter der Leitung von Baravalle zum Elektrizitätswerk Hoheneck wurde in der Schlosswirtschaft Pause gemacht. Dortige Gäste legten Grammophonplatten auf und forderten die Mädchen der Klasse zum Tanz auf. Ein Mitglied der HJ legte den Fahnenmarsch der HJ auf, worauf ein Mädchen sagte: „Das ist ja Quatsch". Die Gäste waren empört, aber die Angelegenheit konnte bereinigt werden. Trotzdem erschien in der folgenden Nummer der Reichssturmfahne (Kampfblatt der Schwäbischen HJ) unter dem Titel „Vorwärts, vorwärts, die neueste Tanzplatte der Waldorfschule in Stuttgart" ein ausführlicher Schmähartikel, ganz besonders gegen Baravalle gerichtet. Dr. von Baravalle wird darin Dr. von Marvall genannt. Es wird ihm vorgeworfen, nichts gegen das Mädchen vorgebracht und damit die HJ mißachtet zu haben. Die Schüler werden in ihrem Betragen als „heruntergekommen und vernachlässigt" beschrieben.[358]

Dieser Vorfall, zufällig oder gezielt, hätte von Mergenthaler als weiterer Anlaß gegen die Waldorfschule ausgenutzt und die Anwesenheit Baravalles an der Waldorfschule wieder in Frage stellen können. So weit kam es jedoch nicht.

[356] Hermann von Baravalle an Guenther Wachsmuth vom 2. Januar 1936. Archiv am Goetheanum.

[357] „Sie haben für eine im Ausland stattfindende Veranstaltung der in Deutschland verbotenen Anthroposophischen Gesellschaft Vorträge zugesagt. [...] Sie verletzen deutsches Gesetz, wenn Sie auf Ihren Vorhaben bestehen. Zudem gefährden Sie damit ganz unmittelbar die Existenz der Waldorfschule. Ich bat Sie [...], Ihre Absicht aufzugeben [...] wiederhole ich nun als Vorstand des Waldorfschulvereins diese Bitte, nicht ohne Sie ausdrücklich darauf hinzuweisen, daß die Ausführung Ihres Vorhabens die sofortige Lösung Ihres Verhältnisses zur Schule unmittelbar zur Folge haben müßte." Waldorfschulverein e. V. an Hermann von Baravalle vom 17. Januar 1936. Archiv Bund der Waldorfschulen 5.1.037.

[358] Vgl. Freie Waldorfschule Stuttgart an Kultminister vom 1. März 1936. Archiv Bund der Waldorfschulen 4.3.129, wahrscheinlich nicht abgeschickt, und Reichssturmfahne Jg. 3, Nr. 5 vom 1. März 1936. Archiv Bund der Waldorfschulen.

Unter diesen Auspizien machten Eugen und Margarete Link ihren Rettungsvorschlag „Zur Aufrechterhaltung der Pädagogik Rudolf Steiners“ (sic!) für die Stuttgarter Waldorfschule:

1. Frau Link, als Nationalsozialistin, übernimmt die Leitung der Schule.
2. Herr Mahle tritt an die Stelle Emil Molts als 1. Vorsitzender des Schulvereins.
3. Die Waldorfschule in Stuttgart wird vom Bund der Waldorfschulen losgelöst.[359]

Unterstützt wurde dieses Schreiben durch den nun wieder auftauchenden Tölke, der eine Unterredung mit Molt forderte. Dieser stimmte zu, bat aber Bothmer um dessen Anwesenheit.

Das Gespräch vom 4. Februar 1936 gibt einen unmittelbaren Eindruck dieses dramatischen Höhepunktes der Auseinandersetzung: „T.: ‚Mein Bestreben ist, die Waldorfschule als staatliche Versuchsschule mit der ausgesprochenen Pädagogik Dr. Steiners weiter bestehen zu lassen.‘ M.: ‚Was hindert daran, sie so wie bisher weiter bestehen zu lassen.‘ T.: ‚Die Regierung hat mehr Entgegenkommen erwartet, insofern als die Waldorfschule der allgemeinen Erziehung sich mehr anpaßt. Wenn so etwas erfüllt wird, wie die Änderung des Vorstandes des Waldorfschulvereins, dann ist die Grundlage gegeben, daß die Schule als Waldorfschule erhalten bleibt. Wir, besonders ich, sind Ihnen außerordentlich dankbar für alles, was Sie getan haben: Jetzt aber wäre die Möglichkeit gegeben, die Dankbarkeit noch zu erhöhen, dadurch, daß Sie den Vorsitz niederlegen.‘ M.: ‚Ich möchte sagen: Den Dank Dame, begehre ich nicht: Für mich ist das Entscheidende, wie ich mich Dr. Steiner verpflichtet fühle und der geistigen Welt gegenüber. Nicht etwa, daß ich auf Dank rechne, das ist ja selbstverständlich. Die Waldorfschule ist ein Geschenk aus der geistigen Welt. [...] Ich war ja nur das Werkzeug dazu – als solches bleibe ich auf meinem Posten. [...]‘ T.: ‚Ich will gar nicht das Pädagogische berühren, aber es handelt sich um das Fernhalten der Schule vom Erleben des Volkes.‘ M.: ‚Das wäre eine pädagogische Frage zum Beispiel.‘ T.: ‚Nein, das geht meiner Ansicht nach den Waldorfschulverein an.‘ [...] M.: ‚Sie meinen nicht, daß man in Ruhe den Bescheid abwarten soll?‘ T.: ‚Nein! Denn die Regierung muß sehen, daß die Menschen um die Schule herum wollen, was sie bisher, von der Regierung aus gesehen, nicht wollten. Dann wird der Berliner Entscheid anders wirken. Wenn sich aber oben kein Entgegenkommen zeigt an der Waldorfschule, das hat mir Dr. Drück ausdrücklich gesagt, dann machen wir einfach den Betrieb zu‘ M.: ‚Da liegt also Ihrer Meinung nach, Ihrer Information nach, ein bestimmtes Wollen vor?‘ T.: ‚Ja. [...] T.: ‚In der heutigen Zusammensetzung des Vorstandes wird der Verein als Weltanschauungsverein betrachtet.‘ M.: ‚Man kann doch nicht sagen, der Waldorfschulverein sei ein Weltanschauungsverein. Würde das

[359] Eugen und Margarete Link an Emil Molt, Waldorfschulverein, vom 2. Februar 1936. Archiv Bund der Waldorfschulen 4.5.009.

die politische Polizei gedacht haben, so hätte sie den Verein zusammen mit der Anthr. Gesellschaft aufgelöst. Sie sagen doch selbst, die Pädagogik Steiners wollen Sie erhalten. Die ist doch aus der Anthroposophie herausgewachsen.' T.: ‚Ja, wie die biologische Düngung.' M.: ‚Das kann man doch nicht sagen, daß der Waldorfschulverein ein weltanschaulicher Verein ist, bloß weil einige Persönlichkeiten dem Vorstand der Anthroposophischen Gesellschaft angehört haben. Man kann doch Pädagogik nicht von der Anthroposophie trennen!' T.: ‚[...] Glauben Sie, daß man zur Ausübung dieser Pädagogik Anthroposoph sein muß?' M.: ‚Ja! Äußerlich nachmachen kann man die Pädagogik doch nicht. Die kann man nur richtig ausüben, wenn man anthroposophischer Lehrer ist. Ohne das kann man nie diese Pädagogik haben.' T.: ‚Gegen die Anthroposophie hat der Staat gar nichts. Er hat nur etwas gegen die Anthroposophische Gesellschaft.' M.: ‚Wenn der Staat nichts gegen die Anthroposophie hat, dann kann er ja auch nichts gegen die paar Männeken haben, die im Schulverein sitzen. Mahle z. B. ist doch Mitglied der Christengemeinschaft und diese ist ja auch aus der Anthroposophie herausgewachsen. Also ist doch da eigentlich kein Unterschied, ob Mahle oder ich im Vorstand sind.' T.: ‚Aber er ist Mitglied der Partei.' M.: ‚Sollte das den Ausschlag geben? Es werden nicht viele Lehrer Mitglieder der Partei sein, denn man ist ja gar nicht mehr aufgenommen worden. Man kann mir das doch nicht verübeln, daß ich nicht Mitglied der Partei bin. Sind Sie denn Parteimitglied?' T.: ‚Nein, ich bin es noch nicht.' [...] M.: ‚Ich fühle mich als Grunddeutscher und würde es für unmöglich halten, wenn mein Deutschtum von der Parteizugehörigkeit abhängig wäre.' T.: ‚All' das wäre ja auch nicht nötig, wenn die Waldorfschule sofort eine Staatsschule würde'. M.: ‚Wenn aber die Lehrerschaft nicht damit einverstanden ist? Wenn sie diese Wege nicht gehen kann?' T.: ‚Die Lehrerschaft wird die Wege gehen, wenn sie die Kinder liebt. Ich würde der Regierung zeigen, was an der Pädagogik ist, damit sie sich dafür interessiert, evtl. mit einiger Einschränkung z. B. ohne Eurythmie etc.'. M.: ‚Könnte die Regierung sich nicht heute schon dafür interessieren, für die Vollpädagogik ohne Einschränkung?'[360]

Tags darauf faßte Tölke seinen Standpunkt in einem fünfseitigen Schreiben an Molt zusammen, in dem er diesen nochmals zum Rücktritt aufforderte. Er schloß mit folgenden Worten:

„Ich habe den festen Willen, alles zu tun, um die Schule zusammen mit den Lehrern und Eltern zu erhalten und zu erneuern, aber nur im Sinne der nationalsozialistischen Bewegung."[361]

In den Äußerungen Molts ist seine Treue zu den Grundlagen der Waldorfschule, insbesondere zu der Autonomie der Lehrerschaft, zu spüren. Durch sie wird auch deutlich, wie sehr gerade seine Persönlichkeit dem Vorgehen des

360 Archiv Bund der Waldorfschulen 4.5.012. Das Protokoll stammt von Fritz von Bothmer.

361 Leo Tölke an Emil Molt, vom 5. Februar 1936. Archiv Bund der Waldorfschulen 4.5.053.

Vorstands in dieser Zeit eine ganz andere Richtung hätte geben können. Seine durch Krankheit bedingte Abwesenheit ließ den Waldorfschulverein geistig verwaisen. Molt starb 6 1/2 Monate später, am 16. Juni 1936.

Am 10. Februar 1936 stand die Antwort der Lehrerschaft fest. Sie lautete:

„Antwort auf die Vorschläge von Herrn und Frau Link ‚Zur Aufrechterhaltung der Pädagogik Rudolf Steiners': Die Lehrerschaft sieht in den Vorschlägen von Herrn und Frau Link keinen geeigneten Weg zur Aufrechterhaltung der Pädagogik Rudolf Steiners.

I. Leiter der Schule kann nur ein Lehrer mit längerer Erfahrung auf dem Gebiet dieser Pädagogik sein. Daß die Schule sich positiv in den heutigen Staat stellt, hat sie bewiesen. Ihr einziger Weg, diesem Staat mit dem Besten was sie hat wirklich zu dienen, ist, die Pädagogik Rudolf Steiners offen und lückenlos zu vertreten. Sie bedarf dazu: 1) des bisherigen freien Lehrplans, 2) einer in erwägbaren Grenzen freien Lehrerwahl, 3) einer freien Schüleraufnahme durch alle 12 Klassen, innerhalb der Grenzen, die der Schule durch ihre wirtschaftlichen und pädagogischen Notwendigkeiten gesetzt sind. Die Abtrennung der Grundschule wäre nicht tragbar, weil sonst gerade die in dieser Erziehungsart zum ersten Male durchgeführte Einheit des ganzen Erziehungsweges vom Kindergarten bis zur Hochschule wieder zerstört würde.

II. Die Lehrerschaft weiß die Leitung des Waldorfschulvereins bei Herrn Dr. Molt, der als Gründer der Schule mit ihrer Arbeit und ihren Vertretern untrennbar verbunden ist, trotz seiner Erkrankung in besten Händen.

III. Zu einer Loslösung vom Bund der Waldorfschulen besteht kein Grund. Der Bund der Waldorfschulen sichert die einheitliche Vertretung bei den Reichs- und Parteistellen, wie es deren eigenem Wunsche entspricht. Der Leiter der Schule hat die Gewißheit, daß wesentliche Entscheidungen nicht ohne sein Wissen erfolgen und daß die den Bund leitenden Persönlichkeiten ihn als den Leiter der ältesten und größten Waldorfschule, an der Rudolf Steiner selbst noch jahrelang gewirkt und deren Lehrer er zumeist noch selbst berufen hat, bei allen entscheidenden Stellen zu Wort kommen lassen werden."[362]

Im Kreise der Stuttgarter Schule trafen die extremen Positionen in Form der Auseinandersetzung zwischen Vorstand des Schulvereins und Kollegium aufeinander: Die Vorschläge des Ehepaars Link, die den Nationalsozialismus im Schulverein vertraten, und die eindeutige Ablehnung dieser Vorschläge durch die Lehrerschaft im Sinne des Autonomiegedankens der Waldorfschule. Auch Elisabeth Klein dachte in ihren späteren Verhandlungen nie an die von den Eheleuten Link vertretenen extremen Vorschläge. Zwischen Elisabeth Klein und Margarete Link gab es schon im November 1935 deutliche Differenzen, da beide als Vertreter der Waldorfschulen im Amt Hess erschienen. Fritz von Bothmer versuchte zu vermitteln.[363]

[362] Archiv Bund der Waldorfschulen 4.5.017.

[363] Fritz von Bothmer an Elisabeth Klein vom 12. November 1935. Archiv Bund der Waldorfschulen 4.3.086. Z. T. beruhten diese Differenzen auf einer persönlichen Rivalität: Link wollte die Waldorfschule Stuttgart im Amt Hess und den sonstigen Behörden selbst vertreten. Elisabeth Klein führte die Verhandlungen wenn nicht im Auftrage, so doch in Absprache mit dem Bund, dem die Stuttgarter Waldorfschule angehörte. Kurz bevor Links aus dem Vorstand des Waldorfschulvereins austraten, versuchte Margarete Link über den SD-Stuttgart, Anfang Mai 1936 die Verhandlungen von Elisabeth Klein zu sabotieren (Vgl. Zweiter Teil, Kap. 1)

Damit hatte die Waldorfschule Stuttgart den Höhepunkt der internen Krise erreicht, ja überschritten. Das Kollegium und Emil Molt hatten zu dem geistigen Autonomiegedanken gestanden. Im Reichserziehungministerium bereitete Rust seinen Erlaß vor. Er ließ dem Gestapa, dem Amt Hess und sämtlichen betroffenen Unterrichtsverwaltungen am 21. November 1935 seinen Entwurf für die geplante Schüleraufnahmesperre zugehen.[364] In Hannover und Kassel hätten die Unterrichtsverwaltungen eine sofortige Auflösung der Schüleraufnahmesperre vorgezogen.[365] Sowohl Heydrich als auch Frick antworteten im März und betonten in ihren Stellungnahmen, daß ein direkter Zusammenhang zwischen der Auflösung der Gesellschaft und der Schließung der Waldorfschulen nicht hergestellt werden könne.[366] Vom Amt Hess lag keine schriftliche Stellungnahme vor. Sie muß, wenn überhaupt, telefonisch erfolgt sein.[367]

Klein und Maikowski hatten am 28. Februar 1936 Ministerialdirektor Eberhard Sunkel im Reichserziehungsministerium aufgesucht. Als dieser unter dem 14. März Maikowski mitteilte, daß „der Herr Minister im Einvernehmen mit dem Stellvertreter des Führers am 12. März d. J. eine Entscheidung über die Waldorfschulen getroffen hat,“[368] nahm Maikowski irrtümlich an, es handle sich um eine positive Entscheidung. In Unkenntnis des Inhalts machte er nämlich am 18. März eine Eingabe an die Kasseler Schulbehörden, in der er meinte, Sunkel hätte ihm mitgeteilt, „daß eine Verfügung, die die ungehinderte Weiterarbeit der Waldorfschulen bis zur Durchführung der geplanten Schulreform gewährleiste, demnächst erlassen werden dürfte.“[369]

Rusts Erlaß ging am 12. März 1936 an die Unterrichtsverwaltungen der Länder mit folgendem lapidaren Wortlaut:

„Ich ersuche, Anordnungen zu treffen, daß in den Waldorf- bzw. Rudolf-Steiner-Schulen (aufgebaut auf der anthroposophischen Weltanschauung) keine Schüler mehr aufgenommen werden.“[370]

[364] Vermerk im Reichserziehungsministerium vom 21. November 1935. BAP R 4901–3285.

[365] Der Regierungspräsident Hannover an Reichserziehungsministerium vom 30. Dezember 1935 und der Regierungspräsident Kassel an Reichserziehungsministerium vom 7. Januar 1936. Beide: BAP R 4901–3285.

[366] Heydrich empfahl, die Waldorflehrer gegen nationalsozialisische Lehrer auszuwechseln und so die Schulen bestehen zu lassen. Gestapa an Reichserziehungsministerium vom 3. März 1936. BAP R 4901–3285 und Reichserziehungsministerium, Abänderungsvermerk für den Erlaß vom 12. März 1936, BAP R 4901–3285.

[367] Später, im März 1937, erklärte Staatssekretär Grauert Eickhoff, daß Hess seine persönliche Zustimmung gegeben habe. Reichserziehungsministerium Vermerk vom 10. März 1937. BAP R 4901–285.

[368] Ministerialdirektor Sunkel an René Maikowski vom 14. März 1936. BAP R 4901–3285.

[369] René Maikowski an den Regierungspräsidenten der Provinz Hessen-Nassau in Kassel vom 18. März 1936. BAP R 4901–3285.

[370] Der Reichs- und Preußische Minister für Wissenschaft, Erziehung und Volksbildung an die Unterrichtsverwaltungen der Länder usw. vom 12. März 1936. BAD Z/B 904.

Am 20. März wurde der Regierungspräsidennt in Hannover, jedoch nicht die Hannoversche Schule unterrichtet.[371] In den letzten Märztagen, gerade zu Beginn der Osterferien, traf auch in der Rudolf-Steiner-Schule Altona (Ostern 1931 eröffnet, Ostern 1936 von ca. 360 Schülern besucht) die Schüleraufnahmesperre Rusts ein. Begleitet war diese noch durch die Forderung an das Kollegium, das Treuegelöbnis auf Adolf Hitler zu leisten.[372] Die meisten Kollegen waren noch an Ort und Stelle. Das Kollegium beschloß, die Schule als Rudolf Steiner Schule zu schließen. Ausschlaggebend war nach Aussage von Charlotte Reineck-Wollborn die Frage der Vereidigung der Lehrerschaft auf Adolf Hitler: „Nachdem die älteren Kollegen gesprochen hatten, wurden auch die jüngeren gefragt. Ich erhielt das Wort und sagte“, so erzählt sie heute, „wir müssen vor den Schülern als wahre Menschen stehen, und klar sein, daß wir nicht mehr mitmachen können.“ Später unterschrieb sie für anderweitige Anstellungen das Papier. Begründung: „Es war ein großer Unterschied für mich, ob wir als Rudolf Steiner-Schulkollegium den Eid leisteten oder für irgendeine andere Beschäftigung.“[373] Erich Weismann, an der Berliner Schule tätig, unterstrich später, daß beide Kollegien (Berlin und Altona) diesen Treueeid nicht als „Akt der Loyalität“ gegenüber dem Staatsoberhaupt, sondern als Zwang zur Lüge empfunden hätten.[374] Die Selbstauflösung war die Konsequenz. Paula Dieterich und der Schularzt Dr. Julius Solti stimmten nicht für diese Lösung. Für sie blieb der Eid ein Lippenbekenntnis, das die Lehrerschaft innerlich nicht binden konnte.

Gegenüber der Elternschaft betonte Franz Brumberg:

„Durch den letzten Erlaß wurde uns unmißverständlich zum Ausdruck gebracht, daß die Rudolf Steiner Schulen in Deutschland abgebaut werden. [...] Diese Tatsache wollen Sie als unbedingt gegeben ansehen.

Halten Sie daneben, was ich am Anfang sagte: Der nationalsozialistische Staat muß aus seiner inneren Struktur heraus den Anspruch erheben auf Totalität, d. h. nach den Anschauungen des Staates darf es keine Erziehungsstätten geben, die nicht unter Führung des Staates und seiner Verantwortung stehen. Nun fußen aber Institutionen wie unsere Schule auf der Freiheit des Lehrens und sind aus diesem Grunde unmöglich geworden. Durch den Willen zum Abbau unserer Schule, durch alle anderen Maßnahmen, ist uns dies ausreichend dokumentiert. Aus dieser Erkenntnis heraus mußten wir den Entschluß fassen, und Sie werden diesen Entschluß sicher verstehen, die Rudolf Steiner

371 Der Reichs-und Preußische Minister für Wissenschaft, Erziehung und Volksbildung an den Regierunsgpräsidenten in Hannover vom 12. März 1936. Archiv Bund der Waldorfschulen 4.3.127.

372 Der Wortlaut des Eides war folgender: „Ich schwöre: Ich werde dem Führer des Deutschen Reichs und Volkes, Adolf Hitler, treu und gehorsam sein, die Gesetze beachten und meine Amtspflichten gewissenhaft erfüllen, so wahr mir Gott helfe.“ Georg Fischbach: Deutsches Beamtengesetz, Berlin 1937, S. 113.

373 Gespräch U. W. mit Charlotte Reineck-Wollborn am 2. Dezember 1992 und die Niederschrift ihrer Erinnerungen (PA Charlotte Reineck-Wollborn).

374 Vgl. Festschrift zur 50-Jahr-Feier Freie Schule und Rudolf Steiner Schule Hamburg Altona und Nienstetten, 1981. PA Charlotte Reineck-Wollborn. Das Berliner Kollegium schloß ein Jahr später. Stuttgart erhielt die Aufforderung zum Treueeid erst im Juni 1937. Archiv Bund der Waldorfschulen 4.3.466.

Schule aufzulösen und zwar in der Weise, daß die Überführung der Kinder in die Staatsschulen restlos zu Ostern 1937 erfolgt ist. Wir haben uns ferner aus dieser Situation heraus entschließen müssen, unseren eigenen Lehrplan für dieses Jahr aufzugeben und den Namen, der damit verbunden ist, abzulegen."[375]

Der Stuttgarter Waldorfschule wurde die Schüleraufnahmesperre am 1. April 1936 durch das Bezirksschulamt mitgeteilt.[376] Andererseits wurde nun zum ersten Male offiziell vom Bund der Waldorfschulen an Hess die Bitte gerichtet, die Erhaltung der Schulen in der Weise zu befürworten, daß „die Waldorfschulen als Versuchsschulen im Rahmen des neu zu gestaltenden Schulwesens bestehen bleiben dürfen."[377] Wie eine solche staatliche Versuchsschule aussehen sollte, darüber gab es allerdings noch keine gemeinsamen Vorstellungen. Ebenso muß als zweifelhaft gelten, daß alle nun verbleibenden Schulen ein solches Ziel wirklich anstrebten.[378]

Damit kamen die Entwicklungen zu einem ersten Abschluß. Es wurde klar, daß Rust im Grunde nie daran gedacht hatte, die Waldorfschulen überleben zu lassen, und sich in sein Vorgehen weder von der Gestapo noch vom Amt Hess hineinreden ließ. Zu keinem Zeitpunkt hatte ein Vertreter der Waldorfschulen ein Gespräch mit Hess persönlich gehabt. Allerdings hatte Elisabeth Klein eine kurze Begegnung mit Hess, der – ihren Angaben nach – aber nur „eine Minute" Zeit hatte. Seine Frage nach dem Unterschied zwischen Waldorfschule und Staatsschule beantwortete sie mit dem – immerhin schlagfertigen – Hin-

[375] Niederschrift der Ansprache Brumbergs an die Elternschaft der Rudolf Steiner Schule Altona vom 6. April 1936. Archiv Bund der Waldorfschulen 4.3.138. Wie aus Anlage 4 ersichtlich, dauerten die sog. „Umschulungskurse" in Altona bis März 1938. Dies geschah auf Wunsch der Elternschaft.

[376] Bezirksschulamt an die Waldorfschule Stuttgart vom 1. April 1936. Archiv Bund der Waldorfschulen 4.3.136.

[377] René Maikowski für Bund der Waldorfschulen an den Stellvertreter des Führers, Reichsminister Hess, z. Hd. von Herrn Leitgen vom 9. April 1936. Archiv Bund der Waldorfschulen 4.3.141.

[378] In seinem Schreiben vom 3. Juli 1936 schilderte Franz Brumberg nochmal diese von A. Leschinsky verkannte Lage: „Wie wir Ihnen am 6. April mitteilten, befinden wir uns seit Ostern 36 im Abbau. Wir haben den Lehrplan aufgegeben und den Namen der Schule abgelegt, da wir die Möglichkeit zu einer kompromißlosen Verwirklichung der durch unsere Schule angestrebten Pädagogik nicht mehr als gegeben betrachten konnten, und um vor den Eltern und der Außenwelt zu dokumentieren, daß es sich bei uns jetzt nur noch darum handeln kann, durch Angleichung an die staatlichen Lehrpläne den Kindern den Übergang auf die staatlichen Schulen zu erleichtern [...]." Die Schilderung schließt: „Solange die Arbeit der Anthroposophischen Gesellschaft in Deutschland nicht wieder erlaubt ist, solange nicht gleichzeitig die kompromißlose Anerkennung der pädagogischen Arbeit unserer Schulen in der Weise erfolgt ist, daß uns ohne jeden Vorbehalt als nichtstaatliche Schule die Aufnahme von Kindern gestattet ist; solange sind die Grundlagen für einen solchen Antrag (auf staatliche Versuchsschule, U. W.) für mich nicht gegeben." Franz Brumberg an die Waldorfschulen im Reich, vom 3. Juli 1936. Archiv Bund der Waldorfschulen 4.3.174.

weis, daß es derselbe sei wie auf dem Gebiet der Landwirtschaft zwischen biologisch-dynamischer Wirtschaftsweise und Kunstdüngermethode.[379]

Unter den Waldorfschulen zeichneten sich zwei Richtungen ab: entweder sich auf die Schließung vorzubereiten oder auf die Anerkennung als Versuchsschule zu hoffen. Es war allen Beteiligten deutlich, daß die Waldorfschulen in ihrer Autonomie schon erhebliche Einbußen hingenommen hatten: In das Schulleben drangen die nationalsozialistischen Jugendorganisationen ein (HJ, BdM usw.). Fahnenhissen, Horst-Wessel-Lied und Hitlergruß waren Vorschrift geworden. Es folgte der verlangte Eid auf Hitler. Konnten diese Elemente aber im konkreten Schulleben noch bis zu einem gewissen Grade ausgeglichen werden, so wogen andere Eingriffe noch schwerer: Einschränkung der freien Lehrerwahl durch die Rücktrittsforderung an die jüdischen Kollegiumsmitglieder, und letztlich die Einschränkung der freien Schülerwahl. Parallel zu all diesen Schritten verlief die sich immer nachhaltiger auswirkende Untergrabung der wirtschaftlichen Grundlage. Rusts Verordnung zwang die Waldorfschulen zu einer schrittweisen „Selbst"auflösung. Demgegenüber waren die Eingriffe in die Lehrplanfreiheit einer autonomen Schule noch immer relativ geringfügig. Das war vor allem auf die verschleppte allgemeine Schulreform zurückzuführen, für die der größte Teil der Lehrinhalte noch keine nationalsozialistische Umformung erfahren hatte.

Die Christengemeinschaft (Bewegung für eine religiöse Erneuerung) 1933–1936

Einleitung

Der Kirchenkampf im nationalsozialistischen Staat berührte in dieser Zeit nur indirekt das Schicksal der Christengemeinschaft.[380] Die Auseinandersetzung mit den beiden großen Konfessionsgruppen spielte insofern eine Rolle, als die Kompromisse, die der Vatikan auf der einen, die evangelischen Landeskirchen auf der anderen Seite mit dem NS-Regime eingingen, zum Überleben mancher kleineren Religionsgemeinschaft beitrugen. Auch mit den Formen des Widerstandes, die sich bei Katholiken oder Protestanten bildeten, hatte die Christengemeinschaft nichts gemein. Als kleine Gruppierung (etwa 5 000 Mitglieder) ging es nur um die Fortführung ihrer eigentlich religiösen Aufgabe. Gefahr drohte ihr vom NS-Regime dabei nicht in erster Linie wegen des Charakters einer religiösen Gemeinschaft, sondern weil sie mit Unterstützung Rudolf Steiners gegründet worden war und damit ein Zusammenhang zur Anthropo-

379 Vgl. Bericht von Dr. Elisabeth Klein über die Bemühungen 1934–1941 zur Bewahrung der Bewegung. Beilage zu RB 261/Okt. 71. PA Christoph Lindenberg.

380 Das wohl umfassendste Werk in dieser Frage ist die Arbeit von Klaus Scholder, Die Kirchen und das Dritte Reich, Frankfurt a.M. 1977.

sophie bestand. Mit dieser Begründung wurde sie schließlich auch im Sommer 1941 verboten.

Ganz anders das Schicksal einer anderen religiösen Gruppe, der Ernsten Bibelforscher, auch „Zeugen Jehovas“ genannt, die schon 1933 grausam verfolgt wurden und deren lange Zeit ignorierter Weg einem wahrem Opfergang glich. Sie wurden schon am 13. April 1933 in Bayern, am 24. Juni 1933 in Preußen[381] verboten. Von den etwa 20000 Bibelforschern wurden im Laufe der Zeit ca. 10000 verhaftet. Davon wiederum kamen etwa 800 in den Gefängnissen und Konzentrationslagern um.[382] Wenn es eine Religionsgemeinschaft gab, die als Ganzes dem NS-Regime Widerstand leistete, so waren es die „Zeugen Jehovas“. Es wog aber noch schwerer, daß sie dies mit konsequentem Bekennermut öffentlich vertraten: Als einzige Gruppe verweigerten sie ungeachtet drohender Todesstrafe geschlossen den Kriegsdienst, in der Schule verweigerten die Kinder den Hitlergruß, das Fahnenhissen wurde nicht befolgt. Flugblätter, die Hitlers Herrschaft als die des Teufels auf Erden bezeichneten, wurden verteilt, usw. Da sie sich offen gegen den NS-Staat richteten, wurden sie von diesem auch am schärfsten und frühesten bekämpft. So hätte man in den ersten Monaten schon am Vorgehen des Regimes gegen diese Menschen symptomatisch ablesen können, daß der Nationalsozialismus grundsätzlich nicht zögerte, weltanschaulichen Gegnern mit physischen Machtmitteln zu begegnen.[383] Außer den Juden wurde eine geschlossene Gruppe in der Hitlerzeit kaum so intensiv verfolgt wie die Ernsten Bibelforscher. Die Inhaftierung der Pfarrer der Christengemeinschaft im Sommer 1941 glich nicht im entferntesten der Behandlung dieser religiösen Gemeinschaft. Allerdings stellte sich die Frage der Begegnung mit den Herrschaftsformen des Nationalsozialismus durch eine religiöse Gemeinschaft für die Christengemeinschaft auch ganz anders. Sie ähnelte äußerlich dem, was z. B. Andrea Strübind in ihrer ausführlichen Arbeit über die Baptistengemeinden im Dritten Reich feststellt: „Die Erhaltung des Gemeindelebens und der Wortverkündung war das entscheidende Motiv für das Verhalten der Bundesführung. Der notwendige Protest, das Risiko einer direkten Konfrontation mit dem Staat und deren Konsequenzen für

[381] Erlaß des Preußischen Ministers des Innern vom 24. Juni 1933 – II 1316 a/23.6.33. Amtl. Schulblatt vom 20. Oktober 1934, StAH HR-16–1973 und StAN E 9/33/C 7/V.

[382] Vgl. die Arbeit von Michael H. Kater, Die Ernsten Bibelforscher im Dritten Reich, Vierteljahrshefte für Zeitgeschichte, H.2, München 1969, S. 181ff., und das umfassende Werk von Detlef Garbe, Zwischen Widerstand und Martyrium. Die Zeugen Jehovas im Dritten Reich, München 1993.

[383] Katers These: „Der tiefere Grund für die Todfeindschaft zwischen Nationalsozialismus und Bibelforschertum lag in der strukturellen Ähnlichkeit der beiden Ideologien [...]. Während Nationalsozialisten sich zum ‚Führerstaat‘ bekannten, beriefen ernste Bibelforscher sich auf die ‚Theokratie‘, in der nicht der Führer, sondern Jehova Gott diktatorisch regiere. Da beide Richtungen also den Anspruch auf Ausschließlichkeit vertraten, mußte es unweigerlich zum Konflikt kommen.“ M.H. Kater, Die ernsten Bibelforscher im Dritten Reich, a. a. O., S. 187.

den Gemeindebund wurden bewußt unterlassen".[384] Nicht der äußere Widerstand, sondern die Fortführung des Gemeindelebens und das geistige Widerstehen erschienen den Vertretern der Christengemeinschaft wesentlich.

Im Hinblick auf den Baptismus kommt Strübind zum gleichen Ergebnis wie Scholder, nämlich daß Ende 1933 schon fast alle wichtigen Entscheidungen die Kirchen betreffend gefallen waren. Was sich dann entwickelte, war durchweg hier bereits angelegt.[385]

In der Person ihres Leiters und Verhandlungsführers, Friedrich Rittelmeyer, hatte die Christengemeinschaft einen bemerkenswert wachen Zeitgenossen, der sich über das Wesen des Nationalsozialismus keinen Illusionen hingab. Auf seine Art kämpfte er auch gegen ihn, z. B. mit der 1934 erfolgten Veröffentlichung seines Buches „Deutschtum", in dem er dem – in seinem Urteil – gerade „Undeutschen" des Nationalsozialismus ein geistiges Gegengewicht entgegenzusetzen versuchte.[386]

Ein Auszug aus einem am 7. März 1933 an Martha Heimeran gerichteten Brief von Alfred Heidenreich, zu diesem Zeitpunkt Pfarrer der Christengemeinschaft in London, ab 1936 aber zusammen mit Rittelmeyer und Eduard Lenz Vertreter bei den Verhandlungen mit den Behörden, gibt einen Eindruck der damaligen Stimmung, mit der die Machtübernahme der Nationalsozialisten von Vertretern der Christengemeinschaft aufgenommen wurde:

„[...] Ich habe die politischen Ereignisse so gut verfolgt als möglich, vielleicht sogar besser, weil man hier immerhin noch unzensierte Presse hat. Der große Wahlerfolg der Nazis hat mich trotz allem überrascht. Aber das Interessante ist, daß trotz allem die Sozialdemokratie] und das Zentrum so gut wie nichts verloren haben. Ich hatte aus ganz ähnlichen Erwägungen wahrscheinlich wie die, die Dich veranlaßt haben, Papen etc. zu wählen, gehofft, daß diese Gruppe im Kabinett durch die Wahl gestärkt würde. Aber

[384] Andrea Strübind, Die unfreie Freikirche. Der Bund der Baptistengemeinden im Dritten Reich, Neukirchen 1991, S. 193. Zahlenmäßig umfaßten Baptisten- und Brüdergemeinden bei ihrem geplanten Zusammenschluß im Jahre 1939 ca. 250 000 Mitglieder (S. 287). Strübinds Arbeit ist auch im Hinblick auf die Behandlung der „Sekten" durch den NS allgemein aufschlußreich.

[385] Klaus Scholder, Die Kirchen und das Dritte Reich, a. a. O., S. IX; Andrea Strübind, Die unfreie Freikirche. Der Bund der Baptistengemeinden im Dritten Reich, a. a. O., S. 16. Der historische Hintergrund der Jahre 1933 – 35, der auch für die Christengemeinschaft, insofern sie als religiöse Vereinigung betrachtet wurde, in Frage kommt, wird von Strübind darin gesehen, daß die Partei nach dem Scheitern der Eingliederungspolitik der Evangelischen Landeskirchen im Herbst 1934 das Interesse an der geplanten Reichskirche verlor. Dadurch habe die antichristliche Richtung in der Partei die Vorherrschaft gewonnen, wodurch die nationalsozialistische Kirchenpolitik nach und nach zu einer Bekämpfung der Kirchen überhaupt wurde.

[386] Vgl. Friedrich Ogilvie, Bedrohung – Verbot – Bewahrung, in: A. Wagner, Beiträge, NS-Dokumentation, Bd. 4, Rendsburg 1992, S. 32. Wiederabdruck aus: Die Christengemeinschaft, H. 6, 1991. Friedrich Rittelmeyer, Deutschtum, Stuttgart 1934. Eine noch stärkere Verbreitung erfuhr Rittelmeyers Schrift aus dem Jahre 1921: Rudolf Steiner und das Deutschtum, die 1934 eine Auflage von siebzehntausend Exemplaren erreichte. Zu der Diskussion betreffend das Werk Deutschtum vgl. Das Goetheanum, Nr. 37, 1992, S. 382.

jetzt werden wahrscheinlich die wilden Männer regieren. Ob man in diesen Kreisen irgend etwas annimmt, was aus einem freien Geistesleben stammt, scheint mir sehr fraglich. Ich gebe Dir insofern recht, als die gegenwärtige allgemeine Erregung es als nicht so ausgefallen erscheinen lassen könnte, wenn eine Deputation von uns ankäme und ein „Programm" anmelden würde. Aber die beiden Grundgedanken, die man bringen müßte: Internationale Organisation der Wirtschaft, Freies Schulwesen und Geistesleben werden bestimmt im Augenblick auf keine geneigte Aufnahme stoßen. Einzelheiten wie Landwirtschaft, eventuell Medizin würden sie vielleicht anhören. Aber die waren von Dr. Steiner gerade so gemeint, daß sie nicht dem nationalen Egoismus dienstbar gemacht werden dürfen. Wieweit Papen sollte dafür eventuell Verständnis haben, muß man vielleicht offen lassen. Hugenberg sicher nicht und Hitler erst recht nicht. Ich habe Samstag abend Hitlers Königsberger Rede am Radio gehört. Das war nichtssagende Phrase von A bis Z. Aber kolossal suggestiv, meisterhafte Volksrede. Ob die ganze Sache nicht doch gemeint ist, um das Interesse von den Wiederkunftsereignissen abzuziehen? Die Art wie Hitler von „Gott" redet, ist wenig angenehm. – Ich habe so daß Gefühl, daß das Schicksal uns deutlicher rufen würde, wenn wir mitmachen sollten. Es ist doch eigentlich nirgends an uns herangekommen. [...]"[387]

Deutlich sprach Heidenreich hier nicht nur als Vertreter der Christengemeinschaft, sondern auch als Anthroposoph. Es wird gefragt, was man jetzt fordern müßte, und gezeigt, daß man kein Verständnis zu erwarten habe. Die Grundeinstellung Hitlers wird nicht mißverstanden.

Der Eindruck einer möglichen Neuorientierung auf allen Lebensgebieten veranlaßte auch die Christengemeinschaft, ihren Charakter als zukunftsorientierte „Bewegung für religiöse Erneuerung" nachdrücklich darzustellen. Dieser Versuch wurde auch während der ganzen Verfolgungszeit, die schon 1933 begann, nie aufgegeben. Aber bald zeigte sich, daß es in dieser Zeit nicht um eine Verbreitung der Christengemeinschaft gehen konnte, dafür war im NS-Staat kein Platz. Erhoffen konnte man lediglich eine Weiterexistenz unter minimalen Bedingungen, für die aber gekämpft werden mußte.

Das von der Gestapo geplante Verbot

Aus den vorliegenden Publikationen über die Christengemeinschaft in der Zeit des Nationalsozialismus entsteht der Eindruck, daß deren Verfolgung durch das NS-Regime erst nach dem Auflösungserlaß gegen die Anthroposophische Gesellschaft, am 1. November 1935, begann.[388] Die heute zugänglichen Quellen zeigen jedoch das Gegenteil: Die polizeilichen Ermittlungen liefen in den Jahren 1934/35 parallel zu denen über die Gesellschaft, und das Verbot der Christengemeinschaft sollte dem der Gesellschaft folgen. Die detaillierte Anweisung des Gestapa zum Auflösungserlaß der Gesellschaft endete nämlich mit der ebenso

387 Alfred Heidenreich an Marta Heimeran vom 7. März 1933. Archiv der Christengemeinschaft.

388 Vgl. Die Christengemeinschaft, Februar 1945 und H. 6/1991.

kurzen wie unmißverständlichen Aufforderung zur Wiedervorlage: „10. Wv. b. E., s. am 1.12.35 zwecks Auflösung der Christengemeinschaft".[389]

Ebenso verblüffend ist aber die Tatsache, daß die Gestapo diese Absicht nicht verwirklichte, sondern – ganz im Gegenteil – die Weiterverfolgung der Angelegenheit im Monat Dezember 1935 aufgab bzw. aufgeben mußte. Die Hamburger Politische Polizei hatte zunächst, am 11. November, auch Räume der dortigen Christengemeinschaft beschlagnahmt. Die Württembergische Politische Landespolizei hatte die gleiche Absicht, fragte aber vorher beim Gestapa an, ob die Christengemeinschaft als Nebenorganisation der Anthroposophischen Gesellschaft anzusehen sei, und erhielt am 16. Dezember 1935 folgende Antwort:

> „In der Frage der Behandlung der Christengemeinschaft ist eine Entscheidung noch nicht ergangen. Die Organisation ist als Nebenorganisation der Anthroposophischen Gesellschaft nicht anzusehen. Ich ersuche, von Zwangsmaßnahmen vorläufig abzusehen. Weitere Weisung ergeht demnächst."[390]

Diese Äußerung weist darauf hin, daß sich das Gestapa in der Zeit um und unmittelbar nach dem Verbot der Gesellschaft in der Einordnung der Christengemeinschaft nicht mehr so sicher war. Das war durch die Abwehr seitens der Vertreter der Christengemeinschaft bewirkt worden.

Bedroht war die Christengemeinschaft auf zweifache Weise: erstens weil sie als Tochter- bzw. Tarnorganisation der Anthroposophischen Gesellschaft angesehen wurde, und zweitens weil sie eine Sekte sei. Beiden begegnete die Christengemeinschaft durch die von Friedrich Rittelmeyer, ihrem Gründer und Erzoberlenker, festgelegte Verteidigungslinie: nämlich unbedingt und immer die Christengemeinschaft als das darzustellen, was sie war: eine Religionsgemeinschaft, zu der jedermann Zutritt hatte, deren Kultus öffentlich stattfand in dem Sinne, daß ihm jeder beiwohnen konnte, und die nichts zu verbergen hatte.

Nachdem im Herbst 1933, besonders in Württemberg, Erhebungen der Staatspolizei an verschiedenen Orten über die Christengemeinschaft durchgeführt wurden,[391] informierte Rittelmeyer die Württembergische Politische Landespolizei im Januar 1934 in einem ausführlichen Schreiben über Aufbau, Umfang, regionale Verteilung und Ziele der Organisation.[392] Auf die „verfängliche" Frage, wie die Christengemeinschaft zum nationalsozialistischen Staat stehe, antwortete Rittelmeyer im Sinne des paulinischen „Seid Untertan der

[389] Der Pol. Polizeikommandeur II 1 B 1 – 69121/766 L/35 vom 1. November 1935 (BAD Z/B 1 903), Wiedervorlage bei Erlaß, spätestens am 1. Dezember 1935.

[390] Württembergisches Politisches Landespolizeiamt an das Geheime Staatspolizeiamt – Zentralbüro – vom 4. Februar 1936, S. 11. IfZ MA 610 58230 – 58247.

[391] Friedrich Doldinger an die Mitarbeiter in Konstanz, Pforzheim, Lörrach und Dr. Rittelmeyer vom 18. September 1933. PA Christoph Lindenberg.

[392] Friedrich Rittelmeyer an das Württembergische Landespolizeiamt. Blatt 2 zum Rundbrief 170 vom 26. September 1935. Als Zweck wird angegeben: „Die Ausgestaltung eines lebendigen Gottsdienst- und Gemeindelebens auf christlicher Grundlage

Obrigkeit": „Die Christengemeinschaft anerkennt den nationalsozialistischen Staat. Sie glaubt, ihm den besten Dienst zu tun, wenn sie das religiös-christliche in möglichster Reinheit und Stärke pflegt." Die weitere Frage, ob Parteigenossen der NSDAP Mitglieder der Christengemeinschaft seien, bejahte Rittelmeyer mit dem Hinweis darauf, daß Parteimitglieder auf deren diesbezügliche Nachfrage im Braunen Haus die Antwort gegeben wurde, daß ihrer Mitgliedschaft in der Christengemeinschaft nichts entgegenstünde. Der in den ersten Jahren toleranten Stellung der Partei zu Religionsfragen hatte Hess am 13. Oktober 1933 in folgender Anordnung Ausdruck gegeben: „Kein Nationalsozialist darf irgendwie benachteiligt werden, weil er sich nicht zu einer bestimmten Glaubensrichtung oder Konfession oder weil er sich zu überhaupt keiner Konfession bekennt. Der Glaube ist eines jeden eigenste Angelegenheit, die nur er vor seinem Gewissen zu verantworten hat. Gewissenszwang darf nicht ausgeübt werden."[393] Allerdings verbot Himmler den SS-Angehörigen im September 1934 jede führende Tätigkeit in weltanschaulichen oder religiösen Glaubensgemeinschaften. Diese Äußerungen von Hess waren auch für die Christengemeinschaft indirekt ein Schutz, soweit es ihr gelingen sollte, sich von den obengenannten Vorwürfen freizuhalten. Als Bormann die Funktion von Hess übernahm, gerieten zwar nicht die Religionsausübung, aber die Kirchen und religiösen Gemeinschaften unter Druck. Nur die Notwendigkeit, im Kriege innere Konflikte zu vermeiden, bewahrten sie vor radikaleren Maßnahmen.

Zu welchen grotesken, nicht ungefährlichen Situationen es kommen konnte, veranschaulicht ein Vorfall im Februar 1934. Ein Herr Schöntal, Parteiredner, der sich in der Sylvesternacht 1933 unter die 700 Zuhörer der Predigt Rittelmeyers gemischt hatte, behauptete, daß die Handhaltung des – in der Menschenweihehandlung üblichen – Christusgrußes ein „Freimaurergruß" sei. In seinem Hetzvortrag gegen Rudolf Steiner, die Anthroposophie und die Christengemeinschaft führte er aus, daß „dieser saubere Herr Rittelmeyer die Unverfrorenheit habe, den Hitlergruß zu sabotieren und einen neuen Gruß statt dessen einzuführen".[394] Rittelmeyer beschwerte sich bei der Gestapo, schrieb

und im Zusammenhang mit den Erkenntnissen der Zeit. Die Leitung wird von einer Lenkerschaft von sieben Priestern gestellt, an deren Spitze Lic. Dr. Friedrich Rittelmeyer steht." Die Anzahl der Mitglieder wird mit 5 000 beziffert, die der selbständigen Gemeinden mit 60, zu denen auch Gemeinden in England, Holland, Norwegen, Österreich, der Tschechoslowakei und in der Schweiz gezählt wurden. Archiv der Christengemeinschaft.

393 BAK-Sammlung Schumacher 245/Bd. 2.

394 Schöntal reiste mit seinem eingeübten Vortrag herum, Thema: „Kampf gegen Jesuiten, Juden und Freimaurer". Dutzende Male trug er ihn vor und war nach der vorliegenden Schilderung aus einem Gespräch Carlo Septimus Pichts mit ihm offenbar selbst fest von der Richtigkeit seiner Ausführungen überzeugt. Bericht über den Vortrag vom 17. Februar 1934 im NSDAP Stützpunkt „Wilhelm Murr", Stuttgart-Feuerbach, von Dr. Emmert, Mitglied der Christengemeinschaft, an Ernst Bindel vom 19. Februar 1934. Archiv Bund der Waldorfschulen 4.2.258.

dann ausführlich an Hanns Rascher. In diesem Falle scheint es Rascher gelungen zu sein, die Unkenntnis und Unsachlichkeit Schöntals nachzuweisen und die Verleumdungskampagne zu unterbinden.[395]

Im Spätsommer und Herbst 1934 wurde die Lage kritischer. Es war die Zeit, in der die Polizeiberichte über die Anthroposophische Gesellschaft aus allen Gegenden Deutschlands im Freimaurerreferat des Gestapa zusammenliefen. Hier beschloß man, nun auch gegen die Christengemeinschaft vorzugehen. Das geschah in Form eines Verbotes zweier Veranstaltungen: der Lorcher Gemeinschaftszeit, die vom 30. Juli bis 11. August 1934 angesetzt war, und der für September 1934 vorgesehenen Arbeits- und Erholungswoche der Hamburger Christengemeinschaft in Amelinghausen. Im Falle der Lorcher Veranstaltung konnte das Verbot durch die zähen Bemühungen Rittelmeyers rückgängig gemacht werden.[396] Bei dem Verbot der Amelinghausener Freizeit wurde ein Ritualbuch der Christengemeinschaft beschlagnahmt. Daran knüpften sich nun Verhandlungen mit der Berliner Zentrale, dem Gestapa, wo offenbar auch Karl Haselbacher der Gesprächspartner war. Trotz des Einspruchs der Vertreter der Christengemeinschaft, es handle sich bei dem Buch um sakrale, heilige Handlungen, die vollkommen öffentlich seien, deren Text aber nicht zu den Polizei-

[395] Rittelmeyer an Hanns Rascher vom 20. Februar 1934, BAD Z/B 1 1137, und SD 101 an 1 vom 5. März 1934, BAD Z/B 1 1137. Der SD-Bericht betont die Vertrauenswürdigkeit der Christengemeinschaft mit Hinweis auf die jahrelange Freundschaft Hitlers mit dem Architekten Troost, der der Christengemeinschaft angehört haben soll, und jedenfalls von einem „Geistlichen derselben, Dr. Wegener, eingesegnet wurde." Nach Auskunft des Archivs der Christengemeinschaft hat es keinen Pfarrer unter diesem Namen gegeben. Troost starb im Januar 1934 (Auskunft IfZ).

[396] Entscheidend war der Widerstand der württembergischen Politischen Polizei gegen die Selbstherrlichkeit des Gestapa in Berlin. Auf die kurz vor Beginn der Veranstaltung eintreffende Nachricht des Verbotes hin begab sich Rittelmeyer sofort zur politischen Polizei. Dort betonte man, daß man selbst nichts gegen die Christengemeinschaft hätte, aber von Berlin die Anweisung vorliege, alle Veranstaltungen der Anthroposophischen Gesellschaft und der Christengemeinschaft zu verbieten. Ja, sie hätten sogar schon die Stuttgarter Sommertagung verbieten sollen (26. – 29. Juli), könnten jetzt aber nicht mehr vorgeben, die Anweisung des Gestapa nicht erhalten zu haben. Rittelmeyer führte nun aus, welche Erregung entstehen würde, wenn die Tagung jetzt verboten werde, ganz besonders wegen der vielen an der Veranstaltung teilnehmenden Ausländer. Dem Beamten, einem Dr. Schückte, leuchtete das Argument ein, und er „drahtete" nach Berlin mit dem Hinweis, daß er die Veranstaltung genehmigen werde, falls bis 7 Uhr abends keine Antwort erfolge. Es kam keine andere Weisung, und die Lorcher Gemeinschaftszeit fand statt. Rittelmeyer teilte Hermann Poppelbaum den Vorgang mit (Archiv am Goetheanum). Diese Beschreibung bestätigte sich im Bericht der Württembergischen Politischen Polizei an das Gestapa: „Vom 30. Juli bis 11. August 1934 fand in Lorch Kreis Welzheim eine interne Veranstaltung der Christengemeinschaft statt, an der u. a. etwa 30 Engländer, 20 Holländer, 5 Skandinavier, 10 Schweizer und 10 Tschechen teilnahmen. Es sprachen in- und ausländische Gelehrte (sic!), darunter ein Neffe des Khediven von Kairo. Das ursprünglich ausgesprochene Verbot dieser Veranstaltung mußte aus außenpolitischen Gründen aufgehoben werden." Württembergisches Politisches Polizeiamt an Gestapa, Zentralbüro, vom 10. September 1934. BAD Z/B 1 888.

akten gegeben werden könne, wurde das Buch einige Zeit einbehalten. Man fand aber – abgesehen von dem Dreieck bei der Taufe – keinen Hinweis auf eine Verwandtschaft mit der Freimaurerei. Auch die Frage des „Dreiecks" konnte als Symbol der Dreieinigkeit einsichtig gemacht werden. Haselbacher gab das Buch zurück (allerdings erst am 8. November). Rittelmeyer schloß seinen Bericht mit den Worten: „Und das Ende der Verhandlungen war ja auch eine vollkommene Entlastung der Christengemeinschaft und die Zusicherung, daß die Geheime Staatspolizei beruhigende Auskunft über uns geben will, falls lokale Einwendungen entstehen."[397]

Zu diesem Zeitpunkt war also deutlich, daß das Gestapa den Freimaurervorwurf gegen die Christengemeinschaft nicht mehr aufrechterhielt und sie als Religionsgemeinschaft anerkannte. Diesen gegenüber hielt sich die Gestapo – in dieser Zeit zumindest – gerade zurück. Das wird an einem recht erstaunlichen Befehl Himmels an SS-Angehörige vom 15. September 1934 deutlich:

„Genau so, wie ich darauf achte, daß gemäß dem Befehl des Stellvertreters des Führers keinem wegen seiner eigenen religiösen Weltanschauung ein Nachteil oder auch nur ein Spott erwächst, verbitte ich mir, daß ein SS-Angehöriger einen anderen Menschen wegen seiner religiösen Anschauung behelligt, belästigt oder verspottet. Ebensowenig wie der Deutsche jemals für Gewissenszwang gewesen ist, ebensosehr ist ihm die religiöse Überzeugung und Anschauung seines Nächsten heilig und unantastbar."[398]

Der Übergang der Christengemeinschaft in die Zuständigkeit des Reichs- und Preußischen Ministeriums für die kirchlichen Angelegenheiten

Trotz dieser Lage beabsichtigte das Gestapa ein Jahr später, mit der Anthroposophischen Gesellschaft auch die Christengemeinschaft aufzulösen. Daß es nicht dazu kam, ist allem Anschein nach der Tatsache zuzuschreiben, daß die Christengemeinschaft dem „Freimaurerreferat" der Gestapo offiziell entzogen[399] und im Frühjahr 1936 in die Zuständigkeit des Reichskirchenministeriums überführt wurde. Damit begann die Beauftragung Hanns Kerrls mit den kirchlichen Angelegenheiten des Reichs. Kerrl richtete sich bezüglich Maß-

[397] Friedrich Rittelmeyer, Rundbrief, September 1934, PA Michael Heidenreich. Dieser Eindruck veranlaßte auch Hermann Poppelbaum zu der schon beschriebenen positiven Einschätzung der Lage der Anthroposophischen Gesellschaft in dieser Zeit. Lokale Unterschiede in der Behandlung der Christengemeinschaft waren gang und gäbe. In Hamburg z. B. kam es zu einer dreitägigen Haft von Johannes Hemleben, dem dortigen Pfarrer. Die Ursache war nächtlicher Faschingslärm, der als „staatsabträgliches Verhalten" qualifiziert wurde, da damit die Luftschutzmaßnahmen des Staates verächtlich gemacht würden. Die Polizeibehörde Hamburg, Schutzhaftbefehl vom 30. März 1935. PA Marianne Piper.

[398] Der Reichsführer SS. Betr.: religiöse Veranstaltungen vom 15. September 1934. BAK Sammlung Schumacher 245/Bd 2.

[399] Die Beobachtung der Christengemeinschaft durch den SD ging aber weiter. Die Akte wuchs und bildete 1941 die Unterlage für das Verbot der Christengemeinschaft unter dem Vorwand, eine Tarnorganisation der Anthroposophischen Gesellschaft zu sein.

nahmen politischer Natur in kirchlichen Angelegenheiten am 5. September 1935 auch an die Gestapo mit der ausdrücklichen Maßgabe, daß er sich in diesem Bereich alle diesbezüglichen Entscheidungen vorbehalte, ja daß sogar früher getroffene Maßnahmen aufzuheben seien.[400]

Damit war die Christengemeinschaft noch nicht endgültig gesichert, da jetzt auch das Kirchenministerium, für das Ministerialrat Haugg als Verhandlungspartner auftrat, für die Anerkennung der Christengemeinschaft als rein religiöse Gemeinschaft strenge Bedingungen stellte. Über die Verhandlungen, die von seiten der Christengemeinschaft im Januar von Friedrich Rittelmeyer (zunächst in Zusammenarbeit mit Elisabeth Klein, deren Mann in Dresden Pfarrer der Christengemeinschaft war), im Februar und März von Alfred Heidenreich, der auf Aufforderung Rittelmeyers von London hinzukam, und Eduard Lenz geführt wurden, liegen Berichte von Rittelmeyer, Heidenreich und Lenz vor.[401]

Unmittelbarer Anlaß der Verhandlungen war die Nachricht, daß die Einweihungsfeier der ersten Kirche der Christengemeinschaft in Dresden vom sächsischen Innenministerium verboten worden sei.[402] Daraufhin bat ein Mitglied der Dresdner Christengemeinschaft, Dr. E. Heisenberg, am 12. Januar seinen Bekannten, Reichsminister Frank, Rittelmeyer zu empfangen, da dieser am nächsten Morgen, den 13. Januar, im Kirchenministerium zu verhandeln hätte. Man kann also davon ausgehen, daß die ersten Kontakte zwischen Rittelmeyer und Haugg frühestens am 13. Januar 1936 stattfanden.[403] In diesen

[400] „Der Führer und Reichskanzler hat mich mit der Regelung der kirchlichen Angelegenheiten beauftragt. Im Einvernehmen mit dem Herrn Reichsminister des Innern ersuche ich daher, bis auf weiteres in allen Fällen von Inschutzhaftnahme, Ausweisungen, Redeverboten, Beschlagnahmen und anderen in kirchlichen Angelegenheiten zur Aufrechterhaltung der Ordnung etwa erforderlichen Maßnahmen vorher meine Entscheidung einzuholen. Früher getroffene Maßnahmen ersuche ich nachzuprüfen und im Interesse der dringend erforderlichen Befriedung nach Möglichkeit sofort aufzuheben. Wo nach dortiger Auffassung ein unabweisbares Staatsinteresse die Aufrechterhaltung solcher Maßnahmen auch heute noch fordern sollte, sehe ich einem sofortigen, eingehend begründeten Bericht entgegen, auf den ich mir die Entscheidung vorbehalte." Der Reichs- und Preußische Minister für die kirchlichen Angelegenheiten an die Länderregierungen [...] und an den Chef und Inspekteur der Geheimen Staatspolizei usw. vom 5. September 1935. LAM Rep. C 48 Ie, 1176, 3.

[401] Vgl., auch zum folgenden: Friedrich Rittelmeyer, Beilage zum Rundbrief Nr. 173. Archiv der Christengemeinschaft, und Alfred Heidenreich an Friedrich Rittelmeyer vom 1. April 1936 sowie Eduard Lenz an Friedrich Rittelmeyer vom Karfreitag 1936. PA Christoph Lindenberg. Alle Zitate entstammen diesen Quellen.

[402] Nach dem Verbot der Gesellschaft hatte die Politische Polizei Sachsen auch die Dresdner Waldorfschule „überholt".

[403] Heisenberg an Reichsminister Frank vom 12. Januar 1936. Archiv am Goetheanum. Vermutlich spielte Frank in den weiteren Verhandlungen keine Rolle. Er wurde aber später von Elisabeth Klein als derjenige bezeichnet, der die Anthroposophische Gesellschaft auf den Kontakt zu Ministerialrat Lotar Eickhoff hingewiesen hätte.

Tagen begann eine neue Pressekampagne des „Judenkenner" gegen die Christengemeinschaft, vornehmlich gegen Rittelmeyer persönlich.[404]

Rittelmeyers Befürchtung, bei der Angliederung ans Kirchenministerium vom Regen in die Traufe zu kommen, indem er zwar nicht mehr – wie bei der Gestapo – den Freimaurern zugerechnet, aber nunmehr summarisch unter den Sekten abgehandelt wurde, erwies sich als nicht zutreffend.[405] Entscheidend war vielmehr auch für Haugg die Stellung der Christengemeinschaft zur Anthroposophischen Gesellschaft bzw. zur Anthroposophie. Rittelmeyer hatte inzwischen eine Denkschrift über die Unterschiede zwischen der Anthroposophischen Gesellschaft und der Christengemeinschaft ausgearbeitet. Er betonte zunächst, daß die Christengemeinschaft ihren Sitz in Deutschland habe und auch ausländische Priester in Stuttgart geweiht werden. Dann fügte er hinzu, daß die Christengemeinschaft „mit Juden und Freimaurern nicht das Geringste zu tun" hätte. Doch schränkte er diese Aussage gleich wieder damit ein, daß die Christengemeinschaft „den Juden, wie auch den christlichen Kir-

404 Artikelserie vom 15. Januar, 5., 12. und 19. Februar 1936. StaBi 2° Z 36 – 89/1935 – 36. Am 20. November 1935 hatte dieses Blatt unter dem Titel „staatsgefährlicher Mystizismus" den Auflösungserlaß gegen die Anthroposophische Gesellschaft kommentiert. Die zentrale These, die mit der Ansicht der Gestapo übereinstimmte, aber frei erfunden war, lautete: „Es war uns gut bekannt, daß der Vorstand der Gesellschaft den Beschluß gefaßt hatte, einem möglichen Zugriff des Staates durch Selbstauflösung zuvorzukommen und das Schwergewicht der anthroposophischen Propagandatätigkeit auf ihre Nebenbewegung, die ‚Christengemeinschaft' zu verlegen." (Der Judenkenner Nr. 40 vom 20. November 1935. BAD Z/B 1 888). Am 4. Dezember publizierte das Blatt die Richtigstellungen Rittelmeyers, akzeptierte auch, daß ein organisatorischer Zusammenhang beider Einrichtungen nicht bestehe. Der Autor bemerkte aber, daß für „esoterische Gesellschaften" ein solcher auch nicht notwendig sei (Der Judenkenner Nr. 42 vom 4. Dezember 1935). Chefredakteur des Judenkenner war Friedrich Hasselbacher (nicht zu verwechseln mit Karl Haselbacher), der 1934 mit dem großangelegten, aber unseriösen Werk „Entlarvte Freimaurerei" hervortrat, vordem „Freimaurerexperte" Ludendorffs. Hasselbacher stand nicht in einem dienstlichen Zusammenhang mit dem SD, der seine Mitarbeit offenbar nicht wünschte, seine „literarische" Produktion aber durchaus verwendet haben kann. Vgl. Helmut Neuberger, Freimaurerei und Nationalsozialismus, Hamburg 1980, Bd. II, S. 36, 57, u. a.

405 Die Erhebungen, die das Württembergische Innenministerium auf Antrag des Gaufachberaters der NSDAP in Auftrag gab, zeigen, daß diese Befürchtung durchaus nicht unbegründet war. Ziel der Erhebungen war die Überführung der Sekten in die Evangelische Reichskirche, soweit dies möglich erschien. HstAS E 151/02 Bü 852. Die Christengemeinschaft wurde dort ebenso aufgeführt wie in der im März und Mai 1935 auf das gesamte Reich ausgedehnten Erhebung des Sicherheitsdienstes des RFSS. Vgl. z. B. SD 5001 an 1 vom 14. Mai 1935 und 15001 an 1 vom 23. März 1935. BAD Z/B 1 1082. Vgl. auch Andrea Strübind, Die unfreie Freikirche. Der Bund der Baptistengemeinden im Dritten Reich, Neukirchen 1991.

chen, ebenso wie Chinesen und Negern die christlichen Sakramente offenhält...“[406]

Haugg genügte diese Darstellung aber nicht. Er forderte Rittelmeyer auf, selbst eingehend zu begründen, warum die Christengemeinschaft nicht verboten werden solle. Rittelmeyer lieferte diese Ausarbeitung schon im Februar unter dem Titel: „Was spricht gegen ein Verbot der Christengemeinschaft?“ Nun betonte Rittelmeyer stärker als zuvor, daß es sich um eine Gemeinschaft handle, deren Verbot der noch jüngst ausgesprochenen Zusicherung „der Religionsausübung nach eigenem Gewissen“ widersprechen müsse. Darüberhinaus habe aber gerade die Christengemeinschaft in mehrfacher Hinsicht einen deutschen Ursprung und eine deutsche Aufgabe, und ein Verbot würde „besten deutschen Idealismus“ treffen: Sie sei aus „idealistischem deutschen Opferwillen geboren“, ihre Träger hätten ihre vorherigen Berufe verlassen, um „ihr ganzes Leben für die Gesundung des deutschen Volkes einzusetzen“. Die Christengemeinschaft wirke als einzige christliche Bewegung an der zukünftigen Versöhnung der „widerstreitenden Religionsbestrebungen“. An ihren Altären zelebrierten heute schon Protestanten und Katholiken gemeinsam. „Das Jahrhunderte alte deutsche Problem, wie Protestantismus und Katholizismus sich einmal finden können, ist durch die Christengemeinschaft praktisch schon gelöst.“ Die Christengemeinschaft sei nicht „international“, aber wirke über die Grenzen hinweg, und mache im Ausland „dem deutschen Namen Ehre. Ein Verbot würde das deutsche Volk um die Sympathie bringen“, die das Wirken der Christengemeinschaft im Ausland errungen habe. Dann kam Rittelmeyer nochmals auf das Verhältnis zur Anthroposophie zu sprechen. Er präzisierte, daß die „Theologen der Christengemeinschaft sich aus der Anthroposophie herausgeholt haben, was ihnen zum Verständnis der christlichen Wahrheiten und Tatsachen, des Evangeliums und der Sakramente [...] dienen konnte“, daß sie auch „für ein – undogmatisches – Ernstnehmen der Anthroposophie eingetreten sind“, daß aber ansonsten „die Anerkennung irgendwelcher anthroposophischer Einzelwahrheiten nicht zur Bedingung für die Aufnahme in das Priestertum der Christengemeinschaft gemacht“ worden sei: „Was die Christengemeinschaft eint, ist einzig und allein der Kultus.“ Ein Verbot aufgrund eines Zusammenhangs mit der Anthroposophischen Gesellschaft wäre daher ein Irrtum.

Rittelmeyer schloß seine Ausführungen mit den Worten:

„Das Allerwichtigste sei zum Schluß gesagt. Die Christengemeinschaft weiß, daß eine neue Zeit des Christentums im Anbruch ist, eine Zeit, die mit vielem Alten aufräumen wird, die die alten Konfessionen hinter sich läßt und ein neues weltweites, naturverbundenes Christentum heraufführen wird. ein Verbot der Christengemeinschaft würde sich nach unserer Überzeugung gegen die Zukunft des Christentums selbst richten.Auf jede Frage ist die Christengemeinschaft bereit zu antworten. Zu verbergen ist nichts. Ein-

[406] Friedrich Rittelmeyer, Die Unterschiede zwischen der Anthroposophischen Gesellschaft und der Christengemeinschaft, Februar 1936. Archiv der Christengemeinschaft.

zelne Fehler werden überall gemacht. Ihre Sache in ihrer Reinheit empfindet die Christengemeinschaft als ein allerwichtigstes Lebensgut des deutschen Volkes, von Christus selbst dem deutschen Volke geschenkt und nicht nur dem deutschen Volk. Nur zum größten Schaden des deutschen Volkes könnte unsere zukunftstragende Sache verkannt und verurteilt werden."[407]

Es war für Rittelmeyer deutlich, daß „eine sehr mächtige Gruppe unsere Vernichtung beschlossen hat, Grund: der Zusammenhang mit der Anthroposophie." So kam er auch zu dem Schluß, daß die Weiterexistenz der Christengemeinschaft nur unter einer Bedingung möglich wäre: „Es darf schlechterdings auch nicht von fern der Anschein entstehen, als ob unter dem Deckmantel einer rein religiösen Bewegung die anthroposophische Arbeit weitergetrieben wird [...]. Es handelt sich wirklich um Sein oder Nicht-Sein der Christengemeinschaft in der Öffentlichkeit." Dieser Standpunkt beweist Rittelmeyers damalige klare Einschätzung: Als die Gestapo im Juli 1941 die Christengemeinschaft verbot, geschah das mit der Begründung, daß es sich um eine Nachfolgeorganisation der verbotenen Anthroposophischen Gesellschaft handle.

Selbstverständlich hat Rittelmeyer nie die entscheidende Hilfe Rudolf Steiners bei der Gründung der Christengemeinschaft verleugnet: „Ich habe gesagt, daß Rudolf Steiner uns bei der Gründung der Christengemeinschaft auf unseren Wunsch entscheidend geholfen hat, aber als Privatmann und ohne organisatorischen Zusammenhang mit der Anthroposophischen Gesellschaft."[408]

Für die Tolerierung der Christengemeinschaft arbeitete in der Folge das Kirchenministerium Richtlinien aus. Das Dokument liegt nicht vor. Den Berichten von Heidenreich und Lenz ist aber zu entnehmen, daß es ganz wesentlich um die Bedingungen ging, die eine deutliche Grenze zur verbotenen Anthroposophischen Gesellschaft zogen: Mitglieder der Anthroposophischen Gesellschaft im Ausland durften nicht in den dortigen Gemeinden der Christengemeinschaft aufgenommen werden, vor allem aber mußten Heidenreich und Lenz akzeptieren, keine ehemaligen Mitglieder der verbotenen Anthroposophischen Gesellschaft in Deutschland aufzunehmen. Im Priesterseminar durften Äußerungen Steiners nicht mehr herangezogen werden, höchstens „in der gereinigten Form des Gedankenguts der Christengemeinschaft". Haugg meinte aber – und darin kommt auch seine eigentliche Haltung zum Ausdruck – „[...] er werde uns ja nicht überwachen lassen. Er denke nicht daran, in der Zeitschrift nachzurechnen, wie oft der Name Rudolf Steiners gebraucht werde." Wie konsequent Rittelmeyer blieb, wird auch in seiner Antwort auf die wichtige Frage hinsichtlich der Juden deutlich: „Verhältnismäßig leicht wären die Verhandlungen gewesen, wenn ich zugegeben hätte, daß wir keine Juden mehr aufnehmen. Hier aber mußte ich selbstverständlich immer wieder klar aussprechen, daß keinem Menschen das Sakrament verweigert werden

[407] Friedrich Rittelmeyer, Was spricht gegen ein Verbot der Christengeminschaft? Februar 1936. Archiv der Christengemeinschaft.

[408] Friedrich Rittelmeyer, Beilage zum Rundbrief 173. Archiv der Christengemeinschaft.

darf, und daß wir mit dieser Entscheidung stehen und fallen." Haugg ließ auch diese Sache auf sich beruhen.

Vor diesem Hintergrund wurde die Christengemeinschaft wohl gegen Ende März im Kirchenministerium akzeptiert.[409] Dazu liegt das folgende Rundschreiben Heydrichs vom 28. März 1936 an alle Staatspolizeistellen vor:

„Betrifft: Christengemeinschaft. Im Nachgange zu meinem Fernschreiben vom 24. 1. 1936 teile ich mit, daß nach Überprüfung der Verhältnisse der Christengemeinschaft einstweilen kein Anlaß besteht, zu einer Auflösung dieser Organisation zu schreiten. Ich ersuche daher, von weiteren Maßnahmen gegen die Christengemeinschaft vorerst grundsätzlich abzusehen, jedoch weitere vertrauliche Überwachungen dieser Vereinigung durchzuführen und mir Bericht vorzulegen, falls staatsfeindliche Momente in Erscheinung treten sollten. gez. Heydrich"[410]

An einem Punkte aber drohten die gesamten Verhandlungen zu scheitern: Alfred Heidenreich führte gleichzeitig, zusammen mit Elisabeth Klein und Erhard Bartsch, Verhandlungen mit Eickhof, dem zuständigen Referenten im Reichsinnenministerium,[411] und dem Gestapa über die Aufhebung des Verbotes der Anthroposophischen Gesellschaft. Haugg war der Meinung, daß dies zumindest verfrüht sei und es nicht angehe, daß die Christengemeinschaft sich als eine eigene Sache darstelle und gleichzeitig einer ihrer Vertreter als Wortführer bei den Verhandlungen über eine Wiederzulassung der Gesellschaft auf-

[409] Nach Angaben von Heidenreich lag auch eine Reihe von positiven Gutachten vor, die bei Eickhoff, der nun anstelle des Gestapa die Verhandlungen führte, im Reichsinnenministerium einliefen: „Die stolze Liste der Gutachter hat ihn offensichtlich erfreut und überrascht. Außer dem Auswärtigen Amt hat auch die ‚Außenpol. Dienststelle der Partei' noch ein positives Gutachten geschickt." Die Gutachten, mehrere auch aus England, konnten nicht wieder aufgefunden werden, die Autoren waren aber vermutlich die im Bericht des RSHA genannten Persönlichkeiten: Bischof von Southwark und London, Professor John Histon, Universität Cambridge. Sie dürften bei dem Vorgang eine nicht unwesentliche Rolle gespielt haben. Vgl. Anlage 21, „Verbindungen zum Ausland". Über die „Beziehungen" der Christengemeinschaft in England gibt auch noch folgende Äußerung Heisenbergs in einem Schreiben an Frank Auskunft: „Vielleicht ineressiert Dich, daß ein Neffe des Präsidenten des englischen Oberhauses und füherer Vizekönig von Indien, Lord Halifax, Priester der englischen Christengemeinschaft ist. Die hohe Achtung, welche gerade diese Kreise dem deutschen Geistesleben auf Grund des Wirkens der Christengemeinschaft zollten, kann man auch aus der Tatsache ersehen, daß dieser Priester wie alle ausländischen Priester der Christengemeinschaft ihre Priesterweihe von der deutschen Leitung der Christengemeinschaft, die in Stuttgart ist, empfangen hat." Heisenberg an Reichsminister Frank vom 12. Januar 1936. Archiv am Goetheanum.

[410] Preussische Geheime Staatspolizei, Der Stellvertretende Chef II 1 B 2 an alle Staatspolizeistellen vom 28. März 1936. Archiv Bund der Waldorfschulen 7.1.008.

[411] Lotar Eickhoffs Verhalten spielte bei den kommenden Verhandlungen um eine Wiederzulassung der Anthroposophischen Gesellschaft eine zentrale Rolle.

trete.[412] Es spricht aber wiederum für die Großzügigkeit von Haugg, daß er auch diese Angelegenheit auf sich beruhen ließ. Ebenso konnte es Haugg nicht verborgen geblieben sein, daß die Pfarrer der Christengemeinschaft zwar nicht mehr der Anthroposophischen Gesellschaft in Deutschland angehörten, da diese ja aufgelöst war, aber weiterhin Mitglieder der Allgemeinen Anthroposophischen Gesellschaft mit Sitz in Dornach blieben. Die Diskussion über diesen Punkt wurde abgebrochen. Im weiteren wurden überhaupt keine Einzelheiten der „Richtlinien" mehr zu diskutiert. Haugg gab ein sehr positives Gutachten an Lotar Eickhoff. Alles spricht dafür, daß er – im Interesse der Christengemeinschaft – wohlwollend über eine Reihe von Einzelheiten hinwegsah, die die Anerkennung der Christengemeinschaft hätten verhindern können.

Daß die Gestapo und der SD auch weiterhin, sogar in verstärktem Maße, die Arbeit der Christengemeinschaft sowie die anderer weltanschaulicher und religiöser Gruppen beobachteten, verhinderte nicht, daß deren Arbeit zunächst relativ ruhig weiterging. Selbstverständlich mußte ein gewisser Zustrom früherer Mitglieder der verbotenen Anthroposophischen Gesellschaft in Deutschland, die sich durchaus nicht immer diskret verhielten, zum Problem werden. Letztlich dauerte es aber noch bis zum Sommer 1941, bevor die Gestapo zu ihrem zweiten für den äußeren Bestand der Christengemeinschaft in der NS-Zeit entscheidenden Schlag ausholte.

Friedrich Rittelmeyer leitete die Geschicke der Christengemeinschaft bis zu seinem Tode, am 23. März 1938.

Die Eurythmie, Angriffspunkt bei den künstlerischen Bestrebungen

Das Verbot des Vereins zur Förderung goetheanischer Bühnenkunst

Das Schicksal der Eurythmie, insofern sie als öffentlich bzw. offiziell ausgeübte Bewegungskunst auftrat, ist nicht das einzige, aber im Zusammenhang mit den anthroposophischen Einrichtungen sicher das markanteste Beispiel dafür, daß die Gestapo ein einmal ausdrücklich ausgesprochenes Verbot zumindest teilweise auch wieder rückgängig machen konnte. Wie es zu dem Verbot kam, ist hinreichend geklärt; für dessen Rücknahme sind die Zusammenhänge klar, wenn auch nicht in allen Einzelheiten belegbar. Die Vorgänge reichten über den in diesem Teil behandelten Zeitraum hinaus bis zu den Entwicklungen in und nach der zweiten Jahreshälfte 1936. Der erste Schritt zum

[412] Dabei erwähnte Haugg auch, daß das Kirchenministerium zweimal schriftlich protestiert habe, daß es von der Gestapo bei dem Verbot der Anthroposophischen Gesellschaft übergangen worden sei. In der Frage der Wiederzulassung habe das Kirchenministerium mitzusprechen. Ein solches Schreiben liegt vom 31. Januar 1936 vor. Der Reichs- und Preußische Minister für kirchliche Angelegenheiten an Reichs- und Preußischen Minister des Innern vom 31. Januar 1936. BAD Z/B 1 904.

Verbot wurde im November 1935 von der Bayrischen Politischen Polizei getan. Da sie für Bayern noch selbständige Entscheidungen treffen konnte, erweiterte sie die Verbotsverfügung der Gestapo gegen die Anthroposophische Gesellschaft mit dem einfachen Zusatz: „Unter das Verbot fällt in Bayern auch die Tochterorganisation ‚Verein zur Förderung goetheanischer Bühnenkunst', Sitz Nürnberg."[413] In ihrer Vollzugsmeldung über die gesamte Polizeiaktion in Bayern rechtfertigte sie diese Maßnahme gegenüber Berlin damit, „daß ein Weiterbestehen dieser Organisation einer illegalen Fortführung der Anthroposophischen Gesellschaft gleichkäme." Das Schreiben erwähnte auch: „Über die Auflösung der Tochterorganisation bestanden trotz Fühlungnahme mit anderen Stapostellen vielfach Unklarheiten." Die Bayrische Politische Polizei hatte noch vorsichtshalber ein Gutachten der Reichstheaterkammer, Bezirk Bayern eingeholt. Obwohl bekannt war, daß der Verein dieser angehörte, bezeichnete der Gutachter die Eurythmie als „ein Überbleibsel von jüdisch literarischem Krampf, der absolut international befruchtet wurde und so für die deutsche Kultur nur ein Schädling sein kann. Alle diese Abarten von Futurismus, Kubismus und Dadaismus und dergl. sind nur Ableger kranker Gehirngymnastik. Damit gründlich aufzuräumen ist ein Segen für die deutsche Kunst."[414]

Die Reichstheaterkammer und die Generalintendanz der bayrischen Staatstheater fanden das Theateranwesen des Vereins mit dem Goethesaal im Sophie-Stinde-Haus in der Leopoldstr. 46a in München so interessant, daß sie die beschleunigte Herbeiführung der Feststellung der Staatsfeindlichkeit durch das Reichsinnenministerium beantragten, um das Anwesen übernehmen zu können![415] Das war wohl auch der Grund für die überstürzte Beschlagnahmung, die schließlich – wenn auch erst nach Monaten – wieder zurückgenommen werden mußte.

Worum handelte es sich bei dem „Verein zur Förderung goetheanischer Bühnenkunst"? Nach Angaben des Vorstandes, der sich aus Clara Kreutzer,

[413] Bayrische Politische Polizei I 16, BNz. 14427/35 an alle Polizeidirektionen usw., vom 15. November 1934. StA Am Bellngries Nr. 2834.

[414] Bayrische Politische Polizei an das Geheime Staatspolizeiamt vom 12. Dezember 1935. BAD Z/B 1 903.

[415] Gebäude und Grundstück wurden mit 303 000 RM bewertet. Darauf lastete eine Hypothek der Bayrischen Vereinsbank von 75 000 RM und zwei von Frau Marie Steiner im Gesamtwert von 33 000 RM. Am 17. Dezember wurde schon eine „Verfügungsbeschränkung" zu Gunsten des Landes Bayern im Grundbuchamt beim Amtsgericht München eingetragen. Amtsgericht München an Verein „Eurythmeum" vom 17. Dezember 1935 BAD Z/B 1 904.

Rudolf Kreutzer[416] und Ludwig Scheurich zusammensetzte, hatte der Verein zwei Aufgabenbereiche:

1. Er betreute seine künstlerisch tätigen Mitglieder. Wohl die Mehrzahl der 80 bis 90 in Deutschland tätigen Eurythmisten, Sprachgestalter, Schauspieler und Musiker gehörte dem Verein an. Nicht-Künstler waren als unterstützende Mitglieder willkommen.

2. Die Organisation öffentlicher Veranstaltungen: Tourneen der Eurythmieensembles und des Sprechchors am Goetheanum, Schauspielaufführungen und Konzerte.[417]

Der Verein wollte die noch jungen Künste der Eurythmie und der Sprachgestaltung tatkräftig unterstützen. Er arbeitete eng mit Marie Steiner zusammen, die für die künstlerische Arbeit am Goetheanum verantwortlich war. Auch in der Schweiz bestand ein solcher Verein. Große Teile der Einnahmen aus dem Verkauf der Bücher Rudolf Steiners in Deutschland leitete Marie Steiner diesem Verein zu. Auch der Waldorfschulverein leistete einen jährlichen Beitrag.[418]

Ursprünglich hatte der Verein seinen Sitz in Stuttgart und war 1923 unter dem Namen „Verein Eurythmeum" gegründet worden.[419] Clara Kreutzer erreichte schon im Juni 1934 die Aufnahme des Vereins als korporatives Mitglied

[416] Rudolf Kreutzer war Inhaber und Leiter der Firma J. F. Staedtler in Nürnberg. Sein Unternehmerschicksal beschreibt er in seinen 1967 erschienenen Erinnerungen. Hier widmet er auch ein Kapitel seinen Auseinandersetzungen als Anthroposoph und Unternehmer mit dem NS-Regime. Vgl.: R. Kreutzer, Meine Ziele, München 1967, S. 67 ff.

[417] Für die Jahre 1934 und 1935 verweisen die Unterlagen auf eine intensive Tätigkeit des Vereins. Das Eurythmieensemble trat z. b. 1934 in acht Orten auf: 4.1. Stuttgart, 8.2. München, 11.2. Berlin, 16.2. Dresden, 18.2. Breslau, 19.2. Hirschberg, 22.2. Nürnberg, 24.2. Stuttgart. Der Sprechchor hatte 22 Vorstellungen. Forschungsstelle Kulturimpuls, Chronik 1934, 1. Fassung 1992. In der Presse wurden die Aufführungen häufig kommentiert, sowohl positiv als auch negativ, ironisch, mit Unverständnis oder mit Interesse. Am 19. November 1935 war das Verbot des Vereins Kreutzer schon mitgeteilt worden. Stadtarchiv Nürnberg (STAN). Eine Mitgliederliste liegt aus einer Übermittlung der Polizeidirektion Nürnberg an den SD-Oberabschnitt Süd, Stuttgart vom 24. April 1936 vor. STAN.

[418] Die Vorgänge von 1933 und 1934 wurden von Ludwig Scheurich, Clara und Rudolf Kreutzer in einem Schreiben ausführlich dargestellt. Verein zur Förderung goetheanischer Bühnenkunst e. V. (zur Zeit aufgelöst) an die Geheime Staatspolizei, in Abdruck an Reichsminister des Innern, den Stellvertreter des Führers, den Präsidenten der Reichstheaterkammer, den Präsidenten der Reichsmusikkammer vom 4. Januar 1936. BAD Z/B 1 904.

[419] Zu der Entwicklung vor 1933 vgl. Wolfgang Veit, Eurythmie. Else Klink – Ihr Wirken in einer neuen Bühnenkunst, Stuttgart 1985, S. 93 ff.

in die Reichstheaterkammer.[420] Damit war die auch im künstlerischen Bereich obligate Gleichschaltung vollzogen.[421] Doch zeigten auch hier die Ereignisse, daß die erhoffte Weiterexistenz des Vereins damit nicht gleich gesichert war. Als José del Monte, Vorstandsmitglied und Nichtarier (wie die Polizeidirektion Nürnberg gegenüber der Bayrischen Politischen Polizei hervorhob) zurücktrat, wurde die Verlegung des Vereinssitzes nach Nürnberg beschlossen.[422] Unglücklicherweise wurde die Anmeldung im September 1934 vorgenommen, d. h. zu einem Zeitpunkt, als die von Himmler veranlaßten polizeilichen Erhebungen über die Gesellschaft in ganz Deutschland liefen. Ohne den Ortswechsel wäre der Verein vermutlich verschont geblieben, da sich die Stuttgarter Polizei auf die Auflösung der Gesellschaft beschränkte, obwohl sie sämtliche anthroposophisch orientierten Einrichtungen dort kannte und in ihrem Bericht auflistete.[423]

Die Polizeidirektion Nürnberg-Fürth ließ im Oktober 1934 Eurythmiekurse überwachen. Dazu liegt folgender Spitzelbericht vor:

„Zusammenkunft einer verbotenen Sekte.Vertraulich wurde festgestellt, daß im Anwesen äuß. Lauferplatz Nr. 17/I bei Weidler mehrmal wöchentlich in den Abendstunden Zusammenkünfte einer verbotenen religiösen Sekte stattfinden. Die Besucher sollen meist weibliche Personen sein. An diesen Abenden sollen die anwesenden Personen ganz eigenartige gymnastische Übungen machen. Dabei sollen sie Messing- oder Holzstäbe schwingen. Die Übungen sollen unter fortwährendem Gemurmel und Nachsprechen von Lauten abgehalten werden. Dabei sollen Zeichnungen, welche angeblich auf den Fußboden gemalt sind, eine besondere Rolle spielen. Die Übungen fanden bisher durchschnittlich 4 – 5 mal wöchentlich statt. Teilweise waren nur 2 – 3 Personen, manchmal auch ca. 8 – 10 Personen an den Übungen beteiligt. Am Samstag, den 21. Dezember 1935 wurde das Anwesen äuß. Lauferplatz 17 durch SS-Sturmführer Geißler und mich überwacht. Ein übermäßiger Personenverkehr konnte hiebei nicht beobachtet werden. Der fragliche Versammlungsraum, der Front zur Straßenseite hat, war jedoch beleuchtet. Durch Entgegenkommen eines Hausbewohners konnte man von einem anschließenden Zimmer aus durch das Schlüsselloch die Vorgänge dort teilweise überse-

420 Mitteilung des Vereins zur Förderung goetheanischer Bühnenkunst e. V. durch die Geschäftstelle der Anthroposophischen Gesellschaft in Deutschland an die Zweige der deutschen Landesgesellschaft. GStAPK. In der die Mitgliedschaft in der Reichskulturkammer (RKK) betreffenden Korrespondenz taucht als Kontaktperson nur der Name von Dr. Friedrich Mahling auf, der im Juni 1935 wegen „Kulturpolitischer Unzuverlässigkeit" sein Amt als Leiter des Presse- und Kulturamtes der Reichsmusikkammer verlor. Fritz Götte, von dem der Hinweis stammt, nahm zu Recht an, daß Mahling Mitglied der Anthroposophischen Gesellschaft war. Fritz Götte an Alfred Reebstein vom 1. Juli 1935. Archiv am Goetheanum.

421 Wie schon erwähnt, spielte die Reichskulturkammer (RKK) schon im Zusammenhang mit der Überprüfung der Zweigbibliotheken eine Rolle. Die RKK wirkte später entscheidend bei der Frage der Wiederzulassung der Werke Steiners mit. Sie wurde am 22. September 1933 errichtet. Ihr Präsident war Propagandaminister Joseph Goebbels.

422 Wolfgang Veit, Eurythmie. Else Klink – ihr Wirken in einer neuen Bühnenkunst, Stuttgart 1985, S. 93 ff.

423 Vgl. Württembergisches Politisches Landespolizeiamt an das Geheime Staatspolizeiamt vom 4. Februar 1936. IfZ MA 610 58230 –58247.

hen. Dabei wurde die Wahrnehmung gemacht, daß tatsächlich die oben geschilderten Übungen durch 2 weibliche Personen durchgeführt wurden."[424]

Die Nürnberger Polizeidirektion berichtete an die Bayrische Politische Polizei über die dem Vorstand angehörenden Personen, zu denen Edwin Froböse aus Dornach, noch nicht jedoch Rudolf Kreutzer gehörten: „Die Ermittlungen über die genannten Personen ergaben die Tatsache, daß sämtliche innerhalb der Anthroposophischen Gesellschaft eine größere Rolle spielen [...]".[425]

Dies genügte also der Polizei, um den Verein im Zuge des Verbotes der Gesellschaft aufzulösen.

Nachdem der Vorstand Anfang Januar beim Gestapa gegen die Maßnahmen der Bayrischen Politischen Polizei protestiert hatte und dabei vor allen Dingen eine schriftliche Abfassung des Verbotes forderte, die nicht existierte,[426] erfolgte zunächst nichts. Erst am 6. März 1936 übernahm das Gestapa den Vorschlag der Bayrischen Politischen Polizei, „Eurythmieunternehmen" im ganzen Reich zu verbieten.[427] Damit wurde für die Eurythmie erreicht, was auch für die Waldorfschulen und die Christengemeinschaft beabsichtigt war: deren Verbot im Zuge der Auflösung der Anthroposophischen Gesellschaft. Der Erlaß war zwar nur gegen den Verein gerichtet, er wurde aber auf lokaler Ebene vielfach so interpretiert, daß sämtliche Aktivitäten der Eurythmie eingestellt werden sollten. Allerdings gab es keine willkürlichen Beschlagnahmungen, sondern es blieb den Betroffenen die Auflösung und die Liquidation von Vermögenswerten selbst überlassen.[428]

Für die Eurythmie in den Waldorfschulen wurde der Erlaß völlig unterschiedlich interpretiert. Die Breslauer Schule z. B. teilte unter dem 23. März dem Stuttgarter Kollegium mit, daß die Gestapo den Sprachgestaltungs- und

[424] Polizeidirektion Nürnberg-Fürth an die bayrische Politische Polizei vom 10. Oktober 1934.

[425] Polizeidirektion Nürnberg-Fürth an die Bayrische Politische Polizei vom 10. Oktober 1934. STAN.

[426] Verein zur Förderung goetheanischer Bühnenkunst an Gestapo vom 4. Januar 1936. BAD Z/B 1 904.

[427] Der Politische Polizei Kommandeur der Länder II 1 B 2 an alle Politischen Polizeien der Länder (außer Preußen), vom 6. März 1936. Der Erlaß stützte sich auf das Verbot der Anthroposophischen Gesellschaft und führte aus, daß der Verein auf der Pädagogik Steiners aufgebaut sei, für die kein „Raum" mehr im deutschen Reichsgebiet wäre. Mit dem Verein würde den „Steinerschen Lehren Vorschub geleistet" und der Fortbestand des Vereins sei eine Gefahr für die staatliche Sicherheit. BAD Z/B 1 901. Der entsprechende Erlaß des Gestapas für Preußen liegt nicht vor, muß aber existiert haben.

[428] Vgl. z. B. Preußische Geheime Staatspolizei, Staatspolizeistelle für den Regierungsbezirk Potsdam, an die Landräte pp. vom 17. März 1936 (BLHAP) und Bayrische Politische Polizei an alle Polizeidirektionen, usw. vom 20. März 1936 (STAM, LRA 134354). Verzeichnis verbotener Sekten in Akte: Verfolgung der Kirchen und des Verlagswesens im Bestand RSHA. BAK R/58/1074.

Eurythmieunterricht an der Schule unterbunden hat. Fritz v. Bothmer antwortete, daß an der Stuttgarter Schule diese Beschränkung nicht bestünde.[429]

Neueröffnung des Eurythmeum in Stuttgart

Else Klink hatte noch vor dem Verbot der Anthroposophischen Gesellschaft im Oktober 1935 mit Otto Wiemer eine Eurythmieschule in Stuttgart begonnen. Sie tat dies trotz aller negativen Anzeichen im nationalsozialistischen Staat und des offenbar nicht geringen Widerstandes von einigen Mitgliedern der Gesellschaft und des Kollegiums der Stuttgarter Schule. Marie Steiner war von dem Mut Else Klinks beeindruckt und ließ sie schließlich gewähren. Bis Ostern 1936 waren 20 Eurythmiestudenten angemeldet, als das Verbot der Eurythmieschulen erlassen wurde. Das württembergische Landespolizeiamt ging aber auf einen originellen Vorschlag ein, dessen Urheber unbekannt ist und der die Eurythmieschule in diesem Anfangsstadium rettete: Da die Eurythmie an der Stuttgarter Waldorfschule nicht verboten war, genehmigte die Politische Polizei die Weiterexistenz der Eurythmieschule, unter der Bedingung, daß sie der Waldorfschule angeschlossen wurde.[430] Das Einverständnis des Stuttgarter Kollegiums kam am 30. Juni 1936.[431] Bothmer und Baravalle waren Else Klinks Lehrer gewesen, sie förderten diese Initiative, die auch von Carlo Septimus Picht unterstützt wurde. So konnte die selbst bedrohte Waldorfschule in einer Übergangszeit dem Eurythmeum ein Schutz sein.[432]

Die Wiederzulassung der Eurythmie

Das Gestapa nahm unerwartet im Juli 1936 den Erlaß vom 6. März zurück. Grund war offenbar eine entsprechende Intervention der Reichstheaterkammer. Die Eurythmieunternehmen, hieß es im Erlaß der Gestapo, würden künftig von der RKK betreut. Sie seien bereits grundsätzlich anerkannt, jedoch sei eine Entscheidung, in welcher Form die Neuorganisation erfolge, noch nicht getroffen worden. Von weiteren Maßnahmen gegen die Eurythmieunternehmen sei abzusehen.[433] Damit wurde zwar der Verein zur Förderung goetheani-

[429] Freie Waldorfschule Breslau an die Waldorfschule Stuttgart vom 23. März 1936. Archiv Bund der Waldorfschulen 3.19.071.

[430] Württembergisches Politisches Landespolizeiamt an Else Klink, Eurythmielehrerin, vom 23. Juni 1936. Archiv Bund der Waldorfschulen 4.3.168

[431] Fritz von Bothmer für Freie Waldorfschule Stuttgart an das Württembergische Politische Landespolizeiamt vom 30. Juni 1936. Archiv Bund der Waldorfschulen 4.3.172.

[432] Aus der Liquidation des polizeilich aufgelösten „Bauvereins der Stuttgarter Anthroposophen e. V.“ wurden 1937 von mehreren Anteilseignern die zurückerhaltenen Einlagen dem Eurythmeum gespendet. Vgl. Geheime Staatspolizei, Staatspolizeileitstelle Stuttgart, an das Geheime Staatspolizeiamt vom 7. Juni 1938. BAD Z/B 1 887

[433] Preußische Gestapo und PPKdL an Stapostellen vom 29. Juni 1936. BAD Z/B 4203.

scher Bühnenkunst nicht wieder ausdrücklich zugelassen, aber „Eurythmie-unternehmen“ waren vom 29. Juli 1936 an wieder erlaubt.

Die Wiederzulassung war offenbar das Ergebnis von Verhandlungen, die Else Klink und Monika von Miltitz mit der RKK führten. Monika von Miltitz beschrieb den Vorgang wie folgt:

„Nun sollte das letzte, was verboten worden war, die Kunst, wieder eröffnet werden. Man suchte nach einem objektiven Menschen, – weder Eurythmist noch Sprachgestalter – der die Vertretung übernehmen konnte, die Namen sammeln und an die Kulturkammer anschließen (sollte). Ich wurde gebeten, das zu tun. Meine Zusage machte ich von der Einwilligung von Frau Dr. Steiner abhängig. Diese war sehr einverstanden. In der Besprechung mit Elisabeth Klein kam es zum Ausdruck, daß wir durchaus vermeiden müßten, den Eindruck des Kollaborierens zu machen. Wir wollten nur einen schmalen Steg über den Sumpf suchen. Es war natürlich etwas sehr geringes, was ich zu tun hatte.“[434]

Else Klink wurde – so Wolfgang Veit – zum Reichspropagandaministerium zitiert. Sie schilderte ihm den Vorgang mit folgenden Worten:

„Die Ironie des Geschicks wollte es, daß ich mit meinem unarischen Aussehen – eigentlich eine nicht ganz legale Tochter eines deutschen Kolonialbeamten und einer melanesischen Mutter – die ganze Eurythmie verteidigen mußte. Der Beamte versicherte mir ausdrücklich, daß auf mich die Rassegesetze und Bestimmungen nicht zuträfen, obwohl man mich leicht als Farbige, als Bastard, als unwertes Leben, wie es damals hieß, hätte einstufen können.“

Man schlug ihr vor, die Benennung „Eurythmie“ zu ändern, was Klink strikt verweigerte. Man diskutierte über die Zuordnung dieser neuen Bewegungskunst. Schließlich akzeptierte die RKK ohne Einschränkung die Aufnahme der Eurythmie in die Theaterkammer.

Damit war das Eurythmeum in seiner Ausbildungsarbeit und künstlerischen Tätigkeit legitimiert. Klink erhielt ihren Mitgliedsausweis für die RKK. Im Rückblick auf die Verhandlungen schloß sie erleichtert: „Weitermachen war möglich!“[435] Die Verhandlungen mit der RKK standen auf der einen Seite. Auf der anderen Seite gab es die Verhandlungen einiger Anthroposophen mit dem Reichsministerium und der Gestapo, in denen es um die Wiederzulassung der Anthroposophischen Gesellschaft ging. Erst daraus wird die Wandlung bei

[434] Monika von Miltitz, Nach 33 Jahren, Nachlaß Fritz Götte. PA Christoph Lindenberg. Vgl. Bericht von Elisabeth Klein, 1971. In ihrem Bericht von 1937 erwähnte Klein keine Namen bzgl. der Behördengänge. Für die Zulassung mußte die Eurythmie vorgeführt und erläutert werden. Nach Klein war es Margarete Eckinger aus Wien, die die künstlerische Vorführung übernahm. Vgl. Ausführungen von Fr. Dr. Klein, Dresden, über ihre Berliner Arbeit, Düsseldorf, 4. April 1937. PA Christoph Lindenberg.

[435] Vgl. Wolfgang Veit, Eigentlich haben wir nie Angst vor den Nazis gehabt, in: Info 3, Nr. 1, 1986, S. 9 f. und derselbe, Else Klink – ihr Wirken in einer neuen Bühnenkunst, Stuttgart 1985.

der Gestapo verständlich, die im Juli 1936 zu dem Erlaß über die Wiederzulassung der Eurythmie führte.[436]

Wie der Erlaß – diesmal mit korrektem Briefkopf – ausführte, war die Betreuung der „Eurythmieunternehmen" künftig durch den Präsidenten der Reichskulturkammer gewährleistet. Diese Vorgänge waren unter den Eurythmisten und Eurythmistinnen keinesfalls unumstritten. Lola Jaerschky, die schon 1933 wegen ihrer jüdischen Abstammung das Berliner Kollegium verlassen hatte, um dieses nicht zu belasten, schrieb im Juli 1936 im Rückblick auf die Ereignisse ausführlich an Albert Steffen. Sie beschrieb, wie das Verbot der Eurythmie unter den zehn in Berlin arbeitenden Eurythmistinnen gewirkt hatte. Vor dem Verbot kamen diese nur selten zu einer gemeinsamen Arbeit zusammen, nun aber, da das Verbot die äußere Arbeit einschränkte, arbeiteten sie in Privatzimmern weiter, sowohl mit Schülern als auch untereinander, und:

„Wir fühlten [...], daß es nötig sei, über die alten Möglichkeiten hinauszugehen und neue Kräfte in uns zu pflegen. Da der Einzelne in stärkerem Maß als zuvor auf sich selbst gestellt ist, braucht er erhöhte Selbstbesinnung. Aus dieser Einsicht entstand eine wöchentliche Zusammenkunft und Arbeitsgruppe."

Aus Jaerschkys Beschreibung wird deutlich, daß diese Arbeit bei den Beteiligten zu einer Vertiefung des Verständnisses und der Aufgaben der Eurythmie führte. Dann kam sie auf die laufenden Verhandlungen zu sprechen:

„[...] daß wir gegen Schluß der Sommer-Arbeit den Blick auch auf unmittelbar Geschehendes richten mußten. Es wurde eine Aufführung veranstaltet für die Behörden, von welcher das Schicksal der Eurythmie abhängen sollte, wie man uns sagte. Die Art, wie diese Aufführung vorbereitet wurde, der Vortrag, der die Demonstration begleitete, rief eine Reihe von Fragen wach, über die wir versuchen mußten, eine Klarheit zu bekommen. Auf Grund der vorangegangenen Arbeit mußte es möglich sein, sachlich die Grundlagen zur Urteilsbildung zusammenzutragen. Alle hatten den Vortrag so erlebt, daß dieser nur das Wirksame in geschickter Weise hervorgebracht hatte, statt die innere Wahrheit, das Wesen der Eurythmie sich selbst aussprechen zu lassen. Einigen schien dieses Verhalten zunächst klug u. den Verhältnissen angepaßt, anderen eine unerträgliche Kapitulation. Da Fräulein Heuser die Vorbereitungen bis in alle Einzelheiten miterlebt hat, baten wir sie, uns darüber zu berichten, u. auch aus der Praxis der Berliner Rudolf-Steiner-Schule zu erzählen, in welcher Art das Lehrer-Kollegium auf die deutschen Verhältnisse antwortet, in Bezug auf Gruß, Feiern, Elternabende, Fragen der Kinder usf. Die gründliche Art, sich mit jedem einzelnen Problem auseinanderzusetzen, die tiefe Verantwortlichkeit dem Geiste gegenüber, welche in dem eigenen Denken für Kompromisse wach zu sein bemüht ist, schien uns vorbildlich für Menschen, die Anthroposophen sein u. werden wollen."[437]

[436] Vgl. unten Zweiter Teil, Kap. 1.

[437] Dieses und die folgenden Zitate in: Lola Jaerschky an Albert Steffen vom 17. Juli 1936. Archiv am Goetheanum. Jaerschky hielt sich zu dieser Zeit in Dornach auf. Sie brachte in ihrem Schreiben auch zum Ausdruck, daß sie von Deutschland aus nicht hätte schreiben können.

Über die Illegalität ihrer Zusammenkünfte war sich Jaerschky im klaren:

„Wie wir hörten, verstoßen diese Zusammenkünfte gegen die gesetzlichen Bestimmungen. Sollte die Möglichkeit bestehen, daß wir bei einer Entdeckung dem Goetheanum Schaden zufügen, so wären wir für einen Hinweis sehr dankbar. Dann müßten wir die Gruppe teilen oder die Arbeit aufgeben."

Abschließend kam Jaerschky auch auf das Problem der Orientierung und Information zu sprechen, in welchem nochmals ihre damaligen Zweifel an den anthroposophischen Verhandlungsführern anklingen:

„Eine Erschwerung unserer Bemühungen besteht darin, daß es sehr schwierig ist, in Deutschland sich zu orientieren über die Vereinbarungen, welche Menschen, die die Anthroposophie zu vertreten glauben,... mit den Behörden treffen. Die Tatsachen selbst, welche Befugnisse vergeben werden vom Staate, was verboten u. was erlaubt ist, werden so verschieden dargestellt, oder überhaupt verschwiegen, daß es kaum möglich ist, sich beobachtend ein Urteil zu erwerben, was vorgeht. Wir haben die große Bitte, uns in Dornach, wo ja alle Fäden zusammenlaufen, orientieren zu dürfen, nicht über Meinungen u. Urteile, sondern nur über das, was tatsächlich geschehen ist."

Wie ersichtlich, war die Eurythmie der zentrale Angriffspunkt der Politischen Polizei gegen die künstlerischen Aspekte der Anthroposophie. Sprachgestaltung, Schauspielkunst und Musik, die sämtlich auch vom Verein zur Förderung goetheanischer Bühnenkunst weitgehend vertreten wurden, wurden kaum erwähnt.

Zu den anthroposophisch arbeitenden Schauspielgruppen gehörte die von Gottfried Haaß-Berkow geleitete, die noch einige Zeit über das Jahr 1933 aktiv blieb, obwohl Haaß-Berkow selbst schon 1933 Intendant der württembergischen Landesbühne in Esslingen wurde.[438] Dort wurde er 1937 von einem nationalsozialistischen Mitarbeiter heftig angegriffen. Dieser schrieb direkt an Werner Best im Gestapa: „Es muß hier unbedingt etwas geschehen, denn was dieser Mann (Haaß-Berkow, U.W.) gesündigt hat, nicht nur an mir, sondern an dem ganzen Aufbauwerk des Führers, ist nicht zu beschreiben."[439] Der Angriff blieb ohne weitere Folgen.

[438] Im Juli 1945 nahm er diese Tätigkeit wieder auf. Andreas Kaufmann, Zum hundertsten Geburtstag von Gottfried Haaß-Berkow, in: Mitteilungen aus der anthroposophischen Arbeit in Deutschland, 42. Ja., Heft 3, S. 225 f. Haaß-Berkow hatte mit seiner Erneuerung des Laienspiels während des Ersten Weltkriegs und in den zwanziger Jahren erhebliche Resonanz in der Öffentlichkeit. Schon 1918 wurde er von dem späteren nationalsozialistischen Volkskundler und Vorgeschichtler Hans Hahne bewundert. Hahne selbst verdankte Steiner wesentliche Anregungen für seine volkskundlichen Arbeiten. Er wurde 1933 von Rust zum Rektor der Universität Halle ernannt, verstarb aber im Februar 1935. Näheres zu Hahnes Verhältnis zu Steiner einerseits, zum Nationalsozialismus andererseits in: Irene Ziehe, Hans Hahne (1875–1935). Sein Denken und Wirken. Biographie eines völkischen Wissenschaftlers, Dissertation, Humboldt-Universität Berlin, 1993.

[439] M. Lessenich an Best vom 29. Januar 1937. STAK S 3, Nr. 253.

Die „Heil- und Erziehungsinstitute für seelenpflegebedürftige Kinder und Jugendliche“

Die Lage 1933

1933/34 bestanden in Deutschland acht von Anthroposophen geleitete Heil- und Erziehungsinstitute für seelenpflegebedürftige Kinder und Jugendliche: Altefeld bei Eschwege, seit 1932, geleitet von Dr. Heinrich Hardt; Schloß Hamborn bei Paderborn, seit 1931, geleitet von Siegfried Pickert; Schloß Gerswalde bei Templin,Uckermark, seit 1929, geleitet von Franz Löffler; Pilgramshain bei Striegau, Schlesien, seit 1928, geleitet von Albrecht Strohschein und Dr. Karl König; Haus Spitzner in Bonnewitz bei Pirna, seit 1934, geleitet von Martin Kretschmer; Waldhaus Malsch bei Karlsruhe, seit 1931, geleitet von Hubert Bollig, Tilla Bollig und Dr. Heinz Ritter; Schloß Mühlhausen bei Stuttgart, seit 1929, geleitet von Dr. Franz Geraths und Dr. Rose Erlacher in Zusammenarbeit mit Dr. Eugen Kolisko, „Im Buchwald“, Stuttgart, geleitet von Johannes Marzahn (eine kleine Einrichtung die wohl einen ganz persönlichen Charakter behielt und bis zur Einberufung Marzahns zum Kriegsdienst, 1942, erhalten blieb. Die Kinder besuchten die Hilfsklasse der Waldorfschule Stuttgart).

Diese Heime standen alle in enger Verbindung mit dem von Ita Wegman geleiteten Klinisch-Therapeutischen Institut in Arlesheim bei Basel, dem auch der „Sonnenhof“ als heilpädagogische Einrichtung angeschlossen war. Zum weiteren Umkreis der Heime gehörten die Hilfsklassen der Stuttgarter und Breslauer Waldorfschulen sowie zwei Vereine zur Unterstützung der heilpädagogischen Arbeit in Berlin.[440]

Da die Heime in ländlicher Umgebung untergebracht waren und nur in ihrer näheren Umgebung bekannt waren, traten sie nie in die größere Öffentlichkeit. Entscheidend für das Schicksal dieser Einrichtungen muß aber eine Initiative Ita Wegmans gewesen sein, die Anfang April 1933 in Berlin eine Zusammenkunft veranstaltete, in der es um die Frage ging, wie die Arbeit auf anthroposophischer Grundlage in Deutschland weitergehen könne. Wegman hielt die Verhältnisse in Deutschland für „bizarr und außerordentlich schwierig zu beurteilen, weil da auf geschickte Art das Böswollende gut eingekleidet wird und sogar die Illusion erweckt wird, richtig zu sein [...].“[441] Am 28. April 1933 berichtete Ita Wegman aus der Berliner Zusammenkunft an Hilma Walter: „[...] So bleibt wirklich nichts anderes übrig, als daß viele herausgehen aus Deutschland, um sich im Ausland neu zu organisieren und später vielleicht wieder Ein-

[440] Vgl. zu sämtlichen hier genannten Angaben: Wilhelm Uhlenhoff, Die Ausbreitung der Anthroposophischen Heilpädagogik in Deutschland von 1924–1945, Manuskript. PA Wilhelm Uhlenhoff, und ders., Die Kinder des heilpädagogischen Kurses, Stuttgart 1994.

[441] Ita Wegman an Fried Geuter und Michael Wilson vom 24. März 1933, in: J. E. Zeylmans van Emmichoven, Wer war Ita Wegman, Bd. 2, Heidelberg 1992, S. 189.

fluß zu haben in Deutschland, und daß die anderen, die dableiben, so gut es geht, die vorgenommenen Arbeiten, die mit der Anthroposophie zusammenhängen, in Stille und vorsichtig weiter fortsetzen, damit der Faden nicht abreißt [...].“[442]

Diese Tatsachen müssen dazu beigetragen haben, daß diese Einrichtungen in den ersten Jahren von den zentralen NS-Behörden zwar nicht unbemerkt, aber weitgehend unbeachtet blieben. Eine ganze Reihe von Hinweisen der SD-Spitzel und der Polizeiberichte aus den Jahren 1934 und 1935 blieb in den Schubladen des Gestapa liegen.[443] Auch das Reichserziehungsministerium nahm Anregungen in dieser Richtung nicht auf: private Schulen für körperbehinderte oder schwererziehbare Kinder waren nicht von Interesse.[444]

Allerdings mußten sich manche Institute auch schon vor 1936 gegen lokale Angriffe ganz energisch wehren. Die Angriffe richteten sich gegen die Tatsache, daß die leitenden Persönlichkeiten Anthroposophen waren. Einige der Institute überlebten. Dies war zum Teil dem vorübergehenden Schutz zu danken, den verantwortliche Mitarbeiter der NS-Volkswohlfahrt gewährten, die die Arbeit dieser Institute im Sinne der Betreuung und Erziehung der Kinder persönlich anerkannt hatten. Es wirkten aber auch ganz andere Faktoren mit, die den oftmals ganz erstaunlichen Weg einzelner Institute entscheidend beeinflußten. Überhaupt erfuhr jedes dieser Institute, stärker noch als dies bei den Waldorfschulen der Fall war, ein individuelles Schicksal. So blieben „Altefeld“ (das sich mehrfach auch weiter nach seinem Ursprung „Lauenstein“ benannte) und „Schloß Mühlhausen“ nicht an den Orten, nach denen sie benannt waren. Die von der kleinen Einrichtung „Waldhaus Malsch“ betreute Gruppe wanderte eine Zeitlang von Ort zu Ort im Schwarzwald umher. In wirklich große Gefahr sollten die Einrichtungen erst im Zuge des Euthanasieprogramms im Jahre 1941 kommen. Wenigstens zwei dieser Einrichtungen aber wurden schon 1934/35 ernsthaft in ihrer Existenz bedroht.

[442] Ita Wegman an Hilma Walter vom 28. April 1933, in: J. E. Zeylmans van Emmichoven, Wer war Ita Wegman, Bd. 2, Heidelberg 1992, S. 190

[443] Vgl. z. B. Sicherheitsdienst des RFSS, SD-Unterabschnitt Kassel II 111–312-1. Der Bericht enthält den Hinweis auf Lauenstein-Zwätzen (Dr. Heinrich Hardt), Schloß Pilgramshain (Dr. Karl König), Schloß Mühlhausen (Dr. Rose Erlacher), Schloß Gerswalde (Dr. Edmund Drebber) und den Sonnenhof in Arlesheim. SD 30253 an 30001 vom 21. August 1934 und SD 33001 an 34161 vom 7. August 1935. STAK S 3 Nr. 253.

[444] Vgl. Private Volksschulen. Gutachten für das „Office of Military Government for Germany“ (U.S.). Ministerial Collecting Centre Education Brand. Fürstenhagen APO 742. o. V., o. D. Archiv Bund der Waldorfschulen 6.1.118. Sowie Hinweis auf Schloß Pilgramshain in: Der Regierungspräsident Breslau an Reichs- und Preußischen Minister für Wissenschaft, Erziehung und Volksbildung vom 27. November 1935. BAP 62/Di 1, Nr. 223, 224. Veröffentlicht in: A. Wagner, Beiträge, NS-Dokumentation, Bd. 2, Rendsburg 1992, S. 66 f.

Die Verbote gegen die Heil- und Erziehungsinstitute Schloß Gerswalde und Schloß Hamborn

Im August 1934 forderte das Gauamt Kurmark der NS-Volkswohlfahrt, in der die vorherigen Wohlfahrtsverbände zusammengefaßt wurden, das „Heil- und Erziehungsinstitut für seelenpflegebedürftige Kinder und Jugendliche" in Gerswalde auf, sich in diesen Verband einzugliedern. Es kam am 14. August zu einem Gespräch zwischen dem Kreisamtsleiter Meyer und dem Leiter des Instituts, Franz Löffler. Sowohl Löffler als auch Meyer gaben an das Gauamt der NSV einen ausführlichen Bericht über den ‚Vorgang'. Beide Berichte gingen damals in Abschrift an das Gestapa, wodurch sie erhalten geblieben sind.

Die Ausführungen Löfflers werden in der Anlage wiedergegeben, da sie eine Schilderung seiner inneren Einstellung enthalten, die prinzipiell auch die Haltung aller anderen verantwortlichen Persönlichkeiten dieser Einrichtungen spiegelt: Die heilpädagogische Arbeit war eine von den Beteiligten bewußt auf sich genommen Lebensaufgabe, die von ihrem Grundimpuls durch Rudolf Steiner nicht getrennt werden durfte. Die im Zuge der Gleichschaltung notwendige Übernahme eines Nationalsozialisten in den Vorstand wurde als so schwerwiegender Eingriff in eine gewachsene Schicksalsgemeinschaft empfunden, daß sie zur Auflösung des Instituts führen mußte.[445] Meyer bestätigte aus nationalsozialistischer Sicht die Ausführungen Löfflers:

> „[...] Weiter erklärte er mir wörtlich: Der Vorstand bestehe aus vier Herren, von denen er [damit ist Löffler gemeint, U.W.] Vorstandsmitglied ist. Zwingt man einen dieser Herren zurückzutreten und [stellt man] einen Nationalsozialisten in den Vorstand, treten alle Herren zurück, oder aber er sieht sich gezwungen, das Institut zu schließen. Dr. Löffler begründet dies mit folgendem: Nach der Weltanschauung der Anthroposophen, der Lehre Dr. Steiners, ist ihre Arbeit dort etwas Gewachsenes und müsste erschüttert oder in ihrem Fortbestehen ihrer Art Gefahr laufen. [...] Die Weigerung, einen Nationalsozialisten in den Vorstand zu nehmen, erscheint mir geradezu staatsfeindlich [...]"[446]

Etwa ein Jahr darauf, im Sommer 1935, erreichte Löffler, ohne auf die Gleichschaltung einzugehen, über die Köpfe der NSV-Gauamtsleitung hinweg die Anerkennung des Instituts durch die Reichsleitung der NSV. Der Ortsgruppenleiter der NSDAP, gleichzeitig aufsichtsführender Arzt der NSV, Dr. A. Muncke, war davon nicht unterrichtet worden. Im November, auf die Nachricht des Verbots der Anthroposophischen Gesellschaft hin, entschied er im Einvernehmen mit dem Landrat, das Institut zu schließen. Als er jedoch die

[445] Franz Löffler für das Heil- und Erziehungsinstitut für seelenpflegebedürftige Kinder und Jugendliche, Gerswalde, an das Gauamt der NS-Volkswohlfahrt, Berlin, vom 12. August 1934. BAD Z/B 1 903. Vgl. Anlage 6. Leider sind die Unterlagen der NS-Volkswohlfahrt nur insoweit erhalten, als sie in Abschrift an das Gestapa und z. T. an das Amt Rosenberg gingen. Eine Namensliste sämtlicher Heimbewohner wurde dem Schreiben beigefügt und ist erhalten: 47 Erwachsene betreuten das Anwesen und die Zöglinge, zu diesem Zeitpunkt 55 Kinder und Jugendliche.

[446] A. Meyer, Kreisamtsleiter, an den Gau Kurmark der N.S.V., Abteilung III, vom 22. August 1934. BAD Z/B 1 903.

Schließungsanordnung durchsetzen wollte, hielt ihm Löffler die positive Stellungnahme der Reichsleitung des NSV entgegen. Letztere veranlaßte die Gestapo, den Arzt zurechtzuweisen. Empört bat Muncke um Enthebung von seinem Amt als Ortsgruppenleiter.[447]

Selbst wenn man davon ausgehen muß, daß die Gestapo die Eigenmächtigkeit Munckes nicht dulden wollte, bleibt der Vorfall, der mangels anderer Überlieferung hier nur durch den Bericht Munckes belegt ist, zumindest erstaunlich. Von wem der Schutz in der Reichsleitung des NSV ausging, ist nicht bekannt. Es muß sich aber um sehr einflußreiche Persönlichkeiten gehandelt haben.[448]

Der zweite nationalsozialistische Angriff auf die anthroposophische Heilpädagogik in Deutschland zielte auf „Schloß Hamborn".[449] Hamborn hatte sich im Juni 1935 wegen der arischen Abstammung der Mitgliedschaft des Vereins zur Gleichschaltung entschlossen.[450] Um das Institut 1935 vor dem wachsenden Druck lokaler Behörden zu schützen, entschloß sich Georg Moritz Erbprinz von Sachsen Altenburg im Herbst 1935, die Pacht des 14 000 Morgen großen Anwesens – allerdings mit Ausnahme des Heimes selbst – auf seinen Namen zu übernehmen. Dennoch verlangte die Gemeinde im Frühjahr 1936 die Schließung des Institutes. Die Begründung war nicht so eindeutig gegen die anthroposophische Leitung gerichtet wie im Falle Gerswalde: „Schloß Ham-

[447] A. Muncke, prakt. Arzt, an die Kreisleitung der NSDAP Templin vom 6. Dezember 1935. BAD Z/B 1 903.

[448] Die endgültige offizielle Anerkennung durch die NS-Volkswohlfahrt erfolgte erst im Februar 1937, nachdem Löffler die Verhandlungen über zwei Jahre hingezogen hatte. Darüber berichtet die Gauleitung Kurmark der NSDAP dem Amt Rosenberg: „Wie ich zufällig erfahre, ist dieses Institut von jeher ein Unternehmen anthroposophischer Kreise gewesen [...]. Die Vorstellungen, die das Kreisamt im Hinblick auf die wenig gesicherte nationalsozialistische Zuverlässigkeit der leitenden Personen erhoben haben, waren umfangreich begründet. Leider vermochten sie trotzdem nicht zur Auflösung der Anstalt zu führen, vielmehr wurden von Seiten des Reichsamtes für Volkswohlfahrt besondere Schritte veranlaßt, die schließlich zur Anerkennung der Anstalt führten. [...]" Dr. Löffler hat „unumwunden erklärt, daß in der Anstalt nach den Lehren Rudolf Steiners verfahren wird. In der Anstalt selbst sind, wie berichtet wird, auch einzelne jüdische Kinder untergebracht. Im Sommer 1935 wurde die Gestapo über etwaige poitische Bedenken gegenüber dieser Anstalt und deren Leitung befragt. Das Urteil der Staatspolizei ist [...] positiv ausgefallen [...]." NSDAP-Gauleitung Kurmark, der Gauschulungsleiter, Adolf-Hitler-Schule, an den Beauftragten des Führers für die gesamte geistige und weltanschauliche Erziehung der NSDAP vom 22. Hornung (Februar) 1937. IfZ MA 610 58223 f.

[449] Vgl. Bodo von Plato, Schloß Hamborn im Nationalsozialismus. Ein Streiflicht, in: Konturen 2/1991, Heidelberg 1991, S. 86 f., und: Festschrift zum 25jährigen Bestehen, Schloß Hamborn, 1932 bis 1957. N. B. Wie die Waldorfschulen haben auch die heilpädagogischen Einrichtungen die durch das NS-Regime verursachten Schließungen nur als äußere Unterbrechung empfunden, die den geistigen Existenzkern dieser Institutionen nicht treffen konnten. Daher konnte auch 1957 ein 25jähriges „Bestehen" gefeiert werden.

[450] Satzungen „Heilerziehungs- und Erholungsheim Schloß Hamborn e. V." § 3. PA Wilhelm Uhlenhoff.

born ist ein Fremdkörper in der Gemeinde... und im Heim sind Mißstände festgestellt worden, die eine sofortige Schließung erfordern".[451] Unter den Mitarbeitern war ein Neffe der Familie Rudolf Hess'. Dieser veranlaßte Ilse Hess, die Schließung der Einrichtung zu verhindern. So blieb die Anordnung ohne Folgen. Da sie aber nicht offiziell zurückgezogen wurde, mußte die Einrichtung ab 1936 dauernd mit dieser Schließungsdrohung leben. Erst 1937 sollte ein weiterer behördlicher Schritt erfolgen. Im April fragte der Regierungspräsident Minden beim Innenministerium an, ob „nach dem Sinne des Verbots [der Gesellschaft, U.W.] auch jede an anthroposophische Grundsätze erinnernde Erziehung oder ein solches Zusammenleben zu verbieten" sei. Damit bezog er sich auf das Heil- und Erziehungsinstitut „Schloß Hamborn". Es sei aber „schwer nachzuweisen, daß es sich tatsächlich hier um eine Betätigung im anthroposophischen Sinne, wie in der Zeit vor dem Verbote", handle.[452] Haselbacher bat daraufhin um einen Bericht.[453] Weiter ist überliefert, daß Ministerialrat Eickhoff vom Reichsinnenministerium im März 1937 eine positive gutachterliche Äußerung zu Schloß Hamborn abgegeben hätte, worauf die „gegen Schloß Hamborn laufenden Vorgänge ins Stocken gerieten".[454] Im November 1937 fand eine Vernehmung von Siegfried Pickert und dem Erbprinzen Georg Moritz von Sachsen-Altenburg statt, deren schlagfertiges Verhalten von Bodo von Plato geschildert wird.[455] Zwar wurde Pickert in der Folge die Unterrichtsgenehmigung entzogen,[456] doch blieb das Heim als solches durch das geschickte Manövrieren des Erbprinzen zunächst erhalten.

Das Fehlen jeglichen organisatorischen Zusammenhangs zwischen den Institutionen und der Anthroposophischen Gesellschaft, aber auch die Tatsache, daß sie in keiner Organisation zusammengeschlossen waren, machte die Institute für die Gestapo relativ uninteressant. Es fehlte natürlich auch das Interesse bei Rust und vielen anderen, die behinderten Kinder und Jugendlichen für den nationalsozialistischen Staat zu „gewinnen". Die genannten Vorgänge bildeten den Beginn einer erstaunlichen Entwicklung, in der die meisten dieser Einrich-

451 Bodo von Plato, Schloß Hamborn im Nationalsozialismus, a. a. O., S. 84. Zu den angeführten „Mißständen" gehörte z. B. das Fehlen von Gummizellen für die Aufnahme der „Geisteskranken". Verschiedentlich wird auch der Unterricht bemängelt. Offenbar führte Heinz Ritter (Lauenstein, später Malsch) schon Anfang 1934 wegen Beanstandungen in diesem Punkte Verhandlungen in Berlin. Doch dürften diese Fragen ohne größere Folgen geblieben sein. Vgl. Schreiben A. Schmidt, Kassel an C. Boy vom 5. Januar 1934. Archiv Bund der Waldorfschulen 4.2.223.

452 Der Regierungspräsident Minden an den Reichs- und Preußischen Minister des Innern vom 13. April 1937. BAD Z/B 1 904.

453 Der RFSS u. Ch. d. D. P. an Regierungspräsidenten Minden vom 31. Mai 1937. BAD Z/B 1 904.

454 Sicherheitsdienst des Reichsführers SS, Abschnitt Bielefeld, an das Reichssicherheitshauptamt, Amt III vom 20. Februar 1940. BAD Z/B 1 904.

455 Bodo von Plato, Schloß Hamborn im Nationalsozialismus, a. a. O., S. 83 und S. 72.

456 Vertreter des Amtes Rosenberg in Münster an Amt Rosenberg vom 5. Januar 1939. IfZ MA 610–58107.

tungen letztlich dem Zugriff der Gestapo entgingen. Ja es wurden sogar in Breslau und Bonnewitz 1934 neue heilpädagogische Institute gegründet.

Bemerkungen zu den von 1933–1936 weniger betroffenen Bereichen: Das Verlagswesen, die anthroposophische Ärzteschaft, Kliniken und Sanatorien, die Heilmittelherstellung

Mit den Aktivitäten der biologisch-dynamischen Landwirtschaft, der Waldorfschulpädagogik, der Eurythmie und der Heilpädagogik sind die Bereiche, in denen Anthroposophen beruflich tätig waren, nicht erschöpft. Doch waren es die genannten Gebiete, auf denen anthroposophisch orientierte Tätigkeit am stärksten und am breitesten in die Öffentlichkeit trat.

Allerdings gehörte auch die anthroposophische Publizistik – also die Verlage und Zeitschriften – zur öffentlich wirksamen Tätigkeit. Dieser Bereich war aber erst im Anschluß an das Verbot der Gesellschaft betroffen. Das Verbot der Gesellschaft war so nachlässig vorbereitet worden, daß man sich über die weite Verbreitung anthroposophischer Literatur erst durch die nachfolgenden umfangreichen Beschlagnahmungen klar wurde. Selbstverständlich wurde die Zeitschrift „Anthroposophie" sofort verboten. Die Wochenschrift „Das Goetheanum" und die Einfuhr der Werke Steiners aus Schweizer Verlagen waren noch nicht verboten. Die Zeitschriften „Erziehungskunst", „Die Christengemeinschaft" und „Demeter" erschienen zunächst weiter. Das, was später die „Literaturfrage" genannt wurde, wird zu einem der zentralen Punkte in der zweiten Zeitphase (1936/37–1940/41) und soll deshalb auch erst dort behandelt werden.

Es müssen auch die anthroposophischen Ärzte, Kliniken und Sanatorien genannt werden sowie die Heilmittelherstellung auf anthroposophischer Basis. In Deutschland gab es damals etwa 110 anthroposophische Ärzte (d. h. Ärzte, die auf anthroposophischer Basis arbeiteten, Mitglieder der Gesellschaft waren und der medizinischen Sektion am Goetheanum angehörten). 1934/35 gab es unter den Ärzten eine Tendenz zur Organisation in einem „Verband anthroposophischer Ärzte" unter dem Vorsitz von Dr. Friedrich Husemann, der zeitweise auch bereit war, sich über den „Reichsverband der Naturärzte" gleichzuschalten.[457] Die Bemühungen von Rudolf Hess, eine Brücke zwischen Schulmedizin und Naturheilkunde zu schaffen, waren bekannt. Es wurde auch erwogen, mit Hess zusammenzutreffen. Letztlich setzte sich jedoch diese Initiative nicht durch. Dem Verband trat nur etwa die Hälfte der Ärzte bei, und als er gleichgeschaltet werden sollte, waren wohl nur noch etwa 25 Ärzte

[457] Dr. med. Josef Kalhof an Dr. med. R. Schubert vom 23. Mai 1935 und Dr. med. Josef Kalkhof an Alfred Reebstein vom 23. Mai 1935. Archiv am Goetheanum.

übrig, die sich in dieser Richtung engagiert hätten. So kam keine Organisation zustande.

Gerade die Tatsache, nicht organisiert zu bleiben, mag dazu beigetragen haben, daß die anthroposophische Ärzteschaft als solche nicht verfolgt wurde. Die Ärzte blieben gewissermaßen „Einzelunternehmer", fielen entweder als anthroposophische Ärzte nicht auf oder wurden in manchen Fällen sogar von höheren NS-Größen konsultiert. In einigen Fällen, so bei den Waldorfschulen und den heilpädagogischen Instituten, spielten sie eine wichtige Rolle als Schul- bzw. Institutsärzte. Einzelne Ärzte waren aktiv in der Anthroposophischen Gesellschaft tätig, ohne aber besonders aufzufallen. Eine zentrale Rolle spielte die anthroposophische Ärzteschaft erst in den Jahren 1942/43, als es um die Rettung der Weleda Heilmittelherstellung ging. An diesem im dritten Zeitabschnitt behandelten Ereignis wird deutlich, daß sich diese Ärzte – auch wenn sie öffentlich nicht besonders in Erscheinung traten – für die anthroposophisch orientierte Medizin verantwortlich fühlten und notfalls auch gegenüber dem NS-Regime für sie eintraten.[458] So z. B. Dr. Josef Kalkhof, Dr. Friedrich Husemann, Dr. Wilhelm zur Linden; auch die beschriebene Tätigkeit Dr. Hanns Raschers gehört hierher.

Unmittelbar nach dem Verbot der Gesellschaft wurde die Weleda AG von einem Hamburger Arzt als anthroposophisches Unternehmen bei der Gestapo denunziert.[459] Obwohl im Februar 1936 auch die Württembergische Politische Landespolizei über die Weleda AG ausführlich berichtete und ausdrücklich darauf hinwies, daß die geistigen Grundlagen des Betriebes auf Rudolf Steiner und die anthroposophische Pharmazie zurückgingen,[460] unternahm die Gestapo zunächst nichts. Das mag mit der Tatsache zusammenhängen, daß der Betrieb als Zweigniederlassung Stuttgart der „Weleda AG" Arlesheim (Schweiz) im Genossenschaftsregister eingetragen war, also als ausländisches Unternehmen galt, aber wohl auch damit, daß Wirtschaftsbetriebe, anfänglich sogar jüdische, durch den Reichswirtschaftminister weitgehend vor Eingriffen

[458] Interessant für diese Anfangszeit ist die vorsichtige Haltung des bekannten Kinderarztes Wilhelm zu Linden in bezug auf die anthroposophische Arbeit: „Unsere Arbeit hier geht ganz schön weiter, jedoch ist es nicht ratsam bei der gespannten Situation, den Teilnehmern den Eintritt in die Gesellschaft zu raten [...]. Man hat mich gefragt, weshalb ich als alter Freicorpsoffizier und Spartakuskämpfer nicht längst in der NSDAP sei. Ich habe dagegen gefragt, ob man einer Partei beitreten könne, wenn diese den verehrten Lehrer so leichtfertig verleumdet habe. Das hat man dann begriffen [...]." Dr Wilhelm zur Linden an Alfred Reebstein, vom 22. Juni 1934. BAD Z/B 1 887. Zur Linden zog am 1. November 1936 von Schwelm (Westfalen) nach Berlin, wo er im Hintergrund der Beziehungen, die von Anthroposophen mit Nationalsozialisten angeknüpft werden, eine Rolle spielte. Vgl. Wilhelm zur Linden, 1979, Blick durchs Prisma. Lebensbericht eines Arztes, Frankfurt a.M. 1979, S. 107.

[459] Dr. Passow, Hamburg-Barmbeck, an die Geheime Staatspolizei, Berlin, vom 17. November 1935. BAD Z/B 1 888.

[460] Württembergisches Politisches Landespolizeiamt an das Geheime Staatspolizeiamt vom 4. Februar 1936. Archiv Bund der Waldorfschulen 7.1.006.

durch Partei und Polizei geschützt wurden. In den Novembertagen des Jahres 1935 hatte Fritz Götte Emil Leinhas auf dem Posten des Geschäftsführers abgelöst. Eine seiner ersten Erfahrungen war ein mehrstündiges Verhör durch die Politische Polizei. Götte hat über dieses Verhör eine Niederschrift angefertigt.[461]

Neben der Weleda AG sind auch die Heilmittel-Laboratorien zu nennen, die Dr. Rudolf Hauschka noch in den letzten Kriegsjahren aufzubauen begann und die zu dem späteren Wala-Heilmittel-Betrieb wurden.

Im Bereich des Heilwesens sind noch zu nennen: das von Dr. Friedrich Husemann geleitete Sanatorium Wiesneck in Buchenbach (bei Freiburg i. Br.), die Stuttgarter Klinik und die im Laufe des Jahres 1936 in Zusammenarbeit mit Dr. Eugen Kolisko gegründete Klinik Burghalde (Unterlegenhardt – Bad Liebenzell). Die Stuttgarter Klinik schloß 1938 aus Gründen, die nicht mit dem NS-Regime zusammenhingen.

Husemann hatte die Gewohnheit, seinen Patienten in Wiesneck, die zumeist keine Anthroposophen waren, menschenkundliche und kulturgeschichtliche Vorträge zu halten, die unverkennbar anthroposophischen Inhalts waren. Auch nach dem Verbot der Gesellschaft führte er diese Tätigkeit – des öfteren in Anwesenheit von Gestapobeamten – weiter, was aber zunächst ohne Folgen blieb.[462]

Schließlich gab es einige Wirtschaftsunternehmen, in denen Anthroposophen maßgeblich tätig waren. Aber nur die Weleda AG trat gegenüber den NS-Behörden als anthroposophisches Unternehmen auf.

[461] Fritz Götte: Erinnerungen. Manuskript. S. 101–103. PA Christoph Lindenberg. S. Anlage 7.

[462] Schreiben Dr. W. Priever, Friedrich Husemann Klinik, an den Verfasser vom 7. Oktober 1993. Husemann war wegen seines eindeutigen Auftretens für Rudolf Steiner schon im Juli 1933 Parteistellen bekannt. Dazu liegt ein Schriftwechsel zwischen Husemann und dem nationalsozialistischen Kampfblatt Oberbadens, „Der Alemanne", vor. „Der Alemanne" an Dr. F. Husemann vom 7. Juli 1933 und Husemann an Alfred Reebstein vom 8. Juli 1933. Beide: Archiv am Goetheanum.

4. Die unmittelbaren Folgen des Verbotes Erfolglose und erfolgreiche Beschwerden Die weitere Arbeit der Gestapo und der Beginn der „Literaturfrage“

Die offiziellen Anträge der Anthroposophischen Gesellschaft auf Rücknahme des Verbotes

Im Laufe der Monate November und Dezember 1935 traf im Reichsinnenministerium eine Reihe von Eingaben und Protestschreiben gegen das Verbot der Anthroposophischen Gesellschaft ein.

Sämtliche Schreiben wiesen die in der Verbotsbegründung erhobenen Vorwürfe zurück und forderten die Aufhebung des Verbots.[200] Wer waren die Beschwerdeführer? Zunächst der Vorstand am Goetheanum, der sich schon am 17. November an Hitler wandte.[201] Dann kamen in rascher Folge die Eingaben verschiedener Landesgesellschaften bzw. Mitgliedergruppen: aus den Niederlanden, aus Norwegen, Schweden, Ungarn, Dänemark, Estland, Rumänien, Finnland, Australien.[202]

Bei den Eingaben der skandinavischen und baltischen Länder handelte es sich um eine gemeinsame Aktion der Landesgesellschaften.[203] Das geht auch aus dem Appell des Vorstandes vom 21. November an alle Mitglieder hervor, der in Anlage 9 wiedergegeben wird.[204] Auffallend ist auch, daß sich die Vorstandsmitglieder der aufgelösten deutschen Landesgesellschaft jeder offiziellen Äußerung enthielten. Da sie weiterhin Kontakt zueinander und zum Vorstand in Dornach hatten, muß angenommen werden, daß dieses Verhalten ebenfalls abgesprochen war.

[200] S. z. B. den Antrag der Norwegischen Landesgesellschaft, Anlage 8.

[201] Der Vorstand der Allgemeinen Anthroposophischen Gesellschaft an den Führer und Reichskanzler Herrn Adolf Hitler vom 17. November 1935, gez. Albert Steffen, Marie Steiner geb. von Sivers, Dr. Guenther Wachsmuth. BAK R 43/II 822. Abschriften gingen an Reichsjustizminister Dr. Gürtner (18. November 1935) und an den Stellvertreter des Führers (17. November 1935). Quelle für beide: BAD Z/B 1 888.

[202] BAD Z/B 1 888.

[203] Falls die Akten vollständig erhalten sind, haben sich die österreichische, französische, englische und amerikanische Landesgesellschaft nicht angeschlossen.

[204] Der Vorstand der Allgemeinen Anthroposophischen Gesellschaft an alle Mitglieder vom 21. November 1935 gez. Albert Steffen, Marie Steiner, Dr. Guenther Wachsmuth. Archiv am Goetheanum. Anlage 9.

Ende November wies das Auswärtige Amt die Gestapo auf den Eingang dieser Schreiben hin.[205] Diese wurden zur Übersetzung und zur Feststellung der unterzeichneten Persönlichkeiten den Gesandtschaften zugeleitet und erreichten das Reichsinnenministerium nach zwei bis sechs Monaten. Entscheidend für deren Behandlung durch das Innenministerium wurde aber der Umgang mit der Eingabe des Vorstandes in Dornach vom 17. November. Diese war beim Staatssekretär und Chef der Reichskanzlei eingegangen, der sie unter dem 27. November an das Reichs- und Preußische Ministerium des Innern weiterleitete und darüber auch den Vorstand am Goetheanum informierte.[206] Im Innenministerium kam das Schreiben zu Ministerialrat Lotar Eickhoff, der folgenden, von Staatssekretär Grauert gebilligten Vorschlag machte:

„[...] Ich halte es nicht für angebracht, auf diese aus der Schweiz eingegangene Eingabe eine Antwort in das Ausland zu richten. Zwar hat der Staatssekretär und Chef der Reichskanzlei der Schweizer Beschwerdeführerin Abgabenachricht gegeben, trotzdem schlage ich vor, die Eingabe unbeantwortet zu den Akten zu nehmen, da auch ein Ablehnungsbeischeid ohne weitere Begründung ins Ausland hinaus nicht tunlich erscheint."[207]

Eickhoff hatte vermutlich schon Vorbehalte, und es erschien ihm als das kleinere Übel, diese Eingabe – und alle folgenden – unbeantwortet zu lassen.

Damit waren die offiziellen Beschwerden zu den Akten gelegt. Jede Hoffnung auf die Wiederzulassung der Gesellschaft schien zerstört. Wenige Monate später jedoch, im Februar 1936, kam es von seiten einiger Anthroposophen zur Aufnahme von Gesprächen mit Eickhoff, die der Entwicklung eine neue Wendung gaben und die Ereignisse in den nächsten vier Jahren entscheidend bestimmen sollten.[208]

[205] „Aus zahlreichen Ländern treffen hier an den Herrn Reichsaußenminister gerichtete Gesuche von Auslandsgruppen der Anthroposophischen Gesellschaft ein, in denen der Herr Reichsaußenminister gebeten wird, sich für die Wiederzulassung der Anthroposophischen Gesellschaft einzusetzen [...]." Auswärtiges Amt an das Geheime Staatspolizeiamt vom 30. November 1935. BAD Z/B 1 888.

[206] Der Staatssekretär und Chef der Reichskanzlei an den Reichs- und Preußischen Minister des Innern vom 27. November 1935. BAD Z/B 1 904. An den Vorstand der Allgemeinen Anthroposophischen Gesellschaft, Dornach, vom 27. November 1935. BAK R 43/II 822.

[207] Lotar Eickhoff an Staatssekretär Grauert vom 6. Dezember 1935. BAD Z/B 1 904. In seiner eidesstattlichen Erklärung 30 Jahre später, am 6. Dezember 1965, bestritt Eickhoff die damalige Existenz von schriftlichen Beschwerden gegen das Verbot der Gesellschaft. Ob es sich hierbei um mangelndes Erinnerungsvermögen gehandelt hat, mag dahingestellt bleiben. Möglich ist es, da er zu einem wirklichen Interesse an der Sache erst durch die bald folgenden intensiven Gesprächskontakte mit Vertretern der Anthroposophie kam. Vgl. Lotar Eickhoff, Eidesstattliche Erklärung, Freiburg, den 6. Dezember 1935. Archiv Bund der Waldorfschulen, Akte Klein.

[208] Unter dem 5. Dezember erinnerte der Vorstand in einem Schreiben an Frick an seine Eingabe. Auch dieses Schreiben blieb unbeantwortet. Allgemeine Anthroposophische Gesellschaft an Reichsinnenminister Frick vom 5. Dezember 1935. BAD Z/B 1 904.

Allerdings wären wohl auch diese Versuche ohne Erfolg geblieben, wenn nicht von einer anderen Seite her Bewegung in den Behördenapparat gekommen wäre, und zwar von seiten des preußischen Ministerpräsidenten Hermann Göring. Nach der Beschlagnahmung der Geschäftsstelle der „Anthroposophischen Arbeitsgemeinschaften“ in der Seestrasse 3 in Stuttgart am 22. November 1935 richtete Jürgen von Grone, der wie Göring Träger des Ordens „Pour le mérite“ war, schon unter dem 25. November eine Eingabe an Göring.[209]

Das Preußische Staatsministerium leitete das Schreiben an das Gestapa weiter. Dieses reagierte aber erst Mitte Januar, nachdem Grone mit einer neuen Eingabe, einer umfangreichen Denkschrift über das Wirken Rudolf Steiners, an Göring herangetreten war und dabei auch vermerkt hatte, daß er in Unterhandlungen mit dem Verbindungsstab des Stellvertreters des Führers stünde.[210] Diese Denkschrift verschwand in den Akten des Gestapa. Haselbacher betonte, daß er dem preußischen Staatsministerium unter dem 16. Januar berichtet habe.[211] Das stimmte. Aber das Staatsministerium zeigte sich unzufrieden. Schon vorher mußte es Spannungen gegeben haben, denn Haselbacher überreichte seinen Bericht mit den Worten „Gemäß fernmündlichem Befehl [...]“.[212] Von Görings Dienststelle war offenbar Druck ausgeübt worden. Es wog aber noch schwerer, daß der Bericht Haselbachers primitiv und fehlerhaft war. So wurde unter anderem die arische Abstammung Steiners wieder bezweifelt. Der Bericht mußte jeder mit der Materie einigermaßen vertrauten Person – und die muß es dort gegeben haben – unsinnig erscheinen, vor allem wenn man das Papier mit dem seriös zusammengestellten Memorandum von Jürgen von Grone verglich. Damit hatte das Gestapa selbst jene Schwachstellen verursacht, die die beschwerdeführenden Anthroposophen nutzen konnten. Die Sache wurde im Februar wieder aufgerollt. Jürgen von Grone übergab am 27. Februar eine überarbeitete und erweiterte Fassung seines Memorandums (42 Seiten!).[213] Es ist aber anzunehmen, daß auch die schriftlichen Eingaben an Göring bloß zu den Akten gegeben worden wären, wenn man nicht von dritter Seite persönlich an ihn herangetreten wäre.

[209] Jürgen von Grone an den Preußischen Ministerpräsidenten vom 25. November 1935. BAD Z/B 1 888. Abschrift an den Stellvertreter des Führers. BAD Z/B 1 1005.

[210] Jürgen v. Grone, Denkschrift an den Preußischen Ministerpräsidenten, General der Flieger, Hermann Göring, Anfang Januar 1936. BAD Z/B 1 888 und Preußisches Staatsministerium an das Geheime Staatspolizeiamt vom 17. Januar 1936. BAD Z/B 1 888. Im August 1941 reichte Grone diese Unterlagen und Teile der Denkschrift vom 27. Februar 1936 nochmals bei den Behörden ein. In dieser Form wurden die Eingaben veröffentlicht in: A. Wagner, Beiträge, NS-Dokumentation, Bd. 4, Rendsburg 1992, S. 93 ff.

[211] Gestapa an das Preußische Staatsministerium vom 3. Februar 1936. BAD Z/B 1 888.

[212] Gestapa II 1 B 2 an den Preußischen Ministerpräsidenten und „vorläufiges Referat über die Anthroposophische Gesellschaft“ vom 16. Januar 1936. BAD Z/B1 888.

[213] Jürgen v. Grone, Denkschrift an den Herrn Preußischen Ministerpräsidenten, General der Flieger, Hermann Göring vom 27. Februar 1936. BAD Z/B 1 904.

Private Eingaben

Geht man von der Annahme aus, daß kaum Akten verlorengegangen sind, so zeigt sich, daß die Mitglieder der Anthroposophischen Gesellschaft bis auf wenige Ausnahmen bei den Behörden keine Eingaben gegen das Verbot machten. René Maikowski protestierte nicht gegen das Verbot der Gesellschaft, sondern – im Namen des Bundes der Waldorfschulen – gegen den Passus im Verbotstext betreffend die „anthroposophischen Schulen".[214] Ansonsten finden sich nur sieben Beschwerdeschreiben[215] sowie drei Schreiben von Nichtanthroposophen, die das Verbot begrüßten und anthroposophische Einrichtungen bei der Gestapo denunzierten.[216]

Hervorzuheben sind hier die Bemühungen von Hanns Voith, Teilhaber der Firma J. M. Voith in Heidenheim, der sich auch für die Waldorfschule Stuttgart einsetzte. Er schloß seine sechsseitigen Ausführungen mit den Worten:

> „Das Verbot kam gänzlich unerwartet und ohne daß die Möglichkeit einer Rechtfertigung gegen etwaige Vorwürfe gegeben war. Ich muß dieses Verbot, insonderheit aber seine Begründung mit dem Hinweis auf Staatsgefährdung als ein großes Unglück nicht nur für die Betroffenen, sondern für das deutsche Geistesleben betrachten und bitte daher, eine Nachprüfung der Begründung des Verbotes vorzunehmen".[217]

Voith beließ es nicht bei dieser Eingabe. In seinen 1980 erschienenen Erinnerungen beschreibt er den Versuch, über die Justizbehörden weiterzukommen:

> „Als die Anthroposophische Gesellschaft in Deutschland wegen ihrer ‚Beziehung zu Juden, Freimaurern und Pazifisten' verboten wurde, verschaffte mir ein Freund, der ein Kriegskamerad des Justizministers Gürtner gewesen war, eine Audienz bei diesem in Berlin. Ich legte ihm den Fall dar, und betonte den unpolitischen, rein geistigen und philosophischen Charakter der Gesellschaft. Ich fragte ihn, welches Rechtsmittel gegen das Verbot zu ergreifen sei. Als er hörte, daß es von der Gestapo ausgesprochen worden

[214] René Maikowski an die Geheime Staatspolizei vom 18. November 1935. Archiv Bund der Waldorfschulen 4.3.087.

[215] Hanns Voith, Heidenheim an der Brenz, am 23. November 1935, Karl G. Jordan, Coswig in Anhalt, am 25. November 1935, Richard Dürich, Breslau, am 28. November 1935, Karl Kühner (auch Mitglied der NSDAP) Freiburg i. Br., am 1. Dezember 1935, „Rumpelstilzchen" (anonym, Nichtanthroposoph) am 3. Dezember 1935, Anni Müller-Link (Anwärterin NSDAP) am 24. Dezember 1935, Paula Kress, Naumburg/Saale, am 27. Januar 1936, ein siebenseitiges Schreiben: Das Wesentliche über die Geisteswissenschaft Rudolf Steiners, Autor unbekannt, undatiert. (Archiv Bund der Waldorfschulen 7.1.001), Max Pusch, Hamburg, am 29. Februar 1936. Alle außer Paula Kress: BAD Z/B 1 904.

[216] Dr. Passow, Hamburg-Barmbeck, am 17. November 1935. BAD Z/B 1 888. Weist auf die Weleda AG und die Freie Goetheschule hin. Barbara v. Winterfeldt, Stralsund, am 28. November 1935. Das Klaviergeschäft Hugo Reiser, Heidelberg, am 12. Februar 1936. Weist auf die Schule in Loheland hin.

[217] Hanns Voith, Gesuch um Nachprüfung der Begründung des Verbotes der Anthroposophischen Gesellschaft in Deutschland betreffend, vom 23. November 1935. BAD Z/B 1 904.

war, erklärte mir der Justizminister mit Bedauern, in diesem Fall gäbe es kein Rechtsmittel [...]. Er war als alter Jurist sichtlich verlegen. Ich erschrak aufs tiefste."[218]

Einen zweiten Versuch unternahmen Elisabeth Klein und Alfred Leitgen. Danach soll Hans Franck, Präsident der Akademie für Deutsches Recht, eine Überprüfung der Gründe für die Auflösung der Anthroposophischen Gesellschaft auf ihre Stichhaltigkeit zugesagt haben.[219] In Abwesenheit von Hess forderte Martin Bormann Franck zur Stellungnahme auf. Er betonte dabei, daß er das Einverständnis zum Verbot der Gesellschaft nicht zurückzunehmen gedenke. Franck teilte schließlich mit, daß zwar eine Beschwerde vorgelegen habe, aber die Weiterbehandlung „nach Überprüfung des Sachverhalts wegen Unzuständigkeit abgelehnt" worden sei.[220]

Dies waren die offiziellen und privaten Eingaben von anthroposophischer Seite gegen das Verbot der deutschen Landesgesellschaft. Sie wurden früher oder später zu den Akten gelegt.

Eine behördeninterne Aktion

Ende Januar 1936 reklamierte das Reichskirchenministerium gegenüber dem Reichsinnenministerium die Zuständigkeit für die anthroposophische Bewegung, da diese als Weltanschauungsgemeinschaft anzusehen sei, die letztlich seiner Aufsicht unterstehe.[221] Die Anfrage ging an das Gestapa, das den SD zu einer Nachprüfung aufforderte. Dieser kam zu dem Schluß, daß die Anthroposophische Gesellschaft nicht als eine Religionsgemeinschaft angesehen werden und daher nicht dem Reichskirchenministerium zugeordnet werden könne.[222]

Ob es sich hier um einen Versuch der Vertreter der Christengemeinschaft handelte, im Zuge ihrer inzwischen begonnenen Verhandlungen mit dem Reichskirchenministerium auf diesem Wege die Wiederzulassung der Gesellschaft zu erreichen, muß dahingestellt bleiben. Über einen solchen Schritt gibt

[218] Hanns Voith, Im Gang der Zeiten, Heidenheim 1980, S. 311.

[219] Pg Wemmer an Pg Klopfer, Mitteilung einer Vorlage an Pg Leitgen vom 28. Januar 1936. Braunes Haus. BAD Z/B 1. Nach Angaben Kleins soll Franck sie auf Lotar Eickhoff verwiesen haben. Ausführungen von Frau Dr. Klein, Dresden, in Düsseldorf, 6. April 1937, PA Christoph Lindenberg. Franck gehörte zu den ersten Berliner Patienten von Dr. Wilhelm zur Linden, der im November 1936 seine Berliner Praxis eröffnete. Vgl. Wilhelm zur Linden, Blick durchs Prisma, Frankfurt a. M. 1979, S. 108f.

[220] Reichsminister Dr. Hans Franck an den Stellvertreter des Führers der NSDAP vom 11. Februar 1936 und Martin Bormann für den Stellvertreter des Führers an den Reichsführer SS vom 21. Februar 1936. Beide BAD Z/B 1 888.

[221] Reichskirchenminister an den Reichsinnenminister vom 3. Januar 1936. BAD Z/B 904.

[222] SD-Amt, I 3 an II 1 vom 2. Mai 1936. BAD Z/B 1 886.

es keine Dokumente. Doch liegt diese Vermutung insofern nahe, als es sonst unerklärlich bleibt, warum das Reichskirchenministerium sich gerade um eine Gesellschaft wie die der Anthroposophen kümmern sollte.

Die Polizeiberichte über die Auflösung der Gesellschaft

Eine Überprüfung der im Gestapa eingehenden Berichte der örtlichen Staatspolizeistellen[223] auf Vollständigkeit, die ja anhand des dort vorliegenden Verzeichnisses der Zweige und Arbeitsgruppen der Gesellschaft leicht hätte vorgenommen werden können, hat nicht stattgefunden. Dem Auflösungsbefehl waren keine Ausführungsbestimmungen, besonders keine ortsspezifischen Informationen beigefügt. Das führte dazu, daß wahrscheinlich manche kleinere Arbeitsgruppe, besonders wenn sie in einer Privatwohnung zusammenkam, unbehelligt blieb. So meldeten die Stapostellen Saarbrücken und Osnabrück das Fehlen von Arbeitsgruppen, obwohl welche bestanden. Die Berichte selbst waren von sehr unterschiedlicher Genauigkeit: Die BPP z. B. meldete generell, ohne Namen und Datum, die Auflösung von zehn Ortsgruppen in Bayern, die Württembergische Politische Landespolizei, die den umfangreichsten und genauesten Bericht lieferte, nannte die einzelnen Orte namentlich, aber die Beschlagnahmungsdaten nur für Stuttgart. Andererseits findet man eine ziemlich vollständige Aufzählung der dortigen anthroposophisch orientierten Einrichtungen.[224] Über die polizeilichen Maßnahmen gegen die Zweige und Arbeitsgruppen in Baden hingegen fehlt jeglicher Bericht.

Die meisten Meldungen geben nicht das Datum der Auflösung bzw. Beschlagnahmung an, so daß der chronologische Ablauf der Aktion nicht rekonstruiert werden kann. Allerdings sind die Daten für einige der großen Zentren der anthroposophischen Arbeit eindeutig: so wurde die Aktion z. B. in Hamburg am 11. November, in Stuttgart und in Berlin am 16. November durchgeführt. Für die Beschlagnahmung der Geschäftsstelle in Karlsruhe, die in der Privatwohnung Reebsteins untergebracht war, kann nur aus den letzten am 13. November von Reebstein unterzeichneten Schriftstücken geschlossen werden, daß sie am 14. November stattfand. (Die Auflösung der Gesellschaft wurde für das Land Baden am 15. November bekanntgegeben.)

Waren die Polizeiberichte in dieser Hinsicht generell oberflächlich und unsystematisch,[225] so wurden sie sehr genau, sobald es sich um die Beschlagnah-

[223] In den Akten sind 47 Berichte überliefert. BAD Z/B 1 903. Keine Arbeitsgruppen wurden gemeldet in: Osnabrück, Stade, Allenstein, Tilsit, Köslin, Saarbrücken, Potsdam, Sigmaringen, Bielefeld, Harburg, Grenzmark Posen-Westpreußen.

[224] A. Wagner, Beiträge, NS-Dokumentation, Bd. 1, Rendsburg 1991, S. 15.

[225] Natürlich enthalten die Berichte auch eine Vielzahl örtlich interessanter Einzelheiten, auch Adressen und Personalien der verantwortlichen Persönlichkeiten, Mitgliederlisten usw.

mung von Gegenständen, Kassenbeständen und vor allen Dingen um Bücher handelte. Jeder Gebrauchsgegenstand wurde einzeln aufgeführt, und man könnte die Mitgliederanzahl so mancher Arbeitsgruppen aus der Anzahl der beschlagnahmten Stühle schätzen. Die Kassenbestände enthielten, mit Ausnahme von Berlin und Hamburg, durchweg nur geringfügige Beträge, oft nur einige Mark. Auffallend, aber nicht ungewöhnlich, ist der große Bestand an Literatur in den Zweigen. Die Akte enthält ausführliche Bücherlisten. In Berlin hatte die Staatspolizei 39 Kisten ausleihen müssen, um die ca. 3000 Bände umfassende Bibliothek unterzubringen.[226] Wenn man von einem Vermögen der Anthroposophischen Gesellschaft sprechen konnte, so waren dies Bücher. Daß dies nicht nur im Sinne eines Sachwertes galt, sondern letztlich als geistiges Vermögen beurteilt werden mußte, wußte Heydrich natürlich, als er im Juni 1936 zwar die Beschlagnahmung für die Vermögensgegenstände aufhob, die Bücher jedoch kurzerhand einzog.[227]

Verhaftungen wurden bei dieser Aktion vermutlich nur in Kassel vorgenommen. Der dortige SD, eine der eifrigsten Dienststellen des SD in ganz Deutschland – jedenfalls in bezug auf die Beobachtung und Bekämpfung aller anthroposophisch orientierten Persönlichkeiten –, hatte die vorübergehende Festnahme von Wolfgang Gessner und Frau Claussen-Pelk bei der Politischen Polizei durchgesetzt.[228]

Das Problem der Beschlagnahmung und Einziehung des Vermögens

Die Frage der Beschlagnahmung und Einziehung des Vermögens der Gesellschaft entwickelte sich zum Ausgangspunkt der eigentlichen „Literaturfrage“, die die beteiligten Behörden und Personen über vier Jahre hin beschäftigen sollte.

[226] Die Stapo wollte das Lokal rasch räumen, um nicht längeren Mietforderungen des Eigentümers ausgesetzt zu sein. Im übrigen wies das Gestapa die Polizeistellen an, Miet- und sonstige Forderungen an die Zweige der Gesellschaft sorgfältig aus den beschlagnahmten Geldbeträgen zu begleichen.

[227] Der Zweig Kassel der Anthroposophischen Gesellschaft machte 1958 für die bei ihm am 11. November 1935 von der Gestapo beschlagnahmten Bücher erfolgreich einen Rückerstattungsanspruch geltend. Es wurde ihm ein Schadenersatzanspruch von DM 500,– gegen das Land Preußen zugesprochen. StA Abt. 519/N Nr. 13624.

[228] SD-OA Rhein, Abschnitt XXX, Kassel, an SS-Obersturmbannführer Albert, Berlin, vom 5. Februar 1936. STAK S 3 Nr. 253. Allerdings handelte es sich dabei um eine Aktion gegen ehemalige Mitglieder der KPD, zu denen Gessner und Claussen, beide Mitglieder des Zweiges Kassel der Anthroposophischen Gesellschaft in Deutschland, angeblich Beziehungen hätten. Vgl. Regierungspräsident Kassel an Erziehungsministerium vom 10. Februar 1936. BAP R 4901 – 3285.

Wie schon betont, hatte das Gestapa zwar das Einverständnis des Innenministeriums für die Auflösung der Gesellschaft erreicht, nicht aber den gesetzlich vorgeschriebenen Antrag auf Feststellung des staatsfeindlichen Charakters des Vermögens der Gesellschaft gestellt. Damit war die Einziehung der beschlagnahmten Vermögensgegenstände zugunsten des Staates rechtlich nicht abgesichert.

Bei Haselbacher gingen in diesen Monaten mehrfach Anträge von Anthroposophen auf Rückgabe beschlagnahmter Sachen ein. An verschiedenen Orten hatte die Polizei Gegenstände, besonders Bücher im Privatbesitz beschlagnahmt, deren Herausgabe von den Eigentümern gefordert wurde,[229] da sie nicht der Anthroposophischen Gesellschaft gehört hatten. Nach sorgfältiger Feststellung der Eigentumsverhältnisse wurden die Sachen zurückgegeben.[230] Auch baten Behörden um möglichst baldige Feststellung der Staatsfeindlichkeit, um die beschlagnahmten Gegenstände selbst verwenden zu können. Am 19. Dezember wandte sich Best schriftlich an Heydrich mit der Anfrage, ob nun ein entsprechender Antrag an das Innenministerium gestellt werden sollte. Er schloß mit den Worten: „Es erscheint fraglich, ob auf Grund des vorliegenden Materials die Staatsfeindlichkeit des Vermögens festgestellt werden kann".[231] Heydrich übernahm Bests Einschätzung der voraussichtlichen Haltung des Innenministeriums in dieser Frage. So wurde der Antrag unterlassen, und die Antragsteller wurden noch ein halbes Jahr lang vertröstet. Erst am 15. Juni 1936 wurden die Staatspolizeistellen generell angewiesen, das Vermögen zur „Liquidation" freizugeben. Die mit dieser „Liquidation" zusammenhängenden Vorgänge konnten nicht eindeutig geklärt werden. Im allgemeinen

[229] – Dänische Gesandtschaft, Berlin, an Politische Polizei Leipzig vom 19. November 1935 SStAL PP-V 3932.
- Martha Lembser, Halle, an den Leiter der Geheimen Staatspolizei vom 26. November 1935, BAD Z/B 1 888 und sechs weitere Schreiben bis Februar 1936.
- J. G. W. Schröder, Stuttgart, an die Geheime Staatspolizei Bremen vom 16. Dezember 1935. BAD Z/B 1 888.
- Gerhard Reisch, Liegnitz, an die Stapo Liegnitz und Albert Erbarth, Naumburg, an die Kriminalpolizei, beide vom 18. Dezember 1935. BAD Z/B 1 888. u. a.

[230] Die beiden vielleicht wichtigsten Vorgänge in diesem Zusammenhang waren die Rückführung an Marie Steiner der in einem Seitenraum der Lehrerbibliothek in Stuttgart aufbewahrten Nachschriften von Vorträgen Steiners und die Rückgabe der Privatbestände Pichts aus den Büros der Redaktion der Zeitschrift Anthroposophie. Picht konnte nachweisen, daß er seit Monaten in den Redaktionsräumen wohnte. Bücher und Korrespondenzen wurden ihm nach längeren Verhandlungen freigegeben. WPP Stuttgart an Gestapa, FS vom 21. Juli 1936. BAD Z/B 1 903. Marie Steiner konnte durch den Nachweis ihrer österreichischen Staatsbürgerschaft über die Nachschriften der Vorträge Rudolf Steiners vor der Stuttgarter Lehrerschaft wieder verfügen. Die Siegel wurden von der Gestapo entfernt und der Bestand zum Transport in die Schweiz freigegeben. Dieser Vorgang dauerte von Februar 1936 bis Juli 1937, also 1 1/2 Jahre. Bescheinigungen der Gestapo Stuttgart vom 12. Juli 1937. Archiv Bund der Waldorfschulen 4.3.472.

[231] II 1 B 1 an den Amtsleiter vom 19. Dezember 1935. BAD Z/B 1 903.

handelte es sich um die Gebrauchsgegenstände aus den Zweiglokalen, die verkauft oder verteilt wurden, und um die kleinen Kassenbestände, über deren Verbleib im einzelnen nichts bekannt geworden ist. Größere Vermögen besaßen weder die Anthroposophische Gesellschaft in Deutschland noch einzelne Zweige oder Arbeitsgruppen. Bezeichnenderweise wurden aber die eigentlichen Sachwerte, d. h. Bücher und Druckschriften anthroposophischen Inhalts, und zwar ohne „Feststellung der Staatsfeindlichkeit", eingezogen.[232]

Der Beginn der „Literaturfrage": Das Verbot der Verbreitung der Wochenschrift „Das Goetheanum" und der Bücher aus dem Philosophisch-Anthroposophischen Verlag am Goetheanum

Schon am 18. November forderte der Philosophisch-Anthroposophische Verlag, der in Dornach unter der Leitung von Marie Steiner stand, seine Buchhandlungen und die Verantwortlichen der „Büchertische" in den Zweigen auf, bei Beschlagnahmungen die Polizei ausdrücklich darauf hinzuweisen, daß unbezahlte Bestände Eigentum des Verlages, d. h. Schweizer Eigentum seien.[233] Vielfach waren noch unverteilte Sammelbestellungen der Arbeitsgruppen beschlagnahmt worden. Über verschiedene Buchhandlungen mit vorwiegend anthroposophischer Literatur berichteten Polizei- und SD-Mitarbeiter mit der Bitte um Weisung.[234] Allein in der „Anthroposophischen Bücherstube", Berlin, lagerte Kommissionsware des Philosophisch-Anthroposophischen Verlages im Werte von ca. 90000 RM.[235] Die Bücherstube gehörte Marie Steiner. Von hier aus wurde zu diesem Zeitpunkt die Auslieferung der Verlagsproduktion in Deutschland vorgenommen.

Die Werke Steiners wurden auf der erstmals Ende 1935 von der RSK erstellten „Liste 1 des schädlichen und unerwünschten Schrifttums" generell verboten. Die Liste war mit dem Vermerk „Streng vertraulich! Nur für Dienstgebrauch!" versehen. Sie blieb mit Rücksicht auf den Ruf nationalsozialistischer

[232] Gestapo an Stapostellen in Preußen. BAD Z/B 1 901.

[233] Rundschreiben des Philosophisch-Anthroposophischen Verlags am Goetheanum, Dornach, Schweiz, an die Buchhändler und sonstigen Wiederverkäufer vom 18. November 1935. BAD Z/B 1 903.

[234] So kamen Anfragen aus Berlin, Hagen und Stuttgart: Bücherstube für freies Geistesleben, Berlin; Anthroposophische Bücherstube, Berlin; Buchhandlung Stracke, Hagen; Bücherstube Else Bühler, Stuttgart. Emil Weises Buchhandlung in Dresden war den dortigen Polizeibehörden zu diesem Zeitpunkt nicht aufgefallen. Die Verlagstätigkeit der Christengemeinschaft (Verlag Urachhaus) blieb wegen deren Übernahme in die Zuständigkeit des Kirchenministeriums unbehelligt.

[235] Der Polizeipräsident, Staatspolizeistelle für den Landespolizeibezirk Berlin an das Geheime Staatspolizeiamt vom 27. November 1935. BAD Z/B 1 888.

Kulturpolitik im Ausland geheim.[236] In den nun folgenden Verhandlungen kam dieses generelle Verbot nicht zur Sprache.

Anders als bei der Auflösung der Gesellschaft hielt sich das Gestapa im Falle der anthroposophischen Publikationen an die offiziellen Kompetenzen des Innenministeriums und des Propagandaministeriums. An beide ging unter dem 23. Dezember 1935 der Antrag, ein Dauerverbot der Wochenschrift „Das Goetheanum", die seit Mitte Dezember 1935 ihre Abonnenten nicht mehr erreichte, für das Reichsgebiet zu erlassen. Begründet wurde der Antrag damit, daß mit der Zeitschrift der geistige und organisatorische Zusammenschluß der früheren Mitglieder der anthroposophischen Gesellschaft gefördert werde.[237] Vergeblich hatte der Vorstand am Goetheanum gegen die Beschlagnahmung der Zeitschrift beim Innenministerium Beschwerde eingelegt. Er hatte betont, daß „Das Goetheanum" nicht ein Organ der verbotenen Anthroposophischen Gesellschaft in Deutschland gewesen sei und daß die für Mitglieder gedachte Beilage, das „Mitteilungsblatt", seit dem Verbot der Gesellschaft in Deutschland nicht mehr versandt werde.[238] Selbstverständlich hatte das Gestapa mit seiner Vermutung recht, daß mit der Zeitschrift der geistige Zusammenhalt der früheren Mitglieder gepflegt werde, zumal auch in den ersten Wochen nach dem Verbot deutsche Firmen im „Goetheanum" inserierten. Das Verbot der Gesellschaft in Deutschland berührte nämlich nicht die Mitgliedschaft des einzelnen, da diese sich auf die Allgemeine Anthroposophische Gesellschaft mit Sitz in Dornach bezog. Es war nur die deutsche Landesgesellschaft als Gruppe innerhalb der Allgemeinen Anthroposophischen Gesellschaft aufgelöst worden.

Unter dem 23. Dezember stellte das Gestapa über das Reichspropagandaministerium an das Reichsinnenministerium einen Antrag auf „ein förmliches Dauerverbot dieser Zeitschrift für das Reichsgebiet".[239] Das Verbot, das diesmal vom Innenministerium ausging, erfolgte am 15. Januar 1936. Als verantwortliche Referenten zeichneten Landrat Dr. Ermert und Ministerialrat Eickhoff. Es erging mit folgendem Wortlaut:

„Auf Grund der Verordnung des Reichspräsidenten zum Schutz von Volk und Staat vom 28. Februar 1933 verbiete ich bis auf weiteres im Inlande die Verbreitung der von der Allgemeinen Anthroposophischen Gesellschaft in Dornach (Schweiz) herausgegebenen Zeitschrift „Das Goetheanum", Wochenschrift für Anthroposophie. Die an die

[236] Vgl. Jan-Pieter Barbian, Literaturpolitik im „Dritten Reich", München 1995. S. 223 ff.

[237] Geheimes Staatspolizeiamt an den Herrn Reichs- und Preußischen Minister des Innern – d. d. Hand d. Herrn Reichsministers für Volksaufklärung und Propaganda vom 23. Dezember 1935. BAD Z/B 1 904. Goebbels war Präsident der Reichskulturkammer und konnte in dieser Frage nicht übergangen werden.

[238] Allgemeine Anthroposophische Gesellschaft, Dornach, an den Reichs- und Preußischen Minister des Innern vom 17. Dezember 1935. BAD Z/B 1 904.

[239] Gestapa an Reichsinnenministerium d.d. Hand des Reichsministeriums für Volksaufklärung und Propaganda vom 23. Dezember 1935. BAD Z/B 904.

Empfänger im Inland gerichteten verbotenen Druckschriften sind einmalig nach dem Verbot an die Absender zurückzusenden. Weitere im Inland eintreffende Sendungen gelten als beschlagnahmt und sind zu vernichten."[240]

Nach dem gleichen Muster wurde sogleich das Verbot für die Verbreitung der Verlagsproduktion des Philosophisch-Anthroposophischen Verlages beantragt und ausgesprochen. Damit sollte die gesamte Herstellung und Verbreitung von Rudolf Steiners Werk verhindert werden. Am 18. Januar stellte das Gestapa den Antrag auf Verbot „sämtlicher Bücher, Broschüren und sonstigen Druckschriften des Philosophisch-Anthroposophischen Verlags am Goetheanum in Dornach/Schweiz".[241] Die Gestapo hatte den Umfang anthroposophischer Literatur bei der Beschlagnahmung der „Anthroposophischen Bücherstube" in Berlin, Potsdamer Straße, wahrgenommen, und nahm in ihrem Antrag auf diese Bezug.

Am 24. Januar 1936 antwortete das Propagandaministerium an das Gestapa: „Diesseits bestehen gegen ein unbefristetes Verbot der umstehend aufgeführten Druckschriften keine Bedenken."[242] Das Reichsinnenministerium, das inzwischen das Einverständnis des Propagandaministeriums erhalten haben mußte, erließ das Verbot am 7. Februar 1936 mit der gleichen Begründung wie am 15. Januar für die Wochenschrift.[243] Gleichzeitig wurde das Gestapa informiert mit dem üblichen Hinweis, daß mit dem Verbot nur die weitere Einfuhr der Schriften verhindert werden solle und daher von Beschlagnahmungen schon erschienener Schriften im Besitz von Privatpersonen abgesehen werden solle.[244] Lotar Eickhoff hatte die Verbote gegen die Wochenschrift und die Einfuhr der Produktion des Philosophisch-Anthroposophischen Verlags unterschrieben.

Ob Eickhoff zu diesem Zeitpunkt schon von Anthroposophen persönlich angesprochen worden war oder von den Bedenken im Kirchenministerium und im Preußischen Staatsministerium wußte, muß dahingestellt bleiben. Sicher ist, daß diese Kontakte spätestens im Februar begannen und daß das Verbot vom 7. Februar das letzte von Eickhoff gegen die Anthroposophen unterschriebene Dokument war.

240 Der Reichs- und Preußische Minister des Innern an den Reichspostminister usw. vom 15. Januar 1936. BAD Z/B 1 904. Am 17. Januar übertrug der Philosophisch-Anthroposophische Verlag die Auslieferungsrechte von der Anthropsophischen Bücherstube Berlin auf Emil Weises Buchhandlung Dresden.

241 Geheimes Staatspolizeiamt an den Reichs- und Preußischen Minister des Innern – d.d. Hd. des Reichsminister für Volksaufklärung und Propaganda vom 18. Januar 1936. BAD Z/B 1 904.

242 Vermerk Propagandaministerium auf dem Antrag des Gestapa: „urschriftlich dem Reichs- und Preuß. Minister des Innern weitergereicht." BAD Z/B 1 904.

243 Reichsinnenministerium an Reichspostminister, Reichsfinanzminister, Auswärtiges Amt, Propagandaministerium vom 7. Februar 1936. BAD Z/B 1 904.

244 Reichsinnenministerium an Stellvertretenden Chef der Preußischen Gestapo vom 7. Februar 1936. BAD Z/B 1 904.

Ferner ist sicher, daß Eickhoff schon vor dem 20. Januar 1936 eine Besprechung mit Heydrich hatte, der ihm daraufhin einen Bericht über die Auflösung der Anthroposophischen Gesellschaft zuschicken ließ. Dieser war mit dem an Göring gerichteten Bericht nicht identisch.[245] Er war objektiver im Stil und enthielt weniger Fehler.

Im SD war man sich im übrigen klar, daß mit diesen Verboten noch nicht die gesamte anthroposophische Literatur erfaßt war. Für Anfang März war dort ein Vorschlag für einen entsprechenden Verbotsantrag erwogen worden.[246] Da das Verbot zunächst nur die Einfuhr anthroposophischer Literatur betraf, konnte Marie Steiner, ohne Rücksicht darauf, daß Steiner auf der „Liste 1 des schädlichen und unerwünschten Schrifttums" stand, die Rechte für die Herausgabe der Werke Steiners an einen Verlag in Deutschland übertragen, was auch bald geschah.

Berichte verschiedener Dienststellen über das Verhalten der Anthroposophen nach dem Verbot

Es wurde deutlich, daß einige Anthroposophen auf eine Wiederzulassung der Gesellschaft hofften. Gleichzeitig kauften Anthroposophen aber vermehrt Bücher Steiners, um im Falle eines Verbots versorgt zu sein. Mit Recht wurde auch vermutet, daß die Anthroposophen nach dem Verbot weiter miteinander Verbindung hielten. Dazu zwei Berichte: Am 23. Dezember schickte der deutsche Gesandte in Bern, Ernst von Weizsäcker, einen Bericht des Deutschen Konsulats in Basel an das Auswärtige Amt, in dem es heißt:

„Die Auflösung der Anthroposophischen Gesellschaft in Deutschland hat begreiflicherweise in Dornach große Aufregung hervorgerufen, obwohl man offenbar schon seit einiger Zeit Maßnahmen der deutschen Behörden erwartet hatte [...]. In weiten Kreisen der anthroposophischen Bewegung besteht aber anscheinend die Hoffnung, daß die getroffene Verfügung wieder rückgängig gemacht wird. Wahrscheinlich legt man sich auch aus diesem Grund in Dornach selbst als auch der Öffentlichkeit gegenüber größte Zurückhaltung auf [...]."

Diesem Gesandtschaftsbericht folgte Anfang Februar ein vertraulicher Lagebericht des Württembergischen Innenministeriums. In dem Abschnitt über Anthroposophie heißt es:

„Anthroposophie. Die Auflösung der Anthroposophischen Gesellschaft, der Anthroposophischen Arbeitsgemeinschaft und ihrer Untergliederungen ist von den betroffe-

[245] Vgl. Anm. Gestapa II 1 B 2 an den Herrn Reichs- und Preuß. Min. d. Innern, z. Hd. des Herrn Min. Rats Eickhoff „unter Bezugnahme auf die Besprechung des Herrn Amtsleiters, SS-Gruppenführer Heydrich mit Herrn Min. Rat Eickhoff" mit: „Bericht über die Auflösung der Anthroposophischen Gesellschaft" (fünf Seiten) vom 20. Januar 1936. BAD Z/B 1 888.

[246] SD 1 an 65001 vom 21. Februar 1936. Handschriftlicher Vermerk. BAD Z/B 1 886.

nen Kreisen äußerlich ohne Widerstand und mit verhältnismäßiger Ruhe aufgenommen worden. Es besteht jedoch kein Zweifel darüber, daß sich die Anthroposophen, die starken persönlichen Zusammenhang untereinander haben, gruppenweise und in Konventikeln nach wie vor zusammenfinden. Charakteristisch ist die Wahrnehmung, daß der Buchhandel nach der Auflösung der Gesellschaft einen mehrfach erhöhten Umsatz in anthroposophischen Büchern und Schriften zu verzeichnen hatte. Nicht selten hatten sich einzelne Mitglieder anthroposophische Literatur im Betrag bis zu einigen hundert Mark erworben, die zweifellos nicht nur zum eigenen Gebrauch, sondern zur Weiterverleihung an Gesinnungsgenossen und damit zur Weiterverbreitung des anthroposophischen Geistesgutes selbst bestimmt sind. Eine wirksame Unterbindung der anthroposophischen Bestrebungen ist nur durch das Verbot der Verbreitung der gesamten anthroposophischen, umfangreichen Literatur zu erreichen. Die Entscheidung hierüber ist bis jetzt noch nicht ergangen."[247]

Neben Berichten des SD über Zusammenkünfte von Anthroposophen, die für die folgenden Jahre immer wieder auftauchen, erhielt das Gestapa schon in den ersten Monaten Nachrichten darüber, daß Anthroposophen Geldsammlungen für die nun mittellos gewordenen Redner zu organisieren versuchten. Das wurde sowohl von den anthroposophischen Arbeitsgemeinschaften als auch von der deutschen Landesgesellschaft versucht. Karl König, damals noch im heilpädagogischen Heim Pilgramshain tätig, wandte sich in dieser Sache an von Grone:

„[...] Wäre es nicht gut, wenn die „Korrespondenz" in irgend einer Form weiter gehen könnte? Sie könnte doch wohl vielleicht 14tägig erscheinen und sollte gar nicht irgendeine Deckung für die aufgelöste Arbeitsgemeinschaft sein, sondern könnte doch wohl eine freie Verbindung der einzelnen Menschen untereinander darstellen. Es ist doch vielleicht ein erfreulicher Gedanke zu wissen, daß so und so viele Freunde alle 14 Tage die gleichen Inhalte allein durcharbeiten, dadurch bleibt eine gewisse Verbindung bestehen und die innere Arbeit kann in gleichgerichteter Art und Weise weitergehen. Gleichzeitig aber könnten die nunmehr arbeitslosen Redner ihre Gedanken in dieser Zeitschrift aussprechen und so in schriftlicher Art das sagen, was sonst mündlich der Fall gewesen ist. Ich bitte Sie meinen Plan einmal zu überlegen. Wenn alle gewesenen Mitglieder die 2 wöchentliche Schrift beziehen und einen gewissen Betrag dafür erlegen, könnte vielleicht doch eine Hilfe für die Autoren und gleichzeitig eine geistige Hilfe für die Leser geschaffen werden."[248]

Das Schreiben zeigt, daß er die Toleranz der Gestapo unterschätzte. Gerade das Motiv, die Verbindung weiter zu pflegen und die Arbeit in gleichgerichteter Art und Weise weitergehen zu lassen, war, was die Gestapo auf jeden Fall unterbinden wollte. Im übrigen kam das Schreiben durch die Postüberwachung bei von Grone direkt auf Haselbachers Schreibtisch im Gestapa. Eine offizielle Anfrage um Genehmigung einer Sammlung zugunsten ehemaliger

[247] Ausschnitt aus dem Lagebericht des Württembergischen Innenministeriums für den Monat Januar 1936 – W1. Vertraulich! BAD Z/B 1 904.

[248] Karl König an Jürgen von Grone vom 14. Dezember 1935. BAD Z/B 1 903.

beruflicher Redner ging von Stuttgarter Mitgliedern aus, die Sammlung wurde vom Gestapa untersagt.[249]

Die Staatspolizeistelle in Hannover beobachtete vor allem die Präsenz von Anthroposophen in der Christengemeinschaft:

„Christengemeinschaft Hannover. In der Zeit vom 13. bis 16.2.36 fand im Künstlerhaus in Hannover ein Gemeindetreffen der norddeutschen Gemeinden der Christengemeinschaft statt. An diesen Veranstaltungen (Gottesdienst, Vorträgen pp.) haben täglich durchschnittlich 180 Personen, insbesondere Frauen, teilgenommen. Aus einer hier s. Zt. vertraulich erfaßten Teilnehmerliste war ersichtlich, daß unter den etwa 80 auswärtigen Teilnehmern sich eine erhebliche Anzahl von Anthroposophen befand. Es muß angenommen werden, daß die Anhänger der verbotenen Anthroposophischen Gesellschaft sich auch in Zukunft unter dem Deckmantel der Veranstaltungen der ideal verwandten Christengemeinschaft oder anderer verwandter Organisationen treffen werden. Die in Schweden und Norwegen wohnhaften Anhänger waren trotz ihrer Zusage nicht gekommen. Auffallend war, daß es sich bei den Tagungsteilnehmern fast ausnahmslos um Personen aus besser gestellten Kreisen handelte."[250]

Trotz solcher Beobachtungen gab das Gestapa – wie oben beschrieben – im März 1936 die Christengemeinschaft zunächst frei und überließ sie dem Kirchenministerium.

[249] WPP Stuttgart an Gestapa Berlin. FS vom 17. Januar 1936 und Gestapa an WPP Stuttgart. FS vom 29. Januar 1936. Geldsammlungen privater Organisationen – außer NSDAP-Stellen – waren prinzipiell untersagt. Immerhin gestattete Haselbacher später, im November 1936, nach den Verhandlungen im Frühjahr, eine privat durchgeführte Spendensammlung des Stuttgarter Anthroposophen Engelmann zugunsten von Karl Heyer. FS Gestapa an Staatspolizeileitstelle Stuttgart vom 23. November 1936. BAD Z/B 1 903.

[250] Lagebericht der Staatspolizeistelle Hannover an das Geheime Staatspolizeiamt für den Monat Februar 1936. Nds. HStAH Hann 180 Hannover 800. Das Gemeindetreffen war angekündigt worden in: Die Christengemeinschaft, 12. Februar 1936, S. 346.

Zweiter Teil: 1936/37–1939/40

Die Berliner Verhandlungen um die Wiederzulassung anthroposophischer Arbeit in Deutschland
Die Schließung der Waldorfschulen
Die „Literaturfrage“ und die „Logenfrage“
Die Bestrebungen von Erhard Bartsch

Einleitung

Mit Beginn des Jahres 1936 setzte ein fünfjähriges zähes Ringen einer kleinen Gruppe von Anthroposophen ein, die das Verbot der Gesellschaft nicht hinzunehmen bereit waren und daher nach Mitteln und Wegen suchten, die anthroposophische Arbeit in Deutschland wieder zu ermöglichen. Man war sich im klaren darüber, daß das Verbot der Gesellschaft früher oder später auch ein Verbot sämtlicher anthroposophisch orientierter Einrichtungen nach sich ziehen müßte. Schon deshalb sollte die Wiederzulassung der Gesellschaft angestrebt werden. Zumindest ein Teil der deutschen Anthroposophen, soweit sie überhaupt von diesem Vorgehen erfuhren, mißbilligte diese Initiative. Es waren dazu die Persönlichkeiten bereit, die schon in den vorangegangenen Jahren durch ihr pragmatisches Vorgehen bei den Partei- und Regierungsbehörden Erfahrungen gesammelt und persönliche Beziehungen geknüpft hatten: In erster Linie Erhard Bartsch, Alfred Heidenreich und Elisabeth Klein. Dabei handelte es sich nicht im formalen Sinne um eine Delegation. Doch gingen den eigentlichen Verhandlungen eine ganze Reihe von Unterredungen unter den leitenden Anthroposophen voraus, an denen sich auch Jürgen von Grone und Hermann Poppelbaum beteiligten. Auch der Vorstand am Goetheanum wurde konsultiert.

Dies Unternehmen kann als eine Art „Flucht nach vorne" angesehen werden, denn man stand vor der Entscheidung, entweder das Verbot der Gesellschaft hinzunehmen oder zu dem Kern der Verantwortlichen in der NS-Verwaltung vorzudringen, sich in die „Höhle des Löwen" zu begeben, um alle Möglichkeiten auszuschöpfen.

Damit änderte sich gegenüber der Verhandlungsführung Poppelbaums vor dem Verbot die Taktik. Poppelbaum hatte die Anthroposophie und die Person Rudolf Steiners gegen alle als ungerechtfertigt empfundenen Angriffe verteidigt; er war unermüdlich darauf bedacht gewesen, falsche Darstellungen richtigzustellen. Heidenreich, besonders aber Bartsch und Klein nutzten ihre Erfahrungen im Umgang mit den Vertretern des NS-Regimes. Sie zögerten nicht, diese persönlich in deren eigenen Inkonsequenzen und Schwächen „zur Rede zu stellen", das unwissenschaftliche Vorgehen der SD-Sachbearbeiter zu rügen. Kurz, es kam jetzt ein „kämpferisches" Element in die Verhandlungen.

Gerade dieses mutige Eintreten für eine Sache beeindruckte einige Verhandlungspartner auf nationalsozialistischer Seite wie etwa Otto Ohlendorf, Alfred Baeumler, Alfred Leitgen, ja sogar Reinhard Heydrich – bei letzterem mischte sich aber offensichtlich auch Neid in die Anerkennung dieser Anthroposophen. Entscheidend wurde zunächst aber die Persönlichkeit des verantwortlichen Referenten im Innenministerium, Lotar Eickhoff. Dieser war in erster Linie Beamter und fühlte sich als solcher zwar der (nationalsozialistischen) Regierung verpflichtet; er war seit 1931 Parteimitglied, machte aber in den Verhandlungen nicht den Eindruck eines überzeugten Nationalsozialisten. Auf jeden Fall scheint er sich „gesunden Menschenverstand" bewahrt zu haben. Die Vorstellungen seiner anthroposophischen Verhandlungspartner über das willkürliche Vorgehen der Polizei- und Sicherheitsbehörden gegen die Anthroposophische Gesellschaft leuchteten ihm ein.

Die Verhandlungen zogen sich insgesamt über etwa fünf Jahre hin. Sie hatten jedoch nur am Anfang, bis Mai 1936, den Charakter einer gemeinsamen Aktion einiger Anthroposophen. Für die Christengemeinschaft galt es zugleich, äußerlich einen scharfen Trennungsstrich zur Anthroposophischen Gesellschaft zu ziehen, um nicht als deren Tarnorganisation zu erscheinen. So konnte sich Heidenreich an diesen Verhandlungen nicht weiter offiziell beteiligen.

Auf zwei weiteren Gebieten wurde die Auseinandersetzung aber noch intensiv fortgeführt: in der Frage der anthroposophischen Literatur und in der „Logenfrage". Die Waldorfschulen wurden in diesen Jahren mit Ausnahme der Dresdner Schule geschlossen. Interesse entwickelten die NS-Behörden nur an der biologisch-dynamischen Wirtschaftsweise. Die anthroposophische Ärzteschaft, die heilpädagogischen Institute, die Kliniken und die Weleda AG blieben während dieser Zeitspanne weitgehend unbeachtet

1. Die Verhandlungen um eine Wiederzulassung der anthroposophischen Arbeit in Deutschland

Die Kontakte zu Hermann Göring und Lotar Eickhoff

Im Frühjahr 1936 zeigte sich, daß der zuständige Referent im Innenministerium, Ministerialrat Lotar Eickhoff, nach längeren Gesprächen mit einigen Anthroposophen das Verbot der Gesellschaft als ungerechtfertigt zu betrachten begann. Nicht genug damit, er machte sich auch – über mehr als ein Jahr hin – zum entscheidenden Befürworter einer Wiederzulassung der anthroposophischen Arbeit in Deutschland. Er verfolgte diesen Plan ohne Rücksicht auf seine Person und erreichte einen erstaunlichen Teilerfolg. Er manövrierte so geschickt und mutig, daß das umständlich aufgebaute Verbot wirkungslos zu werden drohte. Hier zeigte sich auch, daß Hermann Göring noch immer politisches Gewicht hatte. Ohne dessen Rückendeckung hätte Eickhoff nichts unternehmen können. Die entscheidende Verbindung zu Hermann Göring kam durch die Kammersängerin Margarete (Martha) Fuchs zustande,[1] die seit 1924 Mitglied der Anthroposophischen Gesellschaft war und von Görings Schwägerin, der Gräfin Wilamowitz-Möllendorf, unterstützt wurde. Außerdem kann angenommen werden, daß die Referenten Körner und Marotzke im Preußischen Staatsministerium die Eigenwilligkeit des Gestapa nicht schätzten und den Vorgang mit Genugtuung förderten. Schließlich hatte Elisabeth Klein – nach Darstellung Heidenreichs – eine gute Beziehung zu Görings Privatsekretärin, Frau Grundmann, „einer allgemein als einflußreich geschilderten Dame".[2]

Elisabeth Klein war durch Alfred Leitgen und Reichsminister Hans Frank auf Eickhoff aufmerksam gemacht worden. Sie veranlaßte eine ganze Reihe von Persönlichkeiten, Eickhoff aufzusuchen: Alfred Heidenreich, Erhard Bartsch, Dr. Friedrich Husemann und Dr. Wilhelm zur Linden erschienen in Eickhoffs Büro. Entscheidend für Eickhoff scheint aber sein Zusammentreffen mit Friedrich Rittelmeyer gewesen zu sein. Rittelmeyer fragte Eickhoff ganz direkt, warum er die Gesellschaft verboten habe. Eickhoff meinte, er wisse gar nicht, was Anthroposophie sei, und nicht er, sondern der Minister Frick oder die hinter ihm stehen, die SS usw. hätten das Verbot gemacht. Er sei nur der Federhalter. Rittelmeyer antwortete unbeeindruckt: „Herr Ministerialrat, die

[1] Martha Fuchs war Sängerin an der Dresdner Staatsoper. Mitglied der Anthroposophischen Gesellschaft seit 1924. Vgl. auch Eva-Ursula Melzer, Eine Schülerin erzählt aus der Zeit von 1939 bis 1941, in: Gedenken an die Rudolf Steiner Schule Dresden, Gerlingen, 1980, S. 36 und Rudolf Hauschka, Wetterleuchten einer Zeitenwende, 2. Auflage Frankfurt a. M. 1982, S. 104.

[2] Alfred Heidenreich und Eduard Lenz an Friedrich Rittelmeyer vom 1. April 1936. PA Christoph Lindenberg, S. 4.

Geschichte wird sagen, da war ein Ministerialrat, der nicht wußte, was er verbietet."[3]

Schließlich wurde im Einverständnis mit Frick Eickhoff durch Göring beauftragt, die Begründung des Verbots zu überprüfen. Übereinstimmend schilderten später Haselbacher vom Gestapa und Eickhoff vom Reichsinnenministerium diesen Vorgang. Haselbacher schrieb in seinem Bericht vom 12. Mai:

> „Im März dieses Jahres wurde auch der Herr Ministerpräsident mit dieser Angelegenheit befasst. Wie vertraulich in Erfahrung gebracht werden konnte, soll angeblich die Schauspielerin Margarethe (?) Fuchs dem Herrn Ministerpräsidenten eine Denkschrift[4] überreicht haben, in welcher die Zulassung der geisteswissenschaftlichen Forschung der Anthroposophischen Gesellschaft angeregt wurde. Weitere Vorschläge dieser Art sind Herrn Ministerpräsidenten offenbar auch von seiner Schwägerin, der Gräfin Wilamowitz-Möllendorf unterbreitet worden. Auf Grund dieser Eingaben ordnete der Herr Ministerpräsident an, daß in diesem Sinne von der Geheimen Staatspolizei und dem Reichsinnenministerium mit früheren Angehörigen der Anthroposophischen Gesellschaft zu verhandeln sei.."[5]

Eickhoff machte zu einem Schreiben vom 22. Mai den Vermerk:

> „Auf Grund persönlicher Vorstellungen der Anthroposophen beim Herrn Preußischen Ministerpräsidenten hat dieser angeordnet, daß unter strengster Kontrolle durch die Geheime Staatspolizei ein Weitertätigsein der Anthroposophen in Deutschland geduldet werden könne."[6]

Inhaltlich stimmen die Berichte der beteiligten Anthroposophen mit den davon unabhängigen internen Unterlagen im Gestapa, im SD-Amt und im Innenministerium über diesen Vorgang in allen wesentlichen Punkten überein, so daß am Sachverhalt nicht gezweifelt werden kann. Anfang April 1936 schickten Alfred Heidenreich und Eduard Lenz einen ausführlichen Bericht aus Berlin an Friedrich Rittelmeyer. Auch mit Jürgen von Grone und Carlo Septimus Picht bestand zu diesem Zeitpunkt Kontakt. Albert Steffen, Marie Steiner, Guenther Wachsmuth und Hermann Poppelbaum waren informiert und mit dem Vorgehen in Berlin einverstanden. Es existiert außerdem eine

[3] Bericht von Frau Dr. Elisabeth Klein über die Bemühungen 1934 – 1941 zur Bewahrung der Bewegung. Oktober 1971. PA Christoph Lindenberg. Es handelt sich hier um eine sinngemäße Wiedergabe durch Klein. Vgl. auch die Beiträge von Frank Hörtreiter und Friedrich Ogilvie in: Das Goetheanum, Nr. 37 vom 13. Sepember 1992, S. 382/383. Ogilvie erwähnt hier auch die Antwort Rittelmeyers auf die Frage eines höheren Staatsbeamten, was er denn gegen den Nationalsozialismus habe: „Er ist mir zu wenig deutsch." Diese Aussage charakterisiert durchaus Rittelmeyers Einstellung zum Nationalsozialismus, mit der er bei Gelegenheit trotz seiner exponierten Stellung als Leiter der Christengemeinschaft nicht zurückhielt.

[4] Vermutlich handelte es sich um die Denkschrift von Jürgen von Grone vom 27. Februar 1936.

[5] Dem Leiter der Dienststelle II 1 B, SS Gruppenführer Heydrich durch die Hand des Leiters II 1 vorgelegt. Betrifft: Anthroposophische Gesellschaft vom 12. Mai 1936. BAD Z/B1 1005.

[6] Reichsinnenministerium, Vermerk von L. Eickhoff zum Entwurf eines Schreibens an den Reichs- und Preußischen Wirtschaftsminister vom 22. Mai 1936, BAD Z/B1 904.

Nachschrift eines Referates, das Elisabeth Klein vor ca. 40–50 Personen am 6. April 1937 in Düsseldorf hielt und das einen ausführlichen Bericht über die damaligen Vorgänge enthält. Da das Vorgehen Kleins während und nach der NS-Zeit unter den Anthroposophen umstritten war, verfaßte sie im Oktober 1971 nochmals einen Bericht, der – wie auch ihre „Erinnerungen" – den Charakter einer Rechtfertigung hat.[7] Sicher ist, daß Elisabeth Klein in dieser Sache eine treibende Kraft unter den Anthroposophen war.

Dabei fällt auf, daß von Hermann Poppelbaum und den übrigen Mitgliedern des Vorstandes der deutschen Landesgesellschaft nicht mehr die Rede war. Das hing damit zusammen, daß das Gestapa zu Verhandlungen nur dann bereit war, wenn frühere leitende Funktionäre der Gesellschaft nicht als Verhandlungsführer auftraten. Das hieß jedoch nicht, daß von seiten der Anthroposophen mit diesen keine Verbindung mehr bestanden hätte, da Poppelbaum, von Baravalle, Stegmann und Münch damals noch in Deutschland waren.

Aber die früheren Vertreter der deutschen Landesgesellschaft hielten sich zurück. Wegen der mit Recht angenommenen Postüberwachung waren mündliche Gespräche wohl das einzige Mittel, die Verbindung aufrechtzuerhalten. Fritz Götte berichtet zum Beispiel, daß Poppelbaum mehrfach in Marienhöhe bei Erhard Bartsch zu Besuch war.[8]

Eickhoff äußerte anläßlich eines Gesprächs im Reichsinnenministerium mit Theodor Christensen, daß zu einem Verbot der Anthroposophischen Bewegung nicht genügend Material vorliege. Diese Bemerkung wurde dem SD-Sachbearbeiter SS-Hauptsturmführer Six am 18. März mitgeteilt.[9] Eickhoff löste mit Rückendeckung Görings im Gestapa und im SD-Amt eine erstaunliche Nervosität aus. Er unterstellte, das Verbot der Gesellschaft sei auf Behauptungen gegründet, für die kein stichhaltiges Beweismaterial erbracht wurde. Dies Vorgehen war Teil einer Taktik, die er später deutlich schriftlich formulierte: Für die Zustimmung des Reichsinnenministeriums zum Verbot wären nicht die „ohne Angabe von Gründen" von der Gestapo aufgestellten Behauptungen über Steiner und seine Lehre ausschlaggebend gewesen. Dem Antrag des Gestapa wäre nur deshalb zugestimmt worden, weil die geistige Zentrale der Bewegung im Ausland läge und deren Einfluß von außen auf Deutschland im nationalsozialistischem Staat untragbar wäre. „Es war daher ganz unabhängig davon, ob die Behauptungen des Geheimen Staatspolizeiamts über die Anthroposophische Gesellschaft richtig waren oder nicht, zunächst dieser ausländische Einfluß abzuschneiden und seine Organisationen in Deutschland aufzulösen. Eine grundsätzliche Stellungnahme zur Anthroposophie selbst ist damit zunächst noch nicht erfolgt." Damit war das Innenministerium gedeckt

7 Ausführungen von Frau Dr. Klein, Dresden, über ihre Berliner Arbeit, vor etwa 40 – 50 Anthroposophen in Düsseldorf am 6. April 1937. Nachschrift von Willy Schmidt. PA Christoph Lindenberg. S. a. Elisabeth Klein, Begegnungen, Freiburg 1978.

8 Nachlaß Fritz Götte, PA Christoph Lindenberg.

9 SD-Amt I 3 an II 1 vom 18. März 1936. BAD Z/B 1 901.

und gleichzeitig die Richtung angegeben, in der die Anthroposophen für die Wiederzulassung der anthroposophischen Arbeit tätig werden konnten. Eickhoff ging sogar soweit zu bemerken, daß es erst bewiesen werden müsse, „daß die Anthroposophische Bewegung dem Nationalsozialismus gefährlich ist, und zwar gefährlicher als es z. B. die katholische oder die evangelische Kirche ist. Andernfalls könnte die Anthroposophische Bewegung auch mit Recht das Verbot der Kirchen verlangen. Die bisherigen Berichte qualifizierte Eickhoff als unbegründet und oberflächlich.[10]

Heydrich ordnete schon am 18. März die Anfertigung einer Denkschrift an, die „alles erreichbare Material beim SD und alle schrifttumspolitischen Dokumente [..] zusammenfaßt und zu einem überzeugenden Material zusammenstellt“. Als Termin wurde der 5. April genannt.[11]

Die Karlsruher Akten

Wo aber war das „Material“? Die beschlagnahmten Bücher und Archivbestände waren noch immer bei den SD-Stellen über ganz Deutschland verteilt. Die Zusammenführung in einer Zentralbibliothek des RFSS in Berlin, die sowohl die anthroposophische Literatur als auch die Bibliotheken der Freimaurerlogen umfassen sollte, war zwar schon sorgfältig geplant worden, aber im Terminkalender erst für die Monate Juni bis September 1936 vorgesehen.[12] Da Eickhoff die bisherigen Berichte, die sich auf das bereits im Überfluß vorhandene „Material“ stützten, zurückwies, mußte Neues gefunden werden. Das konnte nicht in der veröffentlichten anthroposophischen Literatur entdeckt werden. Aus den gesellschaftsinternen Archiven erhoffte man sich Informationen über die geheimen Verbindungen mit Freimaurern, Juden und Pazifisten. Diese befanden sich in Stuttgart, in der Landhausstrasse 70, in der auch die Redaktionsräume der Zeitschrift „Anthroposophie“ untergebracht waren, und – für die Zeit ab 1931 – in Karlsruhe, Waldstr. 8, der Geschäftsstelle der Anthroposophischen Gesellschaft in Deutschland. Seit November 1935 waren die Archive zwar beschlagnahmt, aber ansonsten unberührt geblieben.[13]

[10] Der Reichs- und Preußische Minister des Innern. Vermerk zum geplanten Schreiben an den Reichs- und Preußischen Wirtschaftsminister vom 22. Mai 1936. BAD Z/B 1 904.

[11] SD-Amt I 3 an II 1 vom 18. März 1936. BAD Z/B 1 901.

[12] Der Chef des Sicherheitshauptamtes an den SD-Oberabschnitt Rhein, o. D. nimmt Bezug auf den Erlaß des Politischen Polizeikommandeurs vom 22. Januar 1936. STAK S 3 254.

[13] Für Stuttgart – Emil Leinhas hatte den Schlüssel zum Archiv der früheren Geschäftsstelle – berichtete ein FS, daß die Versiegelung durch die WPP wieder rückgängig gemacht worden war. Und zwar angeblich auf Veranlassung von Hess, der sich eine Entscheidung vorbehalten hätte. FS SD-Hauptamt Berlin an SD-OA Stuttgart vom 20. März 1936. BAD Z/B 1 903.

Heydrich meinte, in 14 Tagen könnten die Akten gesichtet werden, wobei er auch gleich angab, nach welchen Gesichtspunkten sie in Stuttgart bearbeitet werden sollten (es war den Beteiligten nicht gleich klar, daß auch Karlsruhe in Frage kam): Die Korrespondenz zwischen Stuttgart und Dornach sollte Aufschlüsse über die politische Zielrichtung der Anthroposophie und deren Widersprüche zum Nationalsozialismus, vor allem zur Rassenfrage geben.[14]

SS-Hauptscharführer Veith vom Stuttgarter SD machte sich sofort an die Arbeit, war aber hoffnungslos überfordert. SS-Scharführer Wisliceny im SD-Hauptamt übte daraufhin Druck aus, indem er eine dringende Anforderung Heydrichs betonte.[15] 17 Seiten Fernschreiben gingen hin und her. Schließlich wurde auf eine eingehende Sichtung des Stuttgarter Archivs und auf Hausdurchsuchungen sowie Vernehmungen von Leinhas, Büchenbacher und Strakosch verzichtet und das Karlsruher Archiv, in sieben Kisten verpackt, am 28. März nach Berlin abgesandt.[16]

Innerhalb von zehn Tagen wurde der Bericht nun fertiggestellt und lag am 10. April vor. Ihm kommt insofern eine besondere Bedeutung zu, als er die einzige umfassende Stellungnahme des SD in dieser Zeitspanne (1936–1941) war, die inhaltlich nur leicht verändert immer wieder verwendet wurde.[17]

[14] FS SD-Hauptamt an SD-OA Südwest vom 18. März 1936. BAD Z/B 1 901.

[15] FS SD Hauptamt, Berlin, SD-OA Südwest, Stuttgart, vom 20. März 1936. BAD Z/B 1 903.

[16] SD der RFSS, OA-SW an das Sicherheitshauptamt Abt. II/111 vom 28. März 1936. BAD Z/B 1 901. Diese Archivbestände wurden innerhalb von 50 Jahren von Berlin nach Moskau und von dort großenteils wieder nach Berlin befördert. Mit hunderttausenden anderer Akteneinheiten wurde der Bestand 1943 aus Berlin in die Außenstelle Schlesiersee (Niederschlesien) verlagert. Die rote Armee erbeutete dieses „originäre Gegnermaterial“, das die NS-Beamten hinterließen, da diese in der Eile nur das Aktenmaterial vernichteten, das für das NS-Regime direkt belastend war. Das Zentrale Staatsarchiv in Moskau (Sonderarchiv) beherbergte die Bestände, von denen ein großer Teil 1957 an die Behörden der DDR übergeben wurde. Dieser Teil wurde nach der Maueröffnung in das Geheime Staatsarchiv Preußischer Kulturbesitz verlagert, das ihn 1994 nach längeren Verhandlungen an die Anthroposophische Gesellschaft zurückgab. Der andere Teil liegt noch in Moskau. (Vgl. dazu: „Die deutschen Bestände im Sonderarchiv in Moskau“ in: Der Archivar, 45. Jahrgang, Juli 1992, H. 3, S. 458ff). Das inzwischen im Archiv am Goetheanum lagernde Material ist in einem erstaunlich guten Zustand: faktisch unberührt, nur geringfügige Bearbeitungsspuren enthaltend, so wie sie 1936 aus den Aktenschränken entnommen wurden. Offensichtlich hatte der SD wenig Einsicht in die Akten genommen. Durch die Gewohnheit der Geschäftsstelle der Gesellschaft in Karlsruhe, Abschriften ihrer Korrespondenz an den Vorstand am Goetheanum zu senden, konnte ein Großteil des Bestandes im Archiv am Goetheanum eingesehen werden, bevor die Bestände in der ehemaligen DDR wiedergefunden wurden.

[17] Inhaltsübersicht des Berichtes und Bericht über Anthroposophie vom 10. April 1936. BAD Z/B 1 886. Übernommen am 21. April 1936, BAD Z/B 1 903. Überarbeitet am 2. Mai 1936, 18. Mai 1936, 16. Juni 1936, BAD Z/B 1 901, bzw. 904, 11. August 1936 (Entwurf für eine Aufsatzfolge in der SS-Zeitschrift „Das schwarze Korps“), BAD Z/

Die Fassungen der Berichte des Sicherheitshauptamts über die Anthroposophie vom 10. April, vom 2. und 18. Mai 1936

Die Auswertung der Karlsruher Akten, von denen Heydrich Aufschlüsse über angebliche geheime Verbindungen, logenähnliche Aktivitäten usw. erwartet hatte, erwies sich in dieser Hinsicht als enttäuschend. Für den Bericht blieb schließlich nur ein organisatorischer Überblick der Gesellschaft übrig, der keine Hinweise darauf enthielt, daß die Anthroposophische Gesellschaft als Geheimgesellschaft oder als freimaurerähnliche Vereinigung anzusehen war. Eine solche Vermutung wurde dann auch nicht ausgesprochen. Allerdings kam der Sachbearbeiter zu dem ganz richtigen Schluß, daß eine Trennung der Anthroposophischen Gesellschaft in Deutschland von Dornach unmöglich sei. Dies war ein sensibler Punkt für die Verhandlungen, da Göring und das Gestapa eine Wiederzulassung anthroposophischer Arbeit nur in völliger Unabhängigkeit vom Ausland zulassen wollten. Damit wurde der sogenannte „Schrifttumsbericht" zum Hauptteil. Verantwortlich zeichnete der für die Abteilung II 111, Freimaurer, zuständige Theodor Christensen. Beteiligt war jedoch auch die Schrifttumsstelle.[18] Aus Zeitmangel wurden die zuständigen Referenten für Judentum (II 112), Marxismus (II 121) und Kirchen bzw. Christentum (II 113) übergangen.[19]

An dem Bericht, der in Auszügen aus seiner überarbeiteten Fassung vom 18. Mai 1936 in der Anlage wiedergegeben wird, sind verschiedene Aspekte auffallend.[20]

Er besteht überwiegend aus Zitaten, mit denen eine positive Haltung der Anthroposophen zu Freimaurerei, Judentum und Marxismus nachgewiesen werden sollte und deren negative Einstellung zu nationalsozialistischen Erziehungs- und Rasseidealen unterstrichen wird. Die Auswahl der Zitate ist im allgemeinen geschickt und charakterisiert anthroposophische Gesichtspunkte zu diesen Fragen.

B 1 1199 und 3. Juli 1937. BAD Z/B 1 904. Nach dem Protest der Anthroposophen in der Sitzung vom 5. Mai 1936 wurden die Zitate von August Riehl entfernt. Jedoch wurde dies im Monatsbericht XIII des SD, der diese Ausarbeitung übernahm, nicht berücksichtigt. SD-Monatsbericht XIII (Juni 1936). Archiv Bund der Waldorfschulen 7.1.010. Veröffentlicht in: A. Wagner, Beiträge, NS-Dokumentation., Bd. 1, Rendsburg 1991, S. 47ff. Erst nach der Gestapo-Aktion vom Juni 1941 wurde die Anthroposophie untersucht, ohne auf den vorherigen Bericht zurückzugreifen, allerdings mit ähnlichen Schlußfolgerungen (Vgl. Anlage 21).

18 In der Abteilung I 3 bearbeitete SS-Untersturmführer Ehrlinger die Akte.

19 Dies beklagte der Referent II 1131 in einem Aktenvermerk vom 12. Juni 1936. BAD Z/B 1 902.

20 S. Anlage 10.

Die Kommentare zeigen, daß der Verfasser deutlich voreingenommen war. Besonders sein Versuch, die Gedanken der sozialen Dreigliederung als marxistisch-bolschewistisch zu interpretieren, war vollkommen abwegig.

Interessant ist auch, daß die Verfasser zur Illustration des Freimaurerzusammenhangs eine Szene aus dem Mysteriendrama „Die Prüfung der Seele" von Rudolf Steiner wählten. Diese spielt sich in einem „mit Symbolen einer mystischen Brüderschaft" geschmückten Raum ab. Der erste Zeremonienmeister spricht folgende Worte:

> „Ich muß dir frei gestehen, lieber Bruder,
> Daß unverständlich unsres Hauptes Milde
> mir oft erscheint, wenn ich erblicken muß,
> Wie stark das Unrecht unsrer Gegner ist.
> Sie wollen unsre Lehren nicht erfahren,
> Die sie als Ketzerei und Teufelswerk
> Dem Menschen grausig vor die Seele malen."[21]

Die Kommentare des Sachbearbeiters des SD machen eben diesen Eindruck einer willentlichen Verteufelung der Anthroposophie.

Die Verfasser drückten abschließend ihre Meinung mit den folgenden Worten aus, die zwar in dieser Form in die überarbeiteten Fassungen nicht übernommen wurden, aber Stimmung und Urteil aller Berichtfassungen spiegeln:

> „Eine auf der Anthroposophie aufgebaute Weltanschauung mit ihren verschwommenen Humanitätsidealen, bolschewistischen und jüdischen Tendenzen, in deren Mittelpunkt lediglich das bindungslose Individuum steht, und deren Ziel eine fade allgemeine Menschenbildung ist, kann in den Gang der Erziehung des deutschen Volkes durch den Nationalsozialismus unmöglich eingebaut werden. Die Anthroposophie ist unvereinbar mit dem Nationalsozialismus, weil sie in allen irgendwie wesentlichen Fragen eine grundsätzlich andere Auffassung vertritt."[22]

Der letzte Satz bezeichnet die eigentliche Problematik, die sich aus dem Bericht für die anthroposophischen Verhandlungspartner ergab, nämlich: Wie konnten sie, ohne die Anthroposophie selbst zu verleugnen, diesen Bericht zurückweisen? Der Verlauf der Verhandlungen, vor allem die Besprechung vom 5. Mai 1936, beantwortete diese Frage weitgehend, wenn auch nicht erschöpfend.

Die Vorverhandlungen (März–April 1936)

In den letzten Märztagen des Jahres 1936 wurden die Weichen für die zukünftige Entwicklung gestellt. Die entscheidende Sitzung vom 5. Mai 1936 war dann der vorläufige Schlußpunkt einer Reihe von eingehenden Verhandlungen.

[21] „Die Anthroposophie." SD-Bericht vom 2. und 18. Mai 1936, S. 13. Vgl. GA 14.

[22] „Inhaltsübersicht des Berichtes über Anthroposophie" aus dem SD-Amt vom 10. April 1936. BAD Z/B 1 886

Da das Gestapa die Zuständigkeit des RKiM für die Christengemeinschaft kurz zuvor anerkannt hatte, konnte der in der Christengemeinschaft führend tätige Heidenreich jetzt wesentlich unbefangener agieren. Als er am 27. März ein eingehendes Gespräch mit Haselbacher führte, wußte er, daß an eine Aufhebung des Gestapa-Erlasses vom 1. November 1935 nicht zu denken war. Zu Klein hatte Haselbacher kurz zuvor geäußert: „Eine solche Blamage können sie uns aber wirklich nicht zumuten."[23]

Auf welche Weise die Frage der weltanschaulichen Gegensätzlichkeit von den anthroposophischen Gesprächspartnern umgangen wurde, veranschaulicht der Bericht Heidenreichs aus dieser Unterredung:

„[..] Ich möchte aber noch eine Lanze für die Anthrop. selber brechen. Ich entwickelte ihm, wie die Wurzel jedes irgendwie politisch, wirtschaftlich oder sonstwie gearteten Materialismus letzten Endes in den naturwissenschaftlichen Irrtümern liege. Ich sagte, daß ich persönlich überzeugt sei, daß auch der Nationalsoz. mit seinem moral. Appell an Treue, Ehre, an den Mythos des Blutes usw. den weltanschaulichen Materialismus nicht überwinden könne, solange er nicht innerhalb der Naturwissenschaft selbst wissenschaftlich aus dem Sattel geworfen ist. – Das gab er ohne weiteres zu. Er meinte, dazu hätte der Nat. Soz. nur noch keine Zeit gehabt. Vielleicht in 3 Jahren sei man soweit, diese zentrale Aufgabe in Angriff zu nehmen. – Ich sagte dann: aber in der A. ist diese Überwindung des naturw. Materialismus methodisch und in den Ergebnissen bereits geleistet. Soll denn das einfach zum emigrieren gebracht werden, um womöglich nach Jahren unter ausländischer Flagge wieder importiert zu werden [...]."[24]

Heidenreich lenkte also von der zentralen Frage ab, indem er eine Teilfrage in den Mittelpunkt stellte, in der Übereinstimmung möglich war, und Haselbacher konnte sich diesen Ausführungen nicht ganz verschließen.

Ende März fand ein Gespräch zwischen Eickhoff und Heydrich statt. Eickhoff berichtete darüber an Elisabeth Klein. Folgt man seiner Darstellung, so war Heydrich zu Zugeständnissen bereit: er werde Freimaurer-Zusammenhänge, Marneschlacht und ähnliche Vorwürfe preisgeben. Auch gegen die Waldorfschulen, die biologisch-dynamische Landwirtschaft und die Christengemeinschaft habe er nichts einzuwenden. Daß ihm die Anthroposophie als solche aber ein Dorn im Auge war, machte er mit der für eine totalitäre Weltanschauung typischen Bemerkung deutlich: Anthroposophie mache ihm den Eindruck, daß sie ihrem Wesen nach den Menschen so ausfülle, wie das nur der Nationasozialismus tun solle.[25]

Eickhoff engagierte sich intensiv. Er hatte sich sogleich konkrete Vorstellungen über den Aufbau einer zukünftigen Anthroposophischen Gesellschaft in Deutschland gemacht: Ein Führerrat, bestehend aus Klein, Heidenreich, Rittelmeyer, Bartsch, Picht und – eventuell – von Grone und Dr. Husemann, sollte die Garantie gegenüber dem Innenministerium übernehmen. Der Mit-

[23] Alfred Heidenreich an Friedrich Rittelmeyer vom 1. April 1936. PA Christoph Lindenberg.

[24] Quelle wie vorhergehende Anmerkung.

[25] Bericht Eickhoffs an Elisabeth Klein in: Alfred Heidenreich an Friedrich Rittelmeyer vom 1. April 1936, PA Christoph Lindenberg.

gliederkreis sollte politisch einwandfrei sein (keine ehemaligen Freimaurer, keine Nichtarier) und zahlenmäßig beschränkt bleiben. Auch öffentliche Veranstaltungen sollten wieder zugelassen werden, an denen auch Nichtmitglieder teilnehmen dürften. Damit fiele automatisch der Vorwurf der Staatsfeindlichkeit weg und der Weg wäre auch für die Waldorfschulen, die Landwirtschaft und die Eurythmie frei. Ein Erscheinen anthroposophischer Bücher in einem deutschen Verlag wäre nach und nach wieder möglich.[26]

Aus Haselbachers Bericht vom 12. Mai geht hervor, wie die Angelegenheit aus der Sicht des Gestapa Anfang Mai eingeschätzt wurde:

„Auf Grund dieser Weisung [Görings, U. W.] fand Ende April in Anwesenheit von Gruppenführer [Heydrich, U. W.] eine Besprechung zwischen Ministerialrat Eickhoff, SS-Standartenführer Dr. Best und dem Unterzeichneten statt. In dieser Besprechung wurde zum Ausdruck gebracht, daß der Weisung des Herrn Ministerpräsidenten erhebliche politische Bedenken dann nicht entgegen gehalten werden könnten, wenn die zuzulassende geisteswissenschaftliche Forschung

1. vom Ausland – Dornach – unabhängig sei,
2. der Mitgliederkreis im einzelnen persönlich bekannt sei,
3. keinerlei Propagandamöglichkeit zugelassen würde,
4. etwaige Bücher und Schriften nur in Deutschland herausgegeben werden dürften,
5. diese Schriften sowohl als auch der Mitgliederbestand einer Prüfung durch die Politische Polizei unterzogen werden.

Durch diese Maßnahme würde verhindert, daß die gem. der Weisung des Herrn Ministerpräsidenten zuzulassende Gruppe unter ausländischer Leitung steht und damit internationalen Weisungen unterliegt, daß vielmehr die im Inlande Verantwortlichen jederzeit zur Rechenschaft gezogen werden können und sich ihre Tätigkeit nur auf das Inland beschränkt. Gleichzeitig könnte durch den im einzelnen namhaft zu machenden Mitgliederbestand und die vorzulegenden Schriften das Eindringen von freimaurerischen, okkulten und spiritistischen Einflüssen unterbunden werden. [...]“[27]

Für die anthroposophischen Verhandlungspartner war der schwierigste Punkt die Auflage Görings, daß die Arbeit der Anthroposophischen Gesellschaft in Deutschland von Dornach unabhängig werden sollte. Klein, Bartsch und Heidenreich hielten die bei der bevorstehenden Unterredung zu behandelnden Punkte in ihrem Schreiben an Haselbacher vom 4. Mai, also einen Tag zuvor, in folgender Weise fest:

„Sehr geehrter Herr Ministerialrat!

In der für Dienstag 5. Mai 1936 9.30 Vorm. angesetzten Unterredung über die Angelegenheit der Anthroposophie bitten die Unterzeichneten folgende Punkte in die Aussprache einzubeziehen:

1) Kann der Vorwurf der ‚Staatsgefährlichkeit‘ und ‚Staatsfeindlichkeit‘ gegenüber der Anthroposophie zurückgenommen werden und in welcher Form?

[26] Alfred Heidenreich an Friedrich Rittelmeyer vom 1. April 1936, S. 5 und 6. PA Christoph Lindenberg.

[27] Der Leiter der Dienststelle II 1 B, SS-Gruppenführer Heydrich durch die Hand des Herrn Leiters II 1 vorgelegt. Betrifft: Anthroposophische Gesellschaft von 12. Mai 1936. BAD Z/B 1 1005.

2) Können Bücher und Schriften Rudolf Steiners in einem deutschen Verlag wieder erscheinen und mit welcher Regierungsstelle wären die von Fall zu Fall nötigen Vereinbarungen zu treffen?

3) Kann das für das deutsche Reichsgebiet bestehende Verbot der in der Schweiz erscheinenden anthroposophischen Zeitschrift „Das Goetheanum" aufgehoben werden?

4) Würde die Neugründung einer deutschen anthroposophischen Zeitschrift genehmigt werden?

5) Könnte das gemeinsame Studium anthroposophischer Schriften in Arbeitskreisen wieder erlaubt werden und unter welchen Bedingungen (z. B. behördlich gemeldeten Vertrauensmann, beschränkte Teilnehmerzahl)?

6) Können in grösseren Zeitabständen öffentliche anthroposophische Kurse stattfinden, für die die Unterzeichneten persönlich die Verantwortung übernehmen?

7) Kann der Unterricht in Eurythmie und Sprachgestaltung den von der Deutschen Schule für Eurythmie und Sprachgestaltung autorisierten Lehrkräften wieder gestattet werden?

8) Kann das polizeilich sichergestellte Eigentum der aufgelösten Anthroposophischen Gesellschaft zurückgegeben werden unter der Bedingung der Selbstliquidierung. Mit welchen Stellen hätte der dafür bevollmächtigte Vertreter die Einzelheiten zu vereinbaren.

Die Unterzeichneten sind nicht Funktionäre der aufgelösten anthroposophischen Gesellschaft und sind es auch nie gewesen. Sie erhoffen sich, dass die bevorstehende Unterredung die Grundlage dafür ergibt, dass sie von den zuständigen Behörden als Treuhänder für das Lebenswerk Rudolf Steiners in Deutschland anerkannt werden können.

Berlin, den 4. Mai 1936 Heil Hitler!

gez. Dr. H. E. Bartsch, gez. Dr. Elisabeth Klein, gez. Dr. A. Heidenreich."[28]

Die Vereinbarungen vom 5. Mai 1936

Am Morgen dieses Tages saßen sich im Gestapa, Prinz-Albrecht-Str. 8, gegenüber: die drei Anthroposophen Elisabeth Klein, Erhard Bartsch und Alfred Heidenreich auf der einen Seite, der Vertreter des Innenministeriums, Lotar Eickhoff, des Geheimen Staatspolizeiamtes, Karl Haselbacher, und des Sicherheitshauptamtes, Theodor Christensen, auf der anderen Seite. Haselbacher und Christensen war klar, daß Eickhoff schon nicht mehr auf „ihrer" Seite stand. Haselbachers Haltung war ebenfalls nicht mehr ganz eindeutig. Die Gespräche mit den Anthroposophen hatten auch ihn etwas verunsichert. Außerdem lag die Weisung Görings vor.

[28] Dr. H. E. Bartsch, Dr. Elisabeth Klein, Dr. A. Heidenreich an Ministerialrat Dr. Haselbacher, vom 4. Mai 1936. BAD Z/B 1 904. Der 5. Mai 1936 war der 35. Geburtstag Elisabeth Kleins. Das Kollegium der Stuttgarter Schule sandte ihr ein Glückwunschschreiben für ihre „aufopferungsvolle Arbeit" und „für den Erfolg des morgigen Tages". Ihre Arbeit wird darin als Einsatz für das Werk Rudolf Steiners verstanden. Fritz von Bothmer an Elisabeth Klein vom 4. Mai 1936. Archiv am Goetheanum.

Die Anthroposophen mußten fast eine Stunde warten: Eickhoff wurde mit dem genannten SD-Bericht über die Anthroposophie bekanntgemacht.[29] Die Sitzung begann dann mit der Vorlage des Berichtes und dauerte ca. 3 1/2 Stunden.

Der Bericht enthielt zwei Fehler, die sofort von den Anthroposophen moniert wurden. Hier ansetzend gelang es ihnen, der inhaltlichen Diskussion über die Frage der weltanschaulichen Unvereinbarkeit von Anthroposophie und Nationalsozialismus auszuweichen. Dabei handelte es sich um folgendes:

1. Als einzige schriftliche Stellungnahme aus der Zeit seit 1933 hatten die Verfasser die im September 1934 von der Postüberwachung beschlagnahmte Broschüre Riehls verwendet, aus der sie u. a. das folgende – vom anthroposophischen Gesichtspunkt aus gar nicht falsche – Zitat verwendeten:

> „Will man eine materialistische Führung durch Adolf Hitler, so wird man auf eine geistige Führung durch Rudolf Steiner verzichten müssen, denn beide Führungen sind nicht miteinander vereinbar."[30]

Mit dem Hinweis darauf, daß sich Rudolf Steiner persönlich im Jahre 1924 von Riehl distanziert hatte (ein Vorgang, der später mit Hilfe Poppelbaums auch belegt werden konnte[31]) wiesen die Anthroposophen Riehls Urteil erfolgreich als inkompetent zurück.

2. War schon im ersten Punkt auch die Kompetenz der Verfasser des Berichts ins Wanken geraten, so erlitt sie durch den zweiten Fehler vollends Schiffbruch: Die weitaus meisten Zitate stammten, so argumentierte man, aus längst überholten, veralteten und marginalen Artikeln der Zeitschrift „Die Drei" der zwanziger Jahre und aus anderen Publikationen von Anthroposophen und Nichtanthroposophen,[32] nur ganz wenige aber aus Werken von Steiner selbst. Die Wissenschaftlichkeit, und somit die Glaubwürdigkeit des gesamten Berichtes, wurde von den Anthroposophen in der Absicht, über weltanschauliche Gegensätze nicht zu diskutieren, frech in Frage gestellt. Die wissenschaftliche Kompetenz des SD wurde empfindlich getroffen.[33]

[29] Nachweislich übergab der SD den Bericht erst am Vortag dem Gestapa. Trotzdem könnte Haselbacher vorher etwas davon erfahren haben. Mit Sicherheit kannten ihn aber die anwesenden Anthroposophen noch nicht. Der Reichsführer SS, Der Chef des Sicherheitshauptamtes, an das Geheime Staatspolizeiamt II 1 B 2 vom 4. Mai 1936. BAD Z/B 1 904.

[30] August Riehl, Die Hitlerbewegung und die Dreigliederung des sozialen Organismus, Rio de Janeiro 1933.

[31] Die Überprüfung der Mitgliederkartei am Goetheanum im April 1993 bestätigte, daß August Riehl nie Mitglied der Anthroposophischen Gesellschaft geworden war.

[32] Karl Heyer, Ernst Uehli, Ludwig Graf Polzer-Hoditz, Marie Steiner, Friedrich Rittelmeyer, Friedrich Hiebel, Carl Unger, Roman Boos, W. Aeppli, u. a. B. Neumann, B. v. Wald, H. H. Frei, u. a.

[33] Schon am 18. Mai lag eine von den Äußerungen Riehls „bereinigte" Fassung vor. Da Heydrich aber die vorherige mit „zum Druck geeignet" abgezeichnet hatte, wurde die erste Fassung im SD-Monatsbericht XIII gedruckt.

Die weitere Entwicklung zeigte jedenfalls, daß eine gewisse Oberflächlichkeit der Sachbearbeiter im SD gerade in diesem Punkt entscheidend für die sogenannte „Literaturfrage“ wurde. Denn damit war den Anthroposophen die Möglichkeit gegeben worden, eine ernsthafte Überprüfung der Werke Rudolf Steiners von einer Stelle vornehmen zu lassen, die außerhalb des direkten Einflußbereiches des SD lag. Das geschah zwar erst im Oktober 1938 in einem von Alfred Baeumler vorgelegten Gutachten. Doch die mangelhafte Arbeit der Akademiker im Sicherheitsdienst wurde zum Ausgangspunkt dieser Entwicklung.

Es kam also schließlich nicht zu einer Grundsatzdiskussion. Christensen und Haselbacher gaben dem Druck nach und stimmten folgender Vereinbarung zu:

1. Unter strengster Aufsicht der Gestapo sollten Studienkreise für die Geisteswissenschaft Rudolf Steiners zugelassen werden. Diese sollten unabhängig von Dornach sein und auf den Grundlagen der Naturwissenschaft aufbauen, um okkulte Einflüsse zu vermeiden.

2. Öffentliche Veranstaltungen durften – ebenfalls unter Aufsicht der Gestapo – durchgeführt werden.

3. Eine innerdeutsche Anthroposophische Zeitschrift durfte gegründet werden. (Die Aufhebung des Verbotes der Wochenschrift „Das Goetheanum“ wurde nicht bewilligt.)

4. Die Werke Rudolf Steiners durften unter Kontrolle der Gestapo in einem deutschen Verlag erscheinen.

5. Das Verbot der Eurythmie wurde zurückgenommen.[34]

Haselbacher faßte die Ergebnisse für Heydrich folgendermaßen zusammen:

„[...] Bei dieser Besprechung gaben die Vertreter [...] die Erklärung ab, daß sie bei der evtl. zuzulassenden Tätigkeit lediglich eine zahlenmäßig bestimmte kleine Gruppe ins Leben rufen würden, deren einzelne Mitglieder dem Geheimen Staatspolizeiamt vorher benannt und deren Abberufung auf Wunsch des Geheimen Staatspolizeiamtes jeder Zeit erfolgen würde. Hierdurch würde ein Eindringen von Juden, Freimaurern und Mitgliedern des früheren Initiativ-Ausschusses der früheren Anthroposophischen Gesellschaft unterbunden werden. Die Verantwortung für die zu leistende Arbeit soll lediglich bei den [...] erwähnten Personen liegen, die jede Verbindung nach Dornach und ins sonstige Ausland zu unterlassen zusagen. Die Arbeit dieser Gruppe soll sich auf die geisteswissenschaftliche Forschung unter Ablehnung jeglicher okkulter, spiritistischer und sonstiger hellseherischer Strömungen lediglich auf Deutschland beschränken. Die Gruppe will bei diesen Forschungen auf den Grundlagen der allgemeinen Naturwissenschaft aufbauen und durch ihre Arbeit Erkenntnisse fördern, die mit Mitteln der exakten Naturwissenschaft nicht zu ergründen sind. Ich darf in diesem Zusammenhange bemerken, daß die geisteswissenschaftliche Forschung auf landwirtschaftlichem Gebiet bereits nicht unerhebliche Erfolge erzielt hat. Inwieweit geisteswissenschaftliche Forschung der deutschen Kultur förderlich sein kann, bleibt abzuwarten und ist den Arbeiten der vorbenannten Gruppe zunächst unter Kontrolle der Politischen Polizei zu überlassen.

[34] Vgl. Ausführungen von Elisabeth Klein über ihre Berliner Arbeit, Düsseldorf, am 6. April 1937. PA Christoph Lindenberg.

Sollten sich irgendwelche der nationalsozialistischen Idee abträgliche Erscheinungen herausstellen, würde die Weiterarbeit sofort zu untersagen sein. [...]."[35]

Sowohl bei Klein als auch bei Eickhoff findet sich in einer späteren Darstellung dieser Verhandlung, daß auch die Frage der Waldorfschulen berührt wurde. Klein vermerkte als eines der Resultate, daß die Waldorfschulen weiterarbeiten können.[36]

Eickhoff war präziser, allerdings erst in einem Schreiben an Hess vom März 1937: Er machte sich zum Fürsprecher für die Waldorfschulen Dresden, Hannover, Kassel und Wandsbek, da „alle anderen Schulen sich der Regelung vom 5. Mai 1936 nicht gefügt haben, d. h. also, sich nicht den von der Geheimen Staatspolizei und dem Reichs- und Preußischen Ministerium des Innern anerkannten Vertrauensleuten unterstellt haben."[37] Daß Stuttgart und Berlin, aber auch das Hannoversche Kollegium diesen Weg kategorisch zurückwiesen, wird in den folgenden Auseinandersetzungen im Bund der Waldorfschulen deutlich.

Im Rückblick ergibt sich, daß Gestapo und SD den Anthroposophen damals einen Spielraum einräumten, der von diesen keineswegs ausgenutzt wurde. Es kam nur zur Gründung eines Studienkreises und nur zu einer öffentlichen Veranstaltung. Die von Eickhoff entworfene Organisation einer neu zu gründenden Gesellschaft in Deutschland wurde von den verhandelnden Anthroposophen selbst verworfen. Als Hauptgrund für diesen Entschluß muß die von der Gestapo verlangte Unabhängigkeit von Dornach angesehen werden.[38] Elisabeth Klein besuchte Steffen schon am 17. Mai in Dornach und berichtete ihm mündlich.[39] Alfred Heidenreich aber schrieb am 15. Mai Steffen einen sechsseitigen ausführlichen Bericht aus Berlin. Heidenreich bestätigte, daß es gelang, eine Diskussion über weltanschauliche Grundsatzfragen

[35] Der Leiter der Dienststelle II 1 B an SS-Gruppenführer Heydrich vom 12. Mai 1936. BAD Z/B 1005.

[36] Elisabeth Klein an Rudolf Grosse vom 20. Oktober 1970. Archiv am Geotheanum.

[37] Eickhoff an Hess vom 2. März 1937. BAD Z/B 1 904.

[38] Mit diesem Entschluß wurde der innere Zusammenhalt der Gesellschaft gegenüber den Nationalsozialisten gewahrt. Welche Bedeutung dieser Komponente in den Verhandlungen beizumessen war, zeigt auch, daß das Ehepar Link, das schon im Zusammenhang mit der Waldorfschule Stuttgart eine zwielichtige Rolle spielte, die anthroposophischen Verhandlungspartner gerade in diesem Punkte denunzierte. Das Ehepaar Link hatte nämlich Wind von dem wichtigen Termin am 5. Mai bekommen. Vom SD-Amt Stuttgart ging ein FS nach Berlin, in dem mitgeteilt wurde, daß das Ehepaar Link dort angegeben habe, daß Klein und Bartsch „von Dornach inspiriert sind und im Einvernehmen mit dem Goetheanum verhandeln". FS SD-OA Südwest an SD-Hauptamt vom 7. Mai 1936. BAD Z/B 1 901. Selbstverständlich stimmte diese Behauptung. Elisabeth Klein beschreibt in ihren Erinnerungen ihre Besprechungen mit Marie Steiner und Albert Steffen (Vgl. Klein, Begegnungen, Freiburg 1978, S. 87 ff.). Aber weder Christensen noch Haselbacher gingen auf diese Denunziation näher ein. Sie hatten offensichtlich ein gewisses Vertrauen zu ihren Verhandlungspartnern gefaßt.

[39] Elisabeth Klein an Albert Steffen vom 18. Mai 1936. Archiv am Goetheanum.

zu vermeiden. Er hob als positives Ergebnis hervor, daß zwar das Verbot der Gesellschaft bestehen bleibe, daß aber andererseits ein Zwischenzustand geschaffen werde, der unter bestimmten Bedingungen die Bildung einer Nachfolge-Organisation gestatte, die sich die „allgemeine Ehrenrettung Rudolf Steiners und die Pflege der Geisteswissenschaft zum Ziele setze." Zu den Bedingungen gehöre die Kontrolle der Publikationen aus dem Werk Rudolf Steiners, die in einem deutschen Verlag erfolgen müsse. Wegen der Gegnerschaft solle man aber klein anfangen. Auch dem Erscheinen einer Zeitschrift für Geisteswissenschaft stünde nichts mehr im Wege. Die anthroposophischen Verhandlungspartner hätten betont, daß auch eine solche Nachfolge-Organisation grundsätzlich nichts anderes vertreten kann, als das Goetheanum seinem Wesen nach vertreten muß. Dies wurde auch im Prinzip akzeptiert. Das innere Verhältnis des einzelnen zum Goetheanum werde von der Behörde nicht angetastet, doch wurde der Wunsch ausgesprochen, daß eine organisatorische Bindung der Nachfolge-Organisation an das Goetheanum für die Übergangszeit ruhen soll: „Kein Kurierdienst, keine scharenweisen Mitgliederreisen nach Dornach. Dieses Opfer müssen Sie bringen, wenn wir Ihre Sache unseren Chefs gegenüber vertreten sollen," habe Eickhoff gesagt. Vereinbart wurde schließlich folgendes:

„Gelingt es den zuständigen Amtsstellen während dieser Uebergangszeit ein wirkliches Bild der Geisteswissenschaft Rudolf Steiners zu gewinnen, so soll dann die endgültige Entscheidung fallen, d. h. es kann dann die Frage einer vollkommen freien Gesellschaftsbildung aus rein anthroposophischen Grundsätzen neu aufgerollt werden oder es erfolgt im anderen Falle das endgültige Verbot. Durch die Stellungnahme des Geheimen Staatspolizeiamts wird die Zuständigkeit der Ressort-Ministerien nicht berührt. Das Geheime Staatspolizeiamt ist zwar nunmehr bereit, den politischen Unbedenklichkeitsvermerk für die Waldorfschulen, Eurythmie, u.s.w. auszustellen. Die fachliche Entscheidung über das Fortbestehen der Schule, Eurythmie, Landwirtschaft u.s.w. muß aber aus fachlichen Gesichtspunkten von den zuständigen Ressort-Ministerien gefällt werden."

Am Schluß wird etwas deutlich, was schon die gesamten Verhandlungen bestimmte: das Wort „Anthroposophische Gesellschaft" darf nicht mehr verwendet werden. Die geplante Gesellschaft widersprach dem Öffentlichkeitscharakter der Anthroposophischen Gesellschaft, doch sollte sie deren Aufgaben wahrnehmen in der Hoffnung, nach einer Übergangszeit auch wieder öffentlich zugelassen zu werden:

„Wir verfolgen unsererseits die Haltung, daß zunächst nur sehr langsam und vorsichtig vorgegangen werden darf. Wir haben auch noch nichts anderes unternommen, als daß wir einen etwas größeren Kreis anthroposophischer Freunde zu einem Wochenende nach Berlin gebeten haben, um mit ihnen die neue Lage zu besprechen. Eines ist wohl klar, daß die in Aussicht genommene Zwischenorganisation nicht den Namen Anthroposophische Gesellschaft führen darf. Sie wird ja einstweilen von den Behörden nur als das gestattet, was man nach Deutschem Vereinsrecht als ‚Geschlossene Gesellschaft' bezeichnet. Dies entspricht aber nicht den Grundsätzen der Allgemeinen Anthroposophischen Gesellschaft. Andererseits wird sie sich aber alle Aufgaben einer anthroposophischen Gesellschaft zum Ziel setzen können, wenn auch in der praktischen Durchführung nur nach und nach."[40]

Am 29. Mai 1936 beriet Klein nochmals mit Albert Steffen und auch mit Marie Steiner in Dornach die Ergebnisse der Verhandlungen. Steffen riet von einer Neugründung der Gesellschaft in Deutschland ab, wenn sie ohne Verbindung mit Dornach stattfinde. In seinem Tagebuch notierte er: „Ich kann nicht raten, daß sich Mitarbeiter melden, denn sie begeben sich dadurch in Staatskontrolle. Und das ist der Anfang von Politik. Für mich muß gelten, daß alles – bis ins kleinste – für die ganze Menschheit gegeben ist. Auch was aus dem Volksgut heraus gewonnen ist, soll der Menschheit zugute kommen."[41] Klein folgte offensichtlich diesem Rat und schloß sich dem Versuch von Bartsch nicht an. Eine Zeitschrift wurde nicht herausgegeben, da die meisten in Frage kommenden Autoren nicht mehr in Deutschland weilten (und wohl auch von der Gestapo nicht akzeptiert worden wären). So blieben nur die Punkte 4 (Literaturfrage) und 5 (Eurythmie). Über letztere wurde schon berichtet. Auf die „Literaturfrage" wird noch eingangen.

Der „Studienkreis für die Geisteswissenschaft Rudolf Steiners" in Bad Saarow und die letzte öffentliche Vortragsveranstaltung von Anthroposophen am 13. Dezember 1936 in Berlin

Erhard Bartsch beantragte noch im gleichen Monat die Genehmigung für seine Arbeitsgruppe in Bad Saarow.[42] Heydrich ließ zunächst durch die Stapostelle Potsdam vertrauliche Ermittlungen über den betroffenen Personenkreis anstellen, die im September eintrafen. Danach war niemand „politisch besonders in Erscheinung getreten".[43]

Im Oktober gab Haselbacher sein Einverständnis. In seinem Schreiben stand der Satz, der von Bartsch und Klein sofort als Genehmigung für die Drucklegung der beiden genannten Werke Steiners in einem deutschen Verlag interpretiert wurde: „[...] Ebenso bestehen keine Bedenken gegen den Ge-

[40] Alfred Heidenreich an Albert Steffen vom 15. Mai 1936. Archiv am Goetheanum. Eine Kopie ging am 22. Mai an Marie Steiner. Heidenreich schrieb von London aus, wohin er offensichtlich recht bald nach den Verhandlungen zurückkehrte, um sich seinen Aufgaben in der dortigen Christengemeinschaft zu widmen.

[41] Tagebucheintragung vom 29. Mai 1936. Archiv Albert-Steffen-Stiftung.

[42] Dieser „Studienkreis für die Geisteswissenschaft Rudolf Steiners" bestand zunächst aus folgenden Personen: Dr. E. Bartsch, Frau H. Bartsch, geb. Wurzer, Rektor i. R. M. Bartsch, Frau S. Bartsch, geb. Michler, Friedrich Beckmann, Dipl Ing. Dreidax, Frau L. Dreidax, geb. Schiel, Fräulein Chr. Hinrichsen. Im Oktober kamen Dipl. Landwirt Dr. Nicolaus Remer und Erica Remer, geb. Freiin von Massenbach, hinzu, Erhard Bartsch, Erbhof Marienhöhe, an Regierungsrat Haselbacher, Geheimes Staatspolizeiamt, vom 25. Mai 1936 und 14. Oktober 36. Beide BAD Z/B 1 1005.

[43] Stapo Potsdam an Gestapa vom 3. September 1936. BAD Z/B 1 1005

brauch der beiden Bücher ‚Mystik im Aufgange des neuzeitlichen Geisteslebens' und ‚Die Philosophie der Freiheit' […]".[44]

Schon bei der Veranstaltung am 13. Dezember lagen beide Bücher zum Verkauf aus. Sie waren sofort in Absprache mit Marie Steiner im Verlag Emil Weises Buchhandlung, Dresden, erschienen.

Das war die wohl wichtigste Folge der Gründung des Studienkreises. Dieser arbeitete unbehelligt weiter, auch wenn er regelmäßig von der Gestapo Potsdam überwacht wurde, die auf Aufforderung Heydrichs noch bis März 1938 alle zwei bis drei Monate Bericht erstattete und die Unauffälligkeit des Studienkreises bestätigte. Insbesondere konnte „keine Verbindung mit dem Ausland, sowie okkulter, spiritistischer und sonstiger hellseherischer Strömungen" festgestellt werden.[45]

Diese Vorgänge ermutigten eine Reihe von Anthroposophen zu einem weiteren Schritt. Bartsch teilte Haselbacher im Januar 1937 vorsichtig mit, daß „auch einige weitere Freunde und Mitarbeiter Leseabende über die ‚Philosophie der Freiheit'" abhalten wollten. Damit wäre eine erhebliche Ausweitung offiziell genehmigter anthroposophischer Arbeit verbunden gewesen: Wormstedt, Hamburg, Berlin, Worpswede, Pilgramshain und Stuttgart.[46]

Die polizeilichen Feststellungen über die betroffenen Personen waren sämtlich unerheblich und gingen bis März ein. Aber noch im Januar 1938 war eine

[44] Heute in GA 7 und GA 4. Preußische Geheime Staatspolizei, Geheimes Staatspolizeiamt, an Erhard Bartsch, Erbhofbauer, vom 7. Oktober 1936. BAD Z/B 1 1005. An das Amt Hess formulierte Haselbacher noch unmißverständlicher: „Die von dem Studienkreis herauszugebenden Bücher erscheinen in dem Verlag Emil Weises Buchhandlung, Karl Eymann, Dresden, und werden vor Veröffentlichung einer Prüfung durch das Geheime Staatspolizeiamt unterzogen. Die Herausgabe der Bücher ‚Mystik im Aufgange' und ‚Die Philosophie der Freiheit' sind bereits genehmigt worden. Weitere Bücher unterliegen zur Zeit noch der Prüfung." Geheime Staatspolizei, Geheimes Staatspolizeiamt, II 1 B 2 an den Stellvertreter des Führers, Stab, vom 4. November 1936. BAD Z/B 1 1005. Ein Antrag von Richard Dürich, Breslau, auf Genehmigung einer „Arbeitsgemeinschaft für deutsche Geistewissenschaft" vom Oktober 1936 wurde vom Gestapa abgelehnt. Gestapa an Staatspolizeileitstelle Breslau vom 14. Dezember 1936. BAD Z/B 1 1743. Akte 13.

[45] Gestapa an Stapo Potsdam vom 23. Dezember 1936 und Stapo Potsdam an Gestapa vom 22. Februar, 12. März, 18. Juni, 27. Oktober, 30. Dezember 1937 und 17. März 1938. Alle BAD Z/B 1 1005. Nach Aussage von Nicolaus Remer behandelte Bartsch den „Studienkreis…" eher als eine Formalität. Es gab in diesem Rahmen kaum Zusammenkünfte.

[46] Helmut Bartsch (Wormstedt ü. Apolda, Thür.), Dr. Paula Dieterich (Hamburg), Dipl. Ing. Heikel (Berlin), M. K. Schwarz (Worpswede), I. Vögele (Pilgramshain, Striegau-Schlesien), Jürgen von Grone (Stuttgart). Dr. Erhardt Bartsch an Regierungsrat Dr. Haselbacher, Preuß. Geheime Staatspolizei, vom 12. Januar 1937. BAD Z/B 1 1005.

Antwort an Bartsch nicht eingetroffen.[47] Allerdings ging die anthroposophische Arbeit vielerorts in mehr oder weniger lockerer und regelmäßiger Weise, auch ohne Genehmigung, also illegal, weiter.[48] Im Zusammenhang mit den polizeilichen Erhebungen über die am „Studienkreis" und an der Berliner Veranstaltung am 13. Dezember beteiligten Personen wurde auch ein Bericht über Elisabeth Klein angefordert. Angesichts ihrer zentralen Rolle in diesem Geschehen ist es aufschlußreich zu sehen, daß auch die sächsische Gestapo im August 1936 Kleins grundsätzliche Ablehnung des NS nicht verkannte. Wie die weiteren Ereignisse zeigen, wurde sie im Gestapa zunächst weiter als Verhandlungspartnerin akzeptiert. Wenn auch in einigen Einzelheiten die Ereignisse nicht ganz korrekt wiedergegeben werden, so ist das Gesamtbild einer unermüdlich für die anthroposophischenEinrichtungen eintretenden Person sicherlich richtig. Der Bericht unterstreicht, daß sie es bei Behörden bisher stets ausgezeichnet verstanden habe, die Belange der Rudolf Steiner Schule und der Anthroposophischen Gesellschaft zu vertreten. Erwähnt werden ihre Beziehungen zu Ilse Hess und zu Schulte-Strathaus. Auch ein Schreiben des Reichsleiters Pg. Bormann hätte sie vorgelegt. Im Juni 1936 hätte sie im Sächsischen Innenministerium vorgesprochen und erklärt, daß erst unlängst in Berlin im Reichsinnenministerium unter Zuziehung des Gestapa Berlin ein Vortrag über Rudolf Steiners Lehre, über Anthroposophie überhaupt stattgefunden habe. Daran habe sich eine Beratung angeschlossen. Auch Eurythmie-Aufführungen sollen daselbst vor geladenen Gästen stattgefunden haben: „Es hat den Anschein genommen, als ob hinsichtlich der Anthroposophen und des Verbotes derselben noch nicht das letzte Wort gesprochen sei. Auch in diesem Falle ist es Frau Klein – wie wohl vorher schon recht oft – geglückt, für die Anthroposophie, Waldorfschulen, Eurythmie usw. eine günstige Darstellung und Beurteilung zu erhalten." Über ihre Einstellung zum Nationalsozialismus kommt der Bericht zu folgendem Schluß:

„Wenn auch offene Staatsfeindlichkeiten der Frau Klein bisher nicht bekannt wurden, so ist doch zu sagen, daß sie auf Grund ihrer weltanschaulichen Einstellung dem Nationalsozialismus durchaus nicht positiv gegenübersteht. Bestärkt wird diese Annahme durch Meldungen einer Vertrauensperson, die wiederholt Gelegenheit hatte, Frau Dr. Klein abfällig und zynisch über Maßnahmen der Regierung im engeren Kreise Gleichgesinnter sprechen zu hören."[49]

[47] Letztes Aktenstück in dieser Hinsicht ist ein handschriftlicher Vermerk im SD-Hauptamt vom 19. Januar 1938. BAD Z/B 1 1005. Vermutlich wurde die Sache Haselbacher im Zuge der Umstrukturierung der Politischen Polizei nach Ernennung Himmlers zum Chef der Deutschen Polizei entzogen. Im Zusammenhang mit dem Funktionstrennungserlaß vom 1. Juli 1937 gingen die gesamten Unterlagen des Gestapa über Freimaurerfragen, also auch über die Anthroposophie, an das SD-Hauptamt. Vgl. Hans Buchheim, a. a. O., S. 62

[48] Vgl. Zweiter Teil, Kap. 6.

[49] Der Präsident des Geheimen Staatspolizeiamtes Sachsen an den Politischen Polizeikommandeur des Landes Sachsen, z. Hd. von SS-Sturmbannführer Müller vom 14. August 1936. BAD Z/B 1 1005.

Trotz dieser Einschätzung kam es zu einer zweiten Initiative: die vom Gestapa genehmigte Veranstaltung einer öffentlichen Vortragsreihe am 13. Dezember 1936 unter dem Titel: „Methoden und Ergebnisse der Geisteswissenschaft Rudolf Steiners", zu der Bartsch, Klein und Heidenreich die Vertreter vom Gestapa, Karl Haselbacher, und des SD, Theodor Christensen, persönlich einluden.[50] Gerbert Grohmann, Alfred Heidenreich, Ehrenfried Pfeiffer und Elisabeth Klein hielten die Vorträge im Meistersaal, Köthener-Str. 38, Berlin. Bartschs Vorschlag, Hermann Poppelbaum über den wissenschaftlichen Aspekt (Erkenntnistheorie) sprechen zu lassen, wurde von Haselbacher abgelehnt.[51] Für den künstlerischen Teil war ursprünglich die im Zusammenhang mit Göring erwähnte Kammersängerin Martha Fuchs vorgesehen, die jedoch absagen mußte.

Haselbacher kam nicht zu dieser Veranstaltung. Eickhoff verfaßte einen Bericht für ihn, der sein Bemühen spiegelt, der Anthroposophie einen Freiraum im NS-Staat zu schaffen. So beginnt er seinen Bericht mit den Worten: „Da ich mich im gewissen Umfange immer noch geistig mit verantwortlich fühle für die Wiederzulassung von Arbeiten auf dem Arbeitsgebiete Rudolf S t e i n e r s (also der früheren Anthroposophen) [...] habe ich drei von den Vorträgen mir angehört und zwar Dr. G. G r o h m a n n: „Goethes anschauende Urteilskraft", Dr. A. H e i d e n r e i c h: „Naturverstehen und Naturreligion in vorgeschichtlicher Zeit," E. P f e i f f e r: „Vom Naturverstehen zur Geisteserkenntnis". Eickhoff unterstrich, daß er an den Ausführungen der Redner nichts von Geheimwissenschaft oder Mystik gefunden hätte, auch die Gedankengänge der Philosophie der Freiheit von Steiner, wie sie von Pfeiffer referiert wurden, hätten nichts Bedenkliches. Eickhoff schloß mit den Worten:

> „Nach allem glaube ich mit gutem Gewissen das Urteil abgeben zu können, daß diese Veranstaltung nicht im geringsten irgendwie für den nat. soz. Staat, sein Denken und seine Anschauungen abträglich war. Ich kann mir sogar vorstellen, daß wenn man dafür Zeit hätte, eine eingehende Auseinandersetzung mit diesen Leuten unter Umständen für den Nationalsozialismus irgendwelche Vorteile bringen könnte. In dem Vorraum des Meistersaals lagen die beiden bisher wieder zugelassenen Werke Rudolf Steiners zum Verkauf aus."[52]

Dieses Engagement verdient es, hervorgehoben zu werden. Um so mehr, als es Eickhoff nicht dabei beließ, wie sich bald zeigte.

Die Veranstaltung war nicht, wie geplant, der Beginn einer Reihe ähnlicher Ereignisse. Sie war die letzte öffentliche Vortragsveranstaltung von Anthropo-

[50] Bartsch an Obersturmführer Christensen vom 19. 11. 1936. BAD Z/B 1 901, und folgenden Bericht von Eickhoff. Klein hielt ebenfalls ihren Vortrag über „Goethes Geistesart in der Pädagogik Rudolf Steiners", der später bei Emil Weise in Buchform erschien.

[51] Bartsch an Haselbacher vom 18. Oktober 1936. BAD Z/B 1 1005. Handschriftl. Vermerk bei Dr. Poppelbaum: „Nein!" und Schreiben Gestapa an Bartsch vom 24. Oktober 1936. BAD Z/B 1 1005.

[52] Ministerialrat Eickhoff an Regierungsrat Haselbacher vom 19. Dezember 1936. BAD Z/B 1 1005.

sophen im NS-Staat.[53] Sie hatte jedoch, genauso wie der „Studienkreis", eine wichtige Konsequenz für die Literaturfrage, da hier zum ersten Male Professor Alfred Baeumler auftauchte.

Alfred Rosenberg wollte offenbar an den Vorgängen, die die Anthroposophie betrafen, beteiligt bleiben. Er forderte seinen Mitarbeiter Alfred Baeumler auf, sich die Vorträge anzuhören und ihm darüber Bericht zu erstatten.[54] Hier muß es zu dem entscheidenden ersten Kontakt gekommen sein. Als sich Eickhoff Mitte 1937 wegen der ihm persönlich drohenden Gefahren zurückziehen mußte, wurde Baeumler – neben Otto Ohlendorf – zum „Vertreter" der anthroposophischen Sache. Seine Gutachten halfen den Waldorfschulen in Dresden und Hamburg-Wandsbek, zeitweilig zu überleben, und ermöglichten die Wiederzulassung einer ganzen Reihe von Werken Rudolf Steiners.

Eine Folge der Verhandlungen für Elisabeth Klein war, daß sich das Berliner Kollegium im Juni 1936 von ihrer Verhandlungsführung lossagte, da es bei ihr eine zu große Kompromißbereitschaft vermutete:

> „Wir bitten sie davon Kenntnis zu nehmen, dass wir von jetzt ab mit weiteren Initiativen und Unternehmungen von Frau Dr. Klein nichts mehr zu tun haben, [...].
>
> Jede Orientierung der Behörden über Rudolf Steiner und sein Werk ist selbstverständlich wertvoll. Jede Teil-Erlaubnis verwischt den geistigen Charakter der Gesamt-Situation. Sie schafft unklare Zustände, wo einheitliche Klarheit der Gesamtlage – und sei diese noch so tragisch – auf jeden Fall geistig notwendig ist."[55]

Für das Berliner Kollegium hieß das, alle Wiederzulassungsbestrebungen fallenzulassen, da von den Machthabern letztlich nur Teilkonzessionen erwartet werden konnten. Die Berliner Schule schloß im Sommer 1937.

Klein selbst äußerte sich im April 1937 anläßlich einer Versammlung von Anthroposophen in den Räumen der Düsseldorfer Christengemeinschaft mit folgenden Worten über ihre damaligen Intentionen:

> „Zwei Erwägungen brachten mich zu dieser Arbeit:
>
> 1. Es lebt die Überzeugung in mir, es wäre das größte Unglück für Deutschland, wenn die Anthroposophie sich nicht in Deutschland ausleben könnte.
>
> 2. Ich konnte mir nicht vorstellen, daß es einen Menschen gibt, in dem nicht die Geisteswissenschaft schlummert, und der nicht wenn er sie kennenlernt in objektiver Weise, wirkliches Interesse für sie bekommen mußte [...]."[56]

[53] Allerdings gab es den Angaben von Monica von Miltiz zufolge eine Eurythmieaufführung im Jahre 1940 in Dresden. Monica von Miltiz an Fritz Götte 1968. PA Christoph Lindenberg.

[54] NSDAP, Reichsleitung, der Beauftragte des Führers für die gesamte geistige und weltanschauliche Erziehung der NSDAP, der Stabsleiter an Baeumler vom 30. November 1936. BA-NS 15-301-58228. Veröffentlicht bei A. Wagner, Beiträge, NS-Dokumentation, Bd. 2, Rendsburg 1991, S. 63.

[55] Rudolf Steiner Schule Berlin an die Freie Waldorfschule Stuttgart vom 20. Juni 1936. Archiv Bund der Waldorfschulen 4.3.166.

[56] Ausführungen von Frau Klein, Dresden, über ihre Berliner Arbeit, vor etwa 40–50 Anthroposophen in Düsseldorf, vom 6. April 1937. PA Christoph Lindenberg.

Die späteren Zeugnisse von Nationalsozialisten, mit denen Klein in dieser Zeit in Kontakt kam, sind im Sinne ihrer eigenen Charakterisierung: Alfred Leitgen betonte, „daß bei allen Besuchen Frau Klein nie auch nur den leisesten Versuch machte, sich irgendwie dem Nationalsozialismus einzufügen oder anzupassen".[57] Lotar Eickhoff erlebte sie als eine Persönlichkeit, die bereit war, gewisse Auflagen zu erfüllen, „daß es aber stets eine Grenze für sie gab, wo jedes Nachgeben für sie aufhörte. Das war eben die anthroposophische Grundhaltung und ihre Erkenntnisse und vor allem die Person Dr. Rudolf Steiners."[58] Von den in den kommenden Jahren entscheidenden nationalsozialistischen Verhandlungspartnern liegen Zeugnisse von Otto Ohlendorf (SD-Hauptamt) und Heinrich Gruber (Propagandaministerium) vor. Ohlendorf betonte: „Es ist mir in vielen Gesprächen niemals gelungen, ihr auch nur irgendwo eine Bejahung der nationalsozialistischen Grundüberzeugung abzugewinnen."[59] Heinrich Gruber bemerkte: „Sie verleugnete ihre Anschauungen niemals."[60] Klein hat sich im Hinblick auf den Nationalsozialismus einigen Illusionen hingegeben. Sie hielt ihn für veränder- oder verbesserbar. Man kann diese Illusionen vielleicht dadurch erklären, daß sie hauptsächlich mit kultivierten Nationalsozialisten zu tun hatte, und auch dadurch, daß sie sich nicht intensiv mit politischen Fragen befaßte. Sie scheint sich nicht um diese Frage gekümmert zu haben. Ihr Anliegen war es, aus der Begegnung mit mit Macht ausgestatteten Menschen in den Behörden, und aus deren Verständnis für „ihre" Sache, Hilfen zu gewinnen.

Die Gruppe der verhandelnden Anthroposophen ging zunächst einmal auseinander. Erhard Bartsch widmete sich der Gründung seines „Studienkreises" und der weiteren Arbeit im Reichsverband für biologisch-dynamische Wirtschaftsweise. Elisabeth Klein konzentrierte sich auf die „Literaturfrage" und die Zulassung der Waldorfschulen als Versuchsschulen. Alfred Heidenreich widmete sich seinen Aufgaben in der Christengemeinschaft.

[57] Erklärung von Alfred Leitgen vom 20. Juli 1970. Archiv am Goetheanum.
[58] Erklärung von Lotar Eickhoff vom 18. Mai 1970. Archiv am Goetheanum.
[59] Otto Ohlendorf, Eidesstattliche Erklärung bezüglich seines Verhältnisses zu den Anthroposophen. Landsberg, o. J. (1950?), S. 4. PA Irmtraut Volpert.
[60] Erklärung Heinrich Grubers vom 24. August 1970. Archiv am Goetheanum.

2. Eickhoffs Versuch, den Schwerpunkt der Verhandlungen ins Innenministerium zu verlagern. Baeumlers Gutachten über die Waldorfschulen Hess' Eintreten für die Waldorfschulen (Der Glasglockenversuch)

Vorbemerkung

Die im folgenden geschilderten Geschehnisse reichen bis zum Kriegsbeginn im September 1939. Parallel verliefen die Vorgänge um die Literatur- und Logenfrage, die im nächsten Kapitel behandelt werden. Beide hingen miteinander zusammen, was sichtbar an der Rolle wird, die Lotar Eickhoff noch 1937 und – ab 1938 – Otto Ohlendorf spielten. Eine zentrale Bedeutung gewann in dieser Phase die Persönlichkeit von Alfred Baeumler im Amt Rosenberg. Ansonsten beschäftigten die Waldorfschulen aber andere Partei- und Regierungsstellen als diejenigen, die die Frage der Wiederzulassung von Steiners Werken zu behandeln hatten.

Die Entscheidungen der Kollegien über die „Wiederkonzessionierung"

Das Jahr 1936 war das eigentliche Entscheidungsjahr für die Kollegien der Waldorfschulen. Es ist daher auch das Jahr der inneren Krisen im Bunde, da die unterschiedlichen Vorstellungen über das Verhalten gegenüber den nationalsozialistischen Behörden zu Differenzen führten.

Trotz der Schüleraufnahmesperre Rusts vom 12. März 1936 machten sich Klein und Maikowski, unterstützt von Lotar Eickhoff, weiterhin Hoffnungen. Sie meinten, daß es sich um eine vorübergehende Maßnahme handele, die nach Klärung aller Aspekte wieder aufgehoben werden könne. Dazu kam, daß das Reichsinnenministerium am 31. März bestätigte, daß die für den Schulbetrieb erforderlichen Bücher freigegeben wären und auch „aus allgemein-polizeilichen Gründen zur Zeit keine Veranlassung [bestehe], gegen den Betrieb der Waldorfschulen einzuschreiten [...]."[61]

Als Mißverständnis erwies sich eine Unterredung, die auf Drängen Eickhoffs am 18. Juni 1936 zwischen dem Ministerialdirigenten Frank und Klein und Maikowski stattfand, wo zum ersten Male die Frage der Weiterführung der Waldorfschulen als Versuchsschulen deutlich angesprochen wurde. Schul-

[61] Der Reichs- und Preußische Minister des Innern an R. Maikowski (?) vom 31. März 1936. Gez. Grauert. Archiv Bund der Waldorfschulen 4.3.135.

rat Thies berichtete, daß Frank dazu keine Stellungnahme abgegeben und dem Bunde der Waldorfschulen anheimgestellt habe, „entsprechende Anträge auf dem Dienstwege vorzulegen".[62]

Welcher Art diese Anträge sein sollten, darüber waren sich die Gesprächspartner im nachhinein uneinig. Frank erwartete offenbar Anträge auf Zulassung der Waldorfschulen als staatliche Versuchsschulen. Unter diesem Vorzeichen begannen bald darauf auch die Diskussionen im Bund der Waldorfschulen. Die später folgenden Anträge lauteten jedoch vorwiegend auf „Wiederkonzessionierung". Die Lage war verwirrt, denn außerdem waren Klein und Maikowski in dieser Unterredung irrtümlich der Meinung, daß die Schüleraufnahmesperre formal mit dem Verbot der Gesellschaft begründet worden sei und daß dabei eine „weltanschauliche" Stellungnahme des NSLB, und zwar von Stricker, Amtsleiter des Amtes für Erzieher und stellvertretender Reichsleiter, ausschlaggebend gewesen sei.[63] Letzteres mag der Fall gewesen sein, wird in den vorliegenden Unterlagen jedoch nicht bestätigt. Heydrich hatte diesen Zusammenhang ausdrücklich zurückgewiesen.

Diese Fehleinschätzung der Lage durch Klein und Maikowski war um so folgenreicher, als das Gespräch mit Frank zum Ausgangspunkt von monatelangen aufreibenden internen Kollegiumsverhandlungen über die Abfassung entsprechender Anträge an das Erziehungsministerium wurde. Die Kernfragen waren:

1. Für welche Schulen sollte der Antrag gestellt werden?
2. Welche Bedingungen sollten an eine Versuchsschule geknüpft sein?

Maikowski hatte aus den Antworten Franks herausgehört, daß von einem Antrag für die Stuttgarter Schule in Anbetracht der Einstellung Mergenthalers abgesehen werden solle und daß die Absicht bestehe, eventuell zugelassene Versuchsschulen direkt dem Ministerium zu unterstellen.

Wie das Vorhaben „Versuchsschule" seitens des Vorstands am Goetheanum beurteilt wurde, geht aus Tagebuchnotizen Steffens hervor. Elisabeth Klein hatte sich am 18. April 1936, also mitten in der Vorbereitungszeit zu der Verhandlung vom 5. Mai, in Dornach eingefunden. Steffen erschien es wichtig, daß die Waldorfschulen der Kinder wegen so lange wie möglich nicht selbst

[62] Erziehungsministerium. Vermerk von Thies vom 23. Juni 1936. BAP R 4901 – 3285.

[63] Vgl. Leitung des Bundes der Waldorfschulen an Herrn Stricker, Amt für Erzieher im NSLB, Bayreuth, vom 8. Mai 1936 und an Herrn Gauleiter Wächtler, vom 8. Mai 1936. Beide Archiv Bund der Waldorfschulen 4.3.155 und 154. Wächtler war nach dem Unfalltod Schemms Reichsleiter des NSLB geworden. Eine solche Stellungnahme ist in den vorliegenden Akten des Erziehungsministeriums nicht enthalten. Der NSLB war eine Parteiorganisation, auf die Hess unmittelbar Einfluß nehmen konnte. Das tat er denn auch 1937. Im März und April 1936 aber war Hess nicht zu erreichen. Heidenreich berichtete, daß Klein in Bayreuth Ende März die Auskunft erhalten habe, daß der NSLB sich nicht speziell gegen die Waldorfschulen, sondern gegen alle Privatschulen richte. Alfred Heidenreich an Friedrich Rittelmeyer vom 1. April 1936. PA Christoph Lindenberg.

schließen sollten. Das hieß für Steffen, solange man nicht gezwungen war, Steiner zu verleugnen. In seinen Aufzeichnungen notierte er:

„Wenn man völlig frei den Unterricht einrichten kann, auch innerhalb eines unfreien Geisteslebens, wie es das gegenwärtige ist, so kann man ja den Versuch machen. Die Behörden werden einschreiten, und dann ist man gezwungen, keine Kompromisse zu machen.“[64]

Steffen war sich also der Schwierigkeiten durchaus bewußt, und ihm erschien es von großer Bedeutung, daß die eventuelle Schließung der Schulen klar als das Ergebnis von behördlichen Zwangsmaßnahmen gegen die pädagogische Gestaltungsfreiheit erkennbar sein sollte. Diese Ansicht notierte Steffen während des Gesprächs und gab sie Elisabeth Klein erst zur Kenntnis, nachdem auch Marie Steiner und Guenther Wachsmuth seine Formulierung gesehen hatten. Steffen vermerkte im übrigen auch, daß er unter Versuchsschule nicht eine „staatliche“ Versuchsschule verstand.

Als zentraler Punkt erwies sich bald die Frage, ob und wie die Stuttgarter Mutterschule berücksichtigt werden sollte. Der Bund der Waldorfschulen richtete an das Erziehungsministerium die Bitte, Gelegenheit geben zu wollen, „in einem nochmaligen Versuch die Erziehungsmethode der auf der Pädagogik Rudolf Steiners begründeten Waldorfschulen in ihrer besonderen Eigenart vorzuführen“.[65]

Dabei war die Stuttgarter Schule eigentlich nicht wegzudenken. So äußerte sich auch das Kasseler Kollegium schon im Juni:

„In allererster Linie soll der Bund der Waldorfschulen für die Stuttgarter Schule als erste Versuchsschule eintreten [...]. Könnten alle Schulen diesen Vorschlag unterstützen, so sähen wir darinnen nicht eine Erhaltung der Stuttgarter Schule als solcher oder als Einzelschule, sondern die beste Möglichkeit der richtigen Weiterführung der Erziehungskunst Rudolf Steiners für die Zukunft.“[66]

Das Stuttgarter Kollegium machte einen entsprechenden Entwurf, der aber nach Meinung Maikowskis der Regierung so wenig entgegenkam, daß er darin „das ziemlich sichere Ende aller Schulen“ sah und es ihm daher nicht als berechtigt erschien, „alles in der Weiterführung der Pädagogik Rudolf Steiners in dem alleinigen Hinblick zur Stuttgarter Schule auf eine Karte zu setzen [...].“[67] Emil Kühn, dem nach Molts Tod die Leitung des Waldorfschulvereins übertra-

[64] Tagebuchaufzeichnungen vom 18. April 1936. Archiv Albert Steffen Stiftung.
[65] Bund der Waldorfschulen an Erziehungsministerium vom 21. September 1936. Entwurf. Archiv Bund der Waldorfschulen 4.3.206.
[66] Freie Waldorfschule Kassel an die Lehrerschaft der Waldorfschule vom 28. Juni 1936. 13 Unterschriften. Archiv Bund der Waldorfschulen 4.3.169.
[67] Entwurf des Stuttgarter Kollegiums vom 21. September 1936 und Antwort Maikowskis vom 23. September 1936. Archiv Bund der Waldorfschulen 4.3.205 und 4.3.207.

gen worden war, entwarf einen vermittelnden Text.[68] Aber auch dieser war nicht konsensfähig.

Nachdem im September in Kassel Vorbesprechungen stattgefunden hatten, in denen sich die Vertreter der Kollegien auf einen gemeinsamen Antrag geeinigt hatten, trafen sie sich nochmals am 3. und 4. Oktober 1936 in Berlin, wo der Text dann festgelegt wurde.[69]

Maikowski meinte, daß die Gespräche „eine prinzipielle Einmütigkeit in der Frage, welche innere Haltung für die Weiterführung der Schulbewegung einzunehmen sei", ergeben hätten. Unterschiedliche Auffassungen bestünden nur über die Haltung des Staates. Die Vertretung der Schulbewegung durch Klein und Maikowski wurde aber heftig kritisiert. Das war schon durch das Berliner Kollegium gegenüber Klein im Juni zum Ausdruck gekommen.[70] Maikowski erklärte, die vorliegende Aktion mit Bothmer durchführen zu wollen, aber sich dann aus der Vertretung des Bundes zurückzuziehen, da er sein Wirken in freier Initiative nicht von Vorgaben aus Vertreterversammlungen eingeschränkt wissen wollte.[71] Bothmer und Uehli vom Stuttgarter Kollegium hatten noch in Kassel ihr Einverständnis erklärt, an der Bundesleitung mitzuwirken.

Die dort erzielte Einigkeit war jedoch nicht von Dauer. Das Stuttgarter Kollegium bekam Kenntnis eines Vorganges, der sich während der Pausen in den Kasseler Verhandlungen abgespielt hatte: dort hatten sich nämlich die Vertreter der Schulen Hannover, Wandsbek und Dresden abgesprochen, entgegen der Vereinbarung im Plenum für jede ihrer Schulen Einzeleingaben zu machen, was auch geschah: Im Oktober stellten Hannover und Dresden Anträge auf Wiederkonzessionierung, Wandsbek auf Weiterführung ihrer Schule.[72] Maikowski bat im Nachhinein um Verständnis für diesen Schritt.[73] Aber das

[68] Emil Kühn an Graf Fritz von Bothmer vom 24. September 1936. Archiv Bund der Waldorfschulen 4.3.209.

[69] Bund der Waldorfschulen an den Reichs- und Preußischen Minister für Wissenschaft, Erziehung und Volksbildung vom 17. Oktober 1936. Archiv Bund der Waldorfschulen 4.3.245. Vgl. Bund der Waldorfschulen, René Maikowski: Zusammenfassender Bericht vom 6. Oktober 1936. Archiv Bund der Waldorfschulen 4.3.235.

[70] Vgl. Zweiter Teil, Kap. 1: Abschließende Bemerkungen.

[71] Gegenüber den Behörden blieb er bis 1939 tätig, ab April 1938 im wesentlichen nur für die Waldorfschule Hannover.

[72] Freie Waldorfschule Hannover an Erziehungsministerium vom 17. Oktober 1936, Freie Goetheschule Wandsbek an Erziehungsministerium vom 30. Oktober 1936, Rudolf Steiner Schule Dresden an Erziehungsministerium vom 31. Oktober 1936. Alle BAP R 4901–3285

[73] „[...] Diese Schulen machen ihre Eingaben nicht, um ihre Schulen zu erhalten, sie wären durchaus bereit, diese Schulen zu schließen, wenn damit die uneingeschränkte Erhaltung der Stuttgarter Schule gewährleistet wäre [...]. Wir halten es jedoch mit der Verantwortung, die wir an der Entwicklung des geistigen Lebens in Deutschland tragen, unvereinbar, nicht alles zu tun, um einen gewissen Lebensraum zu erhalten [...]." Maikowski an das Kollegium der Waldorfschule Stuttgart vom 29. Oktober 1936. Archiv Bund der Waldorfschulen 4.3.258.

konnte die Vertrauenserosion nicht aufhalten. Stuttgart mußte sich übergangen fühlen. Im Dezember löste sich auch dieses Kollegium von der Vertretung durch Maikowski und Klein: „[...] Wir billigen voll und ganz den Austritt der Herren Graf von Bothmer und Ernst Uehli aus der Bundesleitung und erklären im Zusammenhang damit, daß wir unsere Angelegenheiten weder durch Sie noch durch Frau Dr. Klein in einer Weise bei den Behörden und überhaupt vertreten sehen, wie wir dies aus unserer eigenen Haltung und Gesinnung der Pädagogik Rudolf Steiners gegenüber verantworten können. Wir verzichten darauf, uns von Ihnen und Frau Dr. Klein weiterhin offiziell vertreten zu lassen [...].“[74]

Dazu kam, daß Frank im Erziehungsministerium verlautbaren ließ, er wäre am 18. Juni vollkommen falsch verstanden worden. Diese Eingaben hätte er nicht erwartet. Tatsächlich war in keinem Antrag das Wort „Versuchsschule“ zu lesen. Anträge auf „Wiederkonzessionierung“ waren unsinnig, da Rusts raffinierte Schüleraufnahmesperre ja – formal gesehen – nicht die Schließung beinhaltete. Weitere Gespräche lehnte er ab.[75] Schließlich erhielt Maikowski aus dem Ministerium im November die folgende lakonische Mitteilung: „Nach dem bisherigen Stande der Angelegenheit kann mit der Weiterführung der Waldorfschule in Hannover nicht gerechnet werden.“[76]

Von den acht Schulen hatten sich zu diesem Zeitpunkt drei eindeutig von der bisherigen Verhandlungsführung gelöst: Altona, Berlin und Stuttgart. Zwei weitere, Kassel und Breslau, hatten sich Stuttgart angeschlossen. Hannover hatte von den Behörden schließlich eine klare Absage erhalten. Blieben noch Wandsbek und Dresden.

Was Wandsbek betraf, so erstellte Thies hier den einzigen positiven Bericht über eine Waldorfschule. Dieser war auf eine Stellungnahme des Schulrates Scheer aus Wandsbek zurückzuführen. Scheer suchte den Ministerialdirigenten Frank im Dezember des Jahres auf und betonte, daß an der Freien Goethe Schule „jeder Zeit gute Unterrichtsarbeit geleistet“ worden sei.

Thies besichtigte die Wandsbeker Schule zusammen mit Scheer und Viernow am 5. und 6. Januar 1937. Sein Bericht ist der einzige vorliegende positive Besichtigungsbericht einer Schulbehörde der NS-Zeit über eine Waldorfschule. Während Viernow als Vertreter des NSLB betonte, daß nach seinem Eindruck die Freie Goethe Schule vom „nationalsozialistischen Geiste unberührt geblieben“ sei (nur ein kleines Hitlerbild im Lehrerzimmer neben einem großen von Rudolf Steiner), meinte Thies: „Die Einstellung zum nationalso-

[74] Waldorfschule Stuttgart an die Lehrerschaft der Waldorfschulen vom 7. Dezember 1936. Archiv Bund der Waldorfschulen 4.3.304. Ähnlich äußerte sich die Berliner Lehrerschaft gegenüber Maikowski am 21. Dezember 1936. Archiv Bund der Waldorfschulen 4.3.311.

[75] Maikowski an die Leitung des Bundes der Waldorfschulen, vom 7. November 1936. Archiv Bund der Waldorfschulen 4.3.272.

[76] Regierungspräsident Hannover an die Freie Waldorfschule vom 19. November 1936. Archiv Bund der Waldorfschulen 4.3.283.

zialistischen Staat ist schwer festzustellen. Verstöße sind nicht beobachtet worden, aber man merkt auch wenig von einer freudigen Bereitschaft [...].“ Thies hielt sich also in bezug auf die politische bzw. weltanschauliche Beurteilung ausgesprochen zurück. Dadurch erhielt der Bericht den Anstrich eines fast normalen Besichtigungsberichtes mit negativen und positiven Beobachtungen im Schulischen. Thies war von zwei Aspekten besonders beeindruckt: Gebäude, Klassen, Werkräume, Festsaal usw. bezeichnete er als Räumlichkeiten, die bieten, „was zur höchsten Vollkommenheit äußerer Schuleinrichtungen gehört“. Zweitens, das „erfreuliche“ Vertrauensverhältnis zwischen Lehrern und Schülern, das im „freundlichen freien Benehmen der Schüler, sowie in deren Zuvorkommenheit und Diszipliniertheit zum Ausdruck kommt“. Diese Beobachtung veranlaßte ihn zu dem Schluß, daß die Lehrkräfte zweifellos bessere Erzieher als Methodiker seien.[77]

Thies war nach einer Unterredung mit Lotar Eickhoff im Juni 1936 der Meinung, daß Hess auf die Umwandlung von einer Waldorfschule in eine Versuchsschule drängte und empfahl in einem Vermerk vom Dezember 1936 die Wandsbeker Schule als die „geeignetste“.[78] Davon wußten die anthroposophischen Verhandlungspartner natürlich nichts.

Für den „Glasglockenversuch“, wie das Vorhaben „Versuchsschule“ unter den Lehrern genannt wurde, setzten sich Maikowski und – in erster Linie – Klein weiterhin ein. Klein verfolgte damit hartnäckig eine „Überlebensstrategie“ für die Dresdner Schule. Nicht zuletzt hatten die Verhandlungen mit dem Gestapa, dem SD und Reichsinnenministerium im Mai Anlaß zu Hoffnungen gegeben. Während Hess in diesen Maiverhandlungen praktisch keine Rolle spielte und er auch vorher seinen Einfluß im wesentlichen nur für den Erhalt der biologisch-dynamischen Wirtschaftsweise geltend gemacht hatte, gewann sein Verhalten in den kommenden Jahren eine erhebliche Bedeutung sowohl für die Waldorfschulen als auch für die Literaturfrage. Überleben im Schutze von Hess bedeutete aber für viele Kollegien die Gefahr der Trennung der praktisch-anthroposophischen Tätigkeit von ihrer Grundlage. Das wurde als „Raubbau“ des Nationalsozialismus an der Anthroposophie angesprochen. In zunehmendem Maße wurde die Überlebensfrage nicht eine praktische oder pragmatische, sondern eine moralische. Das hieß für diese Richtung: die Schulen schließen bzw. schließen lassen und die Bereitschaft, sich für diese Pädagogik einzusetzen, nur innerlich zu pflegen, bis die äußeren Verhältnisse eine praktische Fortsetzung wieder zulassen würden. Und in der Tat wurden bald nach Kriegsende über zwanzig Waldorfschulen in Deutschland wiedereröffnet oder neu gegründet. Viele Anthroposophen hatten dem Nationalsozialismus

[77] Viernow. Reisebericht vom 8. Januar 1937. Thies: Reisebericht vom 10. Januar 1937. Beide BAP R 4901–3285.

[78] Erziehungsministerium. Vermerke von Thies vom 17. Juni und 19. Dezember 1936. BAP R 4901–3285. Ob Thies Eickhoff mißverstanden hatte oder Eickhoff tatsächlich nur von einer Schule sprach, muß dahingestellt bleiben. Später ist von 2 – 3 Schulen die Rede.

schon in dieser Zeit keine lange Lebensdauer gegeben und sich für die Zeit danach bereitgehalten.

In diesem Sinne trafen die Berliner und die Hannoversche Schule im Sommer ihre Entscheidung.

Mitte 1937 entschloß sich das hannoversche Kollegium zu diesem Schritt, von René Maikowski unterschrieben:

„[...] Die Freie Waldorfschule in Hannover kann unter diesen Umständen im nächsten Jahre nicht so weitergeführt werden, daß die aus ihrem Lehrplan sich ergebenden pädagogischen Erfordernisse noch wirklich erfüllt werden können. Wir sehen uns genötigt, die Schüler auf die Umschulung in staatliche Anstalten vorzubereiten und damit Arbeitsprinzipien einführen zu müssen, die den Anforderungen einer gesunden Erziehung im Sinne der Pädagogik Rudolf Steiners widersprechen. Das Lehrerkollegium der Freien Waldorfschule in Hannover hält es für seine Pflicht, Namen und Werk Rudolf Steiners nicht mit den dadurch nötig werdenden Kompromissen zu belasten. Es hat daher den Beschluß gefaßt, mit dem heutigen Tage den Namen „Freie Waldorfschule“, der ihr ein Ehrenname und eine Verpflichtung ist, abzulegen und bis zur Schließung der Schule unter dem Namen „Umschulungskurs der ehemaligen Waldorfschule Hannover“ diese Arbeit zu Ende zu führen.

Wir stellen fest, daß die alleinige Verantwortlichkeit für die Zerstörung dieses deutschen Kulturgutes den zuständigen Stellen zur Last fällt.“[79]

Das Berliner Kollegium zog im August 1937 die Konsequenzen aus seiner Einstellung, die es mit folgenden Worten der Waldorfschule Stuttgart mitteilte:

„Hierdurch möchten wir Sie darüber informieren, daß unsere Schule als Rudolf Steiner Schule mit dem heutigen Tage geschlossen wird. Eine wirtschaftliche Nötigung liegt nicht vor, sondern aus inneren Gründen fühlten wir uns zu diesem Schritt verpflichtet und teilten den Eltern und der Behörde mit, daß wir uns zur Schließung der Schule gezwungen sehen, um wahr zu bleiben dem Werk Rudolf Steiners gegenüber. Die Elternschaft hat in einer sehr besuchten Elternversammlung unseren Schritt mit dem richtigen Ernst und Verständnis aufgenommen. Wir bereiten die Kinder zur Aufnahme in andere Schulen vor. Die Umschulung soll Ostern 1938 beendet sein.“[80]

Mit dieser Selbstschließung hatten sich Hannover und Berlin dem Vorgehen Altonas angeschlossen, Kassel entschied ebenso, aber erst im Juni 1938[81], nachdem die durch Elisabeth Klein in Gang gebrachte Bewegung nochmals erfolglos die Hoffnung auf eine Weiterexistenz entfacht hatte.

In Altona, Hannover und Berlin wurden verbleibende Schüler in Umschulungskursen auf den Übergang in öffentliche Schulen vorbereitet. Dem Berliner Kollegium kam dabei der Einfall, einen Antrag auf Genehmigung als „Vor-

[79] René Maikowski für die Freie Waldorfschule Hannover an den Reichsminister für Wissenschaft, Erziehung und Volksbildung vom 9. Juli 1937. StAH HR 16/2325 und BAP R 4901–3285.

[80] Spiegel für die Rudolf Steiner Schule Berlin an die Lehrerschaft der Waldorfschule z. Hd. Graf Bothmer vom 26. August 1937. Archiv Bund der Waldorfschulen 4.3.474.

[81] Vgl. Anlage 4.

bereitungsanstalt für höhere Schulen" zu stellen, um sich damit eine Weiterexistenz zu sichern. Der Antrag wurde abgelehnt.[82]

Lotar Eickhoffs neuer und letzter Versuch

Eickhoffs Bestrebungen bekamen unter dem Einfluß von Hess eine andere Tendenz. Im Frühjahr 1936 konnte man den Eindruck einer Persönlichkeit haben, die aus einer Beziehung zur Anthroposophie für diese eintrat: es ging ihm offenbar wirklich um eine Wiederzulassung der anthroposophischen Arbeit in Deutschland. Dieser Gesichtspunkt verschwand zwar nicht, trat aber gegenüber einem anderen zurück: Die Waldorfschulen sollten als staatliche oder als anerkannte private Versuchsschulen weiterexistieren, damit das, was an ihnen brauchbar sei, dem Nationalsozialismus erhalten bleibe. Dies glich der Grundeinstellung von Rudolf Hess, die für den Erhalt der biologisch-dynamischen Wirtschaftsweise maßgebend war und aus der heraus auch Baeumler seine Gutachten über die Waldorfschulen und das Werk Rudolf Steiners abfassen sollte. Zunächst gelang es Klein durch die Vermittlung Leitgens im März 1937, daß Eickhoff von Hess mit der Abfassung einer Denkschrift über die Anthroposophie, die Waldorfschulen usw. beauftragt wurde.

Eickhoff machte über die damaligen Vorgänge aus guten Gründen dienstliche Vermerke, die so abgefaßt wurden, daß er für eventuell eintretende Schwierigkeiten – und sie traten ein – abgesichert war. Das war schon deshalb notwendig, weil er fast fünf Monate auf eine schriftliche Bestätigung seiner angeblichen Beauftragung durch Hess warten mußte. Als diese eintraf, war er schon zu weit gegangen.

Die Komplexität der Lage wird schon aus dem ersten alle Aspekte umfassenden Vermerk Eickhoffs vom 2. März 1937 deutlich:

„1.) Vermerk: Vom Stab des Stellvertreters des Führers ruft Pg. L e i t g e n aus München an. Er wiederholt zunächst nochmals die Auftragserteilung des Stellvertreters des Führers im ausdrücklichen Einvernehmen mit dem Reichsführer SS an mich. Beim RFSS ist Gruppenführer W o l f f über die Angelegenheit in Kenntnis gesetzt. Nach Ansicht Pg. Leitgens genüge die Berufung auf diesen Auftrag, um alle bürokratischen Hindernisse zu überwinden.

Zum Inhalt des Auftrags führt Pg. Leitgen aus: Es komme dem Reichsminister H e s s der den Gesamtkomplex ja nur aus dem Gesichtspunkt der biologisch-dynamischen Wirtschaftsweise kenne, auf die abschließende begründete Stellungnahme darüber an, ob sich in der Anthroposophie bzw. in den Anthroposophen etwa eine abgesonderte Weltanschauung bilde mit dem Ergebnis eines Staates im Staate, oder ob es sich um eine mit der nat. soz. Weltanschauung und dem nat. soz. Staate in jeder Beziehung zu vereinbarende wissenschaftliche Arbeit oder Erkenntnis handle. Auch der Stellvertreter des Führers ist der Ansicht, daß, wenn man einen Teil – wie die biologisch-dynamische Wirtschaftsweise –aufrechterhalten will, man keineswegs sie von ihrer wissenschaftli-

[82] Der Stadtpräsident Reichshauptstadt Berlin an Erziehungsministerium vom 12. März 1938. BAP R 4901 – 3285.

chen Grundlage und ihrem wissenschaftlichen Nachschub, d. h. von der in den Büchern niedergelegten Arbeit Rudolf S t e i n e r s und von den Rudolf Steiner Schulen abschneiden könne. Es sei daher meine Aufgabe, dies zu untersuchen und in begründeter Denkschrift niederzulegen. Die Wahl sei auf mich deswegen getroffen, weil ich als alter Parteigenosse weltanschaulich die nötige Kritik haben werde und auch mit der Sache selbst schon befaßt gewesen bin.

Hinsichtlich der schwierigen Lage der Rudolf Steiner Schulen in Dresden usw. bat Pg. Leitgen mich, mich mit dem Reichserziehungsministerium in Verbindung zu setzen und dort eine praktische Zwischenlösung zu erzielen. sobald dies geschehen sei, soll ich der Vertreterin der Rudolf-Steiner-Schulen, Frau Dr. K l e i n, Dresden, einen dahingehenden Zwischenbescheid zukommen lassen, der geeignet ist, in der von ihr geplanten Elternversammlung zur Verlesung gebracht zu werden."[83]

Es ging also, verklausuliert formuliert, um Fragen der anthroposophischen Literatur und die der Waldorfschulen. Schon hier wurde das später entscheidende Argument für die Überprüfung der anthroposophischen Literatur erwähnt: Man könne die praktischen Einrichtungen (Landwirtschaft und Waldorfschulen) nicht von ihrer wissenschaftlichen Grundlage bzw. von ihrem wissenschaftlichen „Nachschub", den Büchern, trennen.

Des weiteren wird deutlich, daß Eickhoff sich auf Leitgen stützte, der angeblich für Hess sprach, um im Erziehungsministerium eine „praktische Zwischenlösung" für die Waldorfschulen zu erreichen. Der dortige Staatssekretär Zschintsch, von dem Eickhoff in Gegenwart von Ministerialdirigent Frank empfangen wurde, wollte aber von einer Änderung der Schüleraufnahmesperre ohne eine schriftliche Anfrage von Hess nichts wissen. Er betonte auch, daß Rust ein „ausgesprochener Gegner der Anthroposophie und ihrer Schulen" wäre,[84] fügte zudem noch – scheinbar begütigend – hinzu, daß seit dem 12. März 1936 nichts Negatives mehr gegen die Schulen getan worden sei. Eickhoff unterstrich, daß die Aufrechterhaltung des Erlasses einen tödlichen Schlag gegen die Schulen bedeute, da er für seine Untersuchungen längere Zeit benötige.[85]

Trotz Zschintschs Absage schrieb Eickhoff an Klein persönlich einen ermutigenden Brief über die Lage, von dem sie gegenüber den besorgten Eltern der Schule Gebrauch machen durfte.

Eickhoff hatte sich in eine riskante Lage begeben:

1. Er bekleidete jetzt eine Stelle im Hauptamt Ordnungspolizei, was ihm ermöglichte, unter dem Briefkopf „Der Reichsführer SS und Chef der Deutschen Polizei im Reichsministerium des Innern"[86] zu schreiben.

[83] Lotar Eickhoff. Vermerk. 2. März 1937. BAD Z/B 1 904.

[84] Eickhoff. Vermerk über die Besprechung bei Staatssekretär Zschintsch vom 2. März 1937.

[85] Ministerialrat Eickhoff an den Stellvertreter des Führers, Reichsminister Rudolf Hess, vom 2. März 1937. BAD Z/B 1 904.

[86] Eickhoff an Leitgen vom 12. Februar 1937, Eickhoff an Hess vom 2. März 1937. Beide BAD Z/B 1 904.

2. Er stützte sich auf ein angebliches Einverständnis, ja auf eine Beauftragung durch Himmler. Diese war von Leitgen über SS-Gruppenführer Wolff, Chef des persönlichen Stabes von Himmler, erreicht worden.[87]

3. Der Innenminister, Wilhelm Frick, hatte sein Einverständnis gegeben.

4. Am 6. März mußte Eickhoff die Vorgänge in einem Schreiben an Himmler erläutern. Darin prägte er den erstaunlichen Terminus „Privatdienstschreiben", mit dem er seine Korrespondenz mit Leitgen und Klein zu rechtfertigen suchte.[88]

Nun mußte Eickhoff sein Vorhaben zurückstellen, da immer noch kein schriftlicher Auftrag von Hess vorlag. Inzwischen blieben aber Haselbacher und Best nicht untätig. Sie informierten im Mai den Stellvertreter des Führers, tatsächlich aber Martin Bormann, über ihre Einschätzung:

„Wenn aber eine Überprüfung in dieser Hinsicht von Ihnen für wünschenswert gehalten wird, halte ich Ministerialrat Eickhoff für die Durchführung einer solchen Überprüfung für befangen, da sich Herr Eickhoff meines Wissens allzusehr von der biologisch-dynamischen Wirtschaftsweise hat bestechen lassen."[89]

Best teilte Eickhoff telefonisch mit, daß Hess seinen Auftrag an ihn zurückziehe. Eickhoff gab sich aber nicht geschlagen und erläuterte anhand seiner Vermerke sein korrektes Vorgehen.[90] Jetzt kam endlich die lang erwartete schriftliche Bestätigung von Hess; sie hatte folgenden Wortlaut:

„Lieber Parteigenosse H i m m l e r !

Aus mir zugegangenem Schriftwechsel zwischen Ihren Stellen und meinem Amt erhalte ich den Eindruck, daß hinsichtlich meiner an Sie gerichteten Bitte, mir einen Gesamtbericht über die bisher getroffenen Feststellungen auf dem Gebiet der Anthroposophie und damit zusammenhängender Fragenkomplexe geben zu lassen, ein Mißver-

[87] Dies erfolgte telefonisch. Wolff aber verfaßte darüber einen Bericht an Heydrich, der zeigt, wie Leitgen das Einverständnis Himmlers erreichte: Er gab vor, daß Hess Eickhoff beauftragt habe, „Nachprüfungen auf dem Gebiet der biologisch-dynamischen Landwirtschaft" anzustellen, und auch wünsche, daß Eickhoff als Beauftragter Himmlers handle. Dazu gab Himmler – nach Wolffs Darstellung – sein mündliches Einverständnis.Leitgen verallgemeinerte Wolff gegenüber die Sache, indem er hinzufügte, daß Hess auf dem Standpunkt stünde, man könne zu der anthroposophischen Lehre stehen wie man wolle, man solle jedoch versuchen, die praktische Verwertbarkeit und die Arbeitsergebnisse dieser Anschauung nach Möglichkeit zu verwirklichen. Damit war die Brücke gebildet zu einer angeblichen Beauftragung Eickhoffs durch Himmler, das gesamte Gebiet der Anthroposophie zu begutachten. Vgl. SS-Gruppenführer Wolff an SS-Gruppenführer Heydrich vom 15. Februar 1937. BAD Z/B 1 1005.

[88] Hauptamt Ordnungspolizei, Ministerialrat Eickhoff an den Reichsführer SS und Chef der deutschen Polizei im Reichsministerium des Innern durch die Hand des Chefs der Ordnungspolizei, General Daluege, vom 6. März 1937. BAD Z/B 1 904. Daluege notierte am Rande: „Ich halte die Ausführung solcher Arbeiten [...] für unmöglich". Der Terminus „Privatdienstschreiben" charakterisierte ja wirklich Eickhoffs Vorgehen: Er nutzte seine Dienststelle für sein privates Interesse.

[89] Der Reichsführer SS an den Stellvertreter des Führers, z. Hd. von Reichsleiter Bormann. Abgez. Best vom 2. April 1937. BAD Z/B 1 904. Letztlich geht das Schreiben in etwas veränderter Form erst am 7. Mai an Bormann. BAD Z/B 1 904.

[90] Hauptamt Ordnungspolizei, Ministerialrat Eickhoff an SS-Oberführer Dr. Best, Gestapa, vom 13. Mai 1937. BAD Z/B 1 904.

ständnis aufgekommen ist. Ich wiederhole daher meinen schon mündlich geäußerten Wunsch: Beauftragen Sie den Pg. Eickhoff, für mich alles zusammenzustellen, was über die bezeichneten Gebiete ihm dienstlich und außerdienstlich zur Kenntnis gekommen ist, sowohl in positiver wie in negativer Hinsicht. Heil Hitler!
Ihr gez. R. Hess."[91]

Himmler kam diesem Wunsch nicht nach. In einer handschriftlichen Notiz für SS-Oberführer Dr. Best hieß es: „Auf Anweisung des RFSS ist Min. Rat. Eickhoff zur Verantwortung zu ziehen, wie er solche Dinge ohne Stellungnahme des RFSS dazu herausgibt. RFSS wünscht, daß sich E. einmal hierzu verantwortet."[92]

Damit war dieser Versuch Eickhoffs, die anthroposophische Sache aus dem Bereich Himmlers und Heydrichs herauszuziehen, gescheitert. Auch wenn er noch im November auf Aufforderung von Hess an der Besichtigung der Dresdner Schule teilnahm, blieben ihm im wesentlichen die Hände gebunden. Frick ernannte ihn 1938 (Bestallung vom 7. September 1938) zum Regierungspräsidenten in Aurich.[93]

Über diese Vorgänge berichtete Elisabeth Klein im April 1937, also zu einem Zeitpunkt, der Optimismus zuließ, den in den Räumen der Christengemeinschaft Düsseldorf versammelten Anthroposophen.[94]

Die Unterstützung der Dresdner Waldorfschule durch Rudolf Hess

Was zunächst wie eine Aktion zugunsten der Waldorfschulen in Deutschland aussah, reduzierte sich im Laufe des Jahres 1937 schließlich auf den Schutz der Waldorfschule Dresden. Daran änderte auch der Vorschlag von Hess nichts, zwei bis drei Versuchsschulen zuzulassen. Daß die Freie Goethe Schule in Wandsbek eine „Gnadenfrist" erhielt, lag nur daran, daß der Wandsbeker Schulrat Scheer bei Thiess im Erziehungsministerium einen positiven Eindruck erwecken konnte. Bei Rust selbst waren die Waldorfschulen längst abgeschrieben, und nur das Drängen aus dem Amt Hess bewog ihn schließlich zu einer minimalen Konzession.

[91] NSDAP. Der Stellvertreter des Führers an den Reichsführer SS Heinrich Himmler vom 11. Juni 1937. BAD Z/B 1 904. Wolff gab am 22. Juni eine Abschrift an Heydrich.

[92] Vermerk vom 11. Mai 1937. Unterschrift unleserlich. BAD Z/B 1 904.

[93] Personalakte Eickhoff, Lotar Karl Wilhelm, BAK R 18/7150.

[94] Ausführungen von Frau Dr. Klein, Dresden, über ihre Berliner Arbeit vor etwa 40 – 50 Anthroposophen in Düsseldorf, 6. April 1937. Ihre Ausführungen schloß sie mit den folgenden Worten über Eickhoff: „Wir dürfen der Prüfung mit Ruhe entgegenblicken. Der Sachbearbeiter ist eine sachliche Persönlichkeit und bemüht sich die Geisteswissenschaft zu prüfen. Sie wird sich die Sache schwer machen. In vier Wochen sollte das fertig sein. Er aber bat sich ein halbes Jahr aus [..]. Das wichtigste ist, daß es gewagt wird [...]." PA Christoph Lindenberg

Rust konnte Hess' Vorgehen nicht länger einfach hinnehmen. Schon in den ersten Monaten des Jahres 1937 hatte Hess über den NSLB Besichtigungsberichte für die Waldorfschulen angefordert, die parallel zu den Rundreisen von Thies lagen. Die von Hess angeforderten Berichte waren allerdings – wie die von Thies – durchweg negativ und kamen zu dem Schluß, daß die Waldorfschulen mit dem Nationalsozialismus unvereinbar seien und keine Umwandlung in Versuchsschulen rechtfertigten. Vom Hauptamt für Erzieher in Bayreuth waren Hess neun durchweg negative Berichte übermittelt worden.[95]

Es folgte eine für die damaligen Verhältnisse doch recht ungewöhnliche Veranstaltung: Hess forderte im Oktober Vertreter der beteiligten Behörden und Parteiämter zu einer gemeinsamen Besichtigung dieser Schulen – konkret: der Rudolf Steiner Schule Dresden – auf. Auch Eickhoff sollte dabei sein, ohne ein Amt zu vertreten. Die Besichtigung war für den 26. November festgelegt. Am 1. November teilte Rust mit, Thies sei unabkömmlich. Schließlich forderte er Hess auf, mit den sächsischen Schulbehörden Kontakt aufzunehmen.[96]

Schließlich kamen die vier Menschen am 26. November 1937 in der Rudolf Steiner Schule Dresden zusammen, von denen – wenn überhaupt – im NS-Staat noch Hilfe für die anthroposophischen Unternehmungen erwartet werden konnte. Es handelte sich um Lotar Eickhoff (keine Amtsvertretung), Alfred Leitgen (Stab des Stellvertreters des Führers), Alfred Baeumler (Leiter des Referates Wissenschaft beim Beauftragten des Führers für die Überwachung der gesamten geistigen und weltanschaulichen Erziehung der NSDAP, d. h. Amt Rosenberg) und Otto Ohlendorf (Sicherheitshauptamt, d. h. SD).

[95] Überliefert sind die Berichte aus Dresden, Januar 1937. Archiv Bund der Waldorfschulen 7.1.017; Stuttgart, Fromman, 12. Mai 1937, IfZ MA 610 – 58157; Breslau, 30. Juni 1937. Archiv Bund der Waldorfschulen 7.1.028; Gauwaltung Schleswig-Holstein über die Freie Goetheschule Wandsbek, vom 9. März 1937, Archiv Bund der Waldorfschulen 7.1.027; Gaufrauenschaftsleiterin über Rudolf Steiner Schule Dresden vom 20. Januar 1937. Archiv Bund der Waldorfschulen 7.1.018; Dresden; Hannover; Wandsbek, Viernow, Reisebericht, 8. Januar 1937. BAP R – 4901–3285. Daß diese Berichte Hess zugegangen waren, geht aus dem Begleitschreiben an Baeumler vom 26. November 1937 hervor, mit dem sie an diesen übermittelt wurden. Stab des Stellvertreters des Führers an Alfred Baeumler vom 26. November 1937. Archiv Bund der Waldorfschulen 7.1.030.

[96] NSDAP Stab des Stellvertreters des Führers an den Reichs- und Preußischen Minister für Wissenschaft, Erziehung und Volksbildung vom 27. Oktober 1937. BAP R 4901 – 3285. Erziehungsministerium an den Stellvertreter des Führers vom 1. November 1937. BAP R 4901–3285. NSDAP Stab des Stellvertreters des Führers an den Reichsführer SS, an das Hauptamt für Erzieher (NSLB), an das Amt Rosenberg und an Ministerialrat Eickhoff vom 20. November 1937. IfZ MA 610 und Archiv Bund der Waldorfschulen 7.1.029. Leschinsky ging davon aus, daß – entsprechend eines Rundschreibens des Erziehungsministeriums und der ursprünglichen Formulierung im Amt Hess – im November 1937 alle Waldorfschulen von dieser Kommission besichtigt werden sollten. Tatsächlich kam es nur zu der hier genannten Besichtigung in der Dresdner Schule. Es muß auch unter Berücksichtigung der Gesamtumstände vermutet werden, daß eigentlich nur diese angestrebt wurde. Achim Leschinsky, Waldorfschulen im Nationalsozialismus, a. a. O., S. 268.

Daneben nahmen zwei weitere Herren an der Besichtigung teil, deren Namen nicht bekannt sind und die das Hauptamt für Erzieher (NSLB) bzw. die lokale Unterrichtsbehörde vertraten. Immerhin scheint festzustehen, daß Baeumler, der ja schon die Berliner Veranstaltung vom 13. Dezember 1936 besucht hatte und auch für die Begutachtung vorgesehen war, damals von sich aus Interesse zeigte. Anders Ohlendorf, auf den Leitgen aufmerksam gemacht hatte und der erst nach dieser Besichtigung überhaupt eine Rolle spielen sollte. Es gibt keinen offiziellen Bericht über diese Besichtigung. Was Elisabeth Klein erzählt, ist recht undeutlich.[97]

Jedoch gibt es einen Bericht von Fritz Jaquet, der damals Lehrer an der Dresdner Schule war und der 1948 in der Spruchkammerverhandlung für Alfred Baeumler folgende Aussage machte (die er irrtümlich auf 1936 statt 1937 bezog):

„Ich habe den Betroffenen bei einer Schulrevision der Waldorfschule in Dresden kennengelernt. Unsere Schule wurde vom NS-Regime stark angefeindet. 1936 [1937, U. W.] wurde eine grössere Visitation bei uns durchgeführt, es kamen da verschiedene Herren verschiedenster Ministerien, vom Amt Rosenberg war der Betroffene dabei. Die Herren gingen durch die Klassen und anschließend zu einer Besprechung in das Kollegium. Es kam dort zu einem ziemlichen Zusammenstoße mit einigen Herren. Einer davon geriet in einen Wutausbruch, weil 36 [37, U. W.] noch unsere noch nicht stramm nationalsozialistisch ausgerichtete Schule existierte, die also gar nicht für eine normierte Menschengruppe arbeitete. Da ist der Betroffene dem Sprecher ganz gewaltig in die Parade gefahren. Unwillkürlich dachte ich mir damals: ‚Hier steht ein Mensch einem blinden Fanatiker gegenüber'. Wir hatten nicht den Eindruck, in dem Betroffenen einen Vorgesetzten vor uns zu haben, sondern einen Menschen, der selbst nur lernen wollte zu verstehen, was hier für die Jugend geschähe.

Es kam zu einem Zwischenfalle in einer Klasse, hervorgerufen durch die von einem Herrn gestellte Frage an eine Schülerin und die Antwort darauf. Und dieser Zwischenfall veranlaßte den Betroffenen zu dem spontanen Ausspruche: ‚Hier habe ich das gefunden, wovon bei uns immer nur geredet wird, nämlich die eigentliche, pädagogische Substanz.'"[98]

Baeumler zeigte sich also souverän und offen, jedenfalls nicht „verbohrt". Innerlich war er möglicherweise schon selbst von seiner Begeisterung für den Nationalsozialismus, die er 1933 so offen gezeigt hatte, etwas abgerückt.[99] Je-

[97] Vgl. Klein, Begegnungen, Freiburg 1978, S. 82 u. 88.

[98] Einlage zum Protokoll der Spruchkammerverhandlung gegen Dr. Baeumler, Alfred, am 24. Juli 1948. Zeugenvernahme: Zeuge Jaquet, Fritz, 50 Jahre alt, Lehrer in München [...]. Mit dem „Betroffenen" im Text ist Baeumler gemeint.

[99] Am 10. Mai 1933 hatte Alfred Baeumler seine Antrittsvorlesung am Lehrstuhl für Politische Pädagogik in Berlin gehalten. Am Ende forderte er die vorwiegend in SA-Uniform erschienenen Studenten mit folgenden Worten auf, an der Bücherverbrennung teilzunehmen: „Sie ziehen jetzt hinaus, um Bücher zu verbrennen, in denen ein uns fremder Geist sich des deutschen Wortes bedient hat, um uns zu bekämpfen. Der politische Gegner ist kein Ketzer, ihm stellen wir uns zum Kampfe, er wird der Ehre des Kampfes teilhaftig. Was wir heute abtun, sind Giftstoffe, die sich in der Zeit einer falschen Duldung angesammelt haben." in: Alfred Baeumler, Männerbund und Wissenschaft, Berlin 1934, S. 137. Alfred Baeumler (1887 – 1968), 1929 Professur für Philosophie und Pädagogik an der TH Dresden, 1933 Lehrstuhl für Politische Pädagogik Berlin.

denfalls kann sein späterer persönlicher Einsatz für die Waldorfschule nicht einfach auf den Einfluß von Elisabeth Klein und anderen Anthroposophen zurückgeführt werden. Etwas rätselhaft erscheint auch die in dieser Phase zu konstatierende Wandlung in der Einstellung Rosenbergs. Wenn auch Baeumler sein nun folgendes Gutachten im Auftrage des Amtes Hess abfaßte, so hatte er doch als Vertreter des Amtes Rosenberg an der Besichtigung teilgenommen. Rosenberg gegenüber mußte er sich durchsetzen. Dieser ließ ihn offenbar gewähren, was auf ein „gemildertes" Urteil Rosenbergs gegenüber Steiner schließen läßt.

Baeumler erhielt die besagten Besichtigungsberichte des NSLB am 26. November zugeschickt, berücksichtigte sie schließlich aber nicht. Sein „Gutachten über die Waldorfschulen" lag schon am 8. Dezember 1937 vor.[100]

Man findet bei Baeumler eine wesentlich ernsthaftere Betrachtungsweise und ehrlichere denkerische Auseinandersetzung mit Steiner als bei sämtlichen früheren Berichten von NS-Stellen über die Anthroposophie. Eine Diskussion der Baeumlerischen Gedanken muß hier aus Platzgründen unterbleiben, obwohl er interessante Gesichtspunkte vertritt.

Folgerichtig verwarf er die Inhalte des Deutsch- und Geschichtsunterrichtes, da sie dem NS-Rasse- und Volksbegriff entgegengesetzt seien: „[...] Das Denken Rudolf Steiners ist nicht biologisch-rassisch, sondern *biologisch-kosmisch* [...]." Daher könne die Erziehungstheorie Steiners den Begriff der völkischen Gemeinschaft nicht enthalten. Es nütze nichts, daß die tatsächlich bestehenden kulturellen Verschiedenheiten der Nationen im Unterricht berücksichtigt werden, denn entscheidend sei, ob die Volksgemeinschaft Ausgangspunkt und Ziel der Erziehung ist. Das könne die Pädagogik Rudolf Steiners aber immer nur als eine Einschränkung des wirklichen Ziels der Erziehung ansehen. Die Gemeinschaft im Sinne Rudolf Steiners sei eine Gemeinschaft der Geister. Daher trete notwendig die Menschheit an die Stelle, wo nach der nationalsozialistischen Weltanschauung das Volk steht. Da im Geschichtsunterricht nicht als „sinngebender Mittelpunkt die deutsche Volkwerdung" stehe, sei er untragbar. In diesen Schulen könne kein kämpferisch-soldatischer Typus „herangezogen" werden: „Der Lehrer trägt hier vielmehr priesterliche Züge, und die Gemeinschaft hat etwas von einer Tempelgemeinschaft an sich."

Gleichzeitig sprach er aber dem Lehrplan in methodischer und künstlerischer Hinsicht, besonders der Eurythmie, Anerkennung aus. Baeumler be-

[100] Alfred Baeumler, Gutachten über die Waldorfschulen. Alfred Baeumler an den Stab des Stellvertreters des Führers, z. Hd. d. Herrn Wemmer. Archiv Bund der Waldorfschulen 7.1034 und IfZ MA 610. Dieses Gutachten ist im Wortlaut im Anhang von Leschinskys Aufsatz abgedruckt. S. Achim Leschinsky, Waldorfschule im Nationalsozialismus, in: Neue Sammlung, H. 3, Mai/Juni 1983. Außerdem findet sich in seinen Unterlagen eine Besprechung der Waldorfpädagogik in Form von Notizen für seine Vorlesungen im Wintersemester 1938/39. IfZ MA 610 und Archiv Bund der Waldorfschulen 7.1.037. Siehe auch Anlage 13, letzter, der Pädagogik gewidmeter Teil.

klagte sodann, daß mit den neuen Fächern wie Vorgeschichte und Rassenkunde im Grunde der Intellektualismus der Aufklärungsepoche nicht überwunden wurde und das Schulsystem immer noch das alte sei. Unter diesem Gesichtspunkt käme dem Lehrplan und der Praxis der Waldorfschulen eine hohe Bedeutung zu: „In *methodischer Hinsicht* müssen wir in dem Steinerschen Lehrplan das erste durchgebildete, nicht-intellektualistische Unterrichtssystem anerkennen. Dieser Lehrplan bricht wirklich mit dem Prinzip der bloßen Schulung des Kopfes und der Beeinflussung des Willens auf dem Wege über den Intellekt [...]."

Baeumlers abschließendes Urteil lautete: „In der vorliegenden Gestalt kann der Lehrplan der Waldorfschulen nicht in Geltung bleiben. Die schon verfügte Aufnahmesperre muß daher aufrecht erhalten werden". Doch fügte er hinzu: „Mit Rücksicht auf die großen Vorzüge der Waldorfpädagogik ist zu erwägen, ob es möglich wäre, staatliche Versuchsschulen unter Zugrundelegung eines modifizierten Waldorf-Lehrplans aufzubauen."

Es zeigte sich also auch bei Baeumler nur die Tendenz, das was gut ist, dem NS zu erhalten, die „falschen" Grundlagen aber wegzuschaffen. Es scheint jedoch bei Baeumler nicht ganz so einfach gewesen zu sein. Bei der Lektüre seines Gutachtens kann man sich des Eindrucks nicht erwehren, daß Baeumler der Widerspruch in einem solchen Urteil doch aufgefallen sein muß: d. h. daß die Methode nicht einfach von ihren geistigen Grundlagen gelöst werden kann. Oder umgekehrt: daß an diesen geistigen Grundlagen doch etwas sein muß, wenn diese „guten" Methoden dabei herauskommen. In seiner Funktion als Begutachter hatte er die Waldorfpädagogik mit nationalsozialistischen Erziehungsbestrebungen zu vergleichen. Als Person sah er die Sache etwas anders. Dieser Eindruck verstärkt sich auch in Baeumlers bald folgendem Gutachten zur Philosophie Rudolf Steiners und zur biologisch-dynamischen Landwirtschaft, auch wenn er die Anthroposophie immer wieder zurückwies. Noch stärker wurden Baeumlers Bemühungen im kommenden Jahr, und sie setzten sich dann bis 1941 fort.

Die Darstellung der Lage der Dresdner Schule, aufschlußreich für alle damals noch bestehenden Schulen, fügte Baeumler seinem Gutachten bei. Sie ist in der Anlage wiedergegeben.[101] Letztlich muß der Arbeit Baeumlers wesentlich zugeschrieben werden, daß Hess Rust am 14. Januar 1938 den Vorschlag machte, zwei oder drei Waldorfschulen als Versuchsschulen weiterzuführen. Wegen seiner Bedeutung für die grundsätzliche Einstellung von Rudolf Hess zur Anthroposophie und zu den Waldorfschulen werden die wesentlichen Passagen des Schreibens von Hess vom 14. Januar 1938 wiedergegeben:

„Lieber Parteigenosse Rust!

[...] Ich habe zu dem Zweck, wie ich Ihnen auch mitgeteilt habe, eine Kommission berufen, die auch die Waldorfschule in Dresden mit Ihrer Zustimmung besichtigte.

Das Ergebnis dieser Untersuchung war kurz folgendes:

[101] Vgl. Anlage 11.

Die gesamte geistige Grundhaltung der Waldorfschulen beruht auf der Anthroposophie Dr. Rudolf Steiners. Es ist aber nicht angängig, daß in unserem nationalsozialistischen Staat noch irgendeine Schule besteht, die eine andere als die nationalsozialistische Weltanschauung zur Grundlage hat. Das Ergebnis der Prüfung durch die Kommission war deshalb eindeutig. Es muß dafür Sorge getragen werden, daß auch in diesen Schulen die nationalsozialistische Weltanschauung Grundlage der Erziehung und des Unterrichts wird.

Die Kommission konnte aber, was zum Teil schon aus den früheren Berichten hervorgegangen ist, auch selbst feststellen, daß abgesehen von der weltanschaulichen Grundhaltung der Schule zweifellos gewisse begrüßenswerte pädagogische Grundsätze verfolgt werden. Ich darf hier unter anderem anführen: den Grundsatz einer unbedingt anschaulichen Unterrichtserteilung, mindestens in den unteren und mittleren Klassen der Schulen, ferner das gute persönliche Verhältnis zwischen Lehrer und Schüler, als dessen Folge die Kommission eine gewisse Entfaltung der seelischen Kräfte der Kinder, auf die persönlich sehr stark eingegangen wird, feststellen konnte. [...]

Auf Grund des Berichtes dieser Prüfungskommission würde ich daher eine Lösung begrüßen, die es ermöglicht, die besondere pädagogische Eigenart dieser Schulen zu erhalten, gleichzeitig aber die Gewähr zu geben, daß die weltanschauliche Haltung der Schule vom nationalsozialistischen Standpunkt aus nicht mehr zu beanstanden ist. Das könnte meines Erachtens am besten dadurch erreicht werden, daß 2 oder 3 dieser Waldorfschulen nicht mehr als Privatschulen, sondern als staatliche Versuchsschulen aufrechterhalten werden. Diesen Versuchsschulen müßte eine gewisse Freiheit in ihrer pädagogischen Gestaltung gegeben werden.[...] Die Gewähr, daß die nationalsozialistische Weltanschauung auch die Gesamthaltung dieser Schulen bestimmt, könnte wohl am besten dadurch gegeben sein, daß in diesen 2 oder 3 staatlichen Versuchsschulen die besten Lehrer der seitherigen Waldorfschulen übernommen werden, wobei ich Wert darauf legen würde, die besonders verantwortlichen Lehrstellen dieser Schulen mit zuverlässigen Parteigenossen zu besetzen, die aber für die besondere Pädagogik dieser Schulen aufgeschlossen sind. Selbstverständlich müßten auch die Lehrpläne entsprechend umgeändert werden, damit aus der ganzen Lehrgestaltung dieses Unterrichts nicht mehr die Anthroposophie Dr. Rudolf Steiners, sondern der Nationalsozialismus des Deutschen Volkes spricht. Durch die Tatsache, daß es sich dann bei diesen Schulen um staatliche Versuchsschulen im Rahmen des gesamten staatlichen Schulwesens handelt, würde es sicher möglich sein, die wertvollen pädagogischen Errungenschaften dieser Schulen, losgelöst von der anthroposophischen Lehre zu erhalten und zum Vorteil der Schüler zu pflegen [...].“[102]

Im Zusammenhang mit dieser Wendung kam auch die trügerische Hoffnung auf eine allgemeine Weiterexistenz der Waldorfschulen wieder auf. Der Bund fand sich im Mai 1937 wieder zusammen (allerdings ohne die Schulen von Altona und Berlin). Emil Kühn aus dem Vorstand des Waldorfschulvereins und René Maikowski sollten die Geschäfte führen und im Einvernehmen mit der außerhalb des Bundes handelnden Elisabeth Klein arbeiten.[103] Noch im Oktober meinte das Kasseler Kollegium: „Sollte tatsächlich eine Entscheidung so

[102] Rudolf Hess an Bernhard Rust vom 14. Januar 1938, BAP 49.01 Nr. 236–238. Als Ministerialdirektor Holfelder im Reichserziehungsministerium sich für die Waldorfpädagogik zu interessieren begann, schickte ihm Baeumler eine Kopie. Amt Wissenschaft an Ministerialdirektor Holfelder vom 29. November 1938. BAP R 4901 – 3285.

[103] Das Kollegium der Stuttgarter Waldorfschule an die anderen Kollegien vom 14. Mai 1937. Archiv Bund der Waldorfschulen 4.3.348.

fallen, daß den Waldorfschulen der notwendige innere und äußere Lebensraum zuerkannt wird, dann liegt für uns kein Grund vor, auf eine Weiterarbeit zu verzichten."[104] Das Gegenteil war der Fall: Auf Hess' Vorschlag hin befragte Rust nochmals die lokalen Unterrichtsverwaltungen. Breslau, Hannover und Kassel reagierten resolut negativ, und Rust schloß sich diesen Stellungnahmen an. Für die „Versuchsschulen" in Wandsbek und Dresden war von einer bewußten „Zuerkennung des für die Waldorfpädagogik notwendigen inneren und äußeren Lebensraumes" nicht die Rede.

Für Stuttgart kam das „Einverständnis" des Stellvertreters des Führers mit der Schließung auf folgende Weise zustande:

Im Amt Hess hatte ein mit der Sache nicht vertrauter neuer Mitarbeiter, J. A. Fischer, die Schulfragen zu behandeln. Sicher ohne Wissen Leitgens, möglicherweise unter dem Einfluß von Bormann, richtete Fischer seine Beurteilung die Stuttgarter Schule betreffend im Januar an Mergenthaler:

„Der Stellvertreter des Führers hat inzwischen auf den Bericht einer von ihm mit der Prüfung der Waldorfschulen beauftragten Kommission den Reichserziehungsminister gebeten, zwei oder drei der Waldorfschulen als eine Art staatliche Versuchsanstalt unter Loslösung von der anthroposophischen Lehre und Erhaltung ihrer guten pädagogischen Grundsätze bestehen zu lassen. Die Entscheidung des Reichserziehungsministers hierüber steht noch aus. Ich habe in Anbetracht der derzeitigen Sachlage gegen die in Ihrem Schreiben vom 14. 1. 1938 an den Reichserziehungsminister gemachten Ausführungen über die Aufhebung der Waldorfschule in Stuttgart keine Bedenken. Ich stelle im übrigen jedoch anheim, gegebenenfalls sich dafür einzusetzen, die Waldorfschule in Stuttgart in eine dieser vorgesehenen staatlichen Versuchsanstalten umzuwandeln."[105]

Damit war für Mergenthaler und für Rust das Einverständnis von Hess gegeben. Rust signalisierte Mergenthaler am 28. Februar seine Zustimmung zur „Aufhebung der Waldorfschule Stuttgart zum Beginn des Schuljahrs".[106]

Es war also nicht so wie mehrfach behauptet wurde, daß Mergenthaler in Abwesenheit von Hess im „Handstreich" die Stuttgarter Schule schloß.[107] Ob Hess befragt wurde oder nicht, war im Grunde unerheblich. Die Beurteilung dieses unbeteiligten Sachbearbeiters bestätigte ja nur das, was alle von behördlicher Seite Beteiligten, auch Leitgen und Eickhoff, dachten und was den Kollegien weitgehend bewußt war: Gerade die Stuttgarter Schule würde für eine Versuchsschule auf keinen Fall in Frage kommen. Hess hatte sich für die Waldorfschulen um ihrer selbst willen genausowenig eingesetzt[108] wie für die bio-

[104] Kollegium der Waldorfschule Kassel an den Bund der Waldorfschulen vom 16. Oktober 1937. Archiv Bund der Waldorfschulen 4.3.380.

[105] NSDAP Stab des Stellvertreters des Führers an das württ. Kultusministerium, gez. J. A. Fischer, vom 26. Januar 1938. BAP R 4901 – 3285.

[106] Erziehungsministerium an Württ. Kultminister vom 28. Februar 1938. BAP R 4901 – 3285.

[107] Vgl. Elisabeth Klein, Begegnungen, Freiburg 1978, S. 98 und Achim Leschinsky, Waldorfschule im Nationalsozialismus, a. a. O., S. 268.

[108] Vgl. Hess' Schreiben an Rust vom 14. Januar 1938. BAP 49.01/Nr0.236–238.

logisch-dynamische Landwirtschaft. Dies hatte Elisabeth Klein vermutlich nicht verstanden.

So standen sich im Frühjahr 1938 zwei behördliche Maßnahmen gegenüber:

1. Mergenthaler entzog am 11. März mit Wirkung zum 1. April 1938 der Stuttgarter Mutterschule, die zu diesem Zeitpunkt immer noch die zentrale Wirkensstätte der Waldorfpädagogik war, die Zulassung.[109]

2. Rust hob die Schüleraufnahmesperre für die Freie Goethe Schule in Wandsbek und die Rudolf Steiner Schule in Dresden auf; und zwar mit der – für die Waldorfpädagogik zweifelhaften – Perspektive der Umwandlung in staatliche Versuchsschulen.[110]

Damit kam der zwischen der Stuttgarter Lehrerschaft und dem von Elisabeth Klein eingeschlagenen Weg seit Jahren bestehende Gegensatz nun auch in den behördlichen Entscheidungen zum Ausdruck.

[109] Der Kultusminiser an den Leiter der Waldorfschule Stuttgart vom 11. März 1938. Archiv Bund der Waldorfschulen 8.11.012.

[110] Erziehungsministerium an den Reichsstatthalter, Landesregierung, in Hamburg vom 14. April 1938. BAP R 4901–3285. Gleiches Schreiben für die Rudolf Steiner Schule Dresden an Reichsstatthalter in Sachsen.

3. Die Schließung der restlichen Waldorfschulen Das Verbot des „Vereins für ein freies Schulwesen“ (Waldorfschulverein)

Die Schließung der Waldorfschulen in Stuttgart, Kassel und Breslau und die Umschulungskurse

Sofort nach Erhalt der Auflösungsverfügung wandten sich Emil Kühn und Fritz von Bothmer an den großen Freundeskreis der Waldorfschule. Mit einigen Sätzen Rudolf Steiners aus dem Jahre 1920 über den Fall einer eventuellen Schließung der damals gerade ein Jahr alten Schule unterstrichen sie die Haltung, mit der Lehrerschaft und Waldorfschulvereinsvorstand Mergenthalers Maßnahme aufnahmen:

„‚Die Waldorfschule darf nur zugrunde gehen auf zwei Weisen: Erstens dadurch, daß wir durch ein Schulgesetz nicht geduldet werden; das ist ein Zugrundegehen, das wir aushalten können. Zweitens darf sie zugrunde gehen, wenn die Welt uns nicht so viel Verständnis entgegenbringt, daß wir das, was wir machen können, finanzieren können. In dem Augenblick, als wir sagen können, die Schule ist an dem Unverstand zugrundegegangen in Bezug auf die Finanzierung, in dem Augenblicke ist sie so zugrunde gegangen, daß wir bestehen können. Eine dritte Möglichkeit kann ich nicht denken.‘ Die erste der von Rudolf Steiner vorausgesehenen Möglichkeiten ist nun eingetreten. Daß wir die zweite vermeiden konnten, verdanken wir ihrem Verständnis, das die Schule durch alle Fährlichkeiten hin bis zuletzt hindurch trug [...].“[111]

Die viertägigen, mit Ruhe und Würde durchgeführten Feiern zur Schließung der Schule begannen am 30. März 1938, am 13. Todestag Rudolf Steiners und zwei Tage bevor das Verbot Mergenthalers wirksam wurde. Von den bei der Schlußfeier für die immerhin noch 555 Schüler gehaltenen Ansprachen sind Abschriften überliefert. Es sprachen zu ihren Klassen die Lehrer Martin Tittmann, Martha Haebler, Dr. Rudolf Treichler, Clara Michels, Dora Kimmich, Georg Hartmann, Robert Killian, Max Wolffhügel, Karl Ege, Bettina Mellinger, Sophie Porzelt, Ernst Blümel, Alfred Schmid, Erich Gabert, Emil Kimmich, Ernst Bindel, Giesbert Husemann, Erich Schwebsch, Karl Stockmeyer. Fritz von Bothmer sprach zur ganzen Schulversammlung. Es fiel von seiten der Lehrer kein Wort des Hasses, und alle Ansprachen bestimmte der Gedanke, das in und an der Schule Erlebte im Innern zu bewahren und in die Zukunft zu tragen in der Hoffnung auf einen Wiederbeginn:

„Das Werk der Waldorfschule ist durch die zeitliche Zurückziehung in die Welt des Schweigens noch nicht beendet [...]. Die Schule geht auf die Wanderschaft, sie macht

[111] Vorstand des Waldorfschulvereins und die Lehrerschaft der Waldorfschule an Mitglieder und Freunde vom 14. März 1938. Archiv Bund der Waldorfschulen 4.3.427.

ihre Gesellenwanderung [...], sie wandert durch die Welt und sie möge einst zurückkehren [...].“[112]

Die abendliche Ansprache vor den Eltern und Freunden der Schule wurde von Karl Schubert gehalten.[113]

Diese Feierstunden geben auch eine Ahnung von der außerordentlich starken Verbundenheit zwischen Schülern und Lehrern, an der letztlich die Nationalsozialisten nicht rühren konnten.

Im Juni entschied sich das Kasseler Kollegium zur Schließung. Im Tenor der Schreiben des Altonaer und Berliner Kollegiums wurde dem Reichserziehungsministerium die Entscheidung mit folgenden Worten mitgeteilt:

„Im Jahre 1930 wurde die Freie Waldorfschule Kassel mit 116 Schülern und 5 Lehrern gegründet. Dank dem Vertrauen, das die Elternschaft in sie gewann, stieg die Schülerzahl bis Ostern 1935 auf 320, die der Lehrer auf 20. Diese Entwicklung ist ein Zeichen dafür, in wie starkem Maße eine Pflegestätte der Erziehungskunst Rudolf Steiners einem Bedürfnis entsprang. Ohne staatliche oder städtische Zuschüsse oder Unterstützungen konnte sich die Kasseler Waldorfschule mit Hilfe der Opferfreudigkeit der Eltern und Freundeskreise zu einem auch wirtschaftlich gesunden Organismus entwickeln.

Ostern 1936 stand die Schule in vollster Blüte, als ihr weiteres organisches Wachstum durch die über sie, wie über alle Waldorfschulen im Reiche, verhängte Aufnahmesperre abgeschnitten wurde. Die Folge dieser Sperre war ein allmähliches Absinken der Schülerzahl, die heute nur noch 100 beträgt. Die daraus folgenden wirtschaftlichen Nöte konnten die Lehrer bis heute dank großer Opfer seitens der Eltern und vor allem dank der Tragkraft der Erziehungskunst Rudolf Steiners auf sich nehmen.

Nicht aus Blindheit oder Starrsinn wurde die Schule während der letzten 2 1/2 Jahre gehalten. Mehrfach wurde nämlich von Behörden und Parteistellen sowohl in Berlin als auch in Kassel der Rat erteilt, trotz der wachsenden Schwierigkeiten nicht vorzeitig zu schließen. Auch wurde in den Verhandlungen, die der Bundesleiter mit den zuständigen Stellen führte, wiederholt eine günstige Lösung für die Angelegenheiten der Waldorfschulen im Reich in Aussicht gestellt.

Wir halten es jetzt für notwendig, den Namen Rudolf Steiner nicht mehr mit dem Rest der Kasseler Waldorfschule zu verbinden, sondern die Schule als Waldorfschule zum Oktober 1938 zu schließen und nur noch die Klassen nach Bedarf bis Ostern 1939 zu Ende zu führen.

Wir stellen fest, daß die alleinige Verantwortung für das Zugrundegehen einer in blühender Entwicklung begriffenen Schule, die wertvolle Aufgaben im deutschen Geistesleben zu erfüllen gehabt hätte, den zuständigen Stellen zur Last fällt.

Für die Lehrerschaft, die Schulleiterin: gez. M. Kruse.“[114]

So hatten bis zum Sommer 1938 fünf von acht Waldorfschulen ihre Pforten geschlossen – neben der in Kassel und Stuttgart die in Altona (April 1936), in Hannover (Juli 1937) und in Berlin (August 1937).

[112] Ansprachen bei der Schlußfeier für die Schüler der Waldorfschule am 30. März 1938. Diese Ansprachen verdienten es, vollständig veröffentlicht zu werden. Archiv Bund der Waldorfschulen 4.3.430.

[113] Vortrag bei der Gedenkfeier für Rudolf Steiner, gehalten in Stuttgart, 30. März 1938, von Dr. Karl Schubert. Archiv Bund der Waldorfschulen 4.3.431.

[114] Freie Waldorfschule Kassel an den Reichsminister für Wissenschaft, Erziehung und Volksbildung vom 27. Juni 1938. Archiv Bund der Waldorfschulen 4.3.441.

Vermutlich stammt folgendes Zeugnis eines jüdischen Schülers aus der Zeit der Umschulungskurse in Hannover. Hans Herzberg berichtet ein Erlebnis aus dem Rassekundeunterricht:

„Nach Einführung in die Merkmale der ‚arischen' Typen [...] wurden mit dem Gerät, wie man es sonst für phrenologische Zwecke benutzt, von der Lehrerin eigenhändig unsere Schädel vermessen und der Befund an der Tafel festgehalten [...]. Für alle ablesbar stand dort, wer dem nordischen Ideal – langer und schmaler Schädel – am besten entsprach. Na, wer schon? Ich, der Judenjunge! Den Rassekundeunterricht in unserer Klasse beendete lautes Lachen."[115]

Der Bericht Herzbergs, von 1935 bis 1938 Schüler an der Waldorfschule Hannover, hebt hervor, daß jüdische Mitschüler nicht diskriminiert wurden: „Wir waren voll integriert."

Die Umschulungskurse in Kassel dauerten bis zum 31. März 1939. In Berlin wurden sie von Lotte Ahr, Maria Schröfel, Erich Weismann, Ernst Pönisch und Ernst Weißert betreut und am 1. April 1939 beendet. In Hannover wurden sie unter der Leitung von Maria Ilse bis April 1939 fortgeführt. So lange dauerten sie auch in Stuttgart.[116]

In einem Brief vom September 1938 schilderte Weißert die Situation in Berlin:

„Ich möchte bei dieser Gelegenheit ganz kurz von der Arbeit von uns Fünf berichten. [...] Wir haben fünf Klassen (die 4., 6., 8., 9., 10.) mit doch noch nahezu 90 Kindern. Die Arbeit ist dem Lehrplan nach umschulend. Eingriffe von außen geschahen nicht. Die finanzielle Basis nach freier Einschätzung der Eltern ist befriedigend. Wir hatten bis jetzt ganz ordentliche Räume in einem Abbruchobjekt, dem früheren Charlottenburger Finanzamt. Es soll nun am 1. Oktober abgerissen werden – ob es geschieht weiß man nicht, so daß wir in dieser Hinsicht im Ungewissen schweben."[117]

In der Breslauer Freien Waldorfschule war der 24. März 1939 der letzte Schultag. In den Berichten kommt eine ähnlich zukunftsorientierte Stimmung zum Ausdruck wie in Stuttgart:

„So konnten wir bis Ostern 1939 durchhalten und dann die Freie Waldorfschule Breslau selber schließen in einer schmerzbewegten Abschlußfeier, als es keine Möglichkeit zur Weiterarbeit mehr gab [...].Wir gingen auseinander mit der starken Hoffnung, daß es einmal eine Auferstehung für die Waldorfschulen geben würde [...]."[118]

[115] Dieses und folgendes Zitat in: Hans Herzberg an den Verfasser vom 28. August 1997.

[116] Regierungspräsident Kassel an Erziehungsministerium vom 12. Juli 1939. BAP R 4901–3285. Umschulungskurse der ehemaligen Rudolf Steiner Schule Berlin an Graf Bothmer, gez. Ernst Weissert, vom 21. September 1938 und Anlage 4.

[117] Vgl. Anmerkung oben. Erich Weismann unterrichtete auf privater Basis noch bis 1941 weiter und wurde – vermutlich im Juni 1941 – aus dem Unterricht heraus verhaftet. Erich Weismann, „Erklärung vom 6. Juni 1947." PA Astrid von der Goltz.

[118] Rose Lüdicke, Die letzten drei Jahre bis zur Schließung, in: „Erziehungskunst", H. 5, Mai 1980, S. 303. Zum Datum des 24. März 1939: Vgl. den Beitrag von Dorothea Czeczka, S. 315, und Gertraut Bessert in ihren Erinnerungen, Ein Quell wird zum Strom. Anthroposophisches Leben und heilpädagogische Impulse aus der Breslauer Zeit 1924 – 1945, o. D.

Gertraud Bessert hatte in Breslau 1934 eine sogenannte heilpädagogische „Familienschule" eingerichtet.[119] Zahlreiche Kinder und einige Lehrer der Waldorfschule trafen sich nach der Schließung dort wieder. Insgesamt wurden etwa 100 Kinder weiter unterrichtet. Der neue Schulrat, dem die Sachlage klar war, drückte ein Auge zu: „Wir verstehen uns, wollen aber niemandem etwas davon erzählen".[120] Die Breslauer Verhältnisse sind ein anschauliches Beispiel für die Existenz einer Arbeit im Sinne der Waldorfpädagogik, die den NS-Verhältnissen zum Trotz auch nach der Schließung der Schule noch bis Weihnachten 1944 weitergeführt wurde.

Nur durch die Evakuierung aller Kinder aus Breslau Ende 1944 wurde die Arbeit unterbrochen.[121]

Bis zum Sommer 1938 wurden also fünf der acht Waldorfschulen durch nationalsozialistische Maßnahmen geschlossen, die sechste, Breslau, schloß Ostern 1939. Es arbeiteten nur noch die Schulen in Wandsbek und Dresden.

Der Waldorfschulverein war von der Schließung der Stuttgarter Schule zunächst nicht betroffen, weil für sein Verbot nicht die Schulverwaltung, sondern die Gestapo zuständig war. Die wurde später aktiv.

Die Schließung der Freien Goethe Schule Wandsbek Ostern 1940

Bei der Wandsbeker Schule nahm der Weg zur Schließung einen etwas anderen Verlauf. Zunächst wurde die Schule gar nicht über die am 14. April 1938 entschiedene Aufhebung der Aufnahmesperre informiert. Während die Dresdner Schule Bescheid bekam und wieder Schüler aufnahm, blieb das Wandsbeker Kollegium weiter im Ungewissen. Die Erklärung dafür findet sich in den Akten des Erziehungsministeriums: Die Hamburger Schulverwaltung, unterstützt vom dortigen Reichsstatthalter, verlangte weiter die Schließung der Schule, um deren Räumlichkeiten selbst zu nutzen, und weigerte sich, die Schule von der Aufhebung der Sperre zu unterrichten.

Im Herbst übernahm Ministerialdirektor Holfelder im Reichserziehungsministerium die sachliche Zuständigkeit für diese Fragen. Als er sich im Herbst 1938 in diese Materie neu einarbeitete, entwickelte er durch Elisabeth Klein Interesse für die Waldorfschule. Rust schickte ihn nach Wandsbek. Die dortige

[119] Vgl. G. Bessert, a. a. O.

[120] Vgl. Erziehungskunst, H. 5, 1980, S. 304.

[121] Schon nach der Übergabe Breslaus, am 6. Mai 1945, wurde an der Wiedereröffnung der Waldorfschule gearbeitet. Der Unterricht fand eine Zeitlang tatsächlich statt, wurde dann aber von den polnischen Behörden untersagt. Vgl. Erziehungskunst, H. 5, 1980, S. 305.

Schulverwaltung mußte nachgeben.[122] Rust forderte sie auf, „diejenigen Lehrkräfte namhaft zu machen, die nach nationalsozialistischen Grundsätzen für die Weiterbeschäftigung in dieser Schule in Frage kommen.“[123] Im Frühjahr 1939 endlich wurde die Schule über die Beendigung der Aufnahmesperre informiert.[124] Die weiteren Vorgänge, die notgedrungen zur Selbstschließung führen mußten, wurden den Freunden der Schule kurz vor der unvermeidlich gewordenen Schließung im März 1940 mitgeteilt:

„[...] Wie bekannt, erhielt die Leitung der Freien Goethe Schule am 29. September 1939 einen Brief der Landesunterrichtsbehörde, der uns unter der Überschrift ‚Schließung der Schule‘ mitteilte, der Herr Reichsstatthalter habe entschieden, daß alle privaten allgemeinbildenden Schulen am 30.9.39 ihre Pforten schließen. Am 7. Oktober 1939 wurde uns von der Schulverwaltung mitgeteilt, daß das Schreiben vom 29.9.39 gegenstandslos geworden sei und hierdurch ausdrücklich zurückgenommen wurde. Auf Grund der Einberufung aller Lehrer zum Hilfsdienst im Haupternährungsamt sei die Schule jedoch praktisch geschlossen. Umdeswillen werde die Schulverwaltung die Einschulung der schulpflichtigen Kinder in die öffentlichen Schulen veranlassen. Dieses geschah dann am 13. Oktober 1939. Seitdem haben wir uns die erdenklichste Mühe gegeben, zumal der Hilfsdienst am 24. November endete, die Situation zu klären und eine Entscheidung über das Schicksal der Schule, dessen grundsätzliche Regelung erneut Gegenstand einer Prüfung im Ministerium geworden ist, herbeizuführen. Es ist uns bis heute nicht gelungen [...]. Wir legen unsere Arbeit nieder in dem Bewußtsein, daß wir alles getan haben, was in unsren Kräften stand, um Ihren Kindern die Schule, und was in ihr gewirkt werden konnte, zu erhalten [...].“[125]

Diese Einzelheiten verdeutlichen, wie die Hamburger Schulbehörden durch Schikanen – anders kann man es nicht nennen – die Schule zur Auflösung trieben. Man muß dazu wissen, daß die Vorschriften für den Arbeitsdienst selbstverständlich nicht vorsahen, daß alle Mitarbeiter eines Betriebes eingezogen werden sollten. Letzlich zeigte sich, daß die Aktion vermutlich von Himmler veranlaßt worden war: „Die Einstellung des Betriebes der Freien Goethe Schule wurde jedoch dadurch herbeigeführt, daß alle Lehrer der Schule auf Veranlassung des Reichsführers SS beim Ernährungsdienst dienstverpflichtet wurden [...].“[126]

122 Reichsstatthalter Hamburg an Erziehungsministerium vom 13. Oktober 1938. BAP R 4901 – 3285. Wandsbek wurde am 1. April 1937 nach Groß Hamburg eingegliedert. Vorher lag die Zuständigkeit in Schleswig (Preußen). Vgl. Der Regierungspräsident an Reichserziehungsministerium vom 17. Februar 1937. BAP R 4901 – 3285.

123 Erziehungsministerium an Reichsstatthalter Hamburg vom 26. Januar 1939. BAP R 4901 – 3285.

124 Vorstand des Waldorfschulvereins an den Vorstand des Goetheschulvereins vom 5. April 1939. Archiv Bund der Waldorfschulen 3.1.200.

125 Freie Goethe Schule Wandsbek e. V. an die Mitglieder des Vereins Freie Goethe Schule, vom März 1940. Gez. Dr. Kübler als Schulleiter, H. Pohlmann als Vorsitzender des Vereins. Archiv Bund der Waldorfschulen 3.1.233.

126 Bericht der Freien Goethe Schule Wandsbek an das Reichserziehungsministerium vom 8. März 1940. Archiv Bund der Waldorfschulen 3.1.234. Vgl. dazu auch die Schilderung Maikowskis, der 1939/40 an der Wandsbeker Schule unterrichtete. Maikowski, Schicksalswege auf der Suche nach dem lebendigen Geist, a. a. O., S. 163 ff.

Der Kriegsausbruch hatte also für die beiden übriggebliebenen Waldorfschulen unterschiedliche Auswirkungen: Während die Hamburger Behörden die Schule über den Arbeitsdienst ihrer Lehrkräfte beraubte und zur Schließung trieben, vermieden die sächsischen Behörden die Ausarbeitung des fragwürdigen und hinderlichen Konzepts einer Versuchsschule und sicherten damit – ungewollt – der Dresdner Rudolf Steiner Schule bis zur Gestapo-Aktion im Juni 1941 eine relativ ungestörte Arbeit im inneren Schulbetrieb.

Der letzte Versuch für die Hannoversche Waldorfschule

Bei den Verhandlungen über die Waldorfschule Hannover wiederholten sich noch einmal alle bisherigen Ereignisse im Zusammenhang mit dem Erziehungsministerium und dem Amt Hess. Es kam zu einem letzten „Tauziehen", diesmal zwischen Thies und Holfelder. In Holfelder, dem neuen Abteilungsleiter bei Rust, entdeckte Klein einen aufgeschlossenen Beamten. Da Hess' Vorschlag vom 14. Januar 1938 von zwei bis drei Versuchsschulen sprach, bisher aber nur Wandsbek und Dresden vorgesehen waren, setzte Maikowski auf die Zulassung einer dritten Schule.

Das sollte zunächst die Wiener Schule sein, für die Maikowski nach der Besetzung Österreichs vom 13. März 1938 eintrat. Dieses Projekt scheiterte aber bald.[127]

Im Oktober, nachdem Holfelder im Erziehungsministerium erschienen war, machte Maikowski eine generell gehaltene, aber auf die Schule in Hannover zielende Eingabe. Er tat dies noch im Namen des Bundes der Waldorfschulen, der nur noch eine Fiktion war.[128] Bothmer, dem diese Vorschläge gelegentlich einer Vortragsreise für den Waldorfschulverein vorgelegt wurden, äußerte darüber:

> „Für mich bedeuten diese Grundlinien eine Abkehr von unserer bisherigen Haltung, ein Labyrinth von halben Zugeständnissen, die geeignet sind, nicht nur die Schulen kaputt zu machen, sondern die Schulbewegung zu kompromittieren. Da kommt nichts Gutes mehr heraus. Ich habe Frau Dr. Klein und Maikowski geschrieben, daß ich ihnen auf diesem Wege nicht weiter folgen kann [...]."[129]

Der Hannoversche Schulverein stellte im März 1939 den Antrag, sich als staatlich anerkannte Versuchsschule neu aufbauen zu dürfen.[130] Klein reichte am

[127] Vgl. René Maikowski, Schicksalswege auf der Suche nach dem lebendigen Geist, a. a. O., S. 154ff.

[128] René Maikowski an Ministerialdirektor Holfelder vom 27. Oktober 1938 mit dem Memorandum: Bund der Waldorfschulen: Wesentliche Gesichtspunkte für die Weiterführung der Schulen in Dresden, Wandsbek und Hannover bei Wahrung ihres Charakters als Waldorfschulen vom 25. Oktober 1938. BAP R 4901 – 3285.

[129] Fritz Graf von Bothmer an Emil Kühn vom 14. November 1939. Archiv Bund der Waldorfschulen 4.6.131.

[130] Eltern und Freunde der Waldorfschule an den Herrn Reichsminister für Wissenschaft, Erziehung und Volksbildung vom 9. März 1939. Gez. Dr. v. Kries, Ernst Wilhelm, Editha von Lingelsheim, Luise Haßler, Joachim Sydow und 64 Unterschriften. BAP R 4901 – 3285.

16. März ihren „Entwurf einer Konstitution der Rudolf Steiner Schule Dresden (gleichzeitig als Entwurf für andere Waldorfschulen)“ bei Holfelder ein.[131]

Thies war noch im Oktober nach Hannover geeilt und hatte in einer eingehenden Besprechung die unverändert negative Einstellung der dortigen Behörden festgestellt.[132] Maikowski berichtete später, daß er sich für den bevorstehenden Übergang der Schüler an eine öffentliche Schule mit dem Direktor eines benachbarten Gymnasiums in Verbindung gesetzt hatte. Dieser sollte auf Anordnung der Behörden 200 Waldorfschüler aus der Oberstufe übernehmen und sah dieser Aufnahme mit gemischten Gefühlen entgegen. Nach dem Krieg, als es um die Neueröffnung der Waldorfschule ging, begegnete Maikowski diesem Direktor wieder. Er war einer der für die Konzession zuständigen Schulräte. Maikowski bekam seine Konzession sofort. Der Schulrat erinnerte sich, daß sich seine damalige Skepsis als unbegründet erwiesen habe: „Von einem Tag zum anderen hatte ich eine neue Schule.“ Die Zusammenarbeit mit diesen Schülern hätte sich damals äußerst positiv entwickelt.[133]

Am 29. März 1939 rief Editha von Lingelsheim im Namen der Hannoverschen Elternschaft Thies an. Mit Hinweis auf ihre Verwandtschaft mit Hess (sie war eine Cousine von Ilse Hess) erkundigte sie sich nach dem Stand der Dinge.[134] Thies antwortete ausweichend, obwohl einige Tage zuvor Holfelder bei Rust die Genehmigung für die Aufhebung der Sperre in Hannover erreicht und Thies genaue Anweisungen gegeben hatte.[135] Auch hier war die Entscheidung des Amtes Hess maßgeblich. Holfelder richtete seine Anfrage nicht an Leitgen, sondern an Wemmer, der ihm mitteilte, „daß der Stellvertreter des Führers sich zwar für die Wiedereröffnung der Waldorfschule in Hamburg und Dresden ausgesprochen, aber kein Interesse an der Erhaltung einer weiteren Anstalt habe […].“[136]

Damit war dieser letzte Versuch Maikowskis und der Hannoverschen Elternschaft gescheitert.

[131] Titel wie oben vom 13. März 1939, gez. Dr. Elisabeth Klein. Archiv Bund der Waldorfschulen 7.1.055. Elisabeth Klein an Ministerialdirektor Holfeder vom 16. März 1939. BAP R 4901–3285. Daß Holfelder Interesse zeigte, wird durch die Tatsache unterstrichen, daß Klein ihm gleichzeitig ein Exemplar ihrer Schrift: „Goethes Geistesart in der Pädagogik Rudolf Steiners“, erschienen 1937 im Verlag Emil Weises Buchhandlung, beigab. Es handelte sich um die schriftliche Fassung ihres Vortrages vom 13. Dezember 1936.

[132] Thies, Reisebericht vom 20. Oktober 1938. BAP R 4901–3285.

[133] Zu Michaeli 1945 konnte die Waldorfschule Hannover die Arbeit wieder aufnehmen. Vgl. René Maikowski, Schicksalswege auf der Suche nach dem lebendigen Geist, a. a. O., S. 159/160.

[134] Thies, Vermerk vom 29. März 1939. BAP 4901–3285.

[135] Holfelder an Regierungsrat Thies vom 26. März 1939. BAP R 4901–3285. Daraus folgendes Zitat: „Herr Minister wünscht nunmehr, daß […] die Aufnahmesperre auch in Hannover fällt. Ich bitte sie, einen entsprechenden Erlass vorzubereiten und für den Fall von telefonischen Anfragen aus Hannover die Herausgabe des Erlasses anzukündigen.“

[136] Holfelder, Vermerk vom 4. April 1939. BAP R 4901–3285.

Die Schließung der Dresdner Rudolf Steiner Schule

Nach der Aufhebung der Schüleraufnahmesperre vom April 1938 für die Dresdner Schule durch Rust trat Elisabeth Klein in Verhandlungen mit den sächsischen Schulbehörden, in denen es um das zukünftige Statut als Versuchsschule ging. Schon im Mai faßte Klein einen Bericht darüber ab, dessen Adressat nicht angegeben, vermutlich aber Alfred Leitgen war und der die strittigen Punkte zusammenfaßt: Zunächst sollte auf Anregung von Hess ein älteres Parteimitglied die Leitung der Schule übernehmen. Klein bat darum, selbst die Leitung übernehmen zu dürfen, da wegen der unpolitischen Haltung der Schule vor 1933 kein älteres Parteimitglied, das die Schule kenne, vorhanden sei. Sie selbst aber hätte jahrelang um die Schule gekämpft. Zweitens forderte die Schulbehörde, die Koedukation aufzuheben. Klein unterstrich, daß diese zu den Voraussetzungen der Versuchsschule gehöre, da die gerade Neues bringen müsse. Drittens solle die Schule sich zwischen Volksschule (Klassen 1 – 10) oder Höherer Schule (Klassen 5 – 12) entscheiden. Klein betonte, daß dies nicht zumutbar wäre. Gerade dieser Punkt gehöre zu den Voraussetzungen der Versuchsschule, da die Waldorfschule alle Altersstufen umfasse und für jede dieser Stufen „wesentliche Reformen" beinhalte. Nur gegen den Wunsch der Behörden, die Schule „stärker in den staatlichen Verband" zu stellen, hatte Klein nichts einzuwenden.[137]

Offenbar ruhten nun die Verhandlungen eine Zeitlang. In den ersten Monaten des Jahres 1939 kam es zu Besprechungen zwischen früheren Stuttgarter Lehrern und Elisabeth Klein, in denen es um den Entwurf einer Konstitution der Rudolf Steiner Schule Dresden im Hinblick auf deren staatliche Anerkennung als Versuchsschule ging. Bevor diese Besprechungen abgeschlossen waren, reichte Klein im März einen Vorschlag bei den Behörden ein. Im April lag der offensichtlich von der Stuttgarter Lehrerschaft unterstützte Entwurf aus der Hand von Erich Schwebsch vor.[138]

Beide Fassungen stimmten inhaltlich in den grundsätzlichen Forderungen für die Eigenart der Waldorfschulen als Versuchsschulen überein. Das waren vor allem:
- die zwölfklassige einheitliche Volks- und Höhere Schule,
- die Lehrplanfreiheit,
- die freie Lehrerwahl,
- die Koedukation (Knaben und Mädchen).

In der Formulierung sind beide deutlich verschieden, insbesondere wies Schwebsch jegliche politische Verantwortung zurück, während Klein diese –

137 Verhandlungsbericht von Elisabeth Klein vom Mai 1938. Archiv Bund der Waldorfschulen 4.3.438.

138 Die im Text folgenden Zitate stammen aus diesen Unterlagen: Entwurf von Elisabeth Klein vom 13. März 1939, von Erich Schwebsch vom 18. April 1939. Beide Archiv Bund der Waldorfschulen 7.1.055 und 4.3.456.

jedenfalls nach Auffassung des Stuttgarter Kollegiums – akzeptierte, indem sie sich verpflichtete, nur politisch zuverlässige Persönlichkeiten an die Schule zu berufen. Zum Lehrplan formulierte Klein, daß Steiners Schriften nicht dogmatisch, sondern als Richtlinien der Arbeit zugrunde lägen. Schwebsch unterstrich, daß der von Rudolf Steiner 1919 der Waldorfschule gegebene Lehrplan, was Klassenziele, Lehrstoffe, Darstellungsarten und Übungen betreffe, maßgeblich sei und den von Steiner dargestellten Entwicklungsstufen des Kindes entspreche.

Die unterschiedliche Nuancierung kommt in den Ausführungen zur Lehrerwahl besonders deutlich zum Ausdruck.

Klein formulierte:

„Die Leitung der Schule beruft ihre Mitarbeiter und bittet die Behörde um Bestätigung derselben. Voraussetzung für die Annahme einer Bewerbung ist die gründliche Kenntnis des Goetheanismus, auch in seiner Weiterentwicklung in neuester Zeit und der Menschenkunde Rudolf Steiners, sowie der Wille des Betreffenden, in dieser Richtung pädagogisch zu arbeiten."

Schwebsch berief sich ausschließlich auf Steiner:

„Ihren Lehrkörper muß eine solche Schule sich selber einheitlich bilden. Sie wird nur solche Persönlichkeiten als Erzieher berufen, welche den staatlichen Anforderungen entsprechen, und die bereit und fähig sind, die aus der von Rudolf Steiner geschaffenen Menschenkunde folgende Methodik so rein als möglich durchzuführen. Nur dann kann ein solcher Schulversuch die ihm innewohnende Kraft und Wirksamkeit erweisen [...]."

Den Stuttgarter Kollegen schien Kleins Entwurf zu große Kompromisse zu machen. Er war sicherlich pragmatischer. Das kommt auch in Kleins Forderung auf den Zusatz „Versuchsschule mit staatlicher Anerkennung" zum Ausdruck. Das war ganz pragmatisch gedacht, da Privatschulen von Beamtenkindern schon nicht mehr besucht werden durften.

Sicher ist, daß kurz nachdem Klein ihren Entwurf eingereicht hatte, ein Erlaß erfolgte, der das Weiterbestehen der Dresdner Schule sicherte. Er liegt nicht vor, wurde aber im folgenden Vermerk im Reichserziehungsministerium vom September 1939 erwähnt. Dieser hat folgenden Wortlaut:

„Mit Rücksicht auf die schwierige Geschäftslage des Ministeriums in Dresden (Einberufung zahlreicher Sachbearbeiter) empfiehlt es sich nicht, wegen der Berichterstattung zu erinnern. Nachdem durch Erlaß vom 17.III.39 – E II a 708 das Weiterbestehen der Waldorfschule gesichert ist, liegt keine Notwendigkeit vor, die zur Verhandlung stehenden Fragen des Statuts usw. unter den gegenwärtigen Verhältnissen zu klären."[139]

Diese Bemerkungen vom September 1939 gehören zu den letzten Unterlagen des Erziehungsministeriums über die Waldorfschulen. Rust interessierte sich nicht weiter für sie.

[139] Handschriftlicher Vermerk (Name unleserlich) im Erziehungsministerium vom 23. September 1939. BAP R 4901 – 3285.

Gegenüber den Kollegen der anderen Waldorfschulen stand Klein zunächst ebenso allein da wie die übriggebliebene Dresdner Schule. Die meisten verantwortlichen Waldorflehrer hatten sich ja von ihrem Vorgehen distanziert. Insbesondere waren die Kritiker mit dem Bild, das Klein den Behörden von der Waldorfpädagogik vermittelte, nicht einverstanden. Aber Elisabeth Klein hat sich nie in eine kollegiale Disziplin einbinden lassen, weder im Bund der Waldorfschulen noch in der Dresdner Schule. Sie hat damit niemals die Schulen offiziell vertreten. Sie galt aber dennoch in den Augen der Behörden als Repräsentantin der Waldorfschulen.[140] So hat, und das muß man auch sehen, Elisabeth Klein das Dach geschaffen, unter dem eine beträchtliche Anzahl von Lehrern ihre Arbeit ungestört fortsetzen konnte. Immerhin existierte die Dresdner Schule noch als einzige, und an ihr konnte in erheblichem Maße waldorfpädagogisch gearbeitet werden. Da die finanzielle Lage prekär war und andererseits der jetzt ohne Schule dastehende Stuttgarter Waldorfschulverein noch über Mittel verfügte, konnte er diese der Dresdner Schule zugute kommen lassen. Dazu kam, daß nach Beendigung der Umschulungskurse in Stuttgart mehreren Lehrern die Weiterarbeit in Dresden attraktiv erschien. So kam es, daß zunächst die Gegensätze zwischen Stuttgart und Dresden zurückgestellt wurden. An die Dresdner Schule gingen acht Lehrer aus Stuttgart, drei aus Hannover, zwei aus Wandsbek und einer aus Breslau.[141] Außerdem zog eine Reihe von Schülereltern von Stuttgart nach Dresden. Im September 1940 war die Zahl der Schüler auf 400 angewachsen.[142]

Im Zuge der Liquidierung des Waldorfschulvereins wurde der Dresdner Schule ein Betrag von RM 36 000 zugewiesen, zahlbar in monatlichen Raten von RM 3 000.[143] Diese Mittel sicherten die Dresdner Schule finanziell ein gutes Jahr hindurch, fast bis zu ihrer Zwangsschließung. Man war sich anscheinend einig geworden, daß nun alle noch in Deutschland für die Waldorfpädagogik vorhandenen Kräfte in Dresden zusammengezogen werden sollten.

Außerdem war geplant, daß bei einem – mit Recht befürchteten –Verbot des Waldorfschulvereins dessen Mitglieder in den Dresdner Schulverein übertreten sollten. Dazu richtete Emil Kühn einen Appell an diese:

[140] Diese Tatsache muß hervorgehoben werden, weil auch Leschinsky Kleins Verhalten als charakteristisch für die Waldorfschullehrerschaft beurteilte. Vgl. Leschinsky, Waldorfschule im Nationalsozialismus, a. a. O., S. 272.

[141] Aus Stuttgart kamen: Margarete Boerner, Peter Prömm, Emil Kimmich, Konrad Sandkühler, Erich Schwebsch, Martin Tittmann, Max Wolffhügel, Erika Zoeppritz; aus Hannover: Mathilde Hoyer, Gerhard Ott und Robert Zimmer; aus Hamburg: Harald Dähnhard und Hermann Schüler; aus Breslau: Willy Beck. Vgl. Gedenken an die Rudolf Steiner Schule Dresden, Gerlingen 1980, S. 45. Vgl. auch Robert Killian an verschiedene Kollegen von Stuttgart, Wandsbek und Dresden vom 16. September 1939. Archiv Bund der Waldorfschulen 3.1.215.

[142] Vgl. Klein, Begegnungen, Freiburg 1978, S. 72 und 108.

[143] Vgl. E. Klein, a. a. O., S. 128, und E. Killian, K. Sandkühler, E. Schwebsch, M. Tittmann an Freundeskreis vom September 1940. Archiv Bund der Waldorfschulen 5.9.111.

„Da ein Anschluß in Form von Ortsgruppen an den Schulverein in Dresden noch nicht erfolgen kann, weil die für eine Ortsgruppe notwendige Genehmigung noch aussteht, ist es für alle Freunde, welche die Dresdner Schule persönlich unterstützen wollten, möglich und erwünscht, daß sie sich als einzelne Persönlichkeiten dem Rudolf Steiner Schulverein e. V. (Dresden) anschließen."[144]

Klein ließ inzwischen in ihren Bestrebungen gegenüber den Behörden nicht nach. Aus ihrer Sicht standen die Verhandlungen über das Statut als Versuchsschule immer noch aus. Ihr Bemühen, Holfelder zu einem Besuch der Dresdner Schule zu bewegen, hatte erst am 21. April 1941 Erfolg. Holfelder kam zu spät, und zwei weitere von ihm bestellte Vertreter des sächsischen Ministeriums (Professor Kroh und Dr. Scheuer) machten äußerst kritische Bemerkungen, die Holfelder übernahm. Klein versuchte, mit Hilfe von Baeumler die Situation zu retten.[145]

In diese Zeit fiel auch der Besuch des Korvettenkapitäns Hans Erdmenger an der Schule. Nach den Kämpfen in und um Narvik war er mit dem Ritterkreuz ausgezeichnet worden. Er war Schülervater und erzählte den Schülern gerne von seinen Erlebnissen. Es entspann sich ein herzliches Verhältnis. Im Februar 1941 fand im Hotel „Vier Jahreszeiten" in München eine Begegnung zwischen ihm, Leitgen und Hess statt, vermutlich auf Betreiben Kleins. Sinngemäß soll Leitgen in diesem Gespräch zu der Frage Erdmengers nach den Aufgaben des Amtes Hess die ziemlich unwahrscheinliche Äußerung getan haben:

„Wenn Sie es für sich behalten, will ich es Ihnen sagen. Wir sehen unsere Aufgabe darin, alle Geistesrichtungen in Deutschland zu schützen, die noch aufbauend im Geistesleben wirken können und die von anderen Stellen des Nationalsozialismus ausradiert würden."[146]

Daß man Leitgen diese Äußerung zuschrieb, macht aber sehr wohl seine Einstellung deutlich und auch verständlich, daß Klein in ihm eine Stütze sah. In einer Meldung an seinen Vorgesetzten bestätigte Erdmenger, wenn nicht diese Aussage, so doch ein solches Gespräch.[147]

[144] E. Kühn, K. Sandkühler, E. Schwebsch, M. Tittmann an die früheren Mitglieder des Waldorfschulvereins vom September 1940. Archiv Bund der Waldorfschulen 5.9.107.

[145] E. Klein an A. Baeumler vom 6. Mai 1941. Archiv Bund der Waldorfschulen 7.2.075. Klein spricht von drei Besichtigungen in dieser Zeit. Dokumentiert sind die Besichtigungen vom 28. März und 21./22. April 1941 durch Berichte, die J. W. Hauer zugingen. BAK NL 131/5. Zu der letztgenannten kam auch der damalige Kultusminister Göpfert. Klein war im Juni über ihre bevorstehende Verhaftung und die geplante Schließung der Schule informiert. Die letzte Besichtigung fand am Tage – das Datum wird nicht genannt – ihrer Verhaftung statt. Vgl. Elisabeth Klein, Vorbereitung, Gründung und Leben der Schule, in: Gedenken an die Rudolf Steiner Schule Dresden, Gerlingen, 1980, S. 19f.

[146] Wahrscheinlich sinngemäß von Klein wiedergegeben. Vgl. Klein, Begegnungen, Freiburg 1978, S. 126.

[147] Korvettenkapitän Hans Erdmenger an Chef T Wa I, M. vom 10. Juni 1941. PA Peter von Ruckteschell..

Der „Schutz“ des Amtes Hess ging mit dem Englandflug von Hess am 10. Mai 1941 verloren. Bormann übernahm in dem bald in „Partei-Kanzlei“ umbenannten Amt vollends die Regie. Schon bald wurde er in der Frage der Waldorfschulen aktiv. Offenbar nach Rücksprache mit Hitler verlangte er vom Chef der Reichskanzlei, die noch bestehenden Waldorfschulen Dresden und – irrtümlich – auch Wandsbek, die seit mehr als einem Jahr geschlossen war, zum Jahresende aufzulösen oder in Staatsschulen mit einwandfreien nationalsozialistischen Lehrern umzuwandeln.[148] Merkwürdig erscheint, daß Bormann nicht die sofortige Schließung forderte, sondern das „Ende des laufenden Schuljahr“, d. h. Ostern 1942, noch abgewartet wissen wollte. Tatsächlich sollte die Schule dann schon Anfang Juli 1941 geschlossen werden, und zwar im Zusammenhang mit der sogenannten Aktion gegen die Geheimlehren, über die im dritten Teil, Kap. 1, berichtet werden wird. Als Auflösungstermin wird in einem Vermerk der Reichskanzlei der 5. Juli 1941 genannt.[149] Den Zuständigkeiten entsprechend wurde die Schule durch die Schulverwaltung, der Schulverein durch die Gestapo liquidiert.[150]

Noch im März 1941 hatten die 15 Schüler der Abiturklasse sämtlich die Reifeprüfung bestanden. Die mündliche Prüfung wurde damals zum ersten Male von den Lehrern der Rudolf Steiner Schule selbst abgenommen. Eine größere Eltern-Lehrertagung fand ebenfalls im März statt. Am 31. März wurde die Entlassungsfeier für die Abiturienten veranstaltet. Die Beteiligten wußten nicht, daß dies wohl auch die letzte große Feier der Schule war. Martin Tittmanns „Kantate zur Schulentlassung“, vertont von Fritz Steglich, wurde aufgeführt.[151]

Hans Jacobi berichtete über die Abschiedsfeier am 4. Juli mit folgenden knappen Sätzen:

Die Ansprache zum Abschluß der Schule in der Aula endete mit den Worten: ‚Die Schule ist geschlossen‘. Oskar Salzmann eilte auf den Hof und zog die Fahne herunter. Zu den Kindern seiner Klasse, die weinend aus der Tür drängten, sagte er: ‚Seid nicht traurig, bald werden wir die Schule wieder aufmachen.‘“[152]

Über die praktische pädagogische Arbeit an der Dresdner Schule während dieser letzten Jahre gibt es neben zahlreichen mündlichen Berichten eine ganze

148 Bormann an den Chef der Reichskanzlei, Lammers vom 24. Mai 1941. BAP R 43 II/955a.

149 Reichskanzlei Vermerk vom 3. Juli 1941. BAP R 43 II/955a.

150 Albin Preuß an Herrn Braun vom 5. Oktober 1941. Archiv Bund der Waldorfschulen 5.9.117. Die Abschlußfeier fand am 4. Juli statt. Götte nahm an ihr teil. Tagebuchaufzeichnungen Götte. PA Christoph Lindenberg.

151 E. Klein an A. Baeumler vom 14. März 1941, Archiv Bund der Waldorfschulen 7.1.090 und „Aus der Arbeit Rudolf Steiner Schule Dresden“, H. 6, Frühjahr 1941, S. 31 ff. und S. 36. 15 Abiturienten und 15 Schüler mittlere Reife. IfZ MA 610 – 57726. Trotz des Papiermangels konnten die Lehrer diese letzten Hefte herausgeben.

152 Oskar Salzmann wurde am 8. Mai 1945 wegen seiner Aussage, der Krieg sei verloren, erschossen. In den Oktobertagen 1945 wurde von Lehrern und Eltern die Schule wieder eröffnet und bestand noch bis 1949. Vgl.: Gedenken an die Rudolf Steiner Schule Dresden, Gerlingen 1980, S. 26 und 52.

Reihe von Berichten ehemaliger Lehrer und Schüler, die in dem schon genannten Gedenkheft zum 50jährigen Jubiläum der Schule (1929 – 1979) zusammengefaßt wurden. Es läßt sich daraus erkennen, daß die Schule praktisch ungehindert die Waldorfpädagogik fortführte, ja daß durch das Hinzukommen der Lehrer aus Stuttgart, Hannover, Wandsbek und Breslau für kurze Zeit ein neues „Zentrum“ der Waldorfpädagogik entstand, eine bis Juni 1941 lebendige und produktive Schulgemeinschaft.[153]

Die jüngeren Schüler erlebten „ihre“ Schule ohne politisches Bewußtsein als eine menschliche Oase inmitten einer sonst unfreundlicher werdenden Welt. Die älteren Schüler aber wußten, worum es ging. Sie erlebten, daß „ihre“ Schule im Gegensatz zur NS-Gesellschaft stand. Sie wußten, daß darüber nicht geredet werden konnte und daß man sich der Umwelt gegenüber tarnen mußte. Wenn der Lehrer zum Beispiel sagte: „Diese Aufsätze, die ihr jetzt schreibt, gehen nach Berlin“, so verstanden die Schüler sehr wohl, was gemeint war, und schrieben in diesem Sinne.[154]

Das Verbot der „Hilfskasse“ und des Waldorfschulvereins

Neben dem Ausfall der Einnahmen durch die Folgen der Schüleraufnahmesperre entstand dem Stuttgarter Schulverein eine zusätzliche Belastung, weil nach der Verordnung Rusts vom 6. August 1937 der Verein nicht mehr die Gemeinnützigkeit beanspruchen konnte und nun eine Grundsteuer von ca. RM 10 000 jährlich zahlen mußte.[155] Trotzdem stand der Verein nach Schließung der Schule nicht mittellos da, und es wurde die Frage zukünftiger Aufgaben diskutiert. Zunächst stand die Versorgung der großen Stuttgarter Lehrerschaft im Vordergrund, für die ein Abfindungsprogramm für die Zeit bis Ostern 1939 festgelegt wurde.[156] Es war nämlich bereits vorherzusehen, daß ein Teil der Lehrerschaft ohne Anstellung bleiben würde. Deshalb hatte man schon im

[153] Vgl. Gedenken an die Rudolf Steiner Schule Dresden, Gerlingen, 1980.

[154] Aussage Johannes Lenz.

[155] Vgl. Ministerialabteilung für die höheren Schulen, Stuttgart, an den Vorstand des Waldorfschulvereins, vom 23. November 1937. Nach dem neuen Gesichtspunkt hätte die Schule „Aufgaben von besonderer erzieherischer Bedeutung wahrnehmen [müssen], die im staatlichen Interesse liegen.“ Im übrigen wurde gerade in Stuttgart die wirtschaftliche Unterminierung der Schule auch durch die Stadt selbst gefördert: Der Oberbürgermeister drängte schon seit einiger Zeit auf die Schließung, weil er die Gebäude für die Umsiedlung einer öffentlichen Schule in Anspruch nehmen wollte. Oberbürgermeister der Stadt der Auslandsdeutschen an Ministerpräsident und Kultminister Professor Mergenthaler vom 12. Oktober 1937. BAP R 4901–3285.

[156] Davon waren 62 Personen betroffen. Die Abfindungssummen beliefen sich insgesamt 1938 auf RM 129 000 und für 1939 auf RM 39 700, Liste vom 31. Dezember 1938. Archiv Bund der Waldorfschulen 5.10.108. Wie aus Anlage 5 vermutet werden kann, griff der Verein möglicherweise auf sein Vermögen zurück, um die Mittel aufzubringen (sonstige Einnahmen 1938: 311 000 RM).

Oktober 1937 für diesen Fall einen gesonderten Verein „Hilfskasse für die ehemalige Lehrerschaft der Waldorfschule Stuttgart" gegründet.[157] Diesem sollten aus dem Vermögen des Waldorfschulvereins Mittel in Höhe von ca. RM 84 000 zur Verfügung gestellt werden.

Zweitens entschied sich der Verein für eine Förderung der Schulen in Dresden und Wandsbek. Für die Rudolf Steiner Schule Dresden erfolgten monatliche Zahlungen ab 1. Januar 1939 bis 31. März 1940. Für das Schuljahr 1940/41 stellte der Verein nochmals der nun allein verbleibenden Dresdner Schule RM 36 000 zur Verfügung. Diese Zuwendungen standen selbstverständlich auch – aber nicht ausschließlich – im Zusammenhang mit dem Wechsel von Stuttgarter Lehrern an die Dresdner Schule.

Im Laufe des Jahres 1939 stellte sich grundsätzlich die Frage, wie und von wem der Verein weitergeführt werden sollte. Dabei ergaben sich zwei gegensätzliche Positionen, die von Emil Kühn geschildert wurden: Im Hinblick auf ihre Stellung als einzig verbliebene Waldorfschule in Deutschland beanspruchte die Dresder Schule die Leitung des Vereins durch eine Initiativgruppe aus ihrem Kollegium. Kühn betonte dagegen:

„Unser äußeres Zentrum ist mit der Waldorfschule [in Stuttgart, U. W.] verschwunden. Die Verantwortung, die Pädagogik Rudolf Steiners zu vertreten, ist in der Hauptsache an die weiterbestehenden Schulen übergegangen. Der Waldorfschulverein hätte sich einer dieser Schulen zur Verfügung stellen können, wenn er sie an die Stelle der Waldorfschule hätte setzen wollen. Das erschien uns unrichtig; denn wir haben die Waldorfschule ja nicht aufgegeben; – sie wurde uns äußerlich entrissen. – So können wir nur versuchen, uns in die Verantwortung mit den Schulen zu teilen, indem wir die Aufgabe des Vereins erweitern zu derjenigen einer Gesellschaft für die Pädagogik Rudolf Steiners [...]"[158]

Eine gemeinsame Lösung wurde nicht gefunden, aber es wurde vereinbart, daß sich die Schulvereine in ihrer Entwicklung nicht hindern, sondern stützen wollten. Die finanziellen Hilfen des Waldorfschulvereins für Dresden waren als freier Zuschuß gedacht und nicht speziell an den Übergang einiger Waldorflehrer nach Dresden gebunden.

Auf der Mitgliederversammlung vom 16. Juli 1939 war die Verlegung des Vereinssitzes nach Berlin beschlossen worden. Motiv war dabei die größere Nähe zu Dresden und Wandsbek, sehr wahrscheinlich spielte aber vor allem der Gedanke eine Rolle, sich aus dem Einflußbereich Mergenthalers zu entfernen. Dieser Beschluß führte jedoch letztlich zur Auflösung des Vereins, denn mit der Eintragung in das Berliner Vereinsregister wurde eine polizeiliche

[157] Gestapo Stuttgart an Gestapa Berlin. FS vom 19. Januar 1938. BAD Z/B 1 889.

[158] Quelle, auch für die vorher genannten Zahlen: Mitteilungen an die Mitglieder des Waldorf-Schulvereins e. V., Stuttgart, Mai 1940. Archiv Bund der Waldorfschulen 5.10.180. Intern fixierte der Vorstand die Verhandlungsgrundlagen in zwei Richtlinien: I, evtl. als Antrag zu den Verhandlungen zu verwenden, und II zur gegenseitigen Verständigung an Frau Dr. Klein, Herrn Eymann, Herrn Maikowski vom 1. August 1938, sowie E. Kühn an E. Klein vom 1. August 1938. Archiv Bund der Waldorfschulen 4.6.111 und 4.6.112.

Überprüfung des Vereins in Gang gesetzt. Das gleiche Problem hatte sich bereits vorher hinsichtlich der für die Einrichtung der Hilfskasse der ehemaligen Stuttgarter Lehrerschaft nötigen vereinsrechtlichen Maßnahmen ergeben.

Rechtsanwalt Frings, der juristische Berater des Waldorfschulvereins, sprach am 20. Januar 1939 im Berliner SD-Hauptamt vor, da die Stuttgarter Gestapo gegen die Eintragung des Vereins „Hilfskasse..." Einspruch erhoben hatte. Er bat um Aufhebung des Einspruchs.[159]

Frings wurde vertröstet, hakte aber Anfang März glücklicherweise nochmals nach. Hier wurde ihm mündlich mitgeteilt, daß der Einspruch der Stuttgarter Gestapo nicht zurückgenommen werde. Die für die „Hilfskasse" vorgesehenen Mittel sollten dem NSLB zugeführt werden, der für die notleidenden Lehrer verantwortlich wäre.[160] Diese mündliche Mitteilung veranlaßte Frings zur sofortigen Auflösung dieser Sondermittel im Waldorfschulverein. Daß er sie damit vor dem Zugriff der Behörden rettete, geht aus der Aufforderung des SD-Hauptamtes an den SD-Führer Stuttgart hervor, das Sondervermögen dem Waldorfschulverein zu entziehen. Das entsprechende Schreiben ging aber erst Anfang April ab, als Frings in Zusammenarbeit mit Kühn die Beträge schon verteilt hatte. Es enthält aber die eigentlichen Beweggründe des Sicherheitshauptamtes:

> „[...] Die Eintragung des Vereins ist unerwünscht, weil die Gefahr besteht, daß sich dieser Verein wiederum zu einer Tarnorganisation der verbotenen Anthroposophischen Gesellschaft ausweiten kann. Dem Rechtsanwalt Frings ist dieser Grund absichtlich nicht mitgeteilt worden [...]."[161]

Der Gedanke bei der Überführung der Mittel an den NSLB war letztlich der folgende:

> „Da es dem NSLB schließlich gelungen wäre, diese Lehrer irgendwie unterzubringen, wären die Unterstützungsverpflichtungen hinfällig geworden und der Rest des Vermögens wäre dem NSLB zugute gekommen. Soweit sich die Angelegenheit von hier aus übersehen läßt, ist dieses Vorhaben deshalb nicht zustandegekommen, weil vom Gestapa einerseits und vom SD-Hauptamt andererseits völlig verschiedene Anweisungen herausgegeben worden sind: das Gestapa hat die Auflösung mit sofortiger Selbstliquidation verfügt, gemäß Anweisung des SD-Hauptamtes sollte die Auflösung in Verbindung mit der Überführung des Vermögens an den NSLB erreicht werden [...]."[162]

Frings hatte also schnell genug gehandelt. Die Mittel wurden an hilfsbedürftige Lehrerfamilien verteilt bzw. an die Spender zurückgegeben.

[159] SS-Sturmbannführer Ehrlinger. Vermerk vom 20. Januar 1939. BAD Z/B 1 903.
[160] Diese Lösung war nach Rücksprache mit dem Erziehungsministerium vom dortigen Referenten Ministerialrat Graf zu Rantzau vorgeschlagen worden. Vgl. Der Reichsführer SS, Der Chef des Sicherheitshauptamtes. Vermerk vom 7. März 1939 und vom 17. März 1939. Beide BAD Z/B 1 889.
[161] Sicherheitshauptamt an SD-Führer des SS-Oberabschnitts Südwest, Stuttgart, vom 5. April 1939. BAD Z/B 1 889.
[162] Sicherheitshauptamt an SD-Führer des SS-Oberabschnitts Südwest, Stuttgart vom 16. Mai 1939. BAD Z/B 1 889.

Was sich im Frühjahr 1939 für die „Hilfskasse“ abgespielt hatte, wiederholte sich ähnlich im Januar und Februar 1940 hinsichtlich des Waldorfschulvereins.

Die Berliner Polizei reichte den Antrag auf Eintragung des Vereins an das Amt für Lehrplanung (Abt. Verbände) im Amt Rosenberg zur Beurteilung weiter. Bahr, der Amtsleiter, forderte ein Gutachten bei Baeumler an, nunmehr bei Rosenberg Leiter des Amtes Wissenschaft. Am 13. Januar 1940 antwortete Baeumler:

„[...] Es besteht der begründete Verdacht, daß ein solcher Verein, von ehemaligen Anthroposophen begründet, in irgendeiner Form die Linie der anthroposophischen Gesellschaft wieder annimmt. Unbeschadet der Stellungnahme an den praktischen Versuchen der Waldorfschulen ist daher aus weltanschaulich-politischen Gründen die Zustimmung zu den Satzungen zu verweigern.“[163]

Die Polizei teilte Kühn die Ablehnung mit. Kühn wurde am 10. Februar bei Bahr vorstellig. Als Bahr daraufhin nochmals Baeumler ansprach, erwiderte dieser, daß ja in den Statuten vom Studium der Pädagogik Rudolf Steiners die Rede sei. „Hätte der Verein nur den Zweck der wirtschaftlichen Stützung der Schulen in Wandsbek und Dresden, dann müßten ja wohl auch Vertreter der beiden Schulen in seinem Vorstand sich befinden [...].“[164]

Ob Baeumler hier als treuer Nationalsozialist handelte oder es jetzt bloß nicht mehr wagte, eine positive Stellungnahme abzugeben, weil er inzwischen als Folge seines Gutachtens über Rudolf Steiner mit Mißtrauen betrachtet wurde, muß dahingestellt bleiben. Jedenfalls wußte er so gut wie Elisabeth Klein und Emil Kühn auch, daß diese Beurteilung dazu führen mußte, die Eintragung des Vereins in Berlin zu verhindern.

Am 25. Februar 1940 machte Stockmeyer nochmals mit einer Eingabe den Versuch, Baeumler umzustimmen.[165] Ohne Erfolg. Drei Tage später (!) teilte Bahr Emil Kühn die negative Stellungnahme mit.[166] Anfang März enthob Kühn Frau Grafe, verantwortlich für eine Arbeitsgruppe des Vereins in Stuttgart, ihres Amtes, weil diese eine Nichtarierin an einer Sitzung der Arbeitsgruppe hatte teilnehmen lassen. Kühn machte davon der Gestapo Mitteilung.[167] Offenbar lag der Versuch vor, den Verein als politisch zuverlässig darzustellen. Aber auch solche opportunistischen Zugeständnisse halfen jetzt nichts mehr.

[163] A. Baeumler, Reichsamtsleiter, an das Amt für Lehrplanung, Pg. Bahr. IfZ MA 610 – 57978.

[164] Amt für Lehrplanung, Hauptstelle Verbände an Prof. Baeumler vom 10. Februar 1940 und A. Baeumler an Amt für Lehrplanung, Pg. Bahr, vom 19. Februar 1940. IfZ MA 610 57975, 57974.

[165] E. A. Karl Stockmeyer an A. Baeumler vom 25. Februar 1940. IfZ MA 610 57869/70.

[166] BfdFÜ (Amt für Lehrplanung) an Emil Kühn vom 28. Februar 1940. Gez. Bahr. Archiv Bund der Waldorfschulen 4.3.459.

[167] Vorstand des Waldorfschulvereins an Frau Grafe vom 7. März 1940 und an die Geheime Staatspolizei Stuttgart vom 8. März 1940. Archiv Bund der Waldorfschulen 4.4.157 und 4.4.160.

Der Vorstand beschloß die Einberufung einer Mitgliederversammlung mit dem Zweck der Selbstauflösung. Die Auflösung des Waldorfschulvereins wurde am 25. März 1940 im 21. Jahr seines Bestehens beschlossen. Die genannte Broschüre über das Leben dieses Vereins und über den Auflösungsbeschluß wurde den Mitgliedern im Mai 1940 zugesandt. Darin wird auch eine Ansprache Fritz Göttes, des Geschäftsführers der Weleda AG, die den Verein regelmäßig unterstützt hatte, wiedergegeben. Sie vermittelt einen Eindruck der damaligen Stimmung und berührt Aspekte, unter denen der Verein gegründet und geführt worden war:

„[...] Es ist in dieser Versammlung gesprochen worden von Samen, die in die Erde versenkt werden und von Keimen, die starke Entwicklungskraft in sich tragen [...].Wir dürfen diese Worte ernst nehmen und in uns weitertragen. Wir sehen nicht, welchen Weg diese Samens- und Keimeskräfte einmal nehmen werden. Aber wir sind berechtigt, in unserer Zeit und besonders in diesen Ostertagen, auch an das Wunder zu glauben und das Wunder zu erwarten.

Mit dieser Institution geht nicht irgendein Verein dahin. Vor solchem Irrtum bewahrt schon der Gedanke an die Persönlichkeiten seiner Begründer[...]: Emil Molt und Rudolf Steiner. Der Impuls des Industriellen, nicht Wirtschaft um der Wirtschaft willen zu treiben, sondern Erträgnisse der Wirtschaft im Geistigen aufgehen zu lassen, und die Erkennung der Entwicklungsgesetze des Menschen und ihre Fruchtbarmachung als pädagogische Kunst durch den Geistesforscher, führten zur Gründung der Schule und des sie tragenden Vereins[...]. Tausende haben fortan aus dem Ertrag ihrer täglichen Arbeit durch zwei Jahrzehnte hindurch gegeben [...]. Der Hälfte aller Schüler [ist] der Besuch der Waldorfschule ermöglicht worden durch die freien Gaben völlig fremder Menschen [...].

Niemand wird leichthin über den Tod der Schule selbst und über die Auflösung des Schulvereins hinweggehen können. Dazu ist der Schmerz zu tief. Aber [...] Samen und Keim haben an sich die Kraft, vielfältig zu werden. [...], das weiß jeder tief im Herzen.

Eines soll noch angefügt werden: Jener Schenkungswille [...] braucht nicht zu verlöschen. Er wird ein aktiver Wille bleiben für denjenigen, welcher das liebt, was im Geiste Rudolf Steiners und im Geiste seiner liebsten Schöpfung heute noch im Kleineren geschieht. Er kann es suchen, und wer ernstlich sucht, wird auch seinen Schenkungsort finden, handle es sich um die Erziehung gesunder Kinder oder um diejenigen Stätten, in denen die opfervolle, aber segensreiche Arbeit an den kranken und gehemmten Kindern geschieht. [...].“[168]

[168] Mitteilungen an die Mitglieder des Waldorfschulvereins e. V., Stuttgart, Mai 1940. Archiv Bund der Waldorfschulen 5.10.180. Mit dem letzten Satz wies Götte auf die heilpädagogischen Heime hin, die ja zu diesem Zeitpunkt noch alle existierten. Vgl. dritter Teil, Kapitel 2.

4. Die „Literatur-“ und die „Logenfrage“

Einleitung

Bei der „Literaturfrage“ handelte es sich um das Problem der Wiederzulassung anthroposophischer Literatur, besonders der Werke Rudolf Steiners, bei der „Logenfrage“ ging es um die Streichung der Anthroposophischen Gesellschaft aus der Liste der freimaurerähnlichen Organisationen. Dies war für die berufliche Zukunft von Anthroposophen als Beamte wichtig. Beide Bereiche waren miteinander verknüpft, weil beide in gleicher Weise von der Beurteilung der Anthroposophie durch die NS-Behörden abhingen. Zwei Waldorfschulen waren von den Behörden mit dem Vorbehalt weiter geduldet worden, sich von der anthroposophischen Grundlage loszusagen. Baeumlers Gutachten hatte die Möglichkeit für diese Lösung geschaffen. Ähnlich wurde nun in der Literaturfrage verfahren, die schon seit den Verhandlungen vom 5. Mai 1936 bestand, für die aber erst seit Baeumlers Gutachten über die Waldorfschulen eine Lösung möglich schien.

Ausgangspunkt für die sogenannte „Logenfrage“ war die Tatsache, daß die „Anthroposophische Gesellschaft“ (später auch die „Anthroposophischen Gesellschaften“) auf die Liste der „Freimaurerlogenähnlichen Organisationen“ gesetzt worden war. Diese Liste wurde am 7. Dezember 1936 durch das Reichsinnenministerium herausgegeben. Eickhoff war ins Hauptamt Ordnungspolizei versetzt worden und hatte dies übersehen, oder er wurde bewußt übergangen. Prinzipiell durften ehemalige Freimaurer keine Beamte mehr sein.[169] Die Liste war hierfür Entscheidungsgrundlage. Für Anthroposophen im Beamtenverhältnis war es deshalb von Bedeutung, daß die Gesellschaft nicht auf der Liste geführt wurde.

Außerdem hatte diese Frage für die Parteimitgliedschaft Bedeutung. Selbstverständlich konnte im Prinzip ein früheres Mitglied einer verbotenen Organisation nicht Parteimitglied bleiben oder werden. In diesem Zusammenhang war die Stellungnahme des Obersten Parteigerichts (OPG) entscheidend. Dabei hätte man annehmen können, daß die Frage in bezug auf die Anthroposophische Gesellschaft schnell eindeutig entschieden werden würde. Das war jedoch nicht der Fall. Über längere Zeit waren OPG und Reichsinnenministerium gegensätzlicher Meinung. Schließlich entschied sich das OPG, beim SD eine Stellungnahme zu der Frage einzuholen, ob Anthroposophen zu den Freimaurern gerechnet werden sollen.

[169] Später wurden die Bedingungen etwas differenziert. Zugehörigkeit von Beamten zu Freimaurerlogen, anderen Logen oder logenähnlichen Organisationen. Rd. Erl. d. RuPr MdI v. 7. 12. 1936 – II SB 6190/4785 (STAK S 3 254).

Das vorläufige Ende der Literaturfrage

Das Verbot sämtlicher Werke Rudolf Steiners war nicht im Zuge des Verbots der Anthroposophischen Gesellschaft im November 1935 ausgesprochen worden, sondern schon gut ein Jahr früher, allerdings zunächst nur von der Bayrischen Politischen Polizei, deren „Verzeichnis polizeilich beschlagnahmter und eingezogener, sowie für Leihbüchereien verbotener Druckschriften“ vom Herbst 1934 Steiner mit dem Zusatz „Alles“ aufführt.[170] Aus dieser Liste wurden Steiners Werke in die Ende 1935 (mit Stand Oktober 1935) von der RSK fertiggestellten „Liste 1 des schädlichen und unerwünschten Schrifttums“ übernommen.[171]

Wie bereits geschildert, war am 5. Mai 1936 auch die schrittweise Wiederzulassung der Werke Rudolf Steiners nach jeweiliger Überprüfung durch die Gestapo vereinbart worden. Das lag in der Logik der Zulassung einer anthroposophischen Arbeitsgruppe. Haselbacher hatte ja auch recht schnell zwei Werke freigegeben, allerdings in mißverständlicher Form. Klein und Bartsch interpretierten Haselbacher so, daß dem Druck bei Karl Eymann in Dresden und dem öffentlichen Verkauf der Titel nichts mehr im Wege stünde. Zwischen Marie Steiner und dem Verlag „Emil Weises Buchhandlung“ in Dresden kam es zu ersten Vereinbarungen über die Herausgabe von Steiners Werken in Deutschland.[172] Der zuständige Sachbearbeiter in der Reichsschrifttumskammer, Menz, protestierte aber vehement gegen die Interpretation Kleins und Bartschs. Seines Erachtens war die Freigabe auf den Gebrauch durch den „Studienkreis“ beschränkt worden, und er wies im Februar 1937 auch jede Genehmigung für fünf weitere von Klein und Eymann beantragte Titel zurück.[173] Haselbacher hatte Menz rechtgegeben. Im April 1937 beschrieb Eymann Marie Steiner die Lage:

„Auf Grund der Vorkommnisse Anfang Februar von Seiten der Reichsschrifttumskammer aus war es geboten, meinen Zahlungsantrag zurückzuhalten [...]. Inzwischen wurde ich ja Anfang Februar gezwungen zu der eidesstattlichen Erklärung, bis auf weiteres den gesamten Vertrieb der Bücher Steiners einzustellen. Ja, am Sonnabend, den 24. April war wieder ein Beamter der Geh. Staatspolizei bei mir, der mich ‚belehrte‘, daß die

[170] IfZ DC 16.03(a), S. 229

[171] Jan-Pieter Barbian, Literaturpolitik im „Dritten Reich“, München 1995, S. 523 f. und Liste 1 des schädlichen und unerwünschten Schrifttums, Stand Oktober 1935. Bundesarchiv Berlin Bibliothek 770/63 RD 33/18 1935,1, S. 116.

[172] Rudolf Steiner Archiv, Akte Eymann.

[173] Der Präsident der Reichsschrifttumskammer an Frau Dr. Klein vom 8. Februar 1937 und an das Amt Rosenberg, Stabsleiter Urban, vom 8. Februar 1937. Beide IfZ MA 610 58226 und 58227, sowie an Gestapa, Haselbacher in Abschrift. BAD Z/B 1 1005. Beantragte Titel: „Die Philosophie der Freiheit“ (heute GA 4), „Die Mystik im Aufgange des neuzeitlichen Geisteslebens“ (heute GA 7), „Vom Menschenrätsel“ (heute GA 20), „Grundlinien einer Erkenntnistheorie der Goetheschen Weltanschauung“ (heute GA 2), „Das Christentum als mystische Tatsache“ (heute GA 8).

Schriften R. Steiners auf der Liste der verbotenen und staatsgefährdenden Bücher standen; ganz gleich, in welchem Verlag sie erschienen seien."[174]

Die Sache blieb bis in den Winter 1937/38 liegen. Für die Anthroposophen traten zu jener Zeit die geschilderten Bestrebungen für die Aufhebung der Schüleraufnahmesperre in den Waldorfschulen und die „Logenfrage" in den Vordergrund. Durch die Behörden waren neben dem Verbot der Werke Steiners auf der allerdings geheim bleibenden „Liste des schädlichen und unerwünschten Schrifttums" bis dahin offiziell die Verbote gegen die Wochenschrift „Das Goetheanum" (15. Januar 1936) und die Verbreitung der Werke aus dem Philosophisch-Anthroposophischen Verlag am Goetheanum (7. Februar 1936) ergangen.[175] In den ebenfalls geheim bleibenden „Nachträgen I-III" vom 10. Juni 1936 wurde das Verbot der Steinerschen Werke wiederholt.[176] Wie Eymann in obengenanntem Brief berichtet, wurde in der Folge nochmals ein Verbot sämtlicher Schriften Rudolf Steiners, nach Angaben eines Sachbearbeiters im SD von 1939 später auch sämtlicher Schriften über Rudolf Steiner ausgesprochen sowie einzelne Werke anthroposophischen Inhalts in die Liste des „schädlichen und unerwünschten Schrifttums" aufgenommen.[177] Sicher scheint zu sein, daß die betroffenen Stellen (SD, Reichsschrifttumskammer, Reichsinnenministerium) erst nach und nach den Umfang der anthroposophischen Literatur wahrnahmen.

Die Logenfrage im SD-Hauptamt

Das SD-Hauptamt wurde Mitte 1936 und Anfang 1937 von drei Seiten zu einer erneuten Stellungnahme in Bezug auf die Anthroposophie aufgefordert.

1. Die „Parteiamtliche Prüfungskommission zum Schutze des NS-Schrifttums" (PPK) plante im Juli 1936 ein „politisch einwandfreies" Nachschlagewerk und forderte den SD auf, zum Stichwort „Anthroposophie" „eine Wer-

[174] Karl Eymann an den Philosophisch-Anthroposophischen Verlag, Dornach, vom 27. April 1937. Rudolf Steiner Archiv, Akte Eymann.

[175] Die Unterlagen enthalten u. a. eine umfangreiche Eingabe von Emil Weises Buchhandlung mit einer Denkschrift betr. den Philosophisch-Anthroposophischen Verlag am Goethenanum. Es wurde versucht nachzuweisen, daß von den Einnahmen des Verlages aus Deutschland 3/5 wieder in Deutschland ausgegeben werden, wobei der Verlag außerdem noch den „Verein zur Förderung Goetheanischer Bühnenkunst" in Deutschland unterstützte. Bernhard Brons für Emil Weises Buchhandlung an Reichs- und Preußisches Ministerium des Innern vom 5. März 1936. BAD Z/B 1 904.

[176] Gestapa, Nachträge I-III zur Liste 1 des schädlichen und unerwünschten Schrifttums. Bundesarchiv Berlin. Bibliothek 645/53, S. 12.

[177] Vermerk im SD-Hauptamt vom 25. 8. 1938. BAD Z/B 1 902 und SD-Hauptamt, Bericht über die Anthroposophie vom 20. Februar 1939. BAD Z/B 1 889.

tung der Bestrebungen Rudolf Steiners und damit eine innere Begründung für das Verbot der Anthroposophischen Gesellschaft in Deutschland“ zu geben.[178]

2. Das Oberste Parteigericht der NSDAP (OPG) wurde von den Gaugerichten zu einer grundsätzlichen Stellungnahme zur Anthroposophischen Gesellschaft gedrängt, die es von einer „gutachterlichen Äußerung des SD als maßgeblich“ abhängig machen wollte.[179]

3. Das Reichsinnenministerium richtete auf Grund einer Eingabe von Bartsch an Himmler die Frage, ob die Aufnahme der Anthroposophischen Gesellschaft in die Liste der freimaurerähnlichen Organisationen rückgängig gemacht werden solle.[180]

Haselbacher antwortete nur auf die Anfrage des Reichsinnenministeriums, und zwar mit der eindeutigen Stellungnahme: Die Anthroposophische Gesellschaft müsse in der Liste verbleiben.[181] Nach einem Aktenvermerk vom 19. Februar 1937 hatte Maikowski schon am 12. November 1936 ausführlich gegen die Aufnahme der Gesellschaft in diese Liste protestiert. Die Frage war zu dem Zeitpunkt auch für die Lehrer der Waldorfschulen akut geworden, da sie in einer Erklärung den Behörden gegenüber angeben mußten, ob sie einer Freimaurer- oder logenähnlichen Organisation angehörten oder angehört hatten.[182] Ein Beispiel dafür ist die Erklärung von Albertine von Schall, damals Lehrerin an der Waldorfschule Hannover. Schall erklärte auf dem Formblatt, sie hätte zwar der Anthroposophischen Gesellschaft angehört, doch würde diese „irrtümlich zu den logenähnlichen Organisationen“ gezählt.[183] Mit der Bemerkung, daß ihr „eine Kritik an den ministeriellen Entscheidungen nicht zustehe“, forderten die Behörden sie auf, eine korrekte Erklärung abzugeben, was dann einen Monat später auch geschah.[184]

In diesem Zusammenhang schrieb Elisabeth Klein an Karl Heise (Zürich) und bat ihn um Auskunft über die Beteiligung Steiners an der Entstehung von Heises Buch „Entente, Freimaurerei und Weltkrieg“. Beabsichtigt war, Steiner als Gegner der Freimaurerei darzustellen und damit eine Möglichkeit zu ge-

[178] Parteiamtliche Prüfungskommission zum Schutze des NS-Schrifttums an die Geheime Staatspolizei vom 8. Juli 1936. BAD Z/B 1 903.

[179] NSDAP, Oberstes Parteigericht, Zentralamt an SD-Hauptamt vom 28. August 1936. BAD Z/B 1 904.

[180] Der Reichs- und Preußische Minister des Innern an Reichsführer SS und Chef der Deutschen Polizei im Reichsministerium des Innern vom 10. Februar 1937. BAD Z/ B 1 903. Das Schreiben von Bartsch ist nicht erhalten. Es war vom 25. Januar 1937.

[181] Der Reichsführer SS und Chef der Deutschen Polizei im Reichsministerium des Innern S – PP (IIB) an Abt. II SB im Reichs- und Preußischen Ministerium des Innern vom 13. März 1937. Referent Reg. Rat. Dr. Haselbacher. BAD Z/B 1 903.

[182] Aktenvermerk Kahn vom 19. Februar 1937. StAH.

[183] Erklärung vom 16. Juni 1938. STAH HR 16–2326.

[184] Städtischer Schulrat an Waldorfschule Hannover vom 7. Juli 1938 und Städtischer Schulrat an Regierungspräsidenten Hannover vom 20. Juli 1938. Quelle für beide: STAH HR 16–2326.

winnen, die Streichung der Gesellschaft aus besagter Liste zu ermöglichen.[185] Der Brief wurde offiziell erst 1940 von Erhard Bartsch verwendet.

Verschiedentlich erreichten das SD-Hauptamt auch Anfragen, ob die „Anthroposophischen Arbeitsgemeinschaften" und die „Freie Anthroposophische Gesellschaft" in gleicher Weise wie die Anthroposophische Gesellschaft zu behandeln wären.[186] Beides wurde bejaht. Im Mittelpunkt stand aber die Frage einer grundsätzlichen Stellungnahme. Im Juni 1937 wollte Heydrich zunächst, daß ein Bericht an Bormann verfaßt werde.[187] Dann wurde daran gedacht, dem Obersten Parteigericht den SD-Bericht vom Mai 1936 zuzuschicken.[188] Der Plan wurde wiederum fallengelassen. Nachdem Best und Christensen sich verständigt hatten, sollte für das OPG ein Bericht verfaßt werden, „in welchem, ohne selbst Stellung zu nehmen, ganz geschickt über die Anthroposophische Gesellschaft berichtet werden soll. Dabei soll in dem Anschreiben hervorgehoben werden, daß das dynamische Düngungsverfahren zu trennen sei von der Grundhaltung der Anthroposophischen Gesellschaft".[189] Noch am 4. November 1937, mehr als ein Jahr nach der Anfrage des OPG, war nichts geschehen. In einem weitereren Aktenvermerk im SD-Hauptamt wird dies damit begründet, daß „kein die Materie beherrschender Mitarbeiter vorhanden war."[190]

Dieses Manko im SD-Hauptamt mußte es Otto Ohlendorf erleichtert haben, seinem Wunsche gemäß von Heydrich mit der Vertretung des SD in Belangen der Anthroposophie beauftragt zu werden.

Otto Ohlendorfs Einstellung

In den Akten des SD-Hauptamtes erschien der Name Otto Ohlendorfs seit Oktober 1937 im Zusammenhang mit den Fragen der anthroposophischen Einrichtungen. Im November 1937 nahm Otto Ohlendorf als Vertreter des SD an der Besichtigung der Dresdner Schule teil.[191] Es mehren sich dann die An-

[185] Heise antwortete am 24. März 1937. Steiner hatte damals das Vorwort zur ersten Auflage geschrieben, aber nicht unterzeichnet. Er hatte darin ausgeführt, daß unter den verschiedenen Kriegsursachen eine die Bestrebungen gewisser Geheimgesellschaften in den Ententeländern betraf, die eine ursprünglich gute Sache in den Dienst des Völkeregoismus gestellt hätten. Veröffentlicht in A. Wagner, Beiträge, NS-Dokumentation, Bd. 1, Rendsburg 1991, 93f.

[186] Vermerk im Gestapa vom 7. Juni 1937 und vom 10. Juni 1937. BAD Z/B 1 903 und 1003.

[187] Gestapa II E 4 an SD-Hauptamt vom 12. Juni 1937. BAD Z/B 1 1005.

[188] Vgl. Anlage 10. Entwurf: Reichsführer SS, Chef des Sicherheitshauptamtes an NSDAP, Oberstes Parteigericht vom 9. Juli 1937. BAD Z/B 1 904.

[189] SD-Hauptamt II 1. Aktennotiz vom 23. Juli 1937. BAD Z/B 1 904.

[190] SD-Hauptamt G I 32 an II 111 vom 4. November 1937. BAD Z/B 1 904.

[191] Vgl. zweiter Teil, Kapitel 2, Abschnitt: „Die Unterstützung der Dresdner Schule durch Rudolf Hess."

zeichen dafür, daß er bestrebt war, eine Übersicht über alle bisherigen Vorgänge zu erhalten.

In Landsberg, wohin Ohlendorf nach seiner Verurteilung durch den Nürnberger Militärgerichtshof 1948 verlegt wurde, verfaßte er neben seinem umfangreichen Gnadengesuch 1950 vermutlich auch in dieser Zeit eine eidesstattliche Erklärung über seine Kontakte zu Anthroposophen während seiner Amtszeit im SD-Hauptamt. Darin führte er aus, daß er auf das Verbot der Anthroposophischen Gesellschaft gestoßen sei, dessen Begründung ihm aber nicht sachgerecht erschienen sei: „Es erschien mir unerträglich, die Beurteilung solcher wichtigen Fragen von polizeilichen Gesichtspunkten abhängig sein zu lassen. Daher strebte ich an, die weitere Bearbeitung der Anthroposophen im Bereich Heydrichs und Himmlers in meine Hand zu bekommen.“[192] Ohlendorf kannte die Anthroposophie schon von früher her. Während er selbst 1925 im Alter von 18 Jahren der NSDAP und ein Jahr später der SS beigetreten war, war sein 12 Jahre älterer Bruder Heinrich 1929 Mitglied der Anthroposophischen Gesellschaft geworden.[193] Damals konnte Heinrich seinem Bruder keine Bewunderung für die Anthroposophie abgewinnen.[194] Anders 1936/37: Ohlendorf hatte sich zum Hausarzt den anthroposophischen Arzt Wilhelm zur Linden gewählt.[195] Im Zusammenhang mit den Bestrebungen um die Wiederzulassung der Anthroposophischen Gesellschaft in Deutschland hatte zur Linden Gespräche mit Eickhoff geführt, und es kann angenommen werden, daß er Ohlendorf auf diese Fragen aufmerksam machte. Jedenfalls fielen Otto Ohlendorf 1937 zwei Aspekte bei den Anthroposophen auf: Einerseits erfüllte die Anthroposophie Aufgaben, die er selbst vom Nationalsozialismus als einer geistigen Erneuerungsbewegung erwartete, die dieser aber bis dahin nicht erfüllt hatte, andererseits kämpften die Vertreter der Anthroposophie mit Hartnäckigkeit und Opferkraft. Dies beeindruckte Ohlendorf und motivierte ihn, sich im Rahmen seiner Möglichkeiten für die Anthroposophen einzusetzen. Ohlendorf formulierte das später wie folgt:

„Ich kannte Teile der anthroposophischen Lehren und Einrichtungen schon seit 1928. Ich war niemals Anthroposoph, aber fand in vielen Zweigen ihrer Forschungen wertvolle Anregungen und Ergebnisse, die aus der Sackgasse herauszuführen versprachen, in die die reinen Naturwissenschaften hineingeraten waren. Die geistige Aufgabe unserer Zeit, Lebenswirklichkeit wiederzugewinnen, schien mir von der mit großem Idealismus ausgeübten Tätigkeit der Anthroposophen gefördert zu werden. Der Nationalsozialismus hatte in der kurzen Zeit seines Bestehens keine geistige Ausformung in den Lebens-

[192] Otto Ohlendorf, Eidesstattliche Erklärung, Landsberg, o.D. S. 2. PA Irmtraut Volpert.

[193] Lebenslauf von Otto Ohlendorf, Eidesstattliche Erklärung vom 4. März 1947. IfZ Archiv 832/53. Zu Heinrich Ohlendorf: Auskunft Mitgliederkartei der Allgemeinen Anthroposophischen Gesellschaft, Dornach.

[194] Aussage von Christian Ohlendorf, Sohn Heinrichs. Gespräch mit dem Verfasser vom 5. Oktober 1993.

[195] Wilhelm zur Linden, Blick durchs Prisma. Lebensbericht eines Arztes, Frankfurt a. M. 1979, S. 111.

bereichen [...] erfahren. Aber Funktionäre der verschiedenen nationalsozialistischen Dienststellen waren dabei [...] ihren eigenen Auffassungen widersprechende Lehren durch Monopolansprüche, Verbote [...] usw. aus dem öffentlichen Leben auszuschalten. Dagegen schien es mir für die allgemeine geistige Entwicklung, auch für die Ausformung des Nationalsozialismus, notwendig, lebendige aufbauende Forschungen und ihre Entwicklungen nicht zu stören [...]. Als Folge meiner Arbeit in Sachen Anthroposophie ergab sich naturgemäß bald ein Kontakt mit ihren führenden Personen. Für mich schälten sich Dr. Bartsch [...] und Frau Klein [...] heraus [...]. Unzählige Gespräche sind von ihr geführt worden, um mich für die ‚Religion' – Anthroposophie – zu gewinnen. Und ich bekenne, daß mich die ‚Plage' ihrer hartnäckigen Versuche oft nur deshalb nicht ungeduldig machte, weil mich ihre persönlichen Opfer für den Kampf um ihre Idee und die Bereitschaft zu noch größeren Opfern stark bewegten."[196]

Insofern als er meinte, daß die Anthroposophie „Erfolge" aufzuweisen hätte, von denen man das Beste „gegebenenfalls im Interesse Deutschlands verwerten" könne, ähnelte seine Einstellung der von Hess. Auch sah er seine Unterstützung der anthroposophischen Einrichtungen durchaus anders motiviert als die Eickhoffs; von diesem sagte er, daß „die Anthroposophen in ihm (Eickhoff) mit Recht einen der ihren sahen, der sich allgemein für ihre Sache einsetzte."[197]

Im Zusammenhang mit dem Funktionstrennungserlaß vom 1. Juli 1937 veranlaßte Heydrich das Gestapa, sämtliche die Anthroposophie betreffende Akten an das SD-Hauptamt abzugeben.[198] Im Dezember 1937 konnte Otto Ohlendorf erste Erfolge aufweisen: Er hatte erreicht, daß Heydrich an Hess mit dem Ansinnen herantrat, die „Vorschläge der Anthroposophen" durch Nationalsozialisten überprüfen zu lassen. Dabei solle Otto Ohlendorf als Vertreter des SD und des Gestapa gelten. Über diesen SD-internen Vorgang gibt es ausführliche Aktenvermerke, aus denen die Einstellung Otto Ohlendorfs hervorgeht. Es war ihm offenbar wichtig, nicht als „Sachverständiger" für die Anthroposophie bezeichnet zu werden, sondern nur als Beauftragter für eine zentrale Materialsammlung. Tatsächlich lag seine Stellung dazwischen, denn ohne sein eigenes Dazutun hätte er wohl kaum diesen Auftrag erhalten. Andererseits spielte er die Bedeutung seines Engagements gegenüber seiner Dienststelle herunter, um nicht – wie Eickhoff – in den Verdacht der Voreingenommenheit zu geraten. So jedenfalls können die Vermerke interpretiert werden: Ohlendorf lehne die Weltanschauung der Anthroposophie „restlos" ab, aber man solle das Gute aus ihren Lehren wenn nicht übernehmen, so doch prüfen. Das solle bei den Waldorfschulen durch namhafte Nationalsozialisten wie Baeumler geschehen. Auf den Gebieten der Heilbehandlung, der biologisch-dynamischen Düngung und der Kristallisationsmethode müsse man zunächst sehen, inwiefern aus diesen „biologischen Erkenntnissen" praktische Folgerungen gezogen und auf nationalsozialistischer Basis übernommen werden

[196] Eidesstattliche Erklärung, a.a.O. S. 1 u. 4.
[197] Eidesstattliche Erklärung, a.a.O. S. 3 und folgende SD-Vermerke.
[198] Vgl. Gestapa S-PP. Vermerk vom 3. Juni 1938. BAD Z/B 1 903.

können. Daher solle man zunächst von Maßnahmen gegen die Anthroposophie absehen.[199]

Die Vorbereitung zum Gutachten Baeumlers über Steiner

Im Frühjahr 1938 spielten sich die entscheidenden Vorgänge ab, die dazu führten, daß Baeumler ein Gutachten über das Werk Rudolf Steiners anfertigte. Im Februar 1938 kam es auf einen Vorschlag Kleins hin zwischen Baeumler und Rittelmeyer zu einem mehrstündigen Gespräch. Nach Kleins Bericht war die Beurteilung Nietzsches durch Steiner Ausgangspunkt des Gespräches, das im weiteren Verlauf Fragen des Deutschtums und der Aufgaben Mitteleuropas betraf. Rittelmeyer schickte Baeumler Anfang März die Memoranden Steiners aus dem Jahre 1917.[200] Rittelmeyer starb am 23. März 1938. Baeumler und Rittelmeyer waren von ihrem Gespräch ausgesprochen beeindruckt.[201]

Bevor Baeumler mit der Erstellung eines Gutachtens beauftragt wurde, knüpften Elisabeth Klein und René Maikowski mit Hilfe von Leitgen und Ohlendorf Beziehungen zu verschiedenen Dienststellen an. Unmittelbarer Anlaß dazu waren zwei Verbote anthroposophischer Literatur, die die Gestapo Stuttgart nach der Schließung der dortigen Waldorfschule am 1. April 1938 verfügte: am 6. April wurden Werke von Caroline von Heydebrand, Ernst Bindel, W. Johannes Stein, Hans Rutz, Hermann von Baravalle und Ernst von Hippel, am 13. April die von der Lehrerschaft der Stuttgarter Schule herausgegebene Zeitschrift „Erziehungskunst“ verboten.[202]Aus den bruchstückhaft erhaltenen Unterlagen geht hervor, daß besonders Klein, teilweise auch Maikowski, zunächst mit dem Amt Schrifttumspflege im Amt Rosenberg Kontakt aufnahmen. Der dortige Amtsleiter Hagemeyer schrieb am 22. April an Baeumler: „Ich hatte heute wieder den Besuch von Frau Dr. Klein, die auf mich einen ausgezeichneten Eindruck machte.“[203] Vermutlich wurde Klein von Hagemeyer über die Zuständigkeiten orientiert. Gerade seit April 1938 mußten Verbotsanträge für Bücher, die vorher an die RSK gingen, an das Propagandaministerium direkt gerichtet werden. Dort entschied die Abteilung Schrifttum, an die sich Klein und Maikowski nun zu wenden hatten.

Am 5. Mai berichtete Maikowski Ernst Bindel über seine Begegnung mit Heinrich Gruber, dem Verlagsreferenten in der Schrifttumsabteilung im Pro-

[199] SD-Hauptamt. Aktenvermerke vom 18. Dezember 1937 mit Randbemerkungen Ohlendorfs vom 5. Januar 1938. BAD Z/B 1 887.

[200] Rittelmeyer an Baeumler vom 1. März 1938. PA Marianne Baeumler.

[201] Klein an Rudolf Grosse vom 20. Oktober 1970. Archiv am Goetheanum. Vgl. auch zur persönlichen Einstellung Baeumlers: René Maikowski, Schicksalswege auf der Suche nach dem lebendigen Geist, Freiburg 1980, S. 147.

[202] Gestapo, Stapoleitstelle, Verfügungen vom 6. und 13. April 1938. Archiv Bund der Waldorfschulen 4.4.024 und 4.3.434.

[203] Hagemeyer an Baeumler vom 22. April 1938. IfZ MA – 610 58 1 20.

pagandaministerium, den er als „recht verständnisvoll und umgänglich" beschrieb.[204] Gruber scheint damals für die Vorgänge von entscheidender Bedeutung gewesen zu sein. Selbst ein Gegner des Nationalsozialismus, unterstützte er die Bestrebungen Kleins mit allen Mitteln.[205]

Darüber hinaus – möglicherweise gerade durch die Vermittlung Grubers – kamen die Verbindungen einerseits zu Karl-Heinz Hederich, der 1937/38 in Personalunion Leiter der Schrifttumsabteilung im Propagandaministerium und Leiter der Parteiamtlichen Prüfungskommission zum Schutze des NS-Schrifttums (PPK) war, andererseits zu Hugo Koch, dem Buchverbotsreferenten in der Abteilung Schrifttum des RMfVuP, zustande. Beide wurden im Juni in dieser Angelegenheit tätig, nachdem Maikowski bei Hederich mehrere Eingaben gemacht hatte. Am 27. April hatte er um die Freigabe der von der Stuttgarter Gestapo Anfang April verbotenen genannten pädagogischen Bücher gebeten. Am 31. Mai forderte er die Freigabe „der allgemein-philosophischen und fachwissenschaftlichen Schriften" Steiners. Am 10. Juni 1938 schrieb Maikowski erneut an Hederich und bat um beschleunigte Freigabe dieser Werke, da Baeumler sie z.T. schon geprüft habe. Fünf grundlegende Werke Steiners waren inzwischen längst im Dresdner Verlag von Emil Weises Buchhandlung aufgelegt worden. Der Vertrieb war aber seit Februar 1937 wegen der damaligen Opposition der RSK eingestellt. Zusätzlich bat Maikowski um die Freigabe der ebenfalls bereits geprüften Autobiographie Steiners „Mein Lebensgang", und nochmals um die sofortige Freigabe der pädagogischen Schriften sowie der Zeitschrift „Erziehungskunst".[206]

Baeumler begutachtete also im Frühjahr 1938 Werke Steiners, bevor es im Mai, spätestens Juni 1938 zu der offiziellen Beauftragung Baeumlers durch Hess kam. Das entsprechende Dokument fehlt, aber bereits am 7. Juni teilte Koch dem Gestapa diese Entscheidung telephonisch mit. Das geht aus seinem Schreiben vom September an das Gestapa hervor, in dem er vorgibt, daß sich allgemein die nationalsozialistische Einstellung gegenüber Steiners Werk geändert hätte:

[204] Maikowski an Bindel vom 5. Mai 1938. Archiv Bund der Waldorfschulen 4.6.093.

[205] Im August 1970 gab Gruber eine Erklärung zugunsten Elisabeth Kleins ab, in der es heißt: „Trotz mehrmaliger Verhaftung in den Jahren 1933–35 wurde ich 1938 durch Verbindungsleute als Verleger-Referent in die Schrifttumsabteilung des Propagandaministeriums eingeschleust. Ich konnte hier mit einigen anderen Gesinnungsfreunden im oppositionellen Sinne tätig sein. Im Zusammenhang mit dem Verbot der Schriften Rudolf Steiners […] versuchte (Frau Dr. Klein) im Ministerium die Freigabe der praktischen Schriften Steiners zu erwirken und setzte sich dafür mit beachtlichem persönlichen Mut und Energie ein. Sie verleugnete ihre Anschauungen niemals und beeindruckte mich durch ihre tapfere Haltung so sehr, daß ich alle eigenen Verbindungen einsetzte, um ihr bei ihren Bemühungen zu helfen […]." Heinrich Gruber, Erklärung vom 24. August 1970. Archiv am Goetheanum.

[206] Quelle für alle Angaben: Maikowski an Hederich RMfVuP vom 10. Juni 1938. Archiv Bund der Waldorfschulen 4.6.096.

„Wie bereits am 7. Juni 1938 [...] fernmündlich mitgeteilt, wird das gesamte Gebiet des anthroposophischen Schrifttums im Auftrage des Stellvertreters des Führers z. Zt. überprüft. Als maßgeblicher wissenschaftlicher Sachverständiger ist Professor Bäumler beteiligt. Auf Grund dieser neuen Haltung dem anthroposophischen Schrifttum gegenüber bitte ich, die am 15. März verfügte Beschlagnahme der nachstehenden Bücher: [...] wieder aufzuheben.“[207]

Im Mai besuchte Elisabeth Klein Marie Steiner in Dornach und stellte unter ihrer Anleitung eine Liste von 38 für wesentlich gehaltenen Werken zusammen.[208] Merkwürdigerweise hielt man es in der Schrifttumstelle für nötig, daß die von Baeumler zu prüfenden Werke offiziell aus den Beständen des SD kommen sollten. Hederich veranlaßte im Juni, daß diese Werke vom SD-Hauptamt für eine Prüfung angefordert wurden. Der Antrag löste im SD Befürchtungen aus. In einem Vermerk vom 8. Juni heißt es:

„Die Parteiamtliche Prüfungskommission hat beim SD-Hauptamt die Schriften Rudolf Steiners angefordert. Offenbar sind Bestrebungen im Gange, das Verbot aller Schriften von und über Steiner wieder rückgängig zu machen. Es bestünde dann die Gefahr, daß der Gesamtkomplex Anthroposophie erneut aufgerollt und in einem gegen das SD-Hauptamt gerichteten Sinne entschieden wird.“[209]

Ende August wurde erwogen, die Bücher nicht ohne eine gutachterliche Äußerung seitens des SD herauszugeben:

„Der Übersendung der Bücher an die parteiamtliche Prüfungskommission stehen insofern Bedenken gegenüber, als damit gerechnet werden muß, daß im Falle der Überprüfung der Werke Steiners [...] das generelle Verbot der Schriften Rudolf Steiners aufgehoben wird. Dem SD muß daran gelegen sein, eine derartige Möglichkeit zu verhindern. Es müßte daher gleichzeitig mit der Übersendung der Schriften [...] eine gutachterliche Äußerung über die weltanschauliche Haltung Rudolf Steiners mitübersandt werden [...].“[210]

Bevor aber eine Entscheidung darüber getroffen werden konnte – es mußte erst jemand im SD gefunden werden, der ein Gutachten hätte anfertigen können, und Ohlendorf selbst wollte nicht als „Sachverständiger“ gelten – wurden im September 27 von den 38 angeforderten Werken vom Gestapa an die PPK

[207] Der Reichsminister für Volksaufklärung und Propaganda an die Geheime Staatspolizei, Geheimes Staatspolizeiamt vom 19. Juli 1938. BAD Z/B 1 902. Koch hatte sich geweigert, dem Antrag des SD zuzustimmen, das Buch „Das Wunder von Chartres“ von Karl Heyer auf die Verbotsliste zu setzen. Auf dem Schreiben angebrachter Vermerk des SD-Sachbearbeiters an Knochen: „Ist Ihnen etwas über die ‚neue Haltung‘ bekannt?“

[208] Vgl. Klein, Begegnungen, Freiburg 1978, S. 90 u. „Verzeichnis der Schriften Rudolf Steiners, deren Freigabe als Studienmaterial beantragt wird“, 18. Juni 1938. BAD Z/B 1 1285.

[209] SD-Hauptamt Vermerk II 2242 an II 1113 vom 8. Juni 1938. BAD Z/B 1 1285.

[210] SD-Hauptamt, II 111. Vermerk vom 25. August 1938. BAD Z/B 1 902.

abgegeben.[211] Daß gerade diese Liste die offizielle Grundlage von Baeumlers Gutachten war, geht aus der Tatsache hervor, daß sämtliche Titel dieser Liste zu den von Baeumler „zur Freigabe vorgeschlagenen Werken Rudolf Steiners" gehörten. Zusätzlich zählte dann Baeumler nur noch die sieben vom Gestapa nicht ausgelieferten Titel auf.[212]

Im August, noch bevor Baeumlers Gutachten vorlag, forderte Koch das Gestapa auf, die Beschlagnahmung der pädagogischen Bücher von Caroline von Heydebrand, Ernst Bindel, Hermann von Baravalle und Hans Rutz aufzuheben.[213]

Die Aufforderung blieb aber anscheinend wegen der Abwesenheit Ohlendorfs zunächst liegen, denn ein Vermerk vom 22. September betonte: „Es wurde befohlen, in der Angelegenheit Anthroposophen allgemein mit SS-Sturmbannführer Ohlendorf Rücksprache zu nehmen." Ohlendorf erschien aber erst am 26. September an seiner SD-Dienststelle. Das Schreiben wurde schließlich vor seiner Rückkehr, am 22. September, weitergeleitet, vermutlich nach Stuttgart.[214]

Am 23. September schrieb Koch an Elisabeth Klein:

„Ich habe angeordnet, daß bis zur endgültigen Klärung des Gesamtfragenkomplexes ‚Steiner-Schriften' keinerlei Einzelaktionen durchgeführt werden. Ich bitte Sie daher, alle mit der Einziehung von Steiner-Schriften aus Ihrer Bücherei beauftragten Beamten an den unterzeichneten Sachbearbeiter zu verweisen."[215]

Im Sommer 1938 unterstützte Ohlendorf im SD das Anliegen, Hess beauftragte Baeumler mit der Begutachtung von Steiners Werk und Hederich förderte in der PPK und in der Schrifttumsabteilung des RMfVuP zusammen mit Gruber und Koch die Freigabe der Werke Rudolf Steiners.

[211] Es fehlten: Allgemeine Menschenkunde, Gegenwärtiges Geistesleben und Erziehung, Der pädagogische Wert der Menschenerkenntnis, Pädagogischer Jugendkurs, Lehrerkurs 1921 im Goetheanum, Rudolf Steiner während des 1. Weltkriegs und Goethes Geistesart[...]. Gestapa an Parteiamtliche Prüfungsstelle zum Schutze des NS-Schrifttums vom 13. September 1938. BAD Z/B 1 1285. Damit waren zumindest diese Werke dem SD-Hauptamt definitiv entzogen; denn als das SD-Hauptamt die Bücher später zurückforderte, bestand die Parteiamtliche Prüfungskommission darauf, die Bücher als „Dauerleihe" zu behalten. Dem gab das SD-Hauptamt schließlich nach. NSDAP – Parteiamtliche Prüfungskommission zum Schutze des NS-Schrifttums an Geheime Staatspolizei vom 11. Juli 1939. BAD Z/B 1 1285.

[212] Vgl. Alfred Baeumler, Anhang zum Gutachten vom 22. Oktober 1938. IfZ MA-610.

[213] Vgl. RMfVuP, i.A. Koch an Gestapa vom 19. Juli 1938. BAD Z/B 1 902.

[214] Vermerk auf Abschrift des Schreibens von Koch.

[215] RMfVuP i.A. Koch an Frau Dr. E. Klein am 23. September 1938. Archiv Bund der Waldorfschulen 4.4.073.

Das Gutachten Alfred Baeumlers über „Rudolf Steiner und die Philosophie“ und seine Auswirkungen

Baeumler war in Wirklichkeit auf die Zulieferung der Werke Steiners durch den SD nicht angewiesen. Sein Gutachten stützte sich auf mindestens 111 Titel, die schon vorher in seinem Besitz waren. Das Gutachten mit dem Titel „Rudolf Steiner und die Philosophie“ war in seiner letzten Fassung etwa Mitte Oktober 1938 abgeschlossen.[216]

Liest man Baeumlers Gutachten, das in der Anlage wiedergegeben wird, so entsteht der Eindruck, daß Baeumler mit dieser Materie persönlicher und freier umging als mit dem die Waldorfpädagogik betreffenden Gutachten. Er urteilte als Wissenschaftler und Philosoph. Da seine Anschauungen auch der landläufigen Naturwissenschaft verpflichtet waren und er den methodischen Ansatz Steiners zwar schätzte, aber ihm nicht selbst zu folgen bereit war,[217] lehnte er den „Karma-“ und „Reinkarnationsbegriff“ und damit auch alles „Anthroposophische“ ab. Um so mehr hob er anerkennend Steiners Goethe-Deutung hervor. Das Nietzsche-Buch Steiners hingegen hielt er für verfehlt und auch Steiners Kant-Kritik lehnte er ab. Die 32seitige Arbeit ist vermutlich die ernsthafteste geistige Auseinandersetzung eines Nationalsozialisten mit der Anthroposophie. Baeumler ließ jegliche oberflächliche Polemik und politische Voreingenommenheit, die die Berichte des SD charakterisieren, beiseite. Er beschränkte sich darauf, den Versuch zu machen, Steiners geistige Entwicklung nachzuvollziehen und mit den weltanschaulichen Ansatzpunkten des Nationalsozialismus zu vergleichen. Für Baeumler lag der zentrale Gegensatz zwischen Steiner und dem Nationalsozialismus im Vererbungsbegriff. Baeumler ließ alles, was bei Steiner als philosophische Abhandlung betrachtet werden konnte, gelten. Dazu gehörte neben einer Reihe von Grundwerken Steiners wie die „Philosophie der Freiheit“, „Von Seelenrätseln“ u. a. auch das Buch „Wie erlangt man Erkenntnisse höherer Welten“, das Steiner selbst als grundlegendes Schulungsbuch für geisteswissenschaftliche Erkenntnisse galt. Zwei andere Grundwerke Steiners lehnte Baeumler jedoch ab: „Theosophie“ und „Geheimwissenschaft“, und zwar nicht wegen ihres „konsequenten Spiritualismus [...], den sie mit den Systemen Fichtes und Hegels teilen“, sondern „wegen ihres anthroposophischen Gehalts. Es handelt sich um die Lehre vom Karma des Menschen.“

Baeumler kommt zu dem Schluß, die verhängnisvolle Wendung entstehe dadurch, daß Steiner an die Stelle der Vererbungslehre eine positive andere Lehre

[216] Alfred Baeumler, Amt Wissenschaft, an Koch, RMfVuP, vom 22. Oktober 1938. BAD Z/B 1 887 und IfZ MA 610. Im Wortlaut in Anlage 13.

[217] Vgl. seine Beurteilung von „Wie erlangt man Erkenntnisse höherer Welten“, Abschnitt: Philosophische Schriften. Anlage 13.

setze. Die Anthroposophie sei damit eines der konsequentesten antibiologistischen Systeme, die es gebe.[218]

Da nach Baeumlers Ansicht Steiners Geisteswissenschaft in der Medizin ebenfalls die Vererbungslehre negierte, lehnte er auch drei medizinische Werke Steiners ab. In der Eurythmie sah Baeumler gute Gedanken und Ansätze besonders für deren Anwendung in der Pädagogik. Er sah daher zu einem Verbot von Steiners Vorträgen über Eurythmie keinen Anlaß.

Im letzten Teil seiner Ausführungen kam Baeumler nochmals ausführlich auf die Pädagogik zu sprechen. Er hob die Vortragszyklen „Allgemeine Menschenkunde“ und „Erziehungskunst“ lobend hervor und maß ihnen für die Zukunft der pädagogischen Praxis und Theorie hohe Bedeutung bei. Obwohl zumindest in der „Allgemeinen Menschenkunde“ unverkennbar ist, daß in Steiners Pädagogik Reinkarnation und Karma eine wesentliche Rolle spielen, kam Baeumler zu dem Schluß: „festzustellen ist, daß Steiner den Karma-Gedanken zur Begründung seiner Pädagogik nicht verwendet hat.“[219] Auf Grund dieser Fehlinterpretation stufte Baeumler die pädagogischen Arbeiten Steiners als zulässig ein, allerdings mit Ausnahme der geschichtsphilosophischen Voraussetzungen, da diese in der Waldorfpädagogik von der Anthroposophie abhängig seien und zu den Grundvoraussetzungen der Anthroposophie gehöre, daß nur eine menschheitliche, nicht eine rassisch-völkische Zielsetzung des pädagogischen Tuns in Frage komme.

Was Baeumler an der Waldorfpädagogik begrüßenswert erschien, war der „Plan einer Schule, die nicht vom Verstande und von der verstandesmäßigen Aufklärung her aufgebaut ist, sondern von Gefühl, Phantasie und Wille her [...]. Der Mensch muß als Kind wirklich Kind sein, damit er als Erwachsener wirklich das werden kann, was er der Anlage nach ist.“[220]

Da Steiners Kurs zu Fragen der Landwirtschaft bis dahin nicht veröffentlicht worden war, hatte Baeumler im Zusammenhang mit diesem Gutachten keinen Anlaß, auf die biologisch-dynamische Wirtschaftsweise einzugehen.[221]

Elisabeth Klein erhielt damals von Baeumler ein Exemplar des Gutachtens, das sie als großen Erfolg ihrer Bestrebungen ansah. Auf einer ihrer Reisen zeigte sie es Albert Steffen in Dornach, der, wie sie berichtet, beeindruckt gewesen sei und es ihr angeblich mit der Bemerkung zurückgab: „Mehr kann man von einem Professor nicht erwarten!“[222] Fritz Götte, Geschäftsführer der Weleda AG, erhielt im Juli 1941 nach den Schließungsfeierlichkeiten der Dresdner Waldorfschule Einsicht in das Gutachten. Sein damaliges, viel strengeres Urteil lautete:

[218] Gutachten Anlage 13.
[219] Gutachten Anlage 13.
[220] Gutachten Anlage 13.
[221] Baeumler sollte zwei Jahre später, im Dezember 1940, auf Betreiben von Bartsch ein Gutachten über die biologisch-dynamische Wirtschaftsweise entwerfen. Vgl. zweiter Teil, Kap. 5.
[222] Vgl. E. Klein, Erinnerungen, a. a. O., S. 89.

„Rudolf Steiner wird überhaupt nur gelten gelassen [...], insofern er sich unmittelbar an Goethe anschließt. Baeumler läßt jedes Verständnis für die geistesgeschichtliche Stellung Steiners vermissen und muß auf Grund seiner Ausführungen als gefährlicher Gegner angesehen werden, indem er lobt, was er für sich zu verwenden gedenkt, indem er mißversteht, übeldeutet und verunglimpft, wo er in der Begegnung mit den Steinerschen Erkenntnissen innere Entscheidungen für sich selbst treffen müßte [...].“[223]

Dem Gutachten folgte eine „Liste der zur Freigabe vorgeschlagenen Werke Rudolf Steiners“, die den vom Sicherheitsdienst an die PPK abgegebenen Werken und der von Elisabeth Klein eingereichten Liste entsprach. Ob diese Positivliste an alle Adressaten des Baeumlerschen Gutachtens ging, ist nicht auszumachen. Jedenfalls schickte Baeumler am 22. Oktober 1938 das Gutachten an Hugo Koch im Propagandaministerium mit der Bemerkung, daß es inzwischen „rechtzeitig“ zum Stellvertreter des Führers gelangt sei, und mit der Bitte, eine Kopie an Dr. Cross im Rassenpolitischen Amt, eine zweite an Ohlendorf im Sicherheitshauptamt und eine dritte an den Reichserziehungsminister Rust persönlich zu versenden.[224] Außerdem ging das Gutachten am 17. November vom Stab des Stellvertreters des Führers an Himmler, und zwar mit der Bitte um „weitere Einzelheiten über den Lebensgang Rudolf Steiners“, insbesondere ob „die Abstammung Rudolf Steiners erkennen lasse, ob er jüdisches Blut gehabt habe“ und ob etwas „über die Zugehörigkeit Rudolf Steiners zu Logen bekannt“ sei.[225] Im übrigen ging eine Kopie am 29. November 1938 vom Amt Rosenberg an Ministerialdirektor Holfelder, der im Reichserziehungsministerium die Frage der Zulassung der verbleibenden Waldorfschulen als Versuchsschulen bearbeitete.[226] Seitens der Anthroposophen hatte man vielleicht schon vor Fertigstellung des Gutachtens mit einer Freigabe von Steiners Werken gerechnet, denn im SD-Hauptamt vermerkte man Anfang November mit Besorgnis die wachsende Tätigkeit anthroposophischer Verlage:

„Vor allem zeigte der Philosophisch-Anthroposophische Verlag Dornach eine steigende Aktivität. Der Verlag gab in den letzten Wochen nicht weniger als zwölf Schriften Rudolf Steiners neu heraus [...]. An dem Anstieg des anthroposophischen Schrifttums beteiligte sich weiterhin der Verlag E. Weises Buchhandlung K. Eymann, Dresden[...]. Als dritter Verlag anthroposophischer Literatur trat der Verlag Ullrich, Breslau hervor [...].“[227]

Zum Jahresende traf Koch seine Entscheidung. Wie aus seinem Schreiben vom 21. Dezember 1938 an Baeumler hervorgeht, war diese mit Baeumler tele-

223 Fritz Götte, Tagebuchnotiz vom 11. Juli 1941. PA Christoph Lindenberg.

224 Baeumler an Koch vom 22. Oktober 1938. IfZ MA 610 58112.

225 Stab des Stellvertreters des Führers an Reichsführer SS und Chef des Sicherheitshauptamtes vom 17. November 1938. BAD Z/B 1 889.

226 Amt Wissenschaft an Holfelder vom 29. November 1938. MA 610 und Archiv Bund der Waldorfschulen 7.1.044

227 SD-Hauptamt. II 224–211 an II 1 vom 8. November 1938. BAD Z/B 1 902. Letzterer Verlag brachte zwischen 1937 und 1939 3 Werke des anthroposophischen Historikers Karl Heyer heraus. Karl Heyer, Aus meinem Leben, Basel 1990, S. 99.

phonisch abgesprochen worden: Er verbot sieben Werke, die zu den Bereichen gehörten, die Baeumler abgelehnt hatte:

„Ich habe, entsprechend unserer fernmündlichen Vereinbarung den Präsidenten der Reichsschrifttumskammer angewiesen, das Verbot ‚sämtlicher Schriften' von Rudolf Steiner in ein Verbot folgender Schriften umzuwandeln: Karma des Berufes in Anknüpfung an Goethes Leben, Theosophie, Geheimwissenschaft, Naturwissenschaftliche Fachkurse, Was kann die Heilkunst durch eine geisteswissenschaftliche Betrachtung gewinnen, Mediziner-Kursus –Vortragszyklus für Ärzte und Medizinstudierende, Heilpädagogischer Kursus."[228]

Unter dem gleichen Datum benachrichtigte Koch Elisabeth Klein, fügte aber die Liste von 38 „für den Vertrieb im Reichsgebiet innerhalb des Reichsgebiets" freigegebenen Werken bei.[229] Karl Eymann, der den Dresdner Verlag Emil Weises Buchhandlung leitete, erhielt etwas später ebenfalls ein Schreiben Kochs mit der Liste der sieben verbotenen Werke. Dem fügte Koch aber nur den Satz hinzu: „Mit Ausnahme dieser Bücher können also die Schriften Rudolf Steiners von Ihnen wieder vertrieben werden."[230] Es fehlte hier also die Positivliste. Eymann fühlte sich damit frei in der Herausgabe der Werke Steiners, die er in den beiden folgenden Jahren intensiv betrieb.

Aus den Honorarabrechnungen Eymanns mit Marie Steiner geht hervor, daß der Verlag bis zum März 1939 von den zwei für den Studienkreis genehmigten Titeln und drei weiteren Werken 4965 Exemplare absetzte, in den Jahren 1939 und 1940 22 Titel neu herausgab und dann 9770 Exemplare absetzte.[231] In den drei ersten Monaten des Jahres 1941 wurden nochmals 5440 Bücher Steiners verkauft.[232]

Auf der Liste des schädlichen und unerwünschten Schrifttums, Stand 31. Dezember 1938, der ersten Neuausgabe seit Ende 1935,[233] werden die fünf ersten von Koch aufgeführten Werke genannt. Es fehlen der Mediziner-Kurs und der Heilpädagogische Kurs.[234] Zusätzlich zu Kochs Angaben führt die Li-

[228] Der Reichsminister für Volksaufklärung und Propaganda an den Beauftragten des Führers [...] z. Hd. von Professor Baeumler, gez. Dr. H. Koch vom 21. Dezember 1938. IfZ – MA 610–588109.

[229] RmfVuP, gez. Koch an E. Klein vom 21. Dezember 1938, Rudolf Steiner Archiv, Akte Klein.

[230] RmfVuP, gez. Koch an Emil Weises Buchhandlung vom 6. Januar 1939. Rudolf Steiner Archiv, Akte Eymann.

[231] Karl Eymann an Marie Steiner vom 14. Januar 1941. Rudolf Steiner Archiv, Akte Eymann.

[232] Karl Eymann an Marie Steiner vom 31. März 1941. Rudolf Steiner Archiv, Akte Eymann. Das Verlagssortiment enthielt neben Steiner auch die anthroposophischen Autoren Hermann von Baravalle, Herbert Grohmann, Hedwig Hauck, Friedrich Husemann, Hans-Erhard Lauer, Ehrenfried Pfeiffer, Hermann Poppelbaum, Heinz Ritter, Joachim Schultz, Ernst Uehli, Alfred Usteri, Guenther Wachsmuth u. a.

[233] Vgl. Jan-Pieter Barbian, Literaturpolitik im „Dritten Reich", a. a. O., S. 525 f.

[234] Liste des schädlichen und unerwünschten Schrifttums. Stand 31. Dezember 1938, S. 142. IfZ AK 6.

ste ein Bändchen „Ansprachen Rudolf Steiners in der Waldorfschule“ aus dem Waldorf-Verlag 1927 auf.[235]

Im Völkischen Beobachter vom 29. Januar 1939 erschien ein ausführlicher Bericht über die Arbeit des Amtes Rosenberg. Darin wird Baeumlers Arbeit über Rudolf Steiner positiv hervorgehoben:

„Wer die Gesamtarbeit des Amtes Wissenschaft unter Prof. Baeumlers Leitung überschaut, wird feststellen, daß man beim Überprüfen und Beurteilen früherer und heutiger Erscheinungen das Wertvolle und Übernehmenswerte nach Möglichkeit zu bewahren sucht. [...] Andererseits hat man bei einer eingehenden Prüfung der Philosophie Rudolf Steiners nicht einfach alles verworfen. Durch eine Stellungnahme des Amtes Wissenschaft ist es möglich geworden, die Waldorf-Schulen der Steinerschen Pädagogik, deren Linie umkämpft war, und deren Schließung bevorstand, in dem, was in ihnen gesund ist, zu erhalten. Nach einer Umgestaltung in verschiedenen Fächern werden einige von ihnen als staatliche Versuchsschulen weitergeführt.“[236]

Am 18. Februar 1939 änderte das Gestapa seinen Erlaß vom 7. Februar 1936: im Sinne der Angaben Kochs wurde mitgeteilt, daß das Verbreitungsverbot sämtlicher Bücher aus dem Philosophisch-Anthroposophischen Verlag in Dornach in ein Verbot der genannten sieben Werke umgewandelt worden sei.[237] Das SD-Hauptamt drängte Koch aber, zunächst einmal auf Anzeigen anthroposophischer Literatur in der Deutschen Nationalbibliothek und im „Börsenblatt des Deutschen Buchhandels“ zu verzichten, solange nicht die gesamte anthroposophische Literatur geprüft worden sei. Koch mußte auch einräumen, daß die Freigabe der Werke Rudolf Steiners nicht die gesamte anthroposophische Literatur betraf. Baeumler hatte inzwischen verlauten lassen, daß er die weitere Prüfung wegen des großen Umfangs nicht durchführen werde.[238] In den Jahreslisten 1939 und 1940 des schädlichen und unerwünschten Schrifttums taucht Steiners Name nicht mehr auf.[239] Produktion und Verkauf anthroposophischer Literatur gingen von Anfang Januar 1939 bis Juni 1941 mehr oder weniger ungehindert weiter, obwohl das SD-Hauptamt im August 1939 eine Liste von 237 Steinertiteln dem Propagandaministerium zum Verbot vorschlug.[240] Im Juli 1940 bemerkte das Gestapa in einem Schreiben in dieser Frage an den Obersten Parteirichter Walter Buch:

„Da auch Überprüfungen in der angeführten Bücherstube ergeben haben, daß es sich bei den ausgestellten und zum Verkauf gelangenden Schriften Rudolf Steiners und des

[235] Von dem Heilpädagogischen Kursus kann Baeumler nur ein Manuskriptdruck vorgelegen haben, da die erste Buchausgabe erst 1952 erfolgte. Der Mediziner-Kurs wurde erstmals 1937 in Basel veröffentlicht. Beide Kurse sind in der Liste von 111 Titeln, über die Baeumler verfügte, nicht enthalten.

[236] Völkischer Beobachter, Nr. 29, vom 29. Januar 1939, S. 6.

[237] Gestapo Würzburg an Polizeidirektion vom 22. Juli 1939. BAK Sammlung Schumacher 267 – 2.

[238] SD Hauptamt II 224. Vermerk vom 8. März 1939. BAD Z/B 1 903.

[239] Bundesarchiv Berlin. RD 33/19 1939 und 1940.

[240] Propagandaministerium Dr. Koch an Alfred Baeumler vom 10. August 1939. IfZ – MA – 610.

Studienkreises für die Geisteswissenschaft desselben nur um die vom Amt Rosenberg geprüfte und freigegebene Steiner-Literatur handelt, besteht kein Anlaß zu irgendwelchen Maßnahmen, wenn auch Bedenken gegen das Weiterbestehen der angeführten anthroposophischen Zweige und den Vertrieb der Steiner-Literatur vorhanden sind."[241]

Das SD-Hauptamt ging in seinem Februar 1939 fertiggestellten Berichtsentwurf zur „Lage der Anthroposphie" auf das Gutachten ein:

„Neuerdings sind im Zusammenhang mit einem von Prof. Baeumler erstatteten Gutachten [...] der größte Teil der Schriften Rudolf Steiners wieder erlaubt worden, und zwar ist durch den Präs. der Reichsschrifttumskammer auf Veranlassung des Propagandaministeriums das Verbot sämtlicher Schriften Rudolf Steiners abgeändert in ein Verbot von 7 namentlich genannten Werken Steiners (Schreiben des Präs. der Reichs-Schrifttumskammer an das Gestapa vom 6. 1. 1939)."[242]

Der Bericht enthält eine Zusammenfassung des Gutachtens, in der Baeumlers Ansicht betont wird, daß die Vererbungsfrage und die „Karma Lehre" der Anthroposophie den wesentlichen Widerspruch zum Nationalsozialismus bilden. Hervorgehoben wird aber dann die Meinung Baeumlers, daß auch Bücher wie die „Theosophie" und „Geheimwissenschaft im Umriß" in wissenschaftlichen Bibliotheken verbleiben sollten, weil sie philosophisch interessant seien, nur „solange die Gefahr bestehe, daß diese Werke als Grundbücher einer Sekte von ‚Karma-Gläubigen' Verwendung finden, erscheine es zweckmäßig, zunächst keine weiteren Auflagen von ihnen veranstalten zu lassen." Der Bericht schließt, indem er die Position Baeumlers zusammenfaßt:

„Die pädagogischen Werke und Methoden Steiners hält Prof. Baeumler für wissenschaftlich wertvoll, verlangt jedoch die Abstellung der Abhängigkeit der Waldorf-Schul-Pädagogik von der anthroposophischen Lehre. Prof. Baeumler verwirft demnach ausdrücklich den Inhalt der anthroposophischen Lehre und hält im wesentlichen nur die Bücher Steiners, die aus seiner Frühzeit stammen, und die Schriften für eine wissenschaftliche Forschung von Bedeutung, die sich mit der Methodik befassen. Auch diese Werke hält er im wesentlichen nur für die wissenschaftliche Forschung geeignet."[243]

Diese Stellungnahme Baeumlers wurde zutreffend als „neuerlicher Rehabilitationsversuch" der Anthroposophen interpretiert. Die Zusammenfassung des Baeumlerschen Gutachtens wurde jedoch nicht in den für Hess bestimmten Bericht übernommen.

Es wird festgestellt, daß abgesehen von der Anthroposophischen Gesellschaft und dem Verein zur Förderung goetheanischer Bühnenkunst „sämtliche mit ihr in einer Verbindung gewesenen und von ihr abhängigen Gruppen weiter" bestehen. Gemeint waren damit die Waldorfschulen, der Waldorfschul-

[241] Gestapa II B 1 an den Obersten Richter der Partei, SS-Obergruppenführer Walter Buch, vom 24. Juli 1940. BAD Z/B 1 889.

[242] Bericht über die Lage der Anthroposophie aus der Sicht des SD-Hauptamts, Abt. II 111, Entwurf von SS-Hauptsturmführer Harms vom 6. Februar 1939. BAD Z/B 1 903.

[243] Bericht über die Lage der Anthroposophie aus der Sicht des SD-Hauptamtes vom 6. Februar 1939, a. a. O.

verein, Eurythmie-„Unternehmen“ und die Christengemeinschaft. In einer ausführlichen Anlage wird die „Rechtslage in Bezug auf die Anthroposophische Gesellschaft, ihr verwandte Organisationen und ihr Schrifttum“ untersucht. Im Hinblick auf die „Logenfrage“ wird auf die von Bormann erreichte Stellungnahme Hess‘ vom 1. Februar 1939 verwiesen, derzufolge Hess keine Sonderregelung für Anthroposophen beantragen werde.

In der Frage der Waldorfschulen wird auf die Weiterexistenz der Dresdner, nicht jedoch der Wandsbeker Schule verwiesen. Zum ersten Male wird auch die Existenz der Wiener Rudolf Steiner Schule erwähnt. Für die biologisch-dynamische Landwirtschaft und für die Eurythmie werden die Erlasse genannt, die die Weiterführung ermöglichen (12. Dezember 1935 und 29. Juli 1936). In bezug auf die Christengemeinschaft wird nur der Erlaß Himmlers vom 15. November 1935 erwähnt, demzufolge die Christengemeinschaft nicht unter das Verbot der Anthroposophischen Gesellschaft falle. Näher ausgeführt wird die Existenz des „Studienkreises für Geisteswissenschaft“ in Bad Saarow. Abschließend bemerkt der Bericht aber diesbezüglich: „Es hat den Anschein, als ob der Studienkreis von irgendwelcher Betätigung abgesehen hat.“

Letzter Punkt ist die Behandlung des anthroposophischen Schrifttums. Es wird betont, daß ein generelles Verbot für anthroposophisches Schrifttum nicht erlassen wurde. Erinnert wird an das Verbot der Wochenzeitschrift „Das Goetheanum“ (15. Januar 1936) und der Verbreitung der Produktion des philosophisch-anthroposophischen Verlags am Goetheanum (7. Februar 1936). Der Bericht führt dann ohne Angabe des entsprechenden Erlasses aus: „Später wurde ein Verbot sämtlicher Schriften Rudolf Steiners, dann sämtlicher Schriften über Rudolf Steiner erlassen. Außerdem wurden einzelne Schriften anthroposophischen Inhalts in die Liste unerwünschten Schrifttums aufgenommen, ohne daß eine generelle Regelung erfolgte.“

Die zahlreichen Neuerscheinungen der letzten Zeit im Verlag von Emil Weises Buchhandlung in Dresden werden aber als nicht verbotswidrig bezeichnet, da sie entsprechend des „z.Zt. bei Genehmigung des Studienkreises gemachten Auflagen lediglich an den Studienkreis gerichtet waren.“

Schließlich wird die im Zusammenhang mit Baeumlers Gutachten erfolgte Wiederzulassung des größten Teils der Schriften Rudolf Steiners erwähnt.

In einer Anlage wird auf die Anfrage vom 17. November etwas näher eingegangen. Ein Auszug aus Steiners Autobiographie „Mein Lebensgang“ soll dessen Verbindung zu den Freimaurern erhärten. In bezug auf Steiners Abstammung stellt das Begleitschreiben nur fest: „Die vielfach aufgestellte Behauptung, daß Steiner Judenstämmling sei, hat sich nicht nachweisen lassen, jedoch zeigt der Lebensgang Steiners, daß er engsten persönlichen Verkehr mit Juden pflegte.“

In einer weiteren Anlage werden verschiedene treffend ausgewählte Zitate aus anthroposophischen Veröffentlichungen aufgeführt, „die den Gegensatz zwischen Anthroposophie und Nationalsozialismus aufzeigen“ (6 Seiten, 16 ausführliche Zitate aus der Zeit von 1912 bis 1932).

Der Entwurf des Schreibens ging „Mit der Bitte um Kenntnisnahme und Gegenzeichnung“ u. a. an Otto Ohlendorf.

Dieser Bericht, der die damalige Beurteilung der Lage hinsichtlich der Anthroposophie in den Augen des SD-Hauptamtes spiegelt, wurde aber schließlich nicht abgeschickt. Ob diese Verzögerung auf die Einwirkung Ohlendorfs zurückzuführen war, ist nicht festzustellen. Jedenfalls führt ein SD-Vermerk im April 1939 aus:

„Es wird angeregt, C. vorzuschlagen, bei der Rücksprache mit Reichsleiter Bormann die Frage der Behandlung der „Anthroposophen“ zu erörtern. Der Reichsleiter Bormann in Aussicht gestellte Bericht über die Anthroposophische Gesellschaft hat infolge der Abkommandierung der Leiter verschiedener am Fragenkomplex beteiligten Abteilungen noch nicht erledigt werden können.“[244]

Diese Begründung erfährt eine gewisse Bestätigung durch die Tatsache, daß Elisabeth Klein in den Monaten März bis Juni 1939 vergebens mit Ohlendorf, Best oder Christensen zu sprechen versuchte.[245] Allerdings mag auch dieser ausführliche Bericht deshalb nicht mehr für notwendig gehalten worden sein, weil Bormann bei Hess Anfang Februar eine eindeutige Stellungnahme zur Behandlung der Anthroposophen in der Logenfrage erreichte.

Klein ging es dabei auch um die Stellung des Professors für Nationalökonomie an der Technischen Hochschule Dresden, Folkert Wilken, dem im Frühjahr 1938 wegen seiner Zugehörigkeit zur Anthroposophischen Gesellschaft gekündigt worden war.

Der Ausgang der Logenfrage

Aus dem Artikel im VB geht hervor, daß Rosenberg Ende 1938 die Ansichten Baeumlers, wenn nicht teilte, so doch deckte. Es mußte daher nicht verwunderlich erscheinen, wenn Rosenberg auf eine Anfrage von Leitgen bezüglich der Logenfrage im November 1938 die allgemeine Zuordnung von Anthroposophen zu den Freimaurerlogen zurückwies:

„Sehr verehrter Parteigenosse Hess!
Durch Ihren Adjutanten wurde ich in Ihrem Auftrage gebeten, ein Gutachten über die Beurteilung der früher der Anthroposophischen Gesellschaft angehörigen Beamten in dem Sinne abzugeben, ob man sie in derselben Weise wie die Mitglieder der Freimaurerorden zu bewerten habe. Eine ausführliche Stellungnahme meines Amtes zur Anthroposophie Steiners ist Ihnen bereits vor einiger Zeit durch Professor Dr. Bäumler zugegangen. Ich möchte dazu nur noch bemerken, daß ich nicht auf dem Standpunkt stehe, daß die Angehörigen der Anthroposophischen Gesellschaft in gleicher Weise zu bewerten seien wie die Mitglieder der Freimaurerorden. Vielmehr bin ich der Überzeugung, daß hier stets nur von Fall zu Fall unter Berücksichtigung der jeweiligen Umstände, in

[244] SD-Hauptamt II 111 an II 1 vom 27. April 1939. BAD Z/B 1 889.
[245] SD-Hauptamt II 224 Vermerke vom 10. März und 10. Juni 1939. BAD Z/B 1 903.

sozialer, politischer Hinsicht usw., entschieden werden kann und eine generelle Verurteilung aller in diesem Sinne nicht am Platze wäre."[246]

Diese Stellungnahme löste im SD-Hauptamt erhebliche Unruhe aus, da sie der dort herrschenden Anschauung entgegengesetzt war. Dazu kam, daß das Reichserziehungsministerium eine eindeutige Stellungnahme forderte, weil es über die Kündigung von Professor Folkert Wilken wegen seiner Zugehörigkeit zur Anthroposophischen Gesellschaft endgültig entscheiden wollte.[247]

Im Anschluß an die Stellungnahme Rosenbergs und nach Erhalt des Gutachtens von Baeumler hatte das Amt Hess am 17. November 1938 eine Anfrage an Himmler gerichtet, in der auch über die Beziehung Steiners zu verschiedenen Logen um Auskunft gebeten wurde. Dazu kam, daß der Oberste Parteirichter Walter Buch im Mai 1938 die Ausdehnung der Freimaurerbestimmungen auf weitere freimaurerähnliche Organisationen wie die anthroposophische Gesellschaft u. a. ausdrücklich abgelehnt hatte.[248] Diese Entscheidung stand im Widerspruch zu den Bestimmungen des Reichsinnenministeriums, denen zufolge seit Dezember 1936 die Anthroposophische Gesellschaft den logenähnlichen Organisationen gleichgestellt war und ehemalige Anthroposophen daher als Beamte weder angestellt noch befördert werden durften. Durch den sogenannten Amnestieerlaß Hitlers vom April 1938 wurden die Bestimmungen gegen ehemalige Freimaurer gelockert. Ende 1938 arbeitete man noch im Innenministerium an dem Entwurf der dadurch notwendigen Neufassung der Freimaurerbestimmungen für Beamte. In diesem hieß es entgegen der Ansicht Rosenbergs, daß ehemalige Anthroposophen auch weiterhin generell den früheren Freimaurern gleichgestellt werden.[249]

Im Laufe des Monats Januar war es zu einer Verständigung zwischen den Gegnern der Anthroposophie im Amt Hess und im SD-Hauptamt gekommen.

[246] Reichsleiter Alfred Rosenberg an den Stellvertreter des Führers, Reichsminister Rudolf Hess, vom 1. November 1938. BAD Z/B 1 889. Bei dem „Adjutanten" handelte es sich um Alfred Leitgen.

[247] Wilken hatte im Juni 1938 gegen seine Kündigung Einspruch erhoben und dabei vorgegeben, daß die Gestapo und die Partei die Anthroposophische Gesellschaft nicht mehr zu den logenähnlichen Organisationen rechneten. Erziehungsministerium an Gestapa vom 22. April 1939. BAD Z/B 1 903.

[248] Bericht über die Lage der Anthroposophie aus der Sicht des SD-Hauptamtes vom 6. Februar 1939, a. a. O.

[249] Im einzelnen führt der Bericht des SD-Hauptamtes dazu aus: „Danach dürfen ehem. Anthroposophen, die weder eine führende Stelle noch ein Amt in der ‚A.G' bekleidet haben, als Beamte eingestellt und befördert werden. Sind sie nach dem 31. 1. 1933 aus der ‚A.G.' ausgeschieden und erst nach dem 30. 1. 1933 oder gar nicht in die NSDAP eingetreten, so dürfen sie nicht mit Personalangelegenheiten beschäftigt und als Behördenvorstände verwendet werden. Ehemals führende, aber vor dem 30. 1. 1933 ausgeschiedene Anthroposophen unterliegen einer individuellen Beurteilung. Nach dem 30. 1. 1933 ausgetretene führende Anthroposophen sind grundsätzlich von Anstellung und Beförderung ausgeschlossen." Bericht über die Lage der Anthroposophie aus der Sicht des SD-Hauptamtes vom 6. Februar 1939, a. a. O.

Ludwig Wemmer vom Stab des Stellvertreters des Führers war eigens nach Berlin gereist, um mit Best und Six Rücksprache zu halten.[250]

Die entscheidende Stütze erhielt das SD-Hauptamt wiederum durch Bormann. Wie der Inhalt des von Bormann unterzeichneten Schreibens erkennen läßt, erreichte dieser bei Hess die Bestätigung, daß die Anthroposophische Gesellschaft auch weiterhin zu den logenähnlichen Organisationen zu rechnen sei, mit dem Hinweis auf diese – mit dem obengenannten Erlaß – gemilderte Behandlung der Freimaurer:

„Betrifft: Anthroposophische Gesellschaft. Unter Hinweis auf die verschiedenen fernmündlichen Unterredungen unserer Sachbearbeiter teile ich Ihnen die Entscheidung des Stellvertreters des Führers mit, wonach eine Änderung der seitherigen Anordnungen, in denen die Anthroposophische Gesellschaft als logenähnliche Organisation aufgeführt ist, von der Partei nicht beantragt wird.

Die Entscheidung des Stellvertreters des Führers erging in Erwartung der bereits seit längerer Zeit geplanten Neuregelung, nach welcher die Angehörigen der niederen Dienstgrade der Freimaurerlogen eine gewisse Begnadigung erfahren werden. Dabei sollen – wie vorgesehen – die logenähnlichen Verbände in gleicher Weise behandelt werden. Irgendwelche Sonderbestimmungen für diese Verbände oder für die Anthroposophische Gesellschaft sollen nicht getroffen werden."[251]

Eine Abschrift dieses Schreibens ging am gleichen Tage an Rosenberg.[252] Das Reichserziehungsministerium wurde entsprechend unterrichtet.[253]

Letztlich entscheidend wurde jedoch erst die Stellungnahme, die Bormann im Juli 1939 bei Hitler erreichte. Bormann konnte die Tatsache zum Anlaß nehmen, daß Almar von Wistinghausen, ein Vertreter der biologisch-dynamischen Wirtschaftsweise, sich über den Adjutanten der Luftwaffe, Hauptmann von Below, an Hitler gewandt hatte, weil seine Aufnahme in den Beurlaubtenstand der Offiziere wegen seiner Mitgliedschaft bei der Anthroposophischen Gesellschaft abgelehnt worden war. Bormann teilte daraufhin die folgende Äußerung Hitlers Anfang Juli 1939 Heydrich folgendermaßen mit:

„Ein Volksgenosse, der wegen Zugehörigkeit zur Anthroposophischen Gesellschaft als Offizier des Beurlaubtenstandes abgelehnt worden war, hatte sich an den Führer gewandt. Der Führer hat daraufhin folgende Entscheidung getroffen:

Mitglieder der Anthroposophischen Gesellschaft sind wie Logen-Angehörige zu behandeln; sie sind nach Meinung des Führers oft noch gefährlicher als Logen-Angehörige, weil sie mit ihren Ideen viel mehr Leute ansteckten. Wenn ein Straßenkehrer Mitglied der Anthroposophischen Gesellschaft gewesen sei, dann spiele das auch heute keine Rolle; in der Partei oder in der Wehrmacht wolle der Führer dagegen frühere Mitglieder der Anthroposophischen Gesellschaft nicht haben.

250 SD-Hauptamt II 111, Vermerk vom 25. Januar 1939. BAD Z/B 1 903.

251 NSDAP, Stab des Stellvertreters des Führers an den Reichsführer SS, Chef des Sicherheitshauptamtes vom 1. Februar 1939, gez. Bormann. BAD Z/B 1 903.

252 Stab des Stellvertreters des Führers an das Amt Rosenberg vom 1. Februar 1939. IfZ MA 544 1006.

253 Gestapa an Reichserziehungsministerium vom 20. Februar 1939. BAD Z/B 1 903.

Bei dem Charakter der aufgelösten Theosophischen Gesellschaft kann diese Führer-Entscheidung auch auf die ehemaligen Angehörigen der Theosophischen Gesellschaft angewendet werden.

Ein gleichlautendes Schreiben haben das Oberste Parteigericht und der Herr Reichsschatzminister erhalten.“[254]

Diese Mitteilung wurde in Eile an sämtliche Abteilungen im SD-Hauptamt, auch an Ohlendorf, sowie an die SD-Führer und SS-Oberabschnitte verteilt.[255] Praktisch blieb diese Weisung Hitlers in mancher Hinsicht unberücksichtigt: zahlreiche Anthroposophen taten in der Wehrmacht – auch als Offiziere – oder als Lehrer an Oberschulen Dienst.

Auf diese Weisung Hitlers hin forderte das SD-Hauptamt ohne Erfolg im August das Verbot praktisch aller Werke Rudolf Steiners.[256] Damit kam Baeumler naturgemäß in erhebliche Bedrängnis.

Rosenberg verteidigte ihn gegenüber Bormann, indem er unterstrich, daß Baeumler nur die „wissenschaftlich-philosophisch-pädagogische Bedeutung“ Steiners beurteilt und dabei die „anthroposophischen Spekulationen“ abgelehnt hätte. Die Goethe-Forschung, die er bei Steiner geschätzt hätte, läge größtenteils vor dem Ersten Weltkrieg. Eine Stellungnahme Baeumlers zur Anthroposophie hätte sich aus seiner Ablehnung derselben erübrigt. Rosenberg schließt mit der Bemerkung: „In der Beurteilung der anthroposophischen und theosophischen Epigonen und sektiererischen Jünger Steiners unterscheidet sich Reichsamtsleiter Prof. Baeumler nicht von der in Ihrem Schreiben vom 31.7.39 enthaltenen Auffassung.“[257]

Die „Logenfrage“ war im Sinne des SD-Hauptamtes entschieden worden. Auch das OPG übernahm letztlich diese Entscheidung.[258]

In den Monaten Juli und August 1940 mußte sich Baeumler gegenüber Adolf Krenn, einem ehemaligen Sachbearbeiter für Freimaurerfragen beim OPG, rechtfertigen. Krenn führte in Linz einen Prozeß gegen den Anthroposophen Heinz Tomsche, der behauptet hatte, daß die anthroposophische Literatur wieder zugelassen wäre und Frau Klein die „Steinersche Erziehungsmethode“ nicht aufgegeben hätte. Krenn – in Unkenntnis der Sachlage – wandte sich gegen diese Behauptungen und bat Baeumler um Bestätigung seiner Meinung. Gleichzeitig machte er längere „gutachterliche“ Aussagen über die ge-

[254] NSDAP, Stab des Stellvertreters des Führers an den Reichsführer SS, Chef des Sicherheitshauptamtes: gez. M. Bormann vom 7. Juli 1939. Vgl. auch Bormann an Amt Rosenberg vom 31. Juli 1939. Archiv Bund der Waldorfschulen 7.1.059. Veröffentlicht in A. Wagner, Beiträge, NS-Dokumentation, Bd. 1, Rendsburg 1991, S. 74.

[255] Entsprechende Anweisungen „Geheim“ vom 13. Juli 1939. BAD Z/B 1 903.

[256] Propagandaministerium, Dr. Koch an Alfred Baeumler vom 10. August 1939. IfZ Ma 610.

[257] „Geheim!“ A. Rosenberg an Stellvertreter des Führers vom 25. August 1939. IfZ – MA 610 58 005. Die unterstrichenen Passagen fehlten im ersten Entwurf (Unterstreichungen vom Verfasser).

[258] Der Chef der Sicherheitspolizei und des SD an das Amtsgericht Linz vom 7. Oktober 1940. BAD Z/B 1 889.

rade bei Emil Weise erschienenen pädagogischen Vortragszyklen von Steiner und analysierte die Zeitschrift „Demeter“ im Hinblick auf ihren Zusammenhang mit Rudolf Steiner.[259]

Baeumlers Position war zu diesem Zeitpunkt unsicher, da Bormann nach der Äußerung Hitlers über die Anthroposophen ihn und Rosenberg im August 1939 angegriffen hatte. So ist es verständlich, daß Baeumler vorsichtig wurde. Krenn war so penetrant, daß er seine mündliche Äußerung Baeumler gegenüber nachträglich schriftlich formulierte. Darüber hinaus veranlaßte er das Amtsgericht Linz, eine Stellungnahme des SD einzuholen, und erreichte beim OPG, daß dieses sich direkt an Baeumler wendete. Krenn meinte also, einer Sache „auf der Spur“ zu sein.

In diesem Zusammenhang müssen die Antworten Baeumlers verstanden werden. Er formulierte Krenn gegenüber:

„[...]Ich habe Ihnen berichtet, daß von einem allgemeinen Verbot der Pädagogik Steiners abgesehen wurde, daß jedoch die Leiterin der letzten Waldorfschule in Dresden, Frau Dr. Klein, freiwillig auf die Fortführung der Schule als Waldorfschule verzichtet hat [...].“[260]

Gegenüber dem OPG schilderte er die Frage der Werke Steiners im Buchhandel folgendermaßen:

„[...] Die anthroposophischen Kernschriften verfielen dem Verbot, während eine Anzahl anderer Schriften – darunter auch die pädagogischen – von dem Verbot unberührt blieben. Daß der öffentliche Verkauf dieser Schriften in Partei- und Staatsinteresse nicht gerade wünschenswert ist, versteht sich von selbst. Da es jedoch nicht beabsichtigt ist, alles zu verbieten, was nicht wünschenswert ist [...].“[261]

Baeumler zögerte hier nicht, seinen gemäßigten Standpunkt in Verbotsfragen als den offiziell allgemein gültigen darzustellen.

Erhard Bartsch unternahm im Jahre 1940 noch den aussichtslosen Versuch, eine Wende in der Logenfrage zu erreichen. Im Juli 1940 reichte er u. a. bei Alfred Baeumler eine 18seitige Denkschrift mit dem Titel „Rudolf Steiner und die Aufgaben des deutschen Volkes“ ein. Inhaltlich ähnelt die Schrift den ersten Verteidigungschriften der Anthroposophischen Gesellschaft in den Jahren 1933–35 und den Memoranden Jürgen von Grones vom Januar und Fe-

[259] Die Prozeßakten sind leider nicht mehr erhalten. Nach Auskunft des Oberösterreichischen Landesarchivs vom 30. Mai 1994 wurden die Bestände des Amtsgerichtes Linz stark skartiert. Der größte Teil der hier angesprochenen Korrespondenz wurde veröffentlicht in: A. Wagner, Beiträge, NS-Dokumentation, Bd. 4, Rendsburg 1992, S. 43–53.

[260] A. Baeumler, Amt Wissenschaft an Adolf Krenn vom 7. August 1940. IfZ MA 610 57851.

[261] Amt Wissenschaft, der Amtsleiter an die NSDAP, Oberstes Parteigericht, vom 20. August 1940. IfZ MA 610 – 57849.

bruar 1936.[262] In einem Gespräch mit Alfred Leitgen am 14. November 1940 brachte er seine Ansichten zum Ausdruck, die er tags darauf schriftlich zusammenfaßte und an Leitgen schickte.[263] Danach strebte er eine Vereinbarung an, wonach die Frage, ob Steiner Freimaurer gewesen war oder nicht, mangels Belegen fallengelassen werden sollte. Wichtig war ihm dabei, daß die sich auf Schwartz-Bostunitsch und Hauer stützende Beschreibung der „Anthroposophie“ in Meyers Lexikon (Ausgabe 1936) korrigiert werde. Darüber hinaus plante er innerhalb der Partei die Gründung einer Treuhandstelle zur Fortführung des Lebenswerks Rudolf Steiners.

Bartsch schließt mit den Worten:

„5. Es ist mit allen Mitteln dahin zu streben, daß der Führer Gelegenheit nimmt, sich einen persönlichen Eindruck von den aufbauwilligen Kräften früherer Schüler R. St.s zu verschaffen, um die berechtigten Zweifel an der Brauchbarkeit anthroposophischer Kreise im nationalsozialistischen Evolutionskampf gegenüber diesen neuen ihm unbekannten Kräften aufgeben zu können.“

Gerade dieser letzte Punkt, der auch ein gewisses Vertrauen Bartschs in Hitler zum Ausdruck bringt, wirft ein Licht auf Bartschs Vorstellungen, die im folgenden Kapitel besprochen werden.

262 Erhard Bartsch, Rudolf Steiner und die Aufgaben des deutschen Volkes, 7. Juli 1940. IfZ MA 610 57676ff. Veröffentlicht in: A. Wagner, Beiträge, NS-Dokumentation, Bd. I, Rendsburg 1991, S. 76ff.

263 Bartsch an Leitgen vom 15. November 1939. Das Schreiben kam durch die Gestapo-Aktion vom 9. Juni 1941 in die Hände des RSHA, das es in seiner zusammenfassenden Broschüre über die „Anthroposophie“ in den Anlagen anführte. S. Anlage 21.

5. Hess' erneuter Einsatz für die biologisch-dynamische Wirtschaftsweise. Bartschs Initiativen. Himmlers Zugriff

Einleitung

Mittelpunkt der Aktivitäten für die biologisch-dynamische Wirtschaftsweise in Deutschland war Erhard Bartsch. Seine kämpferische Haltung – er war während des Ersten Weltkriegs Fliegeroffizier gewesen – war der Motor für die Anstrengungen zur Rettung der Landwirtschaft. Die Situation wurde außerdem dadurch geprägt, daß sich das NS-Regime in diesem Bereich nicht als einheitlicher Machtblock, sondern als differenziertes Gefüge darstellte. Als letztes war entscheidend, daß die einflußreiche und mächtige chemische Industrie, besonders durch die IG Farben, ihre Interessen geltend machte.

Bartsch fühlte sich als Repräsentant und Träger einer Idee, die dem schon damals sichtbaren Raubbau des Menschen an der Natur ein Mensch und Natur gesundendes Gegengewicht schaffen sollte. Sein individuelles Anliegen war die Verbreitung der Idee des landwirtschaftlichen Betriebes als eines Organismus, und der Hof Marienhöhe war in dieser Hinsicht beispielhaft entwickelt worden. Daß es ihm um diese Grundfragen ging, von denen er nie abließ, zeigt auch sein Verhalten vor und nach der NS-Zeit. Die biologisch-dynamische Wirtschaftsweise sollte zur sozialen Erneuerung beitragen, indem sie durch eine Hof- und Dorfgemeinschaft getragen wird, die zugleich ständig vertiefend an ihren geisteswissenschaftlichen Grundlagen arbeitete.

Bartsch war überzeugt, daß Menschen, die dieser Idee begegnen, wenn man sie ihnen nur konkret genug vor Augen führte, sie als richtig und förderungswürdig ansehen mußten. Von daher wird verständlich, mit welchem Eifer und Aufwand Bartsch bestrebt war, alle Persönlichkeiten, mit denen er in Kontakt kam, zu einem Besuch von Marienhöhe und den dortigen Wintertagungen einzuladen. Dieses Anliegen vertrat Bartsch gegenüber jedermann, aber naturgemäß besonders gegenüber der Bauernschaft, für die die gemeinschaftlichen Wintertagungen gedacht waren. Der rege Zuspruch zeigte, daß das Interesse an der biologisch-dynamischen Landwirtschaft in allen Teilen Deutschlands zunahm.

Dem standen die wirtschaftlichen Interessen der Düngemittelindustrie gegenüber, die bei einer Ausbreitung der biologisch-dynamischen Wirtschaftsweise einen Rückgang des Absatzes von Industriedünger zu befürchten hatte. Freilich war die biologisch-dynamische Landwirtschaft rein quantitativ eine zu vernachlässigende Größe. Aber die Herren der IG Farben dachten weit voraus. Nachdem – vermutlich 1934 – ein Versuch der IG Farben, Bartsch durch Gratislieferung von Kunstdünger und durch andere finanzielle Hilfen von seiner strikten Ablehnung ihrer Produkte abzubringen,[264] gescheitert war, kam es zu einem teils versteckten, teils offenen Kampf, wobei beide Seiten versuchten, sich für ihre Zwecke des Staates zu bedienen.

Hess hatte auf Drängen Alwin Seiferts hin veranlaßt, das Verbot der Verbreitung der biologisch-dynamischen Wirtschaftsweise durch das thüringische Wirtschaftsministerium rückgängig zu machen. Dies kam auch für die Vertreter des Reichsverbandes für biologisch-dynamische Wirtschaftsweise überraschend. Sollte die biologisch-dynamische Wirtschaftsweise in den Augen der Öffentlichkeit bestehen, so mußte jedoch dem Hauptangriffspunkt der Düngemittelindustrie entgegengetreten werden: es mußte der Nachweis erbracht werden, daß diese Wirtschaftsweise mengenmäßig zumindest gleiche Erträge lieferte wie die mineralische Düngung. Hess befürwortete eine wissenschaftliche Prüfung, und es kam zu einer ersten Versuchsreihe in der Bayrischen Landesanstalt für Pflanzenbau und Pflanzenschutz.[265] Bartsch fertigte eine erste Denkschrift an.[266]

Den Vertretern der landläufigen Wissenschaft blieb unerklärlich, daß auch auf den schon länger biologisch-dynamisch bewirtschafteten Betrieben weiter gute Mengenerträge erzielt wurden, obwohl gerade die von ihnen als notwendig erachtete Zuführung mineralischer Düngung nicht stattgefunden hatte. Sie meinten daher, irgendwann werde der Boden nichts mehr hergeben. Das sei versteckter Raubbau an der Natur!

Der Reichsverband hatte, um sich vor seinen Feinden zu schützen, die Gleichschaltung über die Deutsche Gesellschaft für Lebensreform vorgenommen, die ihrerseits dem Nationalverband Deutscher Lebensreform-Unternehmen angeschlossen war. Reichsnährstand und Reichsbauernschaft standen damals der biologisch-dynamischen Landwirtschaft ablehnend gegenüber. Doch gab es auch dort Persönlichkeiten, die die Tagungen in Marienhöhe schon 1934 und 1935 besucht hatten.[267] 1940 kam schließlich der Landwirtschaftsminister Darré zu einem Besuch. Die Widerstände in seiner Verwaltung waren stark. Doch Darré kam begeistert von seinem Besuch zurück. Die biologisch-dynamische Wirtschaftsweise schien offiziell anerkannt. Darrés Einfluß nahm aber in jenen Monaten bereits rapide ab.

Bartsch kam auch mit dem Amt Rosenberg in Berührung. Hier erhoffte er sich 1940 über eine „weltanschauliche" Beurteilung durch Alfred Baeumler

264 Hellmuth Bartsch, Erinnerungen eines Landwirts, Stuttgart o. J., S. 87.

265 Detaillierte Nachweise über die Durchführung der Versuche in den Jahren 1934 und 1935 liegen vor. PA Reinhard Schade. Trotz der Befürwortung durch Hess wurden seitens der Institute oder der Regierungsstellen keinerlei Mittel für die Versuche zur Verfügung gestellt, so daß die Finanzierung im wesentlichen vom Reichsverband selbst getragen werden mußte. Aktenvermerk E. Bartsch vom 12. Februar 1935. PA Reinhard Schade.

266 Erhardt Bartsch, Denkschrift: Mengenerträge bei biologisch-dynamischer Wirtschaftsweise 1933/34, o. D. wahrscheinlich Anfang 1935. PA Reinhard Schade.

267 Darstellungen der Tagungen findet man vor allem in der Monatsschrift der Gesellschaft für Lebensreform „Leib und Leben", z. B. in der Januarausgabe 1936.

eine wissenschaftliche Anerkennung der biologisch-dynamischen Wirtschaftsweise.

Letztlich entscheidend für das Schicksal der biologisch-dynamischen Wirtschaftsweise in der NS-Zeit wurde aber Heinrich Himmler. Während Bartsch meinte, durch die Anerkennung seitens der politischen Machthaber einen wirksamen Schutz für die Weiterentwicklung erreicht zu haben bzw. zu erreichen, entwickelte Himmler unter dem Aspekt einer gesunden Ernährung der SS Interesse und meinte, da er aus eigener Erfahrung die Schliche in der Argumentation der chemischen Industrie kannte, die Sache selbst in die Hand nehmen zu müssen.

Man kann die Unternehmungen Bartschs in drei Bereiche gliedern, die zeitlich aufeinanderfolgende Schwerpunkte hatten:

1. 1937/38: Die Verteidigung der biologisch-dynamischen Wirtschaftsweise im Reichsnährstand und im Reichsernährungsministerium.

2. 1939/40: Die Entwicklung von Vorstellungen über ein erneuertes und erweitertes Landleben auf der Grundlage der biologisch-dynamischen Wirtschaftsweise.

3. 1940/41: Der Versuch eines Zugriffs auf die biologisch-dynamische Wirtschaftsweise durch Himmler.

Der Übergang zwischen diesen Phasen war fließend.

Das drohende Verbot der biologisch-dynamischen Wirtschaftsweise im Reichsnährstand und im Reichsernährungsministerium sowie der Angriff der IG Farben

Was Alfred Leitgen im Amt Hess als Mittelsmann für Elisabeth Klein bedeutete, das war Alwin Seifert für Erhard Bartsch. Als im Mai 1937 ein Verbot des Anbaus von Demetergetreide vorbereitet wurde, wandte sich Seifert in einem ausführlichen Schreiben an Hess und bat ihn, dies zu verhindern. Er schrieb folgendes:

„Sehr geehrter Herr Hess!

Ihre gestrige Bemerkung über den Kompostplatz im Stabsleitergarten gibt mir den Mut einen schon vor längerer Zeit geschriebenen Brief doch noch einmal aufzunehmen und Sie in folgender Sache um Ihre Hilfe zu bitten.

Im Reichsernährungsministerium ist eine Verordnung vorbereitet, die den Anbau von Demeter-Getreide verbietet. Gewonnen wird dabei nichts; denn die biologisch-dynamisch bewirtschafteten Betriebe haben ihrer Ablieferungspflicht mehr als genügt und bewiesen, daß sie, die höhere Güte und Haltbarkeit ihrer Erzeugnisse gar nicht gerechnet, auch rein mengenmäßig auf die Dauer dasselbe leisten wie die mit Kunstdünger arbeitenden. In der Anlage ist diese Behauptung belegt. Wohl aber wird mit dieser Verordnung die einzige Quelle einer Wiedergesundung des deutschen Bodens, unserer Viehherden und damit auch des Bauernstandes selbst verschüttet, die bisher die Fähigkeit zu diesem Wiederaufbau tatsächlich erwiesen hat.

Wer die Nutznießer dieser Entwicklung sind, ist leicht zu ersehen. Schon vor zwei Jahren hat die Kunstdüngerindustrie versucht eine Preisherabsetzung für Stickstoff und Kali von einem Verbot der Demeter-Bewegung abhängig zu machen. Auch die Großmühlenindustrie sucht die Demeter-Bewegung abzuwürgen, weil diese die naturgemäßer arbeitenden Wind- und Wassermühlen bevorzugt. Können Sie nicht durch eine Verhinderung dieses Verbotes, das nur materialistischen Belangen einiger Wirtschaftsmächte von gestern, aber ganz und gar nicht denen des dritten Reiches dient, das Verschütten dieser Quelle verhindern, auf die wir einmal noch bitter nötig angewiesen sein werden, und bewirken, [...] daß sie ihrer eigenen stillen Entwicklung überlassen bleibt? (Am 13.5.37 wird in dieser Angelegenheit in Berlin verhandelt.) Und wäre es nicht auch möglich, die Diffamierung der früheren Mitglieder der anthroposophischen Gesellschaft wieder aufzuheben, die ganz zweifellos verdiente Leute in Not bringt und das Reich der Mitarbeit zuverlässiger uneigennütziger Männer beraubt, an denen wir wirklich keinen Überfluß haben? Es ist erstaunlich viel Geistesgut aus der anthroposophischen Bewegung übernommen worden ohne die Urheber zu nennen."[268]

Dieses Schreiben war vermutlich der Anlaß für die darauf folgende Anordnung von Hess an den Reichsnährstand, einen Leistungsvergleich zwischen biologisch-dynamisch und herkömmlich bewirtschafteten Betrieben anzustellen. Dies kam dem langjährigen Wunsch des Reichsverbandes entgegen, nicht Parzellenversuche anzustellen, sondern die Leistungen der Betriebe selbst zu überprüfen.[269] Es handelte sich also um eine großangelegte Aktion.[270] Die Besichtigung von 50 Betrieben wurde in Aussicht genommen. Tatsächlich wurden wegen des erforderlichen Arbeitsaufwandes nur 40 landwirtschaftliche Betriebe überprüft. Mit den 25 gärtnerischen Betrieben gaben sich die Prüfer kaum ab. Sie meinten, es sei ihnen bekannt, daß man im Gartenbau auch ohne Handelsdünger befriedigende Ergebnisse erziele.

Die Prüfung wurde im Frühjahr und Sommer 1938 durchgeführt, und es stellte sich bald heraus, daß die Prüfer in den Augen der Vertreter des Reichs-

[268] Alwin Seifert an Rudolf Hess vom 10. Mai 1937. IfZ ED 32 –422/53 00100. Dieser Bestand enthält einen Großteil der Korrespondenz zwischen Seifert und Hess, u. a. zeigt er, daß Seifert sich auch für eine ganze Reihe anderer mit dem Schutz der Natur verbundener Bestrebungen bei Hess einsetzte. S. z. B. Schreiben Seiferts vom 10. Oktober 1937 und vom 9. Juni 1941 an Himmler.

[269] Protokoll der Hauptversammlung des Reichsverbandes für biologisch-dynamische Wirtschaftsweise vom 12. Dezember 1937. BAD Z/B 1 1151. Bartsch rief die Betriebe zu einer Beteiligung an dieser Aktion auf: „Ich habe Sie erkoren und gebeten, sich mit Ihrem Betrieb in den Kreis der auserwählten Betriebe zu stellen, welche auf Veranlassung des Stellvertreters des Führers seitens des Reichsverbandes für biologisch-dynamische Wirtschaftsweise e. V. dem Reichsnährstand unter Mitwirkung einer unparteiischen Stelle zur Begutachtung und Beobachtung gezeigt werden sollen [...]." Reichsverband für biologisch-dynamische Wirtschaftsweise e. V. an einzelne Betriebe vom 17. Januar 1938. PA Reinhard Schade.

[270] Im Auftrag von Hess reiste Seifert in dieser Sache dreimal nach Berlin. 29./30. November, 8./9. Dezember 1937, 1./2. Januar 1938. Schreiben Alwin Seifert an Pintsch vom 6. Januar 1939. IfZ ED 32 – 422/52 00100. Seifert verhandelte nicht nur mit den Vertretern des Reichsnährstandes und mit Backe im Reichsernährungsministerium, sondern auch mit Hermann Göring in dessen Eigenschaft als Beauftragter für den Vierjahresplan.

verbandes voreingenommen waren. Der Reichsnährstand hatte die Angelegenheit der „Landwirtschaftlichen Betriebsprüfungs GmbH (LBP)" übergeben.[271] Über die Methoden dieser Organisation berichtete Franz Dreidax:

„[...] Als die paritätisch gedachte Aktion Sommer 1938 nach schwierigen Vorverhandlungen anlief, waren zunächst unerhörte Anmaßungen zurückzuweisen. Die offenkundig gegnerische Haltung der Gutachter der LBP hatte auch ihr Gutes: Sie zwang die Beauftragten des Reichsverbandes zu besonderer Genauigkeit und Wachheit beim umfassenden Vorgehen. Die LBP wählte die Methode, den zu untersuchenden biologisch-dynamischen Betrieb irgendwie mit dem besten Kunstdüngerbetrieb der Gegend (und sei er 10–20 km entfernt) zu vergleichen, wenn auch Boden, personelle und maschinelle Voraussetzungen, Klima, übernommener Kulturstand usw. ganz anders waren [...]. Trotz dieser Handhabung einer Methode des ‚schiefen Vergleichs' war es den Gutachtern der LBP und ihren Mithelfern aus den Landes- und Kreisbauernschaften oft schwer, brauchbare Kunstdüngerbetriebe ausfindig zu machen. Die eingehenden Betriebsbesichtigungen vollzogen sich in mehreren Trupps durch Monate hindurch in verschiedenen Teilen des Reiches. Es wurden nicht sämtliche vorgeschlagenen 50 Betriebe vorgenommen, sondern nur 39, [40, U. W.], da die Arbeit sehr groß war [...].
Es war von vornherein vereinbart gewesen, daß das umfassende Beobachtungsmaterial der LBP aus diesen Betriebsbesichtigungen eine sorgfältige schriftliche Bearbeitung erfahren sollte. Ehe eine solche vorlag und vorliegen konnte, erfuhr der Reichsverband für biologisch-dynamische Wirtschaftsweise, daß an gewissen Amtsstellen in Berlin bereits als Ergebnis bekannt geworden sei: die Mengenergebnisse bei biologisch-dynamischer Wirtschaftsweise seien geringer als mit Kunstdünger [...]."[272]

Für Dreidax war der entscheidende Punkt die unangemessene Auswahl der Vergleichsbetriebe. Seifert machte Hess auf die beanstandeten Untersuchungsmethoden der LBP aufmerksam. Benno von Heynitz beschreibt in seinen Er-

[271] Landwirtschaftliche Betriebsprüfungsstelle GmbH – L. B. P., Berlin: „Bericht über die Erhebungen in 40 landwirtschaftlichen Betrieben mit biologisch-dynamischer Wirtschaftsweise" vom 4. Oktober 1938. 30 Seiten, Anlagen ca. 400 Seiten. PA Krafft von Heynitz. Folgende Betriebe waren von seiten der biologisch-dynamischen Wirtschaftsweise beteiligt: Bader-Rautenberg, Bankwitz-Langhennersdorf, Bartsch-Marienhöhe, Bauck-Kl. Süsstedt, Becker-Budberg, Berenbold-Altenbeuren, Bertram-Bartschdorf, Bettermann-Reussendorf, Blume-Loerbrockshof, Bonin-Bottschow, Clauss-Stadtwaldhof, Coch-Heiligenbeil, Haus Lohe üb. Werl, Heinrich-Seiboldsweiler, Heuhof üb. Carlsberg Heynitz-Heynitz, Hirsch-Kirchengel, Kästner-Nössige, Koch-Wormstedt, Kramer-Voigtshof, Kürbs-Wormstedt, Loheland üb. Fulda, Lohr-Altenbeuren, Ludwig-Röhrsdorf, Meyer-Korreshof, Münch-Langhennersdorf, Neuhof üb. Carlsberg, Otto-Annenhof, Piening-Halendorf, Pilgramshain üb. Striegau, Rödiger-Wormstedt, Rudloff-Weingarten, Ruther-Deggenhausen, Schaaf-Reichenbach, Scheiber-Schönbrunn, Schlundt-Eishausen, Soetebeer-Vögelsen, Stegemann-Marienstein, Talhof üb. Heidenheim, Voith-Rengoldhausen, West-Wennhof.

[272] Franz Dreidax, Biologisch-dynamische Wirtschaftsweise während des „Dritten Reiches", in: F. C. L. Schmidt (Hrsg.), Der landwirtschaftliche Impuls Rudolf Steiners, 1972, veröffentlicht in: A. Wagner, Beiträge, NS-Dokumentation Bd. 3, Rendsburg 1993, S. 66 f. Der Bericht der LBP ist durchaus in wissenschaftlichem Ton abgefaßt und kommt zu dem von Dreidax erwähnten negativen Urteil bzgl. der Mengenerträge. Gleichzeitig unterstreichen die Autoren aber, daß ein abschließendes Urteil erst gewonnen werden kann, wenn eine solche Prüfung über einige Jahre hin durchgeführt würde.

innerungen diese Prüfung. Ihm erschien die Fehleinschätzung der Erntemengen nach dem Felderstand letztlich die Schwachstelle des Prüfungsberichtes:

„Die große Prüfung von 60 [40, U. W.] landwirtschaftlichen und Gärtnerbetrieben wurde im Sommer 1938 von der Betriebsprüfungsstelle Berlin durchgeführt. Es sollte jeder unserer gemeldeten Betriebe im Erntestand mit zwei Kunstdüngerbetrieben verglichen werden.

Das war eine schwierige Aufgabe, besonders deshalb, weil sichere Ernteschätzungen nur schwer gemacht werden können. So ergaben sich dann auch nach der Ernte für unsere Betriebe viel bessere Dreschergebnisse, als in den Schätzungen angegeben worden war. das alles haben wir in großer und mühevoller Arbeit nachgewiesen."[273]

Hess veranlaßte 1939 eine zweite Besichtigung, die von Sachverständigen der SS durchgeführt wurde. Darüber berichtete Dreidax:

„Auch an dieser nahm ich in Sachsen teil und erinnere mich gern und sehr genau an sie. Im Meißner Kreise war der Felderstand auffallend verschieden. Auf den meisten Äckern der Kunstdüngerbetriebe lag das Getreide infolge der Wetterschäden wie gewalzt, während auf unseren Feldern das Getreide aber einen ausgezeichneten Eindruck machte. Das wurde bei der Besichtigung von allen gern erkannt. Die Gespräche mit den Herren habe ich in bester Erinnerung. Sie verliefen sachlich, und ein jeder achtete das offene Urteil des anderen [...]."[274]

Diese Entwicklung führte dazu, daß der Reichsverband mit Unterstützung seiner Landwirte von nun an sich intensiv um eine Analyse der quantitativen Leistungen der biologisch-dynamischen Höfe kümmerte und ausführliche Berichte darüber anfertigte. Von diesen sind einige erhalten.[275] Die LBP-Gutach-

[273] Benno von Heynitz, Meine Erinnerungen als Landwirt (1912 –1962), Hannover, 1978, S. 38f.

[274] Franz Dreidax, Biologisch-dynamische Wirtschaftsweise während des „Dritten Reiches", a.a.O.

[275] Es handelt sich im wesentlichen um folgende Dokumente: *1.* Aufstellung der Ernteergebnisse von 15 Besichtigungsbetrieben aus den Jahren 1936, 1937, 1938 vom Januar 1939 mit kritischen Anmerkungen zum Vorgehen der LBP von Carl Grund und Erhard Bartsch, 20 Seiten. *2.* Die volkswirtschaftlichen Leistungen der biologisch-dynamischen Wirtschaftsweise nach dem Stande von 1938 von Erhard Bartsch. Auseinandersetzung mit dem Gutachten der LBP. 29 S. vom 15. April 1939. *3.* Betriebsergebnisse des Jahres 1939 von 86 biologisch-dynamischen Höfen. 18 Seiten vom Jahresbeginn 1940. *4.* Untersuchungen von Leistungen biologisch-dynamisch geführter Betriebe auf Grund ihrer Buchführung nach Eiweiß- und Stärkewerten von Carl Grund, 12. Januar 1941. 23 Seiten. Quelle für alle s. IfZ MA 610.
Außerdem wurden von Bartsch und von Seifert Denkschriften über die biologisch-dynamische Landwirtschaft angefertigt, die leider nicht vorliegen. Vgl. Erhard Bartsch an Alfred Baeumler vom 13. Januar 1939 (IfZ MA 610), und Alwin Seifert an Rudolf Hess vom 24. Oktober 1939 (IfZ ED 32 – 422/52 – 00032). August Bier hatte schon Anfang 1938 ein positives Gutachten vorgelegt. Vgl. Alwin Seifert an Rudolf Hess vom 4. Januar 1938 (IfZ ED 32 – 422/52 –00073). Seifert schrieb am 11. September 1939 an Hess: „Den mir erteilten Auftrag eine kurze Denkschrift über das Wesen der biologisch-dynamischen Wirtschaftsweise [...] abzufassen, hab ich nach bestem Wissen und Gewissen so objektiv erfüllt, als es mir möglich ist, der ich davon überzeugt bin, daß die biologisch-dynamische Wirtschaftsweise [...] den [...] Ausweg aus den heutigen Nöten der Landwirtschaft und [...] den Weg zu einem wirklich natur- und bodenverbundenem Bauerntum zeigen wird [...]." IfZ ED 32 – 422/52 – 00032.

ter waren nicht von den Ernteergebnissen, sondern von Schätzungen dieser Ergebnisse ausgegangen, nachdem eine Felderbesichtigung durchgeführt worden war. So konnten die Vertreter der biologisch-dynamischen Höfe anhand der Ergebnisse, die bis zu 50% über den Schätzungen lagen, die Unfähigkeit der Gutachter nachweisen, die Ertragsaussichten biologisch-dynamischer Kulturen befriedigend zu beurteilen. Sie entwickelten selbst Vergleichsmethoden, die sie in neun sächsischen Betrieben erprobten, nachdem erstere mit den Vertretern des Reichsnährstandes abgesprochen worden waren.[276]Offensichtlich waren sowohl Reichsnährstand als auch Reichsernährungsministerium beeindruckt. Das Resultat war für den Reichsverband äußerst befriedigend, denn das Ernährungsministerium verzichtete nicht nur auf das geplante Verbot des Anbaus von Demeter-Getreide, sondern gab auch folgende Erklärung ab, die Bartsch im Januar 1940 in „Demeter" veröffenlichte:

„Um die biologisch-dynamische Düngungsweise. Eine Erklärung des Reichsernährungsministeriums

Der Reichsminister für Ernährung und Landwirtschaft und der Stellvertreter des Führers der NSDAP sind bereits im Sommer 1938 übereingekommen, daß jede Propaganda und Reklame für die Anwendung der biologisch-dynamischen Düngungsweise ebenso wie jede Propaganda oder öffentliche Stellungnahme gegen die Anwendung der biologisch-dynamischen Düngungsweise unterbleiben soll. Die Stellungnahme des Leiters der Abteilung Biologie und Landwirtschaft im Reichsforschungsrat, Professor Dr. Konrad Meyer, der in einem öffentlichen Vortrag ‚Energisch gegen die sogenannte biologisch-dynamische Wirtschaftsweise Front gemacht' hat, widerspricht, wie vom Reichsernährungsministerium festgestellt wird, dieser Vereinbarung. Ergänzend zu der s. Zt. getroffenen und veröffentlichten Vereinbarung zwischen dem Stellvertreter des Führers und dem Reichsminister für Ernährung und Landwirtschaft wird darauf hingewiesen, daß jetzt im Kriege die Vorzüge sowohl der statischen, wie auch der biologisch-dynamischen Wirtschaftsweise in vernünftiger und undogmatischer Form zugunsten der Erhaltung und Steigerung der Erzeugungskraft des deutschen Bodens ausgewertet werden sollen. Abdruck aus „Die Landware" Seite 2, 20. Januar 1940, Nr. 16."[277]

Schließlich gelang es Bartsch, 1940 u. a. R. Walther Darré zu einem Besuch auf dem Hof Marienhöhe zu bewegen.[278]

Darré war sichtlich beeindruckt. Sein Besuch fand am 18. Juni statt. Schon am 20. Juni richtete er in seiner Eigenschaft als Reichsbauernführer ein ausführliches Rundschreiben an die Mitglieder des Reichsbauernrates. Darin „entschuldigte" er sich geradezu dafür, daß er der biologisch-dynamischen Wirtschaftsweise nicht schon früher seine Aufmerksamkeit zugewendet hatte. Er begründete dies mit der bisherigen Notwendigkeit, Deutschland in bezug auf Nahrungsmittel „blockadefest" zu machen, Änderungen landwirtschaftlicher Betriebswirtschaftsweisen hätten dabei nur Verwirrung stiften können

[276] Vgl. E. Bartsch, Die volkswirtschaftlichen Leistungen der biologisch-dynamischen Wirtschaftsweise nach dem Stande von 1939 vom 15. April 1940. IfZ MA 610.

[277] Demeter, Januar 1940, BDC-PK.

[278] Arfst Wagner vermutete irrtümlich, daß dieser Besuch schon 1937 stattgefunden hätte. Das von ihm angeführte Zitat stammt aus der Zeitschrift Demeter H. 6, Juni 1940, S. 62 (Vgl. Flensburger Hefte, 3/91, H. 32, S. 30).

und dies Ziel gefährdet. Durch den Waffenstillstand mit Frankreich sei nun die Gefahr der Hungerblockade gebannt. Er fuhr fort:

„Daher habe ich am Dienstag, den 18. Juni, den auf der Grundlage der biologisch-dynamischen Wirtschaftsweise geleiteten Erbhof Marienhöhe des Bauern Dr. Bartsch, bei Bad Saarow/Mark, Reichsverband für biologisch-dynamische Wirtschaftsweise e. V., besichtigt. Ich habe in Marienhöhe festgestellt, daß die von Dr. Bartsch angewandten Methoden auf dem richtigen Wege sein müssen, denn die Ergebnisse seiner Wirtschaftsweise sprechen zu eindeutig zu seinen Gunsten. Der Erfolg spricht eindeutig für Dr. Bartsch. Wenn die Wissenschaft und unsere bisherige landwirtschaftliche Betriebslehre für diese Erfolge keine Erklärung haben, so ist das deren Angelegenheit. Für uns kann ausschließlich die Leistung und der Erfolg maßgeblich sein.

Ich habe mich daher entschlossen, ohne meinen bisherigen Kurs irgendwie zu ändern, in Zukunft auch der biologisch-dynamischen Wirtschaftsweise meine Aufmerksamkeit und gegebenenfalls meine Unterstützung zukommen zu lassen.

Ich habe für meinen persönlichen Stab angeordnet, daß das Schwammwort ‚biologisch-dynamisch', unter dem man sich nichts Genaues vorstellen kann bzw. alles vorstellen kann, in unserem Sprachgebrauch durch das klarere Wort ‚lebensgesetzliche Landbauweise' ersetzt wird."[279]

Wenig später, am 7. Juli 1940, schickte Darré parteiintern eine Abschrift davon an Alfred Rosenberg mit dem Zusatz „Eigenhändig und persönlich."[280] Dies ist ein wichtiger Hinweis. Darré wollte sich nämlich keinesfalls in eine weltanschauliche Diskussion einlassen. Das brachte er auch in seiner späteren Dienstanweisung an seinen Staatssekretär Backe Anfang Januar 1941 deutlich zum Ausdruck.

Die Begeisterung Darrés für die biologisch-dynamische Wirtschaftsweise hatte eine heftige Reaktion der Landwirtschaftlichen Abteilung der IG Farben Ludwigshafen zur Folge. Sie ließ von einem Dr. Alfred Steven eine umfangreiche Stellungnahme zur Frage der biologisch-dynamischen Wirtschaftsweise ausarbeiten. Ende Januar, Anfang Februar 1941 wurde diese Studie allen maßgeblichen landwirtschaftlichen Behörden zugeleitet. In dem Begleitschreiben der IG Ludwigshafen wurde auf den Schutz der biologisch-dynamischen Landwirtschaft durch „maßgebende Persönlichkeiten von Staat und Partei" hingewiesen und der Besuch Darrés auf Marienhöhe als Höhepunkt der systematischen Aktivität der Vertreter des Reichsverbandes hingestellt, dem das eben genannte Schreiben Darrés gefolgt sei. Da „dieses Ereignis und andere Vorzeichen" darauf hindeuteten, daß dem „Meinungsstreit über die biologisch-dynamische Wirtschaftsweise nach dem Kriege durch eine endgültige Entscheidung ein Ende gemacht werden solle", sahen sich die IG-Farben veranlaßt, „aufgrund eines intensiven Studiums [...] den Ursprung, die tiefere Wesensart und die Entwicklung der biologisch-dynamischen Landwirtschaft zu untersu-

[279] Reichsnährstand, Der Reichsbauernführer an die Mitglieder des Reichsbauernrates, gez. R. Walther Darré, vom 20. Juni 1940. Veröffentlicht in: A. Wagner, Beiträge, NS-Dokumentation, Bd. 3, Rendsburg 1992, S. 16f.

[280] NSDAP, Reichsamt für Agrarpolitik, der Reichsleiter an Reichsleiter Rosenberg, gez. R. Walther Darré vom 7. Juli 1940. IfZ MA 610.

chen und [...] gestützt auf wissenschaftliche Arbeiten [...] kritisch Stellung zu nehmen [...]. Wenn wir auch neuerdings erfahren haben, daß Reichsminister Darré vor einigen Tagen eine Anweisung herausgebracht hat, wonach in Zukunft nichts mehr gegen die Anwendung von Mineraldünger und die bisher übliche intensive Landbauweise veröffentlicht werden darf, so glauben wir doch nicht, daß hiermit die endgültige Entscheidung über die praktische Bedeutung der biologisch-dynamischen Wirtschaftsweise schon gefallen ist."[281]

Der Bericht selbst, von der IG Farben als „interne Stellungnahme zur biologisch-dynamischen Wirtschaftsweise" bezeichnet, umfaßt 134 Seiten, wovon ca. 1/3 der Anthroposophie und Rudolf Steiner als mystische, im Wirtschaftlichen erfolglose Bewegung hingestellt werden. Dieser erste Teil wie auch weitgehend die Schlußfolgerungen des Verfassers wurden im RSHA positiv aufgenommen. Sie dienten nach der Gestapo-Aktion vom Juni 1941 als wichtige Grundlage für die Ausarbeitung der bekannten internen Schulungsschrift „Die Anthroposophie und ihre Zweckverbände".[282] Steven verfügte auch über den Koberwitzer Vortragszyklus Rudolf Steiners aus dem Jahre 1924, der nicht veröffentlicht war. Nachdem Steven beiläufig die Beteiligung von Juden in der Anthroposophischen Gesellschaft vermerkte, tat er Steiners Ausführungen als übersinnliches Beiwerk ab. Steiner habe nur auf alte Bauernregeln zurückgegriffen. Weiter stellte er den Mineraldünger als eigentlichen Kulturträger dar. Das – politische – Schlußwort lautete:

„Reichsernährungsminister und Reichsbauernführer Darré (154) hat am 14. XII. 1940 das deutsche Landvolk zur 2. Kriegserzeugungsschlacht aufgerufen und als Leitsatz vorangestellt, daß alle bisherigen seit 1934 ausgegebenen Parolen der Erzeugungsschlacht auch für das neue Jahr ihre volle Gültigkeit behalten. Staatssekretär Backe (155) hat außerdem betont, daß die deutsche Landwirtschaft nach dem siegreichen Kriege den Weg zu weiteren Erntesteigerungen nicht verlassen darf. Wir werden viel mehr denn je gezwungen sein, die Erzeugungsschlacht konsequent sowohl nach der Tiefe als auch nach der Breite im Sinne einer Großraumwirtschaft fortzusetzen; denn wir sind und wollen ein wachsendes, unabhängiges Volk bleiben, dessen Ansprüche an das Leben und nicht zuletzt an die Ernährung ständig steigen werden.

Daß dieses Ziel kaum nach dem Prinzip der biologisch-dynamischen Wirtschaftsweise zu erreichen sein wird, haben diese Ausführungen wohl zur Genüge bewiesen [...].

Was an der biologisch-dynamischen Wirtschaftsweise gut und mit allen Mitteln nachahmenswert ist, das ist die gute Humuswirtschaft. Daß sie aber erst in Verbindung mit einer mineralischen Volldüngung und ohne das mystische Beiwerk der Anthroposophie hohe Ernten von bestem biologischen Wert erzeugt, das dürfte wohl diese Arbeit ebenfalls bewiesen haben. Die Gefahr, die uns sonst droht, liegt darin, daß Mängel aller Art zu einer Verarmung des deutschen Bodens und zu einer Gefährdung unserer Volksernährung führen."[283]

[281] IG Ludwigshafen, Landwirtschaftliche Abteilung, an Dir. Dr. Holdermann, Patentabteilung, vom 8. Februar 1941. PA N R.

[282] Vgl. Anlage 21.

[283] „Stellungnahme zur Frage: Biologisch-dynamische Wirtschaftsweise" bearbeitet von Dr. Alfred Steven, Ludwigshafen. o. D., 145 Seiten. PA Nicolaus Remer. S. 127ff.

Als dieser Bericht herauskam, war Darré, der ihn ausgelöst hatte, schon wieder auf seinen früheren Kurs umgeschwenkt. Er hatte sein Schreiben an den Reichsbauernrat vom Juni 1940 unter dem Eindruck seines Besuches in Marienhöhe angefertigt. Seinem Ministerium gegenüber äußerte er sich ein halbes Jahr später wieder erheblich vorsichtiger. Der „Kurs" in der Düngelehre sollte auf keinen Fall geändert werden. Aber „[...] da die Tatsache feststeht, daß maßgebliche Männer in Partei und Staat glauben, sich positiv zu den Fragen der biologisch-dynamischen Wirtschaftsweise stellen zu sollen, so erfordert es der selbstverständliche Takt, daß wir eine solche Einstellung der Betreffenden zu diesen Fragen auch achten [...]. Um jede Unruhe zu vermeiden und um Mißverständnissen vorzubeugen, beauftrage ich Sie, in der Abteilung II ein Referat einzurichten, welchem alle vorkommenden Fragen über die biologisch-dynamische Wirtschaftsweise zugeleitet werden [...]."[284]

Die IG Farben kannte diese Anweisungen Darrés an Backe, denn sie erwähnte sie in dem oben genannten Begleitschreiben zum Steven-Bericht als „vor einigen Tagen" ergangen. Das bedeutet auch, daß man den Bericht der IG Farben auf Januar 1941 datieren kann.

Backe war – wie sich bald zeigen sollte – ein Gegner der biologisch-dynamischen Wirtschaftsweise. Auf das Reichsernährungsministerium konnte Bartsch also nicht rechnen, um so weniger als Darré am 23. Mai 1942 zurücktrat und Backe an seine Stelle trat.

Im RSHA wurde die Stellungnahme Stevens wie gesagt für die Schulungsschrift gegen die Anthroposophie verwendet, aber von Himmler bezüglich der Beurteilung der biologisch-dynamischen Landwirtschaft verworfen. Im November 1941 bemerkte er dazu in einem Schreiben an Pohl, den Leiter des SS Wirtschafts-Verwaltungshauptamtes:

> „Anliegend übersende ich Ihnen eine Abhandlung über die biologisch-dynamische Düngung. Ich habe einige Bemerkungen dazu gemacht. Die Berichte der IG-Farben kann ich mir sehr gut vorstellen, denn ähnlich frisierte Berichte wurden von mir vor nunmehr 19 Jahren als junger Assistent im Stickstoffkonzern verlangt, in denen ich beweisen sollte, daß eine bestimmt große Anwendung von Kalkstickstoff das beste für die Landwirtschaft wäre, was ich selbstverständlich nicht tat."[285]

[284] Der Reichsminister für Ernährung und Landwirtschaft an Staatssekretär Backe, gez. R. Walther Darré, vom 6. Januar 1941. Veröffentlicht in: A. Wagner, Beiträge, NS-Dokumentation, Bd. 3, Rendsburg 1992, S. 20f.

[285] Himmler an Pohl vom 29. November 1941. In Helmuth Heiber (Hrsg.), „Reichsführer!", München 1970, S. 110

In der Nachkriegszeit diente sie als Propagandaschrift der interessierten Kreise gegen die biologisch-dynamische Bewegung.[286]

Die relativ „erfolgreichen" Gutachten Baeumlers über die Waldorfschule und das Werk Rudolf Steiners veranlaßten Bartsch, Baeumler auch um ein Gutachten über die biologisch-dynamische Wirtschaftsweise zu bitten. Diesem gegenüber entwickelte Bartsch seine Vorstellungen über den „bäuerlichen Erziehungsweg des deutschen Menschen".

Bartschs Bestrebungen, seine Vorstellungen von einem erneuerten Landleben auf politischem Wege durchzusetzen

Neben den Verhandlungen mit den NS-Behörden, den umfangreichen Berichten über die Ergebnisse der Betriebe, den Tagungen und Hauptversammlungen des Reichsverbandes und der Redaktion der Zeitschrift sowie Artikeln zu anderen Publikationen, fand Bartsch noch die Zeit, in einer Reihe von Denkschriften seine Vorstellungen von einer Reform des bäuerlichen Lebens in Deutschland darzustellen. Diese gingen von den sozialen Gegebenheiten des biologisch-dynamisch bearbeiteten Hofes aus und gipfelten in der Gründung einer „Goethe-Hochschule für Forschung und Bildung aus bäuerlicher Lebensordnung".

Schon in seiner grundlegenden Denkschrift vom Januar 1939, die leider nicht erhalten geblieben ist, muß Bartsch auf solche Perspektiven anfänglich eingegangen sein. Eines der Kapitel trug die Überschrift „Der Mensch im Betriebsorganismus".[287] Vom 9. bis 11. Juni 1939 fand in Bad Saarow eine Tagung statt, die von anthroposophischen Ärzten organisiert worden war. Bartsch

[286] Unter dem Titel „Forschungsring weist Pennerstudie fundamentale Fehler nach" schreibt „Das Goetheanum": „Zur Beurteilung des Berichtes muß des weiteren berücksichtigt werden, daß Hans Penner sich auf eine Studie der BASF, eines der Chemieriesen in Deutschland bezieht, die eine Wiederauflage einer Propagandaschrift aus dem Jahre 1940/41 ist; damals beauftragten die IG Farben, Vorgänger der BASF, den Diplomlandwirt Dr. Alfred Steven, eine Schrift ‚zur Vorlage bei den Spitzen von Partei und Staat mit dem Ziel der Diffamierung der biologisch-dynamischen Bewegung' anzufertigen". Nachrichtenblatt des „Goetheanum", 7. März 1993, S. 112. Im Vorwort zur unveränderten Neuauflage der Steven Schrift durch die BASF vom November 1979 heißt es: „Heute stehen wir – mit einer gewissen Phasenverschiebung aufgrund des allgemeinen Fortschritts – wieder in einer intensiven Diskussion um alternative Methoden der Landbewirtschaftung. Damit gewinnt auch die Steven'sche Schrift aus dem Jahre 1941 wieder an Bedeutung und Aktualität." BASF Aktiengesellschaft, Landwirtschaftliche Versuchsstation, 6703 Limburgerhof im November 1979. Archiv am Goetheanum.

[287] Vgl. Aktennotiz aus dem Amt Rosenberg vom 7. Juni 1939. Archiv Bund der Waldorfschulen 7.2.022. Diese enthält eine Inhaltsübersicht und auch den Hinweis, daß die Denkschrift mit über 100 Seiten recht umfangreich gewesen sein muß.

wurde unter den „Gästen" aufgeführt.[288] Bartsch mag schon zu diesem Zeitpunkt manche seiner Vorstellungen ausgesprochen haben. Dafür spricht z. B. die Tatsache, daß Bartsch im Oktober an Baeumler eine von Dr. Wilhelm zur Linden abgefaßte, kurze Denkschrift über Unterrichtshygiene schickte.[289] Seine Gedanken wurden aber erst 1940 ganz deutlich. Folgende Abhandlungen liegen vor:[290] Rudolf Steiner und die Aufgaben des deutschen Volkes (Juli 1940), Gründung einer Goethe-Hochschule für Forschung und Bildung aus bäuerlicher Lebensordnung in Bad Saarow/Mark durch den „Versuchsring für biol-dyn. Wirtschaftsweise e. V." (12. August 1940), Der bäuerliche Erziehungsweg des deutschen Menschen (23. September 1940), Aufbau einer in sich geschlossenen bäuerlichen Volksschule (21. Oktober 1940), Denkschrift Bergmann und Bauer (November 1940), Denkschrift Förderung der Gesundheit des Bergarbeiters durch Aufbau von Siedlungsorganismen und organische Landschaftsgestaltung (November 1940), Aufbau und Ergebnisse des Erbhofes Marienhöhe (3. Dezember 1940).

Aus dem Umkreis von Bartsch stammt die Studie von Immanuel Voegele „Kindergarten und Dorfschule in Pilgramsheim" vom 24. Januar 1940.

Das Konzept der „Goethe-Hochschule" vom August 1940 erscheint als eine Synthese aller angeführten Einzelentwürfe. Der Entwurf wird in Anlage 14 im Wortlaut wiedergegeben. Es ging Bartsch offenbar darum, zu zeigen, wie von der Landwirtschaft aus ein Bildungsimpuls entwickelt werden könne, der sich heilend auf alle Lebensgebiete des Menschen auswirke. Unzweifelhaft legte Bartsch hier seine inneren Überzeugungen offen, die durch die unmittelbaren Erfahrungen mit der biologisch-dynamischen Landwirtschaft entstanden waren.

Zentrum der Forschungs- und Lehrtätigkeit sollte der Erbhof Marienhöhe sein, der eine „lebendige Betriebsindividualität" vorleben sollte. Hier sollten die Lehrgänge und die Herausgabe des Schrifttums stattfinden. Forschungsar-

[288] „Teilnehmer an der Arbeitstagung vom 9. – 11. Juni 1939: Dr. med. Jos. Schulz, Gotha; Dr. med. H. Krause, Naumburg/Saale; Dr. med. Rudolf Lühl, Herford; Dr. med. Friedrich Husemann, Buchenbach, San. Wiesneck; Adalbert Graf Keyserlingk, Breslau; Frl. M. Körner, Dresden; Dr. med. Kurt Magerstädt, Dresden; Dr. med. Kalkhof, Freiburg; Frl. Dr. med. F. Schmidt, Berlin; Kurt Willmann, Pilgramshain; Dr. med zur Linden, Berlin; Dr. med. G. Suchantke, Berlin; Dr. med. Pohl, Breslau; Dr. med. vet. Schindlegger, St. Veit; Dr. med. V. Wehrle, Salzburg; I. Voegele, Pilgramshain; Prinz zur Lippe, Oedhof; Gräfin Polzer-Hoditz, Gut Tannbach; Frau Dr. E. Klein, Dresden; Dr. Martin Hüttig, Leipzig; Frl. L. Wurzer, St. Veit; Dr. Kübler, Hamburg; E. Stockmeyer, Stuttgart; ferner als Gäste: Dr. E. Bartsch, Bad Saarow; Dr. N. Remer, Bad Saarow; Dipl.-Ing. F. Dreidax, Bad Saarow." Vgl. „Die Anthroposophie und ihre Zweckverbände", Anlage 21.

[289] Erhard Bartsch an Alfred Baeumler vom 14. Oktober 1939. Anlage: Dr. Wilhelm zur Linden: Vorschläge für eine Verlegung der Unterrichtsstunden.

[290] Sämtlich in IfZ MA 610 und in Archiv Bund der Waldorfschulen 7.2. Die Denkschriften gingen teilweise auch an die DAF und an das „Amt für Gesundheit und Volksschutz". Vgl. auch Erhard Bartsch an Alfred Baeumler vom 24. Februar 1940. IfZ Ma 610–57118.

beit sollte von den Mitarbeitern überall geleistet werden. Als Aufgaben der Hochschule bezeichnete Bartsch die „Forschung nach Quellen der bäuerlichen Schöpferleistung" und die „Bildung des deutschen Menschen zur Erfassung dieser Quellen", die in einem lebendigen Austauschverhältnis mit der bäuerlichen Lebenspraxis stehen sollten. Kindergarten, Dorfschule, eine bäuerliche Winterschule, Kurheim und Waldpflege sollten der Hochschule angegliedert werden. Die verantwortlichen Mitarbeiter sollten in einem Hochschulrat der Arbeit Richtung und Inhalt geben.

Die Planung der Hochschule war nicht alleine bis in einzelne Themenbereiche durchgeführt. Bartsch nannte auch bereits einen Kreis von 36 Persönlichkeiten, die sich für die Mitarbeit an der Hochschule zur Verfügung gestellt hatten. Dazu gehörten nicht nur Landwirte und Gärtner wie Immanuel Vögele, Nikolaus Remer, Kurt Willman, Franz Lippert u. a., sondern auch Ärzte wie Dr. H. Krause, Dr. Alla Antonia Selawry u. a. und Professor Dr. Otto J.Hartmann, der bekannte Geheimrat Professor Dr. August Bier und der Gartenarchitekt Alwin Seifert.[291]

Anfang Dezember 1940 kam es zum Besuch Baeumlers in Marienhöhe, wo er einige Zeit zubrachte. Er empfing dort auch den Besuch des Nichtanthroposophen Professor Dr. Karl Seidler, der später von dieser Begegnung berichtete. Baeumler war damals selbst mit den ersten Ansätzen zum Aufbau einer „Hohen Schule" beschäftigt, von der er sich die „Rettung des deutschen Geisteslebens" erhoffte, und suchte überall in Deutschland Menschen, die „in unmittelbarer Berührung mit dem ‚Geist'" ständen, um sie zu unterstützen.[292]

Dieses Bestreben mag auch Baeumlers Reise nach Bad Saarow zugrunde gelegen haben. Bartsch kam ihm mit seinen Ausarbeitungen entgegen. Baeumler übernahm diese jedoch nicht, entwarf aber ein Gutachten „Über biologisch-dynamische Wirtschaftsweise in weltanschaulicher Hinsicht".[293] Ob dieses Gutachten über das Entwurfsstadium hinauskam und NS-Behörden zugestellt

[291] Vgl. Anlage 14.

[292] Seidler erklärte später, daß Baeumler ihn gebeten habe, ihm „behilflich zu sein bei der Rettung des letzten Restes der Rudolf Steiner Bewegung, der Gesellschaft für biologisch-dynamische Landwirtschaft, vor dem Zugriff der Partei." Er nahm an der Tagung des Reichsverbandes teil und diskutierte mit Baeumler nächtelang über die Zukunft der „Hohen Schule". Baeumler suche die Menschen in Deutschland auf, die „in unmittelbarer Berührung mit dem ‚Geist' stünden." Er stelle sie frei, damit sie ihre Pläne und Vorhaben ausarbeiten könnten ohne Rücksicht, ob sie bei der Partei waren oder nicht [...]. Prof. Dr. Karl Seidler, Eidesstattliche Erklärung vom 17. April 1948 in: Spruchkammerakte Alfred Baeumler. HStAL. N. B. Mehrere Zeugnisse aus der Spruchkammerakte Baeumlers schildern dessen Einstellung in ähnlicher Weise. Nach Aussagen von Fritz Jaquet hielt sich Baeumler damals einen Monat lang in Bad Saarow auf. Protokoll der Spruchkammerakte gegen Dr. Alfred Baeumler vom 24. Juli 1948. HStAL EL 903/2. Zum Aufenthalt Baeumlers in Bad Saarow vgl. RVBDL an Alfred Baeumler, Bad Saarow, vom 6. Dezember 1940. Archiv Bund der Waldorfschulen 7.2.054.

[293] Entwurf des Gutachtens in IfZ MA 610 -57 711 ff. Veröffentlicht in A. Wagner, Beiträge, NS-Dokumentation Bd. 3, Rendsburg 1992, S. 39 ff.

wurde, ist nicht bekannt, angesichts der relativ guten Aktenlage in diesem Zusammenhang aber unwahrscheinlich. Wie in den anderen Gutachten verwarf Baeumler alle Aspekte, die mit der Anthroposophie in Zusammenhang gebracht werden konnten. Er fand bei Bartsch einen Begriff des Bauerntums, der ihm zu „unpolitisch und unkriegerisch" war, da die „wehrhafte Gemeinschaftshaltung" des alten nordischen Bauerntums bei Bartsch durch die „erkennend priesterliche Funktion" ersetzt werde. Das könnte „die Ersetzung germanischer Weltanschauung und Wissenschaft durch anthroposophische Geistesforschung bedeuten. Das darf aber niemals geschehen." Damit verwarf Baeumler auch das Projekt der Goethe-Hochschule.

Auf der anderen Seite äußerte sich Baeumler auch positiv:

„Nur wenn der kleinste bäuerliche Betrieb von einer Idee durchstrahlt ist, die alle begeistert, kann man erwarten, daß wertvolle deutsche Menschen wieder die schwere Arbeit des Säens und Erntens auf sich nehmen [...]. Aus einem dynamischen, d. h. nicht auf Stoffe und Quantitäten, sondern auf Qualitäten und Kräfte bezogenen Erkennen der Welt heraus hat Steiner die alte bäuerliche Praxis gerechtfertigt und vervollständigt [...]. Durch die Anwendung dieser Mittel [der biologisch-dynamischen Präparate, U. W.], durch die ständigen Beobachtungen der Kräftewirkungen in der Natur, durch die Berücksichtigung von Sonne und Mond, wird die bäuerliche Arbeit interessant und spannend wie ein Roman. Man müßte gegen diese Spannung mißtrauisch sein, wenn nicht nach übereinstimmender Aussage vieler Bauern, die nach der Methode arbeiten [...]."[294]

Baeumler war interessiert, ja vermutlich sogar von manchem in der biologisch-dynamischen Wirtschaftsweise begeistert. Im Gegensatz zu Himmler erkannte er die Bedeutung des Qualitativen. Sobald es jedoch um die Gründung von Institutionen ging, verhielt er sich ablehnend. Vielleicht nicht zuletzt auch deshalb, weil er seiner eigenen „Hohen Schule" nicht das Wasser abgraben wollte.

Himmlers Zugriff auf die biologisch-dynamische Wirtschaftsweise

Himmler hatte im Frühjahr 1937 aufgrund eines Berichtes der Hamburger Gestapo, der auf die biologisch-dynamische Wirtschaftsweise eingegangen war,[295] selbst ein Gutachten über diese bei einem Peter Wiepert angefordert.[296] Diese Unterlagen veranlaßten Himmler nicht zu einem Verbot. Himmler hatte offenbar schon 1937 ein gewisses Interesse an der biologisch-dynamischen Wirtschaftsweise, das aber erst jetzt, in den Jahren 1939/40, konkretere Formen annahm.

[294] Der Entwurf bricht hier ab. Vermutlich sind die weiteren Ausführungen verlorengegangen.

[295] Gestapo Hamburg an Gestapa vom 2. März 1937 mit Anlagen aus dem beschlagnahmten Sekretariat des Pythagoraszweiges in Hamburg. BAD Z/B 1 1005.

[296] Peter Wiepert an Gestapa vom 16. Mai 1937. BAD Z/B 1 1005.

Bartsch seinerseits hat gewiß das wahre Wesen der SS verkannt und problematische Eindrücke verdrängt. Anlaß dazu war vielleicht die Tatsache, daß es immer wieder zum Einlenken des SD und der Gestapo gekommen war: Anthroposophische Arbeitskreise waren genehmigt, die Eurythmie wieder zugelassen, und – gerade erst – die meisten Werke Rudolf Steiners freigegeben worden. Wenn es gelungen war, anthroposophische Anliegen gegen SD und Gestapa durchzusetzen, dann konnte Bartsch hoffen, gerade mit erfolgreich durchgeführten Siedlungen die Richtigkeit und Güte der biologisch-dynamischen Wirtschaftsweise nachzuweisen und damit einen Ausgangspunkt für Weiteres zu gewinnen. Daß Bartsch von solchen Motiven geleitet wurde, geht aus seinen Äußerungen gegenüber Leitgen und aus Darstellungen Ohlendorfs hervor. Bartsch wollte auf diese Art den Nationalsozialismus „von innen her" reformieren. Ohlendorf meinte:

> „Dr. Bartsch war in seinen Verhandlungen mit mir ein solch sturer, unnachgiebiger Anthroposoph, daß er im Laufe der Jahre durch seine Haltung mehrfach meine Arbeit gefährdete. Ja, ich konnte ihm damals den Vorwurf nicht ersparen, daß er durch die Betätigung seines unbeugsamen Willens, die Anthroposophie insgesamt gegen die nationalsozialistischen Einrichtungen und Auffassungen durchzusetzen, mit an der Katastrophe von 1941 mitschuldig wurde [...]."

Bartsch hätte sich strikt geweigert, ihm die dokumentarischen Unterlagen zur Herstellung der biologisch-dynamischen Präparate zu zeigen, weil diese „nur von Menschen benutzt werden könnten, die innerlich von den geistigen Grundlagen dieser Mittel überzeugt wären." Ohlendorf meinte, daß er, einmal informiert, aus einer „neutralen" Position, Bartsch gegen die Angriffe des Reichsnährstandes verteidigen könne. Es zeigte sich, daß Bartsch in dieser Situation die Grundlagen der biologisch-dynamischen Wirtschaftsweise keinem unkompetenten Menschen überlassen wollte. Ohlendorf warf Bartsch vor, mit der biologisch-dynamischen Wirtschaftsweise auch auf vielen anderen Lebensgebieten die Anthroposophie durchsetzen zu wollen und damit alle Beteiligten in große Gefahr gebracht zu haben. Bartsch hätte mit der Anthroposophie den „geistigen Lebenskern des Nationalsozialismus überwinden" wollen. Als Höhepunkt dieser Entwicklung bezeichnete Ohlendorf Bartschs Versuch, Steiners „Aufruf an das deutsche Volk und an die Kulturwelt" aus dem Jahre 1919 den Nationalsozialisten als Friedensprogramm zu unterbreiten.[297]

Bartsch war überzeugt, daß Hitler – wenn er nur persönlich die Sache erlebe – sie für gut befinden und fördern werde. Deshalb versah er im Mai 1939 das Titelblatt der Zeitschrift „Demeter" mit einem Photo, das Hitler in freundlicher Haltung mit drei Kindern vor dem Hintergrund der friedlichen Bergwelt der Alpen zeigte. Der Septembernummer legte er ein Flugblatt bei, das die biologisch-dynamischen Landwirte zum „Einsatz" aufrief:[298]

[297] Otto Ohlendorf, Eidesstattliche Erklärung, o. D., Landsberg. PA Irmtraut Volpert.
[298] Flugblatt in Demeter, September 1939. Archiv Forschungsstelle Kulturimpuls-Chronik.

„Die Stunde der Bewährung ist angebrochen! Der Führer hat die Verteidigung der Ehre und der Lebensrechte des deutschen Volkes übernommen. Der Entscheidungskampf gegen Ungeist und Unrecht von Versailles hat eingesetzt.

Friedliebend ist der Deutsche. Nur in der Verteidigung greift er zum Schwert. Dann aber schreitet er als mutvoller Streiter zum Angriff.

Die Bauern und Landwirte der biologisch-dynamischen Wirtschaftsweise haben durch fünfzehn Jahre ihre Einsatzbereitschaft für Ehre und Freiheit unter Beweis gestellt. Selbst kampfgewohnt, empfinden sie es tief und stark, wenn Recht und Freiheit durch Neid und Haß bedroht sind.

Wir wissen, worum es geht. Der deutschen Arbeit, dem deutschen Geist gilt der Vernichtungswille der westlichen Welt!

Eine seltene Entwicklung hat die Arbeit der biologisch-dynamischen Wirtschaftsweise erfahren. Im Schutz der Ordnung, die der Führer schuf, konnte eine verantwortungsvolle und gesegnete Aufbauarbeit zu Ende geführt werden. Ein urdeutscher Impuls in der Landwirtschaft ist ausgestaltet worden – die Betriebsautarkie.

Was heute der Brite der deutschen Landwirtschaft an Produktionsmitteln durch die Blockade verweigern will, das haben die Betriebe der biologisch-dynamischen Wirtschaftsweise seit vielen Jahren von sich aus als überflüssig beiseite gestellt. Diese Betriebe wissen, wie wenig der Würgegriff Englands ihrem Bestand, ihrer Leistung und ihrer Fortentwicklung anhaben kann. Sie haben gelernt, ganz auf eigener Kraft und wirtschaftseigenen Hilfsmitteln aufzubauen und Leistungen hinzustellen.

Nun gilt es vollen Einsatz in jedem einzelnen Betriebe, wie je in der Kampfzeit der biologisch-dynamischen Wirtschaftsweise!

Die Stunde der Bewährung ist gekommen. Der deutsche Bauer erkennt und ergreift seine Aufgabe!"

Ein anderer Augenzeuge, Dr. Rudolf Lühl, stellt diesen Aspekt später folgendermaßen dar:

„Ich stand nie in Gefahr, Hitler zu verehren. Aber in Bad Saarow war schon eine eigenartige Atmosphäre. Bartsch hatte eine große Fähigkeit, die Ereignisse so darzustellen, als wenn Hitler der Alexander wäre, der den aristotelischen Nachfolgern den Weg bahnte. Ich möchte hier in keiner Weise beschuldigend schreiben, im Gegenteil, ich glaube daß die meisten die großen Gefahren wohl sahen, aber wir alle waren beseelt von dem Wunsch, Positives zu leisten. Und wenn Emil Weise wieder Bücher drucken durfte, so zogen wir daraus positive Hoffnungen. Ich weiß, wie ich auf einer Felderbesichtigung neben Willmann herging, wie wichtig wir uns alle als die Pioniere der Zukunft vorkamen. Ich selber auch? […] Man wurde einfach mit fortgerissen. Ich fühlte mich einer großen Mission und Aufgabe verbunden."[299]

Ende 1939, Anfang 1940 konnte sich Bartsch einigen Hoffnungen hingeben. Einerseits hatte ihm Hess am 6. Dezember 1939 eine „politische Unbedenklichkeitsbescheinigung" ausgestellt. Hess erklärte, daß er Bartsch schon seit Jahren kenne, ihm als Berater in Fragen der Landwirtschaft gute Dienste geleistet habe und politisch in jeder Beziehung als unbedenklich anzusehen sei.[300] Andererseits zeigte die SS in Person von SS-Gruppenführer Oswald Pohl, Leiter des SS-Hauptamtes für Verwaltung und Wirtschaft, einem guten Bekannten Alwin Seiferts, und SS-Gruppenführer Günter Pancke, Leiter des Rasse- und Siedlungshauptamtes der SS, wachsendes Interesse. Pancke scheint weit-

[299] Dr. Rudolf Lühl an Fritz Götte vom 23. Dezember 1964. PA Christoph Lindenberg.
[300] In: Anlagen zu „Anthroposophie und ihre Zweckverbände", s. Anlage 21.

gehend die treibende Kraft gewesen zu sein. Er unternahm den Versuch, Bartsch in die SS aufzunehmen, weil er „diese Wirtschaftsweise für die zukünftigen Wehrbauern und Bauern im Osten für einzig richtige" hielt, und bat Anfang Januar 1940 Heydrich um eine Stellungnahme.[301]

Inwieweit Bartsch diese Absicht kannte oder begrüßte, konnte nicht festgestellt werden. Heydrich lehnte die Aufnahme Bartschs in die SS im Januar 1940 jedoch ab. Obwohl er die Bedeutung der biologisch-dynamischen Wirtschaftsweise, soweit sie von der Lehre Steiners losgelöst sei, nicht verkenne, und abgesehen davon, daß die allgemeinen Aufnahmebedingungen in Partei und SS Bartsch als Anthroposophen den Eintritt nicht gestatten würden, würde die Aufnahme auch „den immer noch festzustellenden Bemühungen anthroposophischer Kreise, das Verbot der ‚Anthroposophischen Gesellschaft' zur Aufhebung zu bringen, erhöhten Auftrieb geben. Die Aufnahme eines führenden Anhängers der ‚Anthroposophie' – wie es Dr. B a r t s c h zweifellos ist, würde von den übrigen führenden Mitgliedern der Gesellschaft stets als Präzedenzfall angezogen werden können. Es wird daher für notwendig gehalten, gegen die Aufnahme des Dr. B a r t s c h in die Schutzstaffel Bedenken zu erheben."[302]

Pancke unterließ es, einen entsprechenden Antrag zu stellen, teilte Heydrich aber Ende Februar „vertraulich" mit, daß er keine Bedenken habe „bezüglich der Verwendung von Dr. Bartsch bei der Bewirtschaftung der Lehrgüter und seiner Beteiligung bei der Wirtschaftslehre der zukünftigen Wehrbauern-Lehrgüter."[303]

Schon einige Wochen vorher, am 30. Januar 1940, bestätigte Pancke gegenüber Bartsch den Stand der Planungen: Himmler hatte die Zuständigkeiten für die Lehrgüter zwischen Pohl und Pancke aufgeteilt, und Pancke wies auf Bartschs zukünftige Aufgaben mit folgenden Worten hin:

„Sie selbst, Herr Bartsch, werden in Zukunft sowohl mit SS-Gruppenführer Pohl in allen Fragen der Bewirtschaftung zu tun haben (ich möchte allerdings einer Entscheidung von SS-Gruf. Pohl nicht vorgreifen) und zweitens mit mir bei der Aufstellung und Durchführung der Lehrgänge, soweit es sich um die Einführung der biologisch-dynamischen Wirtschaftsweise handelt [...]. Indem ich hoffe, daß wir in Zukunft zu einer weiteren engen Zusammenarbeit kommen, grüße ich sie herzlichst."[304]

301 Der Chef des Rasse- und Siedlungshauptamtes SS an den Chef des Reichssicherheitshauptamtes SS-Gruppenführer Heydrich vom 8. Januar 1940. BDC – PK.

302 Reichssicherheitshauptamt, Amt II, Stellungnahme vom 18. Januar 1940. BAD Z/B 1 1005. Die entsprechenden Unterlagen sind im Berlin Document Center, heute Bundesarchiv, unter der Signatur PK, d. h. Parteikanzlei, erhalten. Bormann hatte sich offenbar im Hinblick auf die Aktion vom 9. Juni 1941 sämtliche Unterlagen Bartsch betreffend kommen lassen.

303 Der Chef des Rasse- und Siedlungshauptamtes-SS Pancke an SS-Gruppenführer Pohl vom 29. Februar 1940. BDC-PK.

304 Der Chef des Rasse- und Siedlungshauptamtes-SS Pancke an E. Bartsch, Berlin, vom 30. Januar 1940. BDC-PK.

Trotz der Ablehnung der Aufnahme in die SS eröffnete sich also für Bartsch, der Darré zu diesem Zeitpunkt noch nicht überzeugt hatte, durch SS-Gruppenführer Pancke die Chance zu einer Ausbreitung der biologisch-dynamischen Wirtschaftsweise im großen Maßstab, wenn sie für die Siedlung im Osten angewendet werden würde. Solange die Vertreter des Reichsverbandes den Aufbau dieser Siedlungen betreuten – was Pancke ja plante –, erschien Bartsch die Sache vermutlich der Gefahr der Verflachung dieses Impulses nicht ausgeliefert.

1940 mußte Bartsch als ein Jahr großer Erfolge erscheinen: Nicht nur daß die SS-Gruppenführer Pancke und Pohl ihm eine Zusammenarbeit anboten, auch Darré war von seinem Besuch auf Marienhöhe beeindruckt. Außerdem besuchten Alfred Rosenberg und Robert Ley in diesem Jahr den Betrieb, und schließlich kam auch Baeumler zu einem längeren Aufenthalt nach Bad Saarow. Eine ausführliche Schilderung der Vorgänge findet sich in dem in der Anlage im Wortlaut wiedergegebenen Geschäftsbericht Bartschs bei der Jahreshauptversammlung des Reichsverbandes vom 15. Dezember 1940. Indem er Darrés Bezeichnung für die biologisch-dynamische Wirtschaftsweise übernahm, führte er aus, daß der Erbhof Marienhöhe „anläßlich der Besichtigung durch den Reichsbauernführer zur Beispielswirtschaft für lebensgesetzlichen Landbau“ erklärt wurde. Durch diese Anerkennung der biologisch-dynamischen Wirtschaftsweise könne sie nun viel stärker als zuvor an die Öffentlichkeit treten. Abschließend formulierte er: „Im Rückblick auf das in diesem Jahr Erreichte können wir einen großen Fortschritt in der Entwicklung unserer Arbeit feststellen. Neue größere Aufgaben stehen vor uns.“[305]

In diesem Jahresbericht kam Bartsch auch auf eine andere Seite seiner Beziehungen zu Pohl und Pancke zu sprechen. Es zeigte sich, daß außer der Lehrtätigkeit Bartschs in den Höfen der SS auch eine Beteiligung biologisch-dynamischer Gärtner in von der SS betriebenen Versuchsanstalten vorgesehen war: „Besonders interessiert an unserer Arbeit ist auch die Deutsche Versuchsanstalt für Ernährung und Verpflegung[306] in der Reichsführungs SS, die in verschiedenen Betrieben ihre Heilpflanzen und gärtnerischen Kulturen biologisch-dynamisch bearbeiten läßt.“[307]

Unter diesen Betrieben befanden sich auch Versuchsanlagen für Heilkräuter, die Konzentrationslagern angeschlossen waren, u. a. in Dachau.

Mit der Initiative von Pohl und Pancke bahnte sich also eine weitreichende Zusammenarbeit zwischen Bartsch und dem SS-Wirtschaftsverwaltungs-Hauptamt an. Bartsch schien völlige Freiheit in der Vermittlung der biolo-

[305] S. Anlage 15.

[306] Die „Deutsche Versuchsanstalt für Ernährung und Verpflegung GmbH“ gehörte zur Amtsgruppe W des SS-Wirtschaft-Verwaltungshauptamts (Stand: März 1942). Dokument Nr. 146, Museum KZ Gedenkstätte Dachau. Sie wurde am 23. Januar 1939 gegründet und soll auf eine Initiative von Oswald Pohl zurückgehen. Vgl. Enno Georg, Die wirtschaftlichen Unternehmungen der SS, Schriftenreihe der Vierteljahrshefte für Zeitgeschichte, Bd. 7, Stuttgart 1963, S. 63.

[307] S. Anlage 15.

gisch-dynamischen Inhalte garantiert zu sein. Daß es den Vertretern der SS aber nicht darum ging, mit der biologisch-dynamischen Wirtschaftsweise auch die anthroposophischen Grundlagen zu übernehmen, zeigt z. B. ein Brief Panckes an „Das Ahnenerbe" vom April 1940:

„Ich möchte betonen, daß sowohl das Reichsernährungsministerium wie auch der Stellvertreter des Führers und auch die Schutzstaffel, insbesondere auch das Verwaltungs- und Wirtschaftshauptamt und das Rasse- und Siedlungshauptamt, die biologisch-dynamische Wirtschaftsweise einer Prüfung unterzogen haben und zu der Überzeugung gekommen sind, daß bei dieser Wirtschaftsweise nach der erfolgten Reinigung von übernatürlichen und magischen Zutaten außerordentlich wertvolle Erkenntnisse und Vorzüge sich ergeben haben."[308]

Die biologisch-dynamische Wirtschaftsweise sollte ohne ihre anthroposophischen Grundlagen betrieben werden. So dachte auch Himmler selbst. In einem Schreiben an Pohl vom Februar 1942 faßte er seinen Standpunkt in folgenden Worten zusammen, die zeigen, daß er auch schon vorher so dachte:

„Zur biologisch-dynamischen Düngung selbst kann ich nur noch einmal sagen: Ich stehe ihr insgesamt als Landwirt sympathisch gegenüber. Ich bin aber der Überzeugung, daß wir sie heute in der jetzigen Ernährungslage niemals einführen können: denn das wäre ein ausgesprochenes Desaster. Ich bin aber dagegen, daß die Menschen aus einer verbesserten Landbauweise eine sektenartige Religion machen, die gepredigt werden muß."[309]

Himmler dachte wohl schon Anfang 1941 nicht an eine Einführung der biologisch-dynamischen Wirtschaftsweise in großem Stil in Kriegszeiten. Er schickte sich jedoch an, mit ihr zu experimentieren und damit bereits die gesunden Ernährungsgrundlagen, die die biologisch-dynamische Wirtschaftsweise versprach, für die SS nutzbar zu machen. Gerade Bartsch, der in der Sache selbst kompromißlos auftrat, wie Ohlendorf schilderte, und in den Augen der SS der Kopf der biologisch-dynamischen Bewegung war, wurde für Himmlers Absichten ein Hindernis. In den ersten Monaten des Jahres 1941 geschah zunächst nichts. Himmler wartete auf die Gelegenheit, Bartsch auszuschalten. Diese ergab sich nach dem Abflug von Hess im Mai 1941. Im Zusammenhang mit der Gestapoaktion vom 9. Juni 1941 wurde Bartsch verhaftet.

Wenn es nun nicht zu der geplanten Beteiligung Bartschs an den Siedlungsplänen der SS kam, so entwickelte sich die Frage der Mitarbeit biologisch-dynamischer Gärtner an den Heilkräuterversuchsanlagen der SS anders. Zu den Spezialisten im Heilkräuteranbau gehörte Franz Lippert. Lippert hatte als 23jähriger 1924 den landwirtschaftlichen Kurs Steiners mitgemacht und sich mit Begeisterung und Engagement den anthroposophischen Landwirten angeschlossen. Er gehörte zu den Mitarbeitern Bartschs im Reichsverband und

[308] Der Chef des Rasse- und Siedlungshauptamtes SS an die Forschungs- und Lehrgemeinschaft „Das Ahnenerbe" vom 19. April 1940. BDC-PK.

[309] Heinrich Himmler an SS-Gruf. Oswald Pohl vom 24. Februar 1942. In: Helmuth Heiber (Hrsg.), „Reichsführer!", München 1970, S. 111.

nahm regelmäßig an den Veranstaltungen auf Marienhöhe teil.[310] Seit Oktober 1924 hatte er mit gutem Erfolg die Heilkräuteranlagen der Weleda AG in Schwäbisch-Gmünd betreut. Er strebte aber an, seine Arbeit in einem landwirtschaftlichen Betriebsorganismus im Sinne Bartschs zu tun. Aus diesem Grund trennte er sich im Sommer 1940 von der Weleda AG und übernahm eine Stelle in Trittau, Schleswig-Holstein, die seinen Vorstellungen mehr entsprach. In einem Schreiben vom Mai 1940 wird klar, daß er sich dem Vorhaben Bartschs angeschlossen hatte: „Wie Sie weiter wissen, habe ich mich gleichzeitig dem Reichsverband für biologisch-dynamische Wirtschaftsweise für besondere Aufgaben zur Verfügung gestellt."[311] Er werde sich rechtzeitig um eine Vertretung kümmern, wenn der Reichsverband ihn einmal mehr als bis jetzt zu erahnen sei beanspruchen sollte.

Fritz Götte, damals Geschäftsführer der Weleda AG, berichtete über ein Gespräch mit Lippert aus dieser Zeit:

„Symptomatisch für das, was damals spielte, war auch das Verhalten meines lieben Freundes Franz Lippert. Er hatte als Leiter der Heilpflanzenanlagen der Weleda in Schwäb. Gmünd eine von uns allen hochgeschätzte Arbeit geleistet. [...] Ich war aber auf das Höchste überrascht, als er bei einem meiner Besuche in Schwäb. Gmünd erklärte, daß er die Weleda verlassen müsse, er habe eine große Aufgabe bekommen. [...]. Ich war natürlich nicht erbaut von diesem Entschluß; denn im Grunde war Lippert unersetzlich. Ich habe dann sicher einige Bemerkungen gemacht darüber, welche Bedeutung doch gerade die Weleda-Aufgabe habe, ein Vorhaben wie das seine berge eben die Gefahr in sich, daß das Gebiet der Landwirtschaft und Gärtnerei an politische Mächte ausgeliefert werde. Dabei habe ich vermutlich einige charakterisierende Aussprüche über das Phänomen ‚Nationalsozialismus' gemacht, wie man sie damals glaubte, nur erprobten persönlichen Freunden gegenüber machen zu können. Wie fiel ich aber aus allen Wolken, als mein lieber Freund Lippert die gegenwärtigen Machthaber verteidigte und in die Worte ausbrach: ‚Da sieht man ja, Du gehörst eben auch zu den Fußkranken, die in dem großen Aufbruch nicht mitkommen!'"[312]

Lipperts Tätigkeit im Zusammenhang mit den Unternehmungen der SS begann jedoch erst ein Jahr später, im Herbst 1941.

Es zeigt sich, daß Bartsch 1940 am Ende einer Entwicklung angekommen war, von der er meinte, daß sie gerade erst richtig begonnen habe.

Bartsch war ein „Tatmensch". Er nutzte jede Möglichkeit, die sich in seinen Augen bot, um die Ausbreitung der biologisch-dynamischen Wirtschaftsweise zu fördern. Diese Haltung war verständlich, besonders vor dem Hintergrund der sich 1940 noch verstärkenden Gegnerschaft der IG Farben. Doch ließ sie ihn auch durch ihre Einseitigkeit die wahren politischen Gefahren verkennen,

[310] Vgl. Anwesenheitslisten der Hauptversammlungen des Reichsverbandes. BAD Z/B 1151.

[311] Lippert an Schürer vom Mai 1940. PA Katharina Lippert.

[312] Fritz Götte, Erinnerungen, 1973, Manuskript, S. 239f. PA Christoph Lindenberg. Vgl. zu diesen Ausführungen auch A. Wagner, Anthroposophen und Nationalsozialismus, Probleme der Vergangenheit und Gegenwart. in: Flensburger Hefte 3/91, H. 32, S. 51ff.

besonders dann, wenn sie in Form verführerischer Angebote der SS auftraten. Schließlich – 1939/40 – blieb ihm angesichts seiner Verstrickung in der NS-Machtkonstellation nur übrig, die Arbeit des Reichsverbandes ganz aufzugeben oder „die Flucht nach vorne" anzutreten. Er wählte den zweiten Weg. Schon im Juni 1941 zerschlug Himmler den Reichsverband, verbot aber die biologisch-dynamische Wirtschaftsweise nicht, und dies aus „gutem" Grunde: er wollte sie selbst weiterführen.

Erst viel später gab Bartsch Götte gegenüber seinen Irrtum zu: „Nach dem Kriege habe ich dann ein intensives Gespräch in Berlin mit Erhard Bartsch gehabt. Es dauerte Stunden [...]. In diesem Gespräch sagte Erhard Bartsch: ich gebe Ihnen zu, ich habe mich geirrt [...]."[313]

[313] Fritz Götte an Erich Thierfelder vom 18. Februar 1965. PA Christoph Lindenberg.

6. Die Weiterarbeit der deutschen Anthroposophen nach dem Verbot der Gesellschaft

Einleitung

Die Wiederzulassung der Eurythmie und eines Studienkreises für die Geisteswissenschaft, die Weiterführung zweier Waldorfschulen und die Freigabe fast aller Werke Rudolf Steiners für den Buchhandel, das alles waren für einige Anthroposophen beachtliche, aber doch begrenzte Erfolge, für Gestapo und SD aber waren das Niederlagen in ihrem an vielen Fronten geführten Kampf gegen einen weltanschaulichen Gegner. Es war noch nicht einmal gelungen, alle anthroposophischen Einrichtungen zu zerstören, und man war vom eigentlichen Ziel, das anthroposophische Denken auszumerzen, noch weit entfernt. Die Sicherheitspolizei wußte aus Denunziationen, aber natürlich auch aus eigenen Beobachtungen, daß die anthroposophische Arbeit unter der Oberfläche überall im Reich weiterging.

Dazu gibt es einige Zeugnisse von damaligen Anthroposophen sowie Informationen aus Beobachtungsberichten des SD und Denunziationen. Insgesamt sind diese Unterlagen bruchstückhaft, aber ausreichend, um ein allgemeines Bild dieser Frage zu vermitteln.

Im September 1936 beschrieb ein anonymer Denunziant der RKK die weitere Tätigkeit der Anthroposophen recht zutreffend:

„Hierdurch gestatte ich mir, die Reichskulturkammer darauf aufmerksam zu machen, daß die verbotene Anthroposophische Gesellschaft immer noch Tagungen abhält, die Verbindungen der Gliederungen noch bestehen und viele Mitglieder nach Dornach bei Basel in der Schweiz fahren, ob mit Erlaubnis der Devisenstelle oder nicht, entzieht sich meiner Kenntnis. Wir wollten ein einiges Deutschland mit unserem Führer errichten und erfahren von der Seite manche Zerstörung.“[314]

Im November 1936 fühlte sich Margarete Link, die sich damals zusammen mit ihrem Ehemann Eugen Link anschickte, die Stuttgarter Schule zu „retten“, veranlaßt, Berliner Zusammenkünfte von Anthroposophen beim SD Stuttgart zu denunzieren: Sie meldete, „daß in Berlin im Haus der Flieger eine anthroposophische Versammlung stattgefunden habe, wobei die anthroposophische Gesellschaft in veränderter Form neu gegründet worden sei [...].“[315]

Offenbar handelte es sich hierbei um Besprechungen im Zusammenhang mit den Wiederzulassungsverhandlungen, von denen auch Heidenreich Steffen berichtete. Einige Monate später, im April 1937, berichtete Elisabeth Klein über ihre Arbeit vor einer Versammlung von etwa 40 Anthroposophen in den Räumen der Düsseldorfer Christengemeinschaft.

314 (anonym) an die Reichskulturkammer vom 25. September 1936. BAD Z/B 1 903. Das Schreiben wurde dem Gestapa übermittelt.

315 FS SD-OA Südwest an SD-Hauptamt vom 28. November 1936.

Eine kontinuierliche anthroposophische Arbeit fand zum Beispiel in Berlin im Umkreis des Arztes Dr. Paul Jaerschky statt. Erich Weismann berichtet davon:

„Es ergab sich die Möglichkeit, im Hause ihres Vaters [des Vaters von Lola Jaerschky, U. W.], gleichsam unter seinem Schutz, offene Abende einzurichten, wo man von Literarischem u. a. ausgehend, Anthroposophie pflegen konnte. Jeden Samstag traf man sich im ‚Berliner Zimmer' bei Dr. Jaerschky. Die Teilnehmer kannten sich; trotzdem war es ein Risiko. Aber ein Geist gegenseitiger Beflügelung, innerer Stärkung ging durch diese Zusammenarbeit. Es war ein gewisser Höhepunkt in dieser Zeit [...]. Die schöne Zeit mußte bald aufhören. Schon bei der Trauerfeier [zum Tode Dr. Jaerschkys 1940, U. W.] zeigte sich, daß wir überwacht waren. Die Staatspolizei erschien, um die große Versammlung im Hause festzunehmen, zog dann enttäuscht ab, als sie von der Trauerfeier erfuhr. Wir waren gewarnt [...]."[316]

Im Mai 1937 verfaßte der SD Berlin einen umfangreichen Bericht, in dem es hieß: „Dr. Gerhard Suchantke versucht heute noch bei seinen Patienten – zu denen auch Helmuth James Graf Moltke gehörte – Mitglieder für die Anthroposophen zu gewinnen". Bezüglich des Heil- und Erziehungsinstituts für seelenpflegebedürftige Kinder in Gerswalde wurde betont: „Die Lehrkräfte in dem Institut sind ausnahmslos Anhänger der anthroposophischen Lehre [...]."[317]

Die auch schon vor der NS-Zeit verbreitete Gepflogenheit, Steiners Vorträge privat zu vervielfältigen, wurde im August 1937 vom SD Königsberg beobachtet. Über Frau Engelhard wurde berichtet, daß sie „die Reden des Anthroposophen Steiner auf der Schreibmaschine vervielfältigte und an Bekannte verschickt [...]."[318]

Ob diese Beobachtungsberichte für die genannten Personen Folgen hatten, ist nicht bekannt.

Georg Hartmann, bis zur Schließung Lehrer an der Stuttgarter Waldorfschule, führte ein Tagebuch über seine Vorträge vor Anthroposophen. Zwischen dem 4. Dezember 1937 und dem 14. August 1939 hielt er 96 Vorträge über anthroposophische und geschichtliche Fragen, und zwar nicht nur in Stuttgart, sondern auch in Berlin, Danzig, Elbing, Erfurt, Freiburg, Geislingen, Göppingen, Heidenheim, Karlsruhe, Kassel, Königsberg, Lübeck, Rostock, Stettin, Ulm, Weimar und Worpswede, um nur die wichtigsten Orte zu nennen. In den eingesehenen SD-Berichten gibt es keinerlei Beobachtungen dazu.[319]

[316] Erich Weisman, „Von der Arbeit mit Lola Jaerschky", Manuskript. PA Astrid von der Goltz.

[317] SD-OA Ost, Berlin an das SD-Hauptamt Ablg II/111. z. Hd. SS-Oberstuf. Christensen vom 4. Mai 1937. BAD Z/B 1 903.

[318] SD-Unterabschnitt Königsberg an SD-Hauptamt, Zentralabteilung II 1 vom 9. August 1937. BAD Z/B 1 887.

[319] Georg Hartmann, Vortragsdaten und -themen ab Dezember 1937. Archiv am Goetheanum, NL Georg Hartmann.

Ebenso nahmen Gestapo und SD keine Notiz von den 14 steinernen Säulen mit plastischen Motiven Steiners, die der leitende Arzt des Sanatoriums Wiesneck bei Freiburg 1938 offen im Gelände aufstellte, nachdem er sie bei dem Zwangsverkauf des Hauses der Anthroposophischen Gesellschaft in Stuttgart, Landhausstrasse 70, erworben hatte.[320]

Die Gauleitung Kurhessen bat den SD Kassel im Januar 1938 um „Ermittlungen über die Form und Art des Auftretens der Anthroposophischen Gesellschaft (sic!) im Gaugebiet".[321] Kassel berichtete, daß „durch das Verbot der Anthroposophischen Gesellschaft die Anthroposophie nicht endgültig unterbunden wurde". Vor allem „finden auch hier in Kassel regelmäßig Zusammenkünfte der Christengemeinschaft statt unter Teilnahme der gesamten ehemaligen Angehörigen der Anthroposophischen Gesellschaft, ohne daß dagegen etwas unternommen werden kann".[322]

In Düsseldorf kam es im April 1938 zur Verhaftung und Vernehmung von Karl Kunow, Herbert Herr und Willy Schmidt wegen illegaler Betätigung als Anhänger der Anthroposophischen Gesellschaft. Es stellte sich dabei heraus, daß insgesamt „26 ehemalige Mitglieder der Anthroposophischen Gesellschaft seit dem Spätsommer 1936 in kleinen Arbeitskreisen zu 5 – 6 Personen im alten Sinne ihre Arbeit wieder aufgenommen und fortgesetzt" hatten. Der Bericht wird als Beispiel ähnlicher Vorkommnisse in der Anlage wiedergegeben.[323]

Über die Weiterarbeit in Aachen berichtete Christian Savelsberg. Das Ehepaar Walther, früher Leiter des Aachener Zweiges, wurde von einem Hausbewohner anläßlich einer Feier zu Rudolf Steiners Geburtstag denunziert. Ebenso wurden die Aufführungen des Schattentheaters einer anthroposophischen Laienspielgruppe denunziert, weil dabei für das Goetheanum gesammelt wurde. Nach dem Verbot der Wochenschrift „Das Goetheanum" und der Einfuhr der Produktion des Philosophisch-Anthroposophischen Verlags im Frühjahr 1936 holte Savelsberg diese bei einem Mitglied im benachbarten Holland ab und brachte sie auf Waldwegen über die Grenze. Er versorgte damit auch Mitglieder in Köln und Düsseldorf.[324]

Ein Gesamtüberblick der Zusammenkünfte anthroposophischer Arbeitsgruppen in Deutschland kann leider nicht gegeben werden, weil gerade diese Unterlagen in den letzten Kriegsmonaten vom SD selbst vernichtet wurden.

[320] Schreiben Dr. W. Prierer an den Verfasser vom 7. Oktober 1993. Die Säulen stehen dort noch heute.

[321] NSDAP, Gauleitung Kurhessen an den SD-Unterabschnitt Kassel vom 14. Januar 1938. STAK S 3, 253.

[322] SD-Unterabschnitt Kassel an NSDAP Gauleitung Kurhessen vom 1. Februar 1938. STAK S 3, Nr. 253.

[323] Geheime Staatspolizei Düsseldorf an Gestapa vom 9. April 1938. BAD Z/B 1 887. Anlage 19.

[324] Christian Savelsberg, Erinnerungen, Aachen 1946/47. PA Bruno Datané.

Bekannt ist, daß sich Otto Ohlendorf Bericht erstatten ließ.[325] Sicher ist aber, daß es ein recht umfangreiches, nach den Regeln der Konspiration verfahrendes Netzwerk von Anthroposophen gab, die untereinander Kontakt hielten und zum Beispiel auch Schriften und Schriftstücke von und nach Dornach beförderten.

In den Monaten März und April 1938 wurde in Österreich im Zusammenhang mit dem „Anschluß" die dortige Landesgesellschaft aufgelöst. Das SD-Hauptamt schickte ein Sonderkommando nach Österreich, das auch den Sitz der dortigen Landesgesellschaft aufsuchte. In Erwartung eines polizeilichen Verbotes hatte der Vorstand (Hans-Erhard Lauer, Julius Breitenstein und Karl von Baltz[326]) am 14. März vorsorglich die Selbstauflösung beschlossen. Lauer, von der „Stillhaltekommission" zum Liquidator ernannt, hatte alles Aktenmaterial einem Altwarenhändler zum Einstampfen übergeben und Bücher und Restvermögen an den Rudolf Steiner Schulverein und die Mitglieder verteilt. Über die Vernehmung Lauers wurde ein Protokoll nach Berlin geschickt. Lauer mußte sich verpflichten, innerhalb von zwei Tagen aus dem Gedächtnis eine neue Mitgliederliste anzufertigen.[327] Ob die Akten mitsamt der ursprünglichen Liste tatsächlich eingestampft wurden, ist nicht bekannt.

1938 interessierte sich der SD auch verstärkt für das Verhalten der „Reichsdeutschen" bei ihren Besuchen im Goetheanum. Zum Beispiel wurde Frieda Weiland, eine Berliner Anthroposophin, verklagt, weil sie beim Grenzübertritt eine Quittung der Goetheanum Verwaltung über 240 Schweizer Franken bei sich trug, die Bauspenden von Berliner Mitgliedern betraf.[328] Im August begab sich SS-Oberscharführer Rostock aus Lörrach im Auftrag des SD nach Dornach. Er schickte einen ausführlichen Bericht über seine Beobachtungen bei der Aufführung von Goethes Faust und das Verhalten der Tagungsteilnehmer an das Gestapa. Folgende Auszüge sind darin besonders aufschlußreich:

„Bemerkenswert im Verhalten der anwesenden Reichsdeutschen ist vor allem eins: Sie sind alle streng darauf bedacht, nichts zu tun, was sie irgendwie mit den deutschen Gesetzen in Konflikt bringen könnte. Es wurde sehr oft beobachtet, wie am Bücherstand deutsche Käufer sofort davon Abstand genommen haben, ein Buch zu erwerben, wenn ihnen gesagt wurde, daß dieses Buch im Reich verboten sei. Es scheint demnach tatsäch-

[325] RFSS u. Ch. d. D. P. S-PP (II B), Lischka, an SS-Obersturmbannführer Ohlendorf, vom 28. April 1938. BAD Z/B 1 887. Herbert Herr wurde in ein Konzentrationslager eingewiesen. Haftdauer ist unbekannt. Mitteilung des Sekretariats am Goetheanum an den Verfasser vom 31. Mai 1995.

[326] Lauer hat sich offenbar schon 1933, allerdings in Form einer historischen Studie, „Die drei Urquellen der menschlichen Kultur", ausführlich mit dem „Anti-Menschentum des Nationalsozialismus" auseinandergesetzt. Vgl. Herbert Hillringhaus (Hrsg.), In Memoriam Hans Erhard Lauer, Freiburg 1982, S. 37f. Karl von Baltz war Violinist. Seine Konzerte wurden in Deutschland vom Verein zur Förderung goetheanischer Bühnenkunst organisiert.

[327] Vernehmung: Geheime Staatspolizei, Staatspolizeistelle Wien, vom 7. April 1938. BAD Z/B 1 903. Die behördliche Auflösung erfolgte am 30. Januar 1939.

[328] Deutsches Hauptzollamt Basel an Gestapa vom 14. Juni 1938. BAD Z/B 1 887.

lich bei den deutschen Anthroposophen eine Anweisung zu bestehen, wonach nichts unternommen werden darf, was sie irgendwie mit dem Staat in Konflikt bringen könnte und die Anhänger von Rudolf Steiner schienen sich streng an diese Anordnung zu halten.“

Mit dem Stuttgarter Musiker August Blume hatte Rostock eine längere Unterhaltung über Nationalsozialismus und Anthroposophie. Blume bedauerte, „daß der Nationalsozialismus aus seiner eigenen Entwicklung nicht die Lehre gezogen habe, daß man eine Idee nicht verbieten und nicht totschlagen könne. Die Nationalsozialisten an führender Stelle würden zu Tode erschrecken, wenn sie wüßten, wie viele Menschen sich heute in Deutschland mit Anthroposophie befassen. Man hätte nämlich durch das Verbot der anthroposophischen Gesellschaft im Reich gerade das Gegenteil von dem erreicht, was man beabsichtigte. Gerade durch dieses Verbot wachse die Bewegung ständig [...].“[329]

Diese Äußerung Blumes – wenn sie überhaupt so stimmte – gibt zu der Frage Anlaß, ob es nennenswerte Mitgliederbewegungen während der NS-Zeit gegeben habe. Nachforschungen des Verfassers ergaben, daß es offiziell weder einen größeren Zustrom noch eine größere Austrittsbewegung unter den Mitgliedern gegeben hat, die auf ein Einwirken des NS-Regimes zurückzuführen wären.[330]

Anfang 1940 erneuerten lokale Dienststellen des SD ihre Vorschläge zur Schließung der Einrichtungen anthroposophischer Heilpädagogik in Hamborn und Gerswalde.

Die Vorgänge um Schloß Hamborn wurden aus der Sicht des SD in einem Bericht aus Bielefeld im Februar 1940 erläutert: dieser – an das Amt III im RSHA gerichtet – war vermutlich von Ohlendorf angefordert worden. Die Autoren bedauerten, daß die „gegen Schloß Hamborn laufenden Vorgänge ins Stocken gerieten“, da der Leiter der Anstalt eine positive gutachterliche Äußerung des Ministerialrates Eickhoff vom März 1937 vorweisen konnte. Sie hoben hervor: „Kernpunkt aller gegen die Anstalt vorgebrachten Einwände ist die unbestrittene und bis in die letzte Zeit hinein zu belegende Tatsache, daß der Hamborner Personenkreis anthroposophischen Ideen sehr nahe steht und dieses auch zugibt [...]. Bei der hiesigen Dienststelle wird nach wie vor der Standpunkt vertreten, daß sowohl die Auflösung des Heimes Schloß Hamborn wie auch ein Vorgehen gegen den tragenden Personenkreis notwendig ist

[329] SS-Oberscharf. Rostock, Besuch am Goetheanum in Dornach (Schweiz) am 5. August 1938. BAD Z/B 1 887.

[330] Während der NS-Zeit konnten die Dornacher Karteien was Deutschland betraf nicht systematisch fortgeführt werden, da mit dem Verbot der Gesellschaft die Verwaltungstätigkeit für die dortigen Mitglieder ausfiel. Eine Reihe von Mitgliedern der aufgelösten Gruppe „deutsche Landesgesellschaft“ schloß sich als Einzelmitglied direkt an Dornach an. Angaben aus der Bearbeitung der Mitgliederkartei. Allgemeine Anthroposophische Gesellschaft an den Verfasser vom 31. Mai 1995.

[…].“[331] 60 Personen werden namentlich genannt, und es ist nicht auszuschließen, daß auch dieser Bericht zu den Unterlagen gehörte, aufgrund derer die Verhaftungsaktion vom Juni 1941 vorgenommen wurde.

Im gleichen Zusammenhang wurde dem Amt III schon Anfang Februar 1940 von der Potsdamer SD-Stelle über die angestrebte Zwangsschließung des Institutes Gerswalde berichtet. Da Ohlendorf in diesem Bericht persönlich angegriffen wurde, zogen es die Autoren vor, eine Abschrift dem Leiter des Amtes II im RSHA, SS-Standartenführer Six, zugehen zu lassen.[332]

An diesem Bericht ist einmal bemerkenswert, daß auf ein Gutachten Ohlendorfs hingewiesen wurde, aufgrund dessen dem Institut eine Hypothek in Höhe von RM 53 000 nachgelassen wurde. Auch erkannte der zuständige Oberfinanzpräsident noch 1939 trotz heftigen Widerstandes der unteren Verwaltungsebene die Gemeinnützigkeit des Institutes an, womit eine erhebliche Steuererleichterung verbunden war. Zum anderen betonte der Bericht die Anwesenheit jüdischer Zöglinge und die Weigerung des Institutes, ein Schild anbringen zu lassen, das Juden das Betreten des Schlosses untersagen sollte. Bei einer Betriebsprüfung wurden Korrespondenzen beschlagnahmt, u. a. die Abschrift eines Briefes des dortigen Landwirtes Siegfried Palmer an die Eltern eines Zöglings in Brüssel. In seinen Formulierungen kommt die Sorge um die Aufdeckung der anthroposophischen Arbeit zum Ausdruck: „So möchte ich Sie mit heutigem Schreiben bitten, in keiner Weise irgendwelche Vorgänge innerhalb der geisteswissenschaftlichen Bewegung schriftlich oder per Drucksache mitzuteilen. Es geht hier um die Existenz des Institutes.“[333]

Offensichtlich verhinderte Otto Ohlendorf, daß die Institute in Hamborn und Gerswalde Anfang 1940 verboten wurden.

In Berlin entstand 1940 für die Eurythmie eine kritische Situation. Es ging um die Aufnahme der Eurythmie in die Aktionsprogramme der Reichstheaterkammer. Am 2. November 1940 fand in diesem Zusammenhang eine Eurythmieaufführung statt.[334]Außerdem kam es zu gemeinsamen Besprechungen, an denen etwa 60 Eurythmisten und Sprachgestalter teilnahmen[335]. Dabei wurde ein vermutlich von Elisabeth Klein stammender Vorschlag diskutiert, Martha

[331] Sicherheitsdienst des Reichsführers SS, Abschnitt Bielefeld, an das Reichssicherheitshauptamt, Amt III vom 20. Februar 1940. BAD Z/B 1 904. Im März 1941 wiederholte der SD Bielefeld seinen Vorschlag.

[332] Amt II war zu diesem Zeitpunkt zuständig für „weltanschauliche Forschung und Auswertung“. Ohlendorf hatte im Amt III die Berichte über Stimmungslagen der Bevölkerung zu verfassen. Nahm er eine verdächtige Richtung wie die Anthroposophie in Schutz, mußte er mit Amt II (später VII), wenn nicht auch IV in Konflikt geraten. Amt IV, Gegnererforschung und Bekämpfung, war das frühere Gestapa.

[333] SD-Abschnitt Potsdam an das Reichssicherheitshauptamt, Amt III, vom 3. Februar 1940. BAD Z/B 1 887.

[334] Sicherheitsdienst des Reichsführers SS an SD-Leitabschnitt Berlin an RSHA III z. Hd. SS-Obersturmbannführer Dr. Spengler vom 31. Mai 1931. BAD Z/B 1 1151.

[335] Vgl.: Wolfgang Veit, Eurythmie. Else Klink – ihr Wirken in einer neuen Bühnenkunst, Stuttgart 1985, 108 f.

Morell die Verhandlung führen zu lassen, da Else Klink wegen ihres „unarischen Aussehens“ weniger geeignet schiene. Dazu kam, daß Martha Morell eine frühere Mary-Wigmann-Schülerin war und man sich fragte, ob eine Art Angliederung der Eurythmie an die Mary-Wigman-Schule angestrebt werden sollte. Martha Morell wies selbst entschieden dieses Angebot zurück, und auch die versammelten Künstler sprachen sich für Else Klink aus. In Klinks Augen war damit die Eurythmie einer Vereinnahmung durch die Nazis entgangen.[336]

Monika von Miltitz, die sich 1936 an den Verhandlungen um die Wiederzulassung der Eurythmie maßgeblich beteiligt hatte, berichtete, daß sie auch 1940 in Dresden, wo „neun sehr gute Eurythmistinnen waren,“ noch eine Eurythmieaufführung organisiert hat. Sie hatte die Komödie gemietet, und die Polizeidienststelle hatte die Vorstellung genehmigt, die von Miltitz für etwa 250 Schüler und Interessenten angemeldet hatte. Ihrer Darstellung nach war der Saal mit über 900 Plätzen brechend voll.[337]Eurythmisten und Sprachgestalter waren also 1940/41 in diesen und manchen anderen Zusammenhängen (heilpädagogische und klinische Einrichtungen, so wie an der Dresdner Schule) relativ unbeobachtet tätig.

Die Überwachung der Christengemeinschaft hingegen war besonders intensiv und für diese folgenreich. Das kommt sowohl in den erhaltenen behördlichen Unterlagen als auch in den internen Korrespondenzen zum Ausdruck. Heydrich hatte die Polizeistellen generell im März 1936 dazu aufgefordert. Wie schon für Kassel erwähnt, beobachteten die SD-Spitzel, daß Anthroposophen die Veranstaltungen der Christengemeinschaft nach dem Verbot der Gesellschaft zunehmend besuchten. Auch die Düsseldorfer Versammlung von 40–50 Anthroposophen im April 1937 fand ja in den Räumen der dortigen Christengemeinschaft statt.[338]

Dieses unvorsichtige Verhalten der Anthroposophen mußte die Lage der Christengemeinschaft gegenüber den Polizeibehörden bedrohlicher machen als sie sowieso schon war. Die Christengemeinschaft hatte sich ja verpflichtet, keine Mitglieder der verbotenen Anthroposophischen Gesellschaft aufzunehmen. Unter dieser Bedingung u. a. war sie in den Zuständigkeitsbereich des Kirchenministeriums aufgenommen worden. Mitgliederkreise der verbotenen Gesellschaft nutzten nun vielerorts die Räumlichkeiten und die Veranstaltungen der Christengemeinschaft für ihre eigenen Vorhaben und Besprechungen – teilweise durchaus mit dem freundlichen Einverständnis der lokalen Vertreter der Christengemeinschaft. Damit lieferten sie die Begründung, mit der Gestapo und SD die Christengemeinschaft später verbieten konnten, nämlich den Vorwurf, eine Tarnorganisation der früheren Anthroposophischen Gesellschaft in Deutschland zu sein.

336 Wolfgang Veit, a. a. O., S. 108.
337 Monika von Miltitz an Fritz Götte vom 2. Januar 1971. PA Christoph Lindenberg.
338 Ausführungen von Frau Dr. Klein, Dresden, über ihre Berliner Arbeit, vor etwa 40 – 50 Anthroposophen in Düsseldorf am 6. April 1937. PA Christoph Lindenberg.

Mit größter Sorge betrachteten daher die leitenden Vertreter der Christengemeinschaft diese Entwicklung. Im Januar und Februar 1939 kam es diesbezüglich zu scharfen internen Äußerungen. Emil Bock, der nach dem Tode Rittelmeyers am 23. März 1938 die Leitung übernommen hatte, teilte seinen Pfarrerkollegen nochmals die ernsten Warnungen Rittelmeyers vom Februar 1936 mit. Am aufmerksamsten verfolgte Alfred Heidenreich die Ereignisse. Er faßte die Situation im Februar 1939 in folgenden paradoxen, aber treffenden Worten zusammen: „Ich glaube nicht, daß unserer Arbeit im Augenblick eine unmittelbare Gefahr droht, aber die Lage ist viel ernster als die meisten sich vorstellen […].“[339]

Nicht zuletzt führte Heidenreich dies auf das Verhalten von Anthroposophen zurück:

> „In kleineren Orten […] muß man erschreckend oft sich eingestehen, daß ein außenstehender Beobachter den Eindruck gewinnen muß ‚desch sin halt de Anthroposophe‘, in größeren Gemeinden ergibt heute die Überflutung der Vortragsveranstaltungen durch Mitglieder der aufgelösten A. G. [Anthroposophische Gesellschaft, U. W.] dasselbe Bild.“

Für Heidenreich war die daraus folgende Lage eindeutig:

> „Es hat den Anschein, als begännen die zuständigen Behörden den rein religiösen Charakter unserer Arbeit ernsthaft in Zweifel zu ziehen […]. Die Beobachtungen zahlreicher Freunde und auch eigene Erfahrungen deuten darauf hin, daß wir seit einiger Zeit unter verschärfter Beaufsichtigung stehen, sowohl in unserer Bewegungstätigkeit, wie in unserem Privatleben. (Es gibt offenbar auch Personalakten über uns). Die an zahlreichen Orten durchgeführten erneuten Erhebungen über die lokalen Verhältnisse hängen sicher damit zusammen […].“

Heidenreich bedauerte, daß die Christengemeinschaft bei ihrer Aufnahme in die Zuständigkeit des Kirchenministeriums versäumt habe, aus der Abteilung für logenähnliche Verbände in der Gestapo in das für Kirchen zuständige Referat überwiesen zu werden. Er selbst hatte aber auch in den Verhandlungen durch sein Eintreten für die Wiederzulassung der Anthroposophischen Gesellschaft mit dazu beigetragen, daß die Christengemeinschaft unter dem Verdacht eines Zusammenhanges mit der Gesellschaft stand und daher von Heydrich bewußt im Freimaurerreferat des Gestapa und des SD geführt blieb.

Erwähnenswert ist noch, daß die Christengemeinschaft 1937 in wirtschaftliche Schwierigkeiten geriet. Ihre Einnahmen setzten sich aus Beiträgen nach freiwilliger Selbsteinschätzung der Mitglieder, aus Kollekten bei den Gottesdiensten und Unkostenbeiträgen bei sonstigen Veranstaltungen zusammen. Dieses Verfahren wurde verboten. Erlaubt wurden schließlich feste Mitgliedsbeiträge. Kollekten für Kirchenbau oder Ausgleichsfonds bedurften für jeden Einzelfall der polizeilichen Genehmigung. Grund dafür war, daß die NSDAP das Monopol für Sammlungen erhalten hatte.

[339] Diese und folgende Zitate aus einem Rundbrief Heidenreichs an die Priesterschaft der Christengemeinschaft vom Februar 1939. PA Michael Heidenreich.

Die Christengemeinschaft war also mehrfach bedroht: finanziell, wegen ihrer Nähe zur Anthroposophie und wegen des Verhaltens der Anthroposophen. Mit einem Verbot mußte immer gerechnet werden. So begab sich Rittelmeyer noch kurz vor seinem Tode nach Berlin, um sich von neuem energisch für das Fortbestehen der Christengemeinschaft einzusetzen.[340]

1938 und 1939 übergab die Christengemeinschaft auf Anfrage der Gestapostellen detaillierte Angaben über ihre Organisation. Ihr Motiv war, daß sie nichts zu verbergen habe: Kultus und Organisation waren keinesfalls Geheimsachen. So wurden im April 1938 mit den Organisationsprinzipien auch die Namenslisten der Gemeindemitglieder und der Abonnenten der Zeitschrift „Die Christengemeinschaft" der Stuttgarter Gestapo übergeben.[341] Darüber hinaus wurde aber auch eine Liste der Pfarrer mit Wohnsitz eingereicht, und zwar in der Hoffnung, daß in eine eventuelle Verhaftungsaktion nur die verantwortlichen Pfarrer, nicht aber versehentlich einfache Mitglieder oder Gemeindehelfer einbezogen würden.[342]

In diesen Zeitraum fällt auch die Hilfestellung, die Marie Steiner 1939 Arthur Specht bei seiner Auswanderung über Italien in die USA gab. Arthur Specht war einer der vier Söhne der jüdischen Familie Specht in Wien, in der Rudolf Steiner in den achtziger Jahren eine Erzieher- und Hauslehrertätigkeit ausgeübt hatte.[343]

Das Spektrum der Motive und Motivationen

Aus dem Vorangegangenen erscheint ein überraschendes Spektrum von Motivationen, die die damals Handelnden bestimmten. Da dies Spektrum für die nationalsozialistische Zeit überhaupt aufschlußreich ist, seien die verschiedenen Haltungen einmal kurz zusammengefaßt.

Schulte-Strathaus und Leitgen betrachteten sich als Förderer geistig-kultureller Bestrebungen, auch wenn diese nicht nationalsozialistischen Überzeugungen entsprachen.

Hess wollte alle praktischen Aspekte in den Nationalsozialismus übernehmen. Er ließ die Anthroposophen gewähren, erhoffte sich aber von diesen, daß

[340] Das schon erwähnte Gespräch mit Alfred Baeumler fand im Frühjahr 1938 statt. Seine Abschiedsworte im Stuttgarter Priesterseminar, kurz vor seiner Abfahrt nach Berlin, waren: „daß er jetzt nach Berlin fahre und nochmal energisch – unter Hinweis auf sein Eintreten für das geistige Deutschtum während des Ersten Weltkrieges – bei den nationalsozialistischen Behörden für das Fortbestehen der Christengemeinschaft sich einsetzen wolle." Wilhelm Hoerner, Zwölf Miniaturen aus schicksalsschwerer Zeit für die Anthroposophische Gesellschaft und die Christengemeinschaft, in: A. Wagner, Beiträge, NS-Dokumentation, Bd. 4, Rendsburg 1992, S. 38.

[341] Geheime Staatspolizei, Staatspolizeileitstelle Stuttgart an Gestapa vom 1. April 1938. BAD Z/B 1 1184.

[342] Wilhelm Hoerner, Zwölf Miniaturen..., a. a. O., S. 38.

[343] Vgl. Beiträge zur Rudolf Steiner Gesamtausgabe Nr. 112/113, Dornach 1994, S. 96 ff.

sie mit der Zeit ihre Grundüberzeugungen aufgeben würden.[344] Aus dieser Haltung entstand seine „Schutzwirkung". Hess kann so gesehen als nationalsozialistischer „Idealist" gelten.

Baeumler, der sich zunächst als radikaler Verfolger an der Bücherverbrennung 1933 beteiligte, zeigte später ein gewisses Verständnis für die Freiheit der Wissenschaft. So lehnte er zwar vom Standpunkt des Nationalsozialismus – vermutlich aber auch von seinem Standpunkt als Wissenschaftler – in seiner Funktion als Gutachter die Anthroposophie ab, würdigte aber Steiner als Philosoph. Außerdem bewirkte seine Gutachtertätigkeit, daß der größte Teil der Werke Steiners weiter publiziert und verkauft werden konnte. Die entscheidende praktische Hilfestellung leisteten dazu Koch, Gruber und Hederich im Propagandaministerium.

Ohlendorf war von dem Auftreten der anthroposophischen Verhandlungspartner und von den Formen alternativer Wissenschaft beeindruckt. Nach seinen eigenen Vorstellungen vom Nationalsozialismus durften diese Bestrebungen nicht vernichtet werden. Von der Anthroposophie selbst hielt er wohl kaum etwas.

Darré war von den Resultaten der biologisch-dynamischen Wirtschaftsweise – aber erst seit Mitte 1940 – stark beeindruckt, scheute aber jede weltanschauliche Auseinandersetzung, für die er sich nicht zuständig erklärte. Von ihm ging keine nennenswerte Wirkung aus, nicht zuletzt weil Himmler sich für die Sache interessierte.

Eine Sonderstellung nahm Eickhoff ein. Er war der einzige maßgebliche Behördenvertreter, der von der Anthroposophie selbst beeindruckt war, weshalb er auch 1936/37 die Wiederzulassung der Anthroposophischen Gesellschaft in Deutschland eindeutig unterstützte (er wurde 1966 Mitglied der Anthroposophischen Gesellschaft).[345]

Diesen Leuten standen die von vornherein unversöhnlichen Gegner alles Anthroposophischen gegenüber. Sie witterten in den Anthroposophen den weltanschaulichen Gegner. Himmler, Heydrich, Bormann, Rust, Mergenthaler, Backe und Hitler selbst gehörten dazu. Die einen sahen in der Anthroposophie die schlimmste Form der Freimaurerei, die anderen eine den Rassismus untergrabende Humanitätsduselei. Himmler nahm unter den Feinden der Anthroposophie insofern eine Sonderstellung ein, als er die biologisch-dynamische Wirtschaftsweise weitgehend unter Ausschaltung des sie tragenden an-

[344] In diesem zweiten Teil wird auch deutlich, was von leichtfertigen Urteilen wie dem Anna Bramwells zu halten ist, wenn sie meinte, Hess und Seifert wären Anhänger Steiners gewesen: „[...] Hess was a follower of Rudolf Steiner [...]. Alwin Seifert was also a follower of Steiner [...]." Anna Bramwell, Ecology in the 20th Century, New Haven and London 1989, S. 197f. Auch wenn Bramwell ihr diesbezügliches Kapitel „The Steiner Connection" nannte, sind ihre Ausführungen instruktiv. Vgl. auch ihr abschließendes Urteil im dritten Teil, Kap. 2, Abschnitt: Der Abschlußbericht des RSHA.

[345] Mitgliederkartei am Goetheanum.

thropsophischen Personenkreises in seinem Machtbereich praktizieren wollte.

Elisabeth Klein und Erhard Bartsch glaubten den Machthabern einen eigenständigen Bereich ihres Wirkens abtrotzen zu können. Sie unterschieden sich darin von dem Gros der Anthroposophen, für die Fritz Götte repräsentativ war, der jegliches Paktieren mit den Machthabern als charakterlos ansah. So wandte er sich im Herbst 1940 empört an den Versuchsring in Bad Saarow.[346]Charlotte Reineck, Lehrerin an der seit April 1936 geschlossenen Rudolf Steiner Schule Altona, berichtete über die von ihr als „unwahrhaftig" empfundenen Ausführungen von Elisabeth Klein vom April 1937 in Düsseldorf.[347] Freilich konnte dieser Protest im Überwachungsstaat nie laut und vernehmlich werden, sondern spielte sich hinter den Kulissen in Einzelaktionen ab.

Obwohl eine Reihe von Landwirten und einige Lehrer Bartsch und Klein unterstützten, müssen beide als Einzelgänger betrachtet werden. Sie wähnten, die Anthroposophie zu vertreten, gaben sich dabei aber Illusionen über den Kern des Nationalsozialismus hin. Beide meinten, Bartsch vielleicht mehr noch als Klein, daß es Nationalsozialisten gab, mit deren Hilfe eine Wende zum „Guten" herbeigeführt werden könnte. Dabei fühlten sie sich als Vertreter einer Anschauung, die in sich die sachlichen Qualitäten barg, mit deren Hilfe diese Wende herbeigeführt werden könnte.

Aus dieser „Nähe" Bartschs oder Kleins zu Vertretern des Nationalsozialismus kann freilich keine Verwandtschaft der Anthroposophie mit dem Nationalsozialismus oder eine Neigung der Anthroposophen zum Nationalsozialismus hergeleitet werden.

Für den Handlungsspielraum in diesen Jahren war aber nicht die weltanschauliche Frage entscheidend, sondern das persönliche Verhalten der Vertreter des Nationalsozialismus. Der Personenkreis, der in diesen Jahren noch sachlichen Argumenten zugänglich war, fühlte sich von Hess immer wieder direkt oder indirekt geschützt. Rudolf Hess muß auch noch kurz vor seinem Abflug nach England mancherlei ermöglicht haben. Das zeigte sich vor allem an den Ereignissen nach dem 10. Mai 1941: fast alles was vorher noch möglich war oder möglich schien, war ausgelöscht. Dieser Zeitabschnitt wird im dritten Teil des Berichtes geschildert.

[346] Fritz Götte, Erinnerungen, Manuskript. PA Christoph Lindenberg.
[347] Charlotte Reineck an Herrn Schmidt, Altona, vom 13. April 1937. PA Michael Heidenreich.

Dritter Teil:
1940/41–1945

Die Gestapo-Aktion vom 9. Juni 1941
Der Weg der heilpädagogischen Institute
Das Schicksal der Weleda AG und
die Hilfe der anthroposophischen Ärzteschaft

1. Der 9. Juni 1941

11. März–7. Juni 1941. Die Vorgeschichte der Gestapo-Aktion im Reichssicherheitshauptamt

Vor dem Englandflug von Rudolf Hess
Die Besorgnis Rosenbergs
Jakob Wilhelm Hauer tritt wieder in Erscheinung

Die positive Äußerung Darrés zur biologisch-dynamischen Landwirtschaft vom Juli 1940 hatte nicht nur die Studie Stevens als Reaktion der IG Farben zur Folge. Vermutlich von Himmler beauftragt, arbeitete auch Stengel von Rutkowski, ein Assistent von Professor Astel, Leiter des Thüringischen Landesamts für Rassewesen und dezidierter Gegner der Anthroposophie, an einer Denkschrift über die „biologische Stichhaltigkeit" der Anthroposophie. Stengel von Rutkowski wandte sich Ende August 1940 an Professor Hauer in Tübingen mit der Bitte um Unterlagen für seine Arbeit.[1] Hauer hatte nach 1935 die Frage der Anthroposophie aus den Augen verloren, da er mit seinen persönlichen Anliegen („Deutsche Glaubensbewegung", Aufnahme in die NSDAP und Ausbau eines „arischen Seminars") beschäftigt war. Schon am 2. September antwortete Hauer unter Hinweis auf seine eigene gutachterliche Tätigkeit gegen die Anthroposophie und die Waldorfschulen:

„[...] Also bitte, tun Sie, was Sie können, um an der von ihnen angedeuteten Stelle den Einfluß der Anthroposophie zu vernichten. Die Anthroposophen sind die schlimmsten Feinde unseres Reiches [...]."[2]

Im Winter 1940/41 sammelte Astel die Werke Steiners, um aus der „Bearbeitung die Gründe für die Verfolgung und Unschädlichmachung der Anthroposophen zu gewinnen."[3]

Während Hauer mit Stengel von Rutkowski korrespondierte, wurde er noch von einer zweiten Seite wieder auf die Anthroposophie und Rudolf Steiner aufmerksam gemacht. Johannes Tautz, ein Student der philosophischen Fakultät in Tübingen, hatte 1939 eine Arbeit über Schellings philosophische Anthropologie vorgelegt, die er auf wesentliche Anregungen aus den philoso-

[1] Lothar Stengel v. Rutkowski an Jakob Wilhelm Hauer vom 31. August 1940. BAK NL 131/121. Stengel von Rutkowskis Arbeit wurde im März 1941 wegen seiner Einberufung abgebrochen.

[2] J. W. Hauer an L. Stengel von Rutkowski vom 2. September 1940. BAK NL 131/178. In diesem Zusammenhang wies Hauer auch auf die Existenz der Dresdner Rudolf Steiner Schule hin. J. W. Hauer an L. Stengel von Rutkowski vom 5. November 1940. BAK NL 131/121.

[3] Staatsrat Dr. med Karl Astel an den Reichsführer SS und Chef der Deutschen Polizei Heinrich Himmler vom 25. Juli 1941. IfZ MA 286 – 8792 – 8818.

phischen Werken Steiners zurückführte. Der dortige Dekan bat daraufhin Hauer um eine Stellungnahme und fragte bei Baeumler nach, ob Steiner überhaupt zitiert werden dürfe. Gleichzeitig sollte Baeumler im Auftrag von Hess Hauers Projekte beurteilen.[4]

Hauer, der sich seit zwei Jahren vom SD vernachlässigt fühlte, sah in dieser Situation einen willkommenen Anlaß, mit Himmler selbst wieder Kontakt zu suchen.[5] Anfang März 1941 berichtete Hauer Stengel von Rutkowski, daß Himmler entschlossen sei, die Anthroposophie bald vollkommen zu verbieten.[6]

Aus einem Schreiben Rosenbergs an Bormann, ebenfalls vom 11. März 1941, geht hervor, daß sich im März 1941 die Diskussion um die Anthroposophie wieder zuspitzte. In der Logenfrage hatte sich Rosenberg entgegen den Anweisungen Hitlers verhalten. Rosenberg wünschte, daß nicht Bormann allein Hitler über Steiner und die Anthroposophie berichte:

„In der Angelegenheit unseres Verhaltens gegenüber Anthroposophie und Rudolf Steiner möchte ich dem Führer persönlich Vortrag halten, falls diese Frage wirklich so dringend erscheint. Ich werde jedenfalls eine Denkschrift noch außerdem verfassen. Falls der Führer sich jetzt mit dieser Frage befassen will, bitte ich Sie, mir dies mitzuteilen, damit ich es beschleunigen kann [...].“[7]

Anfang April 1941 nahm Baeumler Stellung zur Frage der Tautz'schen Arbeit. Baeumler wußte, daß die Anthroposophen erneut bedroht waren und zu jenem Zeitpunkt auch er selbst gefährdet war. Vermutlich nahm er deshalb so deutlich gegen die Druckerlaubnis für die betreffenden Ausführungen Tautz' Stellung:

„[...] Es handelt sich in diesen beiden Anmerkungen nicht um die in wissenschaftlichen Arbeiten übliche Anziehung eines Autors, sondern um ein Bekenntnis zum ‚Wirklichkeitsgehalt von Schellings Natur- und Geistesanschauung' im Sinne Steiners und um ein Bekenntnis zu einem dunklen ‚Quell', unter dem nichts anderes als die Anthroposophie verstanden werden kann. Der plumpe Versuch des Herrn Tautz zeigt, wie notwendig gerade jetzt schärfste Wachsamkeit ist. Die deutschen Universitäten sind nicht dazu da,

[4] Der Dekan der Philosophischen Fakultät Tübingen an Prof. Dr. Alfred Baeumler, Reichsamtsleiter vom 6. und 31. Januar 1941. IfZ MA 610 – 57737 und 57740. Die Vorschläge Hauers waren: Einführung eines Prüfungsfaches „Germanisch-Deutsche Weltanschauung“ für das höhere Lehramt und Erweiterung seiner Lehrbefugnisse bzgl. „Arische Weltanschauung“. Vgl. Stellungnahme Baeumlers vom 13. Februar 1941 und Schreiben an Rudolf Hess vom 3. März 1941. Beide IfZ MA 116/5.

[5] J. W. Hauer an L. Stengel von Rutkowski vom 29. Januar 1941 und vom 19. Februar 1941, an Oskar Rühle vom 4. März 1941, an Professor Dr. Wetzel (Tübingen) vom 8. März 1941. Im letztgenannten Schreiben unterstreicht Hauer, daß dem Reichsführer daran läge, „daß gegen die Anthroposophie Stellung genommen wird.“ BAK NL 131/135.

[6] J. W. Hauer an Stengel von Rutkowski vom 11. März 1941. BAK 131/121.

[7] Alfred Rosenberg an Martin Bormann vom 11. März 1941. IfZ MA 610 57728

den Versuch zu unterstützen, die lebendige Entwicklung des deutschen Idealismus durch einen Schelling-Steinerschen Dogmatismus abzustoppen."[8]

Noch zwei weitere Ereignisse weisen darauf hin, daß die Frage der Anthroposophie bald entschieden werden sollte. Otto Ohlendorf forderte am 7. Mai zum Zwecke „eines größeren Gutachtens das gesamte verfügbare anthroposophische Schrifttum" an.[9] Am gleichen Tage, drei Tage vor dem Englandflug von Hess, richtete Bormann und nicht Hess[10] ein streng vertrauliches Rundschreiben an alle Gauleiter, in dem er vor den Wirkungen von „Aberglaube, Wunderglaube und Astrologie als Mittel staatsfeindlicher Propaganda" warnte.[11] In diesem Schreiben ist nur von vorsorglichen Schulungskursen für Amtsinhaber der Partei die Rede. Anthroposophie wird darin noch nicht eigens erwähnt. Wenige Wochen später wird sie jedoch in diesen Zusammenhang einbezogen.

10. Mai 1941
Der Englandflug von Rudolf Hess und seine unmittelbaren Folgen für die anthroposophische Sache

Ohlendorf beschrieb die unmittelbaren Folgen des Abflugs von Hess für die Frage der Anthroposophie später kurz mit den Worten:

„Die äußeren Exponenten des Kampfes waren Backe im Bereich der biologisch-dynamischen Wirtschaftsweise und Bormann für die Geisteswissenschaften. Es muß festgestellt werden, daß ohne die großzügige Hilfe von Rudolf Heß die Positionen nicht hätten gehalten werden können. Diese Tatsache hat dann wohl auch später die vollständige Katastrophe im Jahre 1941 mit herbeigeführt. Denn nunmehr konnte Bormann den aufgespeicherten Haß mit der neuen unsinnigen Begründung an den Führer herantragen: Heß wäre ein Gefangener okkulter Mächte gewesen, insbesondere der Anthroposophie.

Nach der Flucht von Heß nach England erwirkte oder täuschte Bormann einen Befehl des Führers vor, der die Auflösung aller anthroposophischen Einrichtungen und die Verhaftung der führenden Personen herbeiführte."[12]

Die These der okkulten Beeinflussung von Hess durch die Anthroposophen wurde von Hauer Himmler gegenüber mit Nachdruck vertreten. Hauer

[8] Amt Wissenschaft, Prof. Baeumler an den Dekan der Philosophischen Fakultät der Universität Tübingen vom 7. April 1941. IfZ MA 610 – 57729.

[9] RSHA VII C 1. Aktennotiz vom 7. Mai 1941. BAD Z/B 1 887.

[10] Obwohl Hess von Ende 1940 an wieder präsenter als vorher war, muß angenommen werden, daß Bormann als ständiger Begleiter Hitlers dieses Schreiben aufgrund seines Kontaktes mit Hitler an die Gauleiter richtete und daß Hess dabei kaum mitgewirkt hatte. Angesichts der Einstellung Bormanns gegenüber Hess und der Beziehungen von Hess zur Naturheilkunde und zu Heilpraktikern ist es nicht abwegig, zu vermuten, daß Bormann mit dieser Aktion auch Hess selbst herabsetzen wollte. Vgl. R. Smelser/R. Zitelmann (Hrsg.), Die braune Elite, Darmstadt 1990, S. 9 und 90/91.

[11] NSDAP, Der Stellvertreter des Führers, Stabsleiter an alle Gauleiter vom 7. Mai 1941. gez. Bormann. IfZ MA 545 (1322 – 1325).

[12] Otto Ohlendorf, Eidesstattliche Erklärung, Landsberg, o. D., S. 6 f.

schrieb zwischen dem 13. und 16. Mai 1941 dreimal ausführlich an Himmler.[13] Sein zweites Schreiben ist in Anlage 16 im Wortlaut wiedergegeben. In seinem ersten Schreiben vom 13. Mai 1941 stellte Hauer die Geschichte seines zwanzigjährigen Kampfes gegen die Anthroposophie dar, bezog sich nochmals auf die angeblichen Ereignisse an der Marne (okkulte suggestive Beeinflussung Moltkes durch Rudolf Steiner) und gab seiner Überzeugung Ausdruck, daß Steiner jüdischer Abstammung gewesen sei („obwohl ich im Versuch, seinen Stammbaum zu erforschen, nicht weit kam"). Kernsätze seiner langen Ausführungen im ersten Schreiben waren:

„[...] Im Verlaufe der weiteren Kämpfe, in denen sich auch die sittliche Skrupellosigkeit Steiners und der Anthroposophen überhaupt klar zeigte, wurde mir deutlich, daß es sich hier um eine Gefährdung des deutschen Volkes im allerschlimmsten Sinne handelte. Ich bin im Verlauf meiner weiteren Forschungen zu dem Schluß gekommen, daß Steiner einer der großen dämonischen Verführer war, eine Cagliostro-Natur [...].

So bedrückt mich jetzt die schreckliche Vermutung, daß auch Rudolf Hess dieser furchtbaren Verwüstung durch die Anthroposophie anheimgefallen ist und daß dies, abgesehen von einer wahrscheinlich latenten Anlage die Hauptursache des entsetzlichen Geschehens ist, unter dem wir jetzt stehen. Ich halte es auch nicht für unmöglich, daß von der Zentrale in Dornach aus auf Rudolf Hess eingewirkt worden ist [...].Auch die Christengemeinschaft verbreitet diese Pest [...]. Auch die biologische Düngung ist, so wie sie von den Anthroposophen vertreten wird, dieselbe Verballhornung eines guten Gedankens, die nur Schaden stiften kann. Ich halte die ganze Sache mit der biologischen Düngung heute für einen Trick anthroposophischer Geheimbündler, um der Anthroposophie auf diese Weise wieder Eingang in Deutschland zu verschaffen [...]."

In seinem zweiten Schreiben vom 13. Mai führte Hauer aus, daß die englischen Anthroposophen nun Hess in England in Empfang genommen hätten, um ihm „unter suggestivem Einfluß all sein Wissen zu entnehmen".[14]

Hauers These war also, Hess sei einem okkulten Einfluß der Anthroposophie ebenso erlegen wie 28 Jahre zuvor Helmuth von Moltke.[15]

Am 14. Mai machte Bormann Heydrich folgende Mitteilung:

„Der Führer wünscht, daß mit den schärfsten Mitteln gegen Okkultisten, Astrologen, Kurpfuscher und dergl., die das Volk zur Dummheit und Aberglauben verführen, vorgegangen wird [...]."[16]

Im Reichsernährungsministerium organisierte Backe am gleichen Tag hinter Darrés Rücken eine Besprechung, in der er alle Argumente gegen die biolo-

[13] J. W. Hauer an den Reichsführer SS Himmler vom 13. Mai 1941 (zwei Schreiben) und vom 16. Mai 1941. BAD Z/B 1 904.

[14] S. Anlage 16.

[15] Interessant ist die Parallele auch insofern, als der Monat Mai 1941 ein entscheidender Zeitpunkt in der Entwicklung des Krieges war. Der Rußlandfeldzug war ursprünglich für den Mai geplant (begann schließlich am 22. Juni). Der Kriegsverlauf war ein wichtiges Element für die Begründung der Aktion vom 9. Juni.

[16] Reichsleiter Bormann an den Chef der Sicherheitspolizei und des SD vom 14. Mai 1941 in Bericht RSHA III vom 20. Mai 1941. BAD Z/B 1 1151.

gisch-dynamische Wirtschaftsweise zusammengetragen hatte und dabei den Wunsch äußerte, diese Göring und dem Sicherheitsdienst vorzutragen. Dabei wurden neben Darré auch Mitarbeiter im Ernährungsministerium bzw. im Reichsnährstand (Reischle, Merkel, Untermann) denunziert. Einer der Teilnehmer verfaßte ohne Wissen Backes einen entsprechenden Bericht für den SD. Erst der Abflug von Hess, der ebenfalls erwähnt wird, hatte Backe den Mut gegeben, „offen“ gegen Darré zu agieren.[17] Backe wurde 1942 Nachfolger Darrés auf dem Posten des Ernährungsministers.

Die Christengemeinschaft stand schutzlos da: Kerrl hatte unter dem 3. März 1941 ein „Memorandum“ verfaßt, das Lammers Hitler am 16. Mai zur Kenntnis brachte. Kerrl unterstrich darin, daß er schon seit Februar 1937 keine eigene Kirchenpolitik mehr hätte betreiben können, da Hitler sich die Entscheidungen letzten Endes vorbehalten habe. Kerrl starb am 14. Dezember 1941. Bormann, nach dem Abflug von Hess offizieller Leiter der Partei-Kanzlei, bestimmte das Weitere.[18] Kerrl war also im März 1941 schon unmaßgeblich geworden.

Das RSHA legte am 16. Mai einen siebenseitigen konzisen Bericht vor, der die These Hauers übernahm. Mit den Worten „nach Auflösung der Anthroposophischen Gesellschaft traten deren Mitglieder fast vollständig zur Christengemeinschaft über“ kündigte sich an, daß die Bemühungen Rittelmeyers, Bocks und Heidenreichs für den Erhalt der Christengemeinschaft zunichte gemacht werden würden. Gegen die biologisch-dynamische Wirtschaftsweise wurde angeführt, daß deren weitere Verbreitung zur Folge haben müsse, daß „ungefähr 30% der Bevölkerung nicht mehr aus eigener Erzeugung ernährt werden könnten“.

Die Verfasser recherchierten nicht besonders sorgfältig in der Frage der Waldorfschulen. Obwohl es nur acht Schulen gegeben hatte, behaupteten sie:

> „Im Laufe der letzten Jahre konnte ein Teil dieser Schulen, die in fast allen größeren Städten des Reiches bestanden, aufgelöst werden. Ein endgültiges Verbot scheiterte bisher an dem Widerstand von Rudolf Hess.“

Die heilpädagogischen Institute wurden mit keinem Wort erwähnt. Gegenüber früheren Berichten wurde aber diesmal die Weleda AG allerdings irrtümlich als Hersteller von Nahrungsmitteln hervorgehoben. Sie wurde mit der Belieferung des Rudolf Hess Krankenhauses Dresden in Zusammenhang gebracht. Der Bericht schloß mit den Worten, daß die Auflösung und das Verbot aller dieser Einrichtungen unbedingt notwendig sei.[19]

Nach Fertigstellung dieses Berichtes muß es zu der entscheidenden Sitzung im RSHA gekommen sein, die Ohlendorf später erwähnt:

[17] RSHA-Aktenvermerk vom 14. Mai 1941. BAD Z/B 1 886.

[18] Vgl. John S. Conway, Die nationalsozialistische Kirchenpolitik 1933–1945, München 1969, S. 376ff.

[19] RSHA, Bericht über Anthroposophie vom 16. Mai 1941. BAD Z/B 1 886

„Eine entscheidende Sitzung aller beteiligten Ressorts fand unter dem Vorsitz von Heydrich statt, an der u. a. Backe, Karl Brandt, Dr. Conti und Klopfer teilnahmen. Von Klopfer wurden die Forderungen Bormanns vorgetragen. Backe und Brandt unterstützten sie lebhaft. Ich vertrat noch einmal alle Gründe, die gegen die Durchführung dieser Forderung einzuwenden waren. Dieser letzte Versuch war erfolglos.“[20]

Nach Ohlendorfs Aussage, die durch die vorliegenden Unterlagen gestützt wird, kam es zu zwei in bezug auf die Anthroposophie gegensätzlichen Entwürfen zur Ausführung des Auflösungsbefehls von Hitler:

„Nachdem ich als zuständiger Sachbearbeiter weisungsgemäß einen Entwurf über die Durchführung des Auflösungsbefehls gefertigt hatte, der auf die äußere Erhaltung der anthroposophischen Einrichtungen, Bibliotheken usw. bedacht war, wurde mir die Bearbeitung entzogen, ehe ich den Entwurf Heydrich vorlegen konnte. Mit der weiteren Bearbeitung und Durchführung wurde der Amtschef IV, Gruppenführer Müller, beauftragt, und verantwortlicher Sachbearbeiter wurde wiederum der frühere katholische Geistliche Hartl. Ich selbst rückte kurze Zeit danach als Chef einer Einsatzgruppe im Rußlandfeldzug ein. In dieser Zeit wurde auch von Hartl eine Untersuchung gegen mich als ‚Agent der Anthroposophen‘ durchgeführt, deren positive Ergebnisse aber von Heydrich zurückgewiesen wurden.“[21]

In den Akten finden sich tatsächlich zwei Vorschläge:

Ein Bericht vom 20. Mai im Amt III des RSHA unter der Verantwortung von Otto Ohlendorf verfaßt. Ohlendorf äußerte keine Bedenken gegen die sofortige Beseitigung von Astrologie, Spiritismus und Okkultismus, Pendler und Magnetopathen, Wahrsagerei, Kartenlegen, Handlesen, Traumdeuter, Christian Science und Gesundbeterei. Für die Anthroposophie und die biologisch-dynamisch Wirtschaftsweise schlug er die Bildung einer Arbeitsgemeinschaft von Sachverständigen vor, die „in einigen Wochen“ zu einem Vorschlag kommen sollte.

Ein zweiter Bericht, vom 22. Mai, im Amt IV des RSHA (Gegnererforschung und Bekämpfung), unter der Verantwortung von Heinrich Müller verfaßt, der mit Selbstverständlichkeit die anthroposophischen Einrichtungen und die Christengemeinschaft sowie die Weleda AG in die Aktion einbezogen wissen wollte.[22]

Während Ohlendorf seinen Bericht allen Ämtern im RSHA zugehen ließ, schickte Müller den seinen zwei Tage später nur an Heydrich. Diese Vorgänge scheinen die spätere Darstellung Otto Ohlendorfs zu bestätigen, in der er sein Eintreten für die Anthroposophen als entscheidend für seine Abkommandierung als Chef einer Einsatzgruppe in Rußland bezeichnete.

[20] Otto Ohlendorf, Eidesstattliche Erklärung, Landsberg, o. D., S. 6f.

[21] Otto Ohlendorf, Eidesstattliche Erklärung, Landsberg, o. D., S. 6f.

[22] RSHA III Bericht vom 20. Mai 1941 und RSHA IV B 2 (neu) vom 22. Mai 1941. BAD Z/B 1 1151. Abteilung B im Amt IV wurde von Albert Hartl geleitet. Vgl. zu Albert Hartl: Hansjakob Stehle, Ein Eiferer in der Gesellschaft von Mördern, Albert Hartl, der Chef des Antikirchlichen Spitzeldienstes der SS, in: Die Zeit, Nr. 41 vom 7. Oktober 1983, S. 12.

Himmler veranlaßte nun Professor Hauer, nach Berlin zu kommen,[23] wo in der Woche vor Pfingsten, am 29. Mai, die Entscheidung gefallen sein muß, auch die Anthroposophen in die geplante Polizeiaktion einzubeziehen. Hauer berichtete am 3. Juni seinem Verleger, den er um letzte ungebundene Exemplare seines Buches gegen die Anthroposophie bat:

„Ich mußte letzte Woche plötzlich nach Berlin zu wichtigen Besprechungen, die mit diesen Dingen zusammenhängen [...]. Ich werde das Wichtigste über Okkultismus und Anthroposophie zusammenfassen zu einer Flugschrift. Der Reichsführer SS wünscht eine solche und zwar zur Massenverteilung [...]. Die Verpflichtungen des SS- Führers müssen im Augenblick allem andern vorangehen."[24]

Im gleichen Sinne äußerte sich Hauer am selben Tage gegenüber Mergenthaler, dem er mitteilte, daß er infolge der Berliner Besprechungen nunmehr beauftragt wurde, bei der vorgesehenen Tagung der Kreisschulungsleiter und Schulungsbeauftragten über Anthroposophie zu sprechen.[25] Hauer sah große Aufgaben auf sich zukommen, denn Himmler hatte ihm eine Berufung in seinen Stab in Aussicht gestellt.[26]

Interessant ist hier jedoch, daß es offenbar im RSHA auch nach der Berliner Sitzung noch erhebliche Zweifel gab, ob die Christengemeinschaft in die Aktion einbezogen werden müsse. Nur so ist erklärbar, daß Hauer nach der Sitzung vom 29. Mai nochmals Albert Hartl aufsuchte, um auf die Notwendigkeit des Verbotes der Christengemeinschaft hinzuweisen, und dies später, am 7. Juni, in einem Schreiben an Hartl bekräftigte:

„Wie ich höre, soll die Christengemeinschaft auch weiterhin unangetastet bleiben. Ich habe dem stellvertretenden Leiter des SD-Amtes Stuttgart meine Gründe auseinandergesetzt, warum dies unmöglich ist [...], ich möchte auch Sie bitten, daß Sie Ihre Erfahrung und ihren Einfluß in dieser Sache mit in die Waagschale werfen. Anthroposophie und Steinerbücher zu verbieten und die Christengemeinschaft bestehen zu lassen, hieße etwa die katholische Kirche in Deutschland verbieten und alle Klöster mit ihren sämtlichen Einrichtungen und Verbindungen zur katholischen Kirche und der Welt und zum Papst bestehen zu lassen. Die Christengemeinschaft wird das Auffangbecken und die Propagandazentrale in ganz Deutschland für Steiner [...]."[27]

Ende Mai warnte Heydrich seinen ehemaligen Crew-Kameraden Hans Erdmenger. Erdmenger berichtete:

[23] Der Reichsführer SS an Hauer vom 28. Mai 1941. BAD Z/B 1 904 und J. W. Hauer an Hans Endres vom 7. Juni 1941. BAK NL 131/160.

[24] J. W. Hauer an Oskar Rühle vom 3. Juni 1941. BAK NL 131/135. Es kam erst im Februar 1942 zum Abschluß dieses Projektes, das vermutlich nie veröffentlicht wurde. Teile aus dem Entwurf: II Die Anthroposophie Dr. Rudolf Steiners, in BAP 62 Di 1, veröffentlicht in A. Wagner, Beiträge, NS-Dokumentation, Bd. 4, Rendsburg 1993, S. 54 ff.

[25] J. W. Hauer an Ministerpräsident Professor Mergenthaler vom 3. Juni 1941 BAK NL 131/136.

[26] J. W. Hauer an Hans Endres vom 7. Juni 1941. BAK NL 131/160.

[27] J. W. Hauer an SS-Sturmbannführer Hartl vom 7. Juni 1941. BAD Z/B 1 904.

„Dabei riet mir Heydrich in Form eines kameradschaftlich geführten Gespräches, mich in meinen Beziehungen zu den genannten Kreisen [Rudolf Steiner Schule Dresden, Marienhöhe, Christengemeinschaft, U. W] zurückzuhalten, insbesondere nicht in Uniform zu Vorträgen p. p. zu gehen, da die genannten Kreise wegen innerer Verbindung zum anthroposophischen Gedankengut vom Staate nicht gern gesehen seien [...].“[28]

Erdmenger teilte seinen Bekannten aus der Christengemeinschaft den Inhalt seiner Gespräche mit Heydrich mit. In diesem, möglicherweise auch in einem nach der Gestapo-Aktion stattgefundenen Gespräch, hätte sich Heydrich nach Berichten von Friedrich Ogilvie und Emil Bock folgendermaßen zu Erdmenger geäußert:

„Wir werden das Christentum aus der Welt schaffen. Nach dem Kriege wird der Führer selbst die religiöse Frage neu regeln. Die christlichen Kirchen noch länger zu verfolgen ist unnötig, denn sie werden allein für ihren Untergang sorgen. Die Christengemeinschaft jedoch könnte in der Zukunft zu großer Bedeutung gelangen und dem Christentum eine neue Stütze geben. Wir würden uns selbst die größten Schwierigkeiten bereiten, wenn wir sie nicht jetzt mit energischem Zugriff erledigten.“[29]

Im RSHA muß nach der Entscheidung, die in bezug auf die Anthroposophen wohl erst Ende Mai gefallen war, fieberhaft an der Erstellung von Namens- und Adressenlisten gearbeitet worden sein, um auch die Anthroposophen und die Vertreter der Christengemeinschaft für die Polizeiaktion erreichbar zu machen. In diesem Zusammenhang erstaunen die spärlichen Namenslisten für Anthroposophen, über die sich im Laufe der Jahre geradezu ein Fundus an Informationen im Besitz des Sicherheitsdienstes angesammelt hatte. Wenn auch die Angaben teilweise veraltet waren, so erklärt das nicht die völlige Vernachlässigung dieser Bestände.[30] Es muß hier einerseits eine Rolle gespielt haben, daß die Angelegenheit von relativ neuen, unerfahrenen Referenten bearbeitet wurde (Best, Haselbacher und Christensen waren längst versetzt worden). Andererseits war die Vorbereitung überstürzt, und man verließ sich großenteils auf die Sachkenntnis der örtlichen Polizeistellen.

Hauer hatte recht mit seiner Besorgnis, daß das RSHA in bezug auf die Christengemeinschaft zögerte, denn in der ersten Anweisung Heydrichs vom 4. Juni wurde diese noch nicht erwähnt. Erst am 6. Juni wurde sie einbezogen.

[28] Hans Erdmenger an Chef T Wa I vom 10. Juni 1941. PA Peter von Ruckteschell. Vgl. Gundhild Kacer-Bock, Emil Bock, Leben und Werk, Stuttgart 1993, S. 447, und: Die Christengemeinschaft, Februar 1946, S. 20.

[29] Hans Erdmenger an Chef T Wa I vom 10. Juni 1941. PA Peter von Ruckteschell, in: Die Christengemeinschaft, Februar 1946, S. 20.

[30] Die meisten Namen stammten aus dem Bereich der Landwirtschaft. Dabei wurden Alfred Baeumler als „überzeugter Anthroposoph“, Alwin Seifert als „führender Anthroposoph“ bezeichnet. Eine Überprüfung ergab, daß bei etwa 60% der Genannten vielleicht eine Sympathie zur Anthroposophie, nicht aber eine Mitgliedschaft in der Gesellschaft vorlag. RSHA, „Überzeugte Anhänger der Anthroposophie“ und „Führende Anthroposophen“, o.D., BAD Z/B 1 886.

Tatsächlich wurde am 9. Juni aber viel systematischer und organisierter gegen die Christengemeinschaft vorgegangen als gegen die verbliebenen anthroposophischen Einrichtungen oder gegen einzelne Anthroposophen. Das bedeutet aber nicht, daß diese Aktion hinsichtlich der Christengemeinschaft besonders gut vorbereitet worden war, sondern nur, daß die Akte, die aus den sorgfältigen relativ aktuellen eigenen Angaben der Christengemeinschaft zusammengestellt worden war, eine schnelle Aktion ermöglichte.

Die Vorgänge sprechen also deutlich für die später mehrfach ausgesprochenen Vermutungen von Vertretern der Christengemeinschaft, daß Jakob Wilhelm Hauers Eingreifen die Gestapoaktion in diesem Punkte entscheidend beeinflußt habe.[31] Formell wurde das Verbot erst eineinhalb Monate später (!), am 25. Juli, von Himmler ausgesprochen. Hauer wurde von Himmler mit der Beförderung zum SS-Hauptsturmführer belohnt.[32]

Himmler hatte mit der Berufung Hauers zum Kronzeugen gegen die Anthroposophie einen „guten" Griff getan. Mit ihm hatte er den wissenschaftlichen Gegensprecher zu Alfred Baeumler, der sich nicht zu seinem Werkzeug machen ließ.

Hauer selbst muß in diesem Vorgang den krönenden Abschluß seines nun schon fast zwanzigjährigen Kampfes gegen die Anthroposophie gesehen haben. Die Gelegenheit dazu gab ihm der Nationalsozialismus, dem er sich nach seinen eigenen Worten vom 4. Juni 1941 „auf Gedeih und Verderb" verbunden hatte.[33]

Die Gestapo-Aktion vom 9. Juni 1941

Die Intentionen der Machthaber

In einem Schnellbrief Heydrichs vom 4. Juni 1941 an alle Staatspolizei- und Kripostellen sowie an die SD-Abschnitte wurde die „Aktion gegen Geheimlehren und sogenannte Geheimwissenschaften" für den 9. Juni, möglichst zwischen sieben und neun Uhr morgens befohlen. Die kurze Begründung lautete folgendermaßen:

„Im gegenwärtigen Schicksalskampf des Deutschen Volkes ist es erforderlich, nicht nur die körperlichen, sondern auch die seelischen Kräfte des Einzelnen wie des ganzen Volkes gesund und widerstandskräftig zu erhalten. Okkulten Lehren, die vorgeben, daß das Tun und Lassen des Menschen von geheimnisvollen magischen Kräften abhängig sei, kann das deutsche Volk nicht weiter preisgegeben werden [...]. Es ist daher gegen diese Lehren und Wissenschaften mit den schärfsten Sofortmaßnahmen vorzugehen [...]."[34]

[31] Vgl. Kurt von Wistinghausen, Hutten und Hauer, in: Die Christengemeinschaft, 34. Jg., H. 6, Juni 1963.

[32] J. W. Hauer an Mergenthaler vom 4. Juli 1941. BAK NL 131.

[33] J. W. Hauer an Fritz Gericke vom 4. Juni 1941. BAK NL 131/108.

[34] Der Chef der Sicherheitspolizei und des SD an alle Leiter der Staatspolizei(leit)stellen, Kripo(leit)stellen, Führer der SD (Leit)abschnitte vom 4. Juni 1941, gez. Heydrich. Für die Richtigkeit Hartl, Sturmbannführer, Gruppenleiter IV B. BAK R 58/1030. Im Wortlaut in Anlage 18.

Die Sofortmaßnahmen sollten sich auf alle Organisationen, Vereine, Verbände, Zirkel usw. von Astrologen, Okkultisten, Spiritisten, Anhängern okkulter Strahlentheorien, „Wahr-Richtig-Falschsagern", Gesundbetern, Christlichen Wissenschaftlern, Anhängern der Anthroposophie, der Theosophie und der Ariosophie und deren leitende bzw. darin hauptberuflich tätige Persönlichkeiten erstrecken. Wie gesagt: es fehlte noch jeder Hinweis auf die Christengemeinschaft.

Was die Frage der Anthroposophie betraf, so war es den Verantwortlichen schon lange klar, daß das Verbot der Gesellschaft das „Übel" nicht an der Wurzel ausgerottet hatte. Jetzt sollte mit den anderen betroffenen Richtungen auch das „Restgift" der Anthroposophie dem deutschen „Volkskörper" entzogen werden, um diesen für den Rußlandfeldzug widerstandsfähig zu machen. Sie hatten natürlich aus den Verbotswirkungen nicht gelernt, daß geistige Bewegungen von polizeilichen Maßnahmen nur beschränkt getroffen werden konnten. So änderte sich ihre Handlungsweise auch nicht: Auflösung aller Organisationen und Beschlagnahmungen, besonders der Literatur und der Verlage. Hinzu kamen aber Maßnahmen gegenüber Einzelpersonen. Verhaftungen sollten allerdings nur bei hauptberuflich verantwortlichen oder besonders aktiven Personen durchgeführt, alle übrigen nur verwarnt werden. Von Fall zu Fall sollten sie in ein Konzentrationslager eingeliefert werden oder durch Vermittlung der Arbeitsämter einer „für die deutsche Volksgemeinschaft nützlicheren Beschäftigung" zugeführt werden.[35]

Am 6. Juni wurde ein zweiter Schnellbrief versandt, der als Ergänzung zum ersten „Sachhinweise für die Vernehmungen der Anhänger okkulter Lehren" mitteilte. Die genannten Gruppierungen wurden näher beschrieben und den Polizeistellen die Vernehmung durch die Vorgabe einer Fragenliste erleichtert. Er wurde wieder von Hartl unterzeichnet und betraf diesmal unter dem Titel „Theosophen, Anthroposophen und ähnliche Gruppen" auch die Christengemeinschaft. Darin heißt es:

> „[...] Die Steiner'sche Anthroposophie ist letztlich rein individualistisch, ohne dem Volk einen dem Individuum übergeordneten Wert anzuerkennen. Sie ist weiterhin dem nat. soz. Rassegedanken völlig fremd und vertritt eine abwegige Lehre von der Herrschaft des rein-Geistigen. Auf Steinerschem Gedankengut beruhen: 1. Die sog. Waldorfschulen. 2. Die Eurythmie (Schulung und höhere Entwicklung der geistig-seelischen Eigenschaften durch bestimmte Methoden des rythmischen Tanzes und rythmischer Bewegungen) 3. Die Christengemeinschaft, die Auffangs- und Nachfolgeorganisation der aufgelösten Anthroposophischen Gesellschaft [...]."

Für die Vernehmung wurde eine Reihe von Fragen empfohlen. Die ersten lauteten:

> „1. Wann und bei welcher Gelegenheit sind Sie mit anthroposophischen bzw. theosophischen Gedankengängen vertraut geworden?

[35] Schnellbrief vom 4. Juni 1941. Anlage 18.

2. Welche Beziehungen haben Sie zu Persönlichkeiten von Staat und Partei?
3. Welche Bücher von Rudolf Steiner kennen Sie? Welche besitzen Sie?"

Dann wurde nach der Lektüre weiterer „einschlägiger" auch ausländischer Literatur, nach genauen Auskünften über Zusammenkünfte mit „Gesinnungsgenossen", nach der Art der Mitgliedschaft, nach dem Besuch von Vorträgen sowie nach der eigenen schriftstellerischen oder Vortragstätigkeit gefragt. Die letzten Fragen lauteten:

„10. Welche ausländischen Anhänger der Anthroposophie bzw. Th. kennen Sie?
11. Haben Sie an Tagungen und Kongressen der A. bzw. Th. teilgenommen?
12. Welche Beziehungen haben Sie zur katholischen Kirche bzw. protestantischen Kirche?"[36]

Die Gruppierungen wurden nun zusammengefaßt in Astrologie, Spiritisten, Strahlenhypothetiker und „Theosophen, Anthroposophen und ähnliche Gruppen".

Da die Aktion gegen die Anthroposophen eigentlich nur bezüglich der Pfarrer der Christengemeinschaft systematisch genannt werden kann, liegt die Vermutung nahe, daß Hartl anhand der den Gestapostellen von der Christengemeinschaft selbst 1937 und 1938 übergebenen Listen die Polizeistellen informierte. Dafür gibt es jedoch keinen dokumentarischen Nachweis. Es ist ebenso möglich, daß die Polizei es beim Auffinden der Gemeinderäume und Pfarrer einfach hatte, da es sich um ortsbekannte Einrichtungen und Personen handelte.

Vernehmungen, Verwarnungen und Verhaftungen einzelner Anthroposophen

Die polizeiliche Durchführung des Verbotes der Gesellschaft im November 1935 hatte sich über etwa drei Wochen hingezogen, und der SD hatte deshalb befürchtet, daß die Anthroposophen „wichtiges Material" hätten beiseite schaffen können. Diesmal wollte man die Maßnahme einheitlich und schlagartig durchführen. Das gelang auch weitgehend. Nur örtlich fanden noch einzelne Verhaftungen und Beschlagnahmungen zwischen dem 10. und 12. Juni statt.

Die Ausbeute aber mußte selbst dem RSHA gering erscheinen. Geht man von der Vermutung aus, daß ein großer Teil der ca. 7000 Mitglieder sich privat weiter mit Fragen der Anthroposophie beschäftigte, zumindest aber noch oder wieder die erlaubten Steiner-Werke im Bücherschrank stehen hatte, so wurde nur eine relativ geringe Anzahl der Betroffenen – schätzungsweise 1/5 – tatsächlich von der Polizei aufgesucht und verwarnt. Auch wenn man annehmen muß, daß noch nicht alles in Deutschland vorhandene Archivmaterial gesichtet worden ist, so kann aus den vorliegenden Unterlagen dieser Schluß gezogen

[36] Der Chef der Sicherheitspolizei und des SD an alle Stapostellen vom 6. Juni 1941. BAD Z/B1 1084.

werden: Es wurden z. B. aus Karlsruhe, Leipzig, Essen, Frankfurt und Aachen nur ein bis drei Fälle gemeldet. Ergiebiger war die Aktion in Düsseldorf, wo 18 Personen vernommen wurden. Aus Oppeln, sowie aus Saarbrücken, Kaiserslautern und Ludwigshafen wurden größere Mengen von Büchern geliefert, oft vermischt mit der Literatur anderer Gruppierungen. In den SD-Leitstellen und in Berlin häuften sich die Bücherberge verschiedener Provenienz. Aber das war auch oft schon alles.

Von Christian Savelsberg liegt ein ausführlicher Bericht für Aachen vor. Die Gestapo erschien bei ihm am Abend des 9. Juni. Ergebnislos, da Savelsberg gewarnt worden war und sich durch einen Kinogang ein Alibi verschaffte, um danach die Mitgliederlisten zu verbrennen. Um 6 Uhr morgens war die Gestapo wieder da. Haussuchung und Verhör dauerten bis 3 Uhr nachmittags, und er mußte ein achtseitiges Protokoll unterzeichnen, in dem „viel und doch eigentlich gar nichts stand". Wie wenig Greifbares sich für die Gestapo aus den Verhören ergeben haben muß, wird aus folgenden Bemerkungen Savelsbergs deutlich: „Der Gestapomann erklärte mir auch noch ironisch, es sei merkwürdig, daß alle Anthroposophen anscheinend an Gedächtnisschwund litten. Ich schloß daraus, daß sich bei den Verhören Wesentliches nicht ergeben hatte. Ich habe dem Beamten nur erklärt, wenn ich beim Verbot der Anthroposophischen Gesellschaft im Jahre 1935 gewußt hätte, daß ich im Jahre 1941 vernommen werden würde, so hätte ich mir alle Geschehnisse gemerkt. Er sei auch nicht in der Lage, über Geschehnisse, die sechs Jahre zurückliegen, genaue Auskunft zu geben."[37]

Ein Modell an Pflichtbewußtsein war die Gestapo in Würzburg und vor allem ihre Außenstelle Schweinfurt. Hier wurden etwa 25 Personen von der Polizei aufgesucht. Die Bücher wurden beschlagnahmt und aufgelistet, die Personen zu einem Verhör bestellt, das nach etwa zwei Wochen stattfand und auf zwei bis vier Schreibmaschinenseiten sorgfältig protokolliert wurde. Das vom Betroffenen unterschriebene Dokument endete jeweils mit der Verpflichtungserklärung, die z. B. lautete:

> „Ich bin darüber unterrichtet, daß jede Tätigkeit im anthroposophischen Sinne und auch innerhalb der Christengemeinschaft verboten ist. Ich bin mir darüber klar, daß die Übertretung dieses Verbotes Schutzhaft nach sich zieht. Ich wurde darauf hingewiesen, daß ich meinen Aufenthaltsort Schweinfurt nur mit Genehmigung der Geheimen Staatspolizei verlassen darf. Weiterhin bin ich belehrt, daß ich über Vernehmung, Durchsuchung und Beschlagnahme der anthroposophischen Schriften in meiner Wohnung mit dritten Personen nicht sprechen darf."[38]

[37] Christian Savelsberg, Erinnerungen, Aachen 1946/47. PA Bruno Datané.

[38] Geheime Staatspolizeistelle Würzburg, Außendienststelle Schweinfurt, den 18. Juni 1941. Betrifft: Durchsuchung und Beschlagnahmung von anthroposophischen Schriften bei dem Volksschullehrer Max Luber in Schweinfurt, Beethovenstr. 16. StAW 6530. S. a. Anlage 26. Max Luber war seit 1924 Mitglied der Anthroposophischen Gesellschaft (Mitgliederkartei Goetheanum).

Parallel zum Protokoll wurde jeweils eine Karteikarte für die betreffende Person angelegt. Ein solches Protokoll ist als Beispiel in der Anlage 26 im Wortlaut wiedergegeben.

Ein solch „musterhafter" Ablauf war nicht die Regel. Im übrigen entsteht aus den Protokollen der Eindruck, daß die Vernommenen in ehrlicher und einfacher Weise die Tatsachen wiedergaben und nichts verbargen.[39] In manchen Fällen hatte die Polizei wohl nur auf Gerüchte hin agiert, da es sich nicht um Anthroposophen handelte. Eine geringe Anzahl war nur kurz mit Anthroposophen in Berührung gekommen, war auch nie Mitglied der Gesellschaft gewesen.[40] Die leitenden Vertreter der Gesellschaft vor dem Verbot sind in den Vernehmungsprotokollen nicht zu finden. Einzig einer der früheren Zweigleiter in Düsseldorf, Dr. Carl Brestowsky, wird in einer Liste genannt.[41] Vermutlich hatte die Gestapo insgesamt Mühe, die früheren Mitglieder der Gesellschaft überhaupt aufzuspüren. Das Verbot lag ja auch schon über sechs Jahre zurück. Selbst die SD-Bespitzelungen aus der Zeit nach dem Verbot waren nicht flächendeckend gewesen und konnten daher nur lokal wirksame Ergebnisse liefern. Verhaftungen einzelner Mitglieder während der Aktion waren selten.

Ein Gesamtüberblick über die Verhaftungsaktion kann wegen fehlender Unterlagen nicht gegeben werden. Was sich an Vernehmungsprotokollen in einzelnen Dienststellen angesammelt hatte, ging weitgehend durch Kriegseinwirkung oder Selbstvernichtung verloren, desgleichen Material, das dem

[39] Eine Ausnahme macht die Vernehmung des Industriellen Alfred Rexroth aus Lohr a. Main. Rexroth war seit 1924 Mitglied der Gesellschaft. Er bestritt dies jedoch gegenüber der Gestapo. Seine teilweise anthroposophische Bibliothek von 1200 Bänden erklärte er als Sammlung des verstorbenen ersten Ehemanns seiner Frau. Die Haussuchung ergab auch eine auf dem Dachboden verborgene Kiste mit Büchern. Die Polizei akzeptierte die Erklärung Frau Rexroths, daß diese aus Platzmangel dort abgestellt wurde (Gendarmerieposten Lohr/Main an das Landratsamt Lohr vom 12. Juli 1941). Als Rexroths Eisenwerk aber in die Kriegsproduktion einbezogen wurde, machte er die Polizei durch „passiven Widerstand" auf sich aufmerksam. Die Gestapo ließ sich letztlich über die anthroposophische Betätigung Alfred Rexroths nicht täuschen. Die Außenstelle Würzburg richtete an die Gestapo Nürnberg die Frage, was gegen die beiden Betriebsführer Alfred und Ludwig Rexroth zur Aberkennung der Betriebsführereigenschaft Weiteres unternommen werden solle. Die Aktion gegen Geheimlehren hätte das Ehepaar Alfred Rexroth als Anhänger der Anthroposophie und der Christengemeinschaft festgestellt. Die Interesselosigkeit der beiden Brüder Rexroth für die Fertigung der in ihrem Betrieb hergestellten kriegswichtigen Erzeugnisse und die Gleichgültigkeit in der Betriebsführung seien zweifellos auf ihre pazifistische Einstellung zurückzuführen. Geheime Staatspolizei, Staatspolizeistelle Nürnberg-Fürth, Außenstelle Würzburg an die Geheime Staatspolizei, Staatspolizeistelle Nürnberg-Fürth vom 6. November 1942. StAW 10494.

[40] Diese Angaben ergeben sich aus der Mitgliederkartei am Goetheanum.

[41] Verzeichnis der im Zuge der Aktion gegen Geheimlehren vom 9. 6. 1941 bei dem Herrn Dr. med Rolf [Carl, U. W.] Brestowsky in D'dorf sichergestellten Bücher und Schriften. BAD Z/B 1 1022.

RSHA eingeliefert worden war. Diese Unterlagen wurden gegen Kriegsende als belastendes Material von den Nationalsozialisten vernichtet. Die Bestände wurden allerdings vorher teilweise ausgewertet, und so finden sich Hinweise auf die Aktion in der zusammenfassenden Schulungsschrift des RSHA vom Oktober 1941.[42]

In Berlin fanden die Zusammenkünfte in der Wohnung von Dr. Paul Jerschky, die nach dessen Tode im Jahre 1940 weitergingen, ein jähes Ende. Ein unvorsichtiger Teilnehmer hatte in seinem Bekanntenkreis begeistert davon erzählt.[43] Erich Weismann wurde aus dem von ihm noch auf privater Basis fortgeführten Unterricht heraus verhaftet.[44] Im Gefängnis am Alexanderplatz traf er seine Kollegen von der Berliner Rudolf Steiner Schule Lotte Ahr und Ernst Weißert wieder.[45] Die beiden Eurythmistinnen Else Klink, die sich gerade in Berlin aufhielt, und Martha Morell wurden gemeinsam verhaftet und begegneten Weißert und Weismann auf der Wache. Zeitweise befanden sich Weißert und Weismann mit den Pfarrern der Christengemeinschaft Lenz, Köhler und Müller in einer Zelle. Die beiden Eurythmistinnen wurden nicht in Haft genommen und wurden noch am gleichen Abend entlassen. Martha Morells Tochter warnte daraufhin sofort ihren Vater Bernhard Brons, der sich im Erzgebirge aufhielt. Brons, der der Gestapo wegen seiner Tätigkeit für den Verlag von Emil Weises Buchhandlung in Dresden bekannt war, hatte noch Zeit, seine Bücher in einer Holzverschalung unterzubringen, bevor der Dorfpolizist auftauchte. Diesem war es aber zuwider, einen von ihm geschätzten Menschen in der Dorfzelle unterzubringen, und so holte er Brons erst am nächsten Morgen ab.[46] Brons blieb drei Monate im Gestapo-Gefängnis Dresden inhaftiert. Er bekam einen Schutzhaftbefehl, wurde dann aber nicht in ein Konzentrationslager eingewiesen. Nach seinen Aussagen war einer der ihn verhörenden Offiziere von seinem Eintreten für Steiner so beeindruckt, daß er ihn verschonte.[47]

Else Klink fuhr nach Stuttgart und arbeitete im Eurythmeum weiter, das erst Ende 1941 von der Gestapo geschlossen wurde.[48] Ein offizielles Verbot der Eurythmie wurde nicht noch einmal ausgesprochen. Lola Jaerschky, die 1934 im Zuge der Gleichschaltung ihre Eurythmietätigkeit an der Berliner Schule aufgegeben hatte, um als Halbjüdin die Schule nicht zu belasten, kam ins Konzentrationslager Ravensbrück. Im Oktober 1941 konnte sie durch Vermittlung

[42] S. Anlage 21.
[43] Erich Weismann, Von der Arbeit mit Lola Jaerschky, Manuskript, PA Astrid von der Goltz.
[44] Erich Weismann, Erklärung vom 6. Juni 1947. PA Astrid von der Goltz.
[45] Christoph Lindenberg, Erich Weismann, in: Die Drei, 54. Jg., 1984, H. 4, S. 266ff.
[46] Ingrid Brons an den Verfasser vom 6. Dezember 1997.
[47] Ottmar Huber an den Verfasser vom 20. November 1997.
[48] Wolfgang Veit, Eurythmie. Else Klink – ihr Wirken in einer neuen Bühnenkunst, Stuttgart 1985, S. 109.

von Freunden befreit werden.[49] Bei diesen Freunden dürfte es sich um Angehörige der Familie Dohnanyi im Umkreis von Admiral Canaris gehandelt haben, denen auch Erich Weismann seine Entlassung nach mehrmonatiger Haft verdankte.

Während die Genannten verhaftet wurden, standen sich Fritz Götte und Elisabeth Klein im „Hospiz" am Askanischen Platz, dem gewohnten Berliner Hotel, im Streitgespräch gegenüber. Dazu die Tagebuchnotiz von Fritz Götte:

„9. Juni 41. Berlin. Dr. Hardt im Hotel getroffen. Arbeitsmöglichkeit des Lauenstein in Mecklenburg ließe sich gut an. Hatte versucht Frau Dr. Klein, die im gleichen Hotel wohnt, zu treffen, diese ließ sich von Hardt nicht sprechen, sie sei völlig abweisend. Ich selbst ließ nicht locker, da ich sie sprechen wollte. Sie konnte sich dem nicht entziehen. Sie kam mir entgegen im Teezimmer mit erhobenen Händen: ‚Herr G., Schweinerei auf der ganzen Linie!' Ich versuchte ruhig mit ihr zu sprechen. Ich wußte noch von gar nichts, was sich überall ereignet hatte. Während des Gesprächs wurde sie zum Gespräch mit Dresden hinausgerufen. Sie kam zurück und sagte, daß ihr Mann zur Gestapo bestellt worden sei, aber bis jetzt – gegen Abend – noch nicht wieder nach Haus gekommen wäre. Ich sagte: ‚Was sagt man denn in Saarow zur Situation?' Sie: ‚Das weiß ich nicht'. Ich: ‚Wie, in einer so prekären Lage haben sie keine Fühlung miteinander?' ‚Nein, wir haben für diesen Fall[50] abgemacht, daß wir völlig getrennt marschieren.' Ich fragte, um sie auf die Probe zu stellen mit ihren früheren Bemerkungen über die angeknüpften ‚Beziehungen': ‚Was ist mit ihrem ‚Freund, W. Darré?' – Sie (sehr erregt): ‚Darré ist eine Null, eine völlige Null, sage ich Ihnen!' Sie riet mir dringend, sofort nach Hause zu fahren. ‚Retten Sie, was noch zu retten ist!'"[51]

Am 12. Juni erschienen die Gestapobeamten auch in den Weleda-Betrieben, was jedoch nicht bedrohlich erschien. Sie sammelten zwar die Bücher ein, die ihrer Meinung nach „anthroposophisch" aussahen. Ansonsten schienen sie jedoch den Eindruck zu haben, daß in dem Betrieb wissenschaftlich gearbeitet wurde. Ein Mitarbeiter hörte sie im Fortgehen zueinander sagen: „Aber mit

[49] Marie-Louise Petersen, Lola Jaerschky, in: Mitteilungen aus der anthroposophischen Arbeit in Deutschland, 45. Jg., II, 1991, S. 140. Erich Weismann, Von der Arbeit mit Lola Jaerschky, Manuskript, S. 3, PA Astrid von der Goltz. Der Sonderausweis von Erich Weismann bestätigt eine Inhaftierung vom 13. Juni 1941 bis 20. Oktober 1941. PA Astrid von der Goltz. Nach Auskunft von Frau Bärbel Bayer, München, handelte es sich um Admiral Canaris selbst oder um den seit 1939 der Abwehr unter Canaris angehörenden Reichsgerichtsrat Hans von Dohnanyi. In einem zweiseitigen Zeitungsartikel berichtete Peter Schmid über die Tätigkeit des Admirals Canaris, indem er sich auf Gespräche mit H.B. Gisevius, einem Überlebenden der Verschwörung vom 20. Jui 1944, stützt. Er berichtet darin, daß Canaris nicht nur Prominenten Hilfestellung bot, sondern auch, „daß ihm zahllose Namenlose für ihre Rettung Dank wissen". Dabei erwähnt er, daß sich Canaris' religiöser Glaube aus anthroposophischen und buddhistischen Ideen genährt hätte. Canaris' Tagebuch, das für diese Zusammenhänge vielleicht hätte aufschlußreich sein können, fiel der Gestapo in die Hände. Peter Schmid, Admiral Canaris, die Sphinx der deutschen Spionage, in: Die Weltwoche vom 1. März 1946, S. 2.

[50] An einer solchen Bemerkung wird deutlich, daß sowohl Klein als auch Bartsch durchaus mit Verboten und Verhaftungen rechneten.

[51] Fritz Götte, Tagebucheintragungen vom 9. Juni 1941. PA Christoph Lindenberg.

Graphologie und Aschtrologie hat dees nix z'do!"[52] Am 28. Juni erhielt der Betrieb jedoch einen behördlichen Stillegungsbescheid. Die Produktion sollte innerhalb von 10 Tagen eingestellt werden. Für Götte begann ein vierjähriges Ringen um die Weiterexistenz der Weleda-Betriebe.[53]

Wie berichtet, hatte die Dienststelle des SD in Bielefeld schon seit Jahren immer wieder die Schließung des „Heil- und Erziehungsinstitutes für Seelenpflegebedürftige Kinder" Schloß Hamborn gefordert. Noch im März 1941 wurde im RSHA ein entsprechender Bericht angefertigt.[54] Am 9. Juni wurde Georg Moritz Erbprinz von Sachsen-Altenburg, zusammen mit „seiner rechten Hand im Betrieb", Adolf Ammerschläger, abgeführt, und blieb neuneinhalb Monate in staatspolizeilicher Schutzhaft,[55] am längsten von allen verhafteten namhaften Anthroposophen, auch länger als der Leiter der Christengemeinschaft, Emil Bock, der acht Monate im Gefängnis verbrachte.

Der Anthroposoph Viktor Ullmann, Musiker und Komponist, wurde am 8. September 1942 als Jude festgenommen und nach „Theresienstadt" transportiert. Am 16. Oktober 1944 wurde er nach Auschwitz überführt und kam dort um.[56] Ähnlich erging es vielen jüdischen Anthroposophen. Eine ganze Reihe von ihnen, vorwiegend aus Österreich und der Tschechoslowakei, aber auch aus Holland und Deutschland, wurden zunächst in das Konzentrationslager Theresienstadt eingeliefert. Der 1946 niedergeschriebene Bericht einer Zeitzeugin, Martha Haarburger, berichtet über die dortigen Verhältnisse.[57]

Als sie 1943 dort eingeliefert wurde, traf sie auf einen Kreis von etwa 30 Personen, die regelmäßig an Texten Rudolf Steiners arbeiteten, auch veranstaltete man Vorträge und Gesprächsrunden, in denen unmittelbar religiöse Themen behandelt wurden und solche Fragen wie „Christentum und Judentum". Zeitweise kam dieser Kreis wöchentlich zweimal (Dienstag und Freitag) zusammen. Die Zusammenkünfte waren zunächst „öffentlich", mußten später aber als „Leseabende philosophischer Schriften" getarnt werden. Die Tschechen hatten einige Bücher gerettet. Außerdem fand wöchentlich auch eine Abendzusammenkunft ausschließlich für Mitglieder statt. Allsonntäglich um zehn Uhr versammelten sich die Mitglieder der Christengemeinschaft im Freien und bei jedem Wetter und sprachen den Text der Weihehandlung (Gottesdienst).

[52] Fritz Götte, Tagebucheintragungen vom 12. Juni 1941. PA Christoph Lindenberg.
[53] S. unten dritter Teil, Kapitel 2.
[54] SD A 11. Bericht über „Heil- und Erziehungsheim Schloß Hamborn e. V.". BAD Z/B 1 904.
[55] Vgl. Schloß Hamborn, 1932 – 1957, Festschrift zum 25jährigen Bestehen, Benefeld 1957, und Bodo von Plato, Schloß Hamborn im Nationalsozialismus, in: Konturen 2/1991, S. 91.
[56] Vgl. Ingo Schultz, Viktor Ullmann (1898 – 1944), Jude –Anthroposoph – „Entarteter" Musiker, in: Flensburger Hefte, Sonderheft Nr. 8, 1991, S. 5 ff.
[57] Vgl. auch zum folgenden: Martha Haarburger, Erinnerungen aus dem Konzentrationslager Theresienstadt, in: Die Christengemeinschaft, Nr. 5, 1978, S. 158 ff.

Im Laufe der Zeit schmolz der Kreis auf neun oder zehn Personen zuammen, da immer wieder ein Teilnehmer in den Transport nach Auschwitz kam.

Auf die Vorgänge in den heilpädagogischen Einrichtungen, den Sanatorien und Kliniken wird im folgenden Kapitel eingegangen.

Die Verhaftungswelle gegen die Pfarrer und das Verbot der Christengemeinschaft

Die offiziellen Unterlagen über die Verhaftungen sowie die Vernehmungsprotokolle sind weitgehend vernichtet worden. Dafür aber liegen zahlreiche Berichte von Zeitzeugen vor.[58]

Aus den für die vorliegende Arbeit gesammelten Berichten wird Marie Reuters Schilderung in der Anlage im Wortlaut wiedergegeben.[59] Marie Reuter, die am Pfingstsonntag, den 1. Juni 1941, zusammen mit Dr. Rudolf Kästner als letzte vor dem Verbot die Priesterweihe empfing, die zugleich die einzige in dem neuen Stuttgarter Kirchenbau war (er wurde im Herbst 1944 zerbombt), gibt eine Schilderung der Ereignisse in Stuttgart, wie sie sich ähnlich vielerorts abspielten.

Die Aktion lief folgendermaßen ab: Zur Priesterweihe am Pfingstsonntag in Stuttgart waren schon verschiedene leitende Vertreter der Christengemeinschaft zusammengekommen. Ihre damaligen Pfingstansprachen nehmen sich heute wie eine Vorahnung des drohenden Verbotes aus[60]. Im Saalhintergrund saß auch ein Gestapobeamter. Am 2. Juni, nach der Priesterweihe in Stuttgart, begaben sich Oberlenker und Lenker nach Erlangen, wo sie im Hause des Pfarrers Wilhelm Kelber zusammentrafen, um die Nürnberger Synode, die am Abend des 9. Juni beginnen sollte, vorzubereiten. Nun hatte die Gestapo am 6. Juni davon Kenntnis erhalten durch die Vernehmung des Essener Pfarrers Helmuth Klincksieck, der am 6. Juni gegen Mittag festgenommen worden war.[61] Am Morgen des 9. Juni, kurz vor der Abfahrt der Pfarrer nach Nürnberg, fuhr die Gestapo bei Kelber in Erlangen vor. Die Anwesenden wurden kurz vernommen, aber es erfolgte keine Verhaftung, sondern die Pfarrer wurden aufgefordert, sich zu Hause bei der Gestapo zu melden. Wie die Polizei vom Erlan-

[58] Vgl. dazu auch die bei A. Wagner veröffentlichten Zeugnisse, in: A. Wagner, Beiträge, NS-Dokumentation. Bd. 4, Rendsburg 1993, S. 11 ff.

[59] S. Anlage 20. Insgesamt liegen ca. 30 Berichte vor.

[60] Sie wurden 1991 zum 50. Jahrestag des Verbotes veröffentlicht, in: Die Christengemeinschaft, 63. Jg., 1991, S. 258 ff.

[61] Am 6. Juni hatte die SD-Dienststelle in Düsseldorf der dortigen Gestapo mitgeteilt, daß Klincksieck anthroposophische Zusammenkünfte veranstalte, die er mit der Christengemeinschaft tarne. Sicherheitsdienst des Reichsführers SS, Düsseldorf, an Geheime Staatspolizei Essen vom 6. Juni 1941. Die Einlieferungsanzeige zur Schutzhaft ist vom 9. Juni. Beide NWHStAD 28478.

ger Treffen erfuhr, ist nicht überliefert.[62] Einer der Gestapobeamten erwies sich als wohlwollend: als im Laufe des Nachmittages ein Telefonanruf für Kelber aus Nürnberg kam, ließ er Kelber sprechen. Mit den Worten „zu spät" wurde der Hörer gewarnt.

Die Nürnberger Gestapo tauchte am 9. Juni aber erst kurz nach 17 Uhr in der dortigen Christengemeinschaft auf, wo sie eine Vorbesprechung von 16 Pfarrerinnen unterbrach. Etwa eine Stunde lang wurden diese vernommen und dann mit der Auflage entlassen, sich bei der heimischen Gestapostelle zu melden.

Es fand also zunächst generell weder in Erlangen noch in Nürnberg eine Verhaftung statt.[63] Die Polizei hätte mit einem Schlag fast alle verantwortlichen Leiter und eine größere Anzahl von Pfarrern der Christengemeinschaft festnehmen können, tat dies aber nicht. Eine deutliche Anweisung, wer zu verhaften und wer nur zu verwarnen und mit Berufsverbot zu belegen sei, lag den Dienststellen nicht vor. So blieb lokal meist die persönliche Einschätzung des Polizeibeamten maßgebend. Generell jedoch wurde die gesamte Lenkerschaft in Schutzhaft genommen. Aber die Pfarrer wurden von Ort zu Ort unterschiedlich behandelt: einige wurden nur verwarnt, andere ins Gefängnis gebracht. Die Haftdauer war mit drei bis acht Wochen ebenfalls unterschiedlich. Ende Juli waren die meisten wieder entlassen. Nur Emil Bock kam erst im Februar 1942 wieder auf freien Fuß. In einigen Orten wurden auch Gemeindehelferinnen und Kassierer verhört und verhaftet.[64] Als sich August Pauli und

[62] Kelbers Vater, der das Haus auch bewohnte, war als „Rutengänger" bekannt, und man hätte meinen können, daß die Gestapo zunächst seinetwegen auftauchte. Das war aber nicht der Fall. Als die Polizei vorfuhr, hatte sie es ausdrücklich auf die Christengemeinschaft abgesehen. Erst später fuhr ein zweiter Wagen mit Gestapobeamten vor, die sich für den „Rutengänger" interessierten.

[63] Nur Friedrich Gädeke wurde in einem aufwendigen Gefangenentransport über mehrere Stationen nach Bremen gebracht.

[64] Die Auswertung der Unterlagen erlaubt folgenden – nicht vollständigen – Überblick: Haftstrafen von ca. 6 Wochen (einige weniger, andere mehr) erlitten: Josef Adamec (Prag, 8. Mai 1942), Otto Becher (Pforzheim), Fritz Blattmann (Darmstadt), Peter Blees (Esslingen), Emil Bock (Stuttgart), Martin Borchart (Stuttgart), Hermann Fackler (Reutlingen/Tübingen), Hans Feddersen (Stuttgart), Dr. Otto Francke (Marburg), Friedrich Gädeke (Bremen), Marta Heimeran (Dresden), Dr. Johannes Hemleben (Hamburg, verhaftet 1935), Martha Hemleben (Düsseldorf), Gottfried Husemann (Stuttgart), Gerhard Klein (Dresden), Eberhard Klemp (Ulm), Helmuth Klincksieck (Essen), Ludwig Köhler (Berlin), Dr. Rudolf Köhler (Leipzig), Josef Kral (Wien), Dr. Hans Kuhn (Ulm), Dr. Eberhard Kurras (Nürnberg), Dr. Erwin Lang (Karlsruhe), Eduard Lenz (Dresden), Dr. Horst Lindenberg (München), Johannes Lindemann (Düsseldorf), Heinrich Mierau (Hannover), Adolf Müller (Berlin), Otto Palmer (Heidelberg?), Heinrich Rittelmeyer (Mainz), Wilhelm Johannes Salewski (Jena), Ernst Scheifele (Stuttgart), Hermann von Skerst (Leipzig), Carl Stegmann (Mannheim), Kurt von Wistinghausen (Stuttgart). Von den Leitern befanden sich Alfred Heidenreich in London und Heinrich Ogilvie in Amsterdam. Sie entgingen deshalb dem polizeilichen Zugriff. 50 Pfarrer wurden nicht verhaftet. Viele darunter waren zur Wehrmacht eingezogen.

Horst Lindenberg bei der Münchner Polizei meldeten, stellte sich heraus, daß diese noch gar nichts über das Vorgehen gegen die Christengemeinschaft wußte. So blieben noch einige Tage, um die sakralen Gegenstände und Bücher vor dem Zugriff der Polizei zu retten, teilweise auch unter dem stillschweigenden Einverständnis der Beamten, die selbst oft ihrer Beschlagnahmungsaufgabe recht skeptisch gegenüberstanden. So brachte z. B. Hedwig Meyer-Spielbrink, Gemeindehelferin in Stuttgart, die Priestergewänder in große Koffer verpackt, unter den diskret wegschauenden Augen eines Polizeibeamten aus dem Haus zur Gepäckaufbewahrungsstelle am Bahnhof.[65] Im Unterschied zur Polizeiaktion vom November 1935 wurden außer Büchern, Gewändern und Kultusgegenständen keine Gegenstände polizeilich eingezogen. Von den Gemeinden wurde nur der Nachweis der Liquidation gefordert. Bei den im Zuge der Auflösung erfolgenden Versteigerungen wurden die wichtigsten Gegenstände von Gemeindemitgliedern zurückerworben, teilweise sogar das Gebäude gekauft oder gemietet.

Gerettete bzw. zurückerworbene kultische Gegenstände dienten bis zum Kriegsende bei den von vielen Pfarrern im engen Kreise weitergeführten Kulthandlungen (Taufen, Konfirmationen, Bestattungen, Menschenweihehandlungen).

Da die Schutzhaft eine reine Gestapoangelegenheit war, wurde keiner der Pfarrer einem Richter vorgeführt. Die Pfarrer erlebten so – teilweise gemeinsam in Zellen untergebracht – die Erschwernisse einer Gefängnishaft, die Stuttgarter vor allem im Konzentrationslager Welzheim, mit allen Ungewißheiten über ihre Zukunft. Die Haft wurde aber durchweg mit Geduld und Fassung, ja auch mit Gelassenheit hingenommen. Über allen Unbequemlichkeiten und Drangsalierungen stand die Besinnung auf die tragenden Glaubensinhalte. Als Bock, Husemann, Borchart, Feddersen, Kuhn, Scheiffele und Klemp eines Sonntags unter sich in der Zelle saßen, hielten sie flüsternd den Gottesdienst der Christengemeinschaft ab. Bei den letzten Worten erst öffnete sich die Tür, und der Wächter fragte mißtrauisch: „Dent ihr bette? Hier wird nicht gebättet!"[66] Allerdings waren die Gefängnisse auch die wohl einzigen Orte in Deutschland, an denen – zumindest den Gefangenen – der Hitlergruß verboten war.

Keinesfalls fühlten sich die Pfarrer der Christengemeinschaft als Märtyrer einer Bewegung. Sie verstanden es, ihr eigenes Leiden angesichts der unverhältnismäßig viel größeren Leiden anderer zu relativieren. Dies kommt in den Worten Kurt von Wistinghausens zum Ausdruck, wenn er sagte: „Was uns dabei persönlich geschah, ist angesichts der zahllosen schwersten Schicksale na-

[65] Hedwig Meyer-Spielbrink, Erlebnisberichte, Manuskript, PA Dagmar von Wistinghausen.

[66] „Betet ihr? Hier wird nicht gebetet!" Hedwig Meyer-Spielbrink, Haft in Welzheim, in: Die Christengemeinschaft, Jg. 43, S. 183 f.

hezu belanglos [...].“[67] Erst am 6. August, als schon die meisten Pfarrer aus der Haft entlassen und die Liquidation der Gemeinden praktisch abgeschlossen war, wurde das Verbot öffentlich bekanntgegeben.[68] Der Erlaß Himmlers an die Staatspolizeistellen war auf den 25. Juli 1941 datiert:[69]

„Auf Grund des § 1 der VO. des Reichspräsidenten zum Schutze von Volk und Staat vom 28. 2. 1933 (RGBl. I S. 83) wird die Sekte ‚Christengemeinschaft‘, die als Nachfolgeorganisation der Anthroposophische Gesellschaft anzusehen ist, mit sofortiger Wirkung für das gesamte Reichsgebiet aufgelöst und verboten. Das Vermögen der Sekte ist zur Liquidation freizugeben. Unter Hinweis auf die Strafbestimmung des § 2 der VO. vom 28.2.33 untersage ich jede Tätigkeit, die den Versuch einer Fortführung dieser Organisation oder einer Neugründung mit gleichen oder ähnlichen Zielen darstellt.“

Zwei Monate später, nachdem Himmler schon längst gehandelt hatte, sah sich Frick veranlaßt, die ganze Aktion nachträglich zu rechtfertigen.

Eine Reihe von Persönlichkeiten setzte sich in dieser Zeit für die Haftentlassung der Pfarrer ein. Das hob auch der spätere Bericht des RSHA hervor. Ein Ministerialdirektor im Verkehrsministerium, Günter Galle, später Pfarrer der Christengemeinschaft, machte am 25. Juni eine Eingabe. Die Eingabe wurde u. a. von den Korvettenkapitänen Hans Erdmenger und Hellmuth von Ruckteschell sowie von Martha Fuchs unterstützt.[70] In diesem Zusammenhang ist zu erwähnen, daß Emil Bock wahrscheinlich vor der Aktion von einer drohenden Gefahr unterrichtet war. Möglicherweise durch Erdmenger, der von Heydrich gewarnt worden war. Er fuhr am 2. Juni mit großem Ernst nach Erlangen. Die Tatsache, daß die Gestapo ihre endgültige Entscheidung gegen die Christengemeinschaft so spät traf, verhinderte vermutlich eine rechtzeitige Warnung.

Seitens der Gestapo kam man hinsichtlich der Haltung der Anthroposophen generell zu dem Schluß: „Die Vernehmung der führenden Persönlichkeiten aller dieser anthroposophischen Organisationen einschließlich der Christengemeinschaft gab das einheitliche Bild einer geradezu fanatischen Anhängerschaft zur Anthroposophie Rudolf Steiners.“[71]

Nach der Haftentlassung stand für diejenigen Pfarrer, die nicht zum Wehrdienst einberufen worden waren, die Frage an, wie das Leben der Christengemeinschaft weitergehen sollte. Friedrich Gädeke formulierte: „Was mich nach der Entlassung aus der Gestapo-Haft am meisten beschäftigte, war die Frage, ob und wie wir Pfarrer nun zu einer gemeinsamen Willensbildung kommen könnten.“[72] Schreiben oder telefonieren erschien ihm verständlicherweise aus-

[67] Kurt von Wistinghausen, Die Staatspolizeiaktion vom 9. Juni 1941, in: Die Christengemeinschaft, 43. Jg., Juni 1971, S. 193.

[68] Ministerialblatt des Reichsministeriums des Innern 1941, Nr. 32 vom 6. August 1941. LAM Reg C. 46 I e 1178, 491.

[69] Der Reichsführer SS und Chef der Deutschen Polizei im Reichsministerium des Innern an alle Staatspolizei(leit)stellen vom 25. Juli 1941. BAK R 58/405

[70] Vgl. Anlage 21.

[71] Vgl. Anlage 21.

[72] Erinnerungen von Friedrich Gädeke. PA Miachel Heidenreich.

geschlossen. So mußte man reisen. Er traf Köhler, Hemleben und Goebel in Berlin, Lenz in Dresden, Kral und Wagner in Wien, Frieling in den österreichischen Bergen, Pauli in München und nochmals Husemann in Stuttgart. Emil Bock scheute sich nicht, ihm im Juli 1944 auf einer offenen Postkarte seine und Husemanns Ankunft in Hamburg mitzuteilen. Es geschah jedoch nichts weiter gegen die Pfarrer.

Interessant sind auch die damaligen Vorgänge in Prag. Am 9. Juni nachts wurde der dortige Pfarrer Josef Adamec telefonisch mit den Worten: „Das Geschäft ist zu, Frau Roncha darf wegfahren" gewarnt („Gewänder" heißt auf tschechisch „Roncha"). Martha Fuchs kam am nächsten Tag aus Dresden und berichtete über die Verhaftungen von Bock und Lenz. Adamec wurde aber erst am 8. Mai 1942 verhaftet. Als er sich am 27. Mai 1942 gerade von seinem letzten Verhör erhob, um das Gefängnis zu verlassen, wurde dem Gestapobeamten telephonisch das gerade erfolgte tödliche Attentat auf Heydrich mitgeteilt.

Das Vorgehen der Gestapo gegen den Verlag der Christengemeinschaft

Schon am 9. Mai 1941 forderte die Reichspressekammer, das Erscheinen der Zeitschrift „Die Christengemeinschaft" aus kriegswirtschaftlichen Gründen einzustellen.[73] Die Zeitschrift hatte etwa 4800 Abonnenten und spiegelte das Gesamtleben der Religionsgemeinschaft.[74] So erschien die letzte Nummer im Mai 1941, kurz vor der Gestapo-Aktion.

Die Leiter der Christengemeinschaft sahen seit einiger Zeit diese Maßnahme auf sich zukommen. Schon seit mehreren Monaten legten sie ein Blatt oder Doppelblatt, benannt „Mitteilungen aus der Christengemeinschaft für ihre Mitglieder und Freunde" der Zeitschrift bei. Es sollte den Zusammenhalt auch nach dem Ende der Zeitschrift aufrechterhalten. Die Erlaubnis dazu war ihnen erteilt worden, doch kam es nicht dazu. Das siebte Mitteilungsblatt, der letzten Nummer der Zeitschrift beigelegt, war auch das letzte seiner Art. Die darin vorgesehenen Veranstaltungen für den Sommer 1941, von denen keine einzige mehr stattfand, geben einen Überblick über Umfang und Richtung der Arbeit der Christengemeinschaft, die neben der Gemeindearbeit zum Zeitpunkt des Verbotes geplant war.[75]

Da die Christengemeinschaft 1935 nicht verboten worden war und Baeumler sich geweigert hatte, über Steiners Werk hinaus die gesamte anthroposophische Literatur zu begutachten, war die Verlagsproduktion des Verlages Urachhaus, die man allerdings auch nicht ohne weiteres als „anthroposophisch" bezeichnen konnte, nicht prinzipiell in Gefahr gekommen. Am 9. Juni 1941 war

[73] Vgl. Die Christengemeinschaft, 63. Jg., H. 3, 1991, S. 48.

[74] Gestapo Stuttgart an Gestapo Berlin vom 1. April 1938, BAD Z/B 1 1184. Das Schreiben begleitet die vom Verlag der Polizei übergebene Namens- und Adressenliste der Abonnenten.

[75] Im Wortlaut in Anlage 17.

es dann doch soweit. Kurt von Wistinghausen, Leiter des Verlages, erlebte den Hergang folgendermaßen:

„In Stuttgart, Urachstr. 41, klingelte es Sturm gegen 7 Uhr früh. Vertreter der Gestapo in Zivil erschienen in meinem Schlafzimmer und erklärten, den Verlag Urachhaus durchsuchen zu müssen. Unter Aufsicht durfte ich mich ankleiden, zum Rasieren fehlte die Zeit. Kasse und Konten mußten aufgedeckt werden und wurden versiegelt, alle Bücherbestände – im Werte von RM 200 000,– wurden aufgenommen und waren zur Verfügung der Polizei zu halten, Privatbücher aus unserer Bewegung [gemeint ist die Christengemeinschaft, U.W.] ebenfalls. Auf die wiederholte Frage, was an den Büchern zu beanstanden sei, erfolgte keine Antwort, höchstens ein Gemurmel von ‚unerwünscht' [...]."[76]

Kurt von Wistinghausen wurde nach seiner Haft zusammen mit Erwin Schühle mit der Liquidation sowohl des Verlages, als auch des Vereins „Die Christengemeinschaft e. V." beauftragt. Er vermutete wohl ganz richtig, daß es der Gestapo darum ging, die Reste einer äußeren Organisation zu vernichten, und daß daher Bock gewissermaßen als „Pfand" im Gefängnis zurückgehalten wurde, bis dieser Zustand hergestellt sein würde. Nach Maria Zelzer gelang es, Bock durch einen befreundeten Industriellen als Arbeitskraft anfordern zu lassen.[77] Bock wurde plötzlich im Februar 1942 entlassen. Die Liquidation aber zog sich über ein Jahr hin. Mit dem Lastwagen eines Altwarenhändlers wurden die Bücher in die Reutlinger Papiermühle zum Einstampfen gebracht.

Anders das Schicksal der aus Privatbeständen beschlagnahmten Bücher, die sich in der Dienststelle des SD Stuttgart stapelten. Hauer bat am 27. Oktober 1941 den Dekan der Tübinger Philosophischen Fakultät, ihn für das Wintersemester von seinen Vorlesungen zu entbinden, da er es im Zusammenhang mit der Aktion gegen den Okkultismus übernommen habe, das im Süd-West-Abschnitt des SD beschlagnahmte Material in der Religionsgeschichtlichen Abteilung seines arischen Seminars aufzustellen und zu sichten.[78] Hier liegt die Erklärung für die von Wistinghausen erwähnte Tatsache, daß Emil Bock – von Studenten darauf aufmerksam gemacht – nach dem Kriege in Hauers Abteilung seine privaten Bücher (mit Namenszug versehen) teilweise wiederfand und körbeweise per Auto wieder heimtransportierte.[79] Im Zusammenhang mit dieser Aktion wurde auch der Buchhändler Ernst Scheiffele, Kommanditist des Verlags, inhaftiert.

[76] Kurt von Wistinghausen, Die Staatspolizeiaktion vom 9. Juni 1941, in: Die Christengemeinschaft, Jg. 43, Juni 1971, S. 193.

[77] Bock wurde von der Firma Bosch aufgenommen, Erwin Schühle von der Firma Mahle, Martin Borchart von der Firma Kuhn, Kurt von Wistinghausen im Cotta-Verlag. Vgl. Maria Zelzer, Stuttgart unterm Hakenkreuz, Stuttgart 1984. Vgl. auch Gundhild Kacer-Bock, Emil Bock – Leben und Werk, Stuttgart 1993, S. 371.

[78] J. W. Hauer an den Dekan der Philosophischen Fakultät der Universität vom 27. Oktober 1941. BAK NL 131/135.

[79] In dieser Angelegenheit kam es in der Nachkriegszeit zu einer Auseinandersetzung, die noch nach Hauers Tod mit dessen Frau fortgeführt wurde.

Feddersen kam in seinem Bericht auf die besondere Sorge um Emil Bocks Inhaftierung zu sprechen. Diese war nicht nur darin begründet, daß Bock der Leiter der Christengemeinschaft war, sondern auch in der Befürchtung, daß seine schriftstellerische Tätigkeit ihn in ernste Gefahr bringen könne. Bock hatte mit seinen Büchern über das Alte Testament „ein Bekenntnis zur Geistesgeschichte des Judentums abgelegt". Bock selbst äußerte sich 1951 im Vorwort der Neuauflage von „Moses und sein Zeitalter":

> „Im damaligen Zeitpunkt (1934–36) war ja auch nicht mißzuverstehen, daß durch die Bücher über das Alte Testament gerade da um die geistigen Werke gerungen wurde, wohin die hassende Verfolgungswut vor allem zielte."[80]

Emil Bocks Arbeiten gehörten zu den mutigen Werken, die sich dem Nationalsozialismus auf geistiger Ebene entgegenstellten. Dazu muß auch Rittelmeyers Buch „Deutschtum" gerechnet werden, das in der Intention geschrieben war, der Öffentlichkeit eine andere als die nationalsozialistische Auffassung des Deutschtums nahezubringen. Auch Steffens Dramen aus dieser Zeit sind ein sprechendes Zeugnis gegen den nationalsozialistischen Totalitarismus, dessen Natur ihm von Anfang an deutlich war.[81] Wohl gehörte für ihn vielleicht weniger „Mut" dazu als für Bock und Rittelmeyer, da er in der Schweiz lebte. Doch lebte man auch am Goetheanum nach 1940 in der ständigen Besorgnis, daß der Krieg auch die Schweiz nicht verschonen würde.[82]

Die Eingaben von Wilhelm Schmundt, Jürgen v. Grone, Hellmuth von Ruckteschell und Hans Erdmenger

Nach der Aktion vom 9. Juni wurden einige Eingaben an die Behörden gerichtet. Zunächst sind die Eingaben von Wilhelm Schmundt und Jürgen von Grone zu nennen. Schmundt richtete sich am 15. Juli 1941 mit einem achtseitigen Schreiben an die Staatspolizeistelle Königsberg. Er trat für Rudolf Steiner, für die Anthroposophie und die Christengemeinschaft ein.[83] Schmundt begrün-

[80] Hans Feddersen, Erlebnisse und Erinnerungen aus der Zeit des Verbotes und der Gestapohaft, Stuttgart-Welzheim 1941, Manuskript, S. 10.

[81] Angela Matile, Hinweise zu Albert Steffens Wirken während der Zeit des Nationalsozialismus, Manuskript, Dornach 1995.

[82] Für den Fall einer Evakuierung hatte die Allgemeine Anthroposophische Gesellschaft vorsorglich ihren Sitz in den Schweizer Regierungssitz verlegt sowie für die gesamte Mitarbeiterschaft ein Hotel in Interlaken reserviert. Archiv am Goetheanum.

[83] Wilhelm Schmundt an den Leiter der Staatspolizeileitstelle, Herrn Oberregierungsrat Dr. Albath, Königsberg, vom 15. Juli 1941. IfZ MA 610 – 58289 – 58296. Schmundt hatte sich im April 1941 an Baeumler mit einem Antrag auf „Erklärung der Unbedenklichkeit für die Veröffentlichung einer wissenschaftlichen Arbeit" gewandt. Sein Thema lautete „Das Doppelwesen der Natur im Spiegel der Wärmeerscheinungen", und er nahm Bezug auf Rudolf Steiner. Ob Baeumler darauf einging, ist nicht bekannt. Archiv Bund der Waldorfschulen 7.1.091. Nach dem Kriege wurde Schmundt Mathematik- und Physiklehrer an der Waldorfschule Hannover.

dete in sachlicher, nüchterner Weise die geistige Berechtigung der Anthroposophie, den Zusammenhang der Christengemeinschaft mit dieser und deren nicht-sektenhaften, unpolitischen Charakter. Seine Ausführungen, die freies Geistesleben verteidigen und die Unsinnigkeit staatlicher Eingriffe verdeutlichen, sind heute noch lesenswert. Einem überzeugten Nationalsozialisten mußten sie unfaßbar erscheinen. Es ist daher zunächst auch unerklärlich, warum Schmundt nach solchen Äußerungen nichts geschah. Doch zeigte sich, daß Schmundts Schreiben nicht an das RSHA, sondern an Baeumler weitergeleitet wurde, mit dem Schmundt am 18. Juli ein Gespräch hatte.[84] Baeumler muß ihm die Aussichtslosigkeit seines Unternehmens klargemacht haben.[85] Über eine Intervention von Schmundts Bruder, damals Adjutant der Wehrmacht bei Hitler, ist nichts bekannt.

Ähnlich erging es Jürgen von Grone, der noch im August 1941 eine Eingabe machte, in der er nochmals alle Unterlagen für die Verteidigung Steiners aus seiner Eingabe bei Göring vom Februar 1936 diesmal bei Rosenberg einreichte.[86] Baeumler notierte für Rosenberg:

> „Das von dem Major a.D. Jürgen von Grone dem Außenpolitischen Amt der NSDAP eingereichte Material über Rudolf Steiner ist eine Zusammenstellung von Tatsachen und Aussprüchen, die über das bisher Bekannte nicht hinausgeht. Ein Eingehen auf die Einsendung erscheint mir nicht notwendig."[87]

Bezeichnend für den Mangel an Systematik bei der Polizei war allerdings, daß von Grone, Träger des Ordens „Pour le mérite" – ein immerhin bekannter Anthroposoph – nicht schon während der Aktion am 9. Juni verhaftet wurde.

Blieben Schmundts und von Grones Eingaben wirkungslos, so ist anzunehmen, daß die Korvettenkapitäne Hellmuth von Ruckteschell und Hans Erdmenger entscheidend dazu beitrugen, daß insbesondere die Pfarrer der Christengemeinschaft von längerer Inhaftierung verschont blieben.

Erdmenger und seine Familie hatten die Christengemeinschaft 1938/39 in Kiel näher kennengelernt. Er kannte die Pfarrer Dr. Hellmut Vermehren, Arnold Goebel, Eduard Lenz und Licenciat Emil Bock persönlich.

In einer ausführlichen Denkschrift, aus der in der Anlage Auszüge wiedergegeben werden,[88] erläuterte er schon am 10. Juni dem Oberkommando der Marine seinen grundsätzlichen Standpunkt als Offizier zu den Fragen der Pädagogik Rudolf Steiners, der biologisch-dynamischen Landwirtschaft und der Christengemeinschaft in offener, unerschrockener Weise. Was ihm persönlich

[84] Wilhelm Schmundt an Alfred Baeumler vom 19. Juli 1941, IfZ MA 610 58286.

[85] Alfred Baeumler an Stellwag vom 19. August 1941. Archiv der Christengemeinschaft.

[86] Jürgen von Grone an das Außenpolitische Amt der NSDAP-Reichsleitung vom 6. August 1941. IfZ MA 610 58261.

[87] Alfred Baeumler, „Aktennotiz für den Reichsleiter" vom 19. August 1941. IfZ MA 610 58259.

[88] Hans Erdmenger, Meldung an Chef T Wa I vom 10. Juni 1941. 24 Seiten, 12 Seiten Anlagen. PA Peter von Ruckteschell.

die Verbindung zur Christengemeinschaft bedeutete, kommt z. B. in folgenden Worten zum Ausdruck:

„Wenn ich auch erst kurze Zeit mich mit dem Gedankengut, das die Christengemeinschaft ihren Anhängern gibt, beschäftigt habe, so fühle ich mich doch verpflichtet zu sagen, daß es mir in schweren Lagen des Krieges geholfen hat [...]."[89]

Nachdem Erdmenger mit dieser Denkschrift einen ausführlichen Bericht geliefert hatte, erstatteten von Ruckteschell und er dem Oberbefehlshaber der Kriegsmarine am 17. Juni Meldung und unterzeichneten gemeinsam eine Erklärung. Von Ruckteschell versicherte als Mitglied der Christengemeinschaft, daß er ihr sein lebendiges Soldatentum, seine Haltung als Hilfskreuzer-Kommandant und seine positive Einstellung zum Deutschtum verdanke und für die charakterliche Sauberkeit der Priester seine Hand ins Feuer lege. Erdmenger, der nicht Mitglied der Christengemeinschaft war, betonte, daß er die in dieser wirkenden Persönlichkeiten und ihre Arbeit schätzen gelernt habe und ihr für seine Aufgaben als Zerstörer-Kommandant wesentliche Anregungen für seine Haltung „den letzten Dingen gegenüber" verdanke. Er fühle sich verpflichtet, sich für die Ehre und Loyalität dieser Menschen einzusetzen. Diese beiden Schreiben gingen mit einer gemeinsam unterzeichneten Erklärung an den Chef des Stabes des Oberbefehlshabers der Kriegsmarine.[90] Am 15. Juli wiederholte Erdmenger seine Aktion. Nun verwies er auf die Inhaftierung von Elisabeth Klein und zwei weiterer Lehrer sowie auf die Tatsache, daß kein Verbot der Christengemeinschaft vorliege, aber untergeordnete Dienststellen praktisch so vorgegangen seien, als bestünde ein solches Verbot.[91]

Aufschlußreich sind auch zwei persönliche Schreiben, die Erdmenger im Juli und August 1941 an von Ruckteschell richtete. Es geht daraus hervor, daß Erdmenger mit dem Oberbefehlshaber der Kriegsmarine, Großadmiral Raeder, ein Gespräch über die Lage der Pfarrer der Christengemeinschaft hatte. Dieser gab ihm den Befehl, sich „mit dem Stab von Canaris in Verbindung zu setzen, damit von dort die Haftbefreiung nunmehr unverzüglich verfügt würde."[92] Raeder vermittelte auch ein Gespräch zwischen Erdmenger und Rosenberg. Erdmenger berichtete, daß Rosenberg sich gegen die (Gestapo-)Methoden im „Kampfe in Fragen des Geistes" aussprach, aber natürlich grundsätzlich auf dem Standpunkte stehe, „daß die Zeit des Christentums endgültig

[89] Hans Erdmenger, Meldung an Chef T Wa I vom 10. Juni 1941. S. 13. PA Peter von Ruckteschell. Erdmenger begründete ausführlich den nicht sektenhaften Charakter der Christengemeinschaft und die notwendige Anerkennung Rudolf Steiners.

[90] Von Ruckteschell und Erdmenger an den Chef des Stabes des Oberbefehlshabers der Kriegsmarine vom 17. Juni 1941. PA Peter von Ruckteschell.

[91] Hans Erdmenger an den Chef des Stabes des Oberbefehshabers der Kriegsmarine vom 17. Juli 1941. S. 4. PA Peter von Ruckteschell.

[92] Die im Abschnitt: „Vernehmungen, Verwarnungen und Verhaftungen einzelner Anthroposophen" erwähnten Zusammenhänge in der Abwehr erklären, daß der Befehl Raeders im Amt Canaris Gehör fand.

vorbei ist." Bei einem weiteren ehemaligen Crew-Kameraden, Alwin Albrecht, damals persönlicher Adjutant Hitlers, stieß er auf wenig Verständnis für sein Unternehmen. Erdmenger hatte gehofft, bis zu Hitler selbst vordringen zu können, da er die Gestapomaßnahmen als nicht „im Sinne des Führers" ansah. Außerdem hatte er einen höheren SS-Führer in diesen Tagen zu Gast, der die Untersuchung mitleitete. Erdmengers persönliche Einstellung kommt in den Worten zum Ausdruck:

„Freilich müssen wir weiter wachsam bleiben und um unseres Volkes willen helfen, daß die Werte und Kräfte religiöser Art, die Lebendigkeit deutschen Geisteslebens nicht gehemmt, sondern gefördert werde, damit wir den Kampf gegen den bolschewistischen Osten und den materialistischen Westen wirklich gewinnen."[93]

Mit Heydrich, der „dienstlich dringend verreisen" mußte, konnte Erdmenger nur ganz kurz sprechen. Möglicherweise hatten Erdmengers Nachfragen und die durch Erdmengers Interventionen von der Abwehr, vielleicht von Canaris selbst ausgehenden Schritte, den entscheidenden Einfluß darauf, daß Heydrich die Haft der Pfarrer und Lehrer beendete. Nur Emil Bock blieb wie gesagt noch länger inhaftiert. Im September teilte Erdmenger von Ruckteschell mit, daß Bock inzwischen zum Verhör nach Berlin gebracht worden sei (anschließend wieder zurück nach Welzheim). Gleichzeitig strebte Erdmenger wiederum an, dem Führer Vortrag zu halten, um die Aufhebung des inzwischen ergangenen Verbots der Christengemeinschaft zu erwirken.[94]

Wenn Erdmenger auch durch seine Zugehörigkeit zur Wehrmacht vor dem direkten Zugriff der Gestapo relativ geschützt war, so muß doch sein offenes und mutiges Eintreten für die Belange der Christengemeinschaft, der Rudolf Steiner Schule Dresden, der biologisch-dynamischen Wirtschaftsweise und die in diesem Zusammenhang inhaftierten Personen hervorgehoben werden. Ruckteschell war für ihn ein väterlicher Freund, dem er seinen geistigen inneren Halt in den Kriegszeiten verdankte und der ihm in seinen aktiven Schritten zur Seite stand.

Auswirkungen der Gestapo-Aktion auf einzelne Mitglieder

In einzelnen Fällen hatte aber das Vorgehen der Gestapo gegen Mitglieder der Christengemeinschaft und der anthroposophischen Gesellschaft weiterreichende Konsequenzen. So z. B. im Falle der beiden Frankfurterinnen Elise Scheffler und Charlotte Spieler. Beide waren im Gefolge der Gestapo-Aktion vom Juni 1941 verwarnt worden. Doch trafen sie sich danach mehrfach zu gemeinsamer Lektüre von anthroposophischen Büchern in der Wohnung Elise

[93] Hans Erdmenger an Hellmuth v. Ruckteschell vom 27. Juli 1941. PA Peter von Ruckteschell.

[94] Hans Erdmenger an Hellmuth v. Ruckteschell, vom 13. September 1941. PA Peter von Ruckteschell.

Schefflers. Die 60jährige Elise Scheffler wohnte mit ihrer Schwester zusammen, die diese Gesprächsbesuche bei der Frankfurter Gestapo denunzierte. Am 25. August bzw. am 2. September 1942 wurden beide festgenommen. Am 14. Oktober 1942 wurde Scheffler von dem Sondergericht Frankfurt zu vier, Spieler zu sechs Wochen Gefängnishaft verurteilt.[95] Charlotte Spieler gab in ihrer letzten Vernehmung an: „Abschließend muß ich aussagen, daß ich meine innere Einstellung zur Christengemeinschaft nicht ändern kann." Elise Scheffler meinte abschließend: „Als Anthroposophin könnte ich mir eine zukünftige Staatsausgestaltung denken, die auf einer stärker aus der Freiheit des Individuums erworbenen Auffassung aufbaut."[96]

Mit der Aktion im Juni 1941 wurde auch Dr. Hans Mothes, Essen, und zwar schon am 8. 6. 1941 vernommen. Seit 1925 Anthroposoph, wurde er seit 1938 polizeilich überwacht. Er arbeitete mit anderen Ärzten zusammen, wie z. B. mit Dr. Spitznagel, Essen, Dr. Cramer, Heidelberg, und Dr. Schulz, Gotha. Er veranstaltete bis zum Verbot Gesprächskreise mit Dr. Keiner, Dortmund, Dr. Heppe, Dortmund, und Dr. Röchling, Bochum. Am 17. August 1942 wurde er wegen staatsabträglicher Äußerungen festgenommen und bis 7. September 1942 in Schutzhaft gehalten.[97]

Das Vorgehen gegen die biologisch-dynamisch arbeitenden Landwirte

Aus den vorhandenen Unterlagen kann nur geschlossen werden, daß außer Erhard Bartsch nur wenige biologisch-dynamisch arbeitende Landwirte verhaftet wurden.

Die Verhaftung Bartschs erfolgte am 9. Juni 1941 im Beisein von Erika und Nicolaus Remer, die zu seinen engeren Mitarbeitern gehörten, aber unbehelligt blieben.[98] Eine Erklärung für diese merkwürdige Tatsache kann in der Ansicht Heydrichs gelegen haben, daß ein großer Teil von Bauern zwar nach den Richtlinien des Reichsverbandes gearbeitet habe, aber „von der eigentlichen Lehre der Anthroposophie nicht ergriffen wurde". Er wollte davon absehen, jeden einzelnen Landwirt zu überprüfen, da er der Überzeugung war, „daß die anthroposophische Verseuchung des Volkes im wesentlichen dadurch beseitigt werden kann, daß den führenden Vertretern der Anthroposophie eine weitere anthroposophische Betätigung unmöglich gemacht wird [...]."[99]

[95] Sondergericht für den Bezirk des Oberlandesgerichtes Frankfurt a.M HstAW Abt. 469, 8526. Der gesamte Vorgang ist in diesem Bestand enthalten.

[96] Gestapo-Frankfurt, „Weitere Vernehmung von Charlotte Spieler", vom 3. September 1942 und „Weitere Vernehmung von Elise Scheffer", vom 26. August 1942. HstAW Abt. 461, 8526. Die Vernehmungen umfassen etwa 15 Seiten.

[97] NRW.HstA D RW 58–2373.

[98] Gespräch mit Erika und Nicolaus Remer vom 22. April 1995.

[99] R. Heydrich an R. W. Darré vom 18. Oktober 1941. BAK. Veröffentlicht in: A. Wagner, Beiträge, NS-Dokumentation, Bd. 3, Rendsburg 1992, S. 35.

Im Hintergrund dieser Ausführungen standen wohl auch Himmlers Bestrebungen, die biologisch-dynamische Wirtschaftsweise für seine Zwecke zu nutzen – und daher zu erhalten. Trotzdem ist erstaunlich, wie stark sich die Gestapo-Aktion nur auf die Zerschlagung des Reichsverbandes und auf Erhard Bartsch als den führenden Anthroposophen beschränkte. Himmler und Heydrich kannten Bartschs anthroposophisches Denken ja schon lange. Sie hatten ihn gewähren lassen, vielleicht in der Hoffnung, daß er sich eines Tages zum Nationalsozialismus bekennen würde. Wahrscheinlicher ist aber die Vermutung, daß sie nur darauf warteten, eines Tages von Bartsch eine „intakte" biologisch-dynamische Landwirtschaft zu übernehmen. Mit dem Abflug von Hess schien die Gelegenheit dazu gekommen.

Über die einzelnen Umstände von Bartschs Verhaftung, deren Begründung und Protokolle von möglichen weiteren Vernehmungen liegen keine Unterlagen vor. Neueste Recherchen von Ulrich Chaussy zeigen, daß die Freilassung Erhard Bartschs auf Betreiben des Heidenheimer Fabrikanten und Anthroposophen Hanns Voith zustande kam. Voith war mit Birgitta Wolf, Gräfin von Rosen, einer Nichte von Hermann Göring, bekannt. Birgitta Wolf setzte sich für die Befreiung Gefangener ein und vermittelte Voith eine Begegnung mit dem Berliner Rechtsanwalt und Widerständler Carl Langbehn.[100] Dieser intervenierte Anfang November und unterrichtete Birgitta Wolf davon mit folgenden Worten: „Ich war inzwischen im Führerhauptquartier und glaube erreicht zu haben, daß Dr. Bartsch in allernächster Zeit entlassen wird."[101]

Offenbar setzte sich auch Alfred Baeumler für eine Haftentlassung Bartschs ein, denn Heydrich ließ ihm am 23. Januar 1942 mitteilen, daß Bartsch aus gesundheitlichen Gründen aus der Haft entlassen worden sei.[102]

Die Haftzeit bis November 1941 und die darauffolgende Internierung auf dem Gut Marienhöhe verurteilten ihn bis zum Ende der NS-Zeit zur äußeren Untätigkeit. Nach der Haft war Bartsch also in schlechtem Gesundheitszustand und konnte die Bewirtschaftung des Gutes Marienhöhe, das er nicht

[100] Voith beschreibt diese Vorgänge in seinen Erinnerungen, nennt jedoch keine Namen und Einzelheiten. Vgl. Hanns Voith, Im Gang der Zeiten, Tübingen 1960, S. 312f.

[101] Carl Langbehn an Birgitta Wolf vom 5. November 1941. PA Ulrich Chaussy

[102] Stabsleiter Amt Rosenberg an den Dienstleiter Professor Dr. Baeumler, Hohe Schule, Forschungsamt. gez. Stellrecht, Befehlsleiter, vom 23. Januar 1942. BAK NS 15/304. Nach Angaben Nicolaus Remers wurde Bartsch zweimal inhaftiert. Diese Angaben finden ihre Bestätigung in der Eingabe Erdmengers an den Oberbefehlshaber der Kriegsmarine vom 15. Juli 1941: Darin bemerkt Erdmenger, daß Bartsch seit einigen Tagen entlassen sei. Das o. g. Schreiben an Baeumler deutet auf eine zweite Haftenlassung hin, da es vom Januar 1942 datiert. Hans Erdmenger an den Chef des Stabes des Oberbefehlshabers der Kriegesmarine vom 15. Juli 1941. PA Peter von Ruckteschell. Nach Aussage von Propst Dr. Böhm, der Bartsch während der Haft kennenlernte, war Bartsch vom 20. (!) Juni bis 30. November 1941 (mit kurzer Unterbrechung) in Einzelhaft gewesen. Probst Dr. Böhm, „Bescheinigung" vom 19. Oktober 1945. PA Reinhard Schade. Das erklärt die obige Bemerkung Erdmengers.

mehr ohne polizeiliche Genehmigung verlassen durfte, nicht leisten. Offenbar berichtete Vogel SS-Gruppenführer Pohl über diesen Zustand, worauf Pohl sich Anfang Februar an Himmler persönlich mit der Frage wandte, ob man Frau Bartsch die Weiterführung des Betriebes genehmigen könne, worauf Himmler am 24. Februar antwortete:

„Ich bin auch der Ansicht, daß man Frau Bartsch die Genehmigung erteilen müßte, selbst die Betriebsführung auf ihrem Hof zu übernehmen. Ich habe SS-Obergruppenführer Heydrich gebeten, das Entsprechende in dieser Richtung zu veranlassen."[103]

Daß Pohl sich hier in Sachen Bartsch an Himmler persönlich wandte, stützt die Vermutung, daß Bartschs Verhaftung von Himmler selbst veranlaßt worden war.

Nach dem Krieg blieb Bartsch bis 1950 noch in Marienhöhe und siedelte dann nach Kärnten um, wo er einen Hof bewirtschaftete. In der biologisch-dynamischen Bewegung spielte er keine nennenswerte Rolle mehr.

Die biologisch-dynamische Arbeit ging – was die Bewirtschaftung der Höfe betraf – weiter und überdauerte die Kriegszeit. Allerdings war an eine gemeinsame Arbeit der Landwirte an den geistigen Grundlagen zunächst nicht mehr zu denken.

Außer der Verhaftung Bartschs sind nur die von Carl Grund und Herbert Beichl bekannt. In seinen Erinnerungen erwähnt Benno von Heynitz, daß beide verhaftet wurden. Er fügt hinzu, daß sie sich im Zusammenhang mit Himmlers Anfrage von „Fachkräften" für Versuchsanlagen in den KZ der SS zur Verfügung gestellt hätten.[104] Nachdem in seinen Augen mit der Verhaftung von Bartsch die biologisch-dynamische Bewegung ihrer Führung entledigt war, setzte Himmler seine Intentionen in Bezug auf die biologisch-dynamische Wirtschaftsweise mit Hilfe von Mitarbeitern Bartschs und unter Verwendung der KZ-Häftlinge als Arbeitskräfte um. Der Vorschlag einer Mitarbeit in diesem Sinne wurde auch den Gärtnern Martha Künzel und Franz Lippert gemacht, die nicht verhaftet worden waren. Über die Tätigkeit von Beichl, Grund und Künzel ist weiter nichts bekannt, außer daß die beiden letzteren später in dem Brief eines früheren Häftlings an Lippert lobend erwähnt wurden.[105] Franz Lipperts Verhalten ist hinreichend belegt.[106]

[103] Himmler an Pohl vom 24. Februar 1942, in: Helmuth Heiber (Hrsg.), „Reichsführer!", Briefe an und von Himmler, München 1970, S. 110.

[104] Benno von Heynitz, Meine Erinnerungen als Landwirt (1912 –1962), Hannover 1978, S. 39 und S. 72.

[105] Albert Riesterer an Franz Lippert vom 1. November 1945. PA Katharina Lippert.

[106] Elf eidesstattliche Erklärungen und Briefe vormaliger Häftlinge, Spruchkammerakte 360 Gstadt/Ba/Dra. Spruch vom 17. September 1948. PA Katharina Lippert. Sämtliche Unterlagen wurden dem Verfasser von der Tochter Lipperts, Frau Katharina Lippert, im November 1996 zur Verfügung gestellt.

Franz Lippert in der Heilkräuterversuchsanlage beim KZ Dachau

Ein Sonderfall in diesen Vorgängen, der zu allerlei Verdächtigungen Anlaß gab, ist das Verhalten von Franz Lippert.

Wie erwähnt hatte er im Herbst 1940 seine Stelle bei der Weleda aufgegeben und war nach Trittau in Schleswig-Holstein gezogen, hatte seinem dortigen Arbeitgeber aber schon vorsorglich mitgeteilt, daß er sich eventuell dem Reichsverband zur Verfügung stellen werde. Das geschah nun: Während Bartsch in Haft saß, trat Lippert am 1. September 1941 seine Stelle in Dachau an. Da Lippert auch auf den Namenslisten der Gestapoaktion vom 9. Juni geführt wurde, wurde er im September in Trittau gesucht, wo die Familie noch bis Dezember wohnte. Seine anthroposophische Bibliothek wurde dort beschlagnahmt, während er selbst schon bei der SS in Dachau fest angestellt war.

Himmler hatte die Versuche in Dachau persönlich angeordnet. In seinem schon genannten Schreiben an SS-Gruppenführer Oswald Pohl vom 11. November 1941, in dem er den Bericht der IG Farben über die biologisch-dynamische Wirtschaftsweise zurückwies, heißt es:

„Ich komme erneut darauf zurück, daß die von mir befohlene Art einer wirklich exakten und neutralen wissenschaftlichen Erprobung auf demselben Boden und im selben Klima in Auschwitz wohl zum ersten Mal objektive und ungefärbte Ergebnisse bringen wird. Ich bitte daher, daß SS-Sturmbannführer Vogel sich der Frage dieser Versuche persönlich sehr stark annimmt und wenn nötig, eigens jemand in seinem Stabe dafür einstellt."[107]

In seinem späteren Schreiben an Pohl vom Februar 1942 sprach Himmler sogar von einer „Forschungsstelle des Reichsführers SS für biologisch-dynamische Düngung" und forderte Pohl auf, nachzuprüfen, „wen wir von den Leuten der biologisch-dynamischen Düngungsweise, die sehr zur Anthroposophie neigen, in unseren Reihen haben". Dr. Ley habe sich mit einem solchen Mann 2 1/2 Stunden unterhalten, und er, Himmler, habe den Eindruck, daß „wir hier vielleicht einen solchen Mann haben, und daß dieser – wie alle Anthroposophen – das Mauscheln und Agitieren nicht sein lassen kann."[108] Zu den von Himmler gewünschten Versuchen in Auschwitz kam es vermutlich nicht. Vogel blieb Lipperts Vorgesetzter in Dachau bis Kriegsende.

Franz Lippert trat im Alter von 40 Jahren als Spezialist für den Heil- und Gewürzpflanzenanbau in den Kräutergarten Dachau ein, dessen praktische

[107] Himmler an SS-Gruppenführer Oswald Pohl, Chef des SS-Hauptamtes Verwaltung und Wirtschaft vom 29. 11. 1941, in: Helmuth Heiber (Hrsg.), „Reichsführer!", Briefe an und von Himmler, München 1970, S. 110.

[108] Himmler an Pohl vom 24. Februar 1942, in: Helmuth Heiber (Hrsg.), „Reichsführer!", Briefe an und von Himmler, München 1970, S. 110f.

Leitung ihm bald übertragen wurde.[109] Der Dachauer Betrieb war als Versuchsanlage der „Deutschen Versuchsanstalt“, nicht als Produktionsstätte konzipiert. Lippert übernahm die Aufgabe in Dachau, weil er lieber in Forschung und Entwicklung als in der Produktion arbeiten wollte. Deshalb hatte er schon im Herbst 1940 seine Tätigkeit als Leiter des Heilpflanzenanbaus bei der Weleda AG in Schwäbisch Gmünd aufgegeben.

Trotzdem war es auch für ihn nicht selbstverständlich, die Leitung der biologisch-dynamischen Versuchsarbeit in den Anlagen der Deutschen Versuchsanstalt (DVA) in Dachau zu übernehmen. Er wußte, daß er mit den Häftlingen des Konzentrationslagers arbeiten würde. Ausschlaggebend war, daß im Sinne Bartschs „ein kompetenter Mann aus ‚unseren‘ Reihen“ dabei sein sollte, um dem Mißbrauch des biologisch-dynamischen Impulses vorzubeugen, sowie die Tatsache, daß Pohl und Vogel ihm völlige Freiheit bei der Gestaltung und Durchführung der Versuche zugesichert hatten.[110] So kam es, daß Lippert nach einjähriger Arbeit in Trittau die Aufgabe in Dachau Anfang September 1941 übernahm. Lipperts Arbeit in Dachau dauerte bis März 1945.

In dieser Zeit war Lippert ausschließlich mit biologisch-dynamisch angelegten Versuchen beschäftigt. 20 umfangreiche, sorgfältig geführte Berichte belegen diese Tätigkeit.[111] In erster Linie wurden inhaftierte Geistliche und Akademiker zur Arbeit in Lipperts Bereich geschickt. Eine Anordnung Himmlers

[109] Der „Kräutergarten“ ist nicht zu verwechseln mit der Lagergärtnerei, mit welcher Lippert nichts zu tun hatte. Die „Plantage“ – wie sie von den Häftlingen genannt wurde – lag außerhalb des eigentlichen Lagerbezirks, und die dazu beorderten Häftlinge begaben sich täglich zu dieser Arbeitsstelle. Sie wurden zu dieser Zwangsarbeit abkommandiert wie zu vielen anderen Betrieben außerhalb der Konzentrationslager. Im vorliegenden Falle handelte es sich um einen Betrieb der Amtsgruppe W (Wirtschaftliche Unternehmungen) im SS-Wirtschafts-Verwaltungshauptamt, also um eine SS-eigene Unternehmung. Die Konzentrationslager selbst waren im Amt D des RSHA zusammengefaßt. Nach einem Organisationsschema vom 3. März 1942, Dokument 146 im Museum der KZ- Gedenkstätte Dachau, war SS-Gruppenführer Pohl sowohl Leiter des SS-Wirtschafts-Verwaltungshauptamtes als auch persönlich Leiter der Amtsgruppe W. Das Amt W V in der Amtsgruppe W, geleitet von SS-Sturmbannführer Vogel, führt als Untergliederung die „Deutsche Versuchsanstalt für Ernährung und Verpflegung“ mit 30 Betrieben auf. Zu diesen Betrieben gehörte der „Kräutergarten“ in Dachau.

[110] Gespräch des Verfassers mit Katharina Lippert vom 5. November 1996. Katharina Lippert erlebte als junges Mädchen, wie ihr Vater mit dieser Gewissensentscheidung rang.

[111] PA Katharina Lippert.

vom April 1942 zeigt, daß die Beschäftigung im Heilkräutergarten im Vergleich zu der üblichen Zwangsarbeit als bevorzugt galt.[112]

Wie sich Franz Lippert verhielt, ist durch die Zeugnisse einer Anzahl ihm unterstellter Häftlinge erhalten. Davon einige Beispiele:

„Ich muß offen gestehen, ich habe Herrn Lippert nicht nur als Vorgesetzten, sondern auch als Mensch schätzen und achten gelernt. Er behandelte uns Häftlinge entgegen den Weisungen der SS immer als Menschen und hatte für unsere Leiden richtiges Verständnis. Er gab sich uns Häftlingen gegenüber, die er lange genug kannte, ganz offen als Hitlergegner zu erkennen. Daß er seinen Posten, den er oft genug verfluchte, trotzdem nicht aufgab, ist wohl in erster Linie darauf zurückzuführen, daß er vermeiden wollte, daß ein Menschenschinder an seine Stelle käme [...].“[113]

„[...]daß seine Tätigkeit in der Dachauer Plantage eine wahre Wohltat für zahlreiche Häftlinge bedeutet. Für mich persönlich war Lippert der Ehrenmann, der mich mit Ehrerbietung behandelte, mich zu geistigem und künstlerischem Schaffen ermunterte und meine Opera vor der SS-Kontrolle in Sicherheit brachte. Er war mir wie ein Schutzengel [...].“[114]

„Ich gebe folgende, mir bekannte Tatsachen an: 1. Um Häftlinge in den Heilkräuterkulturen unterzubringen, wo sie bessere Verhältnisse als im Lager hatten, schuf Herr Lippert „Fiktionskommandos“, wo nur zum Schein gearbeitet wurde, oder vergrößerte um das Mehrfache Arbeitskommandos, welche mit einigen Leuten Belegschaft gut ausgekommen wären (Gladiolenkommando).

2. Herr Lippert verschuf uns Verbindung mit der Außenwelt, indem er illegal Briefe herausbrachte oder Nachrichten vermittelte. Diese Arbeit war mit Lebensgefahr verbunden [...].“[115]

„[...]Ihre Einstellung zu mir und den übrigen Häftlingen, ihre tatkräftige Sorge für uns, durch die Sie soviel Hartes von uns abwandten, bewies uns zur Genüge, daß sie ein durch und durch edler Mensch sind und sich himmelweit von den Nazis unterschieden [...].“[116]

„[...] volle 3 Jahre war ich vom Lager aus dem berühmt gewordenen Arbeitskommando „Plantage“ (Kräutergarten) zugeteilt [...]. In dem furchtbaren Hunger- und Sterbejahr 1942 waren Sie, Herr Lippert, für uns alle wie ein tröstender und helfender Engel [...].Zum Beispiel bei der großen Kälte im Frühjahr 1942 hatten Sie der Lagerleitung mitteilen lassen: ‚Entweder bekommen die Häftlinge Mäntel oder das Arbeitskom-

[112] „Der Reichsführer SS und Chef der Deutschen Polizei hat angeordnet, daß die polnischen und litauischen Pfaffen richtig arbeiten sollen, d. h. also zu allen Arbeiten herangezogen werden dürfen. Die deutschen, holländischen, norwegischen Geistlichen usw. sollen jedoch nach wie vor nur in dem Heilkräutergarten beschäftigt werden.“ SS-Wirtschafts- und Verwaltungsamt, Amtsgruppenchef D an die Lagerkommandanten der Konzentrationslager vom 21. April 1942. Dok. 11, KZ-Gedenkstätte Dachau, Museum.

[113] Eidesstattliche Erklärung von Franz Weber, 23. September 1946. PA Katharina Lippert.

[114] Eidesstattliche Erklärung des Pater Dr. phil. Theodor Schwakl, Benediktiner und Kirchenmusiker der Abtei Gerleve-Coesfeld vom 22. September 1946. PA Katharina Lippert.

[115] Eidesstattliche Erklärung von Dr. Ferdinand Schönwälder, katholischer Priester, vom 21. September 1946. PA Katharina Lippert.

[116] Brief von Pater Dr. Sales Hess OSB an Franz Lippert vom 25. Januar 1946. PA Katharina Lippert.

mando wird zurückgeschickt ins Lager'. Tatsächlich erhielten wir sofort Mäntel [...]. Sie haben durch Ihre helfende Güte vielen Häftlingen das Leben gerettet. Von mir persönlich kann ich das ohne Übertreibung sagen [...]."[117]

So weit einige Auszüge, die für viele andere stehen. Deutlich wird hier vor allem, daß Lippert den ihm von der SS eingeräumten Freiraum zwar für die ihn persönlich so interessanten Versuche nutzte, sich aber deswegen keineswegs dem üblichen Umgang der SS mit den Häftlingen verpflichtet fühlte. Im Gegenteil: offensichtlich nutzte er jede sich bietende Gelegenheit aus, um das Los der Häftlinge zu erleichtern.

Man muß diesen Hintergrund kennen, um seinen Beitritt zur Waffen-SS beurteilen zu können. Tatsächlich – so unwahrscheinlich dies klingt – trat Lippert auf Bitten der Häftlinge in die Waffen-SS ein. Die Lage war die folgende: 1943 wollte die Wehrmacht Lippert einziehen. Vogel erklärte ihm, daß nur ein Eintritt in die Waffen-SS eine UK-Stellung für die Fortführung der Versuche in Dachau möglich machen würde. Lippert besprach diese Frage mit den Häftlingen. Diese drängten ihn, zuzusagen. Dazu folgende Aussagen:

„Eines Tages erfuhren wir, daß Herr Lippert zur Wehrmacht eingezogen werden sollte, ihm von der Werkleitung aber angeboten worden sei, bei der SS einzutreten, um auf seinem Posten zu bleiben. Damit Herr Lippert für uns Häftlinge nicht verlorenging, baten wir ihn, das Angebot der Werkleitung anzunehmen und bei uns zu bleiben. Hierauf ging Herr Lippert auf das Angebot der Werkleitung unter der Bedingung ein, daß er keine Uniform zu tragen brauche, was auch bewilligt wurde [...]."[118]

„Als Herr Lippert vor die Alternative gestellt wurde, entweder der SS beizutreten, oder an die Front zu gehen, riet ich ihm selbst im Namen vieler Kameraden das erstere zu wählen, da seine Anwesenheit auf der Plantage für viele eine Frage des Seins oder Nichtseins war [...]."[119]

Daraufhin entschloß er sich zum Eintritt unter den Bedingungen, keinen Eid leisten, keine Uniform tragen, keinen militärischen Dienst machen zu müssen. Vogel akzeptierte diese Bedingungen.[120]

Als Lippert im März 1945 aufgefordert wurde, an einer militärischen Ausbildung zur Verteidigung des Lagers teilzunehmen, „verreiste" er zu dem von ihm in Zusammenarbeit mit den Häftlingen angelegten Alpenpflanzen-Zuchtgarten Erlhofplatte bei Zell am See. Auf die Bitte der Häftlinge, sich bei der kommenden Besatzung unter ihren Schutz zu stellen, ging er nicht ein.[121] Das

[117] Brief Pater Augustus Hessing OSB an Franz Lippert vom 15. November 1945. PA Katharina Lippert.

[118] Eidesstattliche Erklärung Phillip Greift, 29. Juni 1947. PA Katharina Lippert

[119] Eidesstattliche Erklärung von Dr. Ferdinand Schönwälder, 21. September 1946. PA Katharina Lippert.

[120] Lippert erwähnte dies in seinem Schreiben an den öffentlichen Kläger bei der Spruchkammer Rosenheim vom 7. Februar 1948. Darin begründete er seinen Schritt nur mit der Notwendigkeit seiner Mitarbeit bei den weiteren Versuchen, ohne von seinem Verhältnis zu den Häftlingen zu sprechen. PA Katharina Lippert. Doch muß letzteres ebenfalls ein entscheidender Faktor gewesen sein.

[121] Franz Lippert, Lebenslauf, o.D., geschrieben 1947 oder 1948. PA Katharina Lippert.

Spruchkammerverfahren gegen ihn, dessen Akten man die Einsicht in diese Vorgänge verdankt, wurde im September 1948 mit der Begründung eingestellt, daß der Betroffene „überhaupt nicht belastet ist."[122]

Nachwirkungen der Gestapoaktion

Nachspiele im NS-Regime

Angesichts des Vorgehens Himmlers gegen die Anthroposophen konnten in den auf die Aktion vom 9. Juni folgenden Monaten Konsequenzen für deren vermeintliche oder tatsächliche Sympathisanten in der Partei nicht ausbleiben. Diese betrafen einerseits die unmittelbare Umgebung von Hess, also Alwin Seifert und Alfred Leitgen. Andererseits aber auch Alfred Baeumler, Otto Ohlendorf und R. Walther Darré.

Interessanterweise hatte Seifert – just unter dem 9. Juni – ein Schreiben an Himmler persönlich gerichtet, in dem er dagegen protestierte, daß die SS mit „Geistesgut arbeitete, dessen Herkunft nicht genannt wird, und doch genannt werden müßte". Gemeint war damit der von der SS propagierte Heckenbau, der von den Vertretern der biologisch-dynamischen Wirtschaftsweise ausgegangen war.[123] Obwohl er nun gerade mitten in der Aktion gegen die Anthroposophen auf sich aufmerksam gemacht hatte und seine Beziehungen zu Hess durchaus bekannt waren, blieb Seifert vorerst unbehelligt, wurde aber auf Betreiben Bormanns hin überwacht. Eine Anfrage der Gestapo München vom September 1941 an Heydrich, ob gegen Seifert vorgegangen werden sollte, beantwortete das Amt IV B im RSHA, also Müller und Hartl, negativ.[124] Möglicherweise hatte sich, wie schon öfter, Fritz Todt für ihn eingesetzt. Jedenfalls verschlechterte sich Seiferts Lage nach Todts Tod im Februar 1942. Als Gauleiter Giesler ihn verhaften und in das KZ-Dachau einliefern wollte, meldete sich Seifert bei Günter Pohl im Rasse- und Siedlungshauptamt mit der Bitte, der Heilpflanzengärtnerei im KZ Dachau zugeteilt zu werden. Er wußte natürlich, daß dort Franz Lippert tätig war. Es kam jedoch nicht dazu, er wurde in Ruhe gelassen.[125]

[122] Die Spruchkammer Rosenheim Gstad vom 17. September 1948. Aktenzeichen 360 Gsadt/Ba/Dra. PA Katharina Lippert.

[123] Professor Alwin Seifert an den Reichsführer SS Himmler vom 9. Juni 1941. Archiv Bund der Waldorfschulen 7.2.077.

[124] Geheime Staatspolizei, Staatspolizeistelle München an den Chef der Sicherheitspolizei und des SD, SS-Gruppenführer Heydrich vom 13. September 1941. Und: RSHA IV B 2 an die Staatspolizeistelle München vom 19. November 1941. Beide: BAD Z/B 1 904.

[125] Vgl. Schreiben Professor Alwin Seifert an den Vorsitzenden der Spruchkammer VII, München, vom 8. April 1947. AGM.

Anders Leitgen. Er wurde – allerdings nicht nur wegen seiner Beziehungen zu Bartsch und Klein, sondern vor allem in seiner Eigenschaft als Adjutant von Hess – inhaftiert und aus der Partei ausgeschlossen. Er blieb bis Herbst 1944 in verschiedenen Konzentrationslagern und kam dann in eine SS-Bewährungseinheit.[126] Die Akten des RSHA enthalten auch das Protokoll einer Vernehmung Leitgens vom 22. Juni 1941. Offenbar suchte man nach einer Bestätigung, daß Hess mit der Anthroposophie Berührung gehabt habe. Leitgen erklärte dazu:

„Insbesondere möchte ich eingangs zum Ausdruck bringen, daß die Gesamthaltung von Rudolf Hess nicht als im Sinne anthroposophischer Zielsetzung ausgerichtet angesprochen werden kann [...]. Die biologisch-dynamische Wirtschaftsweise ist von Rudolf Hess nicht als Steiner'sches Produkt, sondern als bäuerliches Wissen empfunden worden [...]."[127]

Anders wiederum Alfred Baeumler. Er wurde seiner Stellung als Leiter des Amtes Wissenschaft enthoben.[128] Rosenberg hielt aber auch weiterhin zu Baeumler und beauftragte ihn mit der Vorbereitung der geplanten Hohen Schule des Nationalsozialismus. Otto Ohlendorf wurde für mehrere Monate an die Front geschickt und befehligte im Rußlandfeldzug die Einsatzgruppe C, die hinter der Front Partisanen und Juden vernichtete. Inwieweit sein Verhalten zu den Anthroposophen für diese Versetzung ausschlaggebend war, steht nicht eindeutig fest, auch wenn es immer wieder – auch von ihm selbst – behauptet wurde.

Am stärksten geriet der Ernährungsminister Darré unter Beschuß. Daß sein Staatssekretär Backe schon länger gegen ihn intrigierte, wurde schon erwähnt. Nun beging er die Unvorsichtigkeit, Hitler einen Vorgang zu melden, der sich im November 1939 abgespielt hatte. Danach hätte Bormann behauptet, Hitler lege Wert auf Belieferung mit biologisch-dynamischem Gemüse.[129] Gleichzeitig versuchte Darré die Landwirte zu schützen, indem er den sächsischen Landesbauernführer Peuckert mit der Betreuung der biologisch-dynamischen Landwirte beauftragte und ihn ausdrücklich anwies, sich nicht mit den weltanschaulichen Voraussetzungen zu beschäftigen.[130] Nun erfolgte die entrüstete

[126] Vgl. Dr. v. Siegler, Niederschrift der Unterredung des Herrn Alfred Leitgen vom 1. April 1952. IfZ 743/52 und Personalakte Alfred Leitgen. NSDAP. BA-BDC.

[127] Vernehmung am 22. 6. 1941. BAD Z/B 1 904.

[128] In den Verhandlungen um seine Rehabilitierung sagte Baeumler, daß er 1941 auf Betreiben Bormanns aus seinem Amte entfernt worden sei, weil er sich „für anthroposophische Schulen zu sehr eingesetzt hatte". Protokoll der öffentlichen Sitzung der Berufungskammer II Nord-Württemberg vom 29. Mai 1949. HstAL 903/2.

[129] Walther Darré an Hitler vom 26. Juni 1941. Archiv Beiträge zur Dreigliederung des sozialen Organismus, Rendsburg.

[130] R. Walther Darré, Reichsamt für Agrarpolitik an den Komm. Stabsleiter Pg. Bauer R. Peuckert vom 27. Juni 1941. BAK 16/1272 – fol. 1. Peuckert war Sympathisant der biologisch-dynamischen Landwirte und oft auf Marienhöhe zu Besuch gewesen.

Zurückweisung der Behauptungen Darrés durch Bormann.[131] Gleichzeitig mußte sich Darré gegenüber Göring rechtfertigen, der ihn schon am 20. Juni darauf aufmerksam gemacht hatte, daß jede Diskussion und Maßnahme in bezug auf die biologisch-dynamischen Verfahren während des Krieges unterbleiben müsse.[132] Darré wehrte sich mit dem Hinweis auf seine Anweisung an Backe vom 6. Januar 1941, in der er die Fortführung der bisherigen Mineraldüngermethoden befürwortet hatte.[133]

Hier enden die Dokumente über die Auseinandersetzung. Vermutlich spielte sie aber eine Rolle bei der Entscheidung. Darré wurde am 23. Mai 1942 als Minister entlassen. Backe wurde sein Nachfolger.[134]

„Die Anthroposophie und ihre Zweckverbände": der Abschlußbericht des RSHA, neue Gutachten über Steiners Werk Die Aufgaben Hauers Eine Dissertation

Heydrich teilte Darré am 18. Oktober 1941 mit, daß ihm nun ein Gesamtbericht über die Anthroposophie vorliege, aus dem sich ergebe, „daß die biologisch-dynamische Wirtschaftsweise aus dem Geiste der Anthroposophie er-

[131] Verwaltung Obersalzberg, Reichsleiter Martin Bormann an Reichsminister Darré vom 28. Juni 1941. IfZ MA 610.

[132] Der Reichsmarschall des Großdeutschen Reiches, Beauftragter des Vierjahresplanes, an Parteigenosse Darré vom 20. Juni 1941. BAK R 16 1272.

[133] R. Walther Darré an Göring vom 30. Juni 1941. BAK R 16/1272 –fol. 1.

[134] Darré wurde im Kriegsverbrecherprozeß in Nürnberg zu sieben Jahren Haft verurteilt. Nach seiner Entlassung im Jahre 1952 nahm er mit den früheren Bekannten aus der biologisch-dynamischen Bewegung wieder Kontakt auf. Er verstarb bald darauf, am 5. September 1953 in München. Vgl. Smelzer/R. Zitelmann (Hrsg.), Die braune Elite, Darmstadt 1990, S. 26. Der Jurist Hans Merkel, Anthroposoph und seit 1934 Mitarbeiter von Darré im Reichsnährstand, hatte sich für die Anerkennung der biologisch-dynamischen Wirtschaftsweise eingesetzt. Seine Beziehung zur Anthroposophie war bekannt; er wurde auf den Listen der Aktion vom 9. Juni geführt. Ob er inhaftiert wurde, ist nicht bekannt. Merkel verteidigte Darré 1947 vor dem Militärgericht in Nürnberg. Vgl. Mitteilungen für die Mitglieder der Anthroposophischen Gesellschaft in Deutschland, 47. Jg., H. IV, 1993, Nr. 186, S. 256/7 und Anna Bramwell, Blood and Soil, London 1985, Kap. 9. Anna Bramwell korrespondierte mit Merkel. Bramwell kam, indem sie Darrés Interesse für die Landwirtschaft nach seiner Haftentlassung in Hinsicht auf die Anthroposophen untersuchte, zu dem Schluß: „ […] His [Darrés, U. W.] protection for Anthroposophists during the war was repaid greatly by their help and support for his familiy and for him immediatly after his release. The utterly unpolitical nature of Steiner's followers, their rejection of organised activity and disdain for external labelling, can be seen by their dedication both in continuing to oppose the Third Reich when it was in power, and – at a small but significant level – in repaying help from one of its leading members when he was sick and powerless." Anna Bramwell, Ecology in the 20th Century, New Haven and London 1989, S. 205.

wachsen ist und in ihren letzten Zusammenhängen nur aus dem Geiste der Anthroposophie verstanden werden kann."[135]

Es ist zu vermuten, daß es sich hier um den umfangreichen Bericht des RSHA „Die Anthroposophie und ihre Zweckverbände" handelte, der demnach im Oktober 1941 fertiggestellt war.[136] Diese in unserem Zusammenhang und auch sonst schon mehrfach erwähnte Studie schloß die Reihe der größeren SD-Berichte über die Anthroposophie ab.[137] In der inhaltlichen Auseinandersetzung ging dieser Bericht über die vorherigen hinaus. Er gehörte zu der Reihe der geheimen internen Schulungsschriften, die der SD über die verschiedenen sogenannten „weltanschaulichen Gegner" anfertigte.[138] Charakteristisch für alle Berichte dieser Art ist die Tatsache, daß die Nationalsozialisten eine andere geistige Bewegung immer als eine letztlich politische Bewegung ansahen. War sie verboten, so mußte sie nach Ansicht der Nationalsozialisten notgedrungen versuchen, in getarnter Form einen zersetzenden Einfluß geltend zu machen.[139] Die Nationalsozialisten konnten andere Bewegungen nur so begreifen, wie sie ihre eigene Bewegung verstanden, nämlich letzten Endes immer als politische Kampforganisation. Die anthroposophischen Einrichtungen wurden daher als „Zweckverbände" angesehen, die in getarnter Form die Anthroposophie verbreiteten. Greifbar als Organisation für eine solche Gegnerschaft waren zu diesem Zeitpunkt nur die Christengemeinschaft einerseits und Dornach als Zentrum der weiterbestehenden „internationalen" Anthroposophischen Gesellschaft andererseits. Außerdem wurde nun auch Bartsch als Anthroposoph gebrandmarkt und damit der Reichsverband getroffen.

Inhaltlich übernahm der Bericht besonders in bezug auf die biologisch-dynamische Wirtschaftsweise die Ausführungen Stevens in seiner von den I. G. Farben in Auftrag gegebenen Studie. Ansonsten zeigt er die Arbeit der Gestapoaktion vom 9. Juni und deren Unvollständigkeit. So wird z. B. zwar die Eurythmie abgelehnt, doch als repräsentativ für diese irrigerweise die Loheland-

[135] Heydrich an Reichsminister und Reichsleiter Darré vom 18. Oktober 1941. BAK.

[136] S. Anlage 21.

[137] Vgl. z. B. Christoph Lindenberg, Vor 50 Jahren. Anthroposophische Arbeit in Deutschland 1933 – 1941. Zum Problem der Urteilsbildung, in: Die Drei, Nr. 4, April 1991, S. 303 ff.

[138] Eine solche liegt aus dem Jahre 1939 über die Freimaurer vor. Auch über die Christengemeinschaft muß eine entsprechende Studie existiert haben. Sie wird erwähnt, doch ist sie in den Archiven nicht aufgetaucht. RSHA an alle Inspekteure der Sicherheitspolizei und des SD vom 16. September 1941. Betr. die Christengemeinschaft, Leitheft. BAK R 18 R/433 fol 1 – 2, FL 6943. Es kann allerdings nicht ausgeschlossen werden, daß es sich hierbei um den hier besprochenen Bericht des RSHA, „Die Anthroposophie und ihre Zweckverbände", handelte.

[139] Im September 1935 hatte Heydrich in einer Broschüre unter dem Titel „Wandlungen unseres Kampfes" seine Vorstellungen über die sichtbaren und unsichtbaren Gegner und deren Bekämpfung ausführlich dargestellt. Sie hatten auch 1941 ihre Gültigkeit nicht verloren. Siehe zum Beispiel: Mitteldeutsche Nationalzeitung Merseburg, Nr. 226 vom 4. September 1935.

Schule bei Fulda genannt. Die Berliner Arbeit von Martha Morell, Else Klink und das Stuttgarter Eurythmeum finden hingegen keine Erwähnung. An den heilpädagogischen Initiativen gingen die Verfasser vollkommen vorbei: Schloß Hamborn war für sie nur ein Erholungsheim, ähnlich Gerswalde und Gnadenwald (Tirol). Die Weleda A. G. erscheint nirgends. Über die Schließung der Waldorfschulen herrschten völlig falsche Vorstellungen: „Bis vor kurzem" soll noch in Stuttgart eine solche bestanden haben (März 1938 wurde die Schule geschlossen). In Anlage 7 wird versucht, die „Anthroposophische Gesellschaft" als Glied einer weltweiten theosophisch-freimaurerischen Verbindung darzustellen, die über das Goetheanum in Dornach auf die verschiedenen Lebensgebiete in Deutschland einzuwirken suche. Dabei unterlief dem Bearbeiter der grobe Fehler, Alfred Baeumler als Repräsentanten der „Philosophie", August Bier als den der „Wissenschaft" in der Anthroposophischen Gesellschaft zu bezeichnen. Mit einigen Dokumenten (Anlagen 3 bis 6 der Studie) sollte der Nachweis der Beeinflussung von Hess durch die Anthroposophen erbracht werden (in Anlage 6 durch die Verbindung zu Pfeiffer, nicht zu Sigmund Rascher). Der Bericht war also im Detail an vielen Stellen falsch. Hinter manchen „Fehlern" schien eine Absicht zu stecken. Die Organisationen der Christengemeinschaft und der biologisch-dynamischen Landwirte sind gut wiedergegeben, was aber auf den eigenen Darstellungen dieser Institutionen beruht.

Namentlich genannt wurden in dem Bericht nur die auch schon aus der Dokumentation über die Aktion vom 9. Juni betroffenen Personen: Erbprinz von Sachsen-Altenburg, Emil Bock, Hermann Heisler, Erhard Bartsch, Dr. Paul Jaerschky,[140] Erwin Schühle usw.; daneben Professor Dr. Otto Julius Hartmann (Graz)[141] und eine Reihe von Persönlichkeiten, die die erwähnte Eingabe von Günther Galle, der sich für die Haftentlassung der Pfarrer der Christengemeinschaft einsetzte, mitunterzeichnet hatten.

Auf eine kleinere oder größere Anzahl von einzelnen Anthroposophen, die bei der Gestapoaktion angetroffen und verwarnt wurden, kommt der Bericht nicht zu sprechen.

Von diesen Seiten beleuchtet, erscheint die Gestapoaktion weit hinter ihren Absichten zurückgeblieben zu sein. Nimmt man den Bericht in dieser Hinsicht als das was er scheint, nämlich als Auswertung der wichtigsten Ergebnisse der Aktion, so ist die Aktenlage hinsichtlich des Umfanges der Aktion relativ vollständig und bestätigt – bei Fehlen der Protokolle – die wesentlichen Vernehmungsergebnisse der genannten verhafteten Anthroposophen. Gerade aus diesen Vernehmungen zog der SD nochmals den Schluß, daß die „Anhän-

[140] Jaerschky war 1940 verstorben. Die Nennung ist nur ein weiterer Hinweis auf die oberflächliche Bearbeitung durch das RSHA.

[141] Anlage 21.

gerschaft“ der Anthroposophie dem Nationalsozialismus innerlich völlig fremd gegenüberstehe.[142]

Hauer, von Himmler beauftragt, sollte nun die weitere weltanschauliche Bekämpfung des inneren Gegners „Anthroposophie“ übernehmen.

Schon am 15. Juli 1941 wurde er vom Deutschen Volksbildungswerk zu einem Vortrag über „Anthroposophie und Weltanschauung“ aufgefordert.[143] Dabei ergab sich die Frage, ob dies überhaupt möglich sei, da Aufklärungsvorträge in diesem Bereich verboten waren. Im Amt Rosenberg teilte Härtle dem Sachbearbeiter im Kulturpolitischen Archiv mit, daß man – gerade weil Verbote eine Sache noch interessanter machen könnten – auf eine „wissenschaftliche Aufklärung“ nicht verzichten könne.[144]

Ende Juli 1941 kündigte er dem Nordland-Verlag, der zur Amtsgruppe „Buch und Bild“ im SS-Wirtschafts- und Verwaltungshauptamt gehörte, die Vorbereitung einer größeren Abhandlung über die Anthroposophie an.[145] Im Entwurf liegt ein Teil vor, der aber noch im August 1943 nicht gedruckt war. Hauer erreichte aber immerhin eine Neuauflage seiner Broschüre gegen die Anthroposophie aus dem Jahre 1922, allerdings nur in 100 Exemplaren.[146] Im September 1942 behauptete Hauer, von Himmler beauftragt worden zu sein, in seinem Institut „eine Abteilung zur Erforschung und Abwehr des Okkultismus einzurichten“.[147] Ende des Jahres erreichte Hauer bei Mergenthaler die „Beförderung“ seines „Arischen Seminars“ zum „Arischen Institut“.[148] Inzwischen hatte er auch die bei Privatpersonen in der Aktion vom 9. Juni beschlagnahmten anthroposophischen Bücher erhalten. Seine Wünsche schienen in Erfüllung zu gehen. Ein besonders intensiver Einsatz Hauers im Dienste Himmlers zur Aufklärung gegen die Anthroposophie hat jedoch wohl kaum stattgefunden. Schon im Oktober 1941 wurde von der Schriftleitung des „Hoheitsträgers“ seine „allzu wissenschaftliche“ Darstellungsart bemängelt, diese sei

[142] Vgl. Anlage 21 Gesamturteil.

[143] Amt Rosenberg, Hauptstelle Kulturpolitisches Archiv an das Amt Wissenschaft vom 15. Juli 1941. IfZ MA 116/5.

[144] Amt Rosenberg, Härtle, an Kulturpolitisches Archiv vom 22. Juli 1941. IfZ MA 116/5

[145] J. W. Hauer an den Nordland-Verlag vom 24. Juli 1941. BAK NL 131/136.

[146] J. W. Hauer, Werden und Wesen der Anthroposophie, Stuttgart 1922. Schriftliche Bearbeitung von vier Vorträgen aus dem Jahre 1921. J. W. Hauer an Herrn Schmeißer vom 24. August 1943. BAK NL 131/180. Der Entwurf „Die Anthroposophie Dr. Rudolf Steiners“ wurde veröffentlicht in: A. Wagner, Beiträge, NS-Dokumentation, Bd. 4, Rendsburg 1993, S. 54ff.

[147] J. W. Hauer an Herrn Pfahler vom 30. September 1942. BAK NL 131/136.

[148] Der Kultminister an Rektor der Universität Tübingen, vom 16. Dezember 1942. BAK NL 131/135.

„für die Aufklärung unserer Kreis- und Ortsgruppenleiter nicht verwendbar".[149]

Im März 1942 wurde er von Ilse Krause angesprochen, die in der Marburger Nervenklinik, bei Professor Kretschmer, „über die Persönlichkeit Rudolf Steiners und zwar in Form eine Pathographie" promovierte.[150] Hauer riet ihr, Steiner selbst zu lesen. In dem Schlußsatz seiner Antwort kommt seine eigene geistige Unsicherheit gegenüber Steiner deutlich zum Ausdruck: „[...] Wollen Sie eine Pathologie Steiners schreiben, müssen Sie unbedingt die Auswirkungen Steiners in den verschiedenen Gebieten wie Eurythmie usw. mit hereinbeziehen. Bei Steiner wird das Pathologische weithin verdeckt durch eine bedeutende Geistigkeit. Bei seinen Schülern kommt es oft viel deutlicher heraus [...]."[151]

Hauers eigene Einstellung kam in einem Schreiben vom Februar 1942 zum Ausdruck, in dem er den Verlust eines gefallenen Mitarbeiters als „unersetzliche biologische Substanz" betrauert.[152]

Die Arbeit Krauses wurde im November 1943 als Inauguraldissertation akzeptiert. Steiner wurde den Schizoiden im Sinne Kretschmers und – speziell dem S_2-Typus der Psychologie von Jaensch, d. h. „dem Synästhetiker mit rationalem Überbau", zugeordnet.[153]Immerhin vermerkte die Verfasserin, daß die „Eingruppierung in eine Typologie niemals imstande" sei, „das jeweils Besondere im Einzelmenschen zu erfassen [...]. Wir sind uns vollkommen bewußt, daß wir mit unseren Darlegungen das Geheimnis der Individualität Rudolf Steiners in keiner Weise aufgedeckt haben [...]. Wir schließen uns [aber] der Meinung Jaenschs an, wenn wir ablehnen, daß die Struktur des S-Typus, d. h. in unserem Fall das Gedankengebäude Dr. Rudolf Steiners, das eben ein unechtes Weltanschauungssystem war [sic!], sich in unserem Reiche ausbreitet und vorherrschend wird [...]."[154]

Vermutlich war dem SD die Dissertation Krauses in die Hände geraten, denn im August 1944 (!) wurde ein Dr. Heymann im Amt VII des RSHA auf-

149 Hauptamt weltanschauliche Information von Reichsleitung der NSDAP, der Reichsorganisationsleiter Hauptschriftleitung des „Hoheitsträgers", Dietsch vom 27. Oktober 1941. IfZ MA 129/6 51727 – 28. Vom Dezember 1941 liegt die schriftliche Abfassung eines Schulungsvortrages von Hellmut Moser vor: „Kampf gegen okkultes Sektierertum und sogenannte Geheimwissenschaften in Deutschland. Diapositivreihe zur Aufklärung und Schulung für alle Reichsgaue," hergestellt vom Amt Lehrwesen des Hauptschulungsamtes der NSDAP, München. BAK Sammlung Schumacher 267/2.

150 Ilse Krause an Jakob Wilhelm Hauer vom 25. März 1942. BAK NL 131/180.

151 Jakob Wilhelm Hauer an Ilse Krause, cand. med., vom 30. Juni 1942. BAK NL 131/180. Gleichzeitig erwähnt Hauer, daß einer seiner Schüler, SS-Hauptsturmführer Knigge, an einer großen Steiner-Arbeit sitze.

152 J. W. Hauer an Uffz. Berhold Haber vom 25. Februar 1942. BAK NL 131/162.

153 Ilse Krause, Rudolf Steiner – eine pathologische Betrachtung, Inauguraldissertation zur Erlangung der Doktorwürde, Marburg 1943. UBM D 1944: 1287, S. 167 und 169.

154 Ilse Krause, a. a. O., S. 167.

gefordert, „eine architekturgeschichtliche Bewertung“ des Goetheanumbaues in Dornach vorzunehmen, die „im Hinblick auf die Psychologie Steiners außerordentlich wichtig“ schien.[155] Heymann, der schon am 20. August einen „Zwischenbericht“ lieferte, sah in den Goetheanumbauten vom Gesichtspunkt der Baugeschichte „das Bestreben der Anthroposophen, einen kosmopolitisch gemeinten Protest gegen die europäische Tradition“ zu erheben. Er gliederte sie in das sonstige „Bemühen von jüdischer Seite“ ein, „die rassisch und geschichtlich bedingte und gebundene Bautradition als irrtümlich und ‚unkünstlerisch‘ zu übertrumpfen [...].“[156]

Dies sind einige Beispiele dafür, daß die Nationalsozialisten in der Auseinandersetzung mit der Anthroposophie nicht zur Ruhe kamen. Noch im November 1944 bemühte man sich, herauszubekommen, ob der im Bericht des RSHA genannte Ministerialrat Sommer Anthroposoph sei. Das konnte nicht mehr festgestellt werden: die sorgfältig angelegte Anthroposophenkartei in Berlin war vernichtet worden.[157]

Insgesamt waren jedenfalls die Nationalsozialisten mit dem Erfolg der Gestapo-Aktion vom 9. Juni 1941 nicht zufrieden. Bereits im Mai 1943 wurde erneut über ein Vorgehen gegen den Okkultismus diskutiert. Die Gestapo brauchte den politischen und weltanschaulichen Gegner, um ihre Existenzberechtigung nachzuweisen. Hitler selbst erwog, eine Verordnung zu erlassen, wonach auch wissenschaftliche Forschungen auf diesem Feld einer Genehmigung des Reichsinnenministeriums bedürften. Es kam in dieser Frage zu Kontroversen zwischen Bormann und Rosenberg. So ließ die Frage nach den inneren Feinden und deren Bekämpfung die Nazis auch in den letzten Kriegsjahren keine Ruhe.[158]

Vielleicht kann in dieser Entwicklung – nicht den Worten aber den Tatsachen nach – ein Zugeständnis der Nationalsozialisten dafür gesehen werden, daß sie sich von der „Plage des inneren Gegners“ trotz aller Maßnahmen gegen ihn nie so recht befreien konnten und mehr oder weniger einsehen mußten, daß sie diesen vielleicht nicht mit sachgerechten „Waffen“ bekämpft hatten. Jedenfalls war man weit von der „Überschwenglichkeit“ der ersten Jahre nach 1933 entfernt.

155 RSHA VII B 3 an VII S vom 12. August 1944. BAD Z/B 1 919.

156 RSHA VII, Dr. Heymann, Kunstwissenschaftliche Bewertung anthroposophischer Bauweise und Bühnenkunst vom 20. August 1944. BAD Z/B 1 919.

157 VII B 3 – Brabant I an Amtschef VII, SS-Obersturmbannführer Dr. Dittel vom 16. November 1944. BAD Z/B 1 886.

158 Amt Rosenberg, Hauptamt weltanschauliche Information, an die Partei-Kanzlei, z. Hd. von Regierungsrat Knöpfel, (gez. Benatzky), vom 31. Mai 1943. IfZ MA 697.

Das „schädliche und unerwünschte Schrifttum"

Im Jahre 1942 wurden anthroposophische Bücher erneut beschlagnahmt. Grund dafür war die neue „Jahresliste 1942 des schädlichen und unerwünschten Schrifttums" der Reichsschrifttumskammer. Nach der Juni-Aktion von 1941 war es nicht weiter erstaunlich, daß die Werke Steiners, Bocks und Rittelmeyers sämtlich ausdrücklich verboten wurden.

Unter den Autoren finden sich aber auch Namen wie Heinrich Leiste, Hugo Reimann, Alfred Usteri, Guenther Wachsmuth und Wladimir Solovev, nicht aber Albert Steffen, Friedrich Husemann, Otto Julius Hartmann, um nur einige aus einer ganzen Reihe anthroposophischer Autoren zu nennen, die in der Liste fehlen. Von Otto Julius Hartmann erschien 1943 bei Vittorio Klostermann, Frankfurt, seine umfangreiche „Dynamische Morphologie". Im selben Verlag erschien 1942 Rudolf Hauschkas „Substanzlehre". Die geringe Gesamtzahl von aufgeführten Autoren (ca. 150) erstaunt. Noch merkwürdiger erscheint die Tatsache, daß nur 12 (10) Verlage (davon fünf aus der Schweiz) verboten wurden. Von diesen 12 waren zehn (acht) ausschließlich oder teilweise Verlage anthroposophischer Literatur: Emil Weise's Buchhandlung (Dresden), Rudolf Geering Verlag (Basel), Arno Ullrich (Breslau), Verlag der Christengemeinschaft bzw. Verlag Urachhaus (Stuttgart) – beide werden gesondert aufgeführt –, Verlag der Menschenschule bei Zbinden und Hügin (Basel), Zbinden und Hügin (Basel) – auch hier gesondert aufgeführt –, Philosophisch-anthroposophischer Verlag am Goetheanum (Dornach).[159]

Bei den neuerlichen Beschlagnahmungen kamen sich manche Gestapoleute selbst lächerlich vor. Es kam vor, daß sie die Betroffenen von einer bevorstehenden Haussuchung warnen ließen, oder sie nahmen ein paar Bände mit, die sie den Betroffenen baten, selbst auszuwählen. Andererseits gab es auch Beispiele extremer bürokratischer Akribie, wie sie z. B. im Falle der Beschwerde Ernst Wiegands zum Ausdruck kommt.

Es handelte sich fast um eine Groteske. In Abwesenheit ihres Mannes, Ernst Wiegand, wurde bei Anita Wiegand in Bad Oeynhausen eine Reihe von Büchern beschlagnahmt. Anita Wiegand weigerte sich, die Verpflichtungserklärung bei der Gestapo zu unterzeichnen, da sie sich keiner okkulten Betätigung bewußt war. Ernst Wiegand forderte im Juni 1942 die Rückgabe von drei Schriften („Der Ruf", „Leben, nicht nur Dasein!" und „An allem wachsen"), alle bei Merian, Stuttgart, erschienen, weil sie noch im Buchhandel frei erhältlich seien und daher die Beschlagnahmung zu Unrecht erfolgt wäre. Das stimmte, aber die Stapo Münster hatte inzwischen alle beschlagnahmten Bücherbestände (außer einigen von Schloß Hamborn) vernichtet. Sie beschied Wiegand daher ausdrücklich, daß die Beschlagnahmung „zu Recht" erfolgt sei.

[159] Jahresliste 1942 des schädlichen und unerwünschten Schrifttums, Leipzig, o. J. Streng vertraulich, nur für den Dienstgebrauch. NWStAM Oberpräsidium 8228.

Gleichzeitig wurde aber die Stuttgarter Stapo um Nachprüfung der Angelegenheit gebeten. Tatsächlich entdeckte diese im September 1942 eine Reihe von Zitaten Steiners, Steffens und Rittelmeyers in besagten Büchern. Da Wiegand sich mit seiner Beschwerde an Himmler wandte, berichtete die Stapo Münster an das RSHA.[160] Damit – so sollte man meinen – war der Vorgang abgeschlossen. Es kam aber anders. Das RSHA IV B 2 ließ sich die betreffenden Werke aus Stuttgart kommen und kam im Mai 1943 zu dem erstaunlichen Schluß:

„Die genaue Prüfung der von der Staatspolizeistelle Stuttgart übersandten sogenannten Merian-Schriften hat ergeben, daß die darin zitierten Aussprüche führender Anthroposophen wie Steiner, Rittelmeyer u. a. keine anthroposophische Tendenz enthalten."[161]

Münster sollte also die Schriften Wiegand zurückgeben. Guter Rat war teuer, denn die Bücher waren vernichtet worden. Wiegand bat um Erstattung des Kaufpreises, doch war im Haushalt kein Posten für eine solche Ausgabe vorgesehen.[162] Schließlich fand man eine Lösung: nachdem die Gestapo Münster die Merian-Schriften in Stuttgart bestellt hatte, wurde die Bezahlung unter „Überpauschales Bewegungsgeld" verbucht. Die Bücher wurden im September 1943 – fast zwei Jahre nach deren Beschlagnahmung – an Wiegand ausgehändigt.[163]

Karl und Dorothea Eymann, die Inhaber des Dresdner Verlags „Emil Weises Buchhandlung", die seit 1936 insgesamt mehr als 40 Werke von Rudolf Steiner und von anthroposophischen Autoren herausgegeben hatten, wurden verhaftet und sollten angeklagt werden. Am 19. August 1942 hatten sich die Eymanns vor der RSK zu verantworten. Bei dieser Gelegenheit bekannte sich Karl Eymann offen und nachdrücklich zum Werk Rudolf Steiners.[164] Doch erst am 4. August 1943 wurden die beschlagnahmten Bücherbestände – 44 000 Stück – abgefahren und vernichtet.[165] Karl Eymann starb am 26. April 1943 im Sanatorium Wiesneck, seine Frau am 3. Mai 1944 in Dresden.[166]

160 Geheime Staatspolizeileitstelle Münster an das Reichssicherheitshauptamt IV B 2 vom 5. Oktober 1942. NWStAM Pol. Pol III Reich 372. Sämtliche obengenannten Vorgänge in diesem Bestand.

161 Reichssicherheitshauptamt IV B 2 an Staatspolizeistelle Münster vom 17. Mai 1943. Der Verlag wurde aber vorsichtshalber angewiesen, bei Neuauflagen die Zitate der Anthroposophen wegzulassen.

162 Staatspolizeistelle Münster an Reichssicherheitshauptamt vom 20. Mai 1943. NWStAM Pol Pol III Reich 372.

163 Staatspolizeistelle Münster. Vermerke vom 1. September 1943. NWStAM Pol.Pol. III Reich 372. Anita und Ernst Wiegand waren weder Mitglieder der Anthroposophischen Gesellschaft noch der Christengemeinschaft.

164 Fritz Götte, Erinnerungen, Manuskript, S. 232. PA Christoph Lindenberg. Vgl. auch zweiter Teil, Kapitel 4. Nach Götte schloß die Anklage mit den Worten: „Mit der Herausgabe der Bücher Rudolf Steiners haben Sie die Axt an die Wurzel des nationalsozialistischen Staates gelegt".

165 Dorothea Eymann an Marta Heimeran vom 19. August 1943. Archiv der Christengemeinschaft.

166 Rudolf Steiner Archiv. Akte Eymann.

2. Die anthroposophische Heilpädagogik, die Ärzteschaft und die pharmazeutischen Betriebe der Weleda AG während der letzten Jahre der NS-Herrschaft

Der Weg der heilpädagogischen Initiativen

Haus Spitzner in Bonnewitz

Im Juni 1941 waren die heilpädagogischen Institutionen doppelt bedroht: Einerseits mußten sie befürchten, in die Gestapoaktion des 9. Juni als *anthroposophische* Einrichtungen verwickelt zu werden. Andererseits aber – und darüber wußte man nur gerüchteweise etwas – bestand für sie die Gefahr, in die sich damals ausweitende Euthanasieaktion „T 4" einbezogen zu werden.[167] In einer der Vernichtungsanstalten, der vormaligen Heil- und Pflegeanstalt auf dem Sonnenstein in Pirna, wurden zwischen April 1940 und August 1941 13 720 behinderte und alte Menschen umgebracht.[168] Zwei der anthroposophischen Heime, Pilgramshain und Bonnewitz, lagen in der Nähe solcher Vernichtungsanstalten.

Nicht weit vom Pirnaer Sonnenstein lag das „Heil- und Erziehungsinstitut" Haus Spitzner, Bonnewitz, in dem etwa 35 seelenpflegebedürftige Kinder betreut wurden. Anne-Marie Spitzner, die ursprüngliche Initiatorin des Heimes, starb unerwartet während ihrer Hochzeitsreise mit Martin Kretschmer 1934, als die Gründung des Heimes in Hellerau bei Dresden schon beschlossen war. Kretschmer realisierte jedoch das Vorhaben mit einigen Mitarbeitern. Die Räumlichkeiten erwiesen sich aber bald als zu klein. Die Einrichtung konnte am 1. Oktober 1935 in ein ehemaliges Herrenhaus in Bonnewitz einziehen, das die Stadt Pirna zum Kauf angeboten hatte.[169] Im September 1941 wurde Martin Kretschmer verhaftet, nachdem er sich geweigert hatte, der Aufforderung zu folgen, das Heim zu schließen, „da es in diesen Zeiten wichtigere Aufgaben

[167] Im Gefolge des „Gesetzes zur Verhütung erbkranken Nachwuchses" vom 14. Juli 1933 hatte eine Sterilisierungsaktion zehntausende behinderter Menschen getroffen. Nach dem August 1939 wurden neugeborene Kinder mit körperlichen oder geistigen Schäden amtsärztlich getötet. Ab August 1941 erweiterte man den Kreis der Betroffenen auf Jugendliche bis zu 16 Jahren. Etwa 5000 Kinder wurden so ermordet. Ende Oktober 1939 formulierte Hitler den auf 1. September datierten Erlaß zur Durchführung des Euthanasieprogramms auch für Erwachsene. Vgl. z. B. auch Ernst Klee, „Euthanasie im NS-Staat", Frankfurt 1985, und Alexander Mitscherlich, Fred Mielke (Hrsg.), Medizin ohne Menschlichkeit, Frankfurt a. M. 1978.

[168] Diese schauerliche Statistik wurde zum Zwecke des Nachweises der damit dem Staat erbrachten Ersparnis erstellt. Vgl. Hugo Jensch, a. a. O., S. 8/9.

[169] Hartmut Bär, Feierstunde zum 100. Geburtstag von Martin Kretschmer, Manuskript. PA Hartmut Bär.

gäbe, als unwertes Leben zu verlängern". Kretschmer verstarb im KZ Oranienburg am 19. Februar 1942.[170] Die Gestapo löste das Heim mit Verordnung vom 29. Januar 1942 auf.[171] Über den Zeitpunkt der Gestapoaktion gibt es unterschiedliche Aussagen, doch ist diejenige von Gerda Bischof ausschlaggebend, da sie nur vom 1. Januar bis 15. August 1941 Mitarbeiterin im Institut war. Ihrer Beschreibung nach waren etwa 70 Menschen, Zöglinge verschiedenen Alters und Mitarbeiter,im Institut. Das Haus wurde frühmorgens, wohl am 9. Juni, von schwarzen Limousinen umringt. Es wurden eine Reihe von Büchern beschlagnahmt. Außer langen Vernehmungen geschah nichts.[172] Wahrscheinlich erfolgte zu diesem Zeitpunkt das Verbot, die Einrichtung weiterzuführen. Offenbar ging nach Abzug der Gestapo die Arbeit weiter, und Kretschmer wurde dann im September verhaftet. Erst dann müssen auch die Kinder eiligst ihren Eltern übergeben worden sein, wie Anne-Louise Heder, damals Sprachgestalterin im Institut, erzählte.

Eine weitere Mitarbeiterin, Margarethe Bär, blieb mit zwei Kindern, die keine Eltern oder Verwandte hatten, in einem Nebenhäuschen, das von der Gestapo unbeachtet blieb.[173]

Im Laufe des Monats Februar wurde den Mitarbeiterinnen „fristgerecht" vom Treuhänder gekündigt.[174] Am 23. März 1942 erfolgte die Beschlagnahmung des „Hauses Spitzner" zu Gunsten der NSDAP-Hitlerjugend.[175]

Heute, 1995, ist das alte, verfallene „Haus Spitzner" wieder für die Aufnahme seelenpflegebedürftiger Kinder hergerichtet.[176]

[170] Sterbeurkunde Standesamt Oranienburg vom 1. Mai 1942. PA Hartmut Bär. Kretschmer arbeitete zwar auf anthroposophischer Grundlage, war aber nicht Mitglied der Gesellschaft. Er stand ursprünglich der Bewegung der Herrenhuter Brüdergemeinde nahe.

[171] Treuhänder des Landkreises Pirna an Hanna Blinde vom 23. Februar 1942. PA Wilhelm Uhlenhoff.

[172] Schreiben Gerda Bischof, München, an den Verfasser vom Mai 1993.

[173] Gespräch mit Anne-Louise Heder am 6. Februar 1993 in Kassel. Als Heder Ende 1943 von der Gestapo die Drohung erhielt, in ein Arbeitslager verbracht zu werden, floh sie zunächst nach Gerswalde, wo die heilpädagogische Arbeit weiterging, später – bis zum Kriegsende – nach Eckwälden. Margarethe Bär zog im Herbst 1944 mit den Kindern und einer Eurythmistin zu Fuß nach Nürnberg.

[174] Treuhänder des Landkreises Pirna an Hanna Blinde, vom 23. Februar 1942. PA Wilhelm Uhlenhoff. Neben Hanna Blinde auch Anne-Louise Heder, Margarethe Bär, Gerda Bischof u. a. Vgl. die Darstellungen und Personenlisten bei Wilhelm Uhlenhoff, Überlingen, Die Ausbreitung der anthroposophischen Heilpädagogik in Deutschland 1924 – 1945, Manuskript. PA Wilhelm Uhlenhoff: Die Kinder des heilpädagogischen Kurses, Stuttgart 1994.

[175] Der Landrat Pirna an Treuhänder des Erziehungsheimes Hans Spitzner in Bonnewitz vom 23. März 1942. PA Hartmut Bär.

[176] Eine Gruppe von Menschen betrachtete es nach dem Mauerfall 1989 als ihre Aufgabe, gerade an dieser Stelle die heilpädagogische Arbeit wieder aufzunehmen. Einerseits ging es diesen Menschen darum, sich gemeinsam mit der Pirnaer Gemeindevertretung mit dem Geschehen auf dem „Sonnenstein" auseinanderzusetzen, ande-

Lauenstein-Altefeld-Seewalde

Unter diesem Titel wird nur eine Einrichtung geführt, das „Heil- und Erziehungsinstitut für Seelenpflegebedürftige Kinder Lauenstein e.V.“, das 1932 vom Lauenstein in Jena aus Platzgründen in die Gebäude eines ehemaligen Staatsgestüts nach Altefeld bei Kassel, nahe der hessisch-thüringischen Grenze, umgezogen war und – just im Sommer 1941 – nochmals den Ort wechselte und im Mecklenburgischen Seewalde, in einem ehemaligen Diakonissenheim, eine neue Heimstatt fand.[177]

Als Dr. Heinrich Hardt, verantwortlicher Arzt und Leiter des Instituts, am 9. Juni 1941 Fritz Götte im Berliner Hotel am Askanischen Platz mitteilte, daß die Arbeitsmöglichkeiten in Seewalde in Mecklenburg sich gut anließen, stand er kurz vor dem Abschluß der Verhandlungen, die den Ortswechsel des Institutes zum Gegenstand hatten.

Die Heeresverwaltung hatte Hardt aufgefordert, sich nach einem neuen Ort für das Institut umzusehen, da sie für in Polen erbeutete Pferde eine Unterkunft suchte. Die Wehrmachtsvertretung erklärte sich im Gegenzug bereit, den Kaufpreis des gewählten Anwesens und die damit verbundenen Umsiedlungskosten zu übernehmen. So kam es auch: Am 13. Juni 1941 wurde der Kaufvertrag für das ca. 38 ha große Anwesen Seewalde geschlossen, am 9. August 1941 erfolgte die Übergabe.[178] Diesem Umstand war es zu verdanken, daß alle Kinder früher und länger als sonst in der Sommerzeit bei ihren Eltern waren.[179] Der Kasseler SD hatte mehrfach die Arbeit des Lauenstein in Altefeld erwähnt, das war aber nie in der Berliner SD-Zentrale wirklich registriert worden. Die lokalen Polizeistellen wurden vermutlich durch die Präsenz der

rerseits lebt der im „Hause Spitzner“ angelegte und in den Menschen – auch in den damaligen Zöglingen – fortwirkende Impuls weiter. Dieser Aspekt wurde von Anne-Louise Heder in die Worte gefaßt: „Das alte Heim hat ja unterirdisch weitergelebt, deshalb können wir es neu verwirklichen.“ Schreiben Hartmut Bär, Gröbenzell, an den Verfasser, vom 2. Mai 1993 und GLS Gemeinschaftsbank e. G. Jahresbericht 1994/95, Bochum (Bericht von Matthias Bünger, Eine heilpädagogische Initiative für Dresden). Anne-Louise Heder lebt heute – wie viele damalige Mitarbeiter, soweit sie nicht schon verstorben sind – im Altersheim und kann selbstverständlich nicht an der dortigen Wiederaufnahme der Arbeit physisch teilnehmen. Das „wir“ in ihren Worten weist aber auf die innere geistige Mitträgerschaft. Ihre Worte sind charakteristisch für die Art, wie von allen Beteiligten in den heilpädagogischen Einrichtungen die „Schließungen“ empfunden wurden: nämlich immer nur als äußere Unterbrechungen, nie als „Ende“ der Arbeit. Das begegnete uns schon bei den Waldorfschulen und kann auch als typisch für alle anthroposophisch Arbeitenden verstanden werden: Die Zeiten der äußeren Schließung wurden generell als innere Vorbereitung auf die Zeit „danach“ erlebt.

[177] Vgl. die geographische Übersicht, Anlage 22.

[178] Protokoll für die Reichsumsiedlungsgesellschaft m. b. H. Berlin vom 10. Februar 1944. PA Wilhelm Uhlenhoff. Das Institut Lauenstein wurde als Eigentümer eingetragen. Es erhielt Entschädigungen von 26 611 RM für die Umbauten und Reparatu-

Wehrmacht an einem Einschreiten gehindert. Jedenfalls blieben Kinder und Mitarbeiter unbehelligt. Am 21. Dezember 1941 dankte Hardt den Eltern für ihre Unterstützung. Ein großer Teil der Umbau- und Reparaturarbeiten war abgeschlossen.[180] Die Arbeit des Institutes ging unbehelligt weiter. Sie wurde erst 1949 durch die SED-Verwaltung unterbrochen.[181] Wie im Falle von Bonnewitz bildete sich nach 1989 – hier durch die Initiative von Annemarie Kempf und Wilhelm Uhlenhoff – ein Kreis von Menschen die heute das Anwesen für den Aufbau einer „Lebens- und Arbeitsgemeinschaft für behinderte und nichtbehinderte erwachsene Menschen" zurückgewonnen haben.[182]

Schloß Gerswalde in der Uckermark

Das „Heil- und Erziehungsinstitut für Seelenpflegebedürftige Kinder und Jugendliche" in Gerswalde war schon mehrfach Gegenstand von Interventionen gewesen.[183] Das Institut hatte etwa 60 Heimplätze. Unter den Heiminsassen waren auch polizeilich abgemeldete Juden, die bei Inspektionen und Besuchen

ren (das Hauptgebäude war teilweise ausgebrannt und in sehr schlechtem Zustand), 12 500 RM für Ausgleich von Mindereinnahmen, 16 278 RM für die Umsiedlungskosten, 2 500 RM für Ausgleich von Schäden, die während des Umzuges am Mobiliar entstanden. Nach Angaben Uhlenhoffs war einer der Zöglinge, Eva, Tochter des Chefs der Abwehr, Admiral Canaris. Dies mag zu dem erstaunlichen Schutz der Einrichtung beigetragen haben, wenn nicht sogar ausschlaggebend gewesen sein (Gespräch mit Wilhelm Uhlenhoff am 18. Oktober 1993). Nach Aussage von Bärbel Bayer, München, Tochter von Hans von Dohnanyi, galt Frau Erika Canaris als Anthroposophin. Sie war jedoch kein Mitglied der Anthroposophischen Gesellschaft. PA Astrid von der Goltz.

179 Im Institut lebten ca. 135 Menschen (Mitarbeiter und Zöglinge).

180 Dr. Heinrich Hardt, Seewalde, Rundschreiben an Eltern und Freunde unserer Arbeit, vom 21. Dezember 1941. PA Wilhelm Uhlenhoff. Wie alle Jahre wurden auch am neuen Ort vor Besuchern aus der Umgebung die Weihnachtsspiele aufgeführt.

181 Vgl. Dr. Heinrich Hardt, Heil- und Erziehungsinstitut Lauenstein in Seewalde, in: Deutsches Ärzteblatt 90, H. 12 vom 26. März 1993, übernommen in: Interne Korrespondenz, Nr. 242, Dezember 1993. Hardt vermerkte in diesen Ausführungen, daß die Arbeit des Institutes vor dem Umzug nach Seewalde durch erfolglose Versuche der Gestapo, die Kinder zur Euthanasie auszusondern, gestört wurde. Einzelheiten werden von Hardt nicht genannt. Hauptgrund der Schließung 1949, die vom Rat des Kreises Neustrelitz und vom dortigen Gesundheitsamt ausging, war „die anthroposophische Grundhaltung der dort beschäftigten Vereinsmitglieder", die sie mit der „Anwendung der Prügelstrafe, Arrest und Nahrungsentzug" gleichsetzten. Vereinbarung zwischen Rat des Kreises, Abtlg. Kultur und Volksbildung einerseits, dem Kreisgesundheitsamt andererseits, betreffend weiterer Verwendung des Kinderheimes Lauenstein in Seewalde vom 14. November 1948. PA Wilhelm Uhlenhoff. Hardt floh mit seiner Familie am 18. Juli 1949, als ihm ein Einweisungsbescheid in den russischen Erzbergbau zugestellt wurde.

182 Wilhelm Uhlenhoff, Lauenstein e. V. – Lebensgemeinschaft Seewalde, Überlingen.

183 Vgl. erster Teil, Kapitel 3 und zweiter Teil, Kapitel 6.

regelmäßig in einem der Gartenhäuschen versteckt wurden.[184] Eine 60 Morgen große landwirtschaftliche Fläche wurde biologisch-dynamisch bearbeitet. Das Institut belieferte „höher gestellte Persönlichkeiten in Berlin" regelmäßig mit biologisch-dynamischem Gemüse.[185] Um wen es sich dabei gehandelt hatte, ist nicht bekannt. Daß Franz Löffler aber von seiten der Berliner zentralen NSV-Behörden gerne gesehen und unterstützt wurde, ist bereits deutlich geworden. Uhlenhoff beschreibt die Ereignisse folgendermaßen:

„Franz Löffler wurde 1941 von der Gestapo inhaftiert, aber wieder frei gelassen, – nachdem er in einem Verhör dem völlig unkundigen Gestapobeamten die Grundlagen der Anthroposophie erklärt hatte. Es ist zu vermuten, daß dieser auch die konfiszierten Bücher gelesen hat. Denn nach dem Krieg hat er sich der Anthroposophie zugewandt. – Bei weiteren Inspektionen durch lokale oder höhere Stellen wurden besonders kranke und gefährdete Kinder, welche polizeilich schon abgemeldet waren, für die Besucher unsichtbar in die Gärtnerei geführt und bei der Familie Seifert versteckt, bis die Gefahr vorüber war. – Zwei sehr schwache Buben, ein Peter und ein Wolfgang, wurden doch aus dem Heim genommen und mußten in das Templiner Krankenhaus verlegt werden. Dort besuchte ihre bisherige Betreuerin, Schwester Anna Reitzig, sie nach einiger Zeit und fand sie sehr heruntergekommen vor und durch Beruhigungsmittel so betäubt, daß sie sie nicht mehr erkannten. Schwester Anna verlangte, daß man ihr die Kinder sofort mitgeben solle, was merkwürdigerweise auch geschah. Sie brachte sie nicht nach Gerswalde zurück, sondern fuhr mit ihnen zu einer Freundin nach Stubenbach in den Böhmerwald, wo sie sie bis zum Ende des Krieges versteckte und ihnen so das Leben rettete. Die beiden Buben konnten ihren weiteren Weg über Rittershain, Bingenheim und Sassen gehen, – Einrichtungen, welche nach Kriegsende entstanden sind."[186]

Einzelheiten zu Löfflers Kampf um das Überleben von Gerswalde werden von Hermann Girke mitgeteilt. Es stellte sich heraus, daß ein von Löffler beeindruckter Polizeibeamte, Dr. Günther Husmann, seine baldige Haftentlassung bewirkt hatte. Erwähnenswert ist, daß Löffler der Beschlagnahmung der Einrichtung für Kriegszwecke dadurch entging, daß er von sich aus Teile der Räumlichkeiten für die Kinderlandverschickung und Krankenpflege zur Verfügung stellte. Dadurch konnte er wenigstens in den restlichen Räumen das Heim weiterführen. Besonders beeindruckend ist sein Kampf mit den Behörden um die Vermeidung der Sterilisation seiner Heiminsassen. Dabei war er offenbar erstaunlich erfolgreich. Auch eine anthroposophische Studienarbeit unter den Mitarbeitern fand regelmäßig statt.[187]

[184] S. unten Uhlenhoffs Beschreibung. Etwa 36 Mitarbeiter werden vom SD 1940 angegeben. SD-Abschnitt Potsdam an RSHA vom 3. Februar 1940. BAD Z/B 1 887.

[185] Angaben Wilhelm Uhlenhoff, Gespräch mit dem Verfasser am 18. Oktober 1993.

[186] Wilhelm Uhlenhoff, Die Ausbreitung der anthroposophischen Heilpädagogik in Deutschland 1924 – 1945, Manuskript, S. 5. PA Wilhelm Uhlenhoff. Vgl. W. Uhlenhof, Die Kinder des heilpädagogischen Kurses, Stuttgart 1994.

[187] Vgl. Hermann Girke, Franz Löffler. Ein Leben für die Anthroposophie und heilende Erziehung im Zeitenschicksal, Dornach 1995, S. 99 f.

Das Heim überstand die NS-Zeit, wurde aber 1950 staatlicherseits von der SED geschlossen.[188]

Eckwälden

Das „Heil- und Erziehungsinstitut für Seelenpflegebedürftige Kinder" bestand seit 1937 in Eckwälden bei Bad Boll.[189] Leider fehlen dokumentarische Unterlagen über Auseinandersetzungen mit den Behörden. Möglicherweise haben darüber aber auch nur wenige Korrespondenzen oder ähnliches existiert, denn nach übereinstimmenden Berichten[190] setzte sich der dortige Landesjugendarzt erfolgreich gegen seine übergeordneten Behörden für den Erhalt des Institutes ein. Er war von den Heilerfolgen, besonders im Falle zweier epileptischer Kinder, so beeindruckt, daß er sich aufgerufen fühlte, die Einrichtung zu erhalten. Daß ein solches Verhalten des Amtsarztes nicht selbstverständlich war, kann an dem Vorgehen des Templiner Kreisarztes gegen das Heim in Gerswalde abgelesen werden, der 1935 versuchte, das Institut zu schließen.

Ein Bericht betont, daß auch im württembergischen Innenministerium „energische Beschützer" saßen und daß es dem „eigenen unerschrockenen Auftreten" Dr. Franz Michael Geraths' bei der Gestapo zu verdanken gewesen sei, daß „aus Eckwälden keine Kinder weggeholt wurden".[191] Leider gibt es auch dafür keine detaillierten Berichte. Das Institut betreute jedoch nach Ein-

[188] Motiv war die absurde Anschuldigung, daß in dem Heim im Zuge der Euthanasie der NS-Zeit Kinder umgebracht worden seien! Löffler und die Schulleiterin Walfriede Reinhardt blieben von Ende September bis zum 9. Dezember 1950 in Haft. Löffler gründete dann in West-Berlin das heutige „Caroline von Heydebrand Heim". Quellen wie oben.

[189] Nachdem Dr. Franz Michael Geraths im Anschluß an seine Zusammenarbeit mit Dr. Eugen Kolisko mit der Unterstützung Dr. Ita Wegmans und zusammen mit Dr. Rose Erlacher 1923 ein Heim im „Schloß Mühlhausen", nördlich von Stuttgart, gegründet und geführt hatte, machte die Stadt Stuttgart durch zu hohe Auflagen das Verbleiben am Ort unmöglich. – Diesem Umstand ist es zu verdanken, daß das Heim 1937 in das stillere und abgelegenere Eckwälden umzog und sich dort in den Gebäuden einrichten konnte, die in den achtziger Jahren des 19. Jahrhunderts von dem Sohn des für seine Heiltätigkeit bekannten Pfarrers Johann Christoph Blumhardt für Patienten gebaut worden waren. – Über die Besonderheiten dieses Ortes in therapeutischer und religiöser Hinsicht vgl. die Ausführungen von Rudolf Hauschka. Rudolf Hauschka, Wetterleuchten, Frankfurt a.M. 1982, S. 113f. Hauschka verweist auch auf die große Anzahl verschiedener anthroposophischer Initiativen, die sich nach dem Kriege hier ansiedelten, u. a. die Wala-Heilmittelbetriebe.

[190] Wilhelm Seeberger, Franz Michael Geraths o. J. PA Ulrike Geraths, Festschrift „Institut für Seelenpflegebedürftige Kinder Eckwälden", Eckwälden 1967. PA Ulrike Geraths, sowie Wilhelm Uhlenhoff, Die Ausbreitung der anthroposophischen Heilpädagogik in Deutschland 1924–1945, Manuskript, S. 9. PA Wilhelm Uhlenhoff.

[191] Wilhelm Seeberger, Franz Michael Geraths, o.J. PA Ulrike Geraths.

gliederung in die NSV durch die Kriegszeit hindurch etwa 100 behinderte Kinder in aller Stille im anthroposophischem Sinne weiter.

Schloß Hamborn

Im Kapitel 6 des zweiten Teils ist die Verhaftung von Georg Moritz Erbprinz von Sachsen-Altenburg geschildert worden. Seit Jahren hatte es die SD-Dienststelle in Bielefeld auf dieses Institut abgesehen. Die Einrichtung wurde zerschlagen. Aber auch hier blieben die Kinder unbehelligt: sie wurden nach Hause geschickt. Einigen Frauen wurde gestattet, in einem Gartenhaus, (das grundbuchlich auf eine private Person eingetragen war) mit ihren Kindern zu bleiben. Die Mitarbeiter wurden durch das Arbeitsamt in andere Tätigkeiten eingewiesen, das Anwesen einem Müttererholungsheim der NSV überlassen.[192] Gegen Ende des Krieges waren Zerstörungen und Plünderungen das Los der Anlage, in der sich „bis zuletzt" SS-Männer verschanzt hatten. Schon 1947 fand die Wiedereröffnung statt.

Pilgramshain

Als einzige heilpädagogische Initiative wurde „Schloß Pilgramshain" in Schlesien von den Machthabern schon vor der Juni-Aktion 1941 im Oktober 1940 zwangsgeschlossen und beschlagnahmt. In Pilgramshain lebten etwa 120 Mitarbeiter und Betreute. Wichtige Mitarbeiter (z. B. Hermann Kirchner) waren schon 1939, zu Kriegsbeginn, eingezogen worden. Hier war die Wirkungsstätte von Dr. Karl König, bevor er 1936 nach Wien, 1938 nach Schottland ging. Hermann Kirchner und Albrecht Strohschein waren die ursprünglichen Initiatoren.[193] Von Anfang an wurde das Leben dieser Einrichtung in dem um die 700 Einwohner zählenden Dorf immer wieder durch Schikanen der Partei

[192] Georg Moritz Erbprinz von Sachsen-Altenburg, Beginn vor 25 Jahren – Rückblick auf ein Stück Hamborner Geschichte, in: Schloß Hamborn, 1932 – 1957, Festschrift zum 25jährigen Bestehen. o. J. PA Wilhelm Uhlenhoff. In der gleichen Schrift erwähnt M. J. Krück von Poturzyn die interessante Tatsache, daß die Eintragungen der Eigentümer im Grundbuch 1941 nicht geändert wurden, weil sich drei verschiedene NS-Organisationen über die weitere Verwendung nicht einigen konnten. Dieser Sachverhalt ermöglichte es den Vertretern der Hamborner Arbeit nach dem Kriege ohne größere Schwierigkeiten, den Besitz des Anwesens wiederzuerlangen und 1947 als Landschulheim zu eröffnen.

[193] Die Initiative geht auf das „Waldhaus" in Gnadenfrei (eine frühere Siedlung der Herrenhuter Brüdergemeinde) zurück, das 1927 gegründet wurde und 1928 in das mit der biologisch-dynamischen Bewegung in Zusammenhang stehende Rittergut „Pilgramshain" umzog. 1935 fand dort eine größere heilpädagogische Tagung statt. Vgl. zu diesen Angaben: Gertraut Bessert, Ein Quell wird zum Leben, Laufenburg, o. J., S. 16 ff. Genaue Zeitangaben werden nicht gemacht.

gestört.[194] Grund für die Schließung war die Unterbringung volksdeutscher Umsiedler aus dem Nord-Buchenland.[195]

Lore Wilmar, die zweite Frau Strohscheins, hat den Schließungsvorgang miterlebt. Im Juni 1991 notierte sie ihre Erinnerungen. Am 25. Oktober 1940 fand man einen Zettel an der Tür, auf dem die Einrichtung aufgefordert wurde, binnen fünf Tagen das Anwesen zu räumen. Betreuer und Kinder schafften alles bewegliche Gut, auch die von Hermann Kirchner aufbewahrten Kindermalereien, sowie Winterkohle und Kartoffeln in die Lager und Scheunen. 25 Heiminsassen und einige Betreuer wurden in Gerswalde von Franz Löffler aufgenommen. Kinder, die noch Eltern hatten, wurden abgeholt. Die restlichen Kinder wurden in Gruppen aufgeteilt und weiter an Ort und Stelle betreut, was zu einer Art „Katakombendasein" führte.

Lore Wilmar betont: „Jetzt erst recht wollten wir alle unsere äußeren Pflichten so gut als möglich verrichten [...]."

Albrecht Strohschein hatte vor der Übergabe des Schlosses noch einige tausend Mark abgehoben. Kurz darauf wurde das Konto gesperrt. So konnte der Winter überbrückt werden. Am 9. Juni 1941 war das aber dann auch vorbei

„Jener 9. Juni 1941 begann als strahlend-schöner Sonnen-Sommertag. Frühmorgens ca. 6 Uhr verließ ich meine Schlafstelle in Oberdorf, im Scheunengebäude des Schlosses. Jeden Tag tat ich so. Meine Betreuten konnten sich morgens alleine helfen, doch den Schwerstbehinderten bei Edith Kirchner mußten wir zu zweit beistehen. Da – eine schwarze Limousine, ein auffallend großes Auto, schwarz uniformierte Männer darin: der Gestapo angehörig. Sofort war mir bis zur großen Zehe klar: das galt uns, zu dieser frühen Stunde kommt kein normaler Besuch ins Dorf. Ich rannte zurück, konnte noch eben ein Büchlein mit Auslandsadressen und andere vielleicht ‚anstößige' Papiere zu mir nehmen und grob zerrissen in unser nun sehr hilfreiches großes Plumps-Klosett versenken. Aufatmen! Aber was nun? Inzwischen kamen die ‚Schwarzen' zu Strohscheins Wohnraum [...]. Da konnte ich also nichts mehr retten. Ich kam aber doch noch vor den Eindringlingen bei Edith Kirchner und Immanuel Vögele im Unterdorf an, konnte alle noch warnen.

[...] Das Auto fuhr vor, Strohschein umringt von stolz-hämisch maskenhaft wirkenden Gesichtern, die auf schwarzangezogenen Leibern saßen. Im Hause stellte sich Vögele als Landwirt, Hausherr und Gutsverwalter vor. Man merkte, daß sie ihn kannten. Er war in einer besonderen Lage, denn seine Frau hatte in der Nacht eine Tochter geboren! Jeder von uns wurde in eines der Zimmer beordert, damit konnten Einzelverhöre

194 Ruth-Hildegard Rist, Tochter Strohscheins, schreibt über ihre eigenen Erlebnisse als Kind in der neben der Einrichtung gelegenen Dorfschule (die drei dort tätigen Lehrer hatten alle NS-Ämter): „1937 in meinen ersten Schultagen. Lehrer: ‚Wer ist der wichtigste Mann unserer Zeit?' Ich meldete mich: ‚Rudolf Steiner', ein vernichtendes ‚Setzen Strohschein!' folgte. Als noch ‚kosmisches' Kind schrieb ich im Heft spiegelbildlich von außen nach innen [von links nach rechts auf der rechten Seite, von rechts nach links auf der linken Seite des Heftes, U. W.]. Der Lehrer hob es hoch: ‚Strohschein schreibt wie die Juden!' – Ein eisiges Schweigen in der Klasse." Ruth-Hildegard Rist an den Verfasser vom 9. Juli 1995. Etwa 7 km vom Ort entfernt bestand das NS-Arbeitslager „Groß Rosen", in dem auch Verbrennungsöfen existierten.

195 Mietvertrag zwischen Albrecht Strohschein und der Volksdeutschen Mittelstelle, Berlin, vom 30. Januar 1941 (Rückwirkend ab 25. Oktober 1940). PA Lore Wilmar.

beginnen [...]. Der Schwarze war etwas verlegen, sprach aber doch gewollt streng und laut, ich sei einer Irrlehre verfallen, die pathologischen Kinder würden ja die kargen Lebensmittel noch schmälern und die Arbeitskräfte, die sie versorgten, bräuchte der Führer dringend an anderer Stelle [...]. Gegen Mittag wurden wir in einem Raum versammelt. Essen gab es für uns alle natürlich keines. Frau Kirchner wurde als ‚Deutsche Frau und Mutter‘ und Gattin eines Frontsoldaten eingestuft (ihr Söhnlein Volker war gerade gut drei Jahre alt). Sie solle in der Landwirtschaft arbeiten, denn die zu betreuenden Kinder müßten woanders untergebracht werden. – Mich ‚verurteilten‘ sie zur Arbeit in der Drogerie im 7 km entfernten Städtchen Striegau. So ein junger Mensch müsse getrennt werden von diesem Beruf und von dem alten Mann (Strohschein) [...].“

Strohschein war ins Breslauer Zentral-Gefängnis verlegt worden. Nach weniger als zwei Monaten wurde er wieder entlassen, mußte sich aber täglich bei der Polizei melden. Bei der standesamtlichen Trauung wurde ihnen Hitlers „Mein Kampf“ in die Hand gedrückt. Für Strohschein war klar, daß er bei der Wehrmacht vor einem weiteren Zugriff der Gestapo am sichersten war. So meldete er sich. Dabei klärte sich, warum er nicht schon längst eingezogen worden war: seine Papiere waren auf der Meldestelle unauffindbar:

„Das paradoxe Ansinnen geschah: Einer ‚wollte‘ unbedingt zum Heeresdienst, der aber für die Behörde gar nicht existierte. Doch Männer wurden gebraucht. Wenige Tage später mußte er nach Ratibor (Oberschlesien) einrücken, wurde feldgrau eingekleidet und gedrillt. Ich konnte ihn noch besuchen. Dann bin ich aber mit Wissen des so hilfreichen Drogisten ‚untergetaucht‘ in Eckwälden.“[196]

Am 29. August 1941 ordnete das RSHA die Selbstliquidation des Heil- und Erziehungsinstitutes in Pilgramshain an. Die Gestapo Breslau veranlaßte aber erst am 23. Dezember 1942 (!) den Landrat in Schweidnitz, diese einzuleiten. Dieser wiederum informierte den „Gefreiten Strohschein“ am 6. Januar 1943.[197] Strohschein antwortete folgendermaßen:

„Persönlich lehne ich es ab, zu diesem Zwecke – eine formale Mitgliederversammlung abrollen zu lassen, deren Beschlüsse vorgeschrieben sind – Sonderurlaub nachzusuchen. Nicht weil Hin- und Rückreisezeit wahrscheinlich länger als der Urlaub wären, sondern weil es meinem Gewissen widerstrebt. Da bislang alles mit Zwang gegangen ist, kann ich nicht einsehen, warum eine Mitgliederversammlung jetzt Beschlüsse über eine Selbstliquidation in der eben vorgeschriebenen Form fassen soll. Wenn man korrekt verfahren will, kann man ja eine Zwangsverwaltung einsetzen, bis eine ordnungsgemäße Mitgliederversammlung möglich ist.“[198]

[196] Lore Wilmar, Pilgramshain, Manuskript, 70 Seiten, S. 51 ff. PA Lore Wilmar. Strohschein floh 1945 nach Westen. Er gründete bald nach dem Kriege (1946?) den „Michaelshof“ und das „Heil- und Erziehungsinstitut für Seelenpflegebedürftige Kinder“ in Hepsisau bei Weilheim/Teck.

[197] Der Landrat Schweidnitz an Albrecht Strohschein, Feldpost-Nr. 41414 vom 6. Januar 1945. PA Lore Wilmar.

[198] Albrecht Strohschein an den Landrat in Schweidnitz vom 20. Januar 1943. PA Lore Wilmar.

Strohschein wehrte sich ganz bewußt gegen die Umwandlung der Zwangsschließung in eine Selbstliquidation, die dem Vorgang eine Scheinlegalität verliehen hätte.

Die Zwangsliquidation wurde vom RSHA am 17. März 1943 angeordnet, und das Amtsgericht Striegau bestellte am 11. Mai 1943 einen Zwangsliquidator.[199]

„Das Waldhaus" in Malsch

Nicht unerwähnt darf die kleine heilpädagogische Initiative bleiben, die 1931 in Malsch, südlich von Karlsruhe, von Hubert und Tilla Bollig zusammen mit Dr. Heinz Ritter gegründet wurde. 1935 waren dort 18 – 20 behinderte Kinder aufgenommen worden. 1940 wurde das Heim wegen Frontnähe evakuiert. Nach Stationen in Oberlengenhardt im Schwarzwald, Simmerberg im Allgäu, Ludwigshafen am Bodensee kehrte die Gemeinschaft 1941 nach Malsch zurück. Wohl im Zusammenhang mit der Gestapoaktion wurde das Heim aber gerade dann geschlossen und Hubert Bollig kurzfristig verhaftet. Die Arbeit wurde dort 1948 wieder aufgenommen.[200]

Über die heilpädagogische Tagesschule in Breslau und über die Arbeit Karl Schuberts wurde schon berichtet.[201] Beide wurden von seiten der Polizei und Behörden nicht beeinträchtigt. Aus einer Aufstellung Wilhelm Uhlenhoffs geht hervor, daß nicht weniger als etwa 450 Menschen während der NS-Zeit in allen diesen Institutionen gearbeitet haben.[202]

Alle Institutionen traten nicht nach außen hin durch eine Organisation in Erscheinung. Das muß als wesentlicher Faktor der Rettung der Betreuten vor einem stärkeren Zugriff der Polizeiorgane angesehen werden. Wie im Bewußtsein dieser Gefahr, löste Ita Wegmann die von ihr in Berlin gegründeten Fördervereine der heilpädagogischen Initiativen frühzeitig auf.[203] Daß der innere Zusammenhalt der Beteiligten eng war, geht sowohl aus dem vielfachen Austausch von Mitarbeitern und den meist nicht propagierten und daher diskreten

[199] Amtsgericht Striegau an Vereinsregister vom 11. Mai 1943. PA Lore Wilmar.

[200] Vgl. Wilhelm Uhlenhoff, Die Verbreitung der anthroposophischen Heilpädagogik in Deutschland 1924–1945, Manuskript, S. 8. PA Wilhelm Uhlenhoff.

[201] Vgl. erster Teil, Kapitel 3, Abschnitt: Erfolglose Schritte im Jahre 1933 und zweiter Teil, Kapitel 2, Abschnitt: Die Schließung der Waldorfschulen in Stuttgart, Kassel und Breslau.

[202] Wilhelm Uhlenhoff, Überlingen, hat jahrelang Material aus der heilpädagogischen Bewegung gesammelt, auch über die NS-Zeit. In diesem Zusammenhang hat er eine Personenliste zusammengestellt, aus der die genannte Zahl hervorgeht. Wilhelm Uhlenhoff, Biographische Daten und Quellen von Mitarbeitern aus der Heilpädagogik, Januar 1994. PA Wilhelm Uhlenhoff.

[203] „Soziale Hilfe für Seelenpflegebedürftige Kinder e. V." und „Allgemeine soziale Hilfe e. V.", beide vermutlich 1935. Wilhelm Uhlenhoff: Die Verbreitung der anthroposophischen Heilpädagogik 1924–1945, Manuskript, S. 8. PA Wilhelm Uhlenhoff.

Besprechungen und Zusammenkünften hervor als auch aus der einfachen Tatsache, daß die meisten verantwortlichen Menschen aus dieser Zeit die Impulse mitnahmen, die anthroposophische Heilpädagogik nach dem Kriege stärker als zuvor wiederaufzunehmen.[204]

Es bleibt noch zu bemerken, daß eine Reihe von behinderten jüdischen Kindern während der nationalsozialistischen Herrschaft im Kinderheim Sonnenhof/Arlesheim aufgenommen wurden. Mit dieser Lösung, die Kinder in der Schweiz unterzubringen, gelang es den Eltern, in die jeweiligen Auswanderländer wie Amerika, Südamerika, Afrika, Australien usw., die behinderte Menschen nicht aufnahmen, zu kommen. Einige dieser Menschen leben noch heute im Sonnenhof und im Institut La Motta im Tessin.[205]

Sanatorien und Kliniken

Die in Unterlengenhardt, in Wiesneck bei Freiburg i. Br. und in Gnadenwald, Tirol, damals bestehenden Einrichtungen sind teilweise schon erwähnt worden.[206] Über ein von Dr. Helmut Hessenbruch geleitetes Sanatorium „Kurpark" in Bad Liebenzell liegen keine Informationen vor.

Über das Schicksal der Klinik Burghalde in Unterlengenhardt bei Bad Liebenzell konnte nur wenig in Erfahrung gebracht werden. Sie war von Dr. Eugen Kolisko 1936 gegründet worden. Als Ärzte kamen Dr. Ilse Knauer und Dr. Wilhelm Engelen dazu. Dr. Walter Bühler war 1938 dort Assistenzarzt. Die Klinik wurde 1941 behördlich geschlossen und für ein NSV-Kinderheim genutzt.[207]

Das Sanatorium Wiesneck, eine Psychiatrie, dessen verantwortlicher Leiter Dr. Friedrich Husemann war, blieb trotz Gestapo-Haussuchungen und SD-Beobachtung weitgehend vor behördlichen Zugriffen bewahrt. Husemann gab 1935, 1938 und 1940 beim Verlag Emil Weises Buchhandlung seine Werke heraus. In der „Liste des schädlichen und unerwünschten Schrifttums" 1942 wurde sein Namen nicht aufgeführt.[208] Nach Angaben Dr. Prievers war es dem persön-

[204] Hält man sich strikt an die anthroposophische Heilpädagogik, so findet man heute 1994/95 in Deutschland ca. 80 Institutionen. Vgl. Info-3 Verlag,/Foku (Hrsg.): Adreßverzeichnis Anthroposophie 1994/95, Frankfurt a. M. 1994, S. 264 f.

[205] Mitteilung Barbara und Eduard Hasselberg, Kinderheim Sonnenhof, vom 7. November 1997.

[206] Vgl. erster Teil, Kapitel 3, Abschnitt: Bemerkungen zu den im Zeitraum 1933 – 36 weniger betroffenen Bereichen und Anlage 34 zu Alfred Baeumler.

[207] Angaben von Frau Bühler, November 1993.

[208] Auch Albert Steffen wurde nicht erwähnt. Husemanns Bücher („Goethe und die Heilkunst", 1935, „Vom Bild und Sinn des Todes", 1938 und „Das Bild des Menschen als Grundlage der Heilkunst",1942) weisen vielfach auf Rudolf Steiner hin. Vgl. dritter Teil, Kapitel 1, Abschnitt: „Das schädliche und unerwünschte Schrifttum".

lichen mutigen Einsatz von Friedrich Husemann zu verdanken, daß die Kranken nicht in die Euthanasiebestrebungen des Regimes einbezogen wurden.[209]

Noch am 22. März 1941 hatte Alfred Baeumler, der einer Einladung Hauschkas folgte, dessen Versuche mit Kapillarbildern zur Frage des „Gesetzes von der Erhaltung der Massen" und zur „Bildung neuer Massen" in Augenschein zu nehmen, die Kuranstalt Gnadenwald besucht. Baeumler kam in Begleitung eines wissenschaftlichen Assistenten. Bei den Erörterungen waren auch Prof. Dr. Otto Julius Hartmann und Dr. med. Bühl (Bühler?) anwesend. Wagner, der Assistent, zeigte kein Verständnis für die von Hauschka entwickelten Begriffe und meinte in seinem Bericht abschließend:

„[...] daß nach den bisher vorliegenden Experimenten noch kein Grund vorhanden sei, die bisherige Auffassung von der Naturgesetzlichkeit und die bisherigen Methoden der exakten Naturwissenschaft einschließlich der Biologie über Bord zu werfen."[210]

Er schlug jedoch die Wiederholung der Versuche in größerem Rahmen und an anderem Orte vor. Baeumler schlug Rosenberg vor, „diese Versuche in der naturphilosophischen Abteilung der zu gründenden Hauptforschungsstelle für Philosophie durchzuführen."[211]

Die „Kuranstalt" Gnadenwald bei Hall in Tirol war eine Dependance der Arlesheimer Klinik. Die dortigen Bäder hatten sich bewährt. Zu den prominenten Patienten gehörte auch die Gattin Otto Ohlendorfs. In einem Nebenhaus hatte Hauschka sein Laboratorium untergebracht. Daneben gab es noch ein Laboratorium in Dresden.

Die Gnadenwalder Kuranstalt wurde im Laufe der zweiten Jahreshälfte 1941 polizeilich geschlossen und wie die Klinik Burghalde einem NSV Kinderheim übergeben. Dr. Rudolf Hauschka gab in seinen Erinnerungen eine Beschreibung seiner Verhaftung. In dem darauf folgenden Verhör kommt besonders deutlich die von Hauer inspirierte Vorstellung der Polizeistellen von einer „anthroposophischen Verschwörung" im Zusammenhang mit Hess zum Ausdruck. Offenbar hatte man bei Baeumler die Korrespondenz Hauschkas gefunden:

„Das Leben in Gnadenwald atmete die Ruhe vor dem Sturm. Am 9. Juni 1941 erfolgte der große Schlag gegen die Anthroposophie –verursacht durch die kurz vorher erfolgte Flucht von Rudolf Heß nach England.

Im Morgengrauen – ich war schon angezogen, weil ich den ersten Bus nach Hall zum Zahnarzt nehmen wollte – erschienen plötzlich einige Polizeiautos, und im Nu war die Kuranstalt von Gestapobeamten umstellt. Es begann eine gründliche Hausdurchsuchung, die Bibliothek, Büro, Buchhaltung und Korrespondenz wurden lastwagenweise abtransportiert. Auch meine wissenschaftliche Bibliothek, normale schulwissenschaftliche Chemiewerke, Botanikbücher und Anatomieatlanten wurden beschlagnahmt. Auf

209 Schreiben Dr. Werner Priever an den Verfasser vom 7. Oktober 1993.
210 Wagner, Aktenvermerk vom 4. April 1941. MA 610 – 141/5 – 346598 –346615.
211 Baeumler, Aktenvermerk für den Reichsleiter vom 7. April 1941. IfZ MA 610–34 66 15.

meine Frage, warum man mir die gewiß nicht verbotenen Bücher wegnähme, war die Antwort: ‚Uns ist alles verdächtig, was Sie lesen'.

Inzwischen war die Zeit fortgeschritten, und ich bemerkte naiverweise, daß ich jetzt leider gehen müsse, da ich um 8 Uhr beim Zahnarzt bestellt sei. Verblüfft wurde ich angestarrt. Einer fand endlich die Sprache wieder und versicherte mir, daß ich rechtzeitig zum Zahnarzt gebracht werde. Ich nahm also in einem der Autos zwischen zwei Gestapobeamten Platz und merkte aber bald, daß man ganz andere Wege fuhr, die keineswegs zum Zahnarzt führten [...] Gleich am nächsten Morgen beim Photographen, der unsere Physiognomien aufnehmen sollte, traf ich die inzwischen auch verhafteten Freunde, Dr. Stavenhagen, Dr. Hartmann und unsere Eurythmistin. In den nun folgenden Verhören fiel mir auf, daß ich immer wieder gefragt wurde: ‚Wozu sind Sie vorbestimmt?' zuerst reagierte ich darauf scherzhaft, daß ich in meiner Entwicklung noch nicht weit genug fortgeschritten sei, um das zu wissen. Allmählich aber realisierte ich den Ernst der Lage, und wie sich später herausstellte, vermutete man ein Komplott der Anthroposophen mit Rudolf Heß und eine revolutionäre Organisation, die bereits zur Aufstellung eines Schattenkabinetts geführt habe. Daher die Frage: Wozu sind Sie vorbestimmt? Aus diesem Grunde bohrte man auch nach Beziehungen zu Parteigrößen, um so das ganze Netz der Verschwörung aufzudecken. In meiner Korrespondenz hatte man einen Briefwechsel mit Professor Bäumler, der ein Kulturamt unter Göbbels [richtig: Rosenberg, U. W.] leitete, gefunden. Darauf wurde herumgeritten bis zur Erschöpfung."[212]

Hauschka arbeitete trotzdem an der Entwicklung von „Wala-Produkten" weiter. Außer in Gnadenwald hatte er Laboratorien in Wien, später in München und im Böhmerwald. Die Produkte, besonders Elixiere, fanden in Kliniken „reißenden" Absatz.[213] Nach dem Kriege bot sich dann in Eckwälden die Gelegenheit zum Aufbau der heutigen Wala-Heilmittelbetriebe. Im Falle der Wala wurde von Hauschka während der NS-Zeit etwas vorbereitet, was im Falle der Weleda AG schon zu Beginn der NS-Zeit vorhanden war. Die Vorgänge, die das Schicksal dieser letzteren Einrichtung bestimmten, sollen nun beschrieben werden.

Das Schicksal der Weleda AG und die anthroposophische Ärzteschaft

Juni 1941 bis Februar 1942: Der „Politische Kampf"[214]

Als am 28. Juni 1941 der von der Berliner Reichsstelle Chemie ausgehende Stillegungsbescheid bei der Weleda AG in Schwäbisch Gmünd einging, wurde der

[212] Rudolf Hauschka, Wetterleuchten einer Zeitwende, Frankfurt a.M. 1982, S. 97ff.

[213] Vgl. Rudolf Hauschka, Wetterleuchten einer Zeitenwende, Frankfurt a.M. 1982, S. 102ff.

[214] Diesen Terminus gebrauchte Fritz Götte in seinen „Erinnerungen aus der Zeit des Nationalsozialismus: Menschengemäße Heilmittel und ihre Feinde", Manuskript, ca. 1978, S. 10, PA Christoph Lindenberg. Die in diesem Zusammenhang geschilderten Ereignisse stützen sich im wesentlichen auf dieses Manuskript. Seine Ausführungen bestätigen sich einerseits in Göttes ausführlichen Tagebuchnotizen aus dieser Zeit, andererseits in dem umfangreichen Ärztebericht vom Februar 1942, der entscheidend zu der Aufhebung des behördlichen Stillegungsbescheides gegen die Weleda beigetragen hat.

dortige Prokurist Fritz Götte mit den Verhandlungen um die Aufhebung dieses Bescheides beauftragt.

Götte hatte seit 1932 zusammen mit Oskar Schmiedel die Geschäftsführung dieser Stuttgarter Zweigfirma der Weleda AG in Arlesheim (Schweiz) inne. Göttes Anliegen während dieser Jahre war es, die Verbreitung der Weleda Präparate nicht mit den Methoden üblicher Werbekampagnen zu betreiben, sondern ein lebendiges Verhältnis zwischen den Produzenten der Präparate und den Ärzten und Apothekern aufzubauen, so daß Produktion und Verwendung der Präparate sich gegenseitig fördern sollten. Götte war es schon damals darum zu tun, viel Sorgfalt auf die Korrespondenz mit der Ärzteschaft zu legen. Anregungen von Apothekern und Ärzten zu methodischen Fragen, die die Herstellung betrafen, wurden von ihm behandelt. Wesentlich erschien ihm auch, daß die anthroposophischen Grundlagen der Herstellung den Abnehmern nicht verborgen blieben. In diesem Austausch bildete sich eine Zusammenarbeit, die zur Folge hatte, daß die anthroposophische Ärzteschaft für die nun bedrohte Weleda AG eintrat.[215]

Im Stuttgarter Landwirtschaftsamt, das den Stillegungsbescheid im Auftrage der Reichsstelle Chemie zugestellt hatte, brachte Götte vor, daß es sich bei der Weleda AG um Schweizer Eigentum handele, und man versprach ihm, deswegen in Berlin nachzufragen, riet ihm aber auch, selbst dorthin zu fahren. Immerhin war der Stuttgarter Beamte der Ansicht: „was von Berlin kommt, ist von vornherein und nach Möglichkeit zu eliminieren", und machte die Bemerkung: „Von mir aus werd' i die Sach dilatorisch behandle". So fuhr Götte nicht ohne Zuversicht nach Berlin.

Durch den Berliner Arzt Dr. Klaus Petersen wurde Götte auf Hellmut Vermehren, Pfarrer der Christengemeinschaft, hingewiesen, der zum fraglichen Zeitpunkt als früherer Chemiker und Nationalökonom in der „Wirtschaftsgruppe Chemische Industrie" „dienstverpflichtet" war. Vermehren erschien ihm als der richtige Mann im richtigen Augenblick. Vermehren erreichte zunächst, daß der Stillegungsbescheid zwecks Nachprüfung wegen der Schweizer Eigentumsrechte ausgesetzt wurde.

Dieser Schritt gab den Nachforschungen Göttes etwas Luft. Nach wiederholten Beratungen mit den dortigen anthroposophischen Ärzten, besonders

[215] Ebenso war es Götte ein Anliegen, daß auch den Patienten die geistigen Beweggründe und die konkreten Produktionsverhältnisse dieser Heilmittel vermittelt wurden. Er brachte im Mai 1932 die erste Nummer der „Weleda-Nachrichten" heraus. Ihm stand nicht ein „massenmäßiges Sich-Ausbreiten", sondern ein lebendiges „Sich-Fortpflanzen" vor Augen. Mit der Zeitschrift sollte der Leser nicht „verblendet", sondern so informiert werden, daß er selbst in Kenntnis der Grundlagen bewußt einen Zugang zu den Intentionen der Hersteller bekam. 1941 schätzte Götte die Verbreitung der „Weleda-Nachrichten" auf etwa 100 000 Leser. Diese betrachtete er als die eigentliche „Weleda-Gemeinschaft", die letztlich ein Element darstellte, was auch vom NS-Regime nicht zerstört werden könnte. Fritz Götte, Erinnerungen, 1974, Manuskript. PA Christoph Lindenberg.

mit Wilhelm zur Linden, Dr. Gerhard Suchantke und Dr. Klaus Petersen, gelang es Götte, zu dem eigentlichen Urheber, dem Reichsgesundheitsamt vorzudringen.[216]

Schon in den Jahren zuvor hatte es mit dem Reichsinnenministerium einen Zwischenfall gegeben, woraufhin das Gesundheitsamt einen exakten Nachweis der therapeutischen Wirkung verschiedener Substanzen forderte. Dem zuständigen Ministerialrat hatte Götte offen erklärt: „Überhaupt verstehen Sie die Lage der Weleda falsch, wenn Sie den gewöhnlichen Fall annehmen, daß eine Firma Heilmittel herstellt, dann sie von Ärzten erproben läßt, um sie für dieses oder jenes Indikationsgebiet anzupreisen. Wir bieten diese Substanzen nicht an, sondern wir verarbeiten sie, weil Ärzte sie verlangen. Der Arzt ist der Urheber, nicht wir." Auf das weitere Drängen des erstaunten Beamten meinte Götte: „Herr Ministerialrat, ich könnte ihnen vielleicht weitere Auskünfte geben, nämlich wenn Sie mir sagen würden, womit Ihre Anfrage zusammenhängt, was sie damit bezwecken." Darauf der Beamte: „Ich will es Ihnen sagen: weil Sie Anthroposophen sind!"[217]

Zusagen des Reichsgesundheitsführers Dr. Conti, die Sache zu prüfen, blieben ohne Konsequenzen. Als in Erfahrung gebracht wurde, daß die Weleda aus „kriegswirtschaftlichen Gründen" geschlossen werden sollte, machte man Götte den Vorschlag, mit einem Einsparungsplan die Stillegung zumindest zu verzögern. Götte machte den Plan, aber glaubte nicht an dessen Wirksamkeit, da er ein anders begründetes Verbot befürchtete. Als ihm die Übernahme des Betriebes durch einen Kommissar angeboten wurde, weigerte er sich strikt, diesen Weg zu gehen, weil er damit die Weleda inkompetent geführt und in ihren eigentlichen Grundlagen der Zerstörung entgegengehen sah. Auch einen Vorschlag, ein Gespräch mit Himmler zu vermitteln, lehnte er ab. Entscheidend wurde eine Intervention von Dr. Wilhelm zur Linden, vermutlich im August 1941. Er erreichte bei einem höheren Medizinalbeamten des Innenministeriums, daß eine Entscheidung erst nach der Vorlage einer Sammlung ärztlichen und klinischen Materials getroffen werden sollte. Götte empfand das als den eigentlichen „Schwerpunkt" in der ganzen Krise. Ihm ging es darum, die zuständigen Referenten in der Sache – d. h. der Qualität und Wirksamkeit der Weleda-Präparate – zu überzeugen.

[216] Damit war aber definitiv klar, aus welcher Ecke der „Wind wehte". Bei dem Kommissarischen Leiter des Naturheilverbandes, Franke, der zuerst „militärisch" abweisend war, erlebte Götte eine plötzliche Wende im Gespräch, und zwar, als er seine Bildermappe, angefertigt von Gerbert Grohmann, mit den Heilkräutern zeigte, und Franke bemerkte, daß das alles „biologisch-dynamisch" war. Es zeigte sich schließlich, daß Franke in einem Nebenzimmer ganze „Batterien von Weleda-Präparaten" hatte. Es war wie schon mehrmals von Götte erlebt: die Beamten und ihre Familien waren Patienten anthroposophischer Ärzte oder solcher zumindest, die Weleda-Heilmittel verschrieben.

[217] Fritz Götte, Erinnerungen, Manuskript, S. 3. PA Christoph Lindenberg.

Die behördliche Forderung wurde schriftlich bestätigt, und Götte machte sich sofort an die Arbeit. Er nannte das Resultat „geradezu ein Ruhmesblatt in der Geschichte der anthroposophischen Ärztebewegung“: 133 Ärzte und klinische Einrichtungen[218] hatten eine Fülle von verwertbarem Material geliefert, das Götte am 27. Februar 1942 dem zuständigen Referenten, Ministerialrat Dr. Grunwald, überreichte.[219]

In der folgenden Besprechung erschien aber alles umsonst. Götte berichtet: Grunwald, „mit einem Bleistift spielend und diesen an den entsprechenden Stellen hart auf die Tischplatte stoßend“ sagte „einige Sätze, die sich mir geradezu eingebrannt haben: ‚Sie haben mir Material gebracht, aber ich muß Ihnen sagen: es ist ungenügend. Ich habe doch Dr. zur Linden gesagt, daß ich klinisches Material erwarte‘ (das erste i klingt mir noch in seiner Schärfe in den Ohren), ‚Material aus Kliniken, deren Leiter Lehrstuhlinhaber sind, und Sie bringen mir da lauter Krankengeschichten von praktischen Ärzten, und dann sind noch so und so viele weibliche [...]. Ich muß Ihnen sagen: es bleibt dabei, Ihr Betrieb wird geschlossen.‘ Ich wurde, ohne daß ich noch ein Wort hätte sagen können, entlassen.“[220]

Götte, niedergeschmettert, enttäuscht von sich selbst, glaubte alles verloren. Die Äußerungen Grunwalds ließen ihn aber nicht in Ruhe, und im Laufe der Nacht, als er diese mit den schriftlich fixierten Formulierungen der Wirtschaftsgruppe Chemie verglich, fiel ihm ein Widerspruch auf, den er in den frühen Morgenstunden etwa mit folgendem Wortlaut zu Papier brachte:

„Sie haben mir gestern gesagt, daß Sie Material von uns verlangten aus Kliniken, deren Chef Ordinarien sind, aber ich mache Sie darauf aufmerksam, daß das in Widerspruch steht mit dem Briefe der Wirtschaftsgruppe Chemische Industrie, Ihrem Beauftragten uns gegenüber, und da ist nur die Rede von klinischem Material und solchem von Ärzten. Ich habe genau das geliefert, was schriftlich von uns verlangt worden ist, und es ist unmöglich, daß das Ministerium seine Entscheidung von Anforderungen abhängig macht, die es *nachträglich* erst zur Kenntnis bringt. Zudem muß ich Sie darauf aufmerksam machen, daß klinisches Material in den beiden abgegebenen Bänden enthalten ist und im übrigen, daß Sie die Qualität der attestgebenden Ärzte angetastet haben (denn das hatte er wirklich in seiner Schärfe), diese sind auch approbierte Ärzte, wenn sie auch keine Ordinarien sind und schließlich finde ich es peinlich, wenn ein hoher Medizinalbeamter des Reiches einen abwertenden Unterschied macht zwischen männlichen und weiblichen Ärzten.“[221]

Als er gegen 10 Uhr seinen Brief im Ministerium ablieferte, kam ihm Grunwald entgegen. Sie gingen wortlos aneinander vorbei. Aber eine Woche später kam

[218] Siehe Liste in Anlage 23.

[219] Bericht-Material über die pharmazeutischen Präparate der Weleda AG (Schweiz), Zweigniederlassung Stuttgart, vorgelegt dem Reichsgesundheitsführer Staatssekretär Conti z. H. des Reichsinnenministeriums, Ministerialrat Grunwald auf Aufforderung der Reichsstelle „Chemie“, 219 Seiten, o. J. PA Jürgen Schürholz.

[220] Fritz Götte, Erinnerungen, Manuskript, S. 8. PA Christoph Lindenberg.

[221] Fritz Götte, Erinnerungen, S. 9. PA Christoph Lindenberg.

der Brief der Wirtschaftsgruppe Chemie, der den Stillegungsbescheid gegen die Weleda AG aufhob. Göttes Vermutung, ein Beamter könne einen solchen Brief doch nicht zu den Akten nehmen, ohne seine Fehler auf irgendeine Weise in Ordnung zu bringen, hatte sich in diesem Falle offenbar als richtig erwiesen.[222]

Die anfangs genannten engen Beziehungen zwischen dem Betrieb und den Ärzten, die die anthroposophische Ärzteschaft zu gemeinsamem schnellen Handeln veranlaßte, die Fürsprache zur Lindens, Göttes Geistesgegenwart und sein Bestreben, sachlich zu bleiben, müssen als die ausschlaggebenden Elemente für den „glücklichen" Ausgang dieses politischen Kampfes angesehen werden. Wie schon erwähnt, hatte Götte das Angebot, bis zu Himmler zu gehen, abgelehnt. Tatsächlich zeigen auch die Ereignisse, daß Gestapo und SD letzten Endes das Unternehmen nicht antasteten.

Selbstverständlich war dies keinesfalls. Götte erfuhr nämlich bald darauf durch Karl Schoenberger, Hersteller von Pflanzensäften, Parteimitglied und kommissarischer Leiter irgendeiner größeren „biologischen" Gruppe, daß Himmler den Appetit, den er schon hinsichtlich der biologisch-dynamischen Landwirtschaft gezeigt hatte, nun auch auf die Weleda AG ausdehnen wollte: „Der Reichsführer Himmler habe die Absicht, den ganzen Weleda-Betrieb, unangetastet, samt Mitarbeitern in seinen SS-Bereich einzugliedern, nur die oberste Leitung solle aus dem Unternehmen entfernt werden."[223] An der Authentizität der Ausführungen Schoenbergers kann nicht gezweifelt werden. Er hatte dieses Vorhaben eben in einer Sitzung erfahren und teilte dies umgehend Götte vertraulich mit. So ist es nicht abwegig, anzunehmen, daß paradoxerweise gerade diese Bestrebungen Himmlers zum Erhalt der Weleda AG beigetragen haben. Vermutlich hatte die Weleda – ähnlich der biologisch-dynamischen Bewegung – zeitweise auch zwischen Skylla (behördlicher Schließung) und Charybdis (Übernahme durch die SS) gestanden. Götte war es jedenfalls seit seinem Polizeiverhör im November 1935 bewußt,[224] daß diese Gefahr immer im Hintergrund lauerte. Im übrigen versuchten Vertreter der pharmazeutischen Industrie noch nach 1942, ein Produktionsverbot gegen die Weleda AG durchzusetzen. Das geht aus einem Hinweis Ohlendorfs hervor: „Neben einer Hilfestellung hier konnte ich 1943 als Ministerialdirektor im Reichswirtschaftsministerium die von der pharmazeutisch-chemischen Großindustrie versuchten Produktionsverbote gegen die Weleda-Produkte usw. noch verhindern [...]."[225]

[222] Spekulationen, nach denen Otto Ohlendorf in dieser Zeit für die Rettung der Weleda AG gesorgt hätte, müssen schon wegen der Tatsache zurückgewiesen werden, daß Ohlendorf zu dieser Zeit als Befehlshaber der Einsatzgruppe C hinter der Ostfront stand.

[223] Fritz Götte, Erinnerungen, Manuskript, S. 12. PA Christoph Lindenberg.

[224] Vgl. Anlage 7.

[225] Otto Ohlendorf, Eidesstattliche Erklärung, Landsberg, o. J. S. 7. PA Irmtraut Volpert.

Zu Sigmund Rascher

Nicht eigentlich in diesen Zusammenhang gehört der Fall Sigmund Rascher, der im KZ Dachau mit Gefangenen experimentierte. Weil aber die Weleda einige Male in diesem Kontext genannt wurde, einige knappe Bemerkungen: Von einigen Journalisten wird seit 1983 behauptet, die Weleda sei von Nationalsozialisten deshalb nicht geschlossen worden, weil sie 1943 an den Arzt Sigmund Rascher in München 20 Kilo ihrer Frostschutzcreme, die zu jener Zeit auch in der Wehrmacht Verwendung fand, geliefert habe.[226] Mit dieser Behauptung wird unterstellt, daß die Weleda fortbestanden hätte, weil sie mit ihrer Lieferung zum Komplizen der Unterkühlungsversuche geworden sei, die Rascher im KZ Dachau anstellte.[227]

Diese Vorwürfe stützen sich einerseits auf die Lieferung der Frostschutzcreme an Rascher und die Gegenlieferung der zur Herstellung der Frostschutzcreme benötigten Vaseline aus den Beständen der SS an die Weleda und andererseits darauf, daß Sigmund Rascher ein Sohn des bereits erwähnten Anthroposophen Dr. Hanns Rascher und ehemaliger Schüler der Stuttgarter Waldorfschule war.

Unsere Untersuchungen haben gezeigt, daß die Unterstellung dieser Zusammenhänge unzutreffend ist. Die Weiterarbeit der Weleda war bereits 1942 gesichert. Sie steht in keinem Zusammenhang mit der Lieferung an Rascher. Rascher, offiziell Stabsarzt in der Wehrmacht, hatte auch keine Position, auf die Entscheidungen, die zur Weiterarbeit der Weleda führten, Einfluß zu nehmen. Es hat sich auch bei unseren Nachforschungen nirgends ein Beleg dafür gefunden, daß er das versucht hätte. Sein Name fehlt selbstverständlich auch auf der Liste der Ärzte, die für die Weiterarbeit der Weleda gutachteten, denn Rascher war kein Anthroposoph und zählte sich auch selber nicht zur anthroposophischen Ärzteschaft.

Man scheint ferner anzunehmen, daß die Weleda über die Bestimmung der von ihr gelieferten Frostschutzcreme unterrichtet gewesen sein könnte. Wer dies annimmt, übersieht, daß die Versuche Raschers unter strenger Geheimhaltung erfolgten. Rascher selbst sprach auch zu ihm gut bekannten Personen nie über seine Arbeit im KZ Dachau.[228] Die Weleda, die die Frostschutzcreme an die Privatanschrift Raschers in München lieferte, konnte nicht ahnen, wozu die Creme bestimmt war.

[226] Vgl. z. B. TAZ vom 19. Mai 1983; Flensburger Hefte, Nr. 32, 1991; TAZ vom 11./12. März 1995; A. Wagner, Beiträge, NS-Dokumentation, Bd. 3, Rendsburg 1992.

[227] Vgl. zu den Versuchen Sigmund Raschers: KZ-Gedenkstätte Dachau Dokumente 288 bis 334, Freiwillige Aussage des Kriegsgefangenen Karl Wolff vom 14. November 1946, IfZ-Archiv 1387/541, H. Huber (Hrsg.), „Reichsführer!“ Briefe an und von Himmler, München 1970; A. Mitscherlich-Mietke, Medizin ohne Menschlichkeit, Köln 1993, u. a.

[228] Gespräch mit Michael Peter vom 19. April 1993.

Die Weleda in den letzten Kriegsjahren

Mit der Aufhebung des Stillegungsbescheides, der behördlicherseits zunächst den Betrieb zu sichern schien, war die Weiterexistenz der Weleda keineswegs garantiert. Für einen nicht als „kriegswichtig“ eingestuften Betrieb, der keinen „Produktionsauftrag“, geschweige denn eine „Produktionsaufgabe“ hatte, war es alles andere als selbstverständlich, die erforderlichen Rohmaterialien und das entsprechende Verpackungsmaterial zu beschaffen.[229] Dafür mußte unermüdlich gearbeitet werden: „Den Jubel im ganzen Weleda-Betrieb, wenn ein schwerer Lastwagen mit Glas wieder durch das Fabriktor rollte, kann sich heute niemand mehr vorstellen.“[230]

Unter dem Donner der herannahenden Front kam der „Führerbefehl“: Die Parole „Cäsar“ besagte, daß der Betrieb zur Zerstörung vorbereitet werden sollte. Wenn das Stichwort „Nero“ durchgegeben werde, müsse die Zerstörung durchgeführt werden. Schmiedel und Götte beschlossen, nichts in dieser Richtung zu tun: sollten denn die jahrelangen Bemühungen um den Erhalt des Betriebes gelungen sein, um ihn schließlich selbst zu zerstören? Beim Einmarsch der Amerikaner hing ein Schild neben dem Eingangstor: „Swiss property. Under the protection of the Swiss Consulate in Stuttgart.“[231] Die amerikanischen Geschütze wurden auf der Straße vor dem Eingangstor der Fabrik in Stellung gebracht, aber ihre Kanonen waren nicht auf das Weledagebäude, sondern auf die noch nahe Front gerichtet.

Im Rückblick auf diese Ereignisse sagte Götte:

> „Ich halte es überhaupt für abwegig, wenn hie und da von einem bestimmten „Retten“ der Weleda aus all diesen Nöten gesprochen wird. Was „rettete“, war einerseits jene Gemeinschaftlichkeit in all diesen schweren Schicksalsdingen. Aber es gab auch noch etwas anderes, und das waren jene Kräfte, die aus einem über die handelnden Menschen hinausweisenden Bereiche wirkten. Wenn es auch klar ist, daß das „Oben“ nur helfen konnte, wenn wir hier „unten“ so restlos als nur irgend möglich unsere Pflicht erfüllten und unsere Begabungen und unsere moralischen Phantasien walten ließen.“[232]

[229] Auch die Frostschutzcreme für Siegmund Rascher konnte nur nach Lieferung der erforderlichen Rohstoffe aus Wehrmachts- oder SS-Beständen hergestellt werden.
[230] Fritz Götte, Erinnerungen, Manuskript, S. 11. PA Christoph Lindenberg.
[231] Götte hatte mit der Diplomatenpost des Schweizer Konsulats immer wieder Berichte über den Stand der Dinge an das Arlesheimer Stammhaus schicken können.
[232] Fritz Götte, Erinnerungen, Manuskript, S. 11. PA Christoph Lindenberg.

Schlußwort

In den Aufzeichnungen von Fritz Götte haben wir es mit einem der wenigen erhaltenen Zeugnisse jener großen Zahl von Menschen zu tun, die aus anthroposophischer Haltung heraus den Nationalsozialismus weitgehend durchschauten und ablehnten. Seine Äußerungen stehen so stellvertretend für viele andere, die sich in der Zeit des Nationalsozialismus aus einsehbaren Gründen keine Aufzeichnungen gemacht haben und die in der Nachkriegszeit keine Memoiren schrieben, weil sie andere Aufgaben als dringender empfanden. Auch wirft Götte nochmals Licht auf die Frage eines überparteilichen, nichtnationalistischen Verständnisses des „Deutschtums", die hier – am Schluß der Arbeit – einen sicherlich berechtigten Platz hat.

„[...] dazu gehört auch das Durchleben der Zeit des Nationalsozialismus, in der es den verantwortlichen Leuten weder um das im wahren Sinne Nationale, also um wahres Deutschtum, noch um Sozialismus ging, sondern um Macht und zwar um Macht, die durch und durch Krankheitssymptom ist [...] letztlich aber durch Rudolf Steiner hatte ich mich in meinem Deutschsein gewissermaßen freigeflogen und parteilich-nationale ‚Endreste' peinlich abgestreift [...]. Und wenn ich unter meinen Mitmenschen mich umsehe, dann muß ich sagen: in meinem Deutschsein hat mich ein Freund jüdischer Abstammung am meisten bestärkt; das war Ernst Lehrs [...]. Tief in mich eingeschlagen hat ein Wort Rudolf Steiners, das mir Herbert Hahn vermittelt hat. Auf die Frage nach der ‚Aufgabe der Deutschen' hatte dieser geantwortet: ‚Die Würdigung anderer Völker.' So darf ich sagen, daß ich nie, als jenes ‚Deutschland erwache!' erscholl und die Intoleranz gegen jeden Andersdenkenden zum Prinzip erhoben wurde, einen Zweifel hatte über den Charakter dieser ‚Bewegung'[...].Ich kann ehrlicherweise sagen: nur einmal, ein einziges Mal, habe ich heftig geschwankt [...]. Es war wieder etwas ‚Überwältigendes' geschehen, und ich wurde auf das Härteste, an die innere Existenz gehend bedrängt von der Frage: gehst du nicht doch an dem Größten, Geschichtlichen in deinem Volke vorbei?[...]. Meine innere Sicherheit in dieser Sache habe ich auch angesichts ‚welthistorischer Erfolge' des Regimes, gewaltiger militärischer Siege oder von Festesräuschen, die man ja zu inszenieren verstand, nie verloren. Auch nicht, wenn ich im Gespräch einem Vertreter dieser Theatermacht, die aber eine so entsetzliche Auswirkung hatte, gegenüberstand [...]."[233]

Sehr bald nach Beendigung des Krieges nahmen die Anthroposophen und die Christengemeinschaft ihre Arbeit wieder auf. Bereits am Pfingstsonntag, den 20. Mai 1945 konnten Pfarrer der Christengemeinschaft wieder den Kultus, die Menschenweihehandlung, zelebrieren. Überall in Deutschland sammelten sich vom Kriege versprengte Anthroposophen wieder – oft in notdürftig hergerichteten Räumen – um das gemeinsame Studium der Anthroposophie neu zu beginnen. Während des Sommers 1945 begannen die Vorbereitungen zur Wiedereröffnung der Waldorfschulen, von denen einige bereits im Oktober 1945 ihre Pforten für die Schüler öffnen konnten. In wenigen Jahren entstanden insgesamt 25 Waldorfschulen. Schwierig gestaltete sich die Fortsetzung der biologisch-dynamischen Arbeit, da viele Höfe und Güter im Osten Deutschlands

[233] Fritz Götte, Erinnerungen, Manuskript, S. 225. PA Christoph Lindenberg.

verlorengegangen waren. Es gelang aber, neue Zentren der biologisch-dynamischen Arbeit zu schaffen. Die anthroposophischen Ärzte fanden nun Gelegenheit, sich in einer Arbeitsgemeinschaft zusammenzuschließen und ihre Erfahrungen auszutauschen. Angesichts der Fülle der Aufgaben konzentrierte man sich ganz auf die in Angriff genommenen Projekte. Es gab überall genügend Schwierigkeiten, Nöte und Sorgen: da fand man kaum Zeit, um Rückschau zu halten. Da man insgesamt wußte, daß nur wenige Anthroposophen dem Nationalsozialismus verfallen waren, war die „Vergangenheitsbewältigung" kein Thema. Offensichtlich hielt man eine Diskussion über das Verhalten einiger weniger für unfruchtbar. Man hatte jetzt ganz andere Sorgen und auch Streitfragen. Was blieb, waren gewisse kaum ausgesprochene Vorbehalte gegen einzelne. Erst sehr spät, als der größte Teil der aktiv Beteiligten verstorben war oder ein hohes Alter erreicht hatte, begann von dritter Seite eine Diskussion über das Thema. Schon damals konnten nur wenige Zeitzeugen befragt werden. Man kann bedauern, daß in jenen Jahren, als die Erinnerung noch frisch war, versäumt wurde, die Vergangenheit aufzuarbeiten. Man kann es aber auch verstehen: man wollte sich dem Neuaufbau der Arbeit widmen. So sahen es nicht nur die deutschen, sondern auch die englischen, niederländischen und skandinavischen Anthroposophen, die sich nach dem Kriege, ohne viele Worte zu machen, wieder mit ihren deutschen Freunden zusammenfanden und eine gemeinsame Arbeit begründeten. So sahen es auch die Emigranten, von denen manche nach Deutschland zurückkehrten, um in ihrem alten Wirkungsbereich die Tätigkeit fortzusetzen.[234]

[234] So Karl König, Hermann von Baravalle, Ernst Lehrs und Maria Röschl-Lehrs. Ein anderer Teil der Emigranten wie Hermann Poppelbaum, Friedrich Hiebel, Hans Büchenbacher, Heinrich Leiste fanden in Dornach eine neue Wirkungsstätte.

Anlagen

Anlage 1: Antworten des Vorstandes der Allgemeinen Anthroposophischen Gesellschaft auf Fragen von Hauschild, Vertreter des SD, vom 20. Mai 1933. Die Fragen liegen nicht schriftlich formuliert vor, und das Dokument trägt keine Überschrift (Archiv Bund der Waldorfschulen 4.2.022) 367

Anlage 2: Die Abstammung Rudolf Steiners (Archiv Bund der Waldorfschulen 4.2.193 und „Anthroposophie", März 1934) 371

Anlage 3: Bericht des SD-Hauptamtes Berlin über die Anthroposophische Gesellschaft vom 8. Mai 1935 (Grundlage des Verbotes vom 1. November 1935). (BAD Z/B 1 903) 372

Anlage 4: Klassen-, Lehrer- und Schülerzahlen der Waldorfschulen in Deutschland 1919 bis 1945 (1941). (Archiv für Waldorfschulen) 374

Anlage 5: Entwicklung des Waldorfschulvereins im Zusammenhang mit der Waldorfschule Stuttgart 1919 bis 1939 (Archiv Bund der Waldorfschulen) 376

Anlage 6: Franz Löffler an das Gauamt der NS-Volkswohlfahrt vom 12. August 1934 (BAD Z/B 1 903) 377

Anlage 7: Fritz Götte: Vernehmung durch die Gestapo im November 1935 (Fritz Götte, Erinnerungen, PA Christoph Lindenberg) 379

Anlage 8: Schreiben der Anthroposophischen Gesellschaft in Norwegen an Seine Excellenz den Herrn Reichsaußenminister Freiherrn von Neurath vom 21. November 1935 (BAD Z/B 1 888) 381

Anlage 9: Der Vorstand der Allgemeinen Anthroposophischen Gesellschaft an alle Mitglieder vom 21. November 1935 (Archiv Forschungsstelle Kulturimpuls) 382

Anlage 10: Auszüge aus dem Bericht des SD-Hauptamtes Berlin über „Anthroposophie" vom Mai 1936 (BAD Z/B 1 904) 383

Anlage 11: Schilderung der Situation der Dresdner Rudolf Steiner Schule im Hinblick auf die Besichtigung vom 26. November 1937 und auf das Baeumlersche Gutachten über die Waldorfschulen (Archiv Bund der Waldorfschulen 7.1.013) 390

Anlage 12: Beispiel einer polizeilichen Aktion gegen die Anthroposophie anhand eines Polizeiberichtes aus dem Jahre 1938 (BAD Z/B 1 887) 392

Anlage 13: Gutachten Alfred Baeumlers vom 22. Oktober 1938 (BAD Z/B 1 887) 394

Anlage 14: Die Gründung der Goethe-Hochschule am 12. August 1940 (IfZ MA 610 und Archiv Bund der Waldorfschulen 7.2.) 405

Anlage 15: Geschäftsbericht des Reichsverbandes für biologisch-dynamische Wirtschaftsweise e. V. vom 15. Dezember 1940 (BAD Z/B 1 1151) 409

Anlage 16: Jakob Wilhelm Hauer an Heinrich Himmler vom 13. Mai 1941 (BAD Z/B 1 904) 411

Anlage 17: Geplante Sommerveranstaltungen der Christengemeinschaft 1941 (Aus „Mitteilungen aus der Christengemeinschaft für ihre Mitglieder und Freunde", Jg. 4 [1941], Nr. 7) 413

Anlage 18: Schnellbrief vom 4. Juni 1941 (BAK R 58/1030) 414

Anlage 19: Beispiel eines Vernehmungsprotokolls aus der Gestapo-Aktion vom 9. Juni 1941 (StAW 6530) 419

Anlage 20: Marie Reuter: „Vom Anfang der Verbotszeit der Christengemeinschaft" (PA Dagmar von Wistinghausen) 421

Anlage 21: „Die Anthroposophie und ihre Zweckverbände. Bericht unter Verwendung von Ergebnissen der Aktion gegen Geheimlehren und sogenannte Geheimwissenschaften vom 5. Juni 1941" (FUB 80 – 40178) 423

Anlage 22: Geographischer Überblick über die heilpädagogischen Einrichtungen in Deutschland 1933–1945 (PA Wilhelm Uhlenhoff) 443
Anlage 23: Verzeichnis der Attestgeber für den Bericht der Weleda A. G. vom 3. März 1942 (PA Jürgen Schürholz) 444
Anlage 24: Biographische Hinweise 449
Anlage 25: Eine zeitgenössische Reflexion über den Totalitätsanspruch des Nationalsozialismus und politische Gläubigkeit 452

Anlage 1: Antworten des Vorstandes der Allgemeinen Anthroposophischen Gesellschaft auf Fragen von Hauschild, Vertreter des SD, vom 20. Mai 1933. Die Fragen liegen nicht schriftlich formuliert vor, und das Dokument trägt keine Überschrift.

Da bei der Anthroposophischen Gesellschaft von einer der NSDAP nahestehenden Seite angeregt wurde zu wichtigen Gegenwartsfragen Stellung zu nehmen, sei hier das Folgende gesagt. Einleitungsweise möchte ich auf die Prinzipien der Allgemeinen Anthroposophischen Gesellschaft hinweisen worin es heißt: Die Anthroposophische Gesellschaft ist keine Geheimgesellschaft, sondern eine durchaus öffentliche [...]. Die Gesellschaft lehnt jedes sektiererische Bestreben ab. Die Politik betrachtet sie nicht als in ihrer Aufgabe liegend.

Dr. Rudolf Steiner, der Begründer der Anthroposophie, geb. 27. Februar 1861, gest. 30. März 1925, ist aus niederösterreichischem Bauerngeschlecht katholischer Konfession hervorgegangen und rein arischer Abstammung. Sein Vater war der am 23. Juni 1829 geborene, am 22. Januar 1910 als Südbahnbeamter i. P. gestorbene Johann Steiner, der sich am 8. Mai 1860 mit Franziska Blie, der Mutter Rudolf Steiners, verehelicht hatte. Die Großeltern Rudolf Steiners waren Johann Steiner, Revierjäger und Bestandswirt in Pernegg, und dessen Gattin Anna, geborene Poigner. Das kathol. Pfarramt Horn in Niederösterreich vermerkt auf dem Totenschein des Johann Steiner: „Der obenerwähnte Johann Steiner, Vater des Johann Steiner war Revierjäger in Pernegg, ist katholisch wie seine Eltern gewesen, und es ist daher vollkommen ausgeschlossen, daß irgendwie eine jüdische Abstammung möglich ist."

Versailler Vertrag. Schon am 16. November 1918 spricht Dr. Steiner in einem Dornacher Vortrag mit Entrüstung über die Waffenstillstandsbedingungen und „über die Stimmung in neutralen Ländern und in den feindlichen Ländern und das Wohlwollen, mit dem jetzt dort die unerhört grausamen Waffenstillstandsbedingungen für die Zentralmächte gewürdigt werden, zusammen mit jenem allgemeinen, merkwürdigen Schweigen, mit dem man darüber hinweggeht, daß diese Waffenstillstandsbedingungen, so wie sie waren und wie sie ja auch nach der Milderung bleiben werden, ein wahrhaftiges Todesurteil sind".

Gegen die Kriegsschuldlüge hat sich Rudolf Steiner seit Anfang des Krieges auf das energischste gewehrt. In seiner 1915 erschienenen Schrift „Gedanken während der Zeit des Krieges. Für Deutsche und diejenigen, die nicht glauben sie hassen zu müssen" hat er auf die völlige Unschuld Deutschlands hingewiesen. Die Schrift wurde im neutralen Ausland verbreitet und hat dort günstige Wirkungen hervorgerufen. Die längeren Darstellungen dieses Buches werden auf Seite 42 folgendermaßen zusammengefaßt:

„Man wird bei den Deutschen vergeblich nach solchen Triebfedern suchen, die zu dem gegenwärtigen Kriege in ähnlicher Art führen mußten wie die von Solowieff bei den Russen gekennzeichneten, von Renan für die Franzosen vorausverkündeten. Die Deutschen konnten voraussehen, daß man diesen Krieg einmal gegen sie führen werde. Es war ihre Pflicht, sich für ihn zu rüsten. Was sie zur Erfüllung dieser Pflicht getan haben, nennt man bei ihren Gegnern die Pflege ihres Militarismus."

Über die zerstörende Wirkung des Versailler Vertrages äußerte sich Dr. Steiner in einem Aufsatze vom Februar 1920 in der Wochenschrift „Dreigliederung des sozialen Organismus", Nr. 32, unter dem Titel: „Zerstörung und Aufbau" folgendermaßen:

„Die Ausführungen Keynes' sind ein voller Beweis dafür, daß aus den politischen Anschauungen, die bis in die Gegenwart herrschend waren und die von den noch immer maßgebenden führenden Persönlichkeiten auch in das sogenannte ‚Friedenswerk' hineingetragen worden sind, nichts hervorgehen kann von dem, was die Zukunft der civilisierten Menschheit braucht.

Die Angehörigen des deutschen Volkes erleben in dieser Weltenstunde in der denkbar bittersten Art, wozu es unter den herrschenden Antrieben der neueren Civilisation gekommen ist. Man fordert von ihm etwas, an dessen Verwirklichung keinen Augenblick gedacht werden kann. Die es fordern, würden Berge von Hass auftürmen, gegen die die bisher errichteten winzige Hügel wären, wenn das deutsche Volk nach einem Machterfolge sich hätte einfallen lassen, dergleichen zu ersinnen. Dahin also ist man gelangt, daß man das offenbar ganz Unmögliche als eine Bedingung eines Friedenswerkes ansehen kann.

Leute, die sich nüchternen Blick bewahren wollen, sagen, die führenden Persönlichkeiten arbeiten an der Zerstörung Europas; diese führenden Persönlichkeiten ersinnen als ein Stück ihres ‚Friedenswerkes' etwas, aus dem Maßnahmen hergeleitet werden, welche zu der wirtschaftlichen Zerstörung die völlige seelische Selbstvernichtung des deutschen Volkes herbeiführen sollen. (An der Beurteilung des ‚Geistes', der in solchen Maßnahmen wirkt, ändert es nichts, wenn etwas später Abänderungen erfolgen. Und auf diesen ‚Geist' kommt es an.)"

In der gleichen Woche, am 14. Februar 1920, sagte er in einem Vortrag „Das Ereignis von Versailles war nichts anderes und ist nichts anderes, als die Einimpfung eines Zivilisationsgiftes, eines Giftstoffes, der die Menschen noch kranker machen muß, als sie vorher waren. Denn all dasjenige, was ohne die Erkenntnis der zukünftigen Lebensbedingungen geschaffen wird, ist Krankheitsstoff für die sich entwickelnde Menschheit."

Freimaurerfrage: Die rein formellen und für ihn völlig unverbindlichen Beziehungen zu einer Freimaurerströmung hat Rudolf Steiner selbst in seinem Buche „Mein Lebensgang" Seite 318ff. mit voller Klarheit dargestellt. Sie hatten mit Politik niemals etwas zu tun und sind überhaupt Mitte 1914 abgebrochen und später in keiner Weise wieder aufgenommen worden. Die Feindschaft, die ihm daraus erwuchs, daß er die bedingungslose Treue zum deutschen Geiste in allen Angelegenheiten aufrecht erhalten wollte, führte schon vor dem Kriege zum völligen Bruch mit Mrs. Besant und ihrer englisch orientierten Theosophie. Dr. Steiner berichtet darüber:

„Ich stellte dazumal die Frage an Mrs. Besant, – und daß ich solche Dinge wohl im Gedächtnis behalte, das wird vielleicht zuweilen Leuten recht unangenehm sein! – ich stellte an Mrs. Besant die Frage: ‚Wie ist es denn nun mit jenem mächtigen deutschen Okkultismus, der sich mit der deutschen Kultur verbindet, besonders um die Wende des 18. und 19. Jahrhunderts so intensiv verbindet?' (Goethe und Schiller, Fichte, Schelling, Hegel). Da antwortete mir Mrs. Besant: ‚Ach, was da in Deutschland hervorgetreten ist, das ist ein mißlungener Versuch im Okkultismus. Das ist in anderen Formen hervorgetreten. Und weil das mißlungen ist, mußte das in England in die Hand genommen werden, und von England aus nun Europa der Okkultismus gebracht werden.' – Sie sehen, wieso in diese Dinge auf Schleichwegen Politik doch wohl hineinspielt und wie man solche Dinge doch berücksichtigen muß.

Und ich sagte 1909 in Budapest zu Mrs. Besant: ‚Es ist gar keine Rede davon, daß ich jemals in einer okkulten Bewegung irgend etwas anderes sein will als im Zusammenhang mit der deutschen Kultur – nur mit der deutschen Kultur, innerhalb Mitteleuropa.' Das sagte ich Mrs. Besant 1909. Trotzdem schrieb sie nach dem Ausbruch des Krieges die Dinge, die ich Ihnen gesagt habe. Da hat man es nicht mehr mit einer objektiven Unwahrheit, sondern mit einer ganz bewußten Lüge zu tun. Denn es ist ja ausdrücklich erklärt worden, um was es sich handle." (Aus dem Vortragscyclus „Gegenwärtiges und Vergangenes im Menschengeiste, Seite 71.) Über Strömungen, die er zeitlebens offen als verderblich charakterisiert hatte, sprach er z. B. in einem öffentlichen Vortrag vom 26. März 1916 in Berlin:

„Darum muß man mit dem rechnen, was das erschwindelte Hellsehen mit dem Aberglauben zu machen in der Lage ist. Und da ist es möglich, daß allerlei unlautere Bestrebungen, Strömungen auftreten; wo man ganz etwas anderes erreichen will, als dasjenige, was etwa auf dem Gebiete der Wahrheit liegt; dasjenige, was die Menschen wissen müssen ist: was dadurch erreicht wird, daß man zuerst (erlauben Sie den harten Ausdruck) die Menschen dumm macht, sie erst benebelt, indem man ihnen allerlei Okkultismus vorführt, was auf ihren Aberglauben wirkt, und dann mit den dummgemachten Menschen allerlei Dinge ausführt, die durchaus nicht auf das Gebiet der Lauterkeit und Ehrlichkeit gehören [...]. Da erschien 1912 ein Almanach, ein Jahrbuch, herausgegeben von einer Persönlichkeit, die in einer Stadt des Westens als eine höhere Hellseherin verehrt wird von vielen, die eben in der Weise benebelt werden, wie es eben erzählt worden ist. 1912 und 1913, also voraus, erschien dieses Jahrbuch,

In diesem Jahrbuch, erschienen 1912 für 1913, findet sich über Österreich folgende Notiz: Es wird derjenige nicht regieren, der glaubt zu regieren. Dagegen wird ein anderer Jüngerer regieren, der jetzt noch nicht glaubt zu regieren. – Und mit noch größerer Deutlichkeit wird im Almanach 1914, d. h. der schon 1913 erschienen ist, auf diese Sache zurückgekommen. Es kann leichtgläubige Menschen geben, die nichts mehr und nichts weniger glauben als: da habe sich eine große Prophetie erfüllt. Menschen, denen gar nicht in ihrem blinden Glauben klar zu machen ist, daß hier unlautere, in der europäischen Welt lebende Strömungen gewirkt gaben, welche den Aberglauben benutzt haben und allerlei dunkle Okkultismen benützt haben, um irgend etwas in die Welt hineinzubringen. Wie das zusammenhängt mit allerlei unterirdischen Strömungen, das kann derjenige ersehen, der berücksichtigt, daß ein Pariser Blatt ‚Paris am Mittag' lange, lange vor den gegenwärtigen Wirren und ungefähr gleichzeitig mit dem Erscheinen der eben besagten Notiz in dem gekennzeichneten Almanach einer angeblichen Hellseherin, ein Pariser Blatt, das nun durchaus nicht Anspruch darauf macht, irgendwie okkultistisch zu sein, sondern das sich vergleichen läßt mit anderen Blättern, die am Mittag erscheinen, und daß dieses Blatt nun eben lange Monate vorher es als seinen Wunsch ausgedrückt hat, daß der österreichische Erzherzog Franz Ferdinand ermordet werden möge. – Da wird man schon auf gewisse unterirdische Zusammenhänge kommen."

Als Ziel der Anthroposophischen Gesellschaft bezeichnet Dr. Steiner in demselben Zusammenhang: „Unsere Bewegung konnte ja im Grunde genommen nur die Aufgabe haben, diejenigen, die loszureißen sind, loszureißen von dem Einfluß dieser westeuropäischen Verbrüderungen".

Was den Marxismus anbelangt, so ist es selbstverständlich, daß er als historischer Materialismus im polaren Gegensatz zur Spiritualität der Anthroposophie steht. In einem Aufsatz über den Marxismus vom Jahre 1920 schrieb Dr. Steiner:

„Aus anderen Lebensgrundlagen, aber aus gründlicher Erfahrung heraus hat Goethe zwei Sätze geprägt, die aber vollgültig für viele soziale Forderungen unserer Zeit sind. Der eine ist: ‚Ein unzulänglich Wahres wirkt eine Zeitlang fort; statt völliger Aufklärung aber tritt auf einmal ein Blendendes Falsches herein; das genügt der Welt und so sind Jahrhunderte betört'. Der andere ist: ‚Allgemeine Begriffe und großer Dünkel sind immer auf dem Wege, entsetzliches Unglück anzurichten.' Wahrhaftig, der nicht von unseren Zeitverhältnissen belehrte Marxismus ist ein ‚unzulänglich Wahres', das trotz seiner Unzulänglichkeit in der proletarischen Weltanschauung wirkt; aber nach der Weltkriegskatastrophe wird es gegenüber den wahren Zeitforderungen ein ‚blendendes Falsches', das verhindert werden muß, ‚Jahrhunderte zu betören'. Diesem Streben nach Verhinderung wird derjenige zuneigen, der erkennt, in welches Unglück das Proletariat durch sein ‚unzulängliches Wahres' rennt. Aus diesem ‚unzulänglichen Wahren' sind wirklich ‚allgemeine Begriffe' geworden, deren Träger aus einem wahrlich nicht kleinen Dünkel alles als Utopie ablehnen, was bemüht ist an die Stelle ihrer utopischen Allgemeinheiten Wirklichkeiten des Lebens zu setzen." („In Ausführung der Dreigliederung des sozialen Organismus", S. 17)

In einem weiteren Aufsatz über sozialistische Seelenblindheitheißt es: „Wie es farbenblinde Menschen gibt, die die Welt ‚grau in grau' sehen, so gibt es psychologieblinde Sozialreformer und Sozialrevolutionäre, welche den sozialen Organismus als Wirtschaftsgenossenschaft ausgestalten möchten, in der die Menschen selber wie mechanisierte Wesen leben. Und diese psychologieblinden Agitatoren wissen selbst nichts von ihrer Blindheit. Sie wissen ja nur das, daß es ein Rechts- und ein Geistesleben immer gegeben hat; und sie glauben, wenn sie das Wirtschaftsleben nach ihrem Ermessen gestalten, dann kommt alles andere „von selbst". Es wird nicht kommen; es wird ruiniert werden. Darum ist die Verständigung mit den Psychologieblinden recht schwierig; darum ist es leider auch notwendig, daß der Kampf mit ihnen aufgenommen werde, der nicht von den Psychologiesehenden, sondern von ihnen ausgeht." (S. a. a. O., S. 35)

Die hier besprochenen Probleme sind schon wiederholt abgeklärt und unrichtige Behauptungen richtiggestellt worden. Da darf die Frage erhoben werden: Wer wohl ein Interesse daran haben kann, immer wieder dieselben Unwahrheiten in verschiedener Gestalt in die Öffentlichkeit zu lancieren?

Wir erlauben uns zur Beantwortung dieser Frage die Schrift von Dr. Jur. et phil. Karl Heyer „Wie man gegen Rudolf Steiner kämpft" beizulegen. Hier sind z. B. die längst schon widerlegten, aber immer wieder auftauchenden unwahren Behauptungen über die Beziehungen von General v. Moltke und Rudolf Steiner in ihrer Haltlosigkeit dargestellt. Zweck solcher Gerüchte und Verunglimpfungen ist für jeden, der die Dinge prüft, leicht erkennbar: Man will nicht nur Rudolf Steiner, den Kämpfer für deutsches Wesen, sondern deutsche Treue selbst herabsetzen.

Im Übrigen verweisen wir auf die Bücher und Schriften Dr. Rudolf Steiners, von denen wir einige gleichzeitig überreichen, nämlich:

„Von Menschenrätseln"

„Aus schicksaltragender Zeit", eine Schriftenreihe;

1. Goethes Geistesart in unseren schicksalschweren Tagen und die deutsche Kultur, Berlin 1914
2. Das Werk Schillers und Fichtes, Berlin 1914
3. Die Menschenseele in Leben und Tod, Berlin 1914
4. Die Seelen der Völker, Berlin 1914
5. Die germanische Seele und der deutsche Geist, Berlin 1915
6. Geisterkenntnis in glücklichen und ernsten Stunden des Lebens, Berlin 1915
7. Fichtes Geist mitten unter uns, Berlin 1915 (im Druck)

Aus dieser Schriftenreihe wie aus dem gesamten Lebenswerk Dr. Rudolf Steiners geht hervor, daß die Anthroposophie die geistgemäß organische Fortbildung des deutschen Idealismus eines Fichte, Schelling, Hegel und der Geistesart Goethes sein will.

Rudolf Steiner selbst hat seinen tiefsten Empfindungen in einem Wahrspruchworte Ausdruck verliehen:

Der deutsche Geist hat nicht vollendet,
Was er im Weltenwesen schaffen soll.
Er lebt in Zukunftssorgen hoffnungsvoll.
Er hofft auf Zukunftstaten lebensvoll.
In seines Wesens Tiefen fühlt er mächtig,
Verborgenes, das noch reifend wirken muß.
Wie darf in Feindesmacht verständnislos
Der Wunsch nach seinem Ende sich beleben,
Solang das Leben sich ihm offenbart,
Das ihn in Wesenswurzeln schaffend hält!

Dornach, 20. Mai 1933 Allgemeine Anthroposophische Gesellschaft

Der Vorsitzende:
gez. Albert Steffen.

Quelle: Archiv Bund der Waldorfschulen 4.2.022.

Anlage 2: Die Abstammung Rudolf Steiners

Abschrift

Der Sachverständige für Rasseforschung
beim
Reichsministerium des Innern.
No: A 222 Berlin-NW. 40, den 24. Oktober 1933.
E/Sch. Königsplatz

Herrn
Martin M ü n c h
Zehlendorf
Gertraudstr. 10.

In Beantwortung Ihrer Anfrage vom 31. Juli d. J. teile ich Ihnen mit, dass Herr Dr. Rudolf Steiner, geboren zu Kraljevecz am 27. 2. 1861, arisch ist. Ich habe seine Vorfahren bis zu den Urgroßeltern und teilweise noch darüber hinaus nachgeprüft und festgestellt, daß sie sämtlich katholischer Konfession und arischer Abkunft waren. Herr Dr. Steiner ist also arisch.

Der Sachverständige für Rasseforschung
beim
Reichsministerium des Innern.
gez.: Dr. Gercke

(Reichsstempel)

Die Abstammung Rudolf Steiners

Steiner	Poigner	Blie	Schleifer, Müller
(Namen unbekannt, jedoch beide röm.-kath.)	(Namen unbekannt, jedoch beide röm.-kath.)	(Namen unbekannt, jedoch beide röm.-kath.)	Michael u. Maria, geb. Engelmann
Johann Steiner Revierjäger und Bestandswirt	Anna Steiner geb. Poigner	Joseph Blie Weber	Anna Blie geb. Schleifer

Johann Steiner —— ⚭ —— Franziska Steiner
16.V.1860

Rudolf Steiner
(27./II.) 1861–1925 (30./III.)

(Sämtliche Aszendenten röm.-kath.)
(Auszug aus der Notariellen Urkunde Dr. Max Eppenberger, Notar, Basel, 15. September 1933)
Quelle: „Anthroposophie", März 1934

Anlage 3: Bericht des SD-Hauptamtes Berlin über die Anthroposophische Gesellschaft vom 8. Mai 1935. (Grundlage des Verbotes vom 1. November 1935)

Bericht

Br.
Betrifft: Anthroposophische Gesellschaft

Anthroposophie ist ein aus Mythen der Vorzeit geschaffenes geisteswissenschaftliches System; eine Kopie anglo-indischer Theosophie unter geschickter Anpassung an europäische Verhältnisse, sie ist eine Aufwärmung und Modernisierung alter Irrlehren und rosenkreuzerischer Ideen durch eine okkulte Gesellschaft mit geheimen kosmopolitischen Zielen und kommunistisch-pazifistischem Gepräge.

Die Anthroposophische Gesellschaft wurde am 16. Dezember 1913 von Dr. Rudolf STEINER gegründet. Steiner war von 1902 bis 1913 Generalsekretär der Theosophischen Gesellschaft, über die er vor seinem Eintritt viel spottete, ja, in seinem „Magazin" 1897 wörtlich schrieb: „Die inneren Erlebnisse sind nichts als Heuchelei." Am 17. Januar 1902 stellte er mit seiner damaligen Freundin und späteren Frau Marie von Sivers sein Aufnahmegesuch. Am 23. Oktober gleichen Jahres wurde er in die esoterische Schule der Anny Besant, der fanatischen Deutschenhasserin im Weltkrieg und damaligen Präsidentin der Theosophischen Gesellschaft, aufgenommen.

In all den Jahren, in denen Steiner als theosophischer Propagandist in Wort und Schrift auftrat, erzog er sich eine ihm blind ergebene, treue Anhängerschaft, so daß er es wagen konnte, sich von Anny Besant zu trennen und eine neue Gesellschaft auf rosenkreuzerischer Basis zu gründen. Sein Austritt erfolgte, als die theosophische Päpstin den Hindu Krishnamurti zum Gefäß des kommenden Weltheilands bestimmte und den Orden „Stern des Ostens" gründete. Das war auch für Steiner zu viel und er beschloß auf dem theosophischen Kongreß in Genua (1912) mit einer entsprechenden Widerlegung aufzutreten; da hob Frau Besant den Kongreß auf, und Steiner trat aus der Gesellschaft aus. Er tat dies aber nicht aus Idealismus, sondern aus reiner Geschäftstüchtigkeit, weil er damit rechnete im Abendlande mit Christus ein besseres Geschäft zu machen als mit Buddha.

Nach dem Kriege war Steiner die umstrittenste Persönlichkeit auf dem Gebiete des Okkultismus. Er wurde von seinen blinden Anhängern zum „bedeutendsten Mann Europas" und sozialpolitischen „Weltheiland" geformt, der mit phänomenalem Klarblick Deutschlands Untergang vorausgesehen und entsprechende Heilmittel angeboten habe.

Als Anthroposoph war Steiner internationaler Pazifist und Weltverbrüderer. Er propagierte offen die Abkehr vom Rasseprinzip, hatte enge Beziehungen mit ausländischen Freimaurern, Juden und Pazifisten und war selbst Generalgroßmeister der internationalen Loge M Ae (Mystica Aeterna mit 9 Graden). Dies ist ein Geheimbund innerhalb der Theo-Anthroposophie, der rein freimaurerische Ziele verfolgt und zu dem nur die sichersten und vertrautesten Leute unter Schweigegelöbnis zugelassen werden. Sitz dieser Loge ist der berüchtigte anthroposophische Mysterientempel in Dornach in der Schweiz, das sogenannte „Goetheanum". Die höchsten Grade sind an den Orientalischen-Templer-Orden (OTO – Ordo templi orienti) angeschlossen. Steiners Inspirator war Theodor REUSS (33° 90° 96° X°). Dieser beauftragte ihn mit der Ausbreitung und Bearbeitung des Memphis 90° und Misraim 95° Ritus in Deutschland. Reuss war einer der gefährlichsten internationalen Freimaurer, der gleichzeitig dem Groß-Orient von Spanien, Frankreich, Amerika, Rumänien, Italien usw. angehörte und außerdem Souverän-Generalgroßmeister auf Lebenszeit des Ordens der alten Freimaurerei vom Memphis- und Misraim-Ritus in Deutschland war. Ebenso stand Steiner mit dem okkultistischen Schwindler Aleister CROWLEY, der unter dem Decknamen „Therion" den Thelemistenorden führt und ein übler internationaler Hochstapler ist, in Verbindung. Er war auch mit dem Rassejuden und Dichter Ludwig JAKOBOWSKI befreundet und verkehrte mit dem jüdischen Landesgroßmeister der Großen Landesloge, JOACHIM, der Mitglied des

„Grand Orient de France" war. Bezeichnend ist auch, daß nach Steiners Tod ein Jude, und zwar der ehemalige Stuttgarter Fabrikant Dr. Karl UNGER, Vorsitzender der Anthroposophischen Gesellschaft wurde.

Zwischen 1899 und 1902 war Steiner Lehrer an der marxistischen Liebknechtschule und rühmte sich öffentlich seiner Beziehungen zu Liebknecht. Er bewarb sich im Revolutionsjahr 1918 mit Hilfe seiner kommunistischen Freunde um einen württembergischen Ministersessel. Später trat er mit dem verkappten kommunistischen Dreigliederungsprojekt an die Öffentlichkeit. Für die anarchistisch-kommunistische Gesinnung der Anthroposophen sprechen auch die Erklärungen zum Marxismus und für Rosa Luxemburg (im Volkshaus Zürich 1919), sowie das landesverräterische Treiben bei den Wahlen in Oberschlesien und im Saargebiet. Steiner verstand auch, sich an führende Männer heranzumachen, so z. B. an Generaloberst MOLTKE, der früher sehr für Spiritismus schwärmte. Moltke stand vollständig unter dem zersetzenden Einfluß der Anthroposophen; er wurde 1914 im Großen Hauptquartier in Koblenz von Steiner aufgesucht. Dieser hat damals noch im Frühjahr mit dem berüchtigten Korrespondenten des „Matin", Jules Sauerwein, intim verkehrt. Er weilte 2 Tage im Großen Hauptquartier und zwar gerade um jene Zeit, als Moltke und sein Stab die ersten für den Feldzug wichtigen Entschlüsse fassen mußten. Auch der ehemalige Außenminister SIMONS huldigte der Anthroposophie und fuhr, als er im Herbst 1921 zur Konferenz nach London reiste über Stuttgart, wo er sich erst mit Steiner besprach.

Steiner entwickelte eine umfangreiche schriftstellerische Tätigkeit. Er gab stets als E i g e n e s aus, was er nur entlehnt und zusammengeschrieben hatte. Er war ein außerordentlich begabter Schauspieler und Vielredner. Seine „Geistesschulung" führt nicht zur Erkenntnis höherer Welten, sondern letzten Endes zu Gedächtnisschwund, Schwachsinn und Wahnsinn. Anthroposophie ist im innersten Wesen mystische Freimaurerei, verbunden mit okkulter Dressur und sexueller Magie. Die wirklich Gebildeten und das gesunde Volk stehen ihr auch deshalb fern; denn sie sehen in ihr etwas Ungesundes, Antisoziales, Zersetzendes.

Es bestehen heute noch in Deutschland anthroposophische Schulen, in denen Steiners Unterrichtsmethoden angewandt werden. Die Pädagogik Steiners steht in unvereinbarem Gegensatz zum Nationalsozialismus. Die Schulen verfolgen eine individualistische, nach dem Einzelmenschen ausgerichtete Erziehung, die nichts mit den nationalsozialistischen Erziehungsgrundsätzen gemein hat. Der Nationalsozialismus erstrebt die pflichtbewußte, kämpferische Persönlichkeit, die nach dem gesamten deutschen Volke ausgerichtet ist. Dieses ideale Erziehungsziel kann nur durch eine aus dem Nationalsozialismus heraus geschaffene Pädagogik erreicht werden.

Im Steinerismus liegt eine ernste Gefahr für Volk und Staat. Die Hauptgefahr ist die okkulte Schulung, deren Plan und Ziel blinder Autoritätsfanatismus, geistiges Sklaventum und Abhängigkeit ist. Der Anthroposoph kennt und glaubt nur an Steiner, er ist immer Steiner-Anhänger.

Quelle: BAD Z/B 1 903

Anlage 4: Klassen-, Lehrer- und Schülerzahlen der Waldorfschulen in Deutschland 1919 bis 1945 (1941).[1]

	Rudolf Steiner Schule Altona			Rudolf Steiner Schule Berlin			Rudolf Steiner Schule Breslau			Rudolf Steiner Schule Dresden			Freie Waldorfschule Kassel			Freie Goethe Schule Wandsbek			Freie Waldorfschule Hannover			Freie Waldorfschule Stuttgart		
Schuljahr	Klas	Lehr	Schü	Klas	Lehr	Schü	Klas	Lehr	Schü	Klas	Lehr	Schü	Klas	Lehr	Schü	Klas	Lehr	Schü	Klas	Lehr	Schü	Klas	Lehr	Schü
1919/20																						8	12	256
20/21																						11	23	420
21/22																						15	30	536
22/23																1	2	7				19	38	640
23/24																2	3	22				22	47	687
24/25																4	5	88				23	52	784
25/26																5	7	103				26	56	894
26/27																6	9	182	1	2	52	28	60	1023
27/28																8	11	241	2	3	90	28	60	1019
28/29				2	3	56										9	13	311	3	5	136	28	63	1120
29/30				–	–	–				–	–	65				10	17	372	5	8	186	28	64	1124
30/31				7	12	323	3	–	–	5	9	206	–	9	151	11	18	356	6	11	228	28	60	1061
31/32	5	5	107	8	–	–	5	–	–	–	–	–	6	11	243	12	19	382	8	14	288	28	60	1060
32/33	–[2])	–	–	8	–	369	–	–	–	–	–	289	–	14	268	12	20	388	9	14	310	28	60	1.003
33/34	–	–	–	9	16	367	7	–	227	8	–	300	–	16	305	13	19	421	10	15	329	27	58	963

1) Quelle: Zusammengestellt aus Archiv Bund der Waldorfschulen und Schulaufsicht Hannover (StAH).

Anlage 4: Klassen-, Lehrer- und Schülerzahlen der Waldorfschulen in Deutschland 1919 bis 1945 (1941).[1] (Fortsetzung)

	Rudolf Steiner Schule Altona			Rudolf Steiner Schule Berlin			Rudolf Steiner Schule Breslau			Rudolf Steiner Schule Dresden			Freie Waldorfschule Kassel			Freie Goethe Schule Wandsbek			Freie Waldorfschule Hannover			Freie Waldorfschule Stuttgart		
Schuljahr	Klas	Lehr	Schü	Klas	Lehr	Schü	Klas	Lehr	Schü	Klas	Lehr	Schü	Klas	Lehr	Schü	Klas	Lehr	Schü	Klas	Lehr	Schü	Klas	Lehr	Schü
34/35	8	12	287	10	17	394	8	11	240	9	17	340	9	15	293	–[2]	–	–	11	15	305	23	54	870
35/36	10	–	360	–	–	–	–	–	–	–	–	–	–	20	320	–	–	–	11	–	291	23	–	804
36/37	–[3]	–	–	–	–	335	–	–	–	–	–	220	–	–	–	12	–	420	10	14	238	19	47	667
37/38	–	–	–	–	–	–	–	–	–	–	–	202	–	–	–	–	–	–	9	–	186	17	43	555
38/39				5[3]	5	90	–	–	–	–	–	308	–	–	100	7	–	–	6[3]	–	81	11[3]	19	322
39/40										–	–	447	–[3]	–	–	11	–	200	4[3]	–	30			
40/41										–	–	450												
41/42										–	–	–												
42/43																								
43/44																								
44/45																								
	Selbstschließung (06.04.36)			Selbstschließung (26.08.37)			Selbstschließung (24.03.1939)			Zwangs-schließung (05.07.41)			Selbstschließung (27.06.38)			Selbstschließung (21.03.40)			Selbstschließung (09.07.37)			Zwangs-schließung (01.04.38)		

[1]) Quelle: Zusammengestellt aus Archiv Bund der Waldorfschulen und Schulaufsicht Hannover (StAH).
[2]) –: Zahlenangaben fehlen.
[3]) Umschulungskurse nach Schließung der Schule.

Anlage 5: Entwicklung des Waldorfschulvereins im Zusammenhang mit der Waldorfschule Stuttgart 1919 bis 1939.[1])

Jahr	Schülerzahl[2])	Zahl der Mitglieder	Gesamter Umsatz RM	Schulgeld[2]) RM	Beiträge RM	Sonstige Einnahmen RM
						(In runden Tausendern)
1919	253	1400				
1920	420	1400	1919–1923 insgesamt:			
1921	532	2200	990	350	660	–
1922	640	3500				
1923	687	4300				
1924	784	5130	324	130	194	-
1925	897	5570	394	175	193	26
1926	1023	4660	492	239	228	25
1927	1019	4240	497	271	209	17
1928	1120	3880	530	295	229	6
1929	1124	3130	483	313	160	10
1930	1061	2980	444	290	142	12
1931	1060	2770	430	285	135	10
1932	1003	2540	250	178	64	8
1933	963	2280	319	227	83	9
1934	870	2008	299	211	79	9
1935	804	1952	282	188	85	9
1936	667	1908	281	166	104	11
1937	555	2053	258	144	103	11
1938	500	2090	476	71	94	311
1939[3])	-	2130	84	-	72	12
insges.			6833000	3513000	2834000	486000

[1]) Quelle: Mitteilungen des Waldorfschulvereins, Mai 1940

[2]) Schülerzahl bzw. Schulgeld für Schüler der Freien Waldorfschule Stuttgart.

[3]) Der Waldorfschulverein wurde im 21. Jahr seines Bestehens von der Mitgliederversammlung am 25. März 1940 aufgelöst.

Anlage 6: Franz Löffler an das Gauamt der NS-Volkswohlfahrt vom 12. August 1934

Abschrift.

Absender Gerswalde/UM Schloss, d. 12.8.34

An das Gauamt der NS-Volkswohlfahrt

Berlin.

Bezugnehmend auf unsere mündliche Unterredung v. 10. ds. Ms. möchten wir Ihnen folgende Angaben zu einer Urteilsbildung über unsere Arbeit unterbreiten.

Die geistige Quelle unserer Arbeit ist die Anthroposophie Dr. Rudolf Steiners. Ein beigefügtes Prospekt orientiert Sie über die Art unserer Arbeit.

Die Arbeit ist vor 10 Jahren aus einem charitativen und sozialen Streben junger Menschen entstanden. Nach dem geistigen, wirtschaftlichen und politischen Zusammenbruch infolge Krieg, Inflation usw. lebte in weiten Kreisen der deutschen Jugend der Wunsch, andere Formen für das Zusammenleben und Zusammenwirken zu suchen. Aus einer solchen Jugendgruppe heraus ist unsere Arbeit begonnen worden, mit einem Nichts haben wir angefangen; aber in den Herzen dieser Menschen lebte der Mut, aus dem Nichts heraus etwas Neues zu schaffen. Durch die Opferbereitschaft aller Mitarbeiter, durch ein geschärftes soziales Gewissen, durch eine spätere materielle Hilfe einzelner Mitarbeiter, die größere Beträge zwecks Erwerb und Ausbau des Institutes zur Verfügung bekamen, ist es gelungen, den heutigen Rahmen für unsere Gemeinschaftsarbeit zu schaffen. Weil diese Arbeit nur aus einem 10jährigen grenzenlosen Verzicht und Opferbereitschaft aufgebaut ist, ist sie persönlichste Angelegenheit eines jeden Mitarbeiters geworden. Nicht sentimentaler Altruismus, nicht verschwommene Hilfsbereitschaft ist es, was unsere Mitarbeiter zusammenführt und zusammengehalten hat, sondern ein klares Wollen, eine neue Lebensform zu schaffen, in der jeder einzelne etwas bedeutet, aber jeder einzelne dem Ganzen dient.

Dieses Gemeinschaftsstreben mußte auch aus seinem Wesen heraus nach einem sozialen Ausgleich trachten. Ein Geschäftsbetrieb, der nur nach wirtschaftlichen Vorteilen trachtet, mußte unserem Streben wesensfremd sein. Diese ausgleichende soziale Gerechtigkeit war auch unser Gesichtspunkt bei der Aufnahme von Zöglingen. Wir hatten solche Zöglinge, die sehr viel bezahlen mußten und hatten auch solche, die wir auf der Straße auflasen und die nichts bezahlten.

Wir sind von Anfang an unpolitisch eingestellt gewesen. Nicht, als ob wir kein Interesse gehabt hätten für die politischen Ereignisse und Bestrebungen, aber wir wollten das ungelöste der politischen Tagesmeinungen in unserem geistigen und sozialen Zusammenleben lösen. So betrachten wir unsere Arbeit als eine Daseinsform des deutschen Menschen. Durch unsere sozialen Bestrebungen sind wir in Berührung gekommen mit weiten Kreisen der öffentlichen Fürsorge und darüber hinaus mit manchen Kreisen fachlich oder sozial interessierter Jugend des westlichen Auslands. Hierdurch war uns die Möglichkeit gegeben, im Sinne Rudolf Steiners für die Weltgeltung des deutschen Geistes zu wirken. Das ist kein verschwommener Internationalismus sondern eine bewußte Haltung auf dem Grunde des deutschen Geisteslebens. Weil unsere Arbeit so unmittelbar menschlich und persönlich aus den Zeithintergründen herausgewachsen ist und weil sie zusammenhängt mit bestimmten Persönlichkeiten innerhalb der Arbeit, wird diese Einrichtung mit diesen Persönlichkeiten stehen und fallen. Eine Veränderung des Vorstandes im engen Sinn der Gleichschaltung führt mit Naturnotwendigkeit zur Auflösung des Institutes. Ein Mensch, der selbst mit besten Absichten, wenn er von außen in die Arbeit eingreifen muß, wird nur zerstören können, weil er nicht verbunden ist mit den ursprünglichen Absichten und Willensimpulsen, weil er nicht mitgelitten und mitaufgebaut hat, weil er nicht verbunden ist mit persönlichen Opfern, die hier gebracht werden mußten.

Außerdem ist die wirtschaftliche Lage des Institutes heute so schwierig, daß sie nur getragen wird durch den persönlichsten Einsatz. Wenn dieser persönliche Einsatz durch Eingriff von außen gehemmt würde, würden wir vor einer Auflösung stehen. Durch eine Auflösung würden etwa 50 Menschen, brot- und obdachlos werden, darunter 5 Familien.

Es ist selbstverständlich, daß der heutige Staat wissen muß, was bei uns geschieht. Wir stehen einerseits unter der Kontrolle der staatlichen Aufsichtsorgane (Schularzt, Kreisarzt) andererseits sind wir bemüht, das zu tun, was der Staat von uns politisch verlangt. Es ist selbstverständlich, daß der Staat durch eine Zusammenfassung der Wohlfahrtseinrichtungen sich einen Überblick verschaffen muß über die einzelnen Gebiete dieser Einrichtungen, damit die Vielfalt auf diesem Gebiet einer planvollen Gestaltung entgegen geführt werden kann. Wir glauben, daß unser Vorstand diesen staatlichen Anforderungen genüge. Ob unsere Arbeit wertvoll ist, bitten wir von solchen Persönlichkeiten feststellen zu lassen, die unsere Arbeit und unser Streben kennen; unter anderem Direktor Knaut vom Lajug-Berlin.

Unsere Arbeit ist durch Privatinitiative entstanden. Wir traten in den fünften Wohlfahrtsverband ein, weil wir uns eine öffentliche Unterstützung für unser soziales Streben erhofft hatten, dann, weil dieser Verband von uns keinerlei politische und weltanschauliche Bekenntnisse verlangt hat. Im letzten Jahr war es ja schon öffentlich, daß der fünfte Wohlfahrtsverband in die NSV eingegliedert wird. Trotzdem traten wir nicht aus. Wir hatten nichts zu scheuen. Daß die Unterstützung seitens des fünften Wohlfahrtsverbandes nur unerheblich war, können Sie auch aus Ihren Akten ersehen. Andere öffentliche Gelder, als die vom fünften Wohlfahrtsverband, haben wir nicht in Anspruch genommen, weil sie nicht bedingungslos gegeben worden wären und auf irgendwelche weltanschaulichen oder politischen Verpflichtungen wollten wir grundsätzlich nicht eingehen. Auch haben wir keine beitragenden Vereinsmitglieder, obwohl diese in unseren Vereinssatzungen vorgesehen sind.

Wenn Sie über mich, als ersten Vorsitzenden, nähere Auskunft haben wollen, bin ich dazu bereit.

Mit deutschem Gruß
Heil Hitler!

Heil- und Erziehungsinstitut
für seelenpflegebedürftige Kinder
und Jugendliche.

Gerswalde/UM e. V.

gez. Franz Löffler
Heimleiter.

Quelle: BAD Z/B 1 903.

Anlage 7: Fritz Götte: Vernehmung durch die Gestapo im November 1935.

Im späten Herbst wurde die Anthroposophische Gesellschaft in Deutschland verboten. [...] Die neue Geschäftsleitung (der Weleda AG, U.W.) trat in Funktion, und zu meinen ersten „Amtshandlungen" – etwa im November – gehörte eine mehrere Stunden währende Vernehmung auf der Geheimen Staatspolizei. Der vernehmende Kommissar hatte den friedlichen Namen Abendschein. Ihm lag offenbar eine Liste von Fragen vor, die „höheren Orts" formuliert worden waren. Punkt für Punkt ging es weiter. Eine der ersten Frage, wenn nicht die erste, war: „Wie kommen Sie zu dem Namen ‚Weleda'?" Ich erzählte von den Heilpriestern gleichen Namens, die in der Nähe der Externsteine gelebt hatten, zitierte Tacitus, der sie ja erwähnt und brachte sonst noch vor, was ich wußte. Dabei ging mir eine leise Ahnung darüber auf, wer wohl solche Fragen, gleichsam als einen der Hauptpunkte des Interesses, gestellt haben könnte. Immerhin war ja Himmler der Chef der Behörde, in der ich saß. So ging es weiter, Frage auf Frage; den Inhalt habe ich vergessen. Dann aber, nach den eigentlichen, die Arbeit selber betreffenden Sachfragen, ging es auf heiklere Dinge über. „Wie sind denn Ihre Beziehungen zur Anthroposophischen Gesellschaft?" Ich erklärte, daß wir als Aktiengesellschaft schweizerischen Rechts unabhängig davon seien. Auf die weitere Frage, inwieweit die Anthroposophie bei uns eine Rolle spiele, sagte ich kühn: eine zentrale, unser ganzes Denken sei ja anthroposophisch. Aber ich nahm den Herrn Kommissar, der eifrig mitschrieb, sogleich den von mir aufgerufenen Gegenwind aus den Segeln und fuhr etwa fort: „Ja, aber was heißt das, anthroposophisch zu denken? Sehen Sie..." und nun gab ich ihm Beispiele, Goethes Metamorphosenlehre mit heranziehend, was es bedeutet, eine Pflanze dreigliedrig nach Wurzel, Blatt und Blüte zu betrachten und eine Beziehung zum dreigliedrigen Menschen herauszufinden. Ich bekam auf diese Weise einen sehr aufmerksamen, ja interessierten Zuhörer. Es war ihm ganz plausibel, daß Anthroposophie in unserer gesamten Arbeit steckte und – wie ich glaube – daß das den nationalsozialistischen Staat nicht gefährden könne. „Aber Sie machen im Betrieb doch auch Veranstaltungen?" „Ja", sagte ich, mit leicht fröhlichem Eifer, „zum Beispiel Betriebsappelle, welche die nationalsozialistische ‚Arbeitsfront' anordnet." Da ging denn doch ein leises Lächeln über das Gesicht meines Gegenübers, denn er merkte natürlich, daß ich da eine kleine Vernebelungsaktion gemacht hatte. (Im übrigen: diesen angeordneten „Betriebsappellen" konnten wir uns natürlich nicht entziehen, aber was ich dabei sagte, war niemals im Sinne der Machthaber, eher hätte es mich ins Konzentrationslager bringen können.) „Aber das meine ich doch nicht", sagte der Kommissar, „ich frage, ob Sie nicht auch anthroposophische Veranstaltungen machen?" „Nein", erwiderte ich, „aber wir machen mit den Mitarbeitern Eurythmie als Ausgleich gegenüber einseitiger Beanspruchung in der Arbeit." Selbstverständlich fragte er, was denn das sei, Eurythmie? Daraus ergab sich das merkwürdige Schauspiel, daß ich von Erläuterungen begleitet, in den Räumen der Staatspolizei Eurythmie demonstrierte. Aber der Mann ließ doch nicht locker, er wollte wissen, ob wir nicht doch irgendwelche anthroposophischen Zusammenkünfte durchführten.

Da begann es mich zu jucken. „Ja," sagte ich, „wir machen zum Beispiel in Bälde eine Weihnachtsfeier." Nun ging es Schlag auf Schlag. „So? können wir da kommen?" „Aber natürlich", erwiderte ich, „nur müssen Sie dabei gewärtig sein, daß ich in meiner Rede auch die Anthroposophie und Rudolf Steiner erwähne." Ich meine, ich hatte dann noch etwas über den Sinn einer solchen Feier vorgebracht, aber dessen erinnere ich mich nicht sicher. Der Kommissar Abendschein notierte sich noch die Zeit der Feier – es war der Tag des Heiligen Abends selbst, morgens 7 Uhr –, und dann war gegen Mittag die Vernehmung zu Ende. Ich bereitete mich so resolut, wie ich angekündigt hatte, auf die Weihnachtsfeier vor, aber ich gestehe, daß ich, als ich den Gänsheideweg in der noch dunklen Frühe des 24. Dezember hinaufstieg, weiche Knie hatte: Angst! Glücklicherweise kam niemand und die Feier fand wie geplant statt. Wahrscheinlich war ihnen doch die Morgenstunde von 7 Uhr etwas zu früh.

Es kam dann später noch zu einer Bibliotheks-Visitation, wobei etwa 40 Exemplare des Buches „Grundlegendes für eine Erweiterung der Heilkunst…" beschlagnahmt wurden, im übrigen blieben wir aber in den nächsten Jahren unbehelligt. Wir bauten, so gut wir es konnten, weiter aus, was in all den Vorjahren sich angebahnt hatte.

Quelle: Fritz Götte, Erinnerungen. PA Christoph Lindenberg..

Anlage 8: Schreiben der Anthroposophischen Gesellschaft in Norwegen an Seine Excellenz den Herrn Reichsaußenminister Freiherrn von Neurath vom 21. November 1935.

Ihre Excellenz

Sehr geehrter Herr Minister.

Wie wir erfahren haben, ist die Tätigkeit der anthroposophischen Gesellschaft in Deutschland durch die Geheime Staatspolizei in Preußen verboten worden.

Im Namen der anthroposophischen Gesellschaft in Norwegen ersuchen wir Sie, dieses Verbot aufzuheben mit folgender Begründung:

1. Die anthroposophische Gesellschaft steht in keinerlei Beziehung zu jüdischen, freimaurerischen oder pacifistischen Organisationen.
2. Die anthroposophische Gesellschaft ist ausdrücklich keine „internationale" Gesellschaft, sondern eine allgemein menschliche.
3. Die Pädagogik Rudolf Steiners stellt die Individualität des Menschen als verantwortungsvolles Glied in die Volksgemeinschaft hinein.
4. Die Politik liegt außerhalb des Aufgabenbereiches der Anthroposophischen Gesellschaft. Sie ist eine rein kulturelle Gesellschaft.
5. Die anthroposophische Gesellschaft hat in allen Ländern, wo sie besteht, durch die Pflege der Anthroposophie in hohem Maße Kenntnis, Verständnis und Bewunderung des deutschen Geisteslebens in weiten Kreisen erweckt und befördert.

Sollte diese Tätigkeit in Deutschland unterbunden bleiben, so dürfte dadurch eine gedeihliche Arbeit für die Achtung des deutschen Geisteslebens in der Welt aufs schwerste beeinträchtigt werden.

Der Vorstand der anthroposophischen Gesellschaft in Norwegen:

Einar Lunde,
Vorsitzender.

Helga Scheel Seelmügden, Fraucke Fadu, P. V. Uimi, Grieg Bing, E. Arnt, Christian Smit, Karl Ingo

Oslo, 21. November 1935.

Quelle: BAD Z/B 1 888.

Anlage 9: Der Vorstand der Allgemeinen Anthroposophischen Gesellschaft an alle Mitglieder vom 21. November 1935.

Aufruf an alle Mitglieder.

Liebe Freunde,

Ein Schicksalsereignis von größter Bedeutung hat sich in diesen Tagen vollzogen. Die Anthroposophische Gesellschaft ist in Deutschland durch dortige Behörden aufgelöst worden. Der Vorstand hat selbstverständlich umgehend Schritte bei den höchsten deutschen Instanzen ergriffen, deren Resultat abgewartet werden muß. Zunächst besteht aber die Auflösung der Gesellschaft in Deutschland als eine schmerzliche und folgenschwere Tatsache, die wir in ihrer ganzen Tragweite erfassen müssen.

Es ist selbstverständlich, daß die allgemeine Anthroposophische Gesellschaft in allen andern Ländern die Arbeit mit ganzer Liebe und Intensität fortsetzen wird. Ja, auf jederLandesgesellschaft, Gruppe und jedem einzelnen Mitglied ruht jetzt noch ein Anteil Verantwortung mehr als bisher. Wir bitten jeden Anthroposophen herzlich, sich in diesem Augenblick ins Bewußtsein zu rufen, was es für ihn bedeutete, daß er ungehindert Anthroposophie für sich selbst und gemeinsam mit andern pflegen kann. Wer heute das Glück hat, frei für Anthroposophie wirken zu können, muß noch ein Stück von der Aktivität und Hilfsbereitschaft der Tausende von Anthroposophen mit übernehmen, die dies nun nicht mehr können. Das Schicksal stellt heute an die Landesgesellschaften und Mitglieder der einzelnen Länder die Frage, ob und wieweit sie die Kraft aufbringen werden, das zu ersetzen, was von unseren deutschen Freunden bisher geschafft worden ist?

In diesem ernsten Augenblick darf gewiß in freundschaftlicher Art gesagt werden, dass vieles was bisher noch an Muße, Gleichgültigkeit und Stagnation hier und da vorhanden war, jetzt übergehen muß in eine Periode höchster Mitverantwortung und ganzer Hingabe an die vielfach gesteigerten Aufgaben der nächsten Zeit. Die Gesellschaft muß innerlich und äußerlich wachsen und stark werden, um den Kämpfen und Aufgaben der nächsten Jahrzehnte überall ebenbürtig zu sein. Jede Landesgesellschaft, Mitgliedergruppe und jeder Einzelne wird sich gewiß in diesen Tagen prüfen, was an geistiger Arbeit, einzeln und gemeinsam, von jetzt ab noch mehr geleistet werden kann.

Als der Bau errichtet wurde, hatten die Landesgesellschaften den schönen Impuls, das Fehlende auf sich zu verteilen und herbeizuschaffen. Neue Freunde, Mitglieder und Helfer müssen nun der Anthroposophischen Gesellschaft in den nächsten Jahren zugeführt werden. In jedem Lande sollte dies möglich sein. Wir werden beweisen, daß das Goetheanum und die Allgemeine Anthroposophische Gesellschaft unerschüttert dastehen und daß die Zahl der Mitarbeiter am Werk Rudolf Steiners trotz aller Hindernisse wächst.

Die nächste Zeit wird an uns auch Anforderungen auf erhöhte Hilfsbereitschaft im Praktischen stellen. Liebe Freunde, jeder der das Glück hat, frei für sich und mit anderen Anthroposophie arbeiten zu können, betätige bitte die Dankbarkeit für dieses gütige Schicksal, indem er einen Teil der Hilfe mit übernimmt, der von jenen Freunden wohl nun meist nicht mehr kommen kann, die auch sonst jetzt Schweres durchmachen müssen. Es gibt in diesem Augenblick gewiß keinen Anthroposophen, der beiseite steht, wenn wir Sie bitten, durch ein sofortiges „Notopfer" oder eine „Weihnachtsspende" auch praktisch mitzuhelfen.

Wir werden die Landesgesellschaft, Gruppen und Mitglieder über die weiteren Ereignisse und Schicksale orientieren, sobald jeweils sichere Nachrichten vorliegen.

Wir bitten die Vorstände der Landesgesellschaften und Gruppen außerdem, so rasch als möglich nach Erhalt dieser Zeilen die Maßnahmen zu beraten und in die Tat umzusetzen, die in jedem einzelnen Lande und an jedem Ort für die Durchführung all dieser neuen Aufgaben getroffen werden können.

Mit herzlichem Gruß
Der Vorstand der Allgemeinen Anthroposophischen Gesellschaft.
Albert Steffen Marie Steiner Dr. Günther Wachsmuth.

Dornach, den 21. November 1935.
Quelle: Archiv Forschungsstelle Kulturimpuls-Chronik.

Anlage 10: Auszüge aus dem Bericht des SD-Hauptamtes Berlin über „Anthroposophie" vom Mai 1936.[1]

Die Anthroposophie

I. Entstehung und Organisation der Anthroposophischen Gesellschaft.

[...] Steiner und sein Anhang traten aus der Theosophischen Gesellschaft aus und gründeten am 16. 12. 1913 die „Allgemeine Anthroposophische Gesellschaft". Er entfernte die buddhistisch-asiatischen Bestandteile sowie das Gedankengut der Theosophie aus dem Kult und schuf aus abendländischen okkulten und freimaurerischen Ideen seine „Geisteswissenschaft".

Der Sitz der Gesellschaft wurde nach Dornach in der Schweiz verlegt und im Sommer 1914 mit dem Bau des anthroposophischen Tempels („Goetheanum") begonnen. 1920 brannte dieser Bau ab, an dessen Errichtung sich trotz des Weltkrieges Angehörige aller Staaten mit Geldmitteln beteiligt hatten. Es wurde sofort mit einem Neubau begonnen [...].

2. Organisation.

[...] Eine Trennung der Anthroposophischen Gesellschaft in Deutschland von Dornach ist eine Unmöglichkeit, da die geistige Abhängigkeit immer bestehen bleiben wird. Sie wird aber auch organisatorisch immer durch die sogen. „freistehenden" Mitglieder aufrecht erhalten werden.

Neben dieser eigentlichen Organisation verfügt die Anthroposophie über eine Reihe von Neben- und Unterorganisationen. Sie erfaßt mit ihrer Lehre das gesamte kulturelle Leben und bedient sich zu diesem Zweck besonderer Hilfsgruppen. Davon sind zu nennen:

die Waldorfschulvereine,
die Eurythmie-Tanzschulen,
der Verein zu Pflege goetheanischer Bühnenkunst,
der Bund zur Dreigliederung des sozialen Organismus,
anthroposophische Hochschul- und Studentengruppen,
der anthroposophische Ärztebund und
der Bund anthroposophischer Landwirte(biologisch-dynamische Düngungsweise [...].

II. Grundlagen, Wesen und Ziele der Anthroposophie.

[...] Durch das Festhalten der anthroposophischen „Geisteswissenschaften" an diesem alten Geist-Begriff gehört die Anthroposophie der Epoche abendländischen Denkens an, die einem neuen rassisch-völkischen, das Leben und den Menschen als leiblich-geistige Ganzheit wertenden Denken gegenüber um ihren Fortbestand ringt. Auch die Anthroposophie löst den Geist aus seiner Verbindung mit der Rasse und dem Volk und verdammt das Rassische und Völkische in eine niedere Sphäre der Primitivität, des Instinkts, des durch den Geist zu überwindenden Triebs, der Vorzeitlichkeit. Sie erweist damit ihre Verflechtung mit den Hauptströmungen der bisherigen europäischen Geistesgeschichte, vor allem der Aufklärung, dem deutschen Idealismus und dem Liberalismus des vergangenen Jahrhunderts. In ihr ist die Geisteshaltung der französischen Revolution, das Humanitätsideal der Freimaurerei, aus der die Theosophie als die Mutterorganisation der Anthroposophie entstand, lebendig geblieben. Sie vermischt sich dann wie die Freimaurerei und Theosophie mit orientalischer Mystik, Okkultismus und Spiritismus, die in breiter Front, etwa in der Form der Geheimlehren der Kabbala, über Europa hereinbrachen. [...]

[1] Alle Unterstreichungen von den Verfassern des Berichtes.

Diese weltanschaulichen Grundlagen bewirkten, daß die Anthroposophie in verhängnisvoller Weise allen anti-völkischen und anti-nationalen, überstaatlichen, pazifistischen und insbesondere jüdischen Einflüssen offengestanden hat. [...]
Entsprechend der Bewertung des Staatlichen und Politischen als minderwertig wurde die für das deutsche Volk gefährliche These aufgestellt, daß seine Aufgabe nicht im Politischen, sondern im Kulturellen läge:

„Deutschland muß seine Politik auf kulturell-geistiger Grundlage aufrichten, wenn es sich in der Zukunft als Nation behaupten will":
(Ernst Uehli: „Welttatsachen und Welttendenzen" in: „Die Drei", Jg. 1, 1921, S. 316) [...]

An die Stelle einer völkischen Politik, die auf der „fixen Idee", der „traditionell großgezogenen Lüge" Nationalismus beruht, will die Anthroposophie „eine andere Weltanschauung" setzen, „die der Träger einer neuen Menschheitsordnung" sein wird:
„Ihre Bekenner werden die drei Worte: Freiheit, Gleichheit und Brüderlichkeit nicht als Widersprüche empfinden, nicht als Utopie belächeln, sondern werden schöpferisch praktische Einrichtungen treffen können, um sie zu verwirklichen."
(Polzer-Hoditz: „Politische Betrachtung", S. 35).

Die Ausrichtung der Anthroposophie auf die Menschheit bestimmte ihre Einstellung zum Christentum und gestattete eine weitgehende Hereinnahme christlichen Gedankengutes in die anthroposophische Ideologie. So heißt es z. B.:

„Der Christusimpuls wendet sich an alle Menschen, an das Ich eines jeden Menschen ohne Rücksicht auf Blutzusammenhänge. Auf Jahve, der im Zeitalter der Vorbereitung eben durch dieses Blut wirkt, folgt Christus als die Erfüllung, der sich unmittelbar an das geistige ewige Wesen des Menschen, eben das Ich wendet. So überwindet er alle äußeren Trennungen unter den Menschen. Durch unser Ich sind wir alle Glieder der einen Menschheit. Das ist das gewaltige Universale, das geistige Kosmopolitische des Christentums. Gehet hin in alle Welt und lehret alle Völker. Damit war der große Zentral-impuls der Menschheitsgeschichte gegeben, dessen weitere Auswirkung Sinn und Inhalt aller nun folgenden Jahrtausende sein soll."
(Heyer: „Menschheitsfragen der Gegenwart", S. 97). [...]

III. Anthroposophie und Freimaurerei.

[...] Die Versuche der Anthroposophie, die Bindungen zur Freimaurerei als harmlos hinzustellen, gehen von der Überlegung aus, daß sich hieraus Angriffspunkte gegen die Anthroposophie ergeben könnten: [...]
In den anthroposophischen Zeitschriften erfährt die freimaurerische Literatur eine eingehende Würdigung und umgekehrt. Aus der Fülle der Beispiele mag das folgende herausgegriffen werden:

„Zu dem wirklich Bedeutungsvollen dieser Schrift scheint mir besonders das zu gehören, wie für den, der mit anthroposophisch-historisch geschultem Blick an sie herangeht, durch sie hindurch scheinen die Umrisse einer großen und für die neuere Menschheitsentwicklung wichtigen Strömung, die herüberfließt von dem England des Lord B a c o n, zusammenwirkend mit manchem, was aus der Strömung des Comenius dazukommt, über den englischen Deismus in die französische Aufklärung, in die französische Revolution, nach Amerika und durch alle diese Kanäle in das staatlich-politisch-gesellschaftlich-geistige Leben der modernen Welt."
(Heyer über : Ernest Nys, Idees modernes, droit international et franc maconnerie, Bruxelles M. Weissensbruch, in: „Die Drei", Jg. 5, S. 888). [...]

Die Mysterienspiele Steiners sind offensichtlich Darstellungen des Wirkens der Freimaurerei. [...]

„(Benediktus:) Den Orden, welcher aus der Mystik Reich sich seine Ziele weisen läßt, erblicke ihn in jenem Lichte, in dem ich selbst ihn heute sehen würde. Der Bund ist hohen Zielen zugewandt. Die Menschen, die sich ihm gewidmet, empfinden ahnend spätere Erdenzeiten [...]. Und was der Bund, den du verfolgen hilfst, in dieser Zeit zu leisten sich getrieben fühlt, sind Taten, welche dieser Wandlung dienen. Nur wenn zum Friedenswerk sich einen will das Ziel, dem unsere Brüder dienen, mit jenem, dem die Ketzer folgen, kann Heil dem Erdenwerden blühn."
(Steiner: Die Prüfung der Seele, Dornach: Philosophisch-anthroposophischer Verlag 1935, 7. Bild).

„(1. Zeremonienmeister.) Ich muß dir frei gestehen, lieber Bruder, daß unverständlich unseres Hauptes Milde mir oft erscheint, wenn ich erblicken muß, wie stark das Unrecht unserer Gegner ist. Sie wollen unsere Lehren nicht erfahren, die sie als Ketzerei und Teufelswerk den Menschen grausig vor die Seele malen."
(Steiner: Die Prüfung der Seele, 8. Bild). [...]

IV. Anthroposophie und Judentum.

[...] Die das Judentum positiv wertenden Äußerungen in der anthroposophischen Literatur sind außerordentlich zahlreich. In einem Aufsatz über Moses sagt Steiner beispielsweise:

„Bei alledem, was sich an den Namen des Moses knüpft, fühlen wir, daß Unendliches davon noch unmittelbar fortlebt in dem, was Bestandteil, geistiger Inhalt unserer eigenen Seele ist. Wir fühlen gleichsam in unseren Gliedern noch immer nachwirken die Impulse, die von Moses ausgegangen sind. Wir fühlen, wie er noch hereinlebt in unsere Gedanken und Empfindungen, und wir gewissermaßen, wenn wir uns mit ihm auseinandersetzen, mit einem Stück unserer eigenen Seele uns auseinandersetzen."
(Steiner: Moses, in: „Die Drei", Jg. 6, S. 3).
„Was wir also heute als das wichtigste Element für das Kulturleben betrachten, hat seinen ersten Impuls durch Moses erhalten: daher das Fortwirkenfühlen des Impulses des Moses in unserer eigenen Seelenkraft noch." (S. 15). [...]

In welcher Weise die Stellung zum Judentum von der liberalen Grundhaltung der Anthroposophie her bestimmt war, wird offensichtlich auch dadurch erwiesen, wie Steiner das Eintreten Zolas für Dreyfuss begrüßte:

„Zolas Persönlichkeit scheint mit jedem Tage vor uns zu wachsen. Es ist, als lernten wir ihn erst jetzt ganz verstehen. Der fanatische Wahrheitssinn, der ihm eigen ist, hat uns in seinen Kunstschöpfungen doch oft gestört. Jetzt, wo ihn dieser Wahrheitsfanatismus in einer rein menschlichen Sache zu kühnem heldenmäßigem Handeln führt, können wir nur Gefühle rückhaltloser Zustimmung, Verehrung haben. Was er seit Jahrzehnten als Künstler angestrebt hat, die reine nackte Wahrheit zum Siege zu bringen: das stellt er sich jetzt in einer Angelegenheit zur Aufgabe."
(Zs. „Phänomene und Symptome", Jg. 1, 1926, S. 6, Basel: Vrlg. für freies Geistesleben, Steiner: „Freiheit und Liberalismus"). [...]

V. Anthroposophie und Marxismus.

Anthroposophie hat mehrfach versucht, ihre Dreigliederung des sozialen Organismus in die Wirklichkeit umzusetzen. Dieses Bestreben veranlaßte sie zu einem weitgehenden Anschluß an den Marxismus, der schon vor 1918 erfolgte. Steiner selbst war Lehrer für Geschichte und Naturwissenschaften an der von Wilhelm Liebknecht gegründeten Berliner Arbeiterbildungsschule, in der vorwiegend die Sekretäre und Redakteure der Arbeiterbewegung ihre Ausbildung erhielten (Roman Boos: „Steiner und die Politik", S. 239). Der „positiven Auseinandersetzung" mit „Proletarierproblemen" war in dem anthroposophischen Schrifttum ein breiter Raum gewidmet. Man sprach von „Proletarierfäusten", „imperialistischem Krieg", „Diktatur des Proletarismus", „Faschistenbündlern", „Gewalttaten der Militärs" usw. Die Art, wie die Auseinandersetzung mit dem Marxismus in der Anthroposophie geführt wurde, mag durch folgendes Zitat gekennzeichnet sein:

> „Denn diese Sache blickt zurück auf dasjenige, was ich selbst erlebt hatte als Proletarierkind unter Proletariern, wo mir klar wurde, was aus den Seelen und aus der Resonanz der Wirtschaftserfahrungen und Wirtschaftserlebnisse des heutigen, d. h. des damaligen Proletariertums in den sechziger und siebziger Jahren des neunzehnten Jahrhunderts heraustönte [...]. Ich lernte kennen das Proletariertum [...]. Ich lernte kennen auch diejenige Klasse von Menschen aus unmittelbarem Lebensverkehr, die heute die hohe Politik macht, und auf diese Weise stellte sich mir vor das Seelenauge dasjenige, was in der Zeit lebt: Der Kampf zwischen den einzelnen Menschenklassen."
> (Walter Conradt: Von Lenin zu Steiner, Waldorfnachrichten, Jg. 1, S. 460). [...]

Die Ausrichtung der Anthroposophie auf die Menschheit und auf die Freiheit des Geistes brachten es mit sich, daß die Anthroposophie für pazifistische, antimilitaristische und Völkerverbrüderungsideen eintrat. Die Anthroposophische Gesellschaft gab während des Krieges ihre internationale Weiterarbeit nicht auf, sondern gerade in dieser Zeit wurde das Goetheanum errichtet, das man als Vorstufe zum Völkerbundsbau empfand:

> „Wie Dr. Steiner nicht Nationalist war im engen Sinne, so war er nicht Pazifist im flachen Sinn. Das Zeitalter des Pazifismus ist das Zeitalter der großen Kriege, sagte er wohl. Aber für ein Völkerzusammenleben der Zukunft schuf er die Anfänge: <u>In dem Land, in dem der Völkerbund tagt, entstand der Völkerbau, an dem während des Krieges mehr als 12 Nationen miteinander arbeiteten: das Goetheanum.</u>
> (Rittelmeyer: Meine Lebensbegegnung mit R. Steiner, S. 107)

Über diese vorsichtigen Äußerungen hinaus finden sich jedoch offene Bekenntnisse folgender Art:

> „Täglich 12 Stunden nagender dumpfer Schwere. Um neun Uhr schlafe ich öfters eine halbe Stunde lang am Schreibtisch ein. Es wird mir alles einerlei – nur immer wieder Haß, Wut, Empörung. Mein Inneres ist wie eine große Wunde, in der herumgestochert wird. Ich fühle mich täglich hundertmal geschändet.
> <u>Friede um jeden Preis! Es gibt nur eine Menschheit, was Preußen oder Briten!</u> Nach dem Frieden und wenn er auch siegreich sei, sind wir ja doch alle ruiniert. Und der deutsche Geist ist nicht zu töten. Friede um jeden Preis! Ich bin kein Soldat. Wenn im Fahneneid gemeint ist, daß ich das Menschtum ablegen soll, schwöre ich inbrünstig bewußt einen Meineid."
> (Karl Thylmann: Briefe, S. 154). [...]

<u>VI. Anthroposophie und Jugenderziehung.</u>

Das Feld, auf dem die Anthroposophische Gesellschaft den stärksten praktisch-wirkenden Einfluß ausübt, und wo sie ihr zersetzendes Gedankengut am unbemerktesten aber wirksamsten verbreiten kann, ist die Pädagogik. Die Wichtigkeit der Jugenderziehung in ihrem Geiste wurde von den Anthroposophen bald erkannt, und sie wurde seit jeher besonders eifrig gepflegt. Ein außerordentlich umfangreiches Schrifttum von Steiner und anderen Anthroposophen liegt hierüber vor. Ihre Bemühungen wurden in die Tat umgesetzt durch die Gründung von Waldorf-Schulen.

Höchstes Ziel für die Anthroposophen ist die Bildung zum „Menschen" ohne irgendwelche völkischen Bindungen.

„Es gibt nur ein Ziel der Erziehung, und das ist wahre Menschenbildung."
Willi Aeppli, Aus der Unterrichtspraxis an einer Rudolf Steiner-Schule, Basel: Vlg. d. Menschenschule, Zbinden u. Hügin, 1934, S. 23).
„Was einem Schleiermacher als Aufgabe und Erziehung vorschwebte: Die Freiheit und Unendlichkeit des Menschenwesens herbeizuführen, d. h. das Menschheitsbewußtsein und das Eigenbewußtsein zu wecken, und auszubilden, das soll hier der Verwirklichung zugeführt werden."
(Paul Oldendorff, Weltliche Schule, Bekenntnisschule und anthropos. Pädagogik, Basel, Rudolf Geering, 1927, S. 47).
Dasjenige, um was es sich handelt, wenn wir unterrichtend, wenn wir erziehend heute gegenüber der gegenwärtigen Weltenlage wirken sollen, ist aber eine wirkliche Menschenerkenntnis von der wir fordern müssen, daß sie zu gleicher Zeit anregt in uns Menschenbehandlung, und zwar eine Menschenbehandlung, die durch und durch durchflutet ist von Menschenliebe. Denn nur eine Menschenerkenntnis, die durchflutet ist von Geschicklichkeit für Menschenbehandlung, welche durchflutet ist von Menschenliebe, kann Unterricht und Erziehung in einer solchen Weise führen, daß die werdenden Generationen in der rechten Art in den sozialen Lebenszusammenhang hineingestellt werden."
(Steiner: Die Erziehung und der Unterricht gegenüber der Weltlage der Gegenwart, in: „Die Drei", Jg. 5, S. 413).

Keine Autorität und völkliche Bindung wird für diese „Menschenbildung" anerkannt.

„Die Waldorf-Schule will eine freie Schule sein, d. h. sie will gänzlich frei vom Staate sein und unterwirft sich nur, soweit es die Gesetze nicht anders zulassen, der Aufsicht der staatlichen Schulbehörden. Nur als freie Schule kann die Schule auch das Vertrauensverhältnis zu den Eltern ihrer Schüler gewinnen, das nötig ist."
(Die Freie Waldorf-Schule, Prospekt, Febr. 1921). [...]

VII. Anthroposophie und die nationalsozialistische Rassenidee.

Die Anthroposophie hat weder vor noch nach der Machtübernahme den Nationalsozialismus überhaupt nur erwähnt. Sie hat jedoch in unmißverständlicher Weise ihre Stellung zum Nationalsozialismus indirekt damit bekundet, daß sie von ihrem alten Geistbegriff ausgehend gegen den „innerlichen unwahren Kult von Blut und Rasse" immer wieder angegangen ist. Obwohl die Rassen früher einmal Bedeutung für das politische und soziale Leben gehabt hätten, sei im 19. Jahrhundert jedoch der Geist an die Macht gekommen, und was jetzt noch an Rassenunterschieden vorhanden sei, müsse geistig überwunden werden.

„Für das erste Zeitalter gilt der Satz: Wem Gott das Blut gibt, dem gibt er auch den Geist; für die zweite Epoche: Wem Gott ein Amt gibt, dem gibt er auch Verstand; und für das dritte Weltalter, dessen Morgenröte wir heute erleben, hat Rudolf Steiner die entscheidenden Worte in seiner ‚Philosophie der Freiheit' ausgesprochen: Die Natur macht aus dem Menschen bloß ein Naturwesen; die Gesellschaft ein gesetzmäßig handelndes; ein freies Wesen kann er nur aus sich selbst machen. Die Natur läßt den Menschen in einem gewissen Stadium seiner Entwicklung aus ihren Fesseln los; die Gesellschaft führt diese Entwicklung bis zu einem weiteren Punkte; den letzten Schliff kann nur der Mensch sich selbst geben. Der sich selbst den letzten Schliff gibt, dem gibt Gott auch die Erkenntnis des Geistes."
(Thieben: Die Struktur der Weltgeschichte, in: „Die Drei", Jg. 1, S. 139):
„Im alten Orient waren Blutszusammenhänge Träger eines produktiven Geisteslebens, heute, wo das Geistige aus dem Individuellen fließt, bedeutet das Stehenbleiben auf Blutszusammenhängen Atavismus."
(Unger: Die großen Fragen der Gegenwart und die Dreigliederung des sozialen Organismus, in: „Die Drei", Jg. 1, S. 139). [...]

„Wir müssen, wenn wir es richtig verstehen wollen, genau unterscheiden zwischen der Rassenentwicklung und der Seelenentwicklung, Diese beiden dürfen durchaus nicht miteinander verwechselt werden. Eine Menschenseele kann sich so entwickeln, daß sie in einer Inkarnation in einer bestimmten Rasse sich verkörpert. Wenn sie sich da bestimmte Eigenschaften erwirbt, so kann sie sich in einer späteren Inkarnation in ganz anderen Rassen wiederverkörpern, sodaß wir durchaus erleben können, daß heute innerhalb der europäischen Bevölkerung solche Seelen verkörpert sind, die in ihrer früheren Inkarnation in Indien, Japan oder China verkörpert waren, Die Seelen bleiben durchaus nicht bei den Rassen. Die Seelenentwicklung ist etwas ganz anderes als die Rassenentwicklung."
(Rudolf Steiner: Theosophische Moral, Drei Vorträge gehalten zu Norrköping vom 28.–30. Mai 1912; als Manuskript gedruckt).

Diese Anschauungen ergeben sich ganz zwangsläufig aus der Trennung „Leib – Seele – Geist" durch die Anthroposophen, und ebenso zwangsläufig mußten sie sich also gegen den „Rassenkult" wenden und ihn als Suggestion verwerfen.

„Dem tiefer dringenden Blick zeigt sich, daß nicht Tatsachen diese Vererbungslehre geschaffen haben, sondern eine unterbewußte, aber außerordentliche Voreingenommenheit, um nicht zu sagen: Suggestion. Im Gegenwartsdenken liegt nämlich ein unwiderstehlicher Trieb, Erscheinungen aus ihrem Zusammenhang zu reißen, sie in Teile zu zersplittern und dann die Lösung des Problems aus den Augen zu verlieren.
(Hermann Poppelbaum: Ein Beitrag zur Vererbungslehre auf geisteswissenschaftlicher Grundlage, in: „Die Drei", Jg. 3, S. 856).
„Auch im Fremdstämmigen müssen wir den Menschen und Bruder erkennen, von Muttererde geboren."
(Kübler: Diktatur oder Freiheit, in Waldorf-Nachrichten, Jg. 2, S. 527).
„Vor allem aber lästern den deutschen Geist jene Kreise, die mit ihrem innerlich unwahren Kult von Blut und Rasse auf die überlebtesten Kräfte und Instinkte zurückgreifen, auf Instinkte, die in germanischen Urzeiten durchaus ihre tiefe Berechtigung und ihre große Bedeutung für die Kulturentwicklung der Völker hatten, die aber in der Gegenwart zu galvanisieren ein ebenso absurd unhistorisches kulturschädliches Unterfangen bedeutet."
(Heyer: Die Gegner der Dreigliederung, in: „Die Drei", Jg. 1, S. 383). [...]
„Nach außen hin tritt seit vielen Monaten besonders laut diejenige Gegnerschaft der Anthroposophischen Gesellschaft gegenüber, die in der Pflege gewisser überlebter Lebenszusammenhänge, in einem künstlichen Kult von Blut und Rasse ihre Grundlage hat, eine Strömung, deren geschichtliche Wurzeln weit zurückreichen in viel ältere Zeiten, in denen aus ihnen in Vollsaftigkeit das gesunde Leben des sozialen Organismus entsprang. Es ist dies die deutsch-völkische, deutschnationale, nationalistisch-alldeutsche, ‚arisch'-antisemitische Strömung. Diese kennt nur auf Blutzusammenhängen beruhende Machtgruppen, sie haßt das Ich und alles, was dieses Ich frei und zum kraftvollen Träger der sozialen Kräfte machen will."
(Heyer: Von den Gegnern der Anthroposophischen Gesellschaft, in: „Die Drei", Jg. 1, S. 952). [...]

Zwar versuchte man schon einmal 1932, Anschluß an die NSDAP zu gewinnen, wobei allerdings von der Versöhnung mit Juden und ähnlichem die Rede war. 1933 wurde dadurch „gleichgeschaltet", daß man den Parteigenossen Dr. Hans Rascher, München, in die Initiativgruppe aufnahm. Dr. Rascher war damals also gleichzeitig mit dem Halbjuden Dr. Büchenbacher Vorstandsmitglied der Anthroposophischen Gesellschaft. [...]

Ferner dreht man sich in der an die Gaupropagandaleitung Hamburg geschickten Aufklärungsschrift bei der Stellungnahme zu Blut und Rasse so lange, bis das Gegenteilige der nat.-soz. Auffassung dabei herauskommt. Als von Staats wegen die Zugehörigkeit von Beamten zur Freimaurerei und logenähnlichen Organisationen festgestellt wurde, hat die Anthroposophische Gesellschaft in Deutschland erklärt, daß ihre Mitglieder diese Frage nicht zu beantworten brauchen.

Gegenüber diesen Versuchen im Inland, in geschickter Form gegen den nat.-soz. Staat zu arbeiten oder sich ohne Preisgabe der eigenen Ideologie an diesen anzupassen, wird im Ausland konsequent und offen gegen die nat.-soz. Weltanschauung Stellung genommen."

Quelle: BAD Z/B 1 904.

Anlage 11: Schilderung der Situation der Dresdner Rudolf Steiner Schule im Hinblick auf die Besichtigung vom 26. November 1937 und auf das Baeumlersche Gutachten über die Waldorfschulen (Verfasser unbekannt)

Die Verhältnisse der Rudolf Steiner Schule Dresden werden in der Zusammenstellung als Beispiel für die Lage der ganzenSchulbewegung gestellt.

Die Rudolf Steiner-Schule Dresden (R. Sch. Dr.) hat keinerlei staatliche Zuschüsse und wird nur durch die Beiträge der Eltern erhalten. Die monatlichen Gesamtausgaben betragen seit 1935 5916,- RM. Sie verändern sich nicht, weil die gleiche Zahl Lehrer an der Schule weiter arbeitet und die Miete unverändert ist.

Jeweils an Ostern verlassen gegen 45 Kinder die Schule (aus der Volksschulreife – 10. Kl.: mittlere Reife – 12. Kl.: Abitur). Ebensoviele Neuaufnahmen finden statt. Ostern 1936 erfolgte die Schülersperre und damit nur Abgänge und keine Neuaufnahmen. Dadurch ist Ostern 36 ein monatlicher Defizit von 800,- RM entstanden. Ostern 37 erhöhte sich dieses auf 1250,- RM. Die Schule hätte unter diesen Verhältnissen schließen müssen. 151 Spender aus allen Teilen Deutschlands haben sich bereit erklärt bis Ostern eine monatliche Hilfe [von zusammen, U. W.] 1300,- RM zu geben. Diese Beihilfe und die Kürzung der Lehrergehälter auf 65% ermöglichen der Schule bis Ostern 38 das Leben.

Die Schülersperre wurde Ostern 38 [36, U. W.] von dem Reichserziehungsministerium mit dem Bemerken verhängt, daß weiter nichts gegen die Schulen getan werde, der Abbau könne sich jahrelang hinziehen. Die Schulen haben also keine weiteren Behinderungen als die Schülersperre. Diese hat aber aus den dargelegten wirtschaftlichen Gründen in 1 1/2 Jahren die Schulen schon so gut wie zerstört. Die Schulen brauchen also nur eine Hilfe, um weiter leben zu können: die Aufhebung der Schülersperre. Diese ist gleichzeitig die Voraussetzung für jede weitere Prüfung der Schule. Ohne die wirtschaftliche Erleichterung, welche die Aufhebung der Schülersperre bringt, können die Schulen ab Ostern 38 nicht mehr diskutiert werden, weil die nicht mehr sind (3 von den 8 früher vorhandenen Schulen haben aus diesen Nöten mit der Umschulung begonnen und sind keine Waldorfschulen mehr – auch Hannover schult schon um). Die Schülersperre müßte wenigstens auf Widerruf aufgehoben werden, damit die Schulen am Leben bleiben und geprüft werden können.

Die Waldorfschulen hatten das Recht, Kinder aus allen Bezirken der Stadt und zu jeder Zeit des Jahres aufzunehmen. Deshalb ist die Frage der Aufhebung der Schülersperre nicht erst an Ostern aktuell, sondern sofort. In Dresden z. B. sind über 40 Anmeldungen vorhanden, die bei Aufhebung der Sperre sofort in die Schule eintreten würden und damit für die 45% Gehaltsminderung wenigstens eine erste Abhilfe schaffen würden.

(Die Bruttogehälter betragen jetzt:

Ledige	128,60 RM
Verheiratete	197,40 RM
„ mit 1 Kind	215,65 RM
„ mit 2 Kindern	231,45 RM
„ mit 3 Kindern	244,– RM
„ mit 4 Kindern	256,50 RM
„ mit 5 Kindern	268,60 RM).

Die Waldorfschulen hatten eine totale Schülersperre für alle Klassen. Die Privatschulen haben nur eine partielle Schülersperre, nur für die 4 unteren Klassen.

Die Waldorfschulen können nicht als Privatschulen gelten. Sie sind Reformschulen, die, bis sie sich durchgesetzt haben, natürlich aus privaten Mitteln erhalten werden müssen. Ihr Charakter ist aber durch und durch sozial. Der Normalsatz für das Schulgeld eines Kindes beträgt 35,- RM, die tatsächliche mittlere Einnahme je Kind jedoch nur rund 13,- RM, weil

11,7% der Kinder volle Freistellen genießen,
78% der Kinder teilweise Freistellen genießen und nur
10,3% der Kinder voll zahlen.

Weil die Waldorfschulen ihrem Charakter nach keine Privatschulen sind, kann sich die Aufhebung der Schülersperre auf alle Klassen erstrecken. Das Wesen der Schule kann, wenn sie durch einige Jahre beobachtet werden sollen, nur dargestellt werden, wenn alle Klassen vorhanden sind. Gerade in den Grundschulklassen glauben wir für den Gesichtspunkt einer Schulreform in Deutschland Wesentlichstes darstellen zu können. Die Methode der oberen Klassen baut auf der der unteren auf. In den unteren Klassen wird das Intellektuelle stark zurückgehalten. Wir können beweisen, daß dadurch viele Kräfte für das Leben erhalten werden und eine größere Lebendigkeit für das Aufnehmen in den höheren Klassen erzielt wird. Für eine Prüfung ist das Vorhandensein der unteren Klassen unbedingt notwendig.
Die Schulen stehen seit 4 Jahren im schwersten Kampf. Die viel ängstlicheren Eltern der intellektuellen Kreise haben zum Teil ihre Kinder abgemeldet. Auch Parteikreisen wurde wiederholt geraten, die Kinder aus der Schule zu nehmen. Die Aufhebung der Schülersperre ist das Mittel für die Wiederherstellung der Ehre der Schule in der Stadt. Dann wird auch eine gesunde soziale Mischung wieder eintreten, die jetzt gefährdet ist und die auch für eine Prüfung nicht unwesentlich sein dürfte.
Die Schule in Dresden ist bis Ostern 38 in der beschriebenen notdürftigen Weise gesichert. Bis dahin müßte entweder die Umschulung abgeschlossen sein oder eine Hilfe eingetreten sein. Die Umschulung dauert 1/2 Jahr. Wir hätten sie im Oktober beginnen müssen, um Ostern fertig zu sein. Wir sind den Eltern einen guten Übergang der Kinder an andere Schulen schuldig. Es ist ein sehr schwerer Entschluß, daß wir jetzt im festen Vertrauen auf eine Hilfe mit der Umschulung nicht begonnen hatten. An Ostern fallen die Beiträge der Spender weg und es verlassen wieder 45 Kinder die Schule. Wir müßten mit einem monatlichen Fehlbetrag von RM 2500,- beginnen.
Wir wagen die Weiterarbeit ohne Umschulung, weil wir uns einer Prüfung durch eine Kommission unbedingt zur Verfügung stellen wollen. (Obwohl eine Prüfung nach 4 Jahren Kampf, bei Überlastung der Lehrer und größter wirtschaftlicher Not kein wahres Bild der Schule geben kann.)
Wir sind überzeugt, daß auf Grund unserer sachlichen Darstellung die Schülersperre jetzt aufgehoben wird, damit wenigstens die Grundlagen für diese Prüfungen vorhanden sind.

Außer der Aufhebung der Schülersperre, ist für eine gesunde Weiterführung der Schulen als Grundlage für eine gerechte Prüfung notwendig, 1. daß die Schulen behördlich nicht als Privatschulen gelten, sondern als Sonderschulen (Versuchsschulen). Sonst können sie von Beamtenkindern nicht besucht werden (in Kassel würde das z. B. den sofortigen Verlust von 40 Kindern bei nur noch 180 Schülern bedeuten.)
2. Daß die Literatur Rudolf Steiners, die durchweg wissenschaftlichen Charakter hat und für die Arbeit der Schulen, der biol. dynm. Landwirtschaft u. s. w. unentbehrlich ist, gekauft und gelesen werden kann.
3. Daß das Beamtengesetz, in dem die Anthroposophische Gesellschaft irrtümlicher Weise als logenähnliche Organisation genannt wird, in dieser Hinsicht berichtigt wird. Durch das Gesetz sind Lehrer und Landwirte diffamiert. Die Lehrer der Waldorfschulen, welche schließen müßten, können an keiner Staatsschule arbeiten, so lange das Gesetz besteht.

Quelle: Archiv Bund der Waldorfschulen 7.1.013.

Anlage 12: Beispiel einer polizeilichen Aktion gegen die Anthroposophie. Polizeibericht aus dem Jahre 1938.

Geheime Staatspolizei
Staatspolizeistelle
Düsseldorf

An die Geheime Staatspolizei, Düsseldorf, den 9. April 1938
Geheimes Staatspolizeiamt,
in Berlin.

Betrifft: Illegale Betätigung von Anhängern der Anthroposophischen Gesellschaft.
Vorgang: FS. – Erl. vom 3. 3. 1938 Nue 49 191 – II B 4 – C.

Im Tagesrapport Nr. 17/II vom 17. 2. 1938 habe ich berichtet, daß Justitzinspektor Karl Kunow, geb. 15. 5. 1887 in Barmen, verh., glaubenslos, RD.-Arier, wohnhaft Düsseldorf, Zietenstr. 24,

Postinspektor Herbert Herr, geb. 8. 9. 1888 zu Wissen, Krs. Altenkirchen, glaubenslos, RD., wohnh. Düsseldorf, Stadtwaldstraße 4,
kaufmännischer Angestellter Willy Schmitt, geb. 11. 7. 1903 zu Heidelberg, glaubenslos, RD., Mitglied der DAF, wohnh. Düsseldorf, Stadtwaldstraße 4,

festgenommen wurden, weil sie sich nach dem Verbot der Anthroposophischen Gesellschaft für diese weiterhin betätigten und bis in die letzte Zeit Zusammenkünfte als sogenannte Arbeitsgemeinschaften organisierten. Bei einzelnen Zusammentreffen war auch für die Goetheanumkasse Geld gesammelt worden.

Diese Tatsache wurde durch den Tod einer pensionierten Lehrerin, Frl. Isolde Jörissen, Düsseldorf, Hahnenfurtherstr. 1, die selbst der Anthroposophischen Gesellschaft angehörte und ihr Grundstück dem ehemaligen Leiter der Gesellschaft in Düsseldorf, Willy Schmitt, (s. oben) vererbt hatte, bekannt. Sch. ist von dieser Erbschaft freiwillig zurückgetreten.

Insgesamt haben 26 ehemalige Mitglieder der Antroposophischen Gesellschaft seit dem Spätsommer 1936 in kleinen Arbeitskreisen zu 5–6 Personen im alten Sinne ihre Arbeit wieder aufgenommen und fortgesetzt.

Ein Kreis wurde von Justizinspektor Kunow in seiner Wohnung geleitet. Er kam regelmäßig einmal in der Woche zusammen. Die Grundlage zur Gemeinschaftsarbeit bildete das Werk von Dr. Rudolf Steiner „Die Rätsel der Philosophie". K. hat außerdem mit einer anderen Familie in deren Wohung „Die Schicksalsbildung des Menschen" von R. Steiner durchgelesen und durchgearbeitet.

Ein zweiter Kreis kam in der Wohnung des Postinspektors Herr in gleichen Zeitabständen wie oben zusammen. Hier hatte der kaufm. Angestellte Schmitt die Leitung. Es wurden die „Mysteriendramen" von Steiner gelesen und durchgearbeitet. Sch. hat außerdem in Burscheid bei Opladen seit Januar 1938 einen Arbeitszirkel geleitet, der schon vor der Übernahme der Leitung durch Schmitt bestand und bis zur Durchführung der Ermittlungen alle 14 Tage zusammenkam.

Schließlich bestand noch ein dritter Kreis, in dem seit dem Herbst 1936 bis zum Januar 1938 fast alle 14 Tage einmal Werke von Albert Steffen, dem derzeitigen Leiter der Anthroposophischen Gesellschaft in Dornach/Schweiz, gelesen wurden. Die geistige Anregung ging in diesem Kreis von dem im Januar 1938 nach Berlin-Lankwitz verzogenen Postrat Horstmann aus.

Außerdem sind alle in den Düsseldorfer Kreisen tätigen ehm. Anthroposophen zum Geburts- bezw. Todestag Steiners in der Wohnung der verstorbenen Jörissen zusammengekommen, um Gedenkfeiern abzuhalten. Nachgewiesen wurde ein Zusammentreffen von 15 bis 20 Personen an einem Abend Anfang März 1937. Hier wurden einleitend von dem ehemaligen örtlichen Leiter W. Schmitt gedenkende Worte mit Bezug auf Steiner gesprochen, dann hat eine Pianistein Werke von Beethoven vorgetragen, und zum Schluß wurde Geld für die Goetheanumkasse gesammelt. Geldsammlungen für diese Kasse sind auch in den Wohnungen Herr und Kunow gelegentlich der Zusammentreffen durchgeführt worden. Aus diesen Sammlungen wurden, solange devisenrechtlich die Möglichkeit gegeben war, von den drei Passinhabern Ehepaar Herr und W. Schmitt monatlich 10.Reichsmark zur Unterstützung des Goetheanums nach Dornach gesandt. Danach haben die drei Genannten die gesammelten Beträge zu einer jährlichen Fahrt nach Dornach zum Goetheanum verwandt. Der etwa überschießende Rest ist, soweit Geld während des Aufenthaltes eingespart werden konnte, gleichfalls dem Goetheanum gespendet worden. Es sind aber auch kleine Beträge an solche ehemaligen anthroposophischen Mitglieder innerhalb des Reiches als Unterstützung gezahlt worden, die durch die Auflösung erwerbslos geworden waren (Buchhändler).

Justizinspektor Kunow, Postinspektor Herr und der kaufm. Angestellt Schmitt sind am 23. 2. 1938 dem Richter zum Erlaß eines Haftbefehls vorgeführt worden. Als dann die Ermittlungen auch in Burscheid restlos zum Abschluß gebracht worden waren, sind sie nach Rücksprache des Staatsanwaltes mit der hiesigen Dienststelle am 11. 3. 1938 wieder entlassen worden, weil Verdunkelungsgefahr nicht mehr bestand und die Gefahr einer Fortsetzung der illegalen Betätigung im Blick auf die Persönlichkeit der Beschuldigten nicht gegeben schien. Die vorgesetzten Dienstbehörden der beiden Beamten wurden von der vorläufigen Festnahme, deren Anlaß dazu und von der Weitergabe des Ermittlungsverfahrens an die Staatsanwaltschaft in Kenntnis gesetzt.

Soweit Postrat Horstmann von Berlin-Lankwitz in die Sache verwickelt ist, wird ein Verfahren für die Staatsanwaltschaft Berlin von der hiesigen Staatsanwaltschaft abgetrennt.

Postinspektor Herr hat nach seiner Entlassung den Dienst wieder angetreten. Justizinspektor Kunow hat seine Beurlaubung nachgesucht und erhalten, bis die Verhandlungen abgeschlossen sind.

Außer den bisher genannten Beamten sind auch noch 2 Lehrerinnen bei einzelnen Zusammenkünften zugegen gewesen. Es handelt sich um die
Lehrerin Emilie Bayer, Düsseldorf, Herderstr. 44, und die
Lehrerin Emilie Kellermann, Düsseldorf, Golzheimerstr. 110.
Ich werde bei Abschluß des Verfahrens ergänzend berichten und damit die gelben und grünen Karten vorlegen.

Abschließend berichte ich noch, daß aus den Vernehmungen sich ergeben hat, daß schon ganz kurz nach der Auflösung der Anthroposophischen Gesellschaft in der Wohnung eines Dr. Heisler in München, Isoldenstrasse 6, sich etwa 10 Personen zur Fortsetzung der anthropos. Arbeit regelmäßig eingefunden haben. Einzelheiten konnten jedoch nicht in Erfahrung gebracht werden. Vernehmungsabschriften, die darauf Bezug haben, gebe ich zur Weiterbearbeitung an die Staatspolizei München.

Im Auftrage:
(unleserlich)

Quelle: BAD Z/B 1 8877

Anlage 13: Gutachten Alfred Baeumlers vom 22. Oktober 1938.

Rudolf Steiner und die Philosophie

1. Lebensgang

Bilder aus verschiedenen Lebensaltern enthält das Buch: Dr. Rudolf Steiner, Mein Lebensgang. 1925. Ein wichtiges Bild ist dem Buche: *Geisteswissenschaft und Medizin* (1937) vorgeheftet.

Steiner ist am 27. Februar 1961 in Kraljevec geboren. Sein Vater war zu dieser Zeit als Telegraphist an der Station Kraljevec (ungarisch-kroatische Grenze) angestellt. Der Geburtsort des Vaters war Geras in Niederösterreich, die Mutter, eine geborene Blie, stammte aus Horn in derselben Gegend (Waldviertel).

Von seinem zweiten bis zu seinem achten Jahr lebte Steiner in Pottschach (einer kleinen Südbahnstation in Niederösterreich nahe der steirischen Grenze). Von 1872 – 1879 besuchte er die Realschule in Wiener-Neustadt. Dann bezog er die Technische Hochschule in Wien. Zugleich hörte er philosophische Vorlesungen an der Wiener Universität bei Robert *Zimmermann* und Franz *Brentano*. Bestimmenden Einfluß übte auf ihn der Professor für deutsche Literatur an der TH., Karl Julius *Schröer*, durch den ihm eine nachhaltige Begeisterung für *Goethe* eingepflanzt wurde. In Wien wuchs Steiner in einen ausgebreiteten geselligen Verkehr hinein. Zu seinen Bekannten gehörten auch Juden.

1890 ging Steiner nach Weimar, um als ständiger Mitarbeiter des Goethe- und Schillerarchivs das gesamte Gebiet der Morphologie für die Großherzogin-Sophie-Ausgabe von *Goethes* Werken zu bearbeiten. Auch zum *Nietzsche*-Archiv trat Steiner in Beziehung. Seine gesellige und vielseitig einnehmende Natur brachte ihn auch in Weimar mit zahlreichen Geistern in Berührung.

1897 siedelte Steiner nach Berlin über, um die Herausgeberschaft des „Magazins für Literatur" zu erwerben, das ein Organ der „Freien literarischen Gesellschaft" war. Als Redakteur, Schriftsteller und Vortragsredner lernte Steiner die geistige Atmosphäre der Hauptstadt gründlich kennen. Er lebte zunächst in dem Kreise jener Männer, die eine „Neue Ethik" auf naturwissenschaftlicher (monistischer) Grundlage in enger Verbindung mit dem jüdisch-marxistischen „Sozialismus" anstrebten: *Bruno Wille* und *Wilhelm Bölsche*, den Begründern der „Freien Hochschule" und des „Giordano-Bruno-Bundes". Eine Zeitlang hielt er Vorträge über Geschichte und Redekunst an der Berliner Arbeiterbildungsschule.

Eine besonders hohe Schätzung brachte Steiner dem Juden *Ludwig Jacobowski* entgegen, dem Herausgeber der Monatsschrift „Die Gesellschaft" und Begründer des Kreises der „Kommenden". Jacobowski leitete auch den Verein zur Abwehr des Antisemitismus. Aufgrund der von ihm veröffentlichten Bücher ist es durchaus glaubhaft, daß Steiner in wesentlichen Punkten mit diesem Kreise nicht übereinstimmte.

Der Übergang zur Theosophie, den Steiner um 1900 vollzog, kann nur als radikale Wendung betrachtet werden. Leider enthält der „Lebensgang" darüber nichts – ein kennzeichnendes Beispiel für die verschleiernde Art, die Steiner in seiner Selbstdarstellung liebt. Zusammenfassend sagt die Selbstbiographie zu dieser Epoche „Ich habe gründlich kennengelernt, wo die vom Geiste wegstrebende kulturauflösenden, kulturzerstörenden Kräfte der Zeit liegen. Und aus dieser Erkenntnis hat sich mir vieles zu der Kraft hinzugesetzt, die ich weiterhin brauchte, um aus dem Geiste heraus zu wirken." (*Lebensgang,* S. 283)

Um die Jahrhundertwende trat Steiner zu der von H. P. *Blawatzky* gegründeten „Theosophischen Gesellschaft" in Beziehung und entfaltete bald innerhalb derselben eine ausgebreitete Vortragstätigkeit. Als in Berlin im Beisein von *Annie Besant* die „Deutsche Sektion der Theosophischen Gesellschaft" gegründet wurde, wurde er zu deren Generalsekretär gewählt. Gleichzeitig lernte er seine spätere Frau, *Marie von Sivers* kennen. Mit Frau von Sivers nahm er im Jahre 1902 an dem Theosophischen Kongreß in London teil.

Später trennte sich Steiner zusammen mit *Marie von Sivers* von der Theosophischen Gesellschaft und machte sich durch Gründung der Anthroposophischen Gesellschaft (1912) selbständig. Es ist wiederum durchaus glaubhaft, daß die Richtung zur Selbständigkeit, schon in seiner theosophischen Epoche in ihm lag. (Über die *Blawatzky* und *Annie Besant* äußert sich Steiner in den Vorträgen: Das Karma des Berufs des Menschen. 1933. S. 201 ff.)

Am 27. August 1914 hat Steiner, der gelegentlich im Hause des *Generals von Moltke* zu Gast gewesen war, den General in Koblenz gesprochen. Da behauptet wurde, daß der „okkulte" Einfluß Steiners den General unsicher gemacht habe, und Steiner indirekt so die Katastrophe an der Marne verursacht habe, gab Steiner dem Journalisten *Jules Sauerwein* ein Interview. Das Interview ist abgedruckt in dem Buche: „Rudolf Steiner während des Weltkrieges." Herausgegeben und eingeleitet von Roman Boos.

Im Herbst 1919 wurde in Stuttgart die *Freie Waldorfschule* gegründet, die nach Gedanken von Rudolf Steiner aufgebaut wurde.

Die Heimstätte der Anthroposophie sollte in München errichtet werden, wo sich ein einflußreicher Kreis um Helene von *Schewitsch* (die Freundin *Lassalles*) gebildet hatte. Da dort Einwendungen gegen die Bauformen erhoben wurden, wurde 1913 der Grundstein auf dem Dornacher Hügel in der Nähe von Basel gelegt. Der Bau erhielt den Namen: *Goetheanum. Freie Hochschule für Geisteswissenschaft*. Als der Bau nach zehn Jahren vollendet war, brannte er am Silvesterabend des Jahres 1922 nieder. (Über das Goetheanum hat sich Steiner in einem Aufsatz geäußert, der in dem Buche *Goethestudien und Goetheanische Denkmethoden* 1932, zu finden ist.)

Am 30. März 1925 ist Rudolf Steiner gestorben.

2. Geistige Einflüsse.

Es sind drei untereinander sehr verschiedene Strömungen, die für das Leben und für das Werk Rudolf Steiners von schicksalhafter Bedeutung wurden. Steiner ging aus von der Naturphilosophie *Goethes* und schritt von da weiter zum Monismus *Haeckels*. Gleichzeitig nahm er den Idealismus Fichtes und den Spiritualismus *Hegels* in sich auf. Diese in sich schon sehr disparaten Elemente wurden zuletzt durch seine plötzliche Wendung zur *Theosophie* umgruppiert: der Monismus mit seiner Diesseitigkeit schied aus, das idealistisch-spiritualistische Motiv wurde ins Schwärmerische übersteigert, Fichte und Hegel mußten dazu dienen, dem neuen („anthroposophischen") Spiritualismus einen philosophischen Hintergrund zu geben.

Es ist für das Verständnis der schwer faßbaren Persönlichkeit Steiners und seines nach vielen Seiten hin sich auflösenden Werkes von entscheidender Wichtigkeit, daß man die Bedeutung *Goethes* für das Denken dieses Mannes richtig einschätzt. Ohne Übertreibung kann gesagt werden, daß alles was fruchtbar ist an Steiners Werk auf Goethe zurückgeht. Nicht so, als ob einzelne Gedanken Goethes von Steiner ausgeführt worden wären, vielmehr in dem tieferen Sinne, daß ein Späterer sich so in Goethes Denkweise zu versetzen vermocht hat, daß er selber schließlich original-goethisch dachte. Wo Steiner an Goethe anknüpft, ist er positiv, wo er Goethe verläßt, wird er zum Fantasten. Die Anregungen, die Steiner durch *Goethe* empfangen hat, und was er später im Anschluß an die *Theosophie* ausbildete, stehen unvermittelt nebeneinander. Aus dem Bruch in Steiners geistiger Entwicklung erklärt sich der Widerspruch seiner Persönlichkeit und seines Werkes, der sich in der widersprüchlichen Beurteilung, die diese gefunden haben, widerspiegelt. In der Naturphilosophie und in der Menschenkunde Steiners wirken goethische Gedanken weiter – daher finden wir in der Vorstellung von der biologisch-dynamischen Wirtschaftsweise und in der Waldorfschulpädagogik echt Goethisches Gedankengut wieder. In diesem Verhältnis zu Goethe beruht die Bedeutung Steiners für das deutsche Geistesleben. Weder vor ihm noch nach ihm hat jemand mit solcher Energie das Philosophische in Goethes Werk erkannt. Durch die Herausgabe der morphologischen Schriften und die ausgezeichneten Erläuterungen dazu hat Steiner sich ein unvergängliches wissenschaftliches Verdienst erworben.

Neben Goethe hat vor allem *Hegel* auf Steiner gewirkt. Gegen *Kant* hat er sich von Anbeginn ablehnend verhalten, in *Hegel* erblickte er den größten Denker der neuen Zeit (*Lebensgang*, S. 258f). Was ihn zu Hegel zog, war der *konkrete* Idealismus, die Philosophie der geistigen Welt, also der Spiritualismus in Verbindung mit dem Objektivismus. Gegen den erkenntnistheoretischen Subjektivismus, der ihm vor allem in *Eduard von Hartmann* und *Volkelt* entgegentrat, stand Steiner in Opposition. Philosophiegeschichtlich bedeutet seine Vereinigung von Goethe und Hegel eine Parallele zu der in der Phänomenologie *Husserls* übergehenden Linie *Bolzano-Brentano*.

In geringerem Maße als Hegel haben *Fichte* und *Schiller* (Briefe über die ästhetische Erziehung des Menschen) auf Steiner eingewirkt.

In diesen Beziehungen betrachtet stellt die Philosophie Steiners einen Höhepunkt der Einwirkung des deutschen Idealismus auf Österreich dar.

Für *Nietzsche* fehlte ihm das Organ. (vgl. Lebensgang S. 127, 175ff) Es ist ein Irrtum, wenn er 1895 schreibt: „Als ich vor 6 Jahren die Werke Nietzsches kennenlernte, waren in mir bereits Ideen ausgebildet, die den seinen ähnlich sind." Von dem Buche *Friedrich Nietzsche. Ein Kämpfer gegen seine Zeit* (1895) ist nur der Titel gut – er bezeichnet das, was Steiner zu Nietzsche hingezogen hat.

In seinem philosophischen Hauptwerk („Philosophie der Freiheit") wollte Steiner den philosophischen Abschluß des Gebäudes geben, das Darwin und Haeckel für die Naturwissenschaft errichtet haben. In der Schrift „Haeckel und seine Gegner", die 1900 erschien, nennt Steiner Haeckels „Welträtsel" nicht nur eines der bedeutendsten Manifeste vom Ende des 19. Jahrhunderts, sondern fügt auch noch hinzu: „Es enthält in reifer Form eine vollständige Auseinandersetzung der modernen Naturwissenschaft mit dem philosophischem Denken aus dem Geiste des genialsten, weitblickendsten Naturforschers unserer Zeit heraus." (S. 52) In seinem Buche: *„Die Mystik im Aufgange des neuzeitlichen Geisteslebens und ihr Verhältnis zur modernen Weltanschauung* (1901) feiert Steiner *Lamarck, Darwin* und *Haeckel* neben *Goethe, Fichte* und *Hegel*. Zwischen den Mystikern *Eckart, Tauler, Suso, Nicolaus von Cues, Paracelsus, Weigel, Böhme, Bruno, Angelus Silesius* und der modernen Entwicklungslehre ist für Steiner kein Gegensatz: „Man braucht nicht den Geist zu verlieren, wenn man in der Natur nur Natürliches findet. Ich empfinde ein Höheres, Herrlicheres, wenn ich die Offenbarungen der ‚Natürlichen Schöpfungsgeschichte' auf mich wirken lasse, als wenn die übernatürlichen Wundergeschichten der Glaubensbekenntnisse auf mich eindringen. *(Die Mystik im Aufgange*, S. 119f.) Steiner ist also noch 1900 energisch für eine nicht positivistische, aber der Naturwissenschaft eng verbundene realistische *Philosophie* eingetreten, die im Zusammenhang mit der deutschen Mystik, Goethe und Hegel stand. Das erste Zeugnis der Abdrängung von dieser Linie ist das Buch: *Das Christentum als mystische Tatsache und die Mysterien des Altertums* (1910).

Im Vorwort zur 2. Auflage dieses Buches (1910) weist Steiner mit besonderem Nachdruck auf Edouard Schuré hin, dessen Buch über die Mysterien unter dem Titel „Die großen Eingeweihten" von Frau Marie Steiner übersetzt worden ist. Mit dem Begriff der Mysterien und der Einweihung tritt etwas völlig Neues in Steiners Denken auf. Eben noch wurde Plato wegen seines Dualismus abgelehnt – nun wird er als Mystiker gefeiert, der Orient, das Judentum, *Plato, Philo, Buddha, Jesus* – alles wird zu einer Synthese vereinigt. Die Kirchenväter *Augustin* und *Thomas* treten auf. Der Schüler *Haeckels* deutet die Erweckung des Lazarus als Initiationsvorgang!

Es ist aber nicht so, daß diese *Mystik* von nun an Steiners Denken ausschließlich beherrscht hätte. Vielmehr wirken die alten Motive weiter in der *Theosophie* z. B. ist sehr stark *Hegel* spürbar; in den Gedanken über Mensch und Natur bleibt *Goethe* und die Naturphilosophie der *Romantik*, der Steiner sehr viel verdankt, ohne es zu sagen, vorherrschend.

3. Arbeitsweise.

Das Werk Steiners ist außerordentlich umfangreich. Zu unterscheiden sind:
a. Bücher, die von ihm selbst verfaßt sind,
b. Vorträge, die er selbst zum Druck gebracht hat,
c. Vorträge, die von anderen herausgegeben wurden und den Vermerk tragen: „Nach einer vom Vortragenden nicht durchgesehenen Nachschrift".

Diese letzteren sind gewöhnlich in ängstlicher Anlehnung an das gesprochene Wort mit allen seinen Zufälligkeiten und Nachlässigkeiten wiedergegeben. Steiner pflegte dasselbe Thema in immer neuen Vortragszyklen zu behandeln. Statt einer geschlossenen Gesamtdarstellung der großen Gebiete (Anthropologie, Medizin, Pädagogik, Eurythmie, Kunst) liegen also nur skizzenhafte Behandlungen in der lässigen Form freier Rede vor. Es ist deutlich sichtbar, daß die unmittelbare Wirkung auf Menschen für Steiner wichtiger war als die wissenschaftliche Durcharbeitung seiner Gedanken. Bei dieser Sachlage berührt es peinlich, daß Steiner selbst bei den leichtsinnigsten Paraphrasen von Dingen, die er längst ausgesprochen hat, immer noch mit seiner Wissenschaftlichkeit prunkt und vor Inkompetenten Wissenschafts-„Kritik" treibt.

In den letzten Jahrzehnten hat Steiner kein Buch mehr selbst herausgegeben. Er hat lediglich noch, gestützt auf ein reiches Wissen, unter geschickter Verwendung immer neuer Einfälle mit Hilfe seiner glänzenden Improvisationsbegabung Menschen fasziniert, die abseits der Wissenschaft nach Erkenntnis suchten.

Anders als bei diesen manchmal in geistreiche Plauderei ausartenden Vorträgen verhält es sich mit den Büchern und Vorträgen, die Steiner selbst herausgegeben hat. Unter ihnen befinden sich mehrere bedeutende Werke, deren Studium sich verlohnt.

4. Hauptwerke

Werke über *Goethe*

In Kürschners „Deutscher National-Literatur" gab 1886 Steiner eine Auswahl aus Goethes Naturwissenschaftlichen Schriften in vier Bänden heraus. Die ausführliche *Einleitung* zu dieser Auswahl ist ein bahnbrechendes Werk, das in der Goetheliteratur an hervorragender Stelle steht. Goethes Naturforschung wird hier zum ersten Male als Zeugnis eines ursprünglichen Weltverhaltens, einer Welt-Anschauung verstanden. Durch Steiner ist Goethe als gleichsam neuer Paracelsus wiederentdeckt worden. Seine Abhandlung stößt bis zu den philosophisch letzten Problemen, bis zur Erkenntnistheorie Goethes vor. In völliger Unabhängigkeit von den herrschenden Richtungen der Philosophie entwickelt Steiner das Erkenntnisprinzip der Anschauung im Goetheschen Sinne.

In Übereinstimmung mit dieser Einleitung befinden sich zwei weitere Goetheschriften Steiners: *Grundlinien einer Erkenntnistheorie der Goetheschen Weltanschauung mit besonderer Rücksicht auf Schiller* (1886) und: *Goethes Weltanschauung* (1887).

Philosophische Schriften

Die ersten selbständigen philosophischen Schriften Steiners sind: *Wahrheit und Wissenschaft. Vorspiel einer Philosophie der Freiheit* (1892) und : *Die Philosophie der Freiheit. Grundzüge einer modernen Weltanschauung*. Steiner faßt das Problem der Erkenntnis an der Wurzel. Von der eigenen Stellung zur Welt ausgehend, die ihn zu Goethes Weltanschauung getrieben hatte, prüft er die an *Kant* anschließende Theorie des Erkennens, die unübersteigliche „Grenzen" der Erkenntnis aufweisen zu können glaubte und dem Menschengeiste den Zugang zum *Wesen* der Welt versperrte. Steiner will die Behauptung erweisen, daß dem menschlichen Erkennen der Zugang zur *wahren Wirklichkeit* offen steht. Es ist bewundernswert, mit welcher Sicherheit und Entschiedenheit er sich gegen den damals herrschenden Subjektivismus und

Phänomenalismus, Materialismus und Mechanismus zur Wehr setzt, und wie er von Anfang an den Positivismus in jeder Form, auch in der gefährlichsten des Psychologismus, vermeidet. Aber nicht nur das: es liegt bei ihm ein wirklich neuer Ansatz vor, mag dieser Ansatz auch im Zusammenhang mit *Goethe* und *Hegel* entwickelt sein.

Diese ersten philosophischen Schriften sichern, in Verbindung mit den ersten Goetheschriften, Rudolf Steiner einen Platz in der vordersten Reihe der Philosophen des 19. Jahrhunderts. Es unterliegt keinem Zweifel, daß diese Schriften weit origineller und bedeutender sind als die gesammelten Werke von *Eduard von Hartmann*, dem Steiner *Wahrheit und Wissenschaft* gewidmet hat.

In der Vorrede zur Neuauflage der *Grundlinien einer Erkenntnistheorie der Goetheschen Weltanschauung* von 1923 hat Steiner seine Stellung zu dem philosophischen Grundproblem, mit dem er begann, ausgezeichnet dargelegt. Der Grundgedanke ist: der Mensch steht mit seinem Denken nicht einer ihm fremden („wahrgenommenen") Welt gegenüber, sondern ist denkendes Glied einer geistigen Welt, in deren Mitte er steht. Das Denken ist ein realer Vorgang, d. h. der Mensch nimmt die Dinge nicht passiv hin, sondern ist ein geistiger Mitschöpfer der Welt. Das ist der Sinn der *Philosophie der Freiheit*.

In der Verbindung des Erkenntnisproblems mit dem Freiheitsproblem erweist Steiner seine philosophische Tiefe. Die Gefahr dieser Verbindung, die schon Hegel offenbar wurde, hat er nicht gesehen. Seine radikale Ablehnung *Kants* wurde ihm zum Verderben. Insofern ist die spätere Entwicklung Steiners zur „Mystik" schon in seinem Grundansatz enthalten.

Das Werk: *Die Rätsel der Philosophie in ihrer Geschichte als Umriß dargestellt* (1914) ist eine Umarbeitung des Buches: „Welt- und Lebensanschauungen im 19. Jahrhundert" (1901). Es ist eine Geschichte der Philosophie mit Betonung der neueren Zeit. Philosophisch wichtig ist der Schluß unter dem Titel: „Skizzenhaft dargestellter Ausblick auf eine Anthroposophie". In dieser Abhandlung stellt Steiner den Zusammenhang zwischen seinen erkenntnistheoretischen Arbeiten und der Anthroposophie her. Die verhängnisvolle Wendung, die er vollzogen hat, erhellt aus dem Satz: „Die hier gemeinte Seelenarbeit besteht in der *unbegrenzten Steigerung* von Seelenfähigkeiten, welche auch das gewöhnliche Bewußtsein kennt, die dieses aber in solcher Steigerung nicht anwendet." (*Rätsel der Philosophie II*, S. 236).

Ernsthafte Beachtung verdient die Schrift: *Von Seelenrätseln (1917). Sie ist besonders wichtig für Steiners Auffassung der Anthropologie und Psychologie. Steiner setzt sich hier mit seinem Kritiker Max Dessoir auseinander und präzisiert sein Verhältnis zu Franz Brentano.* Die Schrift: *Wie erlangt man Erkenntnisse höherer Welten* (1904) muß in Zusammenhang mit den philosophischen Arbeiten behandelt werden, obwohl es sich hier um eine praktische Anleitung zur „höheren" Erkenntnis handelt. Denn diese Anleitung ist durchaus klar und nüchtern geschrieben, sie steht im Zusammenhang mit wirklich tiefen Einsichten in das menschliche Seelenleben. Geschichtlich betrachtet gehört das Werk in die Literatur über die „Meditation". Der Ansatz ist gesund – das Schwärmerische liegt lediglich darin, daß *jede* Grenze verneint wird, und der Weg nicht nur zu dem freigelegt wird, was die positivistische Wissenschaft des 19. Jahrhunderts übersah, sondern die Tür aufgestoßen wird zu jedem Unsinn und schließlich zu der grundsätzlichen Verwandlung subjektiver Einfälle in eine Erkenntnis „geistiger Wesenheiten".

Auch die beiden abschließenden Hauptschriften Steiners: *Theosophie. Einführung in übersinnliche Welterkenntnis und Menschenbestimmung* (1904) und *Die Geheimwissenschaft im Umriß* (1909) müssen von dem, der eine selbständige „Geisteswissenschaft" nicht anzuerkennen vermag, als philosophische Werke betrachtet werden. Diese Werke stehen da, wo in der alten Metaphysik die rationale Psychologie, Kosmologie und Theologie standen. Die Mißachtung *Kants* hat sich gerächt: als moderner Swedenborg tritt Steiner der Philosophie und Wissenschaft mit ungemessenen Ansprüchen entgegen – ohne doch nichts anderes zu sein als wiederkehrender Schatten der vorkantischen Metaphysik.

Die weltanschauliche Bedeutung der beiden Hauptwerke ist nicht in dem konsequenten *Spiritualismus* zu suchen, den sie mit den Systemen *Fichtes* und *Hegels* teilen. Da es noch auf lange hinaus eine der wichtigsten Aufgaben des deutschen Denkens sein wird, den Spiritualismus philosophisch zu widerlegen, so kann eine geistreiche Erneuerung des Spiritualismus an sich philosophisch nur belebend wirken. Wenn wir die beiden metaphysischen Hauptwerke Steiners ablehnen müssen, so geschieht es nicht aufgrund ihres Spiritualismus, sondern wegen ihres *anthroposophischen* Gehalts. Es handelt sich um die Lehre vom *Karma* des Menschen.

Die Karma-Lehre steht im Mittelpunkt der Steinerschen „Anthroposophie". Im Angesicht der Ergebnisse der modernen Naturwissenschaft und insbesondere der Vererbungswissenschaft trägt Steiner eine Lehre vom Menschen vor, die der wissenschaftlichen Erkenntnis von der Vererbung direkt widerspricht, und nichts anderes ist als eine metaphysische Übersteigerung der Theorie von der Vererbung erworbener Eigenschaften.[1] Auf S. 70f. der *Theosophie* lesen wir: „Tiere, die einmal als sehende in die Höhlen von Kentucky eingewandert sind, haben durch das Leben in denselben ihr Sehvermögen verloren. Der Aufenthalt im Finstern hat die Augen außer Tätigkeit gesetzt. In diesen Augen wird dadurch nicht mehr die physische und chemische Tätigkeit verrichtet, die während des Sehens vor sich geht. Der Strom der Nahrung, der für diese Tätigkeit früher verwendet worden ist, fließt nunmehr anderen Organen zu. Nun *können* diese Tiere nur in diesen Höhlen leben. Sie haben durch ihre Tat, durch die Einwanderung, die Bedingungen ihres späteren Lebens geschaffen. Die Einwanderung ist zu einem Teil ihres Schicksals geworden. Eine Wesenheit, die einmal tätig war, hat sich mit den Ergebnissen der Taten verknüpft. So ist es mit dem Menschengeiste... Durch eine Tat, welche die Seele verrichtet hat, lebt in ihr die krafterfüllte Anlage, eine andere Tat zu verrichten, welche die Frucht dieser Tat ist... Mit seinen Taten hat der Menschengeist wirklich sein Schicksal bereitet. An das, was er in einem vorigen Leben getan hat, findet er sich in seinem neuen geknüpft."

„Der Leib unterliegt dem Gesetz der *Vererbung*; die Seele unterliegt dem selbstgeschaffenen Schicksal. Man nennt dieses von dem Menschen geschaffene Schicksal mit einem alten Ausdruck sein *Karma*. Und der Geist steht unter dem Gesetze der *Wiederverkörperung*, der wiederholten Erdenleben." (*Theosophie* S. 74) Es gehört zu den bedenklichsten Vorurteilen, meint Steiner, wenn man die geistigen Eigenschaften eines Menschen durch Vererbung von Vater und Mutter oder anderen Vorfahren erklären will. (*Theosophie,* S. 60) Jeder Lebensleib ist eine Wiederholung seines Vorfahren. Wer aber unter Berücksichtigung der von *Mendel* gefundenen Vererbungsgrundsätze die individuellen Verschiedenheiten menschlicher Persönlichkeiten auf die Verschiedenheiten in der Beschaffenheit der stofflichen Keime zurückführt, der hat keine Einsicht in das wirkliche Verhältnis des Menschen zu dessen Erdenleben. „Denn die sachgemäße Beobachtung ergibt, daß die äußeren Umstände auf verschiedene Personen in verschiedener Art durch etwas wirken, das gar nicht *unmittelbar* mit der stofflichen Entwicklung in Wechselbeziehung tritt. Für den wirklich genauen Erforscher auf diesem Gebiete zeigt sich, daß, was aus den stofflichen Anlagen kommt, sich unterscheiden läßt von dem was zwar durch Wechselwirkung des Menschen mit den Erlebnissen entsteht, aber nur dadurch sich gestalten kann, daß die *Seele* selbst diese Wechselwirkung eingeht. Die Seele steht da deutlich mit etwas innerhalb der Außenwelt in Beziehung, das, *seinem Wesen nach*, keinen Bezug zu stofflichen Keimanlagen haben kann." (*Theosophie*, S. 54f.)

In demselben Tone „wissenschaftlicher" Überlegenheit wird das Vererbungsproblem auch in der *Geheimwissenschaft* behandelt. Die Anthroposophie lehnt es ab, in Bezug auf die Anlagen, die Begabungen sich an das zu halten, was von Eltern, Voreltern und sonstigen Ahnen vererbt ist. Sie sucht die Ursachen in geistigen Vorgängen, „welche der Mensch selbst vor seiner Geburt – abseits von der Vererbungslinie seiner Ahnen – durchgemacht hat und durch die er sich seine Anlagen und Begabungen gestaltet hat." (*Geheimwissenschaft* S. 89) „Eine Alpenblume wächst nicht in der Tiefebene. Ihre Natur hat etwas, was sie mit der Alpengegend zusammenbringt. Ebenso muß es in einem Menschen etwas geben, was ihn in eine bestimmte Gegend hineingeboren werden läßt." (ebda) In den Vorträgen über „Das Karma des Berufes

[1] Schon in der Schrift *Haeckel und seine Gegner* (1900) hat Steiner, um die monistische Entwicklungslehre, also ein Dogma, zu retten, für die Vererbung erworbener Eigenschaften Partei genommen und sich gegen Weismann und Galton gewandt. (S. 41ff.)

des Menschen" findet sich dafür ein geschichtliches Beispiel. Friedrich Theodor Vischer hat im Tübinger Stift zwar Latein und Griechisch gelernt, aber bis zu einem sehr späten Alter nicht gewußt, in welchen Hauptfluß der Neckar sich ergießt. Das Erziehungssystem, in dem Vischer aufwuchs, wußte von einer Landkarte nichts. Wenn wir dies von einem größeren Gesichtspunkt überschauen, so werden wir uns sagen: „Die Seele dieses Vischer stieg herunter aus den geistigen Welten und hat sich gerade *dieses* Milieu ausgesucht, wollte gerade eine Erziehung haben, welche ihr ermöglichte, so und so lange bewahrt davor zu bleiben, eine Landkarte zu sehen, wollte gerade lange Zeit zwar den Neckar immer vor sich haben, das Heimatflüßchen, aber wollte nicht wissen, in welchen Hauptstrom der Neckar sich ergießt." (*Karma des Berufes,* 1933, S. 155 f.)

Die Vererbung hoher geistiger Anlagen, wie wir sie in den Gliedern der Familien Bach und Bernoulli finden, wird von Steiner ausdrücklich erwähnt. (*Geheimwissenschaft*, S. 89 f.) Aber dem Anthroposophen können diese Tatsachen nicht sein, „was sie dem sind, der sich nur auf die Vorgänge in der Sinnenwelt bei seinen Erklärungen stützen will." Ein unklares Denken, meint Steiner, kann auf diesem Gebiet viel Verwirrung stiften. „Gewiß zeigt ein Mensch die Merkmale seiner Vorfahren, denn das Geistig-Seelische, welches durch die Geburt in das physische Dasein tritt, entnimmt seine Leiblichkeit dem, was ihm die Vererbung gibt. Damit ist aber noch nichts gesagt, als daß ein Wesen die Eigentümlichkeiten des Mittels trägt, in das es untergetaucht ist." (*Geheimwissenschaft*, S. 91) Daß ein Menschenwesen sich in die Eigenschaften seiner Vorfahren eingehüllt zeigt, beweist für die Herkunft der persönlichen Eigenschaften dieses Wesens ebenso wenig, wie es für die innere Natur eines Menschen etwas beweist, wenn er naß ist, weil er ins Wasser gefallen ist. (ebda) „Wenn der bedeutendste Name am Ende einer Blutsgenossenschaft steht, so zeigt dies, daß der Träger dieses Namens jene Blutsgenossenschaft brauchte, um sich den Leib zu gestalten, den er für die Entfaltung seiner Gesamtpersönlichkeit notwendig hatte. Es beweist aber gar nichts für die „Vererbung" des Persönlichen selbst: ja es beweist für eine gesunde Logik diese Tatsache gerade das Gegenteil. Wenn sich nämlich die persönlichen Gaben vererbten, so müßten sie am Anfang einer Blutsgenossenschaft stehen und sich dann von hier ausgehend auf die Nachkommen vererben. Da sie aber am Ende stehen, so ist das gerade ein Zeugnis dafür, daß sie sich *nicht* vererben." (*Geheimwissenschaft*, S. 91 f.)

In welcher Weise Steiner von seinen „geheimwissenschaftlichen" Erkenntnissen in seinen Vorträgen über bestimmte Spezialgebiete Gebrauch macht, kann ein Beispiel aus den Vorträgen über Heilpädagogik im Jahre 1924 zeigen. Der erste Vortrag dieses Kursus handelt auch von der Vererbung und schließt mit folgendem Fall: Die Leber ist dasjenige Organ, das dem Menschen die Courage gibt, eine ausgedachte Tat in eine wirklich ausgeführte umzusetzen. Wenn eine Stockung des Willens auftritt, dann liegt immer ein feiner Leberdefekt vor. Einem jungen Mann passierte es manchmal, daß er schon in der Nähe eines Tramwagens stand, aber plötzlich stehen blieb und nicht einstieg. Er wußte selbst nicht warum. Der Wille stockte. Was lag vor? „Der Vater des Betreffenden war Philosoph, hat in merkwürdiger Weise die Seelenfähigkeiten eingeteilt in Vorstellen, Urteilen und in die Kräfte der Sympathie und Antipathie, und rechnete unter die Seelenkräfte nicht den Willen. Er zählte nie den Willen auf, wenn er die Seelenkräfte aufzählte. Er wollte aber ehrlich sein; er wollte nur das geben, was sich im Bewußtsein darstellte. Nun hatte er es so weit gebracht, daß das ihm ganz Natur war, keine Vorstellung vom Willen zu haben. Da kriegte er in verhältnismäßig spätem Alter einen Sohn. Er, der Vater, hatte durch ewiges Nichtdenken des Willens der Leber die Anlage eingepflanzt, die subjektiven Intentionen nicht umzusetzen in die Tat. Beim Sohne trat das als Erkrankung auf. Und da können Sie sehen, warum auch des Sohnes Individualität gerade diesen Vater gewählt hat: weil er nichts anzufangen wußte mit der inneren Organisation der Leber." (*Zur Heilpädagogik,* S. 202 f.)

Es wäre falsch, den Karma-Gedanken wegen der Absurdität und unfreiwilligen Komik solcher Beispiele leicht zu nehmen. In diesen Beispielen steckt ein geistiges System. Sie entspringen nicht der Willkür, sondern einer bestimmten Methode.

5. Steiners Methode

Der Lehre vom Karma des Menschen liegt eine radikale *Trennung* zwischen dem Stofflichen und dem Geistigen zugrunde – es ist dieselbe Trennung, die Steiner auf Goethes Spuren oft so glücklich bekämpft hat. Das Stoffliche eines Wesens, so lehrt die *Geheimwissenschaft*, vergeht mit dem körperlichen Tode. Nicht in der gleichen Art verschwinden die geistigen Kräfte, welche dieses Körperhafte aus sich heraus getrieben haben. „Sie lassen ihre Spuren, ihre genauen Abbilder in der geistigen Grundlage der Welt zurück. Und wer durch die sichtbare Welt hindurch die Wahrnehmung zu dem Unsichtbaren zu erheben vermag, der gelangt endlich dazu, etwas vor sich zu haben, was man mit einem gewaltigen geistigen Panorama vergleichen könnte, in dem alle vergangenen Vorgänge der Welt verzeichnet sind. Man kann diese unvergänglichen Spuren alles Geistigen, die *„Akasha-Chronik"* nennen, indem man als Akasha-Wesenheit das Geistig-Bleibende des Weltgeschehens in Gegensatz zu den vergänglichen Formen des Geschehens bezeichnet." *(Geheimwissenschaft*, S. 106f.)

Das Prinzip, das von Steiner hier befolgt wird, lautet: der Gedanke ist vor dem Denkenden. Nicht der Mensch hat den Gedanken, sondern der Gedanke hat den Menschen. Der Einzelne tritt hier nicht als Lebewesen im Zusammenhang mit seinen Ahnen und Nachkommen auf, sondern erscheint lediglich als Glied einer geistigen „Welt". Wenn auch diese Vorordnung einer geistigen Welt vor allem Physischen schon im philosophischen Idealismus liegt, so muß Steiners Philosophie des Geistes doch als etwas Neues beurteilt werden. Denn zwischen Hegel und Steiner liegt die moderne Naturwissenschaft. Es ist etwas anderes, ob man Fichte und Hegel wieder erweckt und die moderne Vererbungslehre auf sich beruhen läßt, oder ob man die Erscheinung der Vererbung in die idealistische Theorie mit einbezieht. Steiner ist nicht nur ein Epigone der idealistischen Philosophie, sondern er bildet die Philosophie des Geistes in einer bestimmten Weise weiter. Die verhängnisvolle Wendung entsteht dadurch, daß Steiner an die Stelle der Vererbungslehre *eine positive andere Lehre* setzt. Die biologische Wirklichkeit wird von ihm nicht nur übersehen, sondern bewußt in ihr Gegenteil *verkehrt*.

Die Anthroposophie ist eines der konsequentesten antibiologischen Systeme, die es gibt. Wenn dieses System lediglich in Schriften enthalten wäre, die nur einem kleinen Kreise von Lesern zugänglich sind, so brauchte man sich nicht darum zu kümmern. Allein die Karma-Lehre wurde in der Anthroposophischen Gesellschaft als ein unumstößliches Dogma angesehen; eine große Zahl von Mitgliedern fühlte sich auf sie verpflichtet. Das mir vorliegende Exemplar der *Theosophie* vom Jahre 1922 gehört der 22. Auflage an (34. – 38. Tausend); das Exemplar der *Geheimwissenschaft im Umriss* vom Jahre 1925 stammt aus der 16. – 20. Auflage. Werke, in denen der Spiritualismus mit solcher Folgerichtigkeit zu Ende gedacht ist, und sei es bis zum Absurden, sind philosophisch interessant. Solange jedoch die Gefahr besteht, daß diese Werke als Grundbücher einer Sekte von „Karma-Gläubigen" Verwendung finden, erscheint es zweckmäßig, zunächst keine weiteren Auflagen von ihnen veranstalten zu lassen. In den wissenschaftlichen Bibliotheken steht ihrer Benützung nichts entgegen.

Mit dem zur Schwärmerei gesteigerten Spiritualismus verbindet sich bei Steiner eine Anwendung jener Methode, die die deutsche Naturphilosophie vor der Entwicklung der modernen Naturwissenschaft ausgebildet hatte. Man könnte sie die *Methode der Analogie*, der morphologischen oder auch symbolischen Vergleichung nennen. Erscheinungen und Vorgänge der Natur, organische Bildungen und Prozesse, die anscheinend nichts miteinander zu tun haben, werden in Beziehung zueinander gesetzt, miteinander identifiziert oder auch als in Gegensatz zueinanderstehend erklärt. So gehört die Leber mit dem Willen, der Zahnwechsel mit dem Denken zusammen usf. Unermüdlich schwingt Steiner in seinen Vorträgen den „Zauberstab der Analogie". Mit Behutsamkeit verwendet Goethe diese Methode in seinen morphologischen Schriften, mit dialektischem Scharfsinn verwendet sie Hegel; Schelling und Oken handhaben sie mit Meisterschaft. Die entscheidende Frage lautet: was kann uns diese Methode im Zeitalter der modernen Naturwissenschaft noch bedeuten? Hier tritt die eigentümliche Zweideutigkeit hervor, die für Steiners gesamtes Wesen und Werk so charakteristisch ist: Steiner widerspricht der modernen Naturwissenschaft nicht ausdrücklich, er setzt sich auch nicht mit ihr auseinander, aber er spielt fortwährend mit einem gewissen Mitleid von oben herab auf sie an als auf eine „materialistische" Richtung, die durch seine, die „geisteswissenschaftliche", überhöht werden müsse. Die entscheidende Frage, wie sich die morphologische Betrachtungsweise, die dem *antiken Weltbild* entspricht, zu dem die *Astrologie* gehört, und die moderne analytische Forschung, zueinander verhalten, wird von ihm nicht aufgeworfen. Es handelt sich hier um nichts geringeres als um das Recht und die Grenzen der *kausalen Naturbetrachtung*. Der Versuch einer Abdrängung diese Problems in den Schatten des Gegensatzes „materialistisch-geisteswissenschaftlich" muß aufs entschiedenste verurteilt werden. Steiners Behandlung des Problems der modernen Forschung erinnert an die Behandlung, die dieses Problem durch *Othmar Spann* erfährt, der ja von denselben Voraussetzungen (Fichte und Hegel) ausgegangen ist. So leicht wie Steiner und Spann kann es sich ein verantwortlicher Naturforscher mit dem „Mechanismus" und „Atomismus" nicht machen.

Es wäre verfehlt, die Methode der Analogie, wie es schon oft geschehen ist, einfach der Lächerlichkeit preiszugeben. Denn hinter dieser Methode steht ein großartiges Weltbild. Züge dieses Weltbildes wiederzugewinnen, ist eine Aufgabe der Gegenwart und Zukunft. Aber die Aufgabe kann nicht dadurch gelöst werden, daß man die analytisch-kausale Wissenschaft als „materialistisch" in eine untere Sphäre verweist. Das Weltbild der Analogie kann nur unter der Bedingung wiedergewonnen werden, daß der kausalen Forschung ihr Platz innerhalb dieses Weltbildes gesichert bleibt.

6. Geisteswissenschaft und Medizin

Das zweideutige Verhältnis Steiners zur modernen Naturwissenschaft muß sich auf dem Gebiete der Medizin notwendig in besonders gefährlicher Weise wiederholen. Steiner will nicht praktische Ärzte ausbilden, er will nur seine Geisteswissenschaft für die Heilkunst fruchtbar machen, d. h. er will dem Arzt eine bestimmte Einstellung zum Menschen und zur Natur vermitteln, durch die er in den Stand gesetzt werden soll, aus dem Verständnis des großen Geschehens heraus in der richtigen Weise einzugreifen. „Ich möchte niemals eingreifen selbstverständlich in irgendeiner Weise selbst in irgend eine praktische Heilung wie ich das nie getan habe. Das bleibt den praktizierenden Ärzten überlassen." (*Geisteswissenschaft und Medizin*, S. 306). Steiner glaubt damit genug getan zu haben, um den Vorwurf der Kurpfuscherei zurückweisen zu können. Allein die „praktizierenden Ärzte" haben ja nicht nur schneiden und Pulver verschreiben gelernt, sondern sind durch die Schule der analytischen Naturwissenschaft gegangen. Das Bild vom Menschen, das sie in dieser Schule erworben haben, ist gewiß ungenügend. Dieses Bild wird aber nicht dadurch richtiger, daß man einen Arzt nun in die Geheimwissenschaft Steiners einführt, die ihm ein ganz anderes Bild vom Menschen vor Augen hält, und ihn im übrigen, statt ihm den Verbindungsweg zur analytischen Naturwissenschaft zu zeigen, in die phantastischen Gefilde der Karma-Lehre und der Akasha-Chronik führt.

Die Vererbungslehre, diese gewaltige Errungenschaft der kausalen Naturforschung, bildet auch hier den Prüfstein. Da die geisteswissenschaftliche Medizin von der Vererbungslehre wegführt, ist sie nicht geeignet, im heutigen Umbruch des medizinischen Denkens eine segensreiche Rolle zu spielen. Was an Steiners medizinischen Gedanken richtig und gut ist – vor allem die Einsicht in den tiefen Zusammenhang der menschlichen und der außermenschlichen Natur – ist heute auch an anderen Orten lebendig und wird sich auch ohne Steiner durchsetzen.

7. Eurythmie

In der steinerschen „Eurythmie" stecken trotz vieler Überspitzungen und Verzerrungen gute Gedanken und gesuchte Ansätze, die insbesondere für die Pädagogik fruchtbar werden können. Zu einem Verbot der Vorträge über Eurythmie liegt kein Anlaß vor.

8. Pädagogik

Die Erziehungswissenschaft ist das Gebiet, auf dem Steiner nach den mir vorliegenden gedruckten Zeugnissen – die Vorträge über Landwirtschaft waren mir nicht zugänglich – am meisten mit Glück gearbeitet hat. Seine Vortragszyklen über die Fragen der Erziehung sind im Zusammenhang mit dem von seinen Anhängern unternommenen praktischen Versuch der Waldorfschule in Stuttgart entstanden. Die beiden grundlegenden Zyklen wurden vor Lehrern und Lehrerinnen zwischen dem 21. August und dem 5. September 1919 in Stuttgart gehalten:*Allgemeine Menschenkunde als Grundlage der Pädagogik* und: *Erziehungskunst, Methodisch-Didaktisches.* Den in diesen Vorträgen entwickelten Gedanken muß eine hohe Bedeutung für die pädagogische Theorie und eine außerordentliche Fruchtbarkeit für die pädagogische Praxis nachgerühmt werden.

Die *Waldorfschule* sollte nach dem Willen Steiners nicht als Schule der Anthroposophischen Gesellschaft aufgebaut werden. Es sollte vielmehr ein neuer Schultyp geschaffen werden, so wie er sich aus der Menschenkunde ergab, wie sie Steiner im Laufe der Zeit ausgebildet hatte. Durch die Einklammerung des anthroposophischen Elements war es möglich, daß die älteren *Goetheschen* Gedankenmotive des Steinerschen Denkens hier stärker hervortraten. Das Eigentümliche und Revolutionäre der Steinerschen Pädagogik besteht denn auch darin, daß hier der Mensch und die Schule nicht von „oben" her, von den sogenannten Kulturwerten oder von der Kulturtradition aus gesehen werden, sondern in durchaus Goethescher Weise von der *Natur* her. Das Kind wird als lebendiges, wachsendes, sich entfaltendes Wesen genommen. Die pädagogischen Grundsätze und Techniken werden aufgrund der Kulturtradition abgeleitet. Das Kind wird nicht als ein kleiner Erwachsener aufgefaßt oder als ein höchst entwicklungsfähiges Verstandeswesen, sondern als eine lebendige Wirklichkeit mit eigenen Trieben und Tendenzen, die man kennen muß, wenn man als Erzieher fördernd eingreifen will.

Nun ist es klar, daß sich die anthroposophische Zielsetzung auch aus der Erziehungstheorie nicht gänzlich fernhalten läßt. Zwar läßt sich die Steinersche Menschenkunde bis zu einem gewissen Grade von seiner Anthroposophie loslösen; aber niemals kann das vollständig geschehen. Festzustellen ist, daß Steiner den Karma-Gedanken zur Begründung seiner Pädagogik nicht verwendet hat. Aus der anthroposophischen Systematik ist lediglich die Dreigliederung des Menschen in Nerven-Sinnessystem, Gliedmassen-Stoffwechselsystem und in Atmungssystem übernommen, doch macht sich dieses Stück spekulativer Naturphilosophie nicht allzu störend bemerkbar. In der Einteilung der Wachstumsperioden des Kindes wird zwar der Zahnwechsel in einer ungewöhnlichen Weise hervorgehoben, doch bestimmt die Einteilung im großen (Zahnwechsel – Geschlechtsreife als Haupteinschnittspunkte) mit der überlieferten überein. Auch der Anschluß also an die „Dreigliederung" macht die Steinersche Pädagogik noch nicht zu einer spezifisch anthroposophischen Lehre. Vielmehr ist es durchaus möglich und angebracht, die Menschenkunde und die Erziehungslehre, die in diesen Vorträgen enthalten sind, als etwas in sich ruhendes aufzufassen – als den ersten, kühnen Versuch, von einer naturphilosophischen Begründung des Menschenwesens ausgehend zum Problem der Erziehung vorzudringen. Innerhalb der großen pädagogischen Literatur hat Steiner hier nur Jean Paul und Fröbel als einsame Vorgänger.

Auch im pädagogischen Sperrgebiet muß die Anthroposophie natürlich an der Stelle zum Vorschein kommen, wo es sich darum handelt, die *Zielsetzung* des pädagogischen Tuns zu bestimmen. Einmal kann nach den Grundvoraussetzungen der Anthroposophie diese Zielsetzung nur eine menschheitliche, nicht eine rassisch-völkische sein. Zum zweiten läßt sich die pädagogische Aufgabe ohne bestimmte Voraussetzungen geschichtsphilosophischer Art nicht genauer darstellen. Die geschichtsphilosophische Grundvoraussetzung ist der Punkt, an dem sich die Waldorfschulpädagogik als abhängig von der Anthroposophie erweist. Diese Abhängigkeit greift notwendig durch den Geschichtsunterricht hindurch auf den Lehrplan der Schule über. Erst nach Abdichtung dieser Stelle kann die Waldorfschul-Pädagogik von uns gewürdigt werden.

Die Menschheit stellt sich in verschiedenen Entwicklungsepochen, die sie durchlebt, verschiedene Aufgaben. Nach der „Geheimwissenschaft" stehen wir heute in der „fünften nachatlantischen Entwicklungsepoche". Unsere pädagogische Aufgabe unterscheidet sich dementsprechend von den Aufgaben, die sich die Menschheit bisher gestellt hat. Bisher haben die Menschen, selbst wenn sie mit dem allerbesten Willen pädagogisch gearbeitet haben, noch im Sinne der alten Erziehung gearbeitet, also noch im Sinne der vierten nachatlantischen Entwicklungsepoche. Das neue Erziehungssystem Steiners ist bezogen auf einen neuen Menschen. (*Allg. Menschenkunde als Grundl. d. Päd.*, S. 2ff.)
Es ist klar, daß diese allgemeine Zielsetzung der Waldorfschul-Pädagogik einen hohen Enthusiasmus einhauchen konnte. Es ist ebenso klar, daß jemand, der nicht Anthroposoph ist, sich mit nachatlantischen Entwicklungsepochen (die letzte hat nach Steiner im 15. Jahrhundert begonnen) nicht abzugeben vermag. Die Beschäftigung mit Steiner Pädagogik ist nur dann sinnvoll, wenn man ausschließlich die naturphilosophisch-menschenkundliche Aufgabe und die allgemein pädagogischen Grundsätze ins Auge faßt.

Die Bedeutung der Waldorfschul-Pädagogik ist darin zu suchen, daß hier zum ersten Male in der Theorie und in der Praxis zugleich das überkommene Schulsystem der Aufklärung mit seinem Intellektualismus von einem neuen Grundansatz aus überwunden wird. Steiner entwirft den Plan einer Schule, der nicht vom Verstande und verstandesmäßiger Aufklärung her aufgebaut ist, sondern von Gefühl, Phantasie und Willen her. Die Schule der Aufklärung hat das Erlernen der Wissenschaften zum Vorbild; sie nimmt den Menschen daher im wesentlichen als ein intellektuell verstehendes und aufnehmendes Kopf-Subjekt. Die Waldorfschule dagegen ist nicht nach dem Prozeß des wissenschaftlichen Lernens, sondern nach dem Vorgang des künstlerischen Gestaltens ausgerichtet. Steiner sieht richtig, daß die Jugendepoche des Menschen in ihren verschiedenen Phasen etwas unersetzliches ist, daß der Mensch in dieser Epoche Dinge vermag, die er später nicht mehr kann, und daß es für seine Haltung im Leben entscheidend ist, wie weit er die Möglichkeiten seines eigenen Kindseins erlebt und verwirklicht hat. Der Mensch muß als Kind wirklich Kind sein, damit er als Erwachsener ganz das werden kann, was er der Anlage nach ist. Als Kind aber ist der Mensch in einer Weise genial, d. h. schöpferisch, wie er es sich im späteren Leben in den meisten Fällen nicht mehr vorstellen kann. Auf diese Genialität des Kindes bezieht sich Steiner in seinem pädagogischen Entwurf überall mit der größten Feinfühligkeit. Einzelne Sonderbarkeiten, wie das Stricken der Knaben und seine Begründung, ändern nichts daran, daß einmal von der Überwindung des Intellektualismus nicht bloß geredet wird.

Außer den genannten Vortragszyklen sind die vierzehn Vorträge von Wichtigkeit, die Steiner in Ilkley 1923 gehalten hat. (*Gegenwärtiges Geistesleben und Erziehung*, 1927) Hier wird als Thema der neuen Pädagogik bezeichnet: unsere Gedanken müssen wiederum Gebärden werden. (S. 57). Die einleitenden Vorträge geben einen Einblick in die teils herkömmlichen, teils sonderbaren Ansichten Steiners über den Orient, das Griechentum und das Mittelalter.

Die übrigen pädagogischen Veröffentlichungen sind, mit Ausnahme der zehn Vorträge in Arnheim (Holland) nicht von Bedeutung. Hervorzuheben ist das Referat über einen Lehrerkurs am Goetheanum 1921, das Albert *Steffen* erstattet hat. (Stuttgart 1922)

gez. A. Baeumler.

Quelle: BAD Z/B 1 887.

Anlage 14: Die Gründung der Goethe-Hochschule am 12. August 1940.

Der Versuchsring für biologisch-dynamische Wirtschaftsweise e. V. gründet eine
" Goethe – Hochschule
für
Forschung und Bildung aus Bäuerlicher Lebensordnung"
in Bad Saarow/Mark.

Die tragende Idee der Hochschule ist der Bauernhof als eine lebendige Betriebsindividualität.

Die Aufgabe der Hochschule ist:

1) die Forschung nach Quellen der bäuerlichen Schöpferleistungen,
2) die Bildung des deutschen Menschen zur Erfassung dieser Quellen.

Das Leben der Hochschule soll einen ständigen fruchtbaren Austausch zwischen Forschung, Bildung und bäuerlicher Lebenspraxis schaffen.

Der Schulbetrieb gliedert sich in

a) Forschungsarbeit
b) Lehrtätigkeit
c) Gründungen von Einrichtungen der Lebenspflege.

Die Forschungsarbeit wird sich nicht auf die Schuleinrichtungen in Bad Saarow beschränken, sondern kann von den Mitarbeitern der Hochschule überall geleistet werden.

Die Lehrtätigkeit wird sich im wesentlichen auf
Bildungslehrgänge in Bad Saarow und
Herausgabe von Schrifttum
erstrecken.

Die Grundlage für die Forschungs-und Lehrtätigkeit ist der Erbhof Marienhöhe.

Des weiteren ist gedacht an den Aufbau
eines Kindergartens,
einer Dorfschule,
einer bäuerlichen Winterschule,
eines ärztlich geleiteten Kurheims mit Diätküche und verwandten Einrichtungen.

Der Sauener Forst von Geheimrat Bier sollte in die gesamte Arbeit der Hochschule eingegliedert werden.

Dem Leiter der Goethe-Hochschule stehen ein Stellvertreter und ein Geschäftsführer zur Seite.

Die Leitung der Hochschule ist für die gesamte kulturelle, rechtliche und wirtschaftliche Führung verantwortlich.

Die verantwortlichen Mitarbeiter für Forschung und Bildung sind in dem Hochschulrat zusammengeschlossen.

Die gemeinsame geistige Arbeit dieses Rates soll der Hochschule die Richtung und den Inhalt geben.

In allen rechtlich-finanziellen Fragen steht der Leitung ein Kuratorium mit Rat und Tat zur Seite.

Die Mitglieder des Hochschulrates sowie des Kuratoriums werden von der Leitung der Hochschule berufen.

Die Finanzierung der Hochschule erfolgt durch Studiengelder und Stiftungen.

Für Forschungs- und Lehrbetrieb stehen der Hochschule die Einrichtungen des „Demeter-Haus" e. V. in Bad Saarow zur Verfügung.

Zunächst werden folgende Arbeitsgebiete in Aussicht genommen:
Die praktischen Lebensgebiete, die in dem bäuerlichen Betriebsorganismus wurzeln und aus ihm hervorgehen.
Des weiteren
Lehre von Rhythmus und Harmonie,
Erforschung der Bildekräfte- und Strahlungsgesetze.

Für die Aufgaben der Goethe-Hochschule steht eine größere Anzahl von Mitarbeitern zur Verfügung:

Dr. E. Bartsch	Dr. J. Schulz
E. Stegemann	Dr. F. Schmidt
F. Dreidax	Dr. A. Selawry
Geheimrat A. Bier	Dr. J. Schindlegger
I. Vögele	Apt. Dorn
M. K. Schwarz	F. Jacquet
H. Bartsch	G. Ackermann
Dr. N. Remer	R. Zimmer
C. Grund	H. Kirchner
F. Lippert	F. Copijn
L. Piening	M. Körner
F. Kramer	S. König
K. Wilmann	D. E. Lippold
E. Perkiewicz	H. Reusch
M. Höpner	L. Birkigt
Prof. A. Seifert	F. Diemer
Dr. H. Krause	Dr. O. Hartmann
	Dr. Sachtleben

Goethe – Hochschule
Gliederung

1.) Die Hauptsitzungen und -tagungen der Hochschule werden die Frage des Hofes in ihrer Ganzheit zum Gegenstand haben:
Gesamtzustand und Wesenserkenntnis.
Leistungskraft und ihre Voraussetzungen.
Pflege der Betriebsdarstellung.
Geschichtliches Werden
Gegenwärtige Verhältnisse
Zukunftziele
Anpassung an Boden und Klima
Gliederung und Wechselbeziehungen (Zusammenarbeit von
Boden, Pflanze, Tier und Mensch; Betriebskreisläufe; Rhythmen; Polaritäten; Wechselbeziehungen).
Der Hof als Menschenwiege
als Erziehungsstätte
als Heimstätte harmonischer Lebensbildung
als Quelle und Einheit der Volkswirtschaft.

Von der Ratsgemeinschaft des Hofes aus werden
a.) Die Hauptarbeitsgebiete eingesetzt und ausgerichtet, geeignete Mitarbeiter berufen.
b.) Die Nebenarbeitsgebiete – in ihrem heutigen Zustand außerhalb der Landwirtschaft gewachsen – nach Durcharbeitung und Neuausrichtung aufgenommen.

2.) Die Gliederung der sich vom Hofwesen ableitenden Arbeitsgebiete ergibt sich nach zwei Hauptarten.

I. in gleichnamigen Kreisen (eigentlich Kugelschalen) nach
a.) Forschung
b.) Bildung und Lehre
c.) Lebenswirken (Praxis)
Dabei ist wesentlich, daß das Lebenswirken sowohl innerhalb wie außerhalb der Landwirtschaft immer wieder organisch mit dem Hofwesen in Wechselbeziehung tritt und sich an ihm und und seinen Entwicklungszielen ausrichtet.
Das Pulsieren zwischen innen und außen ist vom Hofwesen aus zu bewirken.

II. in Kreisausschnitten nach den Kraftquellen und den Auswirkungen des Hofwesens. („Kreisausschnitt" zeigt die Beziehung zur Ganzheit besser als „Abteilung").
a.) Menschliche Kraftquellen und ihre Entfaltung.
b.) Natürliche Kraftquellen und ihre Entfaltung.
c.) Kulturauswirkungen auf die übrigen Volksteile.
d.) Auswirkungen durch die Erzeugnisse.
(Das organische Bild dieser Gliederung kann in einer Blastula gesehen werden, bei der sich die Ordnung nach einem Kopfende bereits abzeichnet.)

Die übrige Ausgliederung wird entsprechend dieser Hauptgliederung weniger nach Wissensfächern als nach Impulsen und Tätigkeit sich entwickeln.

Die Gebiete sollen dabei nicht statisch angesehen und eingeteilt werden, sondern nach Naturvorgängen und Wirkensarten:
Metamorphose
Entwicklungsreihen
Rhythmen
Polaritäten
Wechselwirkungen: Harmonie und Steigerung usw.

Das wird mitwirken, auch bei Behandlung der Einzelgebiete die Zusammenschau, den Überblick und den Anschluß an die Ganzheit ständig aufrecht zu erhalten.

Im übrigen gilt es durchweg, jene Gebiete in Forschung, Bildung und Lebenswirken zu bearbeiten, die von anderer Seite vernachlässigt worden sind. Das erfordert andererseits ständige Durchfühlung mit den außerhalb der Hochschule vorhandenen Bestrebungen. Ein Ziel ist es aber, die Bestrebungen der Hochschule durch zündendes Vorgehen zum Allgemeingut zu machen.

Die Verbindung innerhalb der Gürtel (Forschung, Bildung und Lebenswirken) werden nicht nur vom Hofwesen aus bewirkt werden, sondern auch durch die besonderen Interessen, die im Ausschnitt a.) über das Gesamtgebiet hin entwickelt werden, namentlich auf dem Bildungsgebiete (Ausschnitt a, Gürtel b).

3.) Bei Gebieten, die auch zum gewöhnlichen Tätigkeitskreise sonstiger Hochschulen und Institute gehören, handelt es sich vom Standpunkt der lebensgesetzlichen Landbauweise aus darum, eine neue Wendung in notwendiger Richtung zu erzielen.

Beispiele:

Sternkunde: Hier gilt es, den Anschluß an die Erforschung lebenswirksamer Strahlungen herzustellen, sowie an die Rhythmenforschung der Naturreiche. (U. a. wird es notwendig sein, zu Messungen des Mondlichtes und anderer Mondwirkungen im Zusammenhang mit den Rhythmen des Mondumlaufs fortzuschreiten.)

Außerdem wird der Anschluß der Sternkunde an die Meteorologie viel stärker als bisher gepflegt werden. (Staubmeteoriten als kosmische Stoffzufuhr usw., Eintritt der Jahreszeiten mit ihrer typischen Witterung je nach kosmischen Bedingtheiten usw.)

Wetterkunde: Für die Zwecke des Bauern ist neben die Instrumentenbeobachtung und Wetterfernmeldung eine neue Phänomenologie anhand von Beobachtungen an Lebewesen zu entwickeln. Die Störungen des Klein- und Großklimas der letzten Jahrzehnte sind energisch aufzuklären.

Züchtung: Diese ist aus ihrer Gebundenheit an Kapitalsinteressen und an Dogmen herauszuholen. Die Verwandlung der Arten und Rassen ist tatkräftig zu studieren. Ein Beobachtungswesen für spontane Mutationen ist einzurichten. Die Mitarbeit der Bauern und Gärtner ist dafür zu gewinnen. Ein Ziel ist die Wieder- oder Neugewinnung bodenständig vollangepasster Tier- und Pflanzenrassen (z. B. Rindvieh, Obst, Nüsse usw.)
Maschinenbau: Die Technik ist dem Landbau vielfach von außen übergestülpt worden. Hier muß die Anpassung an die Lebensaufgaben des Bauern nun raschestens durchgeführt werden – unter Berücksichtigung der ausschlaggebenden Erfahrungen (Bodengare!) der biologisch-dynamischen Wirtschaftsweise. Sammlung der bäuerlichen Erfahrungen, Mobilisierung der bäuerlichen Mitarbeit. Umformung der Schlepper für bäuerliche Zwecke weitertreiben! Vermeidung der lebensschädlichen Gerüche. Entwicklung von Maschinen für Aufbereitung von Mischfrüchten. Neue bäuerliche Einrichtungen für die Elektrifizierung der Höfe usw. Materialfragen der Geräte durcharbeiten unter bäuerlichem Gesichtspunkt der Haltbarkeit anstatt Umsatzwirtschaft. Verbilligung und Ausgestaltung der einfachen Geräte nicht nur der großen komplizierten (Beispiel: Obstleitern, Spritzgeräte, Karren, usw.).

Sportwesen: Die Übertragung englisch-amerikanischer Sportformen wirkt verhängnisvoll auf das Bauerntum. Hier muß an einem Bündel gearbeitet werden. Das Turnen ist im Verhältnis zu fördern, ebenso die Vielfachkämpfe (Fünfkampf, Zwölfkampf usw.) Die bäuerlichen notwendigen Formen sind besonders zu veredeln und zu pflegen: Fahren, Reiten, Stierreiten und -fahren, Handsäen, Mähen, Melken, Säcketragen usw.. Wo unmittelbares nicht möglich erscheint, sind verwandte Formen und Vorstufen turnerisch und sportlich auszuüben. Der Anschluß des Turnens und Sports an Tanz und Bewegungskunst ist voranzutreiben.

Liebhaberwesen: in der Gartenliebhaberei ebenso in der Tierliebhaberei und Verwandtem leben städtische Menschen Veranlagung und Sehnsüchte nach bäuerlicher Betätigung aus. Die kulturellen Werte, die von Liebhabern geschaffen werden können, sind zwar auf technischem Gebiete in den letzten Jahrzehnten stark beachtet worden, nicht aber auf dem der organischen Natur. Ein bewußter Anschluß an das schöpferische Bauerntum wird hier einen kulturellen Wandel bewirken.

Jagd und Fischerei werden vom Hofwesen des Bauern aus neue Förderung und Zielsetzungen erhalten bezw. auch neue Möglichkeiten der Zusammenarbeit. (Verbesserung der Gewässer vom Bauern aus, Verhinderung von Störung des Wildbestandes usw.).

Musik: Die Loslösung von bodenständigen Formen und die zu starke Betonung einer nur durch hohe Spezialisierung erreichbaren Kunstmusik muß überwunden werden. Die landschaftlichen Formen sind zu erhalten und zu heben: Hackbrett, Xylophon, Rillobillo, Zither, Harfe, Alphorn, Jodler, Schellengeläute, Glockenspiele usw. (Sie sind besser als exotische Musikformen, Vernigerung). Es sollten Formen der Musik aufrechterhalten werden, die bei einfachster Bildung erreichbar sind. Die Komplikationen bedeuten Brachlegung von Volkskräften.

(Quelle: IfZ MA 610 und Archiv Bund der Waldorfschulen 7.2.)

Anlage 15: Geschäftsbericht des Reichsverbandes für biologisch-dynamische Wirtschaftsweise e. V. vom 15. Dezember 1940.

Geschäftsbericht 1939/40

Das Jahr 1939/40 brachte entscheidende Fortschritte in der inneren und äußeren Entwicklung der biologisch-dynamischen Arbeit. Ein wesentliches Ereignis in dieser Entwicklung war die Wintertagung des Reichsverbandes. Dieser wurde von Seiten der Behörden größere Beachtung entgegengebracht. Zahlreiche Ehrengäste von Partei und Staat sowie zahlreiche Herren der Kreisbauernschaften nahmen an dieser Veranstaltung teil. Die Auswirkung dieser Tagung war sehr fruchtbar. Es kam zu einer guten Zusammenarbeit mit dem Stabsamt des Reichsbauernführers. So war es auch möglich, daß im Januar dieses Jahres ein Angriff aus den Kreisen der heutigen Landwirtschaftswissenschaft gegen die biologisch-dynamische Wirtschaftsweise durch eine Presseerklärung des Reichsernährungsministeriums zurückgewiesen wurde. In dieser Erklärung hieß es, daß jetzt im Kriege die Vorzüge sowohl der statischen wie auch der biologisch-dynamischen Wirtschaftsweise in vernünftiger und undogmatischer Form zu Gunsten der Erhaltung und Steigerung der Erzeugungskraft des deutschen Bodens ausgewertet werden sollen.

Damit war die Grundlage für eine verstärkte Ausbreitung der biologisch-dynamischen Arbeit gegeben. Die bisherige Zurückhaltung konnte aufgegeben werden. Im Laufe des Jahres war es möglich, mit der Umstellung zahlreicher neuhinzugekommener landwirtschaftlicher und gärtnerischer Betriebe zu beginnen.

Neben der rein landwirtschaftlichen Arbeit stand als wichtige Aufgabe die Dorfschularbeit vor uns. Die Verhältnisse auf dem Lande hatten sich in den letzten Jahren so entwickelt, daß immer deutlicher in Erscheinung trat, daß die alten tragenden Kräfte des Bauerntums nicht mehr wirksam waren. Eine Erscheinung dafür war schon vor Ausbruch des Krieges die Abwanderung von Landarbeitern zur Stadt in die Industrie und die sich daran ergebende Notlage der Bauernfamilien. Die Bemühungen, diese Entwicklung durch äußere Maßnahmen aufzuhalten, führten zu keinem rechten Erfolg. Dieser immer bedrohlicher werdenden Lage muß ein neuer idealistischer Impuls entgegengesetzt werden. Dieser Aufgabe widmete sich die von unserem Reichsverband gegründete Arbeitsgemeinschaft Dorfschule. In einer Reihe von Arbeitstagungen wurde an der Neugestaltung des Erziehungswesens auf dem Lande gearbeitet. Das Ziel dieser Arbeit ist die Schaffung einer neuen bäuerlichen Kultur, die aus der biologisch-dynamischen Arbeit heraus entwickelt werden soll. Als Ergebnis dieser gemeinsamen Arbeit konnten zwei Denkschriften – „Der bäuerliche Erziehungsweg des deutschen Menschen" und „Aufbau einer in sich geschlossenen bäuerlichen Volksschule" – abgefaßt und führenden Männern von Partei und Staat überreicht werden.

Auch die Frage der Einrichtung und Gestaltung von Kindergärten auf dem Lande wurde aufgegriffen. In einem besonderen Kurs, der im März dieses Jahres stattfand, konnten von Kindergärtnerinnen und Müttern neue Anregungen zu diesen Fragen gegeben werden. Diese Arbeit wurde dann im Laufe des Jahres praktisch auf Gutsbetrieben und in Dörfern fortgesetzt. Inzwischen sind neue Kindergärten eingerichtet worden, die im Sinne der gegebenen Anregungen arbeiten.

Die Ausweitung der Arbeit machte eine verstärkte Schulungsarbeit notwendig. Immer dringlicher wurde dadurch die Forderung nach Schaffung einer eigenen Schulungs- und Tagungsstätte, da die Raumverhältnisse für derartige Veranstaltungen hier in Saarow sich in der letzten Zeit sehr verschlechtert haben. Es wurde daher allgemein begrüßt, als sich die Möglichkeit ergab, das frühere Kurhaus „Esplanade", in dem wir in früheren Jahren unsere Tagungen abhalten konnten, als Schulungs- und Pflegestätte für die biologisch-dynamische Arbeit zu erwerben. Anfang April dieses Jahres waren die Verhandlungen für den Ankauf soweit gediehen, daß zur Gründung eines Vereins zum Erwerb und zur Förderung dieser Pflegestätte geschritten werden konnte. Am 20. April, am Geburtstage des Führers, fand die

Gründungsversammlung statt, an der u. a. auch Reichshauptamtsleiter Dr. Reischle und die Herren Dr. Merkel (für die Studiengesellschaft für Bauernrecht und Wirtschaftsordnung e. V.) und Dr. Kinkelin (für den Verein für Bauerntumskunde e. V.) teilnahmen. Am 26. 4. erfolgte der Kaufabschluß. Leider war es bisher noch nicht möglich, die Gebäude, die z. Zt. als Lazarett dienen, für unsere Arbeit freizubekommen.

Von entscheidender Bedeutung waren in diesem Jahre die Betriebsbesichtigungen von Marienhöhe. Zahlreiche Herren des Stabsamtes des Reichsbauernführers und anderer Amtsstellen kamen zur Besichtigung. Höhepunkte bildeten die Besuche des Reichsbauernführers R. W. Darré, der Reichsleiter Rosenberg und Dr. Ley, des Landesbauernführers Peuckert, der SS-Gruppenführer Pohl und Pancke sowie des Vice-Präsidenten des Oberpräsidiums der Mark Brandenburg. Eine Zusammenarbeit mit diesen Persönlichkeiten ist inzwischen in Gang gekommen. Besonders interessiert an unserer Arbeit ist auch die Deutsche Versuchsanstalt für Ernährung und Verpflegung in der Reichsführung SS, die in verschiedenen Betrieben ihre Heilpflanzen und gärtnerischen Kulturen biologisch-dynamisch bearbeiten läßt und auch neuerdings mit der Umstellung einiger Berghöfe im Alpengebiet begonnen hat.

Der Erbhof Marienhöhe wurde anläßlich der Besichtigung durch den Reichsbauernführer zur Beispielswirtschaft für lebensgesetzlichen Landbau erklärt. Diese Besichtigungen und Aussprachen führten zur Anerkennung der biologisch-dynamischen Wirtschaftsweise, die nunmehr auch in der Öffentlichkeit eine immer lebhaftere Beachtung fand. Unsere Mitarbeiter wurden aufgefordert, über den lebensgesetzlichen Landbau für verschiedene Zeitschriften Aufsätze zu schreiben. Vom Landfunk des Deutschlandsenders wurde über den lebensgesetzlichen Landbau eine Hörfolge von drei Berichten gebracht, die in Marienhöhe aufgenommen worden sind. Die Idee der biologisch-dynamischen Wirtschaftsweise konnte so in diesem Jahre stärker als bisher an das Bewußtsein des deutschen Volkes herangebracht werden.

Auch auf anderen Gebieten konnte sich die Arbeit des Reichsverbandes fruchtbringend auswirken. So wurde u. a. zu den Problemen der Abwasser- und Fäkalienverwertung Stellung genommen. In den Aussprachen mit den Amtsstellen konnte zunächst erreicht werden, daß die für die Volksgesundheit schädlichen größeren Projekte zurückgestellt wurden.

Im Rückblick auf das in diesem Jahr Erreichte können wir einen großen Fortschritt in der Entwicklung unserer Arbeit feststellen. Neue größere Aufgaben stehen vor uns. Wir werden alle Kraft zusammennehmen müssen, um sie in gemeinsamen Bemühungen zu meistern.

Quelle: BAD Z/B 1 1151

Anlage 16: Jakob Wilhelm Hauer an Heinrich Himmler vom 13. Mai 1941.

Prof. Dr. Hauer
Tübingen

Tübingen, den 13. Mai 1941

Langemarckstr. 10
An den
Reichsführer-SS Himmler

Berlin SW 11
Prinz-Albrecht-Str. 8

Mein Reichsführer!

Der soeben durchgegebene Bericht über die Vorgänge Rudolf Hess hat die in meinem vorher geschriebenen Brief ausgesprochene Vermutung bestätigt: Rudolf Hess ist ein Opfer der Anthroposophie geworden. Sie werden nun die Sorge, die aus meinen Briefen, die ich in dieser Angelegenheit an Sie persönlich und an den SD geschrieben habe, verstehen. Sie kam aus der genauesten Kenntnis der anthroposophischen Lehre und Methode. Da nach dem Bericht angenommen werden muß, daß Rudolf Hess lebend in die Hände von Engländern gefallen ist, fühle ich mich verpflichtet, dem vorausgehenden Bericht einen zweiten hinzuzufügen.

In England besteht eine sehr starke und aktive Gruppe der Anthroposophen. Diese Gruppe muß von der Tatsache, daß Rudolf Hess der Anthroposophie zuneigt, Kenntnis haben. Denn die Anthroposophische Bewegung ist eine internationale Bewegung, deren Zentrum, wie ich schon sagte, in Dornach in erster Linie in Händen von Juden liegt. Ich habe mich mit den anthroposophischen suggestiven Methoden genauestens befaßt und weiß, daß es ihnen möglich ist, einen Menschen durch suggestive Methoden seelisch vollständig in ihre Gewalt zu bringen. Es ist anzunehmen, daß Rudolf Hess in England diesem Anthroposophenkreis zugeführt wird, und daß ihn die Suggestionskünstler, die ein jeder solcher Kreis hat, bearbeiten. Durch diese Methode ist es möglich, den suggestiv Behandelten zu veranlassen, alles auszusagen, was er bewußt und unbewußt weiß. Aus dieser Tatsache ergibt sich für das Reich die allergrößte Gefahr. Ich möchte Sie dringend bitten, auf Grund meiner Kenntnis dieser Dinge in anthroposophischen Kreisen dem Führer sofort davon Mitteilung zu machen. Ich bin jederzeit bereit, über Anthroposophie und anthroposophische Methoden, wie ich sie kenne, dem Führer Vortrag zu halten.

Als Beispiel, wie hier gearbeitet wird, erwähne ich den Brand des ersten Goetheanums in Dornach. Das von Steiner und seinen Mitarbeitern ganz aus Holz und Kasein (nach okkulten Methoden) aufgeführte Gebäude war zu 5 Millionen versichert. Als es fertig war, stellte es sich heraus, daß es nicht nur architektonisch ein unmöglicher Bau war, sondern daß er auch sonst nicht zu brauchen war. Der Bau brannte in einer Nacht ab. Zwischen den Wänden des Hauses fand sich ein Gerippe. Es war ein Uhrmacher aus Arlesheim oder Dornach, der bei Steiner Meditationsübungen machte. Der Verdacht, daß der Brand absichtlich gelegt worden war, war so stark, daß sich die Versicherung zunächst weigerte, die Versicherungssumme auszuzahlen. Es konnte Steiner allerdings nichts nachgewiesen werden. Meine Deutung dieser Tatsachen ist die: Steiner, ein absolut skrupeloser Mensch, wollte die Versicherungssumme für den Bau haben. Er hat aber das Gebäude nicht selbst angezündet, sondern hat den betr. Uhrmacher suggestiv bearbeitet, daß er diese Tat vollbrachte, aber so, daß er nachher nicht imstande war sich zu retten. Auf diese Weise verbrannte er mit und mit ihm der alleinige Zeuge der Untat. Nach allem, was ich von Steiner und seinen Methoden weiß, halte ich diese Deutung der Tatsache für richtig.

Die ungeheure Sorge um das Reich treibt mich, Ihnen und dem Führer diese Dinge zu unterbreiten. Ich darf noch einmal darauf hinweisen, daß ich seit Jahren vor der Anthroposophie gewarnt habe. Seit zwei Jahrzehnten bekämpfe ich sie. Und es ist furchtbar, daß diese seelische Pest so lange im deutschen Volk grassieren durfte, bis sie eine Grundfeste des Reiches erschüttern konnte.

Diese Tatsache zeigt auch, wie nötig das weltanschauliche Ringen, die Klärung und Reinigung unseres deutschen Lebens ist. Man kann damit nicht warten, bis alle wirtschaftlichen und politischen Probleme gelöst sind, um dann erst an das Weltanschauliche heranzugehen. Denn die weltanschaulichen Widermächte sind ständig am Werk. Ich kann nicht anders als noch einmal in jeder Beziehung meine warnende Stimme erheben zugleich mit der dringenden Bitte, daß der Führer sich selbst dieser Dinge annimmt. Jede nicht erkannte und bekämpfte Widermacht untergräbt die Fundamente des Reiches in aller Stille, während der stolze Bau aufgerichtet wird.

Hier möchte ich noch eine weitere Bitte anfügen, nämlich diejenige, daß Sie, mein Reichsführer, von Zeit zu Zeit eine Anzahl von verantwortungsbewußten, im weltanschaulichen Aufbau stehende Männer einladen, die Ihnen ihre persönlichen Beobachtungen und Urteile vortragen dürfen, daß sie auf diese Weise an den Führer gelangen. Geschehen solche Dinge nicht, so besteht größte Gefahr für das Reich.

Heil Hitler!
gez. Dr. Hauer

P. S. Wie ich eben jetzt erfahre, erscheinen in der offiziellen Deutschen Bibliographie heute wieder 6 neuaufgelegte Bücher von Steiner.

F. d. R. d. A.:
(unleserlich)
SS-Unterscharführer

Quelle: BAD Z/B 1 904

Anlage 17: Geplante Sommerveranstaltungen der Christengemeinschaft 1941

1. **Johanni-Tagung in Köln vom 26.–29. Juni**
(Beginn Donnerstag, den 26. Juni, abends) Mitwirkende: Lic. Emil Bock, Dr. Rudolf Frieling, Martin Borchart, Wilhelm Kelber.
Auskunft und Anmeldung: Christengemeinschaft, Köln-Lindenthal, Dürener Str. 57.
2. Die Reihe der von Dr. Friedrich Rittelmeyer begründeten Freizeiten wird weitergeführt durch die **Freizeit in Berlin, 21.–27. Juli**
Dr. Frieling wird seine Betrachtungen über das Johannes-Evangelium fortsetzen, den zweiten Teil des Hohepriesterlichen Gebets, sowie die Leidensgeschichte (Johannispassion) besprechen. Dr. Kurras spricht über „Wege zur Lebenserneuerung – Betrachtungen zur Menschenweihehandlung".
Auskunft und Anmeldung: Christengemeinschaft, Berlin, Postdamer Str. 22.
3. **Sommerwoche der Christengemeinschaft in Freiburg i. Br., 3.–10. August**
Geleitet von Dr. Friedrich Doldinger in Fortsetzung der bisher von ihm geleiteten Festwochen.
Es wirken außer ihm mit: Otto Becher, Wolfgang Schickler, Ida Stümcke.
Auskunft und Anmeldung: Dr. F. Doldinger, Freiburg i. Br., Richard-Wagner-Str. 19.
4. **Freizeit in Wien, 7.–13. Juli** Lic. Emil Bock wird dort den in Stuttgart, Berlin und München bereits gehaltenen Kursus von 12 Betrachtungen über die Apokalypse wiederholen.
Auskunft und Anmeldung: Christengemeinschaft Wien VI, Mariahilfstr. 49, Tür 30 (u. U. aus Raumgründen beschränkte Teilnehmerzahl).
5. **Freizeit in Gotha vom 19.–27. Juli**
Mehrere Mitarbeiter wirken mit. Gottfried Husemann hält einen Kursus „Zur Vorbereitung auf die Offenbarung". Auskunft und Anmeldung: Ernst Moll, Erfurt, Steigerstr. 9.
6. **Freizeit in München vom 20.–27. Juli**
Eduard Lenz hält eine Reihe von Betrachtungen über die 7 Sendschreiben der Offenbarung Johannis: „Wege zu Christus". Außer ihm wirken mit Martha Heimeran und Dr. Horst Lindenberg. Auskunft und Anmeldung: Ragnhild d'Ailly, München 2, Wittelsbacherplatz 21V.
7. **Die böhmische Gemeinschaftszeit** findet bei Eisenbrod vom 5.–13. Juli statt. Eduard Lenz hält einen Kursus: „Geheimnisse des Menschenwesens im Lichte der Offenbarung (Das Buch mit den sieben Siegeln)."
8. In **Stuttgart** werden von Dr. Rudolf Frieling in der Zeit vom 1.–6. Juli Evangelienbetrachtungen gehalten. Diese Abende führen die auf der Freizeit des letzten Jahres gehaltenen Betrachtungen über das Johannes-Evangelium weiter.
Näheres durch das Gemeindebüro Stuttgart O, Schubartstr. 32.

Öffentlicher Seminarkurs in Stuttgart.
Vom 15.–20. September 1941 findet in Stuttgart ein öffentlicher Seminarkursus statt. Persönlichkeiten, welche in das Seminar aufgenommen werden wollen, sind gebeten, sich im Laufe des Sommers zu melden.
Gottfried Husemann, Stuttgart 13, Spittlerstr. 11."

Quelle: Mitteilungen der Christengemeinschaft für ihre Mitglieder und Freunde, Jg. 4, 1941, Nr. 7.

Anlage 18: Schnellbrief vom 4. Juni 1941

Der Chef der Sicherheitspolizei
und des SD

Berlin, 4. Juni 1941

IV B 2 (neu) 2567/41:

(bis 10. 6. 1941)
Schnellbrief!

An
alle Leiter
der Staatspolizei(leit)stellen
der Krio(leit)stellen
Führer der SD.(Leit)Abschnitte

einschl. der Ostmark
Elsaß, Lothringen,
Luxemburg und
Protektorat

nachrichtlich
an die Höheren und Polizeiführer
an die Befehlshaber in Prag, Straßburg, Metz
an die Inspekteure der Sicherheitspolizei und des SD.

Betrifft: Aktion gegen Geheimlehren und sogenannte Geheimwissenschaften.

I) Im gegenwärtigen Schicksalskampf des Deutschen Volkes ist es erforderlich, nicht nur die körperlichen, sondern auch die seelischen Kräfte des Einzelnen wie des ganzen Volkes gesund und widerstandskräftig zu erhalten.

Okkulten Lehren, die vorgeben, daß das Tun und Lassen des Menschen von geheimnisvollen magischen Kräften abhängig sei, kann das deutsche Volk nicht weiterhin preisgegeben werden.

Es ist daher gegen diese Lehren und Wissenschaften mit schärfsten Sofortmaßnahmen vorzugehen. Eine endgültige gesetzliche Regelung ist bereits in Vorbereitung.

II) Diese Sofortmaßnahmen erstrecken sich auf
Astrologen,
Okkultisten,
Spiritisten,
Anhänger der okkulten Strahlentheorieen,
Wahr- richtig Falschsager (gleich welcher Art)
Gesundbeter,
Anhänger der Christlichen Wissenschaften (Christian Science)
Anhänger der Anthroposophie
Anhänger der Theosophie und
Anhänger der Ariosophie
und zwar sowohl gegen ihre Organisationen, Vereine, Verbände, Zirkel usw. als auch gegen alle führenden und Einzelpersonen, soweit sie diese Lehren oder Wissenschaften zum Hauptberuf haben oder sonstwie besondere Funktionen inne haben oder einen besonderen Einfluß ausüben.

III) Ziel der bevorstehenden Aktion:
1) Sämtliche Organisationen, Vereine, Verbände, Zirkerl usw. sind
   a) restlos und gleichzeitig zu überholen; das vorhanden Material (insbesondere Adressenverzeichnisse, Karteien, Korrespondenzen, Apparaturen, okkulte Gegenstände, Schriftgut und etwa vorhandenes Eigentum) zu beschlagnahmen,
   b) aufzulösen und zu verbieten.
   Da anzunehmen ist, daß solches Material bereits weggeschafft wurde, ist bei allen maß-

gebenden Personen dieses Kreises und auch bei solchen, die irgendwie verdächtig sind, solches Material bei sich aufzubewahren, ebenfalls gleichzeitig Haussuchung zu halten.

2) Verlage und Druckereien, welche sich hauptsächlich mit der Herausgabe solchen Schrifttums befassen, sind zu überholen, zu beschlagnahmen (mit dem Ziel der Einziehung) (Richtlinien siehe Anlage 1)
Soweit sich Verlage und Druckereien nur von Fall zu Fall mit der Herstellung derartigen Schrifttums befaßt haben, sind sie ebenfalls zu überholen, das noch vorhandene Schriftgut zu beschlagnahmen und ihnen unter Androhung der Einziehung im Falle der Mißachtung die weitere Herstellung solcher Schriften zu verbieten.

3) Personen, welche sich diesen Geheimlehren und Geheimwissenschaften hauptberufllich gewidmet haben und daher auf Kosten der Volksgemeinschaft ein Schmarotzerdasein führen konnten, sind auf jeden Fall festzunehmen. Personen, welche sich nebenberuflich mit diesen Lehren und Wissenschaften befaßt haben, ist diese Tätigkeit mit sofortiger Wirkung bei Androhung schärfster staatspolizeilicher Maßnahmen zu verbieten; sie sind von Fall zu Fall einem Konzentrationslager oder (in leichteren Fällen) durch Vermittlung der Arbeitsämter einer für die deutsche Volksgemeinschaft nützlicheren Beschäftigung zuzuführen.

Auch bei ihnen ist selbstverständlich eine gründliche Haussuchung vorzunehmen und das vorhandene Material (Adressenverzeichnisse, Karteien, Korrespondenzen usw.) zu beschlagnahmen.

IV) <u>Ich ordne daher an:</u>

1) Die Aktion ist am 9. 6. 1941 im gesamten Reichsgebiet (einschließlich Ostmark, Elsaß, Lothringen, Luxemburg und Protektorat) möglichst zwischen 7 und 9 Uhr durchzuführen.
Die verantwortliche Leitung der Aktion obliegt dem Leiter der Staatspolizei(leit)stelle.

2) Die Leiter der Staatspolizei(leit)stellen haben sich sofort mit den Leitern der Kriminalpolizei(leit)stellen und Führern der SD(Leit)Abschnitte in Verbindung zu setzen, um mit ihnen die einheitliche Durchführung der Aktion zu besprechen, die erforderlichen Kräfte zusammenzufassen und bereitzustellen und die sofortige Auswertung des beschlagnahmten Materials (Nach weiteren, etwa noch nicht bekannt gewordenen Organisationen, Vereinen, Zirkeln usw., Einzelpersonen) sicherzustellen.
Ergibt die Sofort-Auswertung weitere Anhaltspunkte, so ist sofort im Rahmen dieses Erlasses das Weitere zu veranlassen.
Soweit ortsgeboten, ist ferner für den gesundheitlichen Sektor mit den Leitern der Gesundheitsämter sofort Verbindung aufzunehmen. Der Reichsminister des Innern hat die Gesundheitsämter entsprechend unterrichtet.
Für die Endauswertung des Materials ergeht nach Abschluß der Aktion gesonderte Weisung.

3) Soweit hier bekannt geworden, werden die in den dortigen Bereich fallenden Organisations-, Verlags- und Personenlisten noch im Laufe des heutigen Tages mittels Schnellbriefes bekannt gegeben. Soweit Festnahme erforderlich erscheint, wird diese im einzelnen vermerkt (siehe jedoch allgemeine Weisung folgende Ziffer).
Darüber hinaus haben die Staatspolizei(leit)stellen im engsten Zusammenwirken mit den Kripo(leit)stellen und SD(leit)Abschnitten von sich aus zu prüfen, welche weiteren Organisationen, Vereine usw. sowie Einzelpersonen noch in die Aktion mit einzubeziehen sind.

4) Für die Behandlung der von der Aktion zu erfassenden Personen gilt folgendes:
   a) Eingehende Vernehmung über die Familienverhältnisse, Lebenslauf, Beschäftigung, Erwerb, Art und Umfang ihrer Tätigkeit auf den bezeichneten Gebieten, ihre einschlägigen Beziehungen zu Vereinen, Verbänden, Zirkeln und Personen. Für die Vernehmung dieser Personen werden mittels Schnellbriefes Richtlinien noch rechtzeitig übersandt.
   b) Personen, welche sich hauptberuflich diesen Geheimlehren oder -wissenschaften gewidmet haben oder welche bereits einschlägig vorbestraft sind und sich weiterhin betätigt haben, sind grundsätzlich festzunehmen. Schutzhaftantrag mit Stellungnahme, ob Einweisung in ein Konzentrationslager geboten erscheint, ist nach Klärung des Sachverhalts zu stellen.

c) Personen, welche sich auf diesen Gebieten nebenberuflich beschäftigt haben, sind ebenfalls festzunehmen, wenn sie eine besonders aktive Tätigkeit entwickelt haben, oder wenn die Festnahme zur Verhinderung von Verdunkelungsgefahr, zur Beseitigung der Verschleppungsgefahr von Materialien usw. erforderlich erscheint.
Andernfalls ist diesen Personen nach ihrer Vernehmung (siehe aa) gegen Unterschrift zu eröffnen, daß ihnen jede Betätigung auf diesen Gebieten ab sofort verboten ist, daß sie bis zum Abschluß der Ermittlungen ihren Wohnort nur mit vorheriger Genehmigung verlassen dürfen,sich aller Eingaben bei Partei- und Staatsstellen bis zur endgültigen gesetzlichen Regelung zu enthalten und dritten Personen gegenüber Stillschweigen zu bewahren haben.

d) Soweit sich solche Personen bereits in Straf-, Untersuchungs- oder Schutzhaft befinden, ist – sofern seinerzeit noch nicht geschehen – ebenfalls Haussuchung vorzunehmen.
Für die in Straf- bzw. Untersuchungshaft befindlichen Personen ist Rücküberstellungsantrag einzureichen zwecks Überprüfung ihrer Überführung in ein Konzentrationslager.

e) Vor Durchführung der Aktion ist festzustellen, ob sich solche Personen zurzeit nicht in einem Wehrmachtsverhältnis befinden oder innerhalb der Partei an <u>führenden</u> Stellen (vom Ortsgruppenleiter aufwärts oder entsprechender Dienstrang) tätig sind.
Dasselbe gilt für leitende Staatsbeamte; für das Vorgehen gegen mittlere und untere Beamte gelten die bestehenden Bestimmungen (Verständigung der Behördenleiter).
Gegebenenfalls ist mir sofort mittels FS zu berichten; von Maßnahmen ist bis auf weitere Weisung abzusehen. Dem stehen geeignete Maßnahmen zur Verhinderung der Verschleppung des Materials nicht entgegen.

V) Nach Durchführung der Aktion ist mir mittels Schnellbriefes ein Gesamtbericht spätestens am 15.6.41 vorzulegen. Dieser hat zu enthalten:
1.) die getroffenen Maßnahmen
2.) deren hauptsächlichstes Ergebnis
  a) festgenommene Personen
  b) aufgelöste Organisationen, Vereine, Verbände, Zirkel, usw.,
  c) durchgeführte Haussuchungen,
  d) Aufstellung des beschlagnahmten Materials (soweit möglich die wichtigsten Ergebnisse der Sofort-Auswertung),
  e) Vorschläge über weitere Maßnahmen,
  f) gemachte Erfahrungen.

VI) Bei allen heranstehenden Entscheidungen zur Durchführung dieses Erlasses ist ein strenger Maßstab anzulegen.

VII) Der gesamte Schriftverkehr in Bezug auf diese Aktion ist an mich persönlich zu richten.

VIII) Zur Verständigung der Kreis- und Ortspolizeibehörden (insbesondere hinsichtlich der Wahr- richtig Falschsager) ist dieser Erlaß nur auszugsweise zu verwenden.

gez. Heydrich

für die Richtigkeit
Hartl
Sturmbannführer
Gruppenleiter IV B

V B2 – 2567/41 g

Anlage
zum Schnellbrief vom 4. 6. 1941

Betrifft: Aktion gegen Geheimlehren und Geheimwissenschaften.

Zum Zweck der Ausschaltung des Schrifttums der okkulten Gruppen werden schlagartig die Verlage und Buchhandlungen überholt, die sich ganz oder vorzugsweise mit der Herstellung und mit dem Vertrieb derartiger Literatur befaßt haben. Die Verlagsanstalten werden überholt.

Dabei ist durchweg folgendes zu beachten:

1. In den betreffenden Verlagen und Buchhandlungen sind sämtliche Bestände an Schriften und Zeitschriften der okkulten Gruppen sicherzustellen. Soweit die betreffenden Verlage und Buchhandlungen nicht selbst die gesamte Auslieferung durchgeführt haben, sind auch die Bestände bei den Kommissionären zu erfassen. Die Kommissionsfirmen sind auf den nach dort gegebenen Firmenbogen bezeichnet. Weiterhin ist dafür Sorge zu tragen, daß auch die bei den Druckereien und Bindereien lagernden Bestände in die Sicherstellung einbezogen werden. Um eine vollständige Ausschaltung zu gewährleisten, ist dem Firmeninhaber eine Erklärung über alle von ihm benutzten Lagerräume abzufordern. Dem Firmeninhaber ist die Auflage zu machen, daß er die im Sortiment befindlichen Bestände umgehend zurückruft (gegebenenfalls über das „Börsenblatt für den Deutschen Buchhandel") und die zurückkommenden Exemplare der Staatspolizei(leit)stelle meldet.
   Um die dortige Entscheidung darüber, welches Schrifttum der Sicherstellung zu verfallen hat, zu erleichtern, sind
   a) die von den einzelnen Verlagen und Buchhandlungen hergestellten und vertriebenen Schriften und Zeitschriften der okkulten Gruppen, soweit sie hier bekannt sind, auf dem nach dort gegebenen Firmenbogen aufgeführt.
   b) Es wird eine Grundliste aller hier erfaßten okkulten Schriften und Zeitschriften nachgereicht, die als Anhaltspunkt für die Ausschaltung des Gesamtschrifttums dieser Art dienen kann.

Die in den einzelnen Verlagen und Buchhandlungen sichergestellten Bestände sind sofort listenmäßig nach hier zu melden. Die Listen haben zu enthalten:
Name des Verfassers (bei Büchern)
Name des Herausgebers bzw. Schriftleiters (bei Zeitschriften)
Genauer Titel des Buches bzw. der Zeitschrift
Verlag, Erscheinungsort, Erscheinungsjahr
Zahl der sichergestellten Exemplare.

2. Bei den verantwortlichen Personen der betreffenden Verlage und Buchhandlungen sind grundsätzlich Haussuchungen durchzuführen. Dabei ist ebenfalls das in ihrem Privatbesitz befindliche Schrifttum der okkulten Gruppen nach den obigen Gesichtspunkten sicherzustellen.

3. Bei den Durchsuchungen der Verlage und Buchhandlungen sowie bei den Haussuchungen sind alle Unterlagen über die Herstellung und den Vertrieb des okkulten Schrifttums sicherzustellen. Insbesondere handelt es sich um Schriftwechsel mit okkulten Organisationen, Schriftwechsel mit Buchautoren und Zeitschriftenmitarbeitern, Listen oder Karteien von Beziehern okkulten Schrifttums.
   Diese Unterlagen sind sofort auf Personen und Organisationen der okkulten Gruppen auszuwerten und Maßnahmen im Sinne des generellen Runderlasses zu veranlassen.
   Die Verlagskarteien werden die Anschriften [zahl]reicher okkultistischer Personen ergeben. Soweit diese außerhalb der Stapobereiches wohnen, ist die zuständige Stapostelle durch FS direkt zu unterrichten.

4. Die verantwortlichen Personen der betreffenden Verlage und Buchhandlungen sind zu vernehmen. Die notwendigen Anhaltspunkte geben die hiesigen Unterlagen (Firmenbo-

gen), die sichergestellten Verlagsproduktionen sowie die Sofortauswertung der Korrespondenz. Ziel ist es, die Stellung der verantwortlichen Personen zu den okkulten Gruppen bezw. innerhalb derselben festzulegen.

5. Über die einzelnen Verlage und Buchhandlungen ist ein kurzer abschließender Bericht erforderlich, der wie folgt zu gliedern ist:
   Name der Firma
   Anschrift
   Geschäftszweig (Buchverlag, Zeitschriftenverlag, Buchhandlung, Druckerei).

Welche Personen gaben dem Verlag (bezw. Buchhandlung) das Gesicht?
Name, im Verlag ausgeübte Funktion, frühere bezw. jetzige Partei-, Religions-, Logen-, Vereinszugehörigkeit.
Wie lauten die handelsgerichtlichen Eintragungen? (gegebenenfalls Vereinsregister bei Verlagen, die durch Vereine getragen werden).
Gründungstag, Unternehmensform (A.G., G.m.b.H., Komman. Gesellschaft usw.), Stammkapital, Inhaber, Gesellschafter, Geschäftsführer, Prokuristen, usw.
Verbindungen und Verflechtungen mit anderen Unternehmen:
Hintermänner, Geldgeber, Verwandtschaftliche Beziehungen.
Größe des Betriebs?
Zahl der Arbeiter und Angestellten.

Verlagsgegenstände?
Nur okkultes Schrifttum, oder auch wissenschaftlicher Verlag, Unterhaltungsschrifttum, schöne Literatur, Berufs- und Fachliteratur, usw.

Als Anlagen sind beizufügen:
a) die Listen der sichergestellten Bestände okkulten Schrifttums
b) die Protokolle über die Vernehmungen der verantwortlichen Personen.
Diese Abschlußberichte sind in doppelter Ausfertigung an das Reichssicherheitshauptamt zu geben.

Quelle: BAK R 58/1030

Anlage 19: Beispiel eines Vernehmungsprotokolls aus der Gestapo-Aktion vom 9. Juni 1941.

Geheime Staatspolizei
Staatspolizeistelle Würzburg
Außendienststelle Schweinfurt

Schweinfurt, den 18. Juni 1941

Geheim!

Betrifft: Durchsuchung und Beschlagnahme von anthroposophischen Schriften bei dem Volksschullehrer Max L u b e r in Schweinfurt, Beethovenstr. 16.

Gemäß Weisung vom 6. 6. 1941 II B – 5486/41 g. wurde bei dem Vorgenannten am 10. 6. 1941 eine Durchsuchung der Wohnung vorgenommen. Dabei wurden die in der beigefügten Liste eingetragenen Bücher beschlagnahmt.

Auf Vorladung erschien am 18.6.41 der verh. Volksschullehrer

Max L u b e r,

geb. 20. 2. 1889 in Wasserburg am Inn, Reichsangehöriger, evangelisch, Sohn der verstorbenen Zollverwalterseheleute Christian und Luise Luber, geb. Böhm, verheiratet mit Maria geb. Heinkel, wohnhaft in Schweinfurt, Beethovenstraße Nr. 16 und gab auf Vernehmung an:

„Etwa 2 Jahre nach meiner Geburt wurde mein Vater von Wasserburg nach Schweinfurt versetzt. In Schweinfurt verblieben wir bis 1897. Von hier aus kamen wir nach Burgpreppach bei Hofheim. Von dort aus kam ich aus der 7. Schulklasse nach Marktsteft und besuchte dort 3 Jahre die Präparantenschule. Anschließend von 1905 bis 1907 in Altdorf bei Nürnberg das Lehrerseminar. Von 1. Oktober 1907 bis 1. Mai 1912 war ich in Albertshofen bei Kitzingen als Lehrer. Vom 1. 5. 1912 bis 15. 12. 1914 war ich in Rappershausen bei Mellrichstadt ebenfalls als Lehrer an der Volksschule. Am 16. 12. 1914 kam ich nach Schweinfurt wieder an die Volksschule. Ende des Jahres 1914 wurde meine UK.-Stellung aufgehoben und ich wurde zur Wehrmacht eingezogen. Infolge eines Herzleidens war ich nur garnisonsverwendungsfähig und wurde auf Anforderung der Regierung von Mainfranken aus der Wehrmacht entlassen. Seit dieser Zeit bin ich in Schweinfurt als Lehrer tätig.

Ich war in erster Ehe verheiratet von 1912 – 1923. Im Jahre 1923 verstarb meine erste Frau. Meine zweite Ehe schloß ich im Jahre 1932 mit meiner jetzigen Frau. Kinder habe ich keine.

Vor der nat. soz. Erhebung habe ich mich politisch nicht betätigt. Mitglied einer politischen Partei war ich nicht. Seit 1. Mai 1937 bin ich Mitglied der NSDAP und werde unter der Mitgliedsnummer 4 516 958 in der Ortsgruppe Schweinfurt Nord geführt. Außerdem bin ich Mitglied der NSV, hier bin ich Sachbearbeiter in der NSV-Jugendhilfe seit 16. 6. 1938. Außerdem gehöre ich dem NSLB an.

Mein gegenwärtiges Monatseinkommen beträgt zirka 360. – netto.

Ich bin im Jahre 1919 oder 20 in Mainstockheim mit einem Lehrer aus Nürnberg bekannt geworden, der sich damals mit Anthroposophie beschäftigte. In der Folgezeit habe ich in Schweinfurt den evangelischen Pfarrer Sammetreuther kennengelernt, der hier einen Volksbildungsverband gegründet hatte. Dem Sammetreuther erzählte ich auch von meiner Bekanntschaft mit dem Nürnberger Lehrer Körner und machte ihm den Vorschlag, Körner als Vortragsredner zu verwenden. Dies wurde dann auch gemacht. Körner hielt in Schweinfurt verschiedene Vorträge über das Wesen des Menschen und hat auch den Faust und Goethe begründet. Nach einiger Zeit konnte Sammetreuther bezw. Körner nicht mehr kommen. Es kam dann ein anderer Herr aus Nürnberg mit dem Namen Kopp, der einige Zeit in Schweinfurt die Einführungsvorträge hielt. Nach einigen Jahren, genau kann ich die Zeit nicht angeben, wurde der Vorschlag gemacht, daß die in Schweinfurt bestehende Gruppe nun selbst arbeiten müsse und daß ich diese Arbeit mit Vorträgen und Vorlesungen unterstützen solle. Wann dies war, weiß ich nicht mehr. Ich kann mich auf ein bestimmtes Jahr nicht festlegen.

Zunächst bestand in Schweinfurt eine anthroposophische Arbeitsgruppe. Später gab es Differenzen, die mich veranlaßten, meine Tätigkeit niederzulegen. Nach kurzer Zeit jedoch wurde ich gebeten, die Arbeitsgruppe wieder zu übernehmen. In dieser Zeit hatte sich die Schweinfurter Arbeitsgruppe gespalten und in zwei Zweige geteilt. Ich führte den Zweig, bei dem die älteren Mitglieder waren. Der Zweig der Jüngeren wurde von dem Kaufmann Feyh in Schweinfurt geführt. Mit der von Feyh geführten Gruppe und mit Feyh selbst hatte ich nichts zu tun.

Führende Persönlichkeiten der Partei und des Staates sind mir näher nicht bekannt, ich habe keine Beziehungen zu ihnen.

Die Bücher von Rudolf Steiner kenne ich ziemlich alle. (Liste der beschlagnahmten Bücher liegt an.)

Außer dem Goetheanum habe ich ausländische Zeitschriften über Anthroposophie nicht gelesen. Bis zur Auflösung der anthroposophischen Gesellschaft habe ich im Schweinfurter Zweig diese Vorträge über Anthroposophie zum Teil selbst gehalten und habe diese Vorträge auch besucht. Mit der Abhaltung von Vorträgen war dies so, daß [ich, U. W.] über ein bestimmtes Thema, das ich aus Büchern oder Zeitschriften von Steiner herausnahm, gesprochen habe.

An Tagungen habe ich teilgenommen im Jahre 1930 in Dornach (Schweiz), 1932 an der Faustaufführung in Dornach und 1933 oder 1934 war ich noch einmal dort. Innerhalb Deutschlands habe ich an Tagungen der anthroposophischen Gesellschaft nicht teilgenommen. Bei diesen Tagungen habe ich ausländische Anhänger und Mitglieder der anthroposophischen Gesellschaft zwar kennengelernt, habe aber mit diesen später keine Verbindung mehr aufrecht erhalten.

Ich war Mitglied der anthroposophischen Gesellschaft Deutschlands, Sitz Stuttgart, Zweig Schweinfurt, bis zur Auflösung im Jahre 1935.

Ich bin noch Mitglied der evangelischen Religionsgemeinschaft, besuche aber seit dem Jahre 1923 die Veranstaltungen in der evangelischen Kirche nicht mehr.

Nach der Auflösung der anthroposophischen Gesellschaft habe ich mich im Jahr 2 oder 3 Mal an den Feiern der Christengemeinschaft in Würzburg beteiligt. Ich habe auch die Zeitschrift, die Christengemeinschaft gelesen. Mitglied innerhalb der Christengemeinschaft war ich nicht.

Das bei mir vorgefundene Horoskop hat meine Frau bei der Schuhgeschäftsinhaberin Ulsamer in Schweinfurt bestellt. Die Zeit kann ich nicht mehr genau angeben, ich glaube aber, daß es Ende des Jahres 1940 war. Woher Fräulein Ulsamer die Arbeit bekam, ist mir nicht bekannt. Ich persönlich habe nichts bezahlt, ich kann aber nicht sagen, ob meine Frau dafür Geld ausgegeben hat. (Nach den Feststellungen hat Frau Luber für 2 Horoskope für sich und ihren Mann an die Ulsamer je 7. – bezahlt.)

Ich selbst habe mich noch nie mit Astrologie befaßt.

Ich bin darüber unterrichtet, daß jede Tätigkeit im anthroposophischen Sinne und auch innerhalb der Christengemeinschaft verboten ist. Ich bin mir darüber klar, dass die Übertretung dieses Verbotes Schutzhaft nach sich zieht. Ich wurde darauf hingewiesen, daß ich meinen Aufenthaltsort Schweinfurt nur mit Genehmigung der Geheimen Staatspolizei verlassen darf. Weiterhin bin ich belehrt, daß ich über Vernehmung, Durchsuchung und Beschlagnahme der anthroposophischen Schriften in meiner Wohnung mit dritten Personen nicht sprechen darf."

Nach Selbstlesen unterschrieben:
gez. Max Luber

Vernommen:
gez. Schmid
Krim. O. Sekr.

Quelle: StAW 6530

Anlage 20: Marie Reuter: „Vom Anfang der Verbotszeit der Christengemeinschaft".

Pfingstsonntag war 1941 am 1. Juni. An diesem Tage wurden Dr. Kästner und ich geweiht. Wir waren die letzten aus unserer Gruppe, die noch nicht kriegsverpflichtet waren. Es war die einzige Weihe in dem neuen Kirchenbau in Stuttgart (geweiht Herbst 1939, verbombt Herbst 1944) und wurde vollzogen durch Lic. E. Bock.

Im festlich geschmückten Hause feierte die Gemeinde am Nachmittag unter Anwesenheit der geheimen Staatspolizei ein ernstes erhaben großes Fest mit Musik, Sprechchor und zahlreichen Ansprachen, die aufgezeichnet wurden. Der Ernst der Situation wurde mutig von G. Husemann und E. Bock angesprochen. Aus Husemanns Rede: „Dem Pfingstfest geht voraus der Zustand des Alleinseins, der Armut und Verlassenheit. Was kann der Mensch mehr verlieren von allem, was er äußerlich besitzt, als seinen Leib? Aber wenn er ihm genommen wird, dann steigen all die Bilder des Lebens wieder heraus aus der Menschenseele, und der Mensch erhebt sich über diesen Leib und weiß, diese Erhebung ist eine endgültige, denn sie gilt über das Ende hinaus. – Und wenn man der Christengemeinschaft, ähnlich wie beim einzelnen Menschen, etwa den Leib nehmen wollte, dann würde sich der Geist der Chr. Gem. gewaltig erheben über alles, was man ihr etwa nehmen könnte, und würde ausrufen: solange ihr auf das hinschaut, was euch genommen werden kann, werdet ihr in der Versuchung sein, ängstlich zu sein und Angst zu haben! Aber fasset Mut, denn ich habe dieses alles überwunden, denn ich bin stärker als diese Welt, die dem Menschen genommen werden kann. Davon sollt ihr alle Zeugnis ablegen. Dann wird das Pfingstfest sein, das die Menschheit feiern lernen wird... Und nun, liebe Freunde, vereinen wir unsere Stimmen: Komm Heiliger Geist, du Schaffender." Und alle stimmten ein. Auch Lic. Bock sprach ausführlich vom Geisterleben im Nachtodlichen. Und dann: „Ja, liebe Freunde, haben sich damals die Jünger vielleicht vorgestellt, daß es zu Christenverfolgungen kommen könnte? Ich glaube wohl. Aber man mußte in eine Welt hinausziehen, von der man ganz genau wissen konnte, daß sie, wenn sich diese Kräfte regen, feindlich dagegen auftreten muß. Aber diese pfingstliche Schau auf die Zukunftsgemeinschaft, die der Leib des heiligen Geistes sein wird, gab absolute Zuversicht, und man wußte, man kann uns in der Welt befehden, berauben, man kann uns schlagen so viel man will, dieses wird daraus entstehen: Die Christus-Sphäre wird wachsen in der Menschheit."

In der Woche nach Pfingsten vom 2. – 7. Juni zelebrierten Dr. Kaestner und ich abwechselnd. Herr Bock war nicht mehr dabei. Er war, wie Herr Husemann sagte, schon nach Erlangen abgereist, die Situation sei sehr ernst. Am Sonntag, dem 8. Juni zelebrierte Herr Feddersen in der Gemeinde. Er fragte mich, ob ich predigen würde, da er allein sei. Dr. Lindenberg war von München gekommen und fuhr am Montag, den 9. Juni, mit uns nach Nürnberg.

Nachmittags um 17 Uhr [in Nürnberg, U. W.] kamen auf Wunsch von Frau Heimeran die Priesterinnen zusammen. Sie wollte mich als 16. Frau dem Kreis vorstellen. Nach kurzer Zeit ging die Tür auf und drei Gestapobeamte stellten sich vor. Sie baten uns, an drei Tischen mit je einem Beamten Platz zu nehmen und die Handtaschen zu öffnen. Mit mir konnten sie nichts anfangen, ich stand noch nicht auf ihrer Liste, war noch zu frisch gebacken. Die Verhöre dauerten etwa eine Stunde, dann wurden wir entlassen. Mir wurde aufgetragen, mich am Mittwoch, den 11. Juni vormittags auf der Stuttgarter Gestapo zu stellen. Nun galt es, den Brüdern einen Wink zu geben, am Abend nicht zusammenzukommen. Wir gingen auseinander.

Ich ging zum Bahnhof. Da traf man Neuankommende, auch R. Kästner: Herr Husemann gab uns den Priesterkelch. Den sollten wir in Stuttgart in eine Familie bringen. Die Anschrift war ohne Notiz zu merken. Am Abend hatte ich noch eine wesentliche Begegnung mit Frau Heimeran in ihrem elterlichen Hause.

Am Dienstag fuhr ich nach Stuttgart zurück, am Mittwoch ging ich auf das Amt zum Verhör, wie mir befohlen. Dort saß ich zunächst mit Dr. Grohmann auf der Wartebank, und wir unterhielten uns über das Predigen nach Pflanzenmotiven. „Ihr müßt nicht nur über die Rosen sprechen, auch bis zum Stinkmorchel herunterkommen." Als ich gerufen wurde begegnete mir Herr Bock in Gewahrsam von zwei Beamten. Ich begriff sofort, und Herr Bock sagte leise, aber gut verständlich: „Grüßen Sie die Freunde!"

(Am 20. Februar 1942 sollte ich Herrn Bock wieder begegnen in Bonn, wo ich meine Referendarzeit absolvierte in derselben Schule, in der er im ersten Weltkrieg als Schwerverwundeter gelegen hatte. Damals sagte er zu mir: „Halten Sie sich bereit, Unterbrechungen hat es in der Geschichte des Christentums immer wieder gegeben. Diesmal wird es 4 höchstens 4 1/2 Jahre dauern, dann fangen wir wieder an. Dann kommen viel mehr Kinder zu uns, und wir brauchen dann Lehrer".)

Nun kam ich erst einmal zum Verhör durch Herrn Koch; er soll ein Sohn eines evang. Pfarrers gewesen sein. Wir rangen miteinander. Ich widersprach ihm und stellte Gegenfragen, bis er schließlich meinte: „Verhöre ich Sie oder Sie mich?" Ich antwortete ihm: „Weder noch; wir ringen in ernster Zeit um höchste Angelegenheiten." Er empfahl mir sehr, Stuttgart so bald wie möglich zu verlassen. Ich blieb dabei: „Ich gehe, sobald die Stuttgarter Gemeinde ihre Pfarrer wieder hat".

So blieb ich im Seminar und half der tüchtigen Gemeindehelferin die Gewänder in Sicherheit zu bringen, packte die Steiner-Bücher, die im Flurschrank im 1. Stock waren ein und schickte sie auf den Hof meiner Eltern und den Nachbarhof. Die Bibliothek war versiegelt.

Am Sonntag, dem 15. Juni, starb in Stuttgart der Bruder der Goldschmiedin Rapp (später von Gutstedt). Wolfgang war Schüler von Dr. Schubert gewesen. Er riet mir das Kinderritual zu lesen. Wolfgang, der 15 Jahre alt war, gehörte zu den mongoloiden Herzensgenies. Unerschrocken meldete ich mich gleich am Montag bei Herrn Koch an. Es gab wieder ein nie zu vergessendes Gespräch. Als er nach der Gewandung fragte, wußte ich, daß ich dem Sieg schon nahe war. „Nun Schwarz," sagte ich, „trägt man wenn man trauert, Weiß, wenn man an die Unsterblichkeit der Seele glaubt". Als ich ihm im weiteren Gespräch versicherte, daß ich an die Unsterblichkeit s e i n e r Seele glaube, da brauchte ich ihn nur noch einzuladen, dabei zu sein, damit er wenigstens erfahren könne, was er zu verbieten hätte. Er ließ mich am 18. Juni 1941 das Begräbnisritual für Wolfgang Rapp halten im Beisein der Mutter, Schwester, des Lehrers und Frau Garms-Overbeck als Ministrantin (die damals aus Gesundheitsgründen beurlaubt war). Das war am 18. Juni am Lanestein-Geburtstag.

Wir Neugeweihten, Kaestner und ich, machten uns schließlich auf den Weg zu den Brüdern, immer in dem Glauben, doch noch etwas retten zu können. Erste Station war Köln. wir hatten gehört, daß Lic. Göbel dort noch wirkt. Am Sonntag den 22. Juni erlebten wir dort noch die Weihehandlung mit der Gemeinde und auch noch Goebels Betrachtung zum bevorstehenden Johannifest. Unmittelbar danach hörten wir: Soeben ist im Radio die Kriegserklärung an Rußland bekannt gegeben worden.

Wir reisten weiter nach Kassel zu v. d. Decken und Schreiber. Er erzählte uns am Johannitag seinen Traum von dem Brunnen, um den viele Priester standen und ihre Kelche wuschen. In Hannover gab es noch Sydow, in Berlin Dr. Schüle und Arnold Göbel, die zu verhandeln suchten, in Dresden erlebten wir den Tag, an dem die letzte Waldorfschule geschlossen wurde.

Quelle: PA Dagmar von Wistinghausen.

Anlage 21: „Die Anthroposophie und ihre Zweckverbände. Bericht unter Verwendung von Ergebnissen der Aktion gegen Geheimlehren und sogenannte Geheimwissenschaften vom 5. Juni 1941.“ RSHA ca. Oktober 1941.

Inhaltsübersicht

I. Grundsätzliche Weltanschauliche Gegnerschaft zum Nationalsozialismus

Theosophie
  Geschichtliches
  Lehre
Anthroposophie
  Geschichtliches
  Lehre
  a) Die Lehre vom Menschen
  b) Die Lehre von der Erkenntnis
  c) Die Lehre von der Welt
  d) Die Lehre von Gott
  e) Die Lehre von den Menschenarten und Kulturepochen
  Gegensatz zwischen Nationalsozialismus und Anthroposophie

II. Tarnung und zersetzender Einfluß der Anthroposophie im öffentlichen Leben

Die Christengemeinschaft e. V.
Geschichtliches
Lehre
Reichsverband für biologisch-dynamische Wirtschaftsweise
Eurhythmie, Loheland- und Waldorfschulen

III. Die Organisation der Anthroposophischen Vereinigungen, ihr Mitgliederkreis und ihre

Verbindungen zum Ausland
1. Die Anthroposophische Gesellschaft
2. Die Christengemeinschaft
  Organisation
  Mitgliedschaft und Zusammensetzung der Mitglieder
  Propagandatätigkeit
  Verbindung zum Ausland
3. Reichsverband für biologisch-dynamische Wirtschaftsweise
  Organisation
  Mitgliedschaft und Zusammensetzung der Mitglieder
  Propagandatätigkeit
  Verbindungen zum Ausland

IV. Die prominentesten Vertreter der Anthroposophie in Deutschland

V. Gesamturteil

Anlagen 1–7

I. Grundsätzliche weltanschauliche Gegnerschaft zum Nationalsozialismus.

Theosophie.

Geschichtliches.

Als gegen Ausgang des 19. Jahrhunderts sich ein neuer Mystizismus okkultistischer und astrologischer Prägung im Gleichschritt mit der Freimaurerei in den sogenannten gebildeten Schichten Europas Bahn brach, verstärkte sich die durch diese Kreise geweckte Sehnsucht nach der „Erkenntnis der höheren Dinge". Abenteurer aller Art hatten ein leichtes Spiel, unter Ausnutzung der durch das Versagen der Kirchen geschaffenen weltanschaulichen Unsicherheit, Eingang in die von der künstlich geweckten Sehnsucht nach überirdischen Dingen angekränkelten Bevölkerungsschichten zu gewinnen und diese zu beeinflussen.

Zu diesen Abenteurern muß auch die Russin Helena Blavatsky gerechnet werden, die, nach einem längeren Aufenthalt in dem zu dieser Zeit für Europäer nicht oder nur sehr schwer zugänglichen und geheimnisvollen Tibet, zusammen mit dem englischen Obersten Olcott in New York die **„Theosophische Gesellschaft"** gründete. Während ihres fünfjährigen Aufenthalts in Indien und Tibet hatte die Blavatsky Verbindung zur östlichen Freimaurerei, der sogenannten „großen weißen Bruderschaft" aufgenommen und war von den „älteren Brüdern des Ostens" in deren Ritus geschult worden. Als die Blavatsky und Olcott den Versuch unternahmen, der in Amerika und Europa herrschenden weltlichen Freimaurerei in der „Theoposophischen Gesellschaft" einen Ableger der östlichen entgegenzustellen, wurden sie von jener mit allen Mitteln bekämpft. Die Blavatsky wurde von ihren Gegnern als Betrügerin entlarvt und schied aus der Gesellschaft aus.

Nach dem Tode Olcotts, der nach dem Ausscheiden der Blavatsky die Gesellschaft weiterführte, übernahm im Jahre 1907 die Engländerin Anny Besant die Leitung der „Theoposophischen Gesellschaft", deren Hauptquartier 1879 von New York nach Adyar bei Madras (Südindien) verlegt worden war.

In Deutschland wurde im Jahre 1902 die „Theosophische Gesellschaft Germania" gegründet, deren Generalsekretär der bis dahin unbekannte Naturwissenschaftler und Philosoph Rudolf Steiner wurde.

Lehre.

Die Theosophie lehnt die christliche Lehre vom persönlichen Gott ab. Die Gottheit ist unpersönlich und existiert innerhalb der Welt. Die Welt wieder ist in verschiedenen Emanationsstufen aus dem absoluten Sein hervorgegangen und strömt im Laufe der Zeit in das absolute Sein in rein geistiger Form wieder zurück. Eine bestimmte, das allgemein Physische überragende Materie, ist der Sitz der okkulten Kräfte, die in allen Menschen ausgebildet werden können. Der Mensch findet nach diesem Leben eine Wiederverkörperung (Reinkarnation). Dieses neue Leben ist dann schicksalsmäßig abhängig von den Taten im früheren Leben (Karma). Theosophische Anschauungen finden sich in der indischen Philosophie, in den babylonischen Mysterien und in den geheimen Sekten und Bruderschaften des Mittelalters und der Renaissance, bei Plotin, den Gnostikern, Neuplatonikern, Mystikern (Böhme, Swedenborg, Saint Martin) auch bei Schelling und Oken. In ihrer von der Blavatsky begründeten neuen Form steht die Theosophie stark unter der Einwirkung der „Brahmavidya" (wirkliche Weisheit).

Die Ziele der Theosophischen Gesellschaft sind:

1. einen Kern der allgemeinen Bruderschaft der Menschheit zu bilden, ohne Unterschied von Rasse, Religion, Geschlecht, Kaste oder Farbe;
2. das verlgeichende Studium der Religionen, der Philosophie und der Wissenschaften zu fördern;
3. die bisher unerklärlichen Naturgesetze und die im Menschen schlummernden Kräfte zu erforschen.

Die Anhänger der Theosophie glauben an eine baldige neue Heilsbotschaft. Der Inder Krishnamurti soll das Verbindungsglied zu diesem neuen Weltlehrer sein.

Zur Propagierung dieses Gedankens gründete die Besant 1911 den „Stern des Ostens“, durch den sie die Theosophie mit zahlreichen Zweigen der sogenannten „gemischten Freimaurerei“ in Verbindung brachte.[1]

Anthroposophie.

Geschichtliches.

Im Jahre 1913 wurde der Generalsekretär der „Theosophischen Gesellschaft Germania“, Dr. Rudolf Steiner (geb. 1861 in Kraljevic, gest. 1925), aus dieser Gesellschaft ausgeschlossen. In seinen Schriften begründete Steiner diesen Ausschluß mit seinem Widerstand gegen die von der Besant ausgehende politische Hetze gegen Deutschland.

Es war Steiner gelungen, während seiner bisherigen Tätigkeit einen großen Anhängerkreis um sich zu sammeln, wobei ihm besonders sein Verkehr im Hause der Gräfin Brockdorf, geb. von Ahlefeld, in deren Zirkeln neben Dichtern und Philosophen Mitglieder des Hofes und der Gesellschaft verkehrten, zustatten kam. Mit Unterstützung dieses Kreises gründete Rudolf Steiner 1913 die „**Anthroposophische Gesellschaft**“, um seine „Erkenntnisse der übersinnlichen Welten“, die zugleich eine neue Sinndeutung des menschlichen Seins bringen sollten, einem größeren Kreis zugänglich zu machen.

Lehre.

Eine scharfe Trennungslinie zwischen der Theosophie („Weisheit von Gott“) und der Anthroposophie („Weisheit vom Menschen“) läßt sich schwer ziehen. Inhaltlich haben beide Lehren sehr viel Gemeinsames. Die Theosophie geht bei ihrer Betrachtung der Welt von der göttlichen Urkraft aus. Die Anthroposophie dagegen stellt den Menschen in den Mittelpunkt des Erkennens.

Im einzelnen läßt sich die anthroposophische Lehre Steiners wie folgt darstellen.

a) Die Lehre vom Menschen.

Der Mensch besteht nach Steiner aus 7 Teilen.

1. Der **physische Leib,** der den Menschen mit dem Mineralreich verbindet. Nur diese physische Hülle empfängt der Mensch von seinen Eltern bei der Geburt, die geistigen und seelischen Anlagen aber kommen aus dem Jenseits,
2. der **Ätherleib** oder Lebensleib, den der Mensch mit den Pflanzen gemeinsam hat,
3. der **Astralleib** oder Seelenleib, den der Mensch mit den Tieren teilt,
4. das eigentliche **Ich**, welches erst das besondere Wesen des Menschen ausmacht,
5. das eigentliche **Geistige**, der durchgeistigte Astralleib,
6. der **Lebensgeist** oder der durchgeistigte Aetherleib,
7. der **geistige Mensch** oder durchgeistigte physische Leib.

Fühlt nun das in der Geisterwelt weilende Ich des Menschen, daß die Zeit gekommen ist, wo es im ewigen Kreislauf des Lebens wieder auf die Erde zurückkehren und wieder einen physischen Leib bewohnen muß, so bildet es die nach dem Tode abgelegte Hülle, nämlich den Ätherleib und den Astralleib neu. Bei dieser Neubildung wirken alle Erfahrungen des vergangenen Lebens sowie alle Handlungen, Gedanken usw. schicksalsmäßig mit (Karma). Nach einer Vereinigung des geistigen Ich mit dem physischen Leib prägen sich auch noch die Ergebnisse der physischen Vererbung dem Astralleib ein. Äther- und Astralleib entwickeln sich dann im Verlauf des Lebens weiter. Nach dem leiblichen Tode wandert dann das menschliche Ich mit

[1] S. a. v. Lamhoff-Posener: „Internationales Freimaurerlexikon“.

dem Astralleib und dem Ätherleib wieder aus und der physische Leib zerfällt. Drei Tage nach dem Tode steht die ausgewanderte Seele mit dem physischen Leib noch in Verbindung. In dieser Zeit zieht das ganze Erdenleben nochmals an der Seele vorüber. Den Astralleib behält das Ich noch für eine Zeit, die ungefähr ein Drittel der Lebensdauer entspricht, dann zieht das Ich in die Geisterwelt ein. Dort findet das geistige Ich eine Geisterumwelt und erhält Verkehr mit gleichen oder höheren geistigen Wesen. Nach einem Aufenthalt von ungefähr 1200 Jahren kehrt das Ich aus dem Geisterreich wieder auf die Erde zurück. Da jedes Ich bei seinem Aufenthalt in der Geisterwelt eine Läuterung durchmacht, wird jeder Mensch früher oder später so geläutert sein, daß er für immer in der Geisterwelt bleiben kann.

b) Die Lehre von der Erkenntnis.

In jedem Menschen schlummert nach der Lehre der Anthroposophie eine geheimnisvolle Erkenntniskraft, eine Art Hellsehen. Diese Kraft kommt bei den meisten Menschen aber nicht zum Ausdruck, sondern wird vielmehr erst durch die Anthroposophie geweiht und geschult. Voraussetzung für diese Schulung oder Einweihung ist die Seelenhaltung der Devotion. Über die Konzentration, Meditation und Imagination steigt der Anthroposoph allmählich zur Inspiration empor, wobei sein Schauen das in den Aether eingezeichnete Weltbild sieht. Höchste Stufe der Erkenntnis ist schließlich die Intuition, die sowohl das niedere Ich als auch das vollendete Ich schaut. Mit der allmählichen Entwicklung zum geistigen Schauen gehen Hand in Hand eine sittliche und geistige Erstarkung des Menschen. Schritt für Schritt öffnet sich ihm die übersinnliche Welt. Durch dieses geistige Schauen bekommt jeder Gegenstand ein eigentümliches Leben. Ein Samenkorn z. B. erscheint in einer Lichtwolke, die in der Mitte lilafarben, außen am Rand bläulich ist. Eine menschliche Begierde zeigt sich einer Flamme ähnlich mit gelbroter Mitte und lilafarbenem Band.

Die übersinnliche Welt, in die der Anthroposoph durch sein geistiges Schauen eindringt, zerfällt in die Seelenwelt und die Geisterwelt. Wie der Mensch aus sieben Teilen besteht, so besteht auch die Seelenwelt aus sieben, vier niederen und drei höheren Regionen. Der erleuchtete Anthroposoph nimmt diese Seelenwelt mit höheren Sinnen wahr, erfährt Wirkungen aus ihr und versteht dann auch die physische Welt viel besser. Die Grundkräfte dieser Seelenwelt sind Sympathie und Antipathie. Die Dinge der Seelenwelt sind viel feiner und bildsamer und gleichzeitig viel beweglicher als die Dinge der körperlichen Welt.

Auch die Geisterwelt zerfällt in sieben Regionen. Die erste Region enthält die Urbilder der leblosen Dinge und zwar vom Mineral bis zum Menschen als physischen Körper, die zweite Region die Urbilder alles Lebens, die dritte Region die Urbilder alles Seelischen, die vierte und die höheren Regionen enthalten Wesenheiten, die auf die Urbilder der unteren Regionen einwirken. Diese Geisterwelt, die sich nur dem hellsehenden Blick des Anthroposophen enthüllt, ist unserer Welt vollständig unähnlich. Unsere Gedanken verhalten sich zum Wesen dieser Geisterwelt wie der Schatten zum Körper.

c) Die Lehre von der Welt.

Die Welt entwickelt sich nach anthroposophischer Anschauung ähnlich wie der Mensch in sieben Entwicklungsstufen. Drei dieser Entwicklungsstufen, nämlich die Saturn-, Sonnen- und Mondepochen sind bereits vergangen. Gegenwärtig stehen wir in der Erdenepoche. Es folgen noch die Jupiter-, Venus- und Vulkanepochen. Im Saturnzustande des menschenlichen Lebens entwickelt sich der physische Leib. Während des Sonnendaseins entwickelt sich der Ätherleib. Der menschliche Bewußtseinzustand gleicht dabei einem traumlosen Schlaf. In der Mondperiode entwickelt sich der Astralleib, wobei das Bewußtsein einem Traum zu vergleichen ist, und im Erdendasein entwickelt sich das Ich mit unserem gegenwärtigen Bewußtsein. In den folgenden Daseinsformen soll es noch zu höheren Bewußseinsformen kommen, nämlich zu einem bewußten Bilderbewußtsein, dem Bewußtsein der Inspiration und dem Bewußtsein der Intuition. Ziel allen Lebens dieser Welt ist die fortschreitende Verklärung, die Vergeistigung und die schließliche Rückkehr zum geistigen Urwesen.

d) Die Lehre von den Menschenarten und Kulturepochen. Nach der Lehre der Anthroposophie wurde zu Beginn des Erdenzustandes das Ich geboren. Nach und nach entwickelten sich dann die menschlichen Wurzelrassen. Fünf dieser Wurzelrassen, nämlich die polarische, hyperboräische, die Lemurier, Arier und die atlantische Rasse haben sich bereits herausgebildet. Die beiden letzten Wurzelrassen sind erst für die Zukunft angekündigt. Aus jeder der sieben Wurzelrassen gehen wieder sieben Unterrassen hervor. Jede Rasse entwickelt sich dann wieder in verschiedenen Kulturepochen. Die arische Rasse hat bisher fünf Epochen durchlaufen:

Die **indische Epoche**, in der die größte Empfänglichkeit für übersinnliche Dinge bestand;

die **persische Epoche**, in der die Natur durch die Magie beherrscht wurde;

die **Kulturepoche der Babylonier und Ägypter**, in der der Verstand über die Natur triumphierte;

die **griechisch-lateinische Epoche**, in der das Sonnenwesen Christus auf die Erde kam, um Aryman, den Geist des Bösen zu besiegen. Im Mysterium von Golgatha trennte sich dann das Christuswesen vom Menschen Jesus, um sich als Erdengeist mit der Erde zu vereinigen. Als solcher wird er das ganze Menschenleben „durchchristen";

die **germanische Kulturepoche**, in der auf dem Gebiet der Sinnenwelt Großes geleistet wurde.

Aufgabe der Anthroposophie ist es nun, die germanische Sinnenwelt mit der übersinnlichen Welt in Einklang zu bringen. Aus dieser Aufgabe heraus schöpfen die Anthroposophen ihre Arbeit für den germanischen Geist und suchen die Gedankengänge von Fichte, Schiller und Goethe mit ihrer orientalischen Geisteslehre in Einklang zu bringen. Hier finden sie auch gleichzeitig die Brücke zum Nationalsozialismus und suchen die Berechtigung, sich als die besten Deutschen auszugeben.

Gegensatz zwischen Nationalsozialismus und Anthroposophie.

Obwohl die Anthroposophen immer wieder ihre völkische Verbundenheit und ihr Eintreten für das Deutschtum zu betonen suchen, muß jedoch eindeutig festgestellt werden, daß eine Verbindung von anthroposophischen Gedankengängen und germanisch-völkischer Weltanschauung unmöglich ist und die Anthroposophie letzten Endes zur Zersetzung der nationalsozialistischen Weltanschauung führen muß.

1. Die Anthroposophie steht im Widerspruch zur nationalsozialistischen Rassenlehre. Nach nationalsozialistischer Auffassung beziehen sich die rassischen Vererbungsgesetze nicht nur auf den Leib, sondern auf den ganzen Menschen, auch auf Geist und Seele. Die Anthroposophie erkennt ebenso wie die christliche Kirche im wesentlichen nur eine leibliche Vererbungslehre an, in dem sie behauptet, daß lediglich der Leib des Menschen von den Eltern stammt, Geist und Seele aber aus dem Geisterreich in diesen Leib übersiedeln. Auf Grund dieser rein äußeren Rasseauffassung muß die Anthroposophie auch zu einer internationalen pazifistischen Einstellung kommen. Leitzsatz 1 der anthroposophischen Grundsätze lautet: „Es können in der Gesellschaft alle diejenigen Menschen brüderlich zusammenwirken, welche als Grundlage eines liebevollen Zusammenwirkens ein gemeinsames Geistiges in allen Menschenseelen betrachten, wie auch diese verschieden sein mögen in Bezug auf Glauben, Nation, Stand usw."

Auch die anthroposophische Lehre von den sieben Kulturepochen steht im Widerspruch zur nationalsozialistischen Auffassung von der Kraft und geschichtlichen Sendung der germanischen Kultur. Die anthroposophische Lehre, daß die germanische Kulturepoche in absehbarer Zeit von einer höheren vergeistigteren Kulturepoche abgelöst wird, ist nicht geeignet, die völkischen Lebenskräfte des germanischen Menschen zu stärken, sondern muß zu deren Zersetzung beitragen.

2. Dem christlichen Dogma von einem persönlichen Gott stellt die Anthroposophie ein Dogma von einem unpersönlichen Gott gegenüber. Wenn auch das Abgehen von einem persönlichen Gott in vielen Punkten der nationalsozialistischen Naturauffassung entspricht, so muß doch die **Dogmatisierung** dieser Anschauung bei der Anthroposophie zwangsweise

ebenfalls zu einer Theologie führen. Diese Theologie vom unpersönlichen Gott ist genau so wirklichkeitsfremd wie die christliche Theologie vom persönlichen Gott. Die Theologie vom unpersönlichen Gott führt die Anthroposophen von der Wirklichkeit weg in eine mystische Sphären- und Geisteslehre. Diese jenseitig eingestellte Geisteslehre muß die Menschen letzten Endes zu einer mystisch eingestellten, von okkulten Ideen beherrschten Lebensauffassung führen und für das natürliche wirkliche Leben untauglich machen.

3. Die anthroposophische Lehre ist zwar keine Geheimlehre, als die anthroposophischen Ideen öffentlich verbreitet werden. Sie stellt aber ein okkultes Sektierertum insofern dar, als nach ihrer Lehre die letzten Hintergründe des Lebens dem normalen Menschen verborgen bleiben und nur die Anthroposophen aller Länder und Rassen in die geistige Schau der letzten Lebensgeheimnisse einzudringen vermögen. Damit stellt dieses okkulte Sektierertum gleichzeitig eine ungeheure Überheblichkeit gegenüber den gewöhnlichen Menschen dar. Wie bei allen internationalen Religionen sind bei der Anthroposophie auch die Anhänger der anthroposophischen Lehre über alle Volks- und Rassegedanken gestellt, die nicht Anhänger der Anthroposophie sind.

4. Obwohl die Anthroposophie nach außen das Jesuitentum und das römische Papsttum bekämpft, stellt sie doch in Wirklichkeit mit ihrer jenseits gerichteten Theologie einen Bundesgenossen der christlichen Kirche im Kampf gegen die natürliche völkische Weltanschauung dar. Sie ist vor allem ein warnendes Beispiel dafür, daß ein Dogma vom unpersönlichen Gott genau so abwegig ist, wie ein Dogma vom persönlichen Gott. Das christliche Schrifttum beweist ebenfalls, daß vor allem die katholische Kirche in der Anthroposophie nur einen formalen Gegner, praktisch aber einen Bundesgenossen im Kampf gegen die völkische Weltanschauung sieht.

5. Obwohl die Anthroposophie sich politisch meistens sehr vorsichtig verhalten hat und seit 1933 besonders ihre positive Einstellung zum Deutschtum zu beweisen sucht, ergibt sich doch aus dem weltanschaulichen Gegensatz zwischen Anthroposophie und nationalsozialistischer Weltanschauung, daß die Anthroposophie letzten Endes zur politischen Zersetzung des Nationalsozialismus beitragen muß. Gerade deshalb, weil eine politische Kampfstellung der Anthroposophie gegenüber dem Nationalsozialismus nach außen hin nicht in Erscheinung tritt, ist die Zersetzungsgefahr der Anthroposophie gegenüber dem Nationalsozialismus besonders groß.

6. Mit ihrer Lehre von der Sphären- und Geisteswelt und mit ihrer gesamten jenseits gerichteten Lebenshaltung stellt die Anthroposophie nicht nur einen Bundesgenossen der christlichen Kirchen dar, sondern auch einen Wegbereiter für alle okkulten Lehren. Tatsächlich kann auch festgestellt werden, daß zahlreiche Anhänger der Anthroposophie auch für die übrigen okkulten Lehren besonders zugänglich sind.

II. Tarnung und zersetzender Einfluß der Anthroposophie im öffentlichen Leben.

Die Christengemeinschaft e. V.

Geschichtliches.

Mit der Auflösung der Theosophischen Gesellschaft und der Anthroposophischen Gesellschaft im Jahre 1935 war keinesfalls das Gedankengut dieser Organisation ausgerottet. Einzelne theosophische und anthroposophische Kreise, die in rechtzeitiger Erkenntnis der Lage den staatlichen Stellen ihre Selbstauflösung meldeten, verstanden es, ihren Schriften- und teilweise auch Mitgliederbestand zu erhalten. Eine ganz besonders günstige Tarnungsmöglichkeit bot die vom Verbot nicht erfaßte Organisation der

Christengemeinschaft.

Die Anregung zur Gründung der Christengemeinschaft ging von einer Versammlung im Jahre 1922 im Goetheanum, dem Studienheim Rudolf Steiners, in Dornach bei Basel aus, wo sich auf dessen Einladung ein Kreis evangelischer Theologen und Theologinnen – alles begeisterte Anhänger des anthroposophischen Systems – zusammengefunden hatten, um über die Möglichkeit der Erneuerung des religiös-christlichen Lebens innerhalb der Kirche zu beraten. Das Ergebnis dieser Beratung war die Gründung einer „religiösen Erneuerungsbewegung im Geiste der Freiheit auf christlicher, überkonfessioneller Grundlage". Pfarrer Dr. Rittelmeyer, ein in Nürnberg und Berlin bekannter Kanzelredner, in dem Steiner den geeigneten Mann gefunden zu haben glaubte, der durch seine besondere religiöse Ausrüstung und theologische Durchbildung der gestellten Aufgabe gewachsen zu sein schien, gab sein Pfarramt in Berlin auf, um „die gerade auch für das religiöse Leben so bedeutsamen Anregungen der Anthroposophie durch eine ganz freie Vortragstätigkeit von Stuttgart aus fruchtbar machen zu helfen". Er gründete mit einer Reihe jüngerer Theologen und Theologinnen die „Christengemeinschaft", in die Anhänger aller christlichen Bekenntnisse „vom Katholiken bis zur Heilsarmee" aufgenommen werden sollten. Sehr bald hat sich die Christengemeinschaft zu einer eigenen, neben der Kirche stehenden religiösen Gemeinschaft mit internationaler Verbreitung entwickelt.

Lehre.

Rudolf Steiner hatte es sich zum Ziel gesetzt, die religiöse Seite des anthroposophischen Systems in seinem Sinne auszugestalten und die Anthroposophie mit religiösem Inhalt zu füllen. Getragen werden sollte die neue Religiosität von einem zur Schaffung einer Gemeinschaft aller Christen unentbehrlichen „Kultusgottesdienst", in dessen Mittelpunkt im Gegensatz zum „nüchternen Wesen der evangelischen Kirche" eine aus den vorchristlichen Bestandteilen: Wort, Opferung, Wandlung und Kommunion aufgebaute Messe stehen müsse. Die Lehre der Christengemeinschaft, die Weltschau und die Auffassung vom Menschen sind vollkommen von Steiner übernommen. Auf Grund des Kolosserbriefes wird die Bedeutung des Christus für das Ganze der Natur betont. Die anthroposophische Naturmystik ist auch durch die Sakramentsauffassung der Christengemeinschaft bestimmt. Die 7 Sakramente – nämlich Taufe, Konfirmation, Beichte, Ehe, letzte Ölung, Priesterweihe und vor allem die Menschenweihehandlung – sind die Mittel, durch welche der Christus-Erlöserwille in Menschheit und Kosmos seine Wandlungskräfte hineinschafft, die dann von den durchchristeten Menschen auf alles weiterströmen, womit sie in Berührung kommen. Gegenüber der Wortverkündigung in den christlichen Kirchen wird hervorgehoben, daß das Wort nur das Bewußtsein, das Sakrament aber das Sein des Menschen erreiche. An die Stelle der christlichen Eschatologie tritt bei der Christengemeinschaft in konsequenter Übernahme der anthroposophischen Lehre ein naturhaftes Entwicklungsdenken, demzufolge in fortschreitendem Ablauf die Durchchristung und Vergeistigung des Alls erfolgt. Als Ersatz der biblischen Verkündigung von der Auferstehung des Fleisches erscheint die indische Lehre von den Wiederverkörperungen (Reinkarnation) bis zum endgültigen Aufgehen im Urgeist. Die Dogmen des Christentums werden, soweit sie überhaupt von der Christengemeinschaft übernommen wurden, in anthroposophischem Sinne umgedeutet. Die Erde ist der Leib des Christus: „Christus aller Erde". Die Sonnenkräfte des Christus dringen ein in die Erde „auf daß sie auch einst Sonne werden". Die Sündenvergebung der Kirche wird bestritten (eine Schuld kann nicht vernichtet werden) und anstelle des Glaubens die geistige Schau der Anthroposophie gesetzt. Auch die 7 Sakramente der Christengemeinschaft zeigen anthroposophischen Einschlag. Das Sterbesakrament ist ein „Vergeistigungsvorgang"; bei der Bestattung werden den Verstorbenen durch Gebete und symbolische Handlungen „geistige Kräfte" gesandt; in der Menschenweihehandlung wird zu den Toten gebetet mit den Worten: „Ihre schützende Kraft erstrahle uns".

Alle okkulten Handlungen sind Träger der zur Erde niederströmenden Geisteswirkungen, „ein fortlaufendes Christusgeschehen". Die Sonnenkräfte des Christus werden hier in die

Erde hinuntergezogen. Der Mensch wird in dem an die katholische Messe angeglichenen Kultus Träger der Christuskräfte und gewinnt Anteil an den kosmischen Vorgängen. Die Christengemeinschaft will die Menschen durch Einführung in die anthroposophisch-theosophische Ideenwelt durch „Erkenntnisse der übersinnlichen Geisteswelten, durch ein allmähliches Hinaufsteigen in immer höhere, feinere und geistigere Gebiete durch Vermittlung der verschiedenen Stufenreihen der Geister- und Engelhierarchien dem göttlichen Weltgrund näherführen.

Den Hauptteil des Kultusgottesdienstes bildet die sogenannte Menschenweihehandlung. Welche Bedeutung dieser Menschenweihehandlung zugemessen wird, zeigen folgende Worte:

„Die Menschenweihehandlung ist ein Gnadengeschenk der göttlichen Welt, welches der berufene Christusbote Rudolf Steiner nach unserer Überzeugung unmittelbar aus der geistigen Welt empfangen und der Christengemeinschaft vermittelt hat. Sie steht mit der katholischen Messe zwar in keinem äußeren Zusammenhang, aber beide kommen aus einer geistigen Wurzel. Die katholische Messe offenbart uns das Mysterium von Golgatha für eine Christenheit, welche in ihrem Kindes- und Jünglingsalter steht. Die Menschenweihehandlung ist für das Mannesalter gegeben.“[2]

Vor dem Verbot der Anthroposophischen Gesellschaft waren etwa 20 – 30% der Mitglieder der Christengemeinschaft gleichzeitig Anhänger der Anthroposophischen Gesellschaft. Nach 1933 stieg dieses Verhältnis auf 30 – 40%. Der damalige „Erzoberlenker“ Dr. Rittelmeyer erkannte rechtzeitig die Gefahr, die der Christengemeinschaft bei einem staatlichen Vorgehen gegen die Anthroposophische Gesellschaft drohte und erließ deshalb einen „Oberlenker-Beschluß“, nach dem es Angehörigen der Anthroposophischen Gesellschaft nicht möglich sein sollte, die Mitgliedschaft bei der Christengemeinschaft zu erwerben. Mit dieser Maßnahme suchte die Christengemeinschaft die staatlichen Stellen über die anthroposophische Geisteshaltung und Verbindung zu täuschen. Wie aus den Vernehmungsniederschriften des jetzigen Erzoberlenkers Dr. Bock-Stuttgart und anderer führender Mitglieder der Christengemeinschaft, die übrigens selbst sämtlich aus der Anthroposophischen Gesellschaft hervorgegangen sind, einwandfrei ersichtlich ist, war es den Angehörigen der aufgelösten Anthroposophischen Gesellschaft gestattet, an den Veranstaltungen der Christengemeinschaft teilzunehmen und auch deren Einrichtungen usw. in Anspruch zu nehmen. In der Regel zahlten diese „Nicht-Mitglieder“ freiwillig monatliche Beiträge in Form von Spenden. Die seit Jahren vorgenommenen Beobachtungen ergaben das einheitliche Bild, daß einzelne Gemeinden der Christengemeinschaft über einen Mitglieder- und Anhängerbestand verfügten, der sich teilweise nur aus den Mitgliedern der aufgelösten „Anthroposophischen Gesellschaft“ zusammensetzte.

Demzufolge blieb auch die Lehre der Christengemeinschaft der Anthroposophie angepaßt. Wie sehr die Christengemeinschaft mit der Anthroposophie zusammenhängt, beweist schon allein die Tatsache, daß ihre ersten religiösen Lehrkurse, an denen die z. Zt. im Amt befindlichen Oberlenker und Lenker teilnahmen, im „Goetheanum“ Steiners in Dornach/Schweiz stattfanden. Auch bis in die letzte Zeit hinein, nachdem in Stuttgart ein eigenes Priesterseminar geschaffen war, fand der Priesternachwuchs seine letzte Ausbildung an dieser anthroposophischen Zentrale. Außerdem wurde zwischen den Gliedern der Christengemeinschaft in Deutschland ein enger Verkehr mit dem „Goetheanum“ und dessen führenden Persönlichkeiten unterhalten; gegenseitige Besuche, Teilnahme an Veranstaltungen und Kursen in Dornach waren die üblichen Wege.

In den Veranstaltungen der Christengemeinschaft, die größtenteils in eigenen, im anthroposophischen Stil erbauten oder eingerichteten Kapellen und Sälen stattfanden, wird ständig auf Steiners „Erkenntnisse“ hingewiesen. Die für den Vertrieb zugelassenen anthroposophischen Schriften Steiners und seiner Anhänger nehmen den wesentlichsten Teil der in den Veranstaltungen der Christengemeinschaft angebotenen Literatur ein; verbotene anthroposophi-

[1] Pfarrer Heisler: „Warum Christengemeinschaft“.

sche Schriften, die sich im Besitz der Priester befanden, wurden, wie aus den Beobachtungsergebnissen immer wieder hervorgeht, Interessenten leihweise zur Verfügung gestellt.

Eine weitere, durch die Vernehmungen bestätigte Tatsache ist die bei dem größten Teil der Anhänger der Christengemeinschaft festgestellte politische Interessenlosigkeit. Gleichgültig allen inner- und außenpolitischen Belangen des Nationalsozialismus gegenüber, ist für diese Personen nur die Einstellung der betreffenden Staatsform und Weltanschauung zur Christengemeinschaft maßgebend. So erklärte der Erzoberlenker Dr. Bock in einer Predigt am 26. 4. 1941 in Stettin:

„Wir leben unter dem knotischen Baum des Materialismus, der heute alles und alle beherrscht."

Bei seiner Vernehmung begründete Bock seine Teilnahmslosigkeit am politischen Geschehen mit seiner Arbeitsüberlastung. Ein bezeichnendes Urteil über die Christengemeinschaft gab die Leiterin der Rudolf-Steiner-Schule in Londen, die Engländerin Miß Lucie Dennisson, ab. Die Dennisson, die selbst überzeugte Anthroposophin ist, erklärte u. a.:

„Die maßgeblichen Stellen in Deutschland müssen ja furchtbar dumm sein, wenn sie die Schulen, Kinderheime, Werkstätten und Einrichtungen der biologisch-dynamischen Wirtschaftsweise erhalten und nicht in das Verbot (der Anthroposophie) einbezogen haben. Das klarste Beispiel für diese Dummheit sei die Erhaltung der anthroposophischen Christengemeinschaft, die an ihrem Verbot dadurch herumgekommen sei, daß man der Regierung versprochen habe, keine Politik zu betreiben und die Gemeinschaft lediglich als weltanschauliche Form zu führen. Dabei hätten die maßgeblichen Stellen aber ganz vergessen, daß dieses Versprechen völlig überflüssig gewesen sei, denn der Anthroposoph erkennt überhaupt keine Politik an. Er lehne jede aktive oder passive Beteiligung an der Politik unter jeder Regierungsform ab. Der Anthroposoph in England denke genau so wie anderswo... Für ihn gebe es nur Weltanschauung und keine Politik. Er nehme die jeweilige Staatsform als etwas zeitlich Schicksalhaftes hin... Der Anthroposoph kenne den Begriff ‚Nation' nicht und ebendarum auch nicht den Begriff ‚national'..."

Diese Einstellung, die wie ein roter Faden durch sämtliche Beobachtungsberichte und Vernehmungsniederschriften läuft, kennzeichnet den zersetzenden Einfluß, der von der Lehre der Anthroposophie und der dieser gleichzusetzenden Lehre der Christengemeinschaft in weltanschaulicher und politischer Hinsicht ausgeübt wird.

Das Ziel Steiners war es vom Beginn seiner Tätigkeit an, alle Lebensgebiete mit seiner Lehre zu erfassen und im anthroposophischen Sinne „geisteswissenschaftlich" zu beeinflussen. In dem Nachrichtenblatt „Was in der Anthroposophischen Gesellschaft vorgeht" vom 20. 1. 1929 heißt es:

1. Die Anthroposophische Gesellschaft sieht ein Zentrum ihres Wirkens in der freien Hochschule für Geisteswissenschaft in Dornach.

2. Das Goetheanum als Hochschule umfaßt eine Reihe von Sektionen, deren Tätigkeit ihren Brennpunkt am Goetheanum selbst hat und von dort schon weit in die Welt hinausgestrahlt ist. Wenn wir uns umschauen in der Welt, so können wir gewiß sagen, daß schon jetzt ein mannigfaltiges Leben in die verschiedensten Länder und Kontinente hinein von unserer Hochschule in Dornach aus zu wirken begonnen hat.

3. Am Goetheanum in Dornach bestehen verschiedene Sektionen, die sich mit Kunst, Wissenschaft, Kultur und Wirtschaft befassen.

Auf Bitten verschiedener anthroposophischer Landwirte nahm Rudolf Steiner im Jahre 1924 in einer längeren Vortragsreihe zu landwirtschaftlichen Problemen Stellung. Das Ergebnis dieses Kursus war die Gründung einer Organisation anthroposophischer Landwirte, aus der sich der

Reichsverband für biologisch-dynamische Wirtschaftsweise

unter Leitung des Anthroposophen und langjährigen Mitgliedes der Anthroposophischen Gesellschaft, Dr. Erhard Bartsch, Bad Saarow / Mark, entwickelte. Bartsch, der sich selbst als überzeugter Anhänger und glühender Verehrer Steiners bezeichnet und bestrebt ist, auf allen Gebieten das Werk seines Lehrers fortzuführen, sammelte einen weiten Kreis anthroposophischer Landwirte und Gärtner um sich und exerzierte mit ihnen auf ihren landwirtschaftlichen Besitzungen die Anregungen Steiners durch, um, wie er angibt, die Rettung des deutschen Bauerntums aus der eigennützigen und schädlichen Vormachtstellung der chemischen Kunstdüngerindustrie herbeizuführen. Als Grundlage für die Arbeit des Kreises Bartsch dienen die Ausführungen Steiners auf dem erwähnten Kursus bei dem Grafen Keyserlingk auf Koberwitz, die, in einer Schrift zusammengefaßt, von Bartsch unter den ihm näher bekannten „eingeweihten" Anthroposophen verbreitet wurden. Aus diesen „bäuerlichen Ratschlägen" werden nachstehend einige Ausführungen wiedergegeben, die für die Beurteilung der biologisch-dynamischen Wirtschaftsweise von ganz besonderer Bedeutung sind, weil sie tatsächlich zur Grundlage dieser Wirtschaftsweise gehören:

In der Lehre Rudolf Steiners bilden die geheimnisvollen Einwirkungen von Sonne, Mond und Sternen auf alles Leben eine große Rolle.

„Das alles, was im Kiesel lebt, hat Kräfte, die nicht von der Erde stammen, sondern von den sogenannten sonnenfernen Planeten: Mars, Jupiter, Saturn; dasjenige, was ausgeht von diesen Planeten, wirkt auf dem Umweg durch das Kieselige und Verwandtes auf das Pflanzenleben. Aber von all demjenigen, was erdennahe Planeten sind: Mond, Merkur, Venus wirken die Kräfte auf dem Umweg des Kalkigen auf das Pflanzliche, auch auf das tierische Leben der Erde herein. Im bebauten Acker wirkt Kieseliges und wirkt Kalkiges. Im Kieseligen wirkt Saturn, Jupiter, Mars, im Kalkigen Mond, Venus, Merkur."

Über die landwirtschaftliche Individualität:

„Der Erdboden beinhaltet nicht nur Mineralisches, sondern auch Pflanzliches und Astralisches. Er ist eben ein wirkliches Organ, das wir etwa vergleichen können mit dem menschlichen Zwerchfell. Der Kopf ist dann unter dem Erdboden und wir mit allen Tieren leben im Bauch dieser Individualität. Die landwirtschaftliche Individualität steht also auf dem Kopfe."

„Unterschied zwischen Wärme über dem Boden (Blüten- und Blattwärme) und unter dem Boden (Wurzelwärme): Wärme über der Erde ist tot, Wärme unter der Erde lebendig. Würden wir leben in der Wärme unter der Erde, würden wir dumm werden, weil wir, um gescheit zu sein, tote Wärme an unsere Körper herangeführt haben müssen."

Doch nicht nur auf den Boden hat nach Ansicht Steiners das Sternall seinen Einfluß, sondern auch auf die Farbe der Pflanzen. So sagt er weiter:

„In der roten Farbe der Rose schaut man so die Marskraft. Wegen ihrer Gelbheit müßte die Sonnenblume eigentlich Jupiterblume genannt werden, die die Kraft des Jupiter, die die kosmische Sonnenkraft unterstützt, bringt in den Blüten die weiße und gelbe Farbe hervor. Wegwarte, Zichorie: in der bläulichen Farbe müssen wir die Saturnwirkung sehen, die die Sonnenwirkung unterstützt."

An anderer Stelle stellt Steiner folgende Behauptung auf:

„Im Geschmack der Aprikosen oder der Pflaumen ist das bis in die Frucht heraufgenommene Kosmisch. Im Apfel ißt man den Jupiter, in der Pflaume den Saturn."

Aber nicht nur Pflanze und Boden sind abhängig von Venus, Saturn, Jupiter und Mars, sondern auch die Tiere:

„Der tierische Organismus lebt im ganzen Haushalt der Natur darin. Von vorne nach hinten im Tiere: von der Schnauze gegen das Herz zu hat es die Saturn-, Jupiter-, Marswirkunge, in dem Herz die Sonnenwirkung, dahinter gegen den Schwanz zu die Venus-, Merkur- und Mondwirkung. Danach sollte sich die Anschauung der Form richten. Beim Vorne des Tieres haben wir es mit der direkten Sonnenbestrahlung zu tun und danach ist auch der Kopf gestaltet. (Siehe im Skelett in einem Museum z. B. Löwe und Pferd)...

... Das vom Mond zurückgestrahlte Sonnenlicht ist ganz unwirksam, wenn es auf den Kopf eines Tieres scheint. Aber diese Dinge gelten namentlich für das Embryonalleben. Das Mondlicht entfaltet seine größte Wirkung, wenn es auf den Hinterteil eines Tieres scheint. Gegensatz: Sonnenbestrahlung vorne. Anschauen der Formen danach üben! Wenn ein Tier so aufgestellt wird, daß es den Kopf in die Erde steckt, und sein Hinterteil nach aufwärts, dann hat man die Einstellung, die unsichtbar die landwirtschaftliche Individualität hat. Damit ist die Möglichkeit vorhanden, aus dieser Formgestalt des Tieres eine Beziehung zu finden zwischen demjenigen, was das Tier an Mist liefert im Verhältnis zu dem, was die Erde braucht, deren Pflanzen das Tier frißt."

Eine weitere These Steiners lautet:

„Wie lebt eine Pflanze? Unten will mit Fangarmen das Kalkige sie ergreifen, oben will das Kieselige sie fein und schlank und faserig machen, wie die Wasserpflanzen sind, aber mitten darein steht der C, der alles ordnet. Und so wie unser Astralleib zwischen Ich- und Ätherleib, so wirkt der N dazwischen."

Den Hauptfaktor in der biologisch-dynamischen Landbauweise stellt die Verwendung von Präparaten dar, die nach den Rezepten Steiners von den beratenden Organen des Reichsverbandes hergestellt und den Bauern und Gärtnern zur Beimischung in den natürlichen Dünger bzw. in die Komposthaufen oder auch zur Bespritzung der Kulturen angeboten werden. Nachstehend das Rezept eines solchen Präparates:

„Für das, was die Kamille im menschlichen oder tierischen Organismus durchmacht, ist die Blase ziemlich ohne Bedeutung, dagegen die Substanz der Darmwand. Man pflückt die Köpfchen ab, diese ebenso behandeln wie die Schafgarbenschirmchen, aber nun in die Därme des Rindviehs geben, Würste also aus Därmen des Rindviehs mit Kamillen machen. Diese wieder aussetzen dem Lebendigen. Aber da es sich nun um erdiges handelt, wieder den ganzen Winter in großer Tiefe einer möglichst humusreichen Erde aussetzen, Stellen aussuchen, wo der Schnee liegen bleibt längere Zeit und den Schnee, der liegen bleibt, die Sonne gut bescheint, so daß möglichst die kosmisch-astralischen Wirkungen da hinein wirken."

Auch im Kampf gegen das Unkraut hat Steiner in seinem Vortragszyklus „neue Wege" gewiesen:

„Unterbindet man die Vollmondwirkung bei den Unkräutern, so setzt man ihrer Fortpflanzung eine Grenze. Behandeln wir nun die Unkräuter so, daß sie eine Scheu bekommen, die Mondwirkungen aufzunehmen, so haben wir erreicht, was wir wollen.

Man sammelt von diesem Unkraut eine Anzahl Samen. Diese Samen werden am besten auf einer Holzflamme verbrannt und sorgfältig gesammelt, was sich an Asche ergibt. In der Asche konzentriert die entgegengesetzte Kraft von dem, was entwickelt wird in der Anziehung der Mondkräfte. Streuen wir diese aus (kleinste Mengen genügen, denn die Wirkung geht auch in den Umkreis), dann wird schon im zweiten Jahr weniger von diesem Unkraut da sein. Nach dem 4. Jahre, wenn diese Behandlung jährlich gemacht wird, wird das Unkraut nicht mehr dort sein.

Bei den pflanzlichen Schädlingen kann man so im allgemeinen sprechen, nicht so bei den tierischen."

Für die Bekämpfung der Feldmaus gibt Steiner den sonderbaren Ratschlag, eine junge Maus abzufangen und zu häuten:

„Diesen Balg muß man sich aber beschaffen in der Zeit, wo Venus im Zeichen des Skorpion steht. Will man bei Pflanzen etwas erreichen, kann man stehen bleiben bei den Planeten. Bei den Tieren muß man zum Tierkreis gehen. Dieser heißt nicht ohne Grund Tierkreis. Bei der Pflanze reicht die Mondwirkung aus für die Vermehrung. Bei den Tieren muß die Mondwirkung unterstützt werden von den Venuswirkungen. Die Mondkräfte spielen dabei nicht einmal so eine große Rolle, weil sich das Tierreich emanzipiert hat vom Mond. Es ist also die Mondwirkung auch dann da, wenn nicht gerade Vollmond ist. Der Mausebalg wird also verbrannt und die Asche sorgfältig gesammelt. Mehr wird man natürlich von mehrern Bälgen bekommen. In dem, was übrig bleibt, ist nun gesammelt die negative Kraft gegenüber der Reproduktionskraft der Feldmaus. Dieses Übriggebliebene kann nun in sehr feinen Mengen homöopathisch ausgestreut werden auf die Felder, wenn es richtig bei der Hochkonjunktion von Venus und Skorpion durch das Feuer gegangen ist. Die Mäuse werden umso weniger kommen, je mehr das in der ganzen Nachbarschaft gemacht worden ist. So behandelt wird die Erde wenn man den Kampf aufnehmen will, gegen alles Ungeziefer des Feldes, was zu den höheren Tieren gerechnet werden kann."

Diese kurzen Zitate zeigen schon, daß hier die Landwirtschaft zu einer Geheimwissenschaft wird, die mit den gesunden alten Bauernregeln nichts mehr zu tun hat sondern nur noch durch einen komplizierten Beratungsapparat bewältigt werden kann. Altbäuerliche Kompostierungsmethoden, die im Laufe der letzten Jahrhunderte immer mehr in Vergessenheit geraten oder durch die vereinfachte Methode der künstlichen Düngung abgelöst worden waren, umhüllten Steiner und seine Nachfolger mit einem Schleier des okkulten Geheimnisvollen der schließlich dazu beitrug, den eigentlichen Sinn und Zweck der natürlichen Düngungsweise zu verdrängen.

Auffallend war die bei allen Vernehmungen von Anhängern der Anthroposophie zu machende Erfahrung, daß eine sehr enge Koppelung zwischen den Begriffen Anthroposophie, Christengemeinschaft und biologisch-dynamische Wirtschaftsweise vorhanden ist. Das fast immer gleichzeitige Auftreten eines der beiden ersten und des letzten Gebietes stempeln diese Wirtschaftsweise zu einer Angelegenheit, die durchaus nicht mehr einen nur wirtschaftlichen Charakter trägt. Zwingend mußte der Eindruck entstehen, daß das Bekenntnis zur biologisch-dynamischen Wirtschaftsweise gleichbedeutend ist mit dem Bekenntnis zur Anthroposophie.

Während auf dem Wege über die biologisch-dynamische Wirtschaftsweise diejenigen Bauern, Gärtner und Siedler erfaßt werden, die für mystisches und okkultes Sektierertum zugänglich sind, bemächtigte sich die

Eurhythmie

der künstlerisch-intellektuellen Schicht. Im eurhythmischen Tanz zeigt sich ganz besonders das anthroposophische Bestreben, das Körperliche zurückzudrängen und den Tanz auf die reine Vergeistigung abzustellen. Der eurhythmische Tanz macht einen lebensfremden, ätherischen und ungeschlechtlichen, damit aber unnatürlichen Eindruck. Die anthroposophische Formgestaltung findet ihren Ausdruck auch vor allem in der bildenden Kunst, im Kunstgewerbe und in der Architektur. (Siehe z. B. das „Goetheanum" in Dornach.) Die Schulungsstätten für die anthroposphische Gestaltung des eurhythmischen Tanzes, der Sprache, des Mysterienspiels, der bildenden Kunst usw. sind die

Loheland-Schulen

des „Loheland Bund für neue Lebensreform", die in der ganzen Welt verbreitet sind. 1928 bestanden bereits 8 derartige Schulen in Deutschland.

Auf pädagogischem Gebiet sind es die

Waldorf-Schulen,

die schon den schulpflichtigen Kindern anthroposophisches Gedankengut vermitteln und sie in diesem erziehen sollen. Diese Schulen, von denen bis vor kurzem noch je eine in Stuttgart und Dresden (Stuttgart wurde bereits vor Beginn der Aktion vom 9. 6. 1941 auf Betreiben der Württembergischen Landesregierung geschlossen) als private Versuchsschulen bestanden, sind eine persönliche Gründung Steiners. Hervorgegangen sind diese Schulen aus der Arbeiterschule der „Waldorf-Astoria Zigarettenfabrik", an der Steiner früher tätig war.

Neben diesen, auch der breiteren Öffentlichkeit nicht unbekannten anthroposophischen Organisationen, waren es eine beachtliche Anzahl anthroposophischer Privatzirkel und Erholungsheime, wie z. B. das Schloß Hamborn des Erbprinzen Georg Moritz von Sachsen-Altenburg, die Heilanstalt Gnadenwald bei Hall in Tirol und die Anstalt Gerswalde in der Ukkermark, die unter mehr oder weniger geschickter Tarnung für die Verbreitung der Anthroposophie und für den Zusammenhalt der Mitglieder der aufgelösten Anthroposophischen Gesellschaft sorgten.

Die Vernehmung der führenden Persönlichkeiten aller dieser anthroposophischen Organisationen einschließlich der Christengemeinschaft gab das einheitliche Bild einer geradezu fanatischen Anhängerschaft zur Anthroposophie Steiners.

Ungeachtet des Verbotes der Anthroposophischen Gesellschaft nahmen viele von ihnen an den Veranstaltungen des Goetheanums in Dornach, der Zentrale der anthroposophischen Bewegung, noch bis kurz vor Ausbruch des gegenwärtigen Krieges teil, um sich hier das notwendige Rüstzeug und die vom Vorstand der Anthroposophischen Gesellschaft gegebenen Arbeitsanweisungen zu holen.

Bezeichnend für diesen Fanatismus ist ein Schreiben des anthroposophischen Arztes Dr. med. Paul Jaerschky, Berlin-Charlottenburg, an den Inhaber der Emil Weises Buchhandlung, Karl Eymann-Dresden, aus dem hervorgeht, daß für ihn als konsequenten Anthroposophen die Anthroposophische Gesellschaft als esoterische Gesellschaft solange besteht, als sie von ihren Mitgliedern nicht aufgegeben ist:

„Solange wir unsere Kräfte, unser Leben unsere eigene Entwicklung, unsere Arbeit in irgendeiner Art aus der Anthroposophie holen, sind wir auch Mitglieder dieser – verbotenen – Gesellschaft. Diese Tatsache kann aus Klugheitsgründen verheimlicht, verschwiegen werden."

III. Die Organisation der Anthroposophischen Vereinigungen, ihr Mitgliederkreis und ihre Verbindungen zum Ausland.

Abweichend von den in kleinen Privatzirkeln in meist loser Form zusammengefaßten Resten der ehemaligen deutschen Sektion der „Theosophischen Gesellschaft" sind die anthroposophischen Kreise fest organisiert, wenn auch nach außen hin diese Zusammenfassung nur schwer erkennbar ist.

1. Die Anthroposophische Gesellschaft.

Die Anthroposophische Gesellschaft wurde auf Anregung der Geheimen Staatspolizei durch Erlaß des Reichsministers des Innern vom 1. 11. 1935 als freimaurerähnliche Organisation aufgelöst und verboten.

2. Die Christengemeinschaft.

Organisation.

Die Zentralleitung der Christengemeinschaft wurde nach ihrer Gründung in Dornach nach Stuttgart gelegt. Dort befindet sich auch das theologische Seminar der Christengemeinschaft, das zugleich dem Leiter der Sekte, dem Erzoberlenker Dr. Emil Bock und den am Seminar tätigen Pfarrern als Wohnsitz dient. In Stuttgart befindet sich auch das „Urachhaus", der Verlag der Christengemeinschaft GmbH.

In den auf die Gründung folgenden Jahren hat die Christengemeinschaft in allen größeren Städten des Reiches, vor allem in Süddeutschland, aber auch im Ausland Fuß gefaßt (s. Anlage 1). Sie bestand bis Juli 1941 aus 83 Gemeinden, drei sogenannten Landschaftsgemeinden, in denen die Mitglieder einer weiteren Umgebung fünf- bis sechsmal im Jahre zusammengefaßt werden, und 28 Stützpunkten mit regelmäßigen Abendveranstaltungen aber ohne Menschenweihehandlung.

In den deutschen Gemeinden waren zuletzt 98 Prister (darunter 7 Priesterinnen), im Ausland 23 (darunter 3 Priesterinnen) tätig. (Die Priesterinnen sind den Priestern gleichgestellt). Ihre **Ausbildung** erfolgt nach Abschluß einer Reifeprüfung an einer höheren Lehranstalt und akademischen Studiums an einer Universität im theologischen Seminar der Christengemeinschaft in Stuttgart. Außer dem Studium der Theologie erhalten hier die zukünftigen Pfarrer eine Spezialausbildung, die sich auf die wissenschaftliche Behandlung des Wesens und der Ziele der Christengemeinschaft und eine praktische Ausbildung als Pfarrer erstreckt, sowie eine gründliche Einführung in die Lehren der Anthroposophie.

Die **Priesterweihe** wird durch den Erzoberlenker oder einen von ihm beauftragten Stellvertreter vollzogen. Mit der Priesterweihe ist zugleich die Amtsübertragung verbunden. Der Vollzug der Konfirmation und Raumweihe ist mit dem Lenkeramt verknüpft. Die Pfarrer sind neben ihrer gemeindeamtlichen Tätigkeit auch mit der Erteilung des Religionsunterrichtes an den Waldorf-Schulen (Rudolf Steiner Schulen) und den Schwesternschulen beauftragt.

Mitgliedschaft und Zusammensetzung der Mitglieder.

Die Zahl der eingeschriebenen Mitglieder der Christengemeinschaft ist zwar seit dem Tode Rittelmeyers in Deutschland etwas zurückgegangen, beläuft sich aber immer noch auf 4000. Die Gesamtzahl der Anhänger dürfte mit 20 000 nicht zu hoch gegriffen sein. Es handelt sich meistens um Leute in den besten Jahren, hauptsächlich Angehörige der sogenannten „gebildeten Stände".

Fast alle größeren Gemeinden besitzen eigene Gebäude für kultische Zwecke, die gewöhnlich den Pfarrern gleichzeitig als Wohnsitz dienen. Eine größere Anzahl Häuser ist Eigentum der Zentralleitung in Stuttgart, darunter das „Urachhaus", in dem sich der Verlag der Christengemeinschaft befindet, und das theologische Seminar. Die überschüssigen Gelder, soweit sie von einzelnen Gemeinden eingehen, werden zur Unterstützung ärmerer Gemeinden bzw. zur Abtragung von Schulden und Hypotheken verwandt.

Über die **Zusammensetzung der Mitglieder** der Christengemeinschaft gibt der ehemalige CG-Pfarrer Heisler-München folgendes an:

„Die Christengemeinschaft ist eine christlich-religiöse Vereinigung, welche eine Erneuerung des religiösen Lebens auf einer überkonfessionellen Grundlage erstrebt. Sie umfaßt deshalb in ihren Mitgliedern Angehörige aller Konfessionen, auch Konfessionslose."

Zu den Freunden und Gönnern der Christengemeinschaft zählten daher auch viele **Juden**. Unter ihnen befanden sich Universitätsprofessor Jellinik, der Arzt Dr. Citron u. a. Unter den eingeschriebenen Mitgliedern befanden sich 1933 noch etwa 3 von Hundert Juden. Ueber die Aufnahme von Nichtariern machte Pfarrer Dr. Heisler folgende Angaben:

„Die Frage der Aufnahme von getauften Juden kommt für uns praktisch so gut wie nicht in Betracht. Im äußersten Fall müssen wir natürlich als religiöse Gemeinschaft jedem Menschen, welcher aus einer wirklichen Ehrlichkeit heraus das Sakrament bei uns sucht, diesem dasselbe auch gewähren. Im allgemeinen ist es so, daß Juden wohl den Anschluß an eine große Kirche suchen, welche einen gewissen Rückhalt bieten kann und nicht an eine kleine Gemeinschaft, welche sich erst unter großen Mühen und Opfern aller Beteiligten Anerkennung verschaffen muß."

Dagegen wird jeder jüdische Einfluß auf die Leitung der Christengemeinschaft abgeleugnet:

„Die Gesamtleitung ist durch alle Jahre rein arisch gewesen. Von einem ‚jüdischen Einfluß' irgendwelcher Art kann keine Rede sein."[3]

Propagandatätigkeit.

Die Verbreitung der Anschauung der Christengemeinschaft und die Unterrichtung und Schulung der Mitglieder und Anhänger erfolgt durch regelmäßig erscheinende Zeitschriften, durch Bücher und Broschüren, vor allem aber durch die Vortragsreisen leitender Persönlichkeiten. Die noch vorhandenen Hilfsorganisationen führen seit Auflösung der meisten Waldorf-Schulen nur noch ein kümmerliches Dasein und sind daher ohne Einfluß auf die weitere Verbreitung der Gemeinschaft.

Zeitschriften.

Unter den Zeitschriften sind die bekanntesten:

„Die **Christengemeinschaft**" (Monatsschrift); gegründet von Rittelmeyer, heute herausgeben von Dr. Bock,

„**Christus aller Erde**" (Schriftenreihe); herausgegeben von Dr. Friedrich Doldinger, Freiburg,

„**Mitteilungsblatt**" (Monatsschrift).

Beide Zeitschriften, sowohl das Hauptorgan der Gemeinschaft „Die Christengemeinschaft" (Abonnentenzahl etwa 7000) als auch die Schriftenreihe „Christus aller Erde" bringen vor allem Abhandlungen aus der Geistesgeschichte von Rudolf Steiner; dann Beiträge aus der

[1] Rittelmeyer: Denkschrift über die Christengemeinschaft, S. 7.

Kirchengeschichte, Themen aus dem christlich-kultischen Leben, Buchbesprechungen u. a. Das „Mitteilungsblatt" dient dagegen lediglich der Unterrichtung der Mitglieder über Veranstaltungen der einzelnen Gemeinden.

Vertrieb von Büchern und Broschüren.

Ihre Verfasser sind in der Hauptsache führende Persönlichkeiten der Christengemeinschaft, aber auch einzelne Pfarrer und Mitglieder. Besonders bekannt sind folgende Werke:

Dr. Friedrich Rittelmeyer:
„Meine Lebensbegegnung mit Rudolf Steiner" (1928),
„Der Deutsche in seiner Weltaufgabe zwischen Rußland und Amerika" (1933),
„Rudolf Steiner und das Deutschtum" (1933),
„Wiederverkörperung im Lichte des Denkens, der Religion, der Moral" (1931).
Dr. H. Bock:
„Das Christuserlebnis im Dramatisch-Musikalischen von Richard Wagners Parsifal",
„Von Buddha zu Christus",
„Zarathustra".
Dr. Alfred Heidenreich: „Weltkirchenpläne".
Dr. Friedrich Doldinger: „Christus bei den Germanen".

Vertrieben wurden ferner eine große Anzahl anthroposophischer Schriften soweit sie im philosophisch-anthroposophischen Verlag Dornach erschienen und gemäß Erlaß des Reichsministers für Volksaufklärung und Propaganda vom 21. 12. 1938 zum Vertrieb in Deutschland wieder zugelassen waren.

Örtliche Hilfsorganisationen.
Arbeitskreis für Jugendliche,
Religionsunterricht für Kinder,
Unterricht an den Waldorf-Schulen.

Arbeitskreise für Jugendliche bestehen nur in größeren Städten; dagegen ist der Religionsunterricht in allen Gemeinden eingeführt. Der Unterricht in den Waldorf-Schulen beschränkte sich auf die beiden bis Juli 1941 in Wandsbek (Freie Goethe-Schule) und Dresden (Waldorf-Schule) noch bestehenden Schulen. [Wandsbek Ostern 1940, U. W.]

Freizeiten, Vortragsreisen und Tagungen.

Während die Vortragsreisen einzelner leitender Persönlichkeiten und die Tagungen (sie werden auch im Ausland durchgeführt) mehr der Vertiefung der Anschauung der Christengemeinschaft dienen, sollen die ausführlichen Freizeiten, der Sommerfesttag, Gemeinschaftszeiten u. ä. den Zusammenhalt unter den Mitgliedern und einzelnen Gemeinden fördern und ihnen neue Freunde und Mitglieder zuführen. Im Mittelpunkt dieser Veranstaltungen, die gewöhnlich 8 – 14 Tage dauern, stehen neben dem Besuch der Gottesdienste die Vortragsreihen führender Persönlichkeiten der Christengemeinschaft.

Verbindungen zum Ausland.

Im Ausland bestehen Gemeinden in der Schweiz, in England, Holland, Schweden, Norwegen und im heutigen Protektorat. Von den ausländischen Gruppen der Christengemeinschaft nehmen die in England befindlichen eine besonders beachtliche Stellung ein. Ihr Oberlenker ist der in Regensburg geborene Pfarrer **Dr. Alfred Heidenreich**, wohnhaft in London. Er unterhielt enge Beziehungen sowohl zu dem ehemaligen englischen Ministerpräsidenten Chamberlain (ein Jugendfreund desselben ist Mitglied der englischen Christengemeinschaft), als auch zu Lord Halifax, dessen Neffe Pfarrer einer Gemeinde der englischen Christengemeinschaft ist. Welches Ansehen die Christengemeinschaft in England genießt, geht daraus hervor, daß Heidenreich selbst zu den sonst geschlossen tagenden Konventen der anglikanischen Kirche mit eingeladen wird. Es ist daher begreiflich, daß sich bei der im Jahre 1936 im Anschluß an das Verbot der Anthroposophischen Gesellschaft drohenden Auflösung der Christengemeinschaft sofort führende kirchliche Persönlichkeiten Englands (der Bischof von Southwark, der Führer der Christian Community in Bristol und in London und Professor John Hilton an der Universität in Cambridge) sich für die Christengemeinschaft einsetzten bzw. sich mit entsprechenden Protestschreiben an die deutsche Botschaft in London wandten.

Obwohl die Christengemeinschaft nach außen hin von den Juden abrückte, hat sie zur Unterstützung ihrer jüdischen Mitglieder im Dezember 1938 mit Hilfe englischer und holländischer Freunde eine besondere **„Beratungs- und Vermittlungsstelle für nichtarische Mitglieder und Freunde aus den deutschen Gemeinden“** eingerichtet.

„Durch die Initiative englischer Mitarbeiter und Mitglieder der Christengemeinschaft in England ist es möglich geworden,

eine Vermittlungstätigkeit für **nichtarische Mitglieder und Freunde** aus den deutschen Gemeinden der Christengemeinschaft zu beginnen.

Wir haben uns die Aufgabe gestellt, durch ständige Fühlungnahme mit den verschiedensten christlichen Komitees und Hilfsgesellschaften die Hilfesuchenden, wo es nötig ist, in allen Auswanderungs- und Berufsfragen zu beraten und nach Kräften durch Vermittlungstätigkeit zu unterstützen. Unterstützt von den holländischen und englischen Priestern und Gemeinden hoffen wir, in den individuellen Fällen, besonders da, wo die schon vorhandenen persönlichen Beziehungen noch nicht ausreichen, Hilfsmöglichkeiten nachweisen zu können. Wir bitten, Briefe an folgende Anschrift zu senden: ‚Mrs. O. L. Methews, c/o Mr. F. E. Foster, Barham, 15 Belsize Lane, London NW 3, England.'“ (Rundbrief 204 vom 7. 1. 1938 S. 8).

Die Verbindungen der Christengemeinschaft zur Schweiz und hier insbesondere zum Goetheanum, der internationalen Zentrale der Anthroposophie, wurden bereits oben dargestellt.

Die Christengemeinschaft wurde mit Erlaß des RFSSuChdDtPol. vom 25. 7. 1941 aufgelöst und verboten.

3. Reichsverband für biologisch-dynamische Wirtschaftsweise.

Organisation.

Der Reichsverband hatte seinen Sitz in Bad Saarow/Mark; er war die Dachorganisation folgender Einzelgliederungen:

1. Die Landesgruppen für biologisch-dynamische Wirtschaftsweise mit ihren einzelnen Arbeitsgemeinschaften (ca. 70 im Reich),
2. Versuchsring für biologisch-dynamische Wirtschaftsweise e. V. Bad Saarow/Mark
3. Demeter Witschaftsbund G. m. b. H. Bad Saarow/Mark,
4. Gesellschaft zur Förderung für biologisch-dynamische Wirtschaftsweise e. V. Sitz Bad Saarow/Mark, Geschäftsstelle Heynitz bei Miltitz-Roitzschen/Sa.
5. Gartenbau- und Siedlerschule für biologisch-dynamische Wirtschaftsweise, Bad Saarow. (s. auch Anlage 2).

Die **Aufgabe des Reichsverbandes** war es, „alle wesentlichen Fragen der Gesamtbewegung für biologisch-dynamische Wirtschaftsweise in Bezug auf ihr Verhältnis zu Partei und Staat und anderen Verbänden zu regeln“.

Wie bereits oben erwähnt, ist der Reichsverband aus dem Versuchsring bzw. aus der Arbeitsgemeinschaft anthroposophischer Landwirte hervorgegangen, deren Vorsitz ebenfalls Dr. Bartsch inne hatte. Wenn auch aus Tarnungsgründen das Wort „anthroposophisch“ durch „biologisch-dynamisch“ ersetzt wurde, so blieben doch Zweck und Ziel dieser Organisation auch weiterhin die Verbreitung anthroposophischer Lehren unter den Landwirten. Während der Reichsverband die generellen Arbeitsanweisungen erteilte, leistete der **Versuchsring** die eigentliche Versuchs- und Erprobungsarbeit an Hand der Steinerschen Rezepte. Die Arbeitsgemeinschaften faßten die für die biologisch-dynamische Wirtschaftsweise interessierten Landwirte und Gärtner zusammen und übten die eigentliche biologisch-dynamische Beratung aus. Der Leiter des Versuchsringes, Dr. Remer (ebenfalls früheres Mitglied der Anthroposophischen Gesellschaft), besuchte in einem bestimmten Turnus die Arbeitsgemeinschaften, um für den Erfahrungsaustausch untereinander zu sorgen und die Ergebnisse der biologisch-dynamischen Landbauweise zu überprüfen.

Dem **Demeter-Wirtschaftsbund** war die Sammlung und Verwertung der auf biologisch-dynamische Methode angebauten Erzeugnisse übertragen. In fast allen größeren Städten befanden sich Vertreter des Demeter-Wirtschaftsbundes, die durch Zeitungspropaganda, Werbeblätter und Besuch für die Demeter Erzeugnisse warben.

Die **Gesellschaft zur Förderung der biologisch-dynamischen Wirtschaftsweise** sammelte den Fördererkreis um sich, der durch erhebliche finanzielle Zuwendungen die Arbeiten des Reichsverbandes für biologisch-dynamische Wirtschaftsweise unterstützte. Die Mitglieder dieser Gesellschaft setzten sich zum größten Teil aus zahlungsfähigen ehemaligen Mitgliedern der Anthroposophischen Gesellschaft zusammen. Wie aus den vorgefundenen Unterlagen hervorgeht, vermittelte und gewährte die Gesellschaft den Mitgliedern des Reichsverbandes Kredite und Darlehen aus eigenen und fremden Mitteln.

Die **Gartenbau- und Siedlerschule Worpswede** stand unter der Leitung des Garteninspektors M. K. Schwarz. Schwarz ist ebenfalls ein bekanntes Mitglied der Anthroposophischen Gesellschaft.

Die Veröffentlichungen aller Organe des Reichsverbandes und Aufsätze über landwirtschaftliche Probleme hatte die **Demeter Monatsschrift** übernommen.

In gewissen Zeitabständen fanden in Bad Saarow **Schulungskurse** statt, an denen die Funktionäre des Verbandes, der Arbeitsgemeinschaften und des Versuchsringes teilnahmen. Sonderkurse und Vortragsreihen waren ferner für Landwirte, Gärtner und Ärzte eingerichtet.

Mitgliedschaft und Zusammensetzung der Mitglieder.

Mitglied des Reichsverbandes und seiner Untergliederungen konnte jede Person werden, die die üblichen Bedingungen erfüllte. Der Reichsverband und die Arbeitsgemeinschaften erhoben von ihren Mitgliedern bestimmte, nach Größe des biologisch-dynamisch bebauten Bodens berechnete Beiträge, die sich in mäßigen Grenzen hielten. Die übrigen Organisationen forderten entweder feste oder nach Selbsteinschätzung errechnete Beiträge.

Der Mitgliederkreis setzte sich naturgemäß hauptsächlich aus Bauern und Gärtnern, dann auch aus Ärzten, Kuranstalten und interessierten Privatpersonen zusammen.

Propagandatätigkeit.

Unter den Landwirten wurde besonders in den letzten Jahren eine intensive Propaganda entfaltet, nachdem es dem Reichsverband gelungen war, maßgebliche Parteistellen (Rudolf Heß) und Staatsstellen für seine Methoden zu interessieren.

Als Propagandamittel standen dem Reichsverband an erster Stelle die Monatsschrift „Demeter", landwirtschaftliche Kurse und die Arbeit der Beratungsstellen zur Verfügung, die von Fall zu Fall durch besondere Denkschriften ergänzt wurden.

Verbindungen zum Ausland.

Die Hauptverbindung des Reichsverbandes nach dem Ausland ging –ebenso wie die aller anderen Organisationen anthroposophischer Richtung – nach Dornach/Schweiz. Enge persönliche Verbindungen hatte Dr. Bartsch auch mit Männern wie Ehrenfried Pfeiffer/ Dornach und anderen maßgeblichen Anthroposophen. Auch über die Firma „Weleda", deren Hauptsitz sich in der Schweiz befindet, gingen offenbar Verbindungen nach der Schweiz.

IV. Die prominentesten Vertreter der Anthroposophie in Deutschland.

Die wichtigsten und aktivsten Persönlichkeiten, die – selbst ehemals Mitglieder der aufgelösten Anthroposophischen Gesellschaft – durch Verhandlungen mit den Behörden und durch

Einflußnahme in Kreisen der Staats- und Parteiführung darum bemüht waren, der Anthroposophie den Makel der Staatsfeindlichkeit und der weltanschaulichen Unzuverlässigkeit zu nehmen, sind

Dr. Erhard Bartsch, Bad Saarow,
Dr. Elisabeth Klein, Dresden und
Dr. Heidenreich, Stuttgart.

Auf dem **Sektor Christengemeinschaft**, die ebenso wie der Reichsverband für biologisch-dynamische Wirtschaftsweise und die Rudolf-Steiner-Schulen tatsächlich einen Zweckverband der Anthroposophie darstellt, dessen Wirksamkeit durch die Auflösung der Anthroposophischen Gesellschaft keinesfalls berührt wurde, sind am meisten hervorgetreten:

Erzoberlenker Dr. Lic. Bock, Stuttgart,
Dr. Heidenreich, Stuttgart,
Dr. Schühle, Berlin.

Heidenreich und Schühle sind mehrfach bei verschiedensten Behörden vorstellig geworden und haben dort unter gleichzeitiger Vorlage von Denkschriften die Staatstreue und politisch einwandfreie Ausrichtung der Christengemeinschaft beteuert. Der Inhalt dieser deckt sich mit den Ausführungen sämtlicher anderen, von anthroposophischen Kreisen ausgearbeiteten Denkschriften; auf die weltanschaulichen Verschiedenheiten wird auch hier nicht eingegangen, dagegen die angebliche politische Zuverlässigkeit in den Vordergrund gestellt. Auffallend ist, daß stets dann von der Christengemeinschaft derartige Denkschriften eingesandt und Abordnungen der Christengemeinschaft bei den Behörden vorstellig wurden, wenn von den staatlichen Stellen die Auflösung der Christengemeinschaft vorbereitet oder in Erwägung gezogen wurde.

In einer Eingabe des Ministerialrates G., Berlin, vom 25.6.41, in der um Aufhebung der seit dem 9. 6. 1941 gegen die Christengemeinschaft getroffenen Maßnahmen nachgesucht wurde, werden u. a. folgende Personen als Referenzen für die Christengemeinschaft namhaft gemacht:

Herr und Frau Korvettenkapitän Erdmenger, Berlin
Fürst Eulenberg, Schloß Liebenberg b. Löwenberg/Mark
Kammersängerin Martha Fuchs, Berlin
Korvettenkapitän v. Ruckteschell, Danzig
Min. Rat Rumpp, REM, Berlin
Min. Rat Dr. Sommer, RVM, Berlin.

Einer der bekanntesten und bedeutendsten anthroposophischen Schriftsteller ist der Universitätsprofessor Hartmann, Graz.

V. Gesamturteil.

Auf Grund der nach vorstehenden Darlegungen zu treffenden Feststellung muß behauptet werden, daß die Anhänger der Anthroposophie, die vor 1935 in der Anthroposophischen Gesellschaft organisiert und sich nach deren Verbot in den genannten Zweckverbänden und Nachfolgeorganisationen der Anthroposophischen Gesellschaft zusammengefunden haben, ihre Denkweise in keiner Hinsicht geändert haben. Will man die Totalität des weltanschaulichen Denkens gelten lassen und ihre Auswirkung auf die Gesamtmeinung und Haltung des Menschen, so kann nicht angezweifelt werden, daß der Anhänger der Anthroposophie zwangsläufig zum Gegner des Nationalsozialismus werden muß, zum mindesten aber dem Nationalsozialismus fremd bleiben wird. Die gemachten Erfahrungen lassen erkennen, daß die Gründungen der Anthroposophischen Gesellschaft, wie Eurhythmie, biologisch-dynamische Wirtschaftsweise, Christliche Anthroposophie und anthroposophische Medizin nicht anders zu betrachten sind, sondern sich in derselben Sphäre bewegen und von derselben weltanschaulichen Basis aus, zum Gegner oder Fremdling innerhalb der nationalsozialistischen Volksgemeinschaft werden.

Es muß weiter festgestellt werden, daß sich die Anthroposophen ganz bewußt den Schein des Harmlosen zugelegt haben und ganz zielstrebig die Anthroposophie bzw. ihre Gründungen, die auch 1935 von dem Verbot der Anthroposophischen Gesellschaft nicht berührt wurden, als reine Religions- oder Lebensform hinstellten, um ihnen damit den Stempel des Ungefährlichen aufzudrücken. Darüber hinaus ist festzustellen, daß die Anthroposophen mit klar gestecktem Ziel einen Anschluß an die nationalsozialistische Bewegung suchten, um unter dem nach katholischem Beispiel variierten Motto: „Anthroposophie ist eine Weltanschauung und hält sich von der Politik fern, ist daher kein Hindernis zum Nationalsozialismus" die nationalsozialistische Bewegung zu unterhöhlen. Die besten Beweise hierfür sind die Beeinflussungen des Stellvertreters des Führers und anderer Persönlichkeiten der Partei und des Staates.

Diese Feststellungen wurden auf Grund zahlreicher Einzelerfahrungen getroffen, die in ihrer Gesamtheit erkennen lassen, daß die Anthroposophie nach wie vor international verbunden ist und daß die deutsche Anthroposophie noch eine weite Anhängerschaft aufzuweisen hat, die innerlich dem Nationalsozialismus völlig fremd gegenübersteht. Diese Fremdheit kam gerade angesichts des gegenwärtigen Krieges eindeutig zum Ausdruck und zeigte sich ganz klar in allen Formen eines Gegnertums, zum mindesten eines abträglichen oder wertlosen Verhaltens. Als wesentlichstes Merkmal war eine offene Kriegsgegnerschaft zu erkennen, wie sie von einem konsequenten Anthroposophen nicht anders erwartet werden kann und wie sie seine von Menschheits-Ideen getragene Weltanschauung und von unkontrollierbaren Seelenvorstellungen bestimmten Phantasien ihm diktieren. Bekanntlich ist höchstes Ziel des Anthroposophen ja nicht das Vaterland, der Staat oder das Volk, sondern das Heil seiner persönlichen Seele und im weiteren Sinne die Besserung aller „guten" Seelen.

Wenn es auch bisher nicht zu offenen Auseinandersetzungen zwischen den Anthroposophen und der nationalsozialistischen Weltanschauung gekommen ist, so darf keineswegs daraus gefolgert werden, daß sich die Anthroposophie dem Nationalsozialismus angepaßt habe. Auch etwaige bejahende Äußerungen aus Kreisen der Christengemeinschaft, des Reichsverbandes für biologisch-dynamische Wirtschaftsweise, der anthroposophischen Ärzte- oder Lehrerschaft zur Politik der nationalsozialistischen Staatsführung können ebenfalls nicht als positive Überzeugung gewertet werden. Wie bereits betont, nimmt der Anthroposoph die jeweilige Staatsform als etwas zeitlich Schicksalhaftes hin. Es gibt für ihn kein „gutes deutsches Volk" oder „böse Nazis", sondern er sieht sein Volk wie die ganze Menschheit in zwei Lager gespalten, die einen, die „auf dem Wege ihrer Entwicklung sich bereits in reinere Sphären hineingelebt haben" und die anderen, die auf diesem Entwicklungsgang noch nicht so weit sind und auf einer anderen Basis und in eine andere Richtung hineinleben. In diesem Zusammenhang ist die Feststellung interessant, daß in der heutigen Zeit der Auseinandersetzung des Nationalsozialismus mit den Kirchen stärker denn je mit den Begriffen der Bibel, mit den „Christuskräften", dem Michaelkult und den Begriffen „Lucifer" und „Aryman" (Teufel) operiert wird.

An Hand dieser Feststellungen muß die Überzeugung vertreten werden, daß die Anthroposophie in jeder Erscheinungsform – sei es die Christengemeinschaft, eine landwirtschaftliche, ärztliche, pädagogische oder künstlerische Methode – als der nationalsozialistischen Weltanschauung entgegenstehend eine Gefahr für die einheitliche nationalsozialistische Ausrichtung des deutschen Volkes darstellt, die nicht unterschätzt werden darf.

Quelle: FUB 80 – 40 178

N. B.

In den Text sind außerhalb der Seitennumerierung (des ursprünglichen Textes) eingefügt:

- Zwischen S. 8 und S. 9: Abbildung von Helene Blavatsky
- Zwischen S. 16. und S. 17: Abbildung von Annie Besant
- Zwischen S. 24 und S. 25: Abbildung von Rudolf Steiner
- Zwischen S. 32 und S. 33: Abbildung des zweiten Goetheanums.

– Zwischen S. 40 und S. 41: Schreiben des Versuchsrings anthroposophischer Landwirte über Zuerkennung einer Urkunde betr. erworbene Kenntnisse in der biologisch-dynamischen Wirtschaftsweise vom 21. März 1932. gez. E. Bartsch. Name des Adressaten geht nicht aus dem Schreiben hervor.

– Hinter S. 48: Schreiben Demeter-Wirtschaftsbund GmbH Mitteilung über Namensänderung des Versuchsringes anthroposophischer Landwirte in Deutschland e. V." in „Versuchsring für biologisch-dynamische Wirtschaftsweise e. V." vom 10. März 1936.

Letztere beiden sollten wohl den Nachweis für den Zusammenhang der biologisch-dynamischen Wirtschaftsweise mit der Anthroposophie erbringen, sowie deren Versuch, die Tatsachen zu verschleiern.

Die Exponenten 1–7 verweisen auf Anlagen, die hier nicht abgedruckt sind, am Überlieferungsort jedoch vorhanden sind.

Quellen des Textes:

Der Text enthält kein Quellen- bzw. Literaturverzeichnis. Die Abbildungen von Blavatsky, Besant und Steiner finden sich in der von den IG Farben in Auftrag gegebenen Studie von Dr. Alfred Steven, Ludwigshafen, gegen die biologisch-dynamische Wirtschaftsweise, die spätestens Anfang Februar 1941 vorlag (Vgl. zweiter Teil, Kap. 4). Himmler äußerte sich darüber im November 1941.

Vermutlich gehörte dieser Bericht zu den Unterlagen des Sachbearbeiters im RSHA, denn Schwerpunkt des Berichtes ist zunächst der Nachweis des Zusammenhangs von Anthroposophie und biologisch-dynamischer Wirtschaftsweise, womit letztere von vornherein kompromittiert werden sollte. Durch die Beschlagnahmungen in Marienhöhe im Juni 1941 anläßlich der Verhaftung Bartschs, kam auch ein Exemplar der vorher nur persönlich weitergegebenen Nachschriften von Steiners Koberwitzer Kurses für Landwirte (GA 327) in die Hände der Verfasser, die daraus zitierten. Allerdings zitierte auch Steven in seinem genannten Bericht der I. G. Farben schon aus diesem Kursus.

Für die Christengemeinschaft verfügten die Verfasser über detaillierte Unterlagen, die aber von dieser selbst schon früher der Gestapo zur Verfügung gestellt worden waren (erster Teil, Kap. 3 und zweiter Teil, Kap. 5). Daneben waren ihnen auch einige Exemplare der internen Priesterrundbriefe in die Hände gefallen.

Anlage 22: Geographischer Überblick über die heilpädagogischen Einrichtungen in Deutschland 1933–1945. PA Wilhelm Uhlenhoff.

• Orte mit heilpädagogischen Einrichtungen

Anlage 23: Verzeichnis der Attestgeber für den Bericht der Weleda AG vom 3. März 1942.

A.	Augenklinik	Dr. med. Otto Kalbe	Eisfeld
B.		Bahr, Gottfried, prak. Arzt	Dresden
		Baum, A., Dr. med.	Wesermünde-Lehe
		Behre, Ida, Dr. med.	Berlin
		Berthold, Eugen, Dr. med.	München
		Bischoff, Käthe, Dr. med.	Berlin-Mariendorf
		Bopp, Walter, Dr. Facharzt f. innere Krankheiten, siehe: Klinik am Sonnenberg, Möhringen	Stuttgart
		Brill, Alwine, Dr. med.	Nordhausen a.Harz
		Büsselberg, Ella, Dr. med.	Berlin-Steglitz
		Büttner, Prof. Dr. med., Leiter der Medizin. und Neurolog. Klinik am Stadtkrankenhaus (s. das.)	Görlitz
		Büttner, Chr., Dr. med. z. Zt. Abt. Arzt Reserve Lazarett	Jena
D.		Döderlein, W., Prof. Dr. med., Chefarzt der Hals-, Nasen- und Ohrenabt. Gertraudenkrankenhaus	Berlin
		Dostal, Peter, Dr. med.	Prag
		Drebber, Edmund, Dr. med.	Seelscheid
		Dütschke, Martin, Dr. med.	Danzig-Neufahrwasser
E.		Eisenberg, O., Dr. med. prakt. homöop. Arzt	Kassel
		Engelen, Wilhelm, Dr. med. siehe Sanatorium Burghalde	Unterlegenhardt
		Erlscher, Rose, Dr. med. et phil.	Stuttgart
		Evangelisches Kurkrankenhaus siehe Dr. Ripke (in Sonderheft K)	Oberschreiberhau
F.		Förster, Trude, Dr. med. prakt. homöop. Ärztin	Stuttgart-Sillenbuch
		Friedmann, Hans, Dr. med.	Bayreuth
		Frühwald, Viktor, Dr. med. Facharzt für Hals-, Nasen-, und Ohrenkrankheiten	Wien
		Fuchs, Friedrich, Dr. med.	Nürnberg
G.		Gertraudenkrankenhaus Berlin s. Prof. Döderlein	
		Giesler, Emmy, Dr. med.	München
		Gottschewski, Charlotte, Dr. med.	Köln
H.		Hamburger, Emil, Dr. med.	Wien
		Hammann, Carl, Dr. med.	Homburg v. d. H.

	Hardt, Heinrich, Dr. med. Oberarzt z. V. siehe: Heilinstitut Lauenstein	Wesenberg
	Hartmann-Burmeister, Helmi, Dr. med.	Graz
	Heilanstalt und Untersuchungsstation Phytotherapie, Dr. med. H. Hühne	Prag
	Heilinstitut Lauenstein, Dr. med. H. Hardt	Wesenberg
	Heisler, August, Dr. med.	Königsfeld i. B.
	Hermann, E., Dr. med.	Heidelberg
	Hess, Otto, Dr. med. Facharzt für Nerven- und Geisteskrankheiten	Siegen
	Hessenbruch, Helmut, Dr. med. siehe: Sanatorium Kurpark	Bad Liebenzell
	Hoffmann, Waltraud, Dr. med.	Breslau
	Hühne, H., Dr. med. siehe: Heilanstalt Phytotherapie	Prag
	Hürseler, O., Dr. med. Facharzt für Chirurgie z. Zt. Oberarzt und Abt. Arzt	Nürnberg
	Hüttig, Martin, Dr. med.	Sülzhayn
	Husemann, Friedrich, Dr. med. Facharzt für Psychiatrie siehe: Sanatorium Wiesneck Sonderheft F	Buchenbach bei Freiburg i. B.
	Husemann, Gisbert, Dr. med.	Stuttgart
	Husemann, Maria, Dr. med.	Stuttgart
J.	Jaeger, Robert, Dr. med.	Dortmund
	Jedlicka, Kamil, Dr. med. Bezirksarzt der Hauptstadt	Prag
	Jellineck, Hubert, Dr. med.	Wien
	Jensen, Oskar, Dr. med.	Frankfurt a. M.
	Josenhans, Dr. med., der Badearzt staatl. Badverwaltung	Bad Wildbad
K.	Kalbe, Otto, Dr. med. siehe: Augenklinik… siehe: Sonderheft J	Eisfeld
	Kalkhof, Josef, Dr. med.	Freiburg i. B.
	Kayser, Friedrich, Dr. med. Ass. Arzt am Kreiskrankenhaus	Alzey
	Keck, H., Dr. med.	Hamburg
	Keyserlingk, Adalbert Graf von, Dr. med.	Breslau
	Klinik am Sonnenberg siehe: Sonderheft E	Möhringen a. d. F.
	Knauer, Ilse, Dr. med.	Freiburg-Günterstal
	Köhler, Georg, Dr. med.	Karlsruhe
	Koehler, W., Dr. med.	Berlin
	Koeller, K., Dr. med.	Hannover
	Kratochvil, I., Dr. med.	Prag

	Krieger, Irmgard, Dr. med.	Hamburg
	Kries, Manfred von, Dr. med. z. Zt. Stabsarzt d. R.	Hannover
	Kroker, Johannes, Dr. med.	Görlitz
	Krützberg, E., Dr. med.	Wuppertal-Barmen
L.	Lesigang, Walter, Dr. med. Facharzt für Kinderkrankheiten	Wien
	Linden, Wilhelm zur, Dr. med. Facharzt für Kinderkrankheiten, z. Zt. Stabsarzt d. R. siehe: Sonderheft B	Berlin
	Lorenz, Friedrich, Dr. med. Ass. Arzt und Truppenarzt	im Felde
	Lottermoser, Heinz, Dr. med. Oberarzt	Berlin
M.	Magerstädt, Kurt, Dr. med.	Dresden
	Mahling, Hildegard, Dr. med.	Berlin
	Mannkopf, E., Dr. med. Fachärztin für Kinderkrankheiten	Mühlhausen i. Thür.
	Martens, J., Dr. med.	Bremen
	Martin, Walter, Dr. med. Betriebsarzt der Wolfsegg-Traunthaler Kohlenwerke A. G.	Thomasroith
	Mayen, Walter, Dr. med.	Breslau
	Meyer, Gertrud, Dr. med.	Dresden
	Mommsen, Helmut, Professor Dr. med. Facharzt für Kinderkrankheiten	Frankfurt a. M.
	Mothes, Hans, Dr. med.	Essen
	Müller-Guthke, Walter, prakt. Arzt	Leipzig
	Müller-Jürgens, Enno, Dr. med.	Niebüll
	Müller-Touraine, Dr. med. homöop. Arzt	Hamburg-Blankenese
N.	Naturheilsanatorium Bad Kleinen, siehe: Dr. med. Schultz	Bad Kleinen
O.	Orthopädische Klinik „Alten Eichen", Chefarzt Privatdozent Dr. med. Max Schotte, siehe: Sonderheft A	Altona-Stellingen
P.	Peipers, Berthold, Dr. med. siehe: Sonderheft K	Köln
	Petersen, Klaus, Dr. med. siehe: Sonderhefte G und H	Berlin
	Ploch, Eva, Dr. med.	Bremen
	Pohl, Günther, Dr. med.	im Felde
	Pressel, Simon, Dr. med. z. Zt. Kriegslazarett Cholm	im Felde
	Privat-Augenklinik Dr. med. Gerd Sommer siehe: Sonderheft J	Zittau i. Sa.

	Privat-Heilanstalt (Chirurg. Klinik) Dr. V. Wehrls	Salzburg
R.	Raeschke, Georg, Dr. med. Stabsarzt Stellvertr. Chefarzt der Chir. Abt. d. Städt. Krankenhauses (siehe das.)	Nordhausen a. H.
	Rascher, Hanns, Dr. med.	München
	Reichart, A., Dr. med., Bad Pystian	z. Zt. Bad Altheide
	Reichart, Melitta, Dr. med., Bad Pystian	z. Zt. Stuttgart
	Reichwage, Annemarie, Dr. med.	Ronneburg i. Thür.
	Reinhardt, Rudolf, Dr. med.	Heidelberg
	Reps, Albert, Dr. med. et phil.	Freiburg i. Br.
	Ripke, H., Dr. med., Leitender Arzt des Evangelischen Kurkrankenhauses siehe: Sonderheft K	Oberschreiberhau-Kassel
	Rohrbach, Dr. med., Leitender Arzt des Sanatoriums Dr. Rohrbach	Wilhelmshöhe
	Roques, K. R. von, Dr. med.	Berlin-Lichterfelde
S.	Sanatorium Burghalde, Leitender Arzt Dr. med. W. Engelen	Unterlegenhardt
	Sanatorium Kurpark, Leitender Arzt Dr. med. H. Hessenbruch	Bad Liebenzell
	Sanatorium Wiesneck, Leitender Arzt Dr. med. Friedrich Husemann, Facharzt für Psychiatrie siehe Sonderheft F	Büchenbach bei Freiburg i. B.
	Selawry, Antonina, prakt. Ärztin	Stuttgart-Degerloch
	Simonis, W., Chr. Dr. med. siehe auch: Sonderheft D.	Hamburg
	Sommer, Gerd, Dr. med., Facharzt für Augenleiden siehe: Sonderheft J (Privat-Augenklinik Dr. Sommer)	Zittau i. Sa.
	Sotona, Jan, Dr. med., Stabsarzt	Leitomischl
	Soucek, J. M., Dr. med.	Prag
	Spitznagel, H., Dr. med. et med. dent.	Essen
	Suchantke, Gerhard, Dr. med. siehe: Sonderheft C	Berlin
Sch.	Schenk, Leonhard, homöop. Arzt	Nürnberg
	Schickler, Eberhard, Dr. med.	Stuttgart
	Schoch, Dr. med.	Straßburg
	Schotte, Max, Privatdozent Dr. med., Chefarzt der Orthopädischen Klinik „Alten Eichen“ (s. das)	Altona-Stellingen
	Schütz, Arthur, Dr. med.	Nürnberg
	Schütze-Hoepner, Ursula, Dr. med.	Frankfurt a. M.
	Schultz, Dr. med., z. Zt. Unterarzt im Felde	Bad Kleinen
	Schulz, Josef, Dr. med. Stabsarzt d. R.	Gotha

	Schumacher, G., Dr. med., Wiss. Ass. a. d. Universitätsklinik für Heil- und Lebensweise	Berlin
St.	Stadtkrankenhaus Görlitz, Medizinische und Neurolog. Klinik, Leiter Prof. Dr. med. Büttner	Görlitz
	Städtisches Krankenhaus, Chir. Abteilung	Nordhausen a. Harz
	Steininger, Babette, Dr. med.	München
	Stickdorn, Heinrich, Dr. med.	Hamburg
	Strantz von, Dr. med., homöop. Ärztin	Hannover
T.	Thetter, Reimar, Dr. med.	Wien
	Thylmann, Viktor, Dr. med.	Hamburg
U.	Utrata, Roman, Dr. med.	Prag
V.	Vering, Fritz, Dr. med. et phil.	Wien
W.	Wankmüller, E., Dr. med.	Erfurt
	Wantschura, Ferdinand, Dr. med. Oberstadtarzt der Gemeinde Wien, Stabsarzt d. R. siehe: Sonderheft K	Wien
	Wasser, Ulrich, Dr. med., z. Zt. Unterarzt Res. Lazarett	Mühlhausen i. Els.
	Wehrle, Viktor, Dr. med., Facharzt für Chirurgie, siehe: Privatheilanstalt Dr. Wehrle	Salzburg
	Winderlich, Kurt, Dr. med.	Wien
	Windolph, A., Dr. med.	Zirndorf
	Wotschke, Carl, Dr. med., z. Zt. Unterarzt Koblenz-Ehrenbreitstein	Mainz-Gonsenheim

Quelle: PA Jürgen Schürholz.

Anlage 24: Biographische Hinweise[1]

Erhard Bartsch, Dr. (1895–1960)
Zunächst Berufssoldat, nach dem Studium Landwirt. Während des Ersten Weltkrieges Artillerist und Aufklärungsflieger. Seit 1919 in der anthroposophischen Bewegung aktiv, besonders 1921 in der Dreigliederungsaktion in Oberschlesien. Anschließend Studium der Landwirtschaft in Breslau mit dem Abschluß Promotion. Mitinitiator des landwirtschaftlichen Kurses von Rudolf Steiner. 1928 übernahm Bartsch den Hof Marienhöhe bei Bad Saarow, den er unter ungünstigen Bodenverhältnissen zu einem Musterbetrieb der biologisch-dynamischen Landwirtschaft entwickelte. Führend im Versuchsring biologisch-dynamischer Landwirte, Herausgeber und Redakteur der Monatsschrift „Demeter". 1933 begründete Bartsch den „Reichsverband für biologisch-dynamische Wirtschaftsweise in Landwirtschaft und Gartenbau" und übernahm den Vorsitz. Im Juni 1941 wurde Bartsch verhaftet, durfte aber seit Anfang 1942 seinen Hof wieder bewirtschaften. Seit 1959 bewirtschaftete Bartsch den Wurzerhof in Kärnten, wo er 1960 starb.

Emil Bock, Lic. (1895–1959)
Studium der Theologie. 1914 als Kriegsteilnehmer schwer verwundet. 1922 Mitbegründer und Pfarrer der Christengemeinschaft. Oberlenker, nach Rittelmeyers Tod (1938), Erzoberlenker (Leiter). 1938–1959 Herausgeber der Zeitschrift „Die Christengemeinschaft". Umfangreiche Vortragstätigkeit. Hauptwerke: Beiträge zur Geistesgeschichte der Menschheit (1. Aufl. 1977), Übersetzung des Neuen Testaments (1. Aufl. 1980).
Lit.: Gundhild Kacer-Bock, Emil Bock, Stuttgart 1993.

Fritz Graf von Bothmer, (1883–1941)
Seit 1904 Berufsoffizier. Wegen seiner pädagogischen Begabung als Rekrutenoffizier beschäftigt. Besuchte bereits 1904 in München Vorträge Rudolf Steiners. Steiner berief Bothmer 1919 als Turnlehrer an die erste Waldorfschule in Stuttgart. Bothmer entwickelte dort die nach ihm benannte Gymnastik. Er übernahm 1934 auf dringende Bitte des Lehrerkollegiums die Funktion eines Schulleiters. Seine Ansprache bei den Schlußfeierlichkeiten Ende März 1938 wurde von Max Wolffhügel als „unvergängliches Vermächtnis" bezeichnet. Die Graf Bothmer-Schule für Gymnastik in Stuttgart wurde 1967 eröffnet.
Lit.: Fritz Bothmer, Gymnastische Erziehung, 3. Aufl., Stuttgart 1989.

Hans Büchenbacher, Dr. phil. (1887–1977)
Studium des Rechts, der Philosophie und Psychologie in München. Promotion 1911 in Marburg über Fragen der Musik. Spielte Geige und Klavier. Heirat mit der schwedischen Gräfin Lilian Hamilton. Ab 1920 Redner für die soziale Dreigliederung. Büchenbacher organisierte im Mai 1922 den Saalschutz anläßlich eines Vortrages von Rudolf Steiner. 1907–1923 in München, 1923–1935 in Stuttgart. 1931–1933 Mitredakteur der Zeitschrift „Anthroposophie". Wegen seiner jüdischen Abstammung zog sich Büchenbacher 1933 aus der Redaktion dieser Zeitschrift, 1934 aus dem Vorstand der deutschen Landesgesellschaft zurück. Nach 1935 in Dornach (Schweiz).Veröffentlichungen: Hans Büchenbacher, Abhandlungen zur Philosophie und Psychologie, Bde. 4.1–10, Dornach 1951–1970.

Alfred Heidenreich, Dr. phil., (1898–1969)
Bis 1921 führend in der Jugendbewegung. Mitbegründer und Pfarrer der Christengemeinschaft. 1922 Lenker. 1924–25 Herausgeber der Zeitschrift „Der Pfad", 1938 Oberlenker. Tätig

[1] Diese Auswahl ist nicht repräsentativ für die Anthroposophische Gesellschaft, für die anthroposophisch orientierten Einrichtungen oder für die Christengemeinschaft. Sie umfaßt nur diejenigen Personen, die in der Auseinandersetzung mit den Nationalsozialisten von besonderer Bedeutung waren.

in Frankfurt/Main, vor allem aber in London. 1947–1969 Redakteur der Zeitschrift „The Christian Community“. Vorstandsmitglied der englischen Anthroposophischen Gesellschaft.
Veröffentlichungen: u. a.: The growing point. The story of the foundation of the Christian Community, Edinburgh 1965.

Karl Heyer, Dr. jur., Dr. phil. (1888–1964)
Promotion 1912 in Marburg. Setzte sich als Redner und Schriftsteller seit 1920 für die soziale Dreigliederung ein. Widmete sich neben seiner schriftstellerischen Tätigkeit als Historiker der Auseinandersetzung mit den Gegnern der Anthroposophie. Klare Erkenntnis der mit dem Nationalsozialismus heraufziehenden Gefahren. Zwischen 1933 und 1945 legte er sein 1947 erschienenes Buch „Wenn die Götter den Tempel verlassen“ an, das den Nationalsozialismus aus anthroposophischer Sicht behandelt (1965 Neuauflage unter dem Titel „Der Staat als Werkzeug des Bösen“, 1991 nochmalige Neuauflage unter dem Titel „Wesen und Wollen des Nationalsozialismus“). Große Teile seiner Privatkorrespondenz–nicht aber seine schriftstellerischen Entwürfe–wurden von der Gestapo, vermutlich im Juni 1941 beschlagnahmt.
Veröffentlichungen: Beiträge zur Weltgeschichte, Bd. I–III, Breslau 1939/40. Aus dem Jahrhundert der Französischen Revolution, Breslau 1958. Beiträge zur Geschichte des Abendlandes, Bd. VI–IX, 2. Aufl., Stuttgart 1964 u. a.
Lit.: Karl Heyer, Aus meinem Leben, Basel 1990.

Elisabeth Klein, geb. Staudt, Dr. phil. (1901–1983)
Studium der Naturwissenschaften. Pädagogin. 1929 Mitbegründerin der Dresdner Rudolf Steiner Schule. Kurz vor dem Verbot der Dresdner Schule wurde Elisabeth Klein inhaftiert und erhielt nach ihrer Haftentlassung Berufsverbot. Von 1951–1965 war sie Lehrerin an der Waldorfschule Hannover. Zahlreiche Publikationen.
Lit.: Elisabeth Klein, Erinnerungen. Mitteilenswertes aus meinem Leben, Freiburg 1978.

René Maikowski, (1900–1992)
Studium der Geschichte und Sozialwissenschaften in Lausanne. Seit 1922 in der Anthroposophischen Gesellschaft tätig. Geschäftsführer des Anthroposophischen Hochschulbundes. Lehrtätigkeit an verschiedenen Waldorfschulen (Essen, Kassel, Hannover, Hamburg, Wien bis zu deren Schließung während der NS-Zeit, in Hannover und Benefeld nach dem Kriege). Seit den 50er Jahren freiberuflich tätig.
Lit.: René Maikowski, Schicksalswege auf der Suche nach dem lebendigen Geist, Freiburg 1980.

Martin Münch (1883–1960)
Bankbeamter, Schriftsteller, Vortragender. 1926–1935 und 1950 –1956 Leiter des Rudolf Steiner Zweiges in Berlin. In den zwanziger Jahren Redner in der Dreigliederungsbewegung. Literaturunterricht an der Berliner Eurythmieschule. Einige Dichtungen. 1933–1935 Mitglied des deutschen Landesvorstandes. Begann 1947 wieder mit anthroposophischer Öffentlichkeitsarbeit in Berlin.

Hermann Poppelbaum, Dr. rer. nat. (1891–1979)
Promotion 1913 in München. Kriegsteilnehmer als Reserveoffizier. Seit Juni 1924 Vortragsredner der Anthroposophischen Gesellschaft, seit 1930 im Vorstand der deutschen Landesgesellschaft. Leiter des Pythagoras Zweiges in Hamburg, mit 800 Mitgliedern damals größter Zweig in Deutschland. Nach dem Verbot der Gesellschaft ging Poppelbaum nach London. Seit 1939 Gastdozent an der Alfred University, N. Y., USA. 1949 wurde Poppelbaum in den Vorstand der Allgemeinen Anthroposophischen Gesellschaft Dornach, Schweiz, berufen. 1963, nach dem Tode Albert Steffens, übernahm Poppelbaum den Vorsitz im Vorstand.
Zahlreiche Veröffentlichungen: u. a. Tierwesenskunde, Dornach 1954. Der Bildekräfteleib

der Lebewesen, Stuttgart 1924. Mensch und Tier, Basel 1930. Entwicklung, Vererbung und Abstammung, Dornach 1961. Im Kampf um ein neues Bewußtsein, Dresden 1935.

Friedrich Rittelmeyer, Lic. theol., Dr. phil. (1872–1938)
Ev. Pfarrer, später Leiter der Christengemeinschaft.
1890–1894 Studium der Theologie in Erlangen und Berlin. 1895 –1902 Stadtvikar in Würzburg. 1903 promoviert Rittelmeyer bei Oswald Külpe zum Dr. phil. mit einer philosophischen Arbeit über Nietzsche. 1913–1916 Pfarrer in Nürnberg. 1916 wurde R. nach Berlin berufen, wo er als Kanzelredner große Anerkennung genoß. 1922 Begründung der Christengemeinschaft, deren Leiter („Erzoberlenker") Rittelmeyer wird. Bis zu seinem Tode 1938 widmete sich Rittelmeyer dieser Bewegung, er hielt viele Vorträge, verfaßte eine ansehnliche Reihe von Büchern und kleineren Schriften und gab das Monatsblatt „Die Christengemeinschaft" heraus.
Lit: Friedrich Rittelmeyer, Aus meinem Leben, 3. Aufl., Stuttgart 1986. Erwin Schühle, Friedrich Rittelmeyer, Leben und Werk, Stuttgart 1969, dort Literaturverzeichnis.

Erich Schwebsch, (1889–1953)
Dr. phil., Germanist, Anglist, Literaturwissenschaftler. Promovierte 1911 in Musikwissenschaft. Brucknerexperte, verfaßte: „Anton Bruckner, ein Beitrag zur Erkenntnis von Entwicklungen in der Musik", Stuttgart 1923. 1921 von Rudolf Steiner an die Waldorfschule Stuttgart berufen. 1923–1931 und 1948–1953 Redakteur der Monatsschrift „Die Drei", 1934 – 1938 der Monatsschrift „Erziehungskunst". Nach Schließung der Waldorfschule 1938 intensive Vortragstätigkeit in den USA. Tätig an der Rudolf Steiner Schule Dresden bis zu deren Schließung. Nach 1945 leitend im Bund der Waldorfschulen und im Vorstand der deutschen Landesgesellschaft.
Lit.: Lehrerkollegium der Freien Waldorfschule Stuttgart Uhlandshöhe (Hrsg.), Der Lehrerkreis um Rudolf Steiner, Stuttgart 1977.

Marie Steiner, geb. von Sievers, (1867–1948)
Kindheit und Jugend in Riga und Petersburg. Beherrschte Deutsch, Russisch, Französisch und Englisch. Sprachausbildung bei einer Lehrerin der „Comédie francaise" in Paris. Heirat mit Rudolf Steiner 1914. Begleitete Rudolf Steiner auf den großenteils von ihr organisierten zahlreichen Vortragsreisen. Begründete den Philosophisch-Anthroposophischen Verlag. Regieführung an der Goetheanum-Bühne. Leitete die Sprachgestaltung und die Eurythmie in Ausbildung und künstlerischen Aufführungen. Organisierte europaweit Tourneen des Eurythmieensembles. Herausgeberin zahlreicher Werke und Vorträge Rudolf Steiners. Vorstandsmitglied der Allgemeinen Anthroposophischen Gesellschaft seit deren Gründung 1923. Veröffentlichungen: Marie Steiner von Sievers, Gesammelte Schriften, Band I, Dornach 1967, Band II, Dornach 1974.
Lit.: Hella Wiesberger, Marie Steiner von Sievers, ein Leben für die Anthroposophie, Dornach 1988.

Alexander Strakosch, Dipl. Ing. (1879–1958)
Baurat, Musiker (Geiger). Ingenieur bei der K. u. K. Staatsbahndirektion. Seit 1908 bei Triest, seit 1912 in Wien. Erster Geiger in Quartetten und Orchester. Begegnung mit Rudolf Steiner 1908. Teilnahme an verschiedenen Vortragskursen Steiners, der ihn 1920 in das Lehrerkollegium der Waldorfschule Stuttgart berief. Acht Jahre Klassenlehrer, dann Technologielehrer. Vorträge in Italien, Frankreich und Deutschland. Mitglied des deutschen Landesvorstandes. Trat schon bald nach Beginn der Naziherrschaft wegen seiner jüdischen Abstammung zurück (April 1933 aus dem deutschen Landesvorstand, März 1934 aus dem Stuttgarter Kollegium). Emigration in die Schweiz.
Lit.: Alexander Strakosch, Lebenswege mit Rudolf Steiner, 1. Aufl., Straßburg/Zürich 1947, 2. Aufl., Dornach 1995.

Anlage 25: Eine zeitgenössische Reflexion über den Totalitätsanspruch des Nationalsozialismus und politische Gläubigkeit

Aus dem Tagebuch von Fritz Götte. Eintragung vom 28. August 1941

„28. August 41. Besprechungen in Berlin mit Minden, zur Linden, Petersen, Ahrens (Neuform). Begegnung mit Dr. Jaeger, der mir aus Gesprächen seiner Frau mit einem Gestapo-Beamten erzählt. Als sie fragte, wie es denn käme, daß man vor einer so kleinen Menschengruppe soviel ‚Angst' habe, daß man sie so verfolge: Ja, sehen Sie, das ist jetzt noch klein, aber wenn wir an die Zeit in 30 Jahren denken, dann müssen wir uns sagen, daß es besser ist, so etwas noch im Keime zu vernichten. – Eine andere Äußerung: Die Anthroposophen und die Menschen in der Christengemeinschaft sind ja so ausgefüllt in ihrer Seele, da kann ja etwas anderes gar nicht mehr Platz haben, und deshalb müssen wir so vorgehen. –Weiter erzählte er von einem Gespräch mit einer Dame, welche sich für die gefangenen Priester einsetzen wollte, mit Staatssekretär Dr. Freisler vom R. Justiz-Ministerium [Reichsjustizministerium, U. W.]. Dieser sagte: Alles, was mit Religiösem zusammenhängt, insoferne es durch die Gemeinschaft gepflegt wird, müsse vernichtet werden. Für das Religiöse käme nur das in Betracht, was das Verhältnis des Einzelnen zu Gott betrifft. Insbesondere müsse alles Kultische vernichtet werden. Der Inhalt für die Gemeinschaft dürfe nur im Nationalsozialismus bestehen. Ich dachte: allmählich gruppiert sich alles und (werden) die äußeren Verhältnisse durchsichtig. In allem spricht der Geist sich aus, der Geist der Menschheit und des Widersachers. ‚Wo zwei oder drei in meinem Namen versammelt sind, da bin ich mitten unter ihnen'. Darum hat man Angst, wenn zwei oder drei heute beisammen sind, da sollen sie es nicht in Seinem, sondern in seinem Namen sein, damit nicht Er, sondern er unter ihnen sei. Als weitere Illustrierung kann dienen, was mir Dr. z. L. [Wilhelm zur Linden, U. W.] aus einem Gespräch beim Besuch [bei, U. W.] einem höheren SS-Angehörigen mitteilte. Dieser sagte etwa: Was Sie mir da über ihre ärztlichen Zusammenkünfte sagten, gibt Veranlassung Sie zu warnen. Wenn Sie zusammenkommen und über den Krebs reden, so sind Sie eine Sekte. Auch wissenschaftliche Krebsdiskussionen können nur in dem dafür geschaffenen Rahmen erfolgen. – Da läutete es. Ein Ferngespräch aus Le Havre kam; Offiziere, mit denen der betr. früher zusammen war, meldeten sich. Sie waren beim Kneipen [Trinken, U. W.] und gedachten ihres alten Chefs. Sehen Sie, sagte dieser zu Dr. z. L. das ist auch eine Clique. Auch das kann nicht geduldet werden. – Z. L. fühlte sich [gedrängt, U. W.], seinem Gastgeber etwas von einer neuen Christusauffassung darzustellen. Darauf erwiderte dieser: Sie sehen ja jetzt wieder das Außerordentliche. Nach allem anderen zeigt sich der Führer nun auch noch als der geniale Feldherr. Und wenn ich dieses Phänomen anschaue, so muß ich bekennen, was für Sie der Christus ist, das ist der Führer für mich."[1]

[1] Fritz Götte, Tagebuchaufzeichnungen vom 28. August 1941, S. 17/18. PA Christoph Lindenberg

Quellen- und Literatur

Ungedruckte Quellen

A. Öffentliche Archive und Einrichtungen.

1. Bundesarchiv (BA).

a. Abteilungen Koblenz (BAK).
SD-Hauptamt, Reichssicherheitshauptamt: R 18/405, 408, 411, 431, 433; R 43/II 820a, 822; R 58/81, 64
Kirchliche Angelegenheiten: R 18/10573, 405, 408; R 43 II/149, 150; R 58, 237, 261, 264, 266, 405, 1030; NS 6/226, 334, 336
Nachlaß Jakob Wilhelm Hauer NL 131
Sammlung Schumacher 219, 267, 167, 245, 145
NS 15/301, 303, 304, 305
NS 21/913–918, 922, 924, 925, 921a, 921 b

b. Abteilungen Potsdam (BAP)
1. Potsdam:
Reichssicherheitshauptamt: RSA PSt 3/24 Abt. IV
Reichsministerium für kirchliche Angelegenheiten: 51.01
Deutsche Arbeitsfront: 62 DAF 3
Reichsministerium für Volksaufklärung und Propaganda: 50.01
Sicherheitsdienst: R 49.02
Rosenberg: 62 Di 1
Reichsministerium für Wissenschaft, Erziehung und Volksbildung: R 49.01 3285/1–3285/4
Reichskanzlei: R 43
Reichssicherheitshauptamt: R 58
Reichssichrheitshauptamt: RSA P St 3/24
2. Zwischenarchiv Dahlwitz-Hoppegarten (BAD)
Bestände Reichssicherheitshauptamt:
Anthroposophische Gesellschaft: Z/B 1–772, 886, 887, 888, 889, 901, 903, 904, 919, 1022, 1023, 1082, 1199, 1184, 1203, 1285, 1427, 1743, 4203
Reichsverband für biologisch-dynamische Wirtschaftsweise: Z/B 1 1005, 1151
Christengemeinschaft: Z/B 1 1137, 1082, 1451, 1184
Valentin Tomberg: Z/B 1 902
3. Außenstelle Berlin Zehlendorf, ehemals: Berlin Document Center (BDC):
Personalakten: Unterlagen Erhardt Bartsch, Lothar Eickhoff, Heinrich Gruber, Friedrich Hasselbacher, Hugo Koch, Alfred Leitgen, Otto Ohlendorf, Karlheinz Pinsch, Ernst Schulte-Strathaus, Gregor Schwartz-Bostunitsch

2. Hauptstaats-, Staats- und Landesarchive

Bayrisches Staatsarchiv München (Bay StAM): LRA 134354, NSDAP 523, 521, 1034, LRA 30753, MIm 73597, MK 42830, 1034
Brandenburgisches Landeshauptarchiv Potsdam (BLHAP): Pr. Br. Rep. 2A Regierung Potsdam I Pol. Nr. 1207
Generallandesarchiv Karlsruhe (GLAK): Ka 235, 240
Geheimes Staatsarchiv Preußischer Kulturbesitz (GStAPK):Rep 76 und Archivgut der Anthroposophischen Gesellschaft in Deutschland numeriert 12743 bis 12770 aus den Jahren 1903 bis 1936 (Teile von Beständen des Sonderarchivs Moskau, die 1957 den DDR-Behörden übergeben wurden und inzwischen an die Anthroposophische Gesellschaft in Deutschland zurückgegeben wurden).

Hessisches Hauptstaatsarchiv Wiesbaden (HHStAAW): Abt. 461 Nr. 8526, Abt. 519/N u. 519/A, 518
Hauptstaatsarchiv Stuttgart (HStAS): EA 2/301, 1; E 151/02 Bü 852; E 130/b Bü 1459
Landesarchiv Merseburg (LAM): Regierung Merseburg Polizei Rep. C 48 Ie und IIb
Landeshauptarchiv Sachsen-Anhalt, Magdeburg (HStASAM): Rep C 20 Ib, Rep C 30 Jericho II A, Rep C 28 II
Niedersächsisches Hauptstaatsarchiv Hannover (NdsHStAH): Mlynek, Klaus: Gestapo Hannover berichtet, Nr. 65 und Nr. 59
Nordrhein-westfälisches Hauptstaatsarchiv Düsseldorf (NWHStAD): RW 18–4 und 18–7, RW 34–1, BR 1021/450, RW 58 (ca. 60 Einzelakten)
Nordrhein-westfälisches Staatsarchiv Münster (NWStAW): Polit. Polizei III. Reich Nr. 372 und Oberpräsident Nr. 8228
Staatsarchiv Amberg (StAAm): 16375
Staatsarchiv Hamburg (StAHB): Akte 231/10.
Staatsarchiv Ludwigsburg (StAL): K 110, Spruchkammerakte Alfred Baeumler
Staatsarchiv Sigmaringen (StAS): Wü 13, 2135, Wü 65/27, Ho 235, 23.
Staatsarchiv Würzburg (StAW): 1170, 1330, 3600, usw. Personalakten von Mitgliedern der Anthroposophischen Gesellschaft
Thüringisches Hauptstaatsarchiv Weimar (Thür.HStA): We-Gth Regierung Erfurt,Amt Waldau 64, Thüringisches Kreisamt Eisenach, Landgericht
Eisenach, Landkreisamt Schleusingen

3. Stadtarchive.

Braunschweig, Chemnitz, Dortmund, Dresden, Düsseldorf, Freiburg, Hannover, Heilbronn, Karlsruhe, Kassel, Konstanz, Lörrach, München, Nürnberg, Pforzheim, Rostock, Wuppertal

4. Ausländische Archive.

Oberösterreichisches Landesarchiv Linz
Österreichisches Staatsarchiv Wien
Sonderarchiv Moskau (Zentrum für die Aufbewahrung historischdokumentarischer Sammlungen). Archivalien der Anthroposophischen Gesellschaft in Deutschland 1903–1936
Stadtarchiv Prag
Tiroler Landesarchiv, Innsbruck
Kärntner Landesarchiv Klagenfurt

5. Institut für Zeitgeschichte, München

MA 228, 286, 288, 331, 544, 595, 610, 641, 660, 676, 698
ZS 278
MS 615
Kk 649
X 587
ED 32–422

6. Amtsgericht München

Spruchkammerakte betr. Alwin Seifert

B. *Organisationsarchive*

Archiv am Goetheanum, Dornach (Schweiz)
Rudolf Steiner Nachlaßverwaltung, Dornach (Schweiz), heute: Rudolf Steiner Archiv
Albert Steffen-Stiftung, Dornach (Schweiz)
Archiv der Christengemeinschaft, Stuttgart

Diakonisches Werk der Evangelischen Kirche Deutschlands, Berlin
Robert Bosch-Stiftung, Stuttgart
Archiv beim Bund der Waldorfschulen, Stuttgart
Forschungsstelle Kulturimpuls am Friedrich von Hardenberg Institut
für Kulturwissenschaften,Heidelberg
Archiv der Freien Waldorfschule Uhlandshöhe, Stuttgart
Gesellschaft anthroposophischer Ärzte in Deutschland, Stuttgart

C. Privatarchive

Marianne Baeumler (Eningen u. A.), Hartmut Bär (Gröbenzell), Bruno Datané (Kelmis), Reinhard Falter (München), Ulrike Geraths (Bad Boll), Astrid von der Golz (Reutlingen), Michael Heidenreich (Pforzheim), Krafft von Heinitz (Hannover), Christoph Lindenberg (Zarten), Katharina Lippert (Gollenshausen/Gstadt), Hans Christian Ohlendorf (Kassel), Charlotte Reineck-Wollborn (Bochum), Nicolaus Remer (Amelinghausen), Maria Reuter (Marburg), Peter von Ruckteschell (Oberhöllsteig), Dr. Wolfgang Rumetsch (Reutlingen), Reinhard Schade (Bergholz-Rehbrücke), Dr. Jürgen Schürholz (Stuttgart), Dr. Harro Simmenroth (Kassel), Walter Streffer (Stuttgart), Wilhelm Uhlenhoff (Überlingen), Irmtraut Volpert (Hildesheim), Lore Wilmar (Bayrisch Gmain), Dagmar von Wistinghausen (München).

D. Persönliche Aufzeichnungen, Memoiren, dokumentarische Zusammenstellungen u. ä.

Anthroposophische Gesellschaft in Heidenheim (Hrsg.), Anthroposophie in Heidenheim 1911–1981, Heidenheim 1981
Bartsch, Hellmut, Von der Tätigkeit des „Versuchringes anthroposophischer Landwirte in Deutschland" (später Versuchsring für biologisch- dynamische Wirtschaftsweise) in den Jahren 1933 –1941, Darmstadt 1964
Büchenbacher-Hamilton, Hans, Erinnerungen, Ende 60er–Anfang 70er Jahre
Die Christengemeinschaft Darmstadt (Hrsg.), Christengemeinschaft 1924–Christengemeinschaft Düsseldorf (Hrsg.), 30 Jahre Christengemeinschaft 1945, Gemeinde Darmstadt, Darmstadt 1992, Düsseldorf (1929–1959), Düsseldorf 1960
Die Christengemeinschaft Frankfurt a. M. (Hrsg.), Die Christengemeinschaft Frankfurt a. M. 1923–1972, Frankfurt a.M. 1973
Die Christengemeinschaft, Gemeinde Kassel (Hrsg.), Die Christengemeinschaft, 70 Jahre Gemeinde Kassel. Werdendes im Gewordenen. 1922 bis 1992, Kassel 1992
Feddersen, Hans, Erlebnisse und Erinnerungen aus der Zeit des Verbotes und der Gestapohaft, o. J.
Gitzke, Elisabeth, Erinnerungen, Teil I und II, o. J.
Götte, Fritz, Menschengemäße Heilmittel und ihre Feinde. Erinnerungen aus der Zeit des Nationalsozialismus, Stuttgart 1978
Götte, Fritz, Erinnerungen, Manuskript, o.J.
Kröner, Christward, Entstehen und Wachsen der Bremer Gemeinde, Bremen 1987
Matile, Angela, Hinweise zu Albert Steffens Wirken während der Zeit des Nationalsozialismus, Manuskript, Dornach 1995
Mitchell, Ernst, Erinnerungen, Manuskript, London 1994
Pauli, August, Erinnerungen und Ausblicke, 1955
Petersen, Adelheid, Wilhelm Petersen, Skizze seines Wesens und Lebens, Darmstadt 1962
Piper, Marianne: Die Christengemeinschaft in Tübingen, Tübingen 1986
Piper, Marianne: Erinnerungen. Faschingsfest 1935 in Hamburg. Hemlebens Inhaftierung. o. J.
Reineck-Wollborn, Charlotte, Erinnerungen. Meine Begegnungen mit dem Nationalsozialismus, Bochum 1991
Remer, Nicolaus, Zur Geschichte des landwirtschaftlichen Impulses Rudolf Steiners und seiner Weiterentwicklung. Vorgeschichte, Amelinghausen o.J.

Seeberger, Wilhelm, Franz Michael Geraths, Biographischer Abriß, Bad Boll o.J.
Uhlenhoff, Wilhelm, Die Ausbreitung der anthroposophischen Heilpädagogik in Deutschland 1924–1945, Überlingen o. J.
Wagner, Arfst, Beiträge zur Dreigliederung des sozialen Organismus. Arbeitsmaterial. Literaturliste zum Thema Nationalsozialismus/Faschismus unter besonderer Berücksichtigung geisteswissenschaftlicher und anthroposophischer Gesichtspunkte, Rendsburg 1989
Wilmar, Lore, Erinnerungen, Manuskript, Bayrisch-Gmain 1991

E. Gespräche mit einzelnen Personen

Gerda Bischof (München), Gabriele Dickow (Lüneburg), Marianne Garff (Kassel), Anne-Louise Heder (Kassel), Dr. Liselotte Heisel (München), Thomas Hilden (Stuttgart), Wilhelm Hoerner (Esslingen), Horst Junginger (Weilheim), Herbert H. Koepf (Stuttgart), Jürgen P. Krause (Freiburg), Stefan Leber (Stuttgart), Katharina Lippert (Gollenshausen/Gstadt), Käthe Palmer (Königswinter), Michael Peter (München), Alexander von Plato (Hagen), Dr. W. Priever (Buchenbach b. Freiburg), Dennis Shirley (Oberhambach), Werner Tetzlaff (Kassel), Arfst Wagner (Rendsburg), Martin Walker (Schwäbisch-Gmünd)

II. Gedruckte Quellen.

Alphei, Hartmut (Hrsg.), Lesebuch mit Quellen zur Geschichte der Odenwaldschule in der Zeit von 1933–1946. Ober-Hambach 1993
Anthroposophie im Nationalsozialismus, in: Info 3, Nr. 1/1986, 5. Januar 1986
Anthroposophische Gesellschaft in Deutschland (Hrsg.), Mitteilungen aus der anthroposophischen Arbeit in Deutschland, Karlsruhe 1933 bis 1935
Bessenich, Jerôme, Dr. Heinrich Leiste zum 60. Geburtstag am 12. August 1960, in: Was in der Anthroposophischen Gesellschaft vorgeht, Nr. 32,
1960, S. 132f.
Margret Blersch, I was alone. And I had the whole city against me, in: Alison Owings (Hrsg.), Frauen. German women recall the Third Reich, London 1995.
Bock, Emil/Husemann, Gottfried, Die Evangelische Kirche in Deutschland entscheidet sich gegen die Zukunft, in: Die Christengemeinschaft, 23. Jg., Nr. 5/6, 1951, S. 163
Borgman-Hansen, Oskar, Über einige Publikationen zum Thema Anthroposophie und Nationalsozialismus, in: Das Goetheanum, Nr. 37, 11. September 1994, S. 406f.
Deuchert, Norbert, Zur Geschichte der Waldorfschule 1933–40, in: Berichtsheft des Bundes der Freien Waldorfschulen, Dezember 1984
Deuchert, Norbert, Waldorfschule und Staat 1919–1938. Teil II: Der Kampf um die Waldorfschulen im Nationalsozialismus. Berichtsheft des Bundes der Freien Waldorfschulen, Dezember 1987
Die Tat. Monatsschrift für die Zukunft deutscher Kultur, Anthroposophisches Sonderheft, 12. Jg., Februar 1921, H. 1
Dostal, Jan, Viktor Ullmann. Internationales Symposium am Goetheanum anläßlich des 50. Todestages, in: Das Goetheanum, Nr. 50, 11. Dezember 1994, S. 559f.
Eckart, Dietrich, Der Adler des Jupiter, in: Auf gut deutsch, Wochenschrift für Ordnung und Recht, 1. Jg., H. 21, 1919,S. 661 und H. 42, 1919, S. 66
Forschungsring weist Pennerstudie fundamentale Fehler nach, in: Das Goetheanum, Nr. 10, 7. März 1993, S. 112
Franck, Manfred, Der Mythos des 20. Jahrhunderts (Alfred Rosenberg, Alfred Baeumler), in: Gott im Exil, II. Teil, Frankfurt a. M. 1988
Freie Schule Altona, Ostern 1931, Prospekt 50 Jahre Freie Schule Altona–Rudolf Steiner Schule Nienstetten.
Festschrift Friedrich Husemann Klinik (Hrsg.), Friedrich Husemann Klinik, Wiesneck 1930–1980. Zum 50jährigen Bestehen Wiesnecks. Freiburg o. J.
Gedenken an die Rudolf Steiner Schule Dresden, Gerlingen 1980

Georg, Enno, Die wirtschaftlichen Unternehmungen der SS, Schriftenreihe der Vierteljahrshefte für Zeitgeschichte, Bd. 7, Stuttgart 1963

von Grone, Jürgen, Die Marneschlacht, Sonderveröffentlichung aus dem Stuttgarter Tagblatt, Stuttgart 1934

von Grone, Jürgen (Hrsg.), Korrespondenz der Anthroposophischen Arbeitsgemeinschaften, Stuttgart 1931 bis 1935

Haarburger, Martha, Aus Wien 1943–1945: Erinnerungen aus dem Konzentrationslager Theresienstadt, in: Die Christengemeinschaft, Nr. 5, 1978, S. 158 ff.

Im Gedenken an die Freie Waldorfschule Breslau, in: Erziehungskunst, 64. Jg., H. 5, Mai 1980, S. 293 ff.

Jensch, Hugo, Euthanasie-Aktion „T 4". Verbrechen in den Jahren 1940 und 1941auf dem Sonnenstein in Pirna, Pirna 1990

von Heydebrand, Caroline, Waldorfschule und Anthroposophische Gesellschaft, in: Erziehungskunst, 7. Jg., H.5, Dezember 1933, S. 499 f.

Kater, Michael, Die ernsten Bibelforscher im Dritten Reich, Vierteljahrshefte für Zeitgeschichte, Heft 2/1969, S. 181 ff.

Kelber, Wilhelm, Abschied von einem Haus, in: Die Christengemeinschaft, Nr. 9, 1956, S. 277

Klokow, Hilke, Helmuth von Moltke, Kriegsverbrecher Nummer eins?, in: Das Goetheanum, Nr. 50, 11. Dezember 1994, S. 56

Krause, Jürgen Peter, Verdrängte Reformpädagogik. Anna Essinger und ihr Landschulheim in Schwaben und Kent, in: Lehmann, Monika/Schnorbach, Hermann, Festschrift für Hildegard Feidel Merz, Frankfurt a.M. 1992, S. 171 ff.

Lauenstein e. V.–Lebensgemeinschaft Seewalde. Heutiger Wiederaufbau, Prospekt.

Leber, Stefan/Leist, Manfred, Waldorfschule im Dritten Reich, in: Erziehungskunst, 47. Jg., H. 6, Juni 1983, S. 341 ff. und 7/8, Juli/August 1983, S. 409

Leschinsky, Achim, Waldorfschule im Nationalsozialismus, in: Neue Sammlung, H. 3, Mai/Juni 1983, S. 256ff

Lindenberg, Christoph, Rudolf Steiner und die geistige Aufgabe Deutschlands, in: Die Drei, Nr. 12, Dezember 1989, S. 880 ff.

Lindenberg, Christoph, Vor 50 Jahren. Anthroposophische Arbeit in Deutschland 1933–1941. Zum Problem der Urteilsbildung, in: Die Drei, Nr. 4, April 1991, S. 303.

Lindenberg, Christoph, Vor der Jahrtausendwende. Motive zur Orientierung in der Gegenwart, in: Die Drei, Nr. 1, Januar 1992, S. 1 ff.

Lindenberg, Christoph (Interview): Hitler stieß in das Vakuum, in: Flensburger Hefte, Heft 32, 3/91, S. 112.

Loeckle, Michael, Quellen des Nationalsozialismus, in: Novalis 2, 1995, S. 26ff .

Matile, Heinz, Der Sturz des Antichrist, Albert Steffens dramatische Skizze und die Oper von Viktor Ullmann, sowie: Auszüge aus dem Tagebuch und Briefen Albert Steffens zu „Der Sturz des Antichrist", in: Das Goetheanum, Nr. 50, 11. Dezember 1994, S. 555 ff.

Müller, Mario, Die Sache mit der Wahrheit, in: Die Zeit, Nr. 9, 24. Februar 1995, S. 33 ff. (betr. die Deutsche Bank)

Odenwaldschule (Hrsg.), Berichte aus der Odenwaldschule, Neue Folge Nr. 15, 1993 (betr. Minna Specht)

Ogilvie, Friedrich, Friedrich Rittelmeyer und die Aufgabe Mitteleuropas, in: Das Goetheanum, Nr. 37, 13. September 1992, S. 382.

Pickert, Siegfried, Die Anfänge der anthroposophischen Heilpädagogik, in: Zur Anthroposophischen Heilpädagogik und Sozialfrage, H. 4, 1991, S. 5 ff.

von Plato, Bodo, Schloß Hamborn im Nationalsozialismus. Ein Streiflicht, in: Konturen, 2/1991

Rascher, Dr. Fritz, Dr. med. Hanns Rascher. Nachruf, in: Mitteilungen aus der anthroposophischen Arbeit in Deutschland, Nr. 22, Weihnachten 1952, S. 187.

Rudolf Steiner Nachlassverwaltung (Hrsg.), Beiträge zur Rudolf Steiner Gesamtausgabe Nr. 112/113, Dornach 1994

Schloß Hamborn (Hrsg.), Schloß Hamborn 1932–1957. Festschrift zum 25-jährigen Jubiläum.

Stehle, Hansjakob, Ein Eiferer in der Gesellschaft von Mördern. Albert Hartl, der Chef des anti-kirchlichen Spitzeldienstes des SD, in: Die Zeit, Nr. 41, 7. Oktober 1983, S. 12.

Veit, Wolfgang, 66 Jahre Wurzerhof. Der älteste bewirtschaftete biologisch-dynamische Hof, in: Was in der Anthroposophischen Gesellschaft vorgeht, Nr. 42, 17. Oktober 1993, S. 223 f.
Wagner, Arfst (Hrsg.), Beiträge zur Dreigliederung des sozialen Organismus, NS-Dokumentation, Bd. 1–5, Rendsburg 1991–1993.
Wagner, Arfst (Hrsg.), Anthroposophie und Rassismus, Flensburger Hefte, Nr. 41, 6/93.
Wagner, Arfst (Hrsg.), Anthroposophen in der Zeit des deutschen Faschismus–Zur Verschwörungsthese, Flensburger Hefte, Sonderheft Nr. 8, 1991.
Wagner, Arfst (Hrsg.), Anthroposophen und Nationalsozialismus, Flensburger Hefte, Heft 32, 3/91.
Weymann, Andreas, Nachruf auf Hans Merkel, in: Mitteilungen aus der anthroposophischen Arbeit in Deutschland, 47. Jg., H. 4, 1993, S. 356.
von Wistinghausen, Kurt, Hutten und Hauer, in: Die Christengemeinschaft, 34. Jg., Nr. 6, Juni 1962, S. 189
von Wistinghausen, Kurt, Ein Abschnitt im Leben von Emil Bock, in: Was in der Anthroposophischen Gesellschaft vorgeht, Nr. 32, 1960, S. 132 ff.
von Wistinghausen, Kurt, Ein neuer Beruf: Landwirtschaftlicher Berater, in: Mitteilungen aus der anthroposophischen Arbeit in Deutschland, Weihnachten 1969, S. 323 f.
Wittich, Justus, Diskussion um die Waldorfschule im Dritten Reich, in: Info 3, 10/1983, S. 18 f.

III. Literatur

Anonym (Moltke, Hellmuth Graf): Das „Wunder" der Marne-Schlacht. Wunder oder Verbrechen?, Berlin 1933
Aronson, Shlomo: Heydrich und die Anfänge des SD und der Gestapo, Stuttgart 1971
Barbian, Jan-Pieter, Literaturpolitik im Dritten Reich, Frankfurt 1993
Barron, Stephanie, Entartete Kunst. Das Schicksal der Avantgarde im Nazi-Deutschland, München 1991
Bartsch, Hellmut, Erinnerungen eines Landwirtes, Stuttgart o. J
Bessert, Gertraut, Ein Quell wird zum Strom. Anthroposophisches Leben und heilpädagogische Impulse aus der Breslauer Zeit von 1924–1945, o. D.
Boberach, Heinz (Hrsg.), Meldungen aus dem Reich, Berlin 1965.
Boberach, Heinz (Hrsg.), Berichte des SD und der Gestapo über Kirchen und Kirchenvolk in Deutschland, Mainz 1971
Bollmus, Reinhard, Das Amt Rosenberg und seine Gegner, Deutsche Verlagsanstalt, Stuttgart 1970
Boor, Lisa de, Tagebuchblätter aus den Jahren 1938–1945, München 1963
Boos, Roman, Rudolf Steiner während des Weltkrieges, Dornach 1933
Boos, Roman, Neugeburt des Deutschen Rechts, München 1934
Bracher, Karl Dietrich/Sauer, Wolfgang/Schulz, Gerhard, Die nationalsozialistische Machtergreifung, Köln und Opladen 1960
Bracher, Karl Dietrich, Die deutsche Diktatur. Entstehung, Struktur, Folgen des Nationalsozialismus, Köln/Berlin 1996
Bramwell, Anna, Ecology in the 20th Century, a History, New Haven and London 1989
Broszat, Martin, Der Staat Hitlers, München 1969
Buchheim, Hans, Glaubenskrise im Dritten Reich, Stuttgart 1935.
Buchheim, Hans, Die SS–Das Herrschaftsinstrument, in: Anatomie des SS-Staates, Bd. 1, München 1993.
Bullock, Allan, Hitler. Eine Studie über Tyrannei, London-Düsseldorf 1959
Comité International de Dachau (Hrsg.), Konzentrationslager Dachau (1933–1945), Brüssel 1978
Conway, John S., Die nationalsozialistische Kirchenpolitik 1933 –1945, München 1969
Dahm, Volker, Das jüdische Buch im Dritten Reich, 2. Auflage, München 1993
Dahm, Volker, Nationale Einheit und partikulare Vielfalt. Zur Frage der kulturpolitischen Gleichschaltung im Dritten Reich, in: Vierteljahrshefte für Zeitgeschichte, 43. Jg., 2. Heft, April 1995, S. 221 ff.

Deimann, Götz (Hrsg.), Die anthroposophischen Zeitschriften 1903 bis 1985, Bibliographie und Lebensbilder, Stuttgart 1987
van Dick, Lutz (Hrsg.), Lehreropposition im NS-Staat, Frankfurt a. M. 1990
Dierks, Margarete, Jakob Wilhelm Hauer 1881–1962, Heidelberg 1986
Fest, Joachim, Das Gesicht des 3. Reiches, München 1969
Festschrift für Hildegard Feidel-Mertz, Aufklärung als Lernprozeß, Frankfurt a.M. 1992
Fischbach, Oskar Georg, Deutsches Beamtengesetz, Berlin 1940
Focke, Harald/Reimer, Uwe, Alltag unterm Hakenkreuz, Hamburg 1979
Garbe, Detlef, Zwischen Widerstand und Martyrium. Die Zeugen Jehovas im „Dritten Reich", München 1993
Gerbert, Hildegard, Heb auf, was Gott dir vor die Türe legt, Erinnerungen, Dornach 1973
Gädeke, Rudolf F, Die Gründer der Christengemeinschaft. Ein Schicksalsnetz, Dornach 1992
Girke, Hermann, Franz Löffler. Ein Leben für die Anthroposophie und heilende Erziehung im Zeitenschicksal, Dornach 1995.
von Gleich, Gerold, Vom öffentlichen und vom geheimen Wirken Rudolf Steiners, Stuttgart 1922.
Goebbels, Joseph, Michael. Ein deutsches Schicksal in Tagebuchblättern, München 1935
Hauer, Jakob Wilhelm, Werden und Wesen der Anthroposophie. Eine Wertung und eine Kritik, Stuttgart 1922, 2. Aufl. Stuttgart 1923
Hauschka, Rudolf, Welterleuchten einer Zeitenwende, Frankfurt a. M. 1966, 2. Aufl. Frankfurt a. M. 1982
Heiber, Helmuth, Reichsführer! Briefe an und von Himmler, München 1970
Heise, Karl, Entente-Freimaurerei und Weltkrieg, 3. Aufl., Basel 1920.
Herbert, Ulrich, Best, Biographische Studien über Radikalismus, Weltanschauung und Vernunft, 1903–1989, Bonn 1996
Herrmann, Gotthilf (Hrsg.), Religionsfreiheit, amtliche Dokumente. Worte führender Männer, 4. Aufl., Zwickau 1935.
Herrmann, Ulrich/Oelkers, Jürgen (Hrsg.), Pädagogik und Nationalsozialismus, Weinheim und Basel 1989
Heyer, Karl, Wie man gegen Rudolf Steiner kämpft, 2. Aufl, Stuttgart 1932
Heyer, Karl, Wesen und Wollen des Nationalsozialismus, 3. Aufl., Basel 1991.
Heyer, Karl, Rudolf Steiner über den Nationalismus. Geisteswissenschaftliche Hinweise, Basel 1993.
Heß, Wolf Rüdiger, Mein Vater Rudolf Heß, München 1984
Hillringhaus, Herbert (Hrsg.), In memoriam Hans Erhard Lauer, Freiburg i. Br. 1982
Höhne, Heinz, Der Orden unter dem Totenkopf. Geschichte der SS, Essen 1969.
Hofer, Walther, Der Nationalsozialismus, Dokumente 1933–1945, Frankfurt a. M. 1957.
Internationaler Militärgerichtshof Nürnberg, Der Prozeß gegen die Hauptkriegsverbrecher vor dem internationalen Militärgerichtshof Nürnberg. 14. November 1945 bis 1. Oktober 1946. Amtlicher Text in deutscher Sprache, Nürnberg 1947
Jäckel, Eberhard, Hitlers Weltanschauung, Stuttgart 1981, 4. Aufl., Stuttgart 1991
Kammer, Hilde/Bartsch, Elisabeth, Nationalsozialismus. Begriffe aus der Zeit der Gewaltherrschaft 1933–1945, Hamburg 1992
Kater, Michael H., Das „Ahnenerbe" der SS 1935–1945, Stuttgart 1974.
Kempter-Behr, Margarete, Friedrich Kempter. Sein Lebensweg, Engelberg 1971.
Klee, Ernst, „Euthanasie" im NS-Staat. Die „Vernichtung lebensunwerten Lebens, Frankfurt a. M. 1985.
Kleeberg, Ludwig, Wege und Worte, Stuttgart 1961
Klein, Elisabeth, Begegnungen. Mitteilenswertes aus meinem Leben, Freiburg 1978
Klemm, Volker, Agrarwissenschaften im Dritten „Reich". Aufstieg oder Sturz? (1933–1945), Berlin 1994.
Knak, Hans-Jochen, Anthroposophische Seelenart, Strukturpsychologisch untersucht, Würzburg 1937
Koepf, Herbert H., Ehrenfried Pfeiffer: Pioneer in Agriculture and Natural Sciences, Kimberton 1991.
Kolisko, Lilly, Eugen Kolisko. Ein Lebensbild, Gerabronn-Crailsheim 1961
Kreutzer, Rudolf, Meine Ziele, München 1967

König, Karl, Le mouvement Camphill, St.-Prex 1986
Kully, M., Die Wahrheit über die Theo-Anthroposophie als ein Kulturverfallserscheinung, Basel 1926
Laqueur, Walter, Deutschland und Rußland, London 1965
Lehrerkollegium der Freien Waldorfschule Stuttgart Uhlandshöhe (Hrsg.), Der Lehrerkreis um Rudolf Steiner, Stuttgart 1977
Lehrs, Ernst, Gelebte Erwartung, Stuttgart 1979
zur Linden, Wilhelm, Blick durchs Prisma. Lebensbericht eines Arztes, Frankfurt a. M. 1979
Lindenberg, Christoph, Die Technik des Bösen, Zur Vorgeschichte und Geschichte des Nationalsozialismus, 3. Aufl., Stuttgart 1985
Lindenberg, Christoph, Rudolf Steiner. Eine Chronik, Stuttgart 1988
Lindenberg, Christoph, Rudolf Steiner, mit Selbstzeugnissen und Bilddokumenten, Hamburg 1992
Longerich, Peter, Hitlers Stellvertreter, München 1992.
Ludendorff, Erich, Das Marne-Drama. Der Fall Moltke-Hentsch, München 1936.
Maikoswki, René, Schicksalswege auf der Suche nach dem lebendigen Geist, Freiburg 1980
Masor, Werner, Der Sturm auf die Republik, Düsseldorf 1994
Mitscherlich, Alexander/Mielke, Fred, Medizin ohne Menschlichkeit, Dokumente des Nürnberger Ärzteprozesses, Frankfurt a. M. 1960
Moltke, Hellmuth Graf, Die deutsche Tragödie an der Marne, Potsdam 1934
Mommsen, Hanns (Hrsg.), Herrschaftsalltag im Dritten Reich, Düsseldorf 1988.
Münz, Ludwig (Hrsg.), Führer durch die Behörden und Organisationen, Berlin 1939
Neuberger, Helmut, Freimaurerei und Nationalsozialismus, Bd. I /II, Hamburg 1980.
Peukert, Detlev /Reulecke, Jürgen (Hrsg.), Die Reihen fast geschlossen. Beiträge zur Geschichte des Alltags unterm Nationalsozialismus, Wuppertal, 1981.
Platner, Geert (Hrsg.), Schule im Dritten Reich. Erziehung zum Tod, Kassel o.J.
von Plato, Bodo, Zur Entwicklung der Anthroposophischen Gesellschaft. Ein historischer Überblick, Stuttgart 1986
Polzer-Hoditz, Ludwig, Erinnerungen an Rudolf Steiner, Dornach 1985
Poppelbaum, Hermann, Im Kampf um ein neues Bewußtsein, Dresden 1935
Pätzold, Kurt/Runge, Irene, Kristallnacht. Zum Progrom 1938, Berlin 1988
Rehwaldt, Hermann, Das schleichende Gift. Der Okkultismus, seine Lehre, Weltanschauung und Bekämpfung, München 1935.
Reisch-Hämmerle, Mut zum Neuen. Errettungen im Leben, Dornach 1994
Reuschle, Frieda Margarete, Wir leben lichte Tore zu bereiten, Max Reuschle, Weg eines Dichters, Stuttgart o. J. (1949)
Rittelmeyer, Friedrich, Deutschtum, Stuttgart 1934
Rittelmeyer, Friedrich, Rudolf Steiner als Führer zu neuem Christentum, Stuttgart 1933
Rosenberg, Alfred, Blut und Ehre, München 1934
Rosenberg, Alfred, Der Mythos des 20. Jahrhunderts, 7.–20. Aufl., München 1934
Rosten, Curt, Das ABC des Nationalsozialismus, Berlin 1933.
Röcher, Ruth, Die jüdische Schule im nationalsozialistischen Deutschland 1933–1942, Frankfurt a. M. 1992.
Savitch, Marie, Marie Steiner-von Sievers, Mitarbeiterin von Rudolf Steiner, Dornach 1965.
von Schirach, Henriette, Der Preis der Herrlichkeit. Erfahrene Zeitgeschichte, 5. Aufl. Berlin 1986
Scholder, Klaus, Die Kirchen und das Dritte Reich, Frankfurt a. M. 1977
Schwartz-Bostunitsch, Gregor, Doktor Steiner–ein Schwindler wie keiner, München 1929, 2. Aufl., München 1930
Schwebsch, Erich, Anton Bruckner, ein Beitrag zur Erkenntnis von Entwicklungen in der Musik, Stuttgart 1923
Shirley, Dennis, The Politics of Progressive Education. The Odenwaldschule in Nazi Germany, London 1992
de Silentio, Johannes, alias Frater Taziturnus, alias Hans Huber, Die große Lüge des Anthroposophen Rudolf Steiner, Wiesbaden 1935
Smelzer, Ronald/Syring, Enrico/Zittelmann, Rainer (Hrsg.), Die braune Elite. 22 biographische Skizzen, 2. Aufl. Darmstadt 1990 .

Smelzer, Ronald/Syring,Enrico/Zittelmann, Rainer (Hrsg.), Die braune Elite 2: 21 weitere biographische Skizzen, Darmstadt 1993

Steiner, Rudolf und Boos, Roman, Die Hetze gegen das Goetheanum, Stuttgart 1920.

Strübind, Andrea, Die unfreie Freikirche. Der Bund der Baptistengemeinden im „Dritten Reich", Neukirchen 1991.

Thamer, Hans-Ulrich, Verführung und Gewalt. Deutschland 1933–1945, Berlin 1986

Tautz, Johannes, Der Eingriff des Widersachers, Freiburg 1976

Veit, Wolfgang, Eurythmie–Else Klink–ihr Wirken in einer neuen Bühnenkunst, Stuttgart 1985

Voith, Hanns, Im Gang der Zeiten, Erinnerungen, Heidenheim 1980

Wagner, Hans, Taschenwörterbuch des Nationalsozialismus, A–Z, Leipzig 1934, Faksimile Druck, Bremen 1988.

Walk, Joseph, Jüdische Schule und Erziehung im Dritten Reich, Frankfurt a. M. 1991

Weingart, Peter/Kroll, Jürgen/Bayertz, Kurt, Rasse, Blut und Gene. Geschichte der Eugenik und Rassenhygiene in Deutschland, Frankfurt a. M. 1992

Weyrauch, Walter Otto, Gestapo V-Leute. Tatsachen und Theorie des Geheimdienstes, Frankfurt a. M. 1992

von Wistinghausen, Almar, Erinnerungen an den Anfang der biologisch-dynamischen Wirtschaftsweise, Darmstadt 1982

Zelnhefer, Siegfried, Die Reichsparteitage der NSDAP. Geschichte, Struktur und Bedeutung der größten Propagandafeste im nationalsozialistischen Feierjahr, Schriftenreihe des Stadtarchivs Nürnberg, Bd. 46, Nürnberg 1991.

Zelzer, Maria, Stuttgart unterm Hakenkreuz. Chronik aus Stuttgart 1933–1945, Stuttgart 1984

Zentner, Christian (Hrsg.), Adolf Hitlers „Mein Kampf". Eine kommentierte Auswahl, München 1974

Zeylmans van Emmichhoven, J. E., Wer war Ita Wegman. Eine Dokumentation. Band 1, 1876–1925, Freiburg 1990, Band 2, 1925 –1943, Heidelberg 1992

Zipfel, Friedrich, Kirchenkampf in Deutschland 1933–1945, Berlin 1965

Abkürzungen

BPP	Bayrische Politische Polizei
DAF	Deutsche Arbeitsfront
DGfL	Deutsche Gesellschaft für Lebensreform
DLG	Deutsche Landwirtschaftsgesellschaft
FS	Fernschreiben über polizei- bzw. SD-internes Netz
GA	Gesamtausgabe der Werke Rudolf Steiner
Gestapo	Geheime Staatspolizei
Gestapa, auch Gestapo-Amt	Geheimes Staatspolizeiamt (Berlin)
HJ	Hitlerjugend
KdF	Kraft durch Freude
KfdK	Kampfbund für deutsche Kultur
KZ	Konzentrationslager
NS	Nationalsozialismus
NSDAP	Nationalsozialistische Deutsche Arbeiterpartei
NSLB	Nationalsozialistischer Lehrerbund
NSV	Nationalsozialistische Volkswohlfahrt
PKK	Parteiamtliche Prüfungskommission zum Schutze des NS-Schrifttums
PPKdL	Der Politische Polizeikommandeur der Länder
RB	Rundbriefe der Priesterschaft der Christengemeinschaft
RFSS	Reichsführer SS
RG	Reichsgesetzblatt
RKiM	Reichs- und Preußisches Ministerium für die kirchlichen Angelegenheiten
RMfWE u.V	Reichs- und Preußisches Ministerium für Wissenschaft, Erziehung und Volksbildung
RMfVuP	Reichsministerium für Volksaufklärung und Propaganda
RMdI	Reichs- und Preußisches Ministerium des Innern
RSHA	Reichssicherheitshauptamt
RuS-Hauptamt	Rasse- und Siedlungshauptamt der SS
RVBDL	Reichsverband für biologisch- dynamische Wirtschaftsweise in Landwirtschaft und Gartenbau e. V.
SA	Sturmabteilung der NSDAP
SD	Sicherheitsdienst (Nachrichtendienst der SS),
SS	Schutzstaffel der NSDAP
Stapo	Staatspolizei
StdF	Stellvertreter des Führers
VB	Völkischer Beobachter
VO	Verordnung
WPP	Württembergische Politische Polizei
ZB des PPKdL auch Z-Büro	Zentralbüro des Politischen Polizeikommandeurs der Länder

Abkürzungen für Archive:

AGM	Amtsgericht München
BAD	Bundesarchiv, Zwischenarchiv Dahlwitz-Hoppegarten
BAK	Bundesarchiv Koblenz
BAP	Bundesarchiv Abteilungen Potsdam
Bay. HStA	Bayrisches Hauptstaatsarchiv München
BayStaB	Bayrische Staatsbibliothek
BayStAM	Bayrisches Staatsarchiv München
BDC	Berlin Document Center
BLHAP	Brandenburgisches Landeshauptarchiv Potsdam
FUB	Freie Universität Berlin, Universitätsbibliothek
GAUCK	Der Bundesbeauftragte für die Unterlagen des Staatssicherheitsdienstes der ehemaligen Deutschen Demokratischen Republik, Berlin
GLAK	Generallandesarchiv Karlsruhe
GStAPK	Geheimes Staatsarchiv Preußischer Kulturbesitz, Berlin
HHStAW	Hessisches Hauptstaatsarchiv Wiesbaden
HStAD	Hessisches Staatsarchiv Darmstadt
HStAS	Hauptstaatsarchiv Stuttgart
HStAM	Hessisches Staatsarchiv Marburg
HStASAM	Hauptstaatsarchiv Sachsen-Anhalt, Magdeburg
IfZ	Institut für Zeitgeschichte München
LAM	Landesarchiv Merseburg
MGFF	Militärgeschichtliches Forschungsamt Freiburg
NdsHStAH	Niedersächsisches Hauptstaatsarchiv Hannover
NWHStAD	Nordrhein-westfälisches Hauptstaatsarchiv Düsseldorf
NWStAW	Nordrhein-westfälisches Staatsarchiv Münster
OÖLAL	Oberösterreichisches Landesarchiv Linz
ÖStAW	Österreichisches Staatsarchiv Wien
PA	Privatarchiv
SAM	Sonderarchiv Moskau (Zentrum für die Aufbewahrung historisch dokumentarischer Sammlungen)
SHStAD	Sächsisches Hauptstaatsarchiv Dresden
SStAL	Sächsisches Staatsarchiv Leipzig
StAAm	Staatsarchiv Amberg
StAB	Stadtarchiv Braunschweig
Stabi	Staatsbibliothek München
STAC	Stadtarchiv Chemnitz
StAD	Stadtarchiv Dortmund
StADR	Stadtarchiv Dresden
StAF	Staatsarchiv Freiburg
STAH	Stadtarchiv Hannover
StAHB	Staatsarchiv Hamburg
STAK	Stadtarchiv Kassel
StAL	Staatsarchiv Ludwigsburg
STALö	Stadtarchiv Lörrach
STAM	Stadtarchiv München
STAN	Stadtarchiv Nürnberg
STAP	Stadtarchiv Prag
STAS	Staatsarchiv Sigmaringen
STAW	Stadtarchiv Wien
StAWÜ	Staatsarchiv Würzburg

Thür. HStA	Thüringisches Hauptstaatsarchiv Weimar
UBM	Universitätsbibliothek Marburg
UBT	Universitätsbibliothek Tübingen
WLBS	Württ. Landesbibliothek

Personenregister

Ackermann, G. 406
Adamec, Josef 318
Aeppli, Willi 197, 387
Ahr, Lotte 227, 314
Ahrens 452
Albrecht, Alwin 326
Ammerschläger, Adolf 316
Andree, Oskar 29
Andresen, Alfred 95
Angelus Silesius 396
Arnold-Winkelried, Alfred 26
Arnt, E. 381
Astel, Karl 301
Augustinus 396

Backe, Herbert 269, 273 ff, 296, 304 f, 306, 335
Baeumler, Alfred 13, 46, 100, 105, 185, 205, 218 f, 221, 240 ff, 249 ff, 253 ff, 257, 263 f, 276 ff, 295 f, 308 f 324, 328, 334 ff, 355, 394
Bahr 240
Bahr, Gottfried 444
Baltz, Karl von 79, 290
Bandow 62
Bär, Margarethe 345
Baravalle, Hermann von 16, 31, 97, 99, 124, 131 f, 157, 189, 249, 251, 256, 364
Bartsch, Erhard 14, 16, 49, 58, 82, 84 ff, 94, 108, 111, 185, 189, 194 f, 199, 201 ff, 206 f, 243, 245 ff, 264 ff, 271 ff, 276 ff, 281 ff, 297, 315, 327 ff, 335, 338, 406, 431, 438 ff 442, 449
Bartsch, Helmut 202
Bartsch, Hemma 201, 406
Bartsch, Moritz 5, 53, 56, 73, 84, 92, 94, 201
Bartsch, Selma 201
Baumann, Paul 104 f, 107 f, 113, 124
Bauser, Adolf 107
Bayer, Bärbel 315, 347
Bayer, Emilie 393
Becher, Otto 318
Beck, Willy 234
Beckh, Hermann 15
Beckmann, Friedrich 201
Behn, Herman 29
Behre, Ida 444
Beichl, Herbert 329
Beindorff, Günther 99, 125
Below 262
Bergstraesser, Arnold 27
Berthold, Eugen 444
Bertram, Johannes 29
Besant, Annie 23, 69, 368, 372, 394, 424 f, 441 f
Bessert, Gertraut 227
Best, Werner 50, 67 f, 75, 160, 176, 216, 246, 260 ff, 308
Bier, August 278, 337, 406
Bindel, Ernst 118, 225, 249, 251
Bing, Grieg 381
Bintig, Franz 47, 72
Birkigt, Walther 63, 406
Bischof, Gerda 345
Bischoff, Käthe 444
Blattmann, Fritz 318
Blavatsky, Helena 394, 424, 441 f
Blees, Peter 318
Blinde, Hanna 345
Blume, August 291
Blume, Hellmut 25
Blümel, Ernst 225
Blumhardt, Christoph 349
Bock, Emil 6, 15 f, 294, 305, 308, 316 ff, 320, 324 ff, 338, 342, 413, 421 f, 429 f, 435, 437, 440, 449
Bode, Paul 43 ff
Boerner, Margarete 234
Böhm (Probst) 328
Böhme, Jakob 11 396, 424
Bojunga, Helmut 99, 103, 125
Bollig, Hubert 161, 353
Bollig, Tilla 161, 353
Bölsche, Wilhelm 394
Bolzano, Bernhard 396
Boos, Roman 13, 16, 40, 51 ff, 197, 385
Bopp, Walter 444
Borchart, Martin 318 f, 413
Bormann, Martin 74, 88, 114 f, 144, 173, 216, 223, 236, 246, 259 f, 262 ff, 282, 296, 302, 304 f, 335 f, 341
Bothmer, Fritz Graf von 73 123 f, 126 ff, 132 ff, 156, 196, 210 f, 225,230, 449
Bouhler, Phillip 110 ff, 114
Boy, Christoph 101 f, 105 f, 109 ff
Brack, Hans 110
Bramwell, Anna 296, 336
Brandt, Karl 306
Breitenstein, Julius 290

Brentano, Clemens 396
Brestowski, Carl 16, 313
Brill, Alwine 444
Brons, Bernhard 244, 314
Brumberg, Franz 73, 109, 130, 137 f
Brüning, Heinrich 6
Buch, Walter 51 ff, 257, 261
Büchenbacher, Hans 5, 11, 16, 25, 28, 30, 34 ff, 58, 72, 191, 364, 449
Bühler, Walter 354 f
Burchard, G. 43
Büsselberg,Ella 444
Buttmann 106, 109 ff
Büttner 444, 448
Büttner, Christian 444

Canaris, Erika 347
Canaris, Wilhelm 315, 326, 347
Champanier, Ernst (s.a. Mitchell, Ernst) 73
Chaussy, Ulrich 328
Christensen, Theodor 68, 189, 192, 196 ff, 204, 246, 260, 308
Citron (Dr. med.) 436
Claussen-Pelk 175
Conradt, Walter 386, 386
Conti, Leonardo 306, 358
Copijn, F. 406
Cramer, Carl 327
Cremer, Paul Joseph 23
Cross 255
Crowley, Aleister 372
Cues, Nikolaus von 396
Cuhorst 126 f
Czeczka, Dorothea 227

Dähnhard, Harald 234
Darré, Richard Walther 84 ff, 90, 267, 272 ff, 283, 296, 301, 305, 315, 334 ff, 410
Darwin, Charles 13, 396
Decken, Claus von der 422
Dennison, Lucie 431
Dessoir, Max 398
Deuchert, Norbert 2, 98
Deutzmann, Anton 72
Diemer, Franziska 406
Dieterich, Paula 137, 202
Döderlein,W. 444
Dohnanyi, Hans von 315, 347
Doldinger, Friedrich 143, 413, 437
Dorn, Apt. 406
Dostal, Peter 444
Drebber, Edmund 444
Dreidax, Franz 82, 87 f, 90, 94, 201, 270 f, 277, 406
Dreidax, Lissi 201
Drück 118, 120, 127
Dunlop, Daniel Nicol 6
Dürich, Richard 172, 202
Dütschke, Martin 444

Eckart, Dietrich 7
Eckhart (Meister) 396
Eckinger, Margarete 158
Ege, Karl 101, 105, 108 f, 225
Eggers, Wilhelm 86
Ehrlich, Bruno 31
Eickhoff, Lotar 75, 79, 151 f, 165, 170, 178 ff, 185, 187 ff, 194 ff, 199, 204 ff, 207, 212 ff, 216 ff, 223, 247 f, 291, 296
Eiff, Wilhelm von 118
Eisenberg, Otto 444
Eising, Esper 37
Engel, Ludwig 73, 100
Engelen,Wilhelm 444, 447
Engelhard 288
Erdmann von Metzradt, Karl 104
Erdmenger, Hans 235, 307, 320, 324 ff, 440
Erlacher, Rose 161, 349,444
Eschenbach, Wolfram von 11
Eulenberg, Fürst 440
Eymann, Dorothea 343
Eymann, Karl 202, 238, 243 f, 256, 343, 435

Fackler, Hermann 318
Fadu, Fraucke 381
Falter, Reinhard 89
Fath, Hildegart 88 f
Feddersen, Hans 318 f, 421
Fichte, Johann Gottlieb 11 f, 15, 36, 253, 370, 395 f, 398
Fiechter, E. 118
Fischer, J. A. 223
Förster,Trude 444
Franck, Hans 173
Francke, Otto 318
Frank (Ministerialdirigent) 207 f, 211, 215
Frank, Hans 147, 151, 187
Franke 358
Fränkl, Otto 33, 40
Freisler, Roland 452
Frick, Wilhelm 49 f, 58, 74 ff, 87, 90, 106, 109, 136, 170, 216 f
Friedmann, Hans 444
Frieling, Rudolf 413
Frings, Carl 239

Froböse, Edwin 156
Fromman 107
Frühwald, Viktor 444
Fuchs, Friedrich 444
Fuchs, Margarete (Martha) 187 f, 204, 320, 440

Gabert, Erich 124, 225
Gädecke, Friedrich 318, 320
Galle, Günter 320, 338
Garms-Overbeck 422
Geraths, Franz Michael 161, 349
Gessner, Wolfgang 28, 90, 175
Giesler, Emmy 444
Giesler, Paul 334
Girke, Hermann 348
Gisevius, H. B. 315
Glas, Norbert 16
Gleich, Gerold von 7
Gleich, Sigismund von 11, 16
Goebbels, Joseph 48, 88, 99, 109, 178
Goebel, Arnold 324, 422
Goethe, Johann Wolfgang von 11 f, 15, 36, 38, 370, 395 ff
Göpfert, Arthur 235
Göring, Hermann 49, 75, 79, 171,187 ff, 195 ff, 204, 269, 305, 324, 336
Götte, Fritz 16, 155, 168, 189, 241, 254, 284 ff, 315, 343, 346, 356 ff, 363, 379, 452
Gottschewski, Charlotte 444
Grafe 240
Grauert, Ludwig 170
Greift, Phillip 333
Grohmann, Gerbert 6, 15, 106, 109, 204, 256, 358, 421
Grone, Jürgen von 5, 14, 16, 43, 171, 180 f, 188, 194, 202, 264, 324
Gruber, Heinrich 206, 249 f
Grund, Carl 406
Grundmann 187
Grunwald, Josef Leo 359
Gürtner, Franz 169, 172 f
Gutstedt, von, geb. Rapp 422

Haarburger, Martha 316
Haaß-Berkow, Gottfried 160
Haeckel, Ernst 395 f
Hagemeyer, Johann (Hans) Gerhard 249
Hahn, Herbert
Hahne, Hans 160
Halifax, Lord 151
Hamburger, Emil 444
Hammann, Carl 444
Hardt, Heinrich 161, 315, 346 f, 445
Harnacke 111, 113
Hartl, Albert 306 f, 310 f, 334, 416
Härtle, Heinrich 339
Hartlieb, Friedrich 102
Hartmann, Eduard von 396
Hartmann, Georg 225, 288
Hartmann, Gustav 356
Hartmann, Max 110
Hartmann, Otto Julius 278, 338, 342, 355, 406, 440
Hartmann-Buermeister, Helmi 445
Haselbacher, Karl 49 ff, 62 ff, 66 f, 78, 148, 164, 171, 181, 188, 194 ff, 197 f, 201 ff, 243 ff, 308
Hasselbacher, Friedrich 148
Haßler, Louise 230
Hauck, Hedwig 256
Hauer, Jakob Wilhelm 67, 122 ff, 235, 265, 301 ff, 307 ff, 322, 339, 355, 411
Haugg, Werner 147 ff, 151 f
Hauschild 32, 34 ff, 40, 53, 109
Hauschka, Rudolf 168, 342, 349, 355 f
Hebing, Julius 63
Heder, Anne-Louise 345
Hederich, Karl-Heinz 250 f
Hegel, Georg Wilhelm Friedrich 12, 36, 253, 370, 395 f, 398
Heidebrand, Fedor von
Heidenreich, Michael 88, 141 f, 147 ff, 185, 188, 194 ff, 199, 201, 204, 206, 287, 294, 305, 318, 437, 440, 449
Heimeran, Marta 141, 318, 413, 421
Heise, Karl 13, 70, 245
Heisenberg, Erwin 147, 151
Heisler, August 445
Heisler, Hermann 53, 338, 393, 436
Hemleben, Johannes 146, 318, 321
Hemleben, Marta 318
Heppe, Otto 327
Herder, Johann Gottfried 15
Hermann, E. 445
Herr, Herbert 289 f, 392 f
Herzberg, Hans 227
Hess, Ilse 88, 164, 202, 231
Hess, Otto 445
Hess, Rudolf 18, 34, 39, 43, 47 f, 55, 59 f, 74, 81, 87, 89 ff, 94, 100, 105, 108, 110 f, 114, 120 ff, 125, 138, 144, 164, 166, 173, 190, 199, 207 f, 212 f, 216 ff, 221 ff, 230 ff, 235 f, 248, 251, 258 ff, 262, 266 ff, 281, 284, 295 ff, 301 ff, 334 ff, 355, 411
Hessenbruch, Helmut 99, 345, 445, 447

Hessing, Augustus 333
Heuser, Annie 116, 159
Heydebrand und der Lasa, von 126
Heydebrand, Caroline von 249, 251
Heydrich, Reinhard Tristan 18, 34, 41 f, 46 ff, 54 ff, 60, 75 ff, 88, 129, 136, 151, 175 f, 180, 185, 190 ff, 195 ff, 201 f, 208, 216 f, 246 f, 262, 282, 293, 296, 304, 306 ff, 320, 326 ff, 334, 336 f, 416
Heyer, Karl 9, 11, 15 f, 42 f, 182, 197, 251, 370, 384, 388, 450
Heymann 340 f
Heynitz, Benno von 329
Hiebel, Friedrich 16, 97, 105, 197, 364
Hilton, John 438
Himmler, Heinrich 18, 41 f, 45, 47 ff, 54 ff, 60 ff, 70, 74 f, 88, 90 ff, 94, 144, 146, 155, 202, 216 f, 229, 247, 255, 259, 266 ff, 274, 279, 284 ff, 296, 302, 304, 307 f, 320, 328 ff, 334, 339, 358, 360, 379, 411, 442
Hinrichsen, Christa 201
Hinüber, Hilmar von 41, 66
Hippel, Ernst von 249
Histon, John 151
Hitler, Adolf 7 ff, 23, 30, 34, 42, 85, 89, 109, 120 f, 137, 139 f, 169, 197, 236, 261 ff, 280, 296, 302 f, 305 f, 324, 335, 341
Hoffmann, Waltraut 445
Hohlenberg, Johannes 37
Holfelder, Albert 222, 228 ff, 235, 255
Höpner, M. 406
Hördt, Else 32
Horstmann 393
Hoyer, Mathilde 106, 234
Hugenberg, Alfred 142
Hühne, H. 445
Hupfer, Joseph 53
Hürseler (Hürzeler), Oskar 445
Husemann, Friedrich 16, 166 ff, 187, 194, 256, 277, 342, 355, 445, 447
Husemann, Giesbert 225, 445
Husemann, Gottfried 318 f, 413
Husemann, Maria 445
Husmann, Günther 348
Hüttig, Martin 277, 445

Iburg, Gustav 64
Ilse, Maria 227
Ingo, Karl 381

Jacobi, Hans 236
Jacquet, Fritz 219, 278, 406
Jaeger, Robert 445
Jaerschky, Lola 105, 159 f, 314
Jaerschky, Paul 288, 314, 338, 435
Jakobowski, Ludwig 42, 58, 372, 394
Jedlicka, Kamil 445
Jellineck, Hubert 445
Jensen, Oskar 445
Jong, H.K.E. de 24
Jörissen, Isolde 392
Josenhans 445

Kalbe, Otto 444 f
Kalkhof, Josef 167, 277, 445
Kapff, Sigmund von 58
Karutz, Richard 16, 109 f, 118
Kästner, Rudolf 317, 421 f
Kater, Michael 140
Kayser, Friedrich 445
Keiner, Hermann 327
Kelber, Wilhelm 317 f, 413
Kellermann, Emilie 393
Kempf, Annemarie 347
Kerrl, Hanns 146, 305
Keyserlingk, Adalbert Graf von 82, 432, 445
Killian, Robert 118, 225, 234
Kimmich, Dora 225
Kimmich, Emil 225, 234
Kimpel, G. 101
Kinkelin 410
Kirchner, Edith 351 f
Kirchner, Hermann 350 f 406
Klein, Elisabeth 14, 55, 61, 73, 89, 92, 98, 109, 111 ff, 114 f, 119, 123, 127, 130, 135 f, 138, 147, 151, 158, 170, 173, 185, 187 ff, 195 ff, 201 ff, 205 ff, 208 ff, 212 ff, 216 ff, 221 ff, 228 ff, 232 ff, 238, 240, 243 248, 249 ff, 256, 260, 263, 268, 277, 287, 292, 297, 315, 325, 335, 440, 450
Klein, Gerhard 318
Klemp, Eberhard 318 f
Klincksieck, Helmuth 317 f
Klink, Else 154, 157 f, 293, 314, 337
Klopfer, Gerhard 306
Knauer, Ilse 354, 445
Koch, Hugo 250 ff, 256 f
Koehler, W. 445
Koeller, Karl 445
Köhler, Georg 445
Köhler, Ludwig 314, 318, 321
Köhler, Rudolf 318
Kolisko, Eugen 5, 8, 11, 16, 115 f, 161, 168, 349, 354
Kolisko, Lili 6, 11, 16
König, Karl 16, 161, 181, 350, 364

König, Suse 406
Körner, Milly 277, 406
Körner, Paul 187
Kraft, Herbert 43
Kral, Josef 318
Kramer, Frieda 406
Kratochvil, I. 445
Krause, Hermann 277f, 406
Krause, Ilse 340
Krenn, Adolf 263f
Kress, Paula 172
Kretschmer, Martin 161, 344f
Kreutzer, Clara 152ff
Kreutzer, Rudolf 154, 156
Krieger, Irmgard, 446
Kries, Manfred von 30, 230, 446
Krishnamurti 372, 425
Kroh, Oswald 235
Kroker, Johannes 446
Kruse, Marie 226
Krützberg, E. 446
Kübler, Christian 388
Kübler, Fritz 109, 229, 277
Kühn, Emil 209, 222, 225, 238ff
Kuhn, Hans 318f
Kühner, Karl 172
Kunow, Karl 289, 392f
Künzel, Martha 329
Kurras, Eberhard 318, 413

Lamarck, Jean Baptiste de Monet 396
Lammers, Hans Heinrich 114, 305
Lang, Erwin 318
Langaard 73
Langbehn, Carl 328
Laplace, Pierre Simon 13
Laqueur, Walter 42
Lassalles, Ferdinand 395
Lauer, Hans Erhard 16, 256, 290
Leber, Stefan 2, 98
Lehrs, Ernst 16, 97, 100, 105, 363f
Leinhas, Emil 109f, 118, 131, 168, 190f
Leist, Manfred 2, 98
Leiste, Heinrich 16, 54ff, 63, 364
Leitgen, Alfred 74, 111, 114, 130, 173, 185, 206, 213, 216, 218f, 223, 231f, 235, 249, 265f, 295, 334f
Lenard, Phillip 13
Lenz, Eduard 141, 147ff, 188, 314, 318, 324, 413
Leschinsky, Achim 1, 96, 98, 103f, 138, 218f, 234
Lesigang, Walter 446
Ley, Robert 48, 283, 330, 410
Liebknecht, Karl 373, 385
Lietz, Hermann 95
Lindemann, Johannes 318
Linden, Wilhelm zur 167, 173, 187, 247, 277, 358, 446, 452
Lindenberg, Horst 318f, 413, 421
Lingelsheim, Editha von 230f
Link, Eugen 115, 118ff, 124f, 131, 133, 135,199, 287
Link, Margarete 115 118ff, 124f, 126f, 131, 133, 135, 199, 287
Lippe, Prinz zur 277
Lippert, Franz 278, 284f, 329ff, 334, 406
Lippert, Katharina 331
Lippold, Ernst 406
Löffler, Franz 161, 163f, 348, 351, 377
Lorenz, Friedrich 446
Lottermoser, Heinz 446
Luber, Max 312, 419
Ludendorff, Erich 7f, 57
Ludendorff, Mathilde 23f
Lühl, Rudolf 277, 281
Lunde, Einar 381
Luxemburg, Rosa 373

Magerstädt, Kurt 277, 446
Mahle, Hermann 113, 118ff, 124f, 127, 131, 133
Mahling, Friedrich 155
Mahling, Hildegard 446
Maikowski, Hans-Eberhard 38, 99f
Maikowski, René 38, 55, 99f, 106, 109ff, 114ff, 119, 125, 127, 130, 136, 172, 207ff, 213, 222, 230f, 238, 249f, 450
Mannkopf, Elisabeth 446
Marotzke 187
Marschler, Willy 43, 83
Martens, J. 446
Martin, Walter 446
Marzahn, Johannes 161
Mayen, Walter 446
Meissner, Otto 114
Mellinger, Bettina 225
Mendelssohn, Felix 15
Menz, Herbert 243
Mergenthaler, Christian 51, 67, 81, 107f, 114, 119ff, 123f, 127f, 132, 208, 223f, 296, 307, 339
Merkel, Hans 305, 336, 410
Meyer, Gertrud 446
Meyer, Hans 64

Meyer-Spielbrink, Hedwig 319
Michaelis, Georg 82
Michels, Clara 225
Mierau, Heinrich 318
Milkert 93
Miltitz, Monika von 158, 205, 293
Mitchell, Ernst (s.a. Champanier, Ernst) 73
Mittelstädt, Anna 29
Moll, Els 118 f, 126 f
Molt, Emil 104, 116, 118, 120, 124 f, 127 ff, 131, 133 ff
Moltke, Graf 24
Moltke, Helmuth James Graf 288
Moltke, Helmuth von 12 f 23, 33, 69, 304, 373
Moltke, Wilhelm von 25
Mommsen, Helmut 446
Monte, José del 155
Morell, Martha 293, 314, 337
Moser, Hellmut 340
Mothes, Hans 327, 446
Müller, Adolf 314, 318
Müller, Heinrich 306, 334
Müller-Guthke, Walter
Müller-Link, Anni 172
Müller-Touraine 446
Münch, Martin 31, 39, 53, 58, 63, 65, 189, 370, 450

Neurath, Freiherr von 381
Newton, Isaac 13
Nietzsche, Friedrich 249, 253, 396
Nolte, Otto 83
Novalis, Friedrich von Hardenberg 11

Ogilvie, Friedrich 188, 308, 318
Ohlendorf, Heinrich 247
Ohlendorf, Otto 46, 185, 205 ff, 218 f, 246 ff, 255, 260, 263, 280, 284, 290 ff, 296, 303, 305 f, 334 f, 355
Oken, Lorenz 424
Olcott, John 424
Oldendorff, Paul 115, 387
Orlow, Dietrich 74
Ott, Gerhard 234

Pagel, Manfred 73
Palmer, Otto 318
Palmer, Siegfried 292
Pancke, Günter 281 ff, 410
Papen, Franz von 6, 142
Paracelsus, Philippus Theophrastus von Hohenheim 396
Pauli, August 318
Peipers, Berthold 446
Penner, Hans 276
Perkiewitz, Ernst 406
Peter, Michael 361
Petersen, Klaus 129, 357 f, 446, 452
Peuckert, Rudi 335
Pfeiffer, Ehrenfried 6, 204, 256, 438
Picht, Carlo Septimus 16, 25, 31, 65, 157, 176, 188, 194
Pickert, Siegfried 161, 164
Piening, Ludwig 406
Pingel, Johannes 28, 30
Ploch, Eva 446
Pohl, Hans Joachim 277
Pohl, Oswald 275, 281 ff, 329 ff, 334, 410
Pohlmann, H. 229
Polzer-Hoditz, Graf Ludwig 9, 197, 384
Polzer-Hoditz, Gräfin Berta 277
Pönisch, Ernst 227
Poppelbaum, Hermann 5, 6, 9, 15 f, 25, 28 f, 31, 40, 42, 46 ff, 53 ff, 61, 64 ff, 70 ff, 79, 94, 120, 185, 188 f, 197, 204, 256, 364, 450
Porzelt, Sophie 225
Poturzyn, M. J. Krück von 350
Pressel, Simon 446
Priever, Werner 354
Prömm, Peter 234
Pusch, Max 172

Raeder, Erich 325
Raeschke, Georg 447
Rantzau, Otto Graf zu 130, 239
Rapp, Wolfgang 422
Rascher, Fritz 29
Rascher, Hanns 29, 32 ff, 39, 53 ff, 109 f, 145, 167, 361, 388, 447
Rascher, Sigmund 338, 361 f
Reebstein, Alfred 5, 37, 61, 173
Reichart, Aladar 447
Reichart, Melitta 447
Reichsmeister, von 130
Reichwage, Annemarie 447
Reimann, Hugo 342
Reineck-Wollborn, Charlotte 137, 297
Reischle, Hermann 305, 410
Reiser, Hugo 172
Reitzig, Anna 348
Remer, Erica 201, 327
Remer, Nicolaus 93, 201, 277 f, 327 f, 406, 438
Reps, Albert 447
Reusch, Hans 406

Reuss, Theodor 24, 372
Reuter, Marie 317, 421
Rexroth, Alfred 313
Rexroth, Ludwig 313
Riegel, Eduard 110
Riehl, August 64, 197
Ripke, H. 447
Rist, Ruth-Hildegard 351
Rittelmeyer, Friedrich 6, 9, 15, 71, 141 ff, 148 ff, 187 f, 195, 197, 249, 294 ff, 342 f, 429 f, 437, 451
Rittelmeyer, Heinrich 318
Ritter, Heinz 161, 164, 256, 353
Rittersbacher, Karl 99
Röchling, Helene 327
Rödenbeck, Eggerich 24
Rohrbach 447
Roques, K. R. 447
Röschl, Maria 16, 97, 364
Rosenberg, Alfred 46, 48, 70, 79, 126, 205, 220, 260 ff, 273, 283, 301 f, 324 f, 335, 341, 355, 410
Ruckteschell, Hellmuth von 320, 324 ff, 328, 440
Rumpp, Hermann 440
Rust, Bernhard 75, 81, 96, 102 f, 106 ff, 112 ff, 119, 122 ff, 126, 128 ff, 136, 138 f, 160, 207, 211, 215 ff, 221 f, 224, 228 ff, 255, 296
Rutz, Hans 249, 251

Sachsen Altenburg, Georg Moritz Erbprinz von 164 f, 316, 338, 350, 434
Sachtleben, Rudolf 406
Saint Martin, Louis Claude de 424
Sales Hess 332
Salewski, Wilhelm Johannes 318
Salzmann, Oskar 236
Sammetreuther 416
Sandkühler, Konrad 234
Sauerwein, Jules 373
Savelsberg, Christian 289, 312
Schäfer, Oskar 43
Schall, Albertine 245
Scheel Seelmügden, Helga 381
Scheer 211
Scheffler, Elise 326 f
Scheiffele, Ernst 318 f
Schelling, Friedrich Wilhelm 11, 370, 424
Schemm, Hans 101 ff, 106, 109 f, 208
Schenk, Leonhard 447
Scheurich, Ludwig 154
Schewitsch, Helene von 395
Schickler, Eberhard 118, 447
Schiele, Herbert 103 f
Schiller, Friedrich 12, 36, 396
Schiller, Paul Eugen 33 f, 37
Schindlegger, J. 277, 406
Schmid, Alfred 225
Schmidt, F. 277, 406
Schmidt, Katia 73
Schmidt, Willy 189
Schmiedel, Oskar 357, 362
Schmitt, Willy 289, 392 f
Schmundt, Wilhelm 323 f
Schoch, Jean 447
Schoenberger, Karl 360
Scholder, Klaus 141
Scholz, Guenther 101
Schöntal 144 f
Schotte, Max 446 f
Schreiber, Alfred 422
Schröfel, Maria
Schubert, Karl 105, 226, 353, 422
Schühle, Erwin 322, 338, 422, 440
Schüler, Hermann 234
Schulte-Strathaus, Ernst 56, 64, 71 f, 87, 113 ff, 123, 125, 127, 202, 295
Schultz, Joachim 256
Schultz, Rüdiger 446
Schulz, Joseph 277, 327, 406, 447
Schumacher, Gerhard 448
Schuster, Friedrich 40
Schütz, Arthur 447
Schütze-Hoepner, Ursula 447
Schwakl, Theodor 331
Schwartz-Bostunitsch, Gregor 24, 41 ff, 56, 63, 67, 83, 265
Schwarz, Max Karl 202, 406, 438
Schwebsch, Erich 16, 99, 110, 124 f, 225, 232 ff, 451
Seeger, Alfred 25
Seidel, Lisbeth 25
Seidler, Karl 278
Seifert, Alwin 54, 87 ff, 90, 111, 267 ff, 271, 278, 308, 334, 406
Selawry, Anna Antonia 278, 406, 447
Sievers, Marie von s. Steiner, Marie
Silesius, Angelus 11
Simonis, Werner 447
Simons, Walter 7 f, 373
Six, Alfred Franz 189, 262, 292
Sixtel, Phillip 64
Skerst, Hermann von 318
Smit, Christian 381
Solovev, Wladimir 342
Solti, Julius 137

Sommer, Robert 341, 440
Sommer, Gerd 446 f
Sommer, Walter 115
Sotona, Jan 447
Soucek, J. M. 447
Spaun, Magdalena 27
Spiegel 213
Spieler, Charlotte 326 f
Spitta, Karl Johann Philip 15
Spitznagel, Heinrich 327, 447
Spitzner, Anne-Marie 344
Stapel, Wilhelm 6
Stark, Johannes 13
Stavenhagen, Carl 356
Steffen, Albert 6, 33 f, 35, 40, 64 f, 96, 103 f, 116, 118, 123, 159, 169, 199, 201, 208 f, 254, 287, 342 f, 354, 382, 392
Stegemann 129
Stegemann, Ernst 5, 53, 82, 94, 189, 406
Steglich, Fritz 236
Stegmann, Carl 318
Stein, Walter Johannes 30, 249
Steiner, Marie, geb. von Sievers 25, 33, 39 f, 96, 118, 152, 157 f, 169, 176 f, 180, 197, 201 f, 209, 243, 251, 372, 382, 395, 451
Steiner, Rudolf 5, 7 f, 10 ff, 14, 23 ff, 32 f, 39, 43, 57, 61, 64, 67, 70, 74, 76 f, 81 f, 84, 94 f, 115, 123, 125, 139, 142, 144, 150, 154, 160, 163 ff, 171, 178, 189, 193, 197 ff, 206, 220 ff, 225 f, 240 ff, 253 ff, 259, 264 270, 274, 284, 301, 304, 314, 320, 340 ff, 363, 367, 370 ff, 377, 379, 383 ff, 388, 392, 396 ff, 410, 424 ff 441
Steinhausen, Wilhelm 15
Steininger, Babette 448
Stengel von Rutkowski, L. 301 f
Steven, Alfred 273 ff, 276, 337, 442
Stickdorn, Heinrich 448
Stockmeyer, E. A. Karl 118, 225, 240, 277
Strakosch, Alexander 5, 16, 27 f, 30 f, 97 f, 105, 191, 451
Strantz, Maria Christa von 448
Stricker 208
Strohschein, Albrecht 161, 350 ff
Strübind, Andrea 140 f
Suchantke, Gerhard 277, 288, 358, 447
Sunkel, Eberhard 136
Sunkel, Reinhard 113
Suso (Seuse), Heinrich 396
Swedenborg, Emanuel 424
Sydow, Joachim 422

Tauler, Johannes 396
Tautz, Johannes 301 f
Thetter, Reimar 448
Thiess 73, 114, 123 f, 126, 130, 208, 211 f, 218, 230 f
Thomas von Aquin 396
Thylmann, Karl 386
Thylmann, Viktor 448
Tittmann, Martin 225, 234, 236
Todt, Fritz 88, 334
Tölke, Leo 118 f, 127, 131, 133 f
Tomsche, Heinz 263
Treichler, Rudolf 225
Troost, Paul Ludwig 145
Tucher, Freiherr von 89

Uehli, Ernst 9, 16, 97, 102, 106, 197, 210 f, 256, 384
Uhlenhoff, Wilhelm 347 f, 353
Uimi, P. V. 381
Ullmann, Viktor 316
Unger, Carl 9, 58, 197, 373, 387
Usteri, Alfred 256 342
Utrata, Roman 448

Veit, Wolfgang 158
Veith 191
Vering, Fritz 448
Vermehren, Hellmut 324, 357
Viernow 211
Vissner, Fritz 29
Vogel, Heinrich 329 ff
Vögele, Immanuel 202, 277, 279, 351, 406
Vogelweide, Walter von der 11
Voith, Hanns 172, 328
Volkelt, Johannes Immanuel 396
Vreede, Elisabeth 40

Wachsmuth, Guenther 33, 37 ff, 53, 58, 87, 118, 120, 131 f, 169, 188, 209, 256, 342, 382
Wächtler, Fritz 105, 208
Wagner, Arfst 2, 272
Wagner, Robert 43 f
Wald, B. von 197
Wallenberg, Theodor von 53
Walter, Hilma 161
Walter, Kurt 11
Walther, Carl 54
Wankmüller, E. 448
Wantschura, Ferdinand 448
Wasser, Ulrich 448
Weber, Franz 332
Wegener 145
Wegman, Ita 40, 96, 161, 349, 353

Wehrle, Viktor 277, 448
Weiland, Frieda 290
Weismann, Erich 105, 137, 227, 314 f
Weißert, Ernst 227. 314
Weizsäcker, Ernst von 180
Wemmer, Ludwig 220, 231, 262
Wiegand, Anita 342
Wiegand, Ernst 342
Wiemer, Otto 157
Wiepert, Peter 279
Wilamowitz-Möllendorf, Gräfin 187 f
Wilken, Folkert 260 f
Wille, Bruno 394
Wilmann, Kurt 277 f, 281, 406
Wilmar, Lore 351
Winderlich, Kurt 448
Windolph, Aloys 448
Wirth, Hermann 9
Wirth, Lina 29
Wisliceny 191
Wistinghausen, Almar von 262
Wistinghausen, Kurt von 318 f, 322 f
Witzenmann, Herbert 43
Wolf, Birgitta 328
Wolff, Karl Friedrich Otto 214, 216
Wolffhügel, Max 225, 234
Wollborn, Heinrich 100
Wotschke, Carl 448
Wünschmann, Werner 29
Wurzer, Luise 277

Zellner, Hermann 73
Zelzer, Maria 322
Zeylmans, F. Willem 6
Zimmer, Robert 234, 406
Zoeppritz, Erika 234
Zola, Emile 385
Zschintsch, Werner 215